3판

여성복지학

| 조흥식 · 김혜련 · 신혜섭 · 김혜란 · 신은주 공저 |

Women and
Social Welfare

학지사

3판 머리말

『여성복지학』 2판을 출판한 지가 벌써 14년이 흘렀다. 세상은 그동안 참 많이 변하였다. 저출산과 고령화 등 인구구조 변화는 생산가능인구를 감소시켜 생산성을 떨어뜨리고 노인부양비를 급등시키고 있으며, 1인 가구의 증가와 여성의 빈곤화를 가속화하고 있다. 그리고 4차 산업혁명은 새로운 일자리를 창출하기도 하지만, 창출되는 일자리보다 더 많은 저숙련 여성노동자의 일자리를 감소시키고 있다.

한국의 잠재성장률은 저출산고령, 제조업 경쟁력 저하 등으로 인해 하향 추세를 보이고 있는 반면, 노동시장에서는 대기업 대 중소기업, 정규직 대 비정규직, 여성 대 남성, 원청 대 하청 등 고착화된 이중구조와 높은 저임금 여성노동자의 비율 및 자영업자의 비율, 증가하고 있는 청년실업 등의 현상이 좀처럼 바뀌지 않고 있다. 기초연금의 확대, 국민연금의 성숙 등으로 빈곤 및 불평등 감소의 요인은 있으나, 지속적인 노동시장의 이중구조, 노인인구의 증가, 신자유주의 지속, 4차 산업혁명 등을 감안한다면, 빈곤 및 불평등이 단기간에 감소할 가능성은 높지 않아 이에 따른 계층갈등도 지속될 것으로 보인다.

그러나 한국사회에서 인권문제는 지속적으로 개선되어 가고 있다. 특히 여성의 인권, 사회의 성인지 수준, 여성들의 활동과 사회참여 및 권리에 대한 인식이 빠르게 바뀌고 있다. 성폭력 및 성매매에 대한 법적 강화, 「가정폭력범죄의 처벌 등에 관한 특례법」 개정 그리고 정부 부처 내 양성평등정책담당관실 설치 등은 여성의 인권이 향상된 대표적인 예이다. 그럼에도 여전히 여성의 사회적 지위와 역할상의 차별 등에 대한 문제가 남아 있다. 아울러 미흡한 여성복지체계로 인해 사회보장이 제대로 이루어지지 않는 현실 속에서, 여성은 돌봄 노동의 책임을 떠맡고 있는 실정이다. 이러한 현실에서 가부장제와 자본주의에 의해 발생한 성차별 문제를 해결해 나감과 동시에 국가의 지원이 필요한 여성을 위한 복지서비스 제공을 보장하는 여성복지의 가치는 점점 더 중요해지고 있다.

이번 개정판은 우리 사회의 급속한 변동으로 인해 변화된 여성복지의 현황과 실태, 여성복지정책 및 다양한 프로그램과 실천기술을 정리 · 소개하고, 동시에 새로운 이론과 접근방법을 제시하는 데 중점을 두었다. 따라서 성차별과 성불평등에 의해 야기된 각종 여성 문제와 여성복지에 관심이 있는 여러 학계 관련자 및 연구자뿐 아니라 현장에서 여성복지 문제를 해결하고자 애쓰고 있는 실무자에게도 도움이 될 것으로 믿는다.

3판에서는 여성복지의 실천 영역을 좀 더 다양하게 구성하였으며, 여성복지의 전망과 과제에 대해서도 살펴보았다. 그러다 보니 기존 저자 조홍식, 김혜련, 신혜섭, 김혜란 등 네 분과 함께 신은주 교수님을 모시게 되었다.

3판은 전판과 달리 총 4부로 구성되어 있다. 제1부 '여성복지의 기초'는 여성복지의 기초가 되는 다양한 여성연구와 여성복지에 대한 이해를 돕고자 하였으며, 총 2개의 장으로 구성하였다.

구체적으로, 제1장 '여성과 여성연구'에서는 성 개념 및 성에 대한 이론적 관점, 성의 사회문화적 통제의 배경, 여성학의 역사와 여성학의 성격, 여성주의론의 여러 유형을 제시하였다. 그리고 여성연구의 핵심인 여성과 일-가족 관계에 관한 연구들을 상세하게 살펴보았는데, 이 장은 조홍식 교수가 집필하였다.

제2장 '여성복지의 이해'에서는 여성 문제와 사회복지의 관계, 사회복지와 여성주의론의 관계 및 여성주의 사회복지실천, 성인지 예산제도에 대해 살펴보았다. 그리고 여성복지의 개념과 범주, 여성복지의 대상 영역과 여성복지의 접근방법을 거시적 · 미시적으로 나누어 그 내용을 비교하여 개괄하였으며, 가족의 여성복지에 대한 순기능적 측면과 역기능적 측면을 비교하였다. 특히 미국의 여성주의적 여성복지의 발달단계를 제시하였다. 아울러 복지레짐과 여성레짐을 소개하였는데, 이 장은 조홍식 교수가 집필하였다.

제2부 '여성복지의 이론과 실천방법'은 구체적인 여성복지의 여러 접근방법을 거시적 · 미시적 접근방법으로 구분하여 제시하였으며, 총 3개의 장으로 구성하였다.

구체적으로 살펴보면, 제3장 '여성복지정책과 서비스'에서는 여성복지정책과 여성주의 이념 및 복지국가 이념을 함께 생각하고 복지국가에서의 여성복지정책에 대한 논쟁점을 고찰한 후, 여성주의적 복지국가 유형론에 관해 다양하게 논의하였다. 또한 한국의 여성복지서비스 현황을 상세히 분석하였는데, 이 장은 신혜섭 교수가 집필하였다.

제4장 '여성과 법'에서는 여성 관련법을 어떻게 이해해야 할 것인지에 대한 개념틀을 구성한 후, 그 틀에 맞추어 「가정폭력방지 및 피해자보호 등에 관한 법률」「남녀고용평등과 일 · 가정 양립 지원에 관한 법률」, 사회보장법으로 이슈가 되고 있는 「국민연금법」 등을 중점적으로 고찰하였는데, 이 장은 김혜련 교수가 집필하였다.

제5장 '여성주의 사회복지실천방법'에서는 여성복지의 미시적인 접근방법으로서 여성주의 사회복지실천방법에 대한 개념정의와 여성주의 실천모델 및 여성주의 사회복지실천의 기본 명제 및 가정과 원칙 그리고 여성주의 사회복지실천의 사례를 제시하였다. 또한 여성주의 사회복지실천의 일반적 원칙과 개입과정, 다양한 기법, 그리고 여성주의 집단 사회복지실천뿐만 아니라 여성주의 사회복지실천에 대한 비판 등을 소개하였는데, 이 장은 김혜란 교수가 집필하였다.

제3부 '여성복지의 실천 영역'은 제1부와 제2부의 이론적 접근을 기반으로 하여 실제적으로 여성복지가 이루어지고 있는 실천 영역을 살펴보는 것으로서, 특히 한국 여성복지의 중요한 실천 영역들을 제시하여 각 영역별 문제, 서비스 현황, 대책 등을 총 9개의 장으로 나누어 소개하였다.

구체적으로 살펴보면, 제6장 '여성과 노동'에서는 노동시장에서의 여성노동의 최근 현황을 구체적으로 살펴보고 여성노동의 일반적인 특성 및 주변적 특성을 분석하였다. 이러한 특성을 바탕으로 노동시장에서의 불평등 해소방안을 고찰하였는데, 이 장은 신혜섭 교수가 집필하였다.

제7장 '여성과 빈곤'에서는 빈곤의 여성화 현상에 대한 고찰을 한 후, 빈곤의 여성화를 대표적으로 보여 주는 여성 한부모가족과 여성노인 그리고 여성 한부모가족 가구주와 여성노인의 사회적 지지에 대해 고찰하였다. 이 장은 김혜련 교수가 집필하였다.

제8장 '여성과 폭력'에서는 여성에 대한 남성의 폭력 유형을 가정폭력과 성폭력으로 구분하여, 각각의 구체적인 실태와 폐해 그리고 폭력에 대한 잘못된 생각 등을 살펴본 후 다양한 지원과 서비스와 관련된 예방 및 대책 등을 상세히 고찰하였는데,

이 장은 김혜란 교수가 집필하였다.

제9장 '여성과 노년'에서는 여성노인의 현황으로서 인구, 가족, 건강, 교육 및 고용 현상과 각 영역의 문제 그리고 여성의 생애주기의 변화에 따른 복지 욕구를 구체적으로 살펴본 후, 여성주의적 생애주기 시각을 고찰하였다. 그리고 여성노인 문제와 사회복지 현황을 파악하고, 이 문제들에 대한 실천적 · 정책적 대책을 제시하였는데, 이 장은 신혜섭 교수가 집필하였다.

제10장 '여성과 장애'에서는 한국 여성장애인의 인구 현황 및 생활 실태와 욕구를 분석한 후, 여성장애인 관련 법률을 살펴보았다. 그리고 여성장애인에 대한 주요 복지시책과 서비스를 소개한 후 여성장애인을 위한 구체적인 대책과 과제를 전반적으로 제시하였는데, 이 장은 김혜란 교수가 집필하였다.

제11장 '여성과 정신건강'에서는 여성과 정신건강에 대한 일반적인 고찰과 함께 여성의 정신건강 측면에서 대표적으로 나타나는 우울증과 여성 알코올 중독을 중심으로 구체적인 문제 현황과 대책을 제시하였는데, 이 장은 김혜련 교수가 집필하였다.

제12장 '여성과 결혼'에서는 결혼 자체보다는 결혼생활에서의 질을 논하였다. 또한 부모 역할의 측면에서, 아버지와는 다르게 어머니로서 여성이 갖는 몫과 여성이 취업을 하였을 때 직면하게 되는 사회의 이중잣대 등 일반적으로 여성이 결혼으로 인해 경험하게 되는 것들의 문제나 생활변천 단계에서 결혼한 여성이 경험하는 이혼, 재혼, 사별의 문제를 여성주의적 시각에서 살펴보았는데, 이 장은 김혜련 교수가 집필하였다.

제13장 '여성과 이주'에서는 결혼이주여성을 중심으로 여성과 이주에 대해 살펴보았는데, 우선 한국의 결혼이주여성 실태를 파악한 후 결혼이주여성이 지닌 주요 문제를 분석하였다. 그리고 한국의 다문화정책의 주요대상계층인 결혼이주여성가족을 위한 법제 및 정책의 현황과 문제점을 파악하였다. 이 장은 신은주 교수가 집필하였다.

제14장 '여성과 성매매'에서는 성매매에 대한 정의와 여러 법적 입장과 국제협약 내용 그리고 성매매의 여러 유형을 비교하여 설명하였다. 아울러 성매매의 발생요인과 성매매 관련 정책들을 고찰하였다. 그리고 성매매 여성을 위한 대책을 제시하였는데, 이 장은 신은주 교수가 집필하였다.

제4부 '여성복지의 전망'은 결론부분으로서 하나의 장인 제15장으로 되어 있는데, 여기서는 여성복지 환경의 변화, 미래 여성복지에 대한 전망 및 과제에 대해 고찰하였다. 이 장은 조홍식 교수가 집필하였다.

이번 개정판에서는 여성복지의 이론적 접근을 기반으로 하여 한국에서 실제로 여성복지가 이루어지고 있는 실천 영역을 좀 더 다양하고 심층적으로 살펴보고자 하였지만 공동저술하는 데 따른 집필방법의 비일관성 등의 문제로 인해 미흡한 점이 있음을 솔직히 고백하지 않을 수 없다. 아울러 우리의 문화와 가치에 맞는 토착적인 여성주의 사회복지 실천이론과 방법을 제시하고자 노력하였지만 이번에도 아쉬움이 남는다. 이에 대한 독자들의 지속적이고 애정 어린 조언과 비판을 기대한다.

늘 우리와 함께하시는 하나님과 『여성복지학』 3판이 나오기까지 꾸준히 도움을 주신 학지사 김진환 사장님을 비롯한 모든 직원분께 감사를 드리며, 성차별과 성불평등을 겪고 있는 여성들의 삶의 문제와 복지서비스에 관심을 갖고서 여성복지 발전에 힘을 쏟으시는 모든 분께 이 책을 바치고자 한다.

2020년 9월

집필자 대표

조홍식

차례

제2부 여성복지의 이론과 실천방법

제3부 여성복지의 실천 영역

제 1 부

여성복지의 기초

WOMEN WELFARE

제 1 장

여성과 여성연구

아이가 갓 태어났을 때 사람들이 가장 큰 관심을 갖는 것은 딸인가 아들인가 하는 성별에 관한 것이다. 이러한 남성과 여성이라는 생물학적 성(biological sex)은 인간이 태어날 때부터 정해진다는 것은 확실하다. 그러면 이러한 생물학적 성의 차이는 과연 사회 속에서 어떻게 인식되고 달리 인정을 받게 될까? 혹시 여성이기 때문에 받는 차별의 요소는 없는가?

이 장에서는 여성으로서 갖게 되는 다양한 성적 의미와 사회 속에서 발생하는 여러 여성 문제 그리고 이러한 여성 문제 해결을 위한 여성연구의 여러 유형과 내용에 대해 살펴보고자 한다. 사실상 여성의 문제는 국가와 사회를 초월한 전 지구적 문제로서 성 차별을 철폐하여 여성의 지위 향상과 여권신장을 도모함과 동시에 소외받는 요보호여성을 위한 사회서비스를 제공해야 할 필요가 있다.

1. 성에 대한 이론적 관점

1) 성 개념과 유형

성은 인간들의 생명의 원천이기에 그 존엄성을 지켜야 함은 당연하다. 인간에게 성 개념은 오랫동안 생물학적 · 생리학적 · 신체적 측면에서 바라본 성의 개념으로 이해되었다. 동물의 생물학적 암수를 구분하는 것과 같이 인간이라는 종에게서 남성으로 태어났는가, 여성으로 태어났는가를 구분하는 것이었다. 따라서 태어남과 동시에 섹스적인 남성과 여성은 구별되고, 특별한 경우가 아닌 이상 평생 변하지 않는 것을 의미하였다. 이후 인권에 대한 인식이 발달하면서 사회적이고 문화적인 성을 의미하는 젠더(gender)라는 개념이 생겨나게 되었다.

이렇게 성을 이해할 때 섹스와 젠더를 아울러 복합적으로 이해하는 것에 대해 프로이트(Sigmund Freud)는 '섹슈얼리티(sexuality)'라는 개념을 최초로 사용하여 성을 한층 더 다양한 측면에서 해석하였다. 그는 인류의 역사를 성에 대한 억압의 역사로 보고, 쾌락원칙의 성에서 현실원칙의 성으로 이행하는 것으로 파악하였다. 이는 생물학적 차원을 넘어 사회문화적으로 만들어지는 다양한 사회규범이나 제도와의 관계 속에서 성이 작용하고 있음을 밝혀냈다. 이후 조르주 바타유(Georges Bataille)는 『에로티즘』이라는 저서에서 섹슈얼리티를 육체 · 심성 · 신성의 섹슈얼리티로 구분하여 성과 종교와의 관계를 규명하는 단서를 제시하였다. 이 외에도 현대 좌파 프로이트 이론가들인 라이히(Reich), 마르쿠제(Marcuse), 프롬(Fromm), 자크 라캉(Jacques Lacan, 1901~1981) 등은 성의 욕망적인 속성과 문화적 · 사회적인 산물로서의 속성 등을 다차원적으로 분석해 내었다. 그리고 성의 본능과 억압 간의 대립관계를 사회구조적, 역사적 차원에서 설명하고, 가부장제적, 자본주의적 구속에서 성을 해방시켜 그 본질을 추구할 것을 주장하였다(Weeks, 1985: 2-3).

일반적으로 **성 개념**은 크게 생물학적인 차이의 성별을 지칭하는 성(sex), 그리고 이러한 성별에 따라 사회문화적으로 형성되는 차이와 차별을 내포하는 사회적인 성격의 성(gender), 그리고 성교 및 다양한 성적 표현과 행동을 포함하는 포괄적인 의미의 동성과 이성 등 성적 관계를 말하는 성(성애, sexuality) 등으로 유형화할 수 있다.

(1) 성(sex)

섹스는 흔히 생물학적 성(biological sex)으로 지칭된다. 이는 인간의 신체구조, 특히 성기의 생김새에 따른 남녀 간의 성 정체감(sex identity)을 바탕으로 하는데, 주로 남녀 간의 성기 결합이나 성관계를 의미한다. 인간의 호르몬이나 생식기능의 차이 및 유전자 등의 생물학적 요소 혹은 정신, 심리구조 등의 본질적인 요소들로 인해 고정불변의 성적 차이가 발생한다고 보는 관점을 갖는다. 이러한 개념은 남성의 공격적이고 적극적인 성과 여성의 무성적, 수동적 성을 가정함으로써 남성중심의 성 문화를 정당화한다.

(2) 사회적 성(gender)

사회적 성은 여성성(femininity)과 남성성(masculinity)에 대한 사회문화적 구분, 혹은 사회문화적으로 여성과 남성에게 부과된 일련의 특징 및 행동유형을 의미한다. 이러한 사회적 성은 생물학적 성을 기반으로 하여 사회심리적으로 학습된 행동과 그에 준하는 기대를 뜻하는데, 이러한 기대는 남녀별로 다른 문화적 속성을 갖는다. 즉, 사회적 성은 하나의 획득된 젠더 정체성(gender identity)을 의미한다고 할 수 있다.

그러면 이러한 여성은 여성답게, 남성은 남성답게 길러지는 사회적 성에 대한 자아정체성은 어떻게 인식되고 확립되는 것일까? 우리가 흔히 이야기하는 여성다움, 남성다움의 성 정체감은 성 역할 획득의 중요한 요인이 되는데, 성 역할 획득의 나쁜 결과로 성적 고정관념이 생겨나 성차별의 요인이 됨을 강조한다.

이렇게 볼 때, 젠더 정체성이 갖는 특징은 다음과 같이 요약할 수 있다. 첫째, 젠더 정체성은 선천적이거나 자동적으로 형성된 고정불변의 것이 아니다. 젠더 정체성이란 사회적으로 조직되며, 불안정하고 변화 가능한 것이고 또한 관계적이다. 둘째, 일반적으로 남성들에게 성 차이가 더 중요시된다. 이러한 것이 남성이 가진 권력을 유지하도록 하며 이를 보완한다. 가부장적 권력구조하에서 성 차이가 옹호되는 것을 볼 때 이는 능히 설명 가능하다(김원홍, 이인숙, 권희완, 1999: 38).

여성과 남성은 태어나는 것이 아니라 만들어지는 것으로 보는 입장을 강조하는 이러한 젠더 정체성 개념은 남성중심사회에서 여성에게 부과된 기준을 문제시하고 그 속에 내재한 권력관계를 분석하는 데 유용하다. 이러한 개념을 바탕으로 한 '젠더 체계'란 용어는 흔히 '성별 체계'로 지칭되는데, 성별을 기반으로 한 사회적 분리 및 지배체제, 이데올로기 등을 포괄하는 것으로, 여성에 대한 남성의 지배체제가 사회에서 구조화되어 있음을 예리하게 규명해 준다.

(3) 성관계적 성(sexuality)

섹슈얼리티는 성적 욕망, 성관계적 실천, 성관계 정체성 등을 의미하며, 여성 혹은 남성으로서 우리 자신이 가지고 있는 의식 모두를 포함한다. 다시 말하여, 한 사람에게는 성적인 것이 다른 사람에게는 성적이지 않을 수 있으며, 그 기준은 시대와 장소에 따라 다를 수 있음을 강조한다. 따라서 성적인 관계뿐만 아니라 인간이 갖는 성적인 느낌이나 자신을 정의하는 방식 및 타인이 나를 정의하는 방식 등을 모두 포괄하는 매우 광범위한 개념이라 할 수 있다. 이 개념은 성적 욕망이나 성적인 행위, 관행 등이 성별뿐만 아니라 계급, 인종, 연령, 성적 선호, 규범, 제도들에 의해 다양하게 구성된다는 관점을 제공하므로 다양한 차원에서 성적 억압의 문제를 파악할 수 있게 해 준다.

성적인 욕망뿐만 아니라 성적인 가치, 신념, 환상 등을 포괄하는 성관계적 성(성애)의 개념을 규정하는 입장은 크게 두 가지로 구분된다. 하나는 본질주의적 또는 자연주의적 접근으로서 성을 인간의 자연적인 본능이나 생리적인 충동의 표출로 보고 절대적으로 주어진 본질을 지닌 것으로 이해하는 입장이다. 또 한 가지는 성을 인간의 심리와 사회문화적 구조와 상호 연관성 속에서 파악하는 입장으로서 성을 인간의 특별한 행위 영역으로 취급할 것이 아니라 관습적인 사회생활의 한 부분으로 간주해야 한다는 입장이다(이영자, 1991: 86-87).

이러한 관점에서 볼 때, 성적 정체성(sexual identity)으로 스스로가 자신이 어떤 사람에게 연애 감정이 생기는지, 혹은 성적으로 끌리는지 판단할 수 있다. 따라서 성적 정체성과 성적 행동은 성적 지향과 관련되어 있다고 할 수 있다(Reiter, 1989: 139-140). 그러나 엄밀하게 말해서 성적 정체성은 성적 지향과는 다르다. 종전에 성적 정체성의 형성은 LGBT[1]라고 불리는 성소수자만이 겪는 과정으로 간주되어 왔으

1) LGBT로 부르기 이전에는 LGB라는 말이 주로 사용되었다. LGB라는 말이 처음 사용되기 시작한 것은 1988년 미국에서이다. 그 이전에는 homosexual(동성애)이라는 단어를 많이 썼다. 이후 성소수자를 부르는 말로서 미국에서는 LGBT로 부르기 시작했다. LGBT는 Lesbian, Gay, Bisexual, Transgender(레즈비언, 게이, 양성애자, 성전환자)를 약칭하는 말이다.

나, 보다 최근의 관점은 성적 정체성의 형성이 일반화되고 보편적이라고 간주하면서 여러 다양한 주류 정체성 형성 및 이론의 넓은 영역 내부에 성적 정체성을 집어넣으려고 한다(Dillon, Worthington & Moradi, 2011: 649-670).

2) 성의 사회문화적 통제의 배경

서구에서는 일찍이 성 불평등적 사회구조와 권력관계를 토대로 하여 성을 사회문화적으로 규정하였으며, 이러한 성은 오늘날에도 여성억압과 차별 문제의 핵심을 이루고 있다. 이러한 배경에는 가부장제도와 자본주의 제도가 있다.

(1) 가부장제도

가부장제를 뜻하는 영어 페이트리아키(patriarchy)는 아버지라는 뜻의 페이트리(patri)와 지배라는 뜻의 아키(archy)가 합성된 단어로 '가족의 대표자인 아버지가 가족 구성원에게 행사하는 일방적인 권위 혹은 지배'를 의미한다(한국여성연구소, 2005: 22-23). 이러한 가부장제에 대한 개념은 유동적이며 정의 자체가 엄밀하지 않지만, 여성주의 이론에서는 가부장제 사회를 부권제 사회라고 부르기도 하면서 일반적으로 여성을 억압하는 부당한 사회구조로 정의한다(Price, 2009: 203-227). 이러한 가부장제도가 갖는 몇 가지 특징과 해결방안을 살펴보면 다음과 같다.

① 가부장제도의 특징

가 성의 불평등 기제

결혼과 가족제도는 인간의 성 통제의 방식을 결정짓는 기본적인 사회제도이며 사회질서의 토대이다. 그러나 가부장제는 남성에 대한 여성의 경제적 종속과 성적 종속을 토대로 형성된 성 통제를 강화하는 성의 불평등 기제를 갖고 있다. 즉, 여자의 성은 남자의 가문을 전승시키기 위한 생식의 기능을 유일한 목적으로 삼으며, 여성에게 남편가문 혈통의 순수성을 보장하기 위해 순결과 정절을 절대적인 의무로 부담시킨다.

나 성 역할과 성적 정체성의 엄격한 분리

가부장제하에서 성별에 따라 부과되는 성 역할(gender role)과 이를 근거로 형성되는 젠더 정체성(gender identity)으로서의 여성성과 남성성은 일반적으로 다음과 같은 특징을 갖는다.

첫째, 가부장제하에서 성 역할은 남녀의 역할을 이분화함으로써 남성은 사회에서, 여성은 가정에서 활동하도록 분리시키며, 특히 가정에서 여성의 모성 역할을 중시하는 것과 관련하여 여성의 성을 절대적으로 생식의 기능과 직결시킨다.

둘째, 성 역할로부터 유래되는 성의 사회성은 남성의 역할과 남성성을 적극적, 공격적, 독립적, 합리적, 유능함으로 규정하는 반면, 여성의 역할과 여성성을 소극적, 방어적, 의존적, 감성적, 수줍음으로 규정하는 이분법적 속성을 내포한다.

셋째, 가부장제의 성문화는 성기 중심적이고 남근숭배적인 성을 절대시함으로써 사회생활의 모든 측면에서 남성 중심적이고 남성 우월적 원리가 지배하듯이, 성관계에서도 역시 남성에게 성욕의 자유로운 표출의 특권이 부여되고, 여성은 주로 이러한 관습에 적응하는 상태에서 자신의 성욕 충족의 방법을 주체적으로 추구하는 가능성을 원천적으로 배제한다. 여성들에게서 공통적으로 나타나는 불감증은 이러한 남성 중심적 성관계의 결과임을 간과할 수 없다.

다 성차별

성차별이란 성별이 다르다는 이유로 받는 편견이나 배제, 제한을 말한다. 성차별은 평등한 것끼리의 '서로 다름'에 기초한 성차이와는 구분된다. 성차별은 일반적으로 여성에게 부정적인 영향을 미친다는 의미로 받아들여지지만, 성차별은 여성에게만 국한된 것은 아니고 남녀 모두와 성소수자를 대상으로 할 수 있는 차별이다.

그리고 개개인의 범위에만 속한 것이 아니라 광범위한 사회 속에서도 나타난다. 무심코 사용하는 언어나 태도 속에서도 발견할 수 있다. '계집애 같다'든지 '남성답다'는 말 속에 성차별이 숨겨져 있으며, 지나친 기사도 정신에서도 남성우월주의를 발견할 수 있다. 직장 내 성차별은 취업 및 승진 기회의 박탈, 임금의 상대적 저하 등의 현상으로 나타난다. 여성의 정치적 지위도 낮으며, 정책 결정과정 참여의 기회도 적은 등 사회의 각 부문에서 다양하게 드러난다.

이와 같이 성차별 문제의 특징은, 첫째, 차별(불평등)에 대한 인식조차 하기 어렵고, 둘째, 인식을 하더라도 개인이 문제제기를 공개적으로 하기가 힘들며, 셋째, 개인이 문제제기를 하더라도 '사회적' 문제로 여겨지지 않으며, 넷째, 사회문제로 이슈화되더라도 법이나 제도로서만 해결하기 어려운 정서적, 감성적 부분이 포함되어 있다는 점이다. 따라서 법이나 제도적 접근만이 아니라 인간의 정서와 감정을 다루는 섬세한 정치(detailed politics)의 실현이 필요하다.

② 가부장제의 해결

가부장제를 해결하기 위한 출발은 공식적인 남성 지배와 가정적 여성 지배의 분열된 사회생활구조를 극복하는 일이다. 민주주의가 발달된 후기산업사회에서 비대해진 공적 영역이나, 혹은 공적 영역에 의해 통제되는 사적 영역에 자신의 삶을 매몰시키지 말고 공사영역 간의 유기적 연결을 보장하는 생활양식을 창조해 나가는 길이야말로 가부장제를 해결하는 단초가 될 수 있다.

가부장제의 해결은 여성의 사회활동과 사회참여에 의해 공허한 권위로 불안해하던 남성들이 먼저 아내와의 친밀한 관계를 통해 가정 안에 자신의 실질적인 자리를 마련해 나가고, 여성의 삶이 왜 그래야만 했는지에 대한 역사와 문화에 대한 종합적인 이해를 하는 데서 시작한다. 다시 말하여, 가부장제가 공적 영역과 사적 영역의 이분화, 즉 일과 생활, 소외된 노동 위주의 외부세계와 개인감정 중심의 내면세계, 그리고 도구적 인간과 정서적 인간의 분열을 초래한다는 사실을 분명히 깨닫게 될 때, 비로소 일상적인 생활양식의 변화를 통한 가부장제 극복이 실현될 수 있다.

(2) 자본주의제도

① 성의 억압

성의 억압(sexual oppression, sexual repression)은 인간의 성욕이 제한되거나 금지된 상태를 지칭하는 용어로서 단순히 성적인 표현이나 행위를 금지하는 것뿐만 아니라, 인간의 자연스러운 성(sexuality)을 불편한 것으로 간주하거나 심지어 주류 성문화와 접촉되는 것을 혐오하고 멸시하는 감정까지 모두 포함한다. 성의 억압은 자본주의의 유일한 산물은 아니나, 자본주의 성적 억압의 고유한 형태를 만들어 냄으로써 이를 세계적인 수준에서 극단적으로 추진시켰다. 특히 자본주의가 가족에 미친 영향 중 하나는 사유재산을 기초로 한 전통적 가부장적 가족구조의 쇠퇴이며, 다른 하나는 노동과 사회생활의 영역 밖에서 경험되는 개인적 삶을 강조하는 현상이다(김정희, 1986).

후자의 경우 19세기에 산업자본주의가 발달되는 과정에서 부르주아 가족은 생산노동이 이루어지는 외부 사회로부터 개인의 개성과 정서생활, 그리고 친밀한 인간관계를 보호하는 피난처로서 가정생활을 예찬한다. 나아가 청교도 윤리와 결합하여 가족을 청교도 윤리를 실천하는 규범적, 정신적 모범의 장으로 취급한다. 여기서부터 여성의 가사 역할이 미화되고 전업주부가 이상화됨으로써 여성의 직업 활동은 가족 개개인의 모든 생활에 손해를 주며, 여성의 직업과 가사 역할은 상호 갈등관계에 있다고 보는 관념이 생겨난다. 때로는 주부의 취업은 가정의 낮은 지위를 드러내는 것으로 간주하기도 한다(Hareven, 1986: 48).

② 노동과 성의 이원화

생산력의 극대화를 최상의 목적으로 삼는 자본주의 경제는 인간의 노동 영역으로부터 모든 비합리적인 것을 배제시켜 노동의 도구성을 높인다. 그 결과 성은 노동과 공식조직으로부터 엄격히 분리되어 사적 영역으로 취급된다. 즉, 합리성이 지배하는 일과 사회는 남성의 영역으로, 감수성이 주도하는 가정과 사생활은 여성의 영역으로 대립시키는 이분법적 경향이 강화된다.

이러한 이분법적 경향은 여성에게 세 가지 의미를 갖게 한다(이영자, 1991: 90). 우선, 성 모델로 취급되는 여성은 직업세계와 공식조직에서 열세한 위치의 주변적인 존재로 규정된다. 둘째, 합리성을 이상화하는 자본주의 사회에서 비합리적인 여성의 역할과 세계는 자연히 남성의 세계에 비해 부차적인 것으로 평가 절하된다. 셋째, 여성은 성 모델로서 남성에게 노동과 합리성에서 배제된 에로틱한 감성을 제공하고 충족시키는 성적 대상의 존재로 취급된다. 이 세 가지는 결과적으로 성과 여성의 세계가 노동과 남성의 세계에 의해 지배되는 것으로 나타나며, 결국 전통적인 성의 이중구조를 심화시키는 측면을 나타낸다.

한편, 이러한 성 도덕성을 강조하는 부르주아 가족의 이데올로기와 노동 영역의 탈성화(desexualization)는 가족과 노동 밖의 영역에서의 성 부도덕의 증가, 즉 매매춘제도의 증가로 나타났다. 산업화와 도시화에 따라 유동적인 노동집단과 이산가족, 독신남성이 늘어남에 따라 성매매 여성과의 관계를 성욕 충족의 유일한 배출구로 이용하는 인구가 증가한 것이다. 동시에 이러한 수용에 부응하여 저임금 노동을 보조하는 방편이나 또는 본격적인 직업으로 성매매업에 종사하는 여성인력의 공급도 증대하였다. 결국 금욕의 원칙과 방종의 현실 사이의 괴리가 더 심해지면서 성의 이중구조가 더 확고하게 나타난 것이다.

③ 성의 자유와 성 혁명

자본주의는 공식적으로 가족과 노동을 통해 성 억압을 강화하는 이면에, 성의 자유를 부추기는 잠재적인 요소들을 내포하고 있다. 이것은 우선 자본주의 경제원리에서 발견된다.

전통사회가 공동체를 우선시하였다면 자본주의는 개인의 고유한 욕구와 행복을 중시한다. 그 결과 경제적 개인주의는 문화적 이기주의로 유도되어 개인의 쾌락 추구가 증가하게 된다. 이러한 현상은 하층 노동자계급에서 시작되었고 훨씬 시간이 지난 이후에, 그 강도가 매우 약한 상태로 중간계급에서 나타나게 된다. 가정생활의 가치를 우선시하는 부르주아 계급과는 달리, 하층계급은 상속할 재산이 없는 만큼, 그들을 지배했던 공동체의 통제에서 일단 벗어나면, 가족보다는 오히려 개인의 욕구충족을 위해 행동할 만큼 자유롭다. 그러나 보다 중요한 이유는 경제적인 것이다. 이들은 대부분의 경우 저임금 때문에 결혼을 늦추어야 했고 따라서 수년간 연애를 했다. 퍽스(Fuchs)는 이들의 무수한 자유연애는 '자본주의의 필연적인 결과'라고 지적하였다(이기웅, 박종만 공역, 1986: 152-153).

19세기 말부터 20세기에 이르러 자본주의 문명은 성의 혁명과 해방을 구가한다. 푸코는 자본주의 성장이 성적 쾌락의 증대를 야기한 배경에는 부르주아 계급이 자손과 혈통과 상속권에 대한 각별한 관심을 가졌고, 이 때문에 육체와 성에 관한 그들의 집착이 매우 컸다는 점을 주장한다. 이로 인해 19세기 후반에 가서는 부르주아 계급이 그들의 일종의 계급의식과 헤게모니의 확인을 위해 고안한 성의 장치와 통제 기술을 사회 전반에 파급시키기 시작하였다고 본다. 특히 1870년 이후, 혼외의 성관계에 대한 금기가 약화되고, 성 쾌락주의가 확산되며, 전통적인 성관습에서 이탈되는 다양한 성 형태, 즉 동성애나 변태행위 등이 증가되는 한편, 어린이에 대한 성적 금기들도 완화되는 추세를 나타낸다. 또한 성의 휴머니즘을 재발견하려는 노력과 함께 성에 대한 과학적 연구가 정신분석학, 심리학, 의학 등을 중심으로 활발하게 전개되면서 성과학(sexology)이 정립된다. 성과학은 전통적인 성 도덕을 공격하였고 성교육과 성 상담 및 성 치료법을 위한 지식의 토대를 제공하였다. 그리고 가장 중요한 변화는 부르주아 가족이 과거에는 주로 경제적 요구, 혈연, 상속에 의존하였던 것이 점차 사랑과 성의 결합의 의미를 중시하는 경향을 나타낸 것이다. 출산율이 낮아지고 부부중심의 소가족이 보편화되는 상황에서 개인주의의 발달과 함께 성의 자유와 쾌락을 추구하는 사회문화적 풍조가 부르주아적 가정생활의 전통에까지 침투, 확대된 변화로 볼 수 있다. 그 결과 가족은 더 이상 성적 금기의 장이 아니라 성화(sexualization)의 주요 생활공간이 되었으며, 아울러 성 쾌락에서의 남녀의 상호성과 성적 평등의 문제가 제기되었다. 그 후 서구사회는 1960년대를 기점으로 여권의식이 고조되면서 결혼과 가정에 집착하던 여성들이 조직화되고 사회정치적 요구와 주장을 확대해 가는 상황으로 발전한다. 성 혁명은 혼전 성의 자유, 평등주의에 입각한 여성의 성생활과 여성의 자율적인 성적 권리의 추구, 성에 대한 공개토론의 증가로 나타난다. 피임약의 보급과 함께 여성에게 생식적인 성과 쾌락적인 성의 구분이 가능해진 것도 성 혁명을 부추기는 요인이 되었다. 특히 부부생활의 문제가 심각해지고, 이혼이 증가하고, 또 한편에서는 개방 결혼이 등장하는 등 전통적인 가족 모델에 일련의 변화를 요구하는 추세가 나타나면서 기존의 가족제도가 위기를 맞게 된다(이영자, 1991: 98-103).

④ 성의 상품화

성 혁명에 의한 성 해방은 소비사회의 발달과 연관성을 갖는다. 소비사회는 절제와 검약의 자본주의 정신을 '소비의 미덕'으로 대치시키면서 쾌락주의를 적극 장려하게 된다. 소비사회에서 성은 하나의 상품으로서 모든 계층의 일상생활에 침투하게 되고 인간의 성생활은 이러한 상품적 성격의 지배를 받는다.

이러한 성 상품화가 인간에게 주는 영향은, 첫째, 인간의 개성을 상실시키고 객체화함으로써 성욕을 자극하는 메커니즘에 의해 성적 대상의 물신화를 강화한다. 성의 물신화는 성의 상품화 현상에 의해 여성을 남성 성욕의 대상으로 취급해 온 가부장제 전통을 더욱 강화시킨다. 아울러 이러한 여성의 성과 육체의 물신화는 결국 성의 인간적인 가치를 무시하는 문화를 파급시킨다.

둘째, 성욕을 인위적으로 조작함으로써 성의 소외현상을 야기한다. 소비전략에 의해 성은 소비욕구를 인위적으로 만들어 내는 소재와 매개물로 이용되어 인간의 무의식 세계를 조작하고 성적 환상을 심어 줌으로써 끊임없이 새로운 성적 자극과 성의 소비를 충동하는 상업주의 속에 빠져들게 한다. 그 결과 인간은 진정한 성적 충족을 얻지 못한 채, 항상 새로운 갈망에 쫓기고 상대적인 좌절과 위화감을 강화한다. 특히 여성의 성에 대한 상품가치를 적극 개발하는 각종 성 산업은 여성의 성매매를 급증시키고, 이것이 소비대중의 성문화와 밀착되면서 성의 소외현상을 심화시키게 된다. 그 외에도 여성의 성적 매력을 노동력의 일부분으로 이용하는 여성 직업이 증대함으로써 노동보다는 오히려 성의 효율성을 중시하는 여성들이 늘어나게 된다. 이런 점에서 마르쿠제는 후기 자본주의 사회의 성 해방은 위장되고 허위적인 것임을 강조한다. 성 해방은 상업적인 이해관계와 대중매체의 조작에 의한 것이며, 모든 사회가 성애화되는 상황은 도리어 성적 긴장 및 강박관념 그리고 성에 대한 맹목적인 숭배를 조장하기 때문에 진정한 성 해방이 불가능하다는 것이다(김종호 역, 1982).

셋째, 성 상품화와 직결된 성 해방은 성적 민주주의의 허위의식을 심어 준다. 성 해방은 마치 누구나 일상생활 속에서 성의 자유와 쾌락을 즐길 수 있는 가능성이 있고, 또 대중의 성생활이 동질화되어 가는 것 같은 환상을 주지만, 실제로 성생활에서 계급과 인종과 성별 간의 차이가 존재한다. 이는 부르주아 계급과 노동자 계급의 이원론적 구조보다는 훨씬 더 복잡하고 다층화된 구조를 갖게 한다. 그리고 성은 부, 위신, 권력, 생활 스타일 등과 결합하여 기득권적 사회경제적 지위를 강화하는 측면을 내포하기도 한다(Morgan, 1975: 187). 이런 점에서 마르쿠제는 현대의 성 해방은 통제된 해방이며, 쾌락이 또 다른 유형의 복종을 만들어 낸 것에 불과하다고 본다(Weeks, 1985: 167-168).

결국 성 해방은 사회정치 의식과 계급 간의 위화감 및 갈등을 성적 쾌락으로 둔화시킴으로써 체제 내적인 순응주의와 합의를 조작하는 사회통제의 기제로 이용된다고 볼 수 있다. 또 계급적 연대감이나 정치참여의 의지 대신에 개인주의적인 이해관계와 쾌락주의에 몰입하는 성향을 조장한다. 지배계급의 입장에서는 대중의 불만과 비판의식을 약화시키거나 심지어 우민화시키기 위해 성적 상징의 조작을 이용하는 경향을 나타낸다(이영자, 1991: 105).

2. 여성학의 이해

1) 여성학의 역사

지금까지 우리 주변에 '남성연구'라든가 '남성학'은 흔히 볼 수 있는 학문 활동이 아니나, 남성이 아닌 '여성'이라는 주제는 많은 연구자가 관심을 갖고 있다는 사실만으로도, 우리는 이미 무언가 잘못되어 있다는 것을 발견하게 된다. 좀 과장되게 들릴지는 모르나, 이러한 현상을 보고 인간의 사회사가 얼마나 남성중심으로 흘러왔던가를 짐작하게 되고, 학문이 중립적(중성)이라고 생각해 왔지만 실제로는 얼마나 남성지향적이었던가를 새삼스럽게 깨닫게 된다. 다시 말해서 남성에 관해서는 구태여 따로 연구하지 않아도 될 만큼 모든 인문 · 사회과학이 그동안 남성중심의 성향을 띠어 왔고, 따라서 여성에 관한 연구는 별도로 시도하지 않고서는 이를 뒤쫓아 갈 수가 없게 되었다는 것이다(이온죽, 장지연, 1999: 71).

이렇게 사회 속에서 남성에 비해 소외되고 차별당하는 여성에 관한 체계적이고 총체적인 연구의 결과 등장한 것이 여성학이다. 다시 말하여 **여성학**은 여성 스스로의 주체적인 자각과 함께 여성의 시각에 의해, 여성을 위한 학문적 탐구의 결과로 등장했다고 할 수 있다. 여기서 여성의 시각이란 이제까지 남성중심의 이데올로기에서 탈피한 새로운 여성중심적 시각을 의미한다.

역사에서 여성을 되살려 내고자 하는 학자들은 19세기를 아주 오래된 여성의 역사의 전환점으로서, 마치 전통적인 기반 전체가 개조되었던 것처럼 보이는 시기로 규정한다. 소위 근대의 전형적 시작으로 보이는 이 시기에 여성들에게 한편으로는 소위 '빅토리아식 성 규범'으로 표상되는 엄격하고 종속적인 역할이 주어졌다는 것을 인정하면서도, 더욱 중요하게 '페미니즘의 탄생을 목도한 시기'였다는 점을 강조하는 것이다(즈느비에브 프레스, 미셸 페로, 1998). 따라서 자유주의적 페미니즘의 등장, 여성의 재산권 및 교육권 쟁취 운동, 여성 평등권 운동과 참정권 운동에 이르기까지, 남성 일색이던 역사에서 여성들이 전면으로의 부상을 꾀하는 굵직굵직한 사건들은 '여성의 역사'에 집중조명을 받는 사례들로 떠오르게 되었다.

그러나 여성학이 하나의 학문으로 성립된 것은 1960년대 후반 이후의 일로, 최근

학문의 영역으로 성립한 인종학 · 노인학 · 소수민족학 등과 같이 우리 시대의 필요에 의해 창립된 학문이다. 즉, '인권존중 또는 계층 간, 영역별로 형성된 차별 문제'에 대한 해결을 위하여 여성운동 차원에서의 문제제기와 함께 이에 대한 실천적 방안을 제시하기 위하여 형성된 이론적 연구인 것(김원홍 외, 1999: 10)이다.

미국의 경우 수많은 여성 의식고취(consciousness raising)를 위한 모임, 각종 집회와 탄원서 유포 등을 통해 최초로 승인된 여성학 관련 수업은 1969년의 코넬 대학교(Cornell University)에서 만들어졌다(Kahn, 2006). 연이어 당시 미국에서 일어나고 있던 여성해방운동(National Women's Liberation Movement)과 더불어, 대학생들과 학내 커뮤니티 멤버들은 여성학 개설을 위한 AD HOC 위원회를 만들어 여성학 과정을 만들 것을 촉구한 결과 이듬해 1970년에는 프로그램화된 여성학 과정이 샌디에이고 주립대학교(San Diego State University)에서 개설되었다(https://www.womensstudies.sdsu.edu). 이후 1970년대에 미국 전국 대학에 150개 이상의 여성학 프로그램이 만들어졌으며, 전국여성학협회(The National Women's Studies Association) 또한 1977년에 설립되었다(https://www.nwsa.org).

우리나라의 경우 이화여자대학교가 1950년대에 '여성과 직업' '여성 운동사' '여성 사회학'을 개설하기 시작했으며, 1977년 9월에 국내 최초로 여성학을 학부과정에 개설했다. 이후 1982년에 아시아 최초로 대학원에 여성학 석사 과정을 개설하였다. 1984년에는 동국대학교가 남녀공학 대학에선 최초로 여성학 강좌를 개설하였다. 그리고 1984년에는 한국여성학회가 발족되었고, 2005년에는 아시아 최초로 세계여성학대회가 한국에서 개최되었다. 이와 같이 이화여자대학교가 여성학을 전공학문으로 도입한 이후 현재 전국의 많은 대학교에서 여성학 강좌가 개설되어 있으며, 대학원 학과로 개설된 곳으로는 이화여자대학교 일반대학원에 여성학과가 있고, 계명대학교에 정책대학원 여성학과가 있다. 서울대학교 등 상당수 대학교에는 협동과정의 형태로 대학원 과정에 개설되어 있다.

2) 여성학의 성격

대부분의 여성학자는 비록 자신들의 위치가 한 분과학문에 속해 있다 할지라도, 복잡한 여성의 현실은 단일한 분과학문의 틀 안에서 결코 이해될 수 없는 것으로 간주하여 성별과 여성의 삶을 잘 이해하는 것은 학제 간 연구를 통해서야만 가능하다는 데 수긍해 왔다(Finger & Rosner, 2001: 500). 즉, 여성학은 현재의 제도 학문의 내용을 변화시키는 것과 분과학문의 경계를 넘어 여성주의적 지식을 생산해 내는 것 등 두 가지 비전을 갖고 시작하였다고 할 수 있다(Thorne, 2000: 9).

따라서 여성학의 기본 입장은 여성 문제에 대한 철저한 분석을 통하여 사회구성원의 의식 변화와 사회 변화를 함께 가져올 수 있다는 것이다. 그 과정에서 여성학은 두 가지 목적을 가지는데, 하나는 여성의 억압을 드러내는 것이고, 다른 하나는 이것을 철폐하는 것이다.

그리고 여성학이 하나의 학문으로 성립된 것은 여성해방운동이라는 차원에서 큰 의의를 지니고 있다. 여성학은 현실에 대한 감정적 불만보다는 여성 문제에 대한 객관성 · 합리성 · 과학성 · 논리성 · 진리성 · 연속성을 강조하기 때문이다. 따라서 여성학은 여성에게 필요한 것이면서도, 여성해방과 관련된 문제진단과 함께 해결책을 제시한다는 측면에서 운동성을 띠고 있다고 볼 수 있다(김원홍 외, 1999: 11-12).

따라서 여성해방운동은 어느 나라에서든 남성에 비해 여성이 갖는 성차별을 철폐하고, 남성의 억압으로부터 벗어나 여성의 권리 추구와 함께 평등사회를 구현한다는 공통된 목적을 가지고 있다. 그러나 여성해방운동은 시간과 공간의 차이에 따라 그리고 여성해방운동가의 이념과 성격에 따라 운동방식은 상이한 특성을 지니고 있다. 여성해방운동이 갖는 몇 가지 속성을 살펴보면 다음과 같다.

첫째, 의식화를 강조한다. 많은 여성해방운동가는 '의식화(consciousness-raising)'를 새로운 정치학에 따른 사회운동이 이룩한 가장 중요한 공헌 가운데 하나로 보고 있다. 의식화는 개인적이고 은폐되어 있는 여성의 근심을 사회 문제로서 함께 인식하도록 하는 과정을 말한다. 또한 의식화는 그들의 분노와 근심을 드러내고 고통을 선언하며 그것을 정치적 문제로 전환시키는 투쟁이다.

둘째, 남성 쇼비니즘을 배격한다. 남성 쇼비니즘(male chauvinism)은 남성을 지나치게 우위에 두는 것이다. 남성 쇼비니스트(chauvinist)는 우리 사회에 있는 남성 지배를 내면화하며, 그의 개인적 행동과 태도에서 이러한 남성우위를 그대로 나타낸다. 그리고 남성 쇼비니즘은 급진적 여성해방운동가가 파악하는 것처럼 어떤 특수한 사회구조를 전제하고 있는 태도를 말한다. 대체로 급진적인 여성해방운동가들은 정신분석학을 남성 쇼비니즘의 가장 결정적 요소로 전제하고 있는 반면, 사회주의자들은 사회구조가 개인의 행위와 심리를 결정한다고 본다. 어떤 분석이 시도되었든 간에 서술적이지만 분석적이 아닌 남성 쇼비니즘이란 용어는 같은 의미를 지니고 있다. 이는 단지 남자라는 지위에서 의식적으로든 본능적으로든 여성에 대한 지배의 입장을 취하는 남성을 의미하는 것으로 여성해방운동에서는 이를 단호히 배격한다.

셋째, 성차별주의와 가부장제의 철폐를 주장한다. 오늘날 남성 쇼비니즘이라는 용어보다 성차별주의(sexim)라는 용어가 빈번히 사용되고 있다. 성차별주의는 하나의 성이 다른 성에 의해 열등시되는 것을 의미한다. 결국 하나의 사회가 성별에 따라 확연하게 분리되게 된다. 남성 쇼비니즘이 주로 개인적인 것을 다루는 반면 성차별주의는 전체 사회와 사회문화에 대해 언급한다. 그리고 가부장제는 앞에서 서술했듯이 일반적인 남성 지배를 의미하는데, 가부장제 내에서 보편화된 남성지배와 여성예속의 체제는 사회화를 통해 이루어지고, 이데올로기적 방법을 통해 행해지며 제도적인 방법에 의해 유지된다. 따라서 여성해방운동가들은 이러한 사회 속에 건재하고 있는 성차별주의와 가부장제를 사회운동을 통해 철폐하고자 노력한다.

넷째, 여성주의적 신념을 갖고 있다. 여성주의론(feminism)은 상당히 다양하게 정의되어 왔으나, 현재는 일반적으로 여성의 권리—해방, 자유 혹은 평등—를 지지하는 이념을 지칭하는 말로 사용된다. 그러나 여성해방운동가들은 여성주의론에 대해 여성이 받고 있는 억압이 일차적이고 가장 중요한 것이며, 어떤 특별한 역사적 맥락과 관련 없이 시공을 초월하여 여성의 권리를 쟁취하는 것이라는 신념을 갖고 있다.

3) 여성주의론

여성주의, 혹은 **여성주의론**으로 번역되는 영어 단어 페미니즘(feminism)은 1800년대 프랑스의 정치담론에서 쓰이던 'feminisme'에서 유래하며, 당시에는 여성해방(women's emancipation)과 동의어로 쓰였고 1800년대 중반에는 '여성의 자질(qualities of females)'을 지칭할 때 사용되었다. 이러한 feminisme라는 단어를 처음 사용한 시기에 대해서는 확실히 알려진 것은 없으나, 적어도 1890년대에 페미니즘이라는 단어가 유럽 전역에서 널리 사용되었다는 사실은 1900년 이전에 이미 벨기에, 프랑스, 스페인, 이탈리아, 독일, 그리스, 러시아의 출판물에서 해당 용어가 쓰인 기록들에서 잘 나타나고 있다(Offen, 2000: 10-15).

한편, 우리나라에서 페미니즘은 여러 가지 용어로 번역, 사용돼 왔다. 1970년대 중반 페미니즘의 도입기에는 여권론, 1980년대에는 여성해방론, 1990년대 종반을 넘어서면서는 여성주의 또는 페미니즘이라는 원문 그대로를 쓰는 것이 일반석이 되었다. 그러나 어떤 용어로 사용되든 그 개념에는 기본적으로 모든 성차별과 억압에 반대하고 성평등을 지향한다는 정신이 관통하며 단지 각 용어가 사용되는 시대적 상황과 배경에 따라 페미니즘을 통해 드러내고자 하는 것 혹은 주안점이 달라지면서 용어가 달라졌을 뿐이다(한국여성연구소, 2005: 18).

이처럼 다양한 여성해방이론, 즉 성차별 문제에 관심을 갖고 있는 여성주의론은 상이한 이념적 경향을 보이고 있다. 1970년대에는 여성주의론을 자유주의, 급진주의, 마르크스주의, 사회주의로 분류하게 되었는데, 이 분류가 보편적으로 많이 소개되고 있다. 그러다 1980년대에는 복지권 신장의 영향으로 다양한 여성들의 욕구해결을 중심으로 한 복지주의 여성주의론도 확고하게 자리 잡게 되었고, 최근에 와서는 이러한 주장을 모두 비판하면서 기존 가치체계의 해체를 주장하는 포스트모더니즘 입장에서 본 여성주의론도 소개되고 있어 여성주의론의 관점이 더욱 다양해지고 있다.

일반적으로 현존하는 여성주의론자들은 다음과 같은 세 가지의 입장을 취하고 있다. 첫째, 앞으로의 연구에 여성을 포함시키는 연구를 실시하여 성차별주의를 제거하자는 입장, 즉 남녀를 통합시켜 접근하는 방식, 둘째, 성을 사회를 분화시키는 원점으로 보아서 남성과 여성을 따로 분리하여 각자의 특정 입장이나 위치에서 현상을 파악하고 연구를 진행시키자는 입장, 셋째, 지금까지 이루어진 이론들을 완전히 재개념화시키는 입장, 즉 여성에 의한 여성을 위한 조사연구의 필요성을 강조하며, 여성은 당연히 남성과 다른 견해를 가진다는 관념 그리고 여성의 입장에서 구축된 이론이 본질적일 수 있다는 인식론적 입장을 갖고 있다.

여기서는 이러한 다양한 여성주의론의 여러 입장을 비교, 고찰해 보고자 한다(김원홍 외, 1999; 이창순, 정진성 편역, 1997; 한국여성연구소, 2005; Tong, 1989).

(1) 자유방임주의 여성주의론

자유방임주의 여성주의론(libertarian feminism)은 1970년대 이후 보수파의 정치적 성공의 결과로 부각되었으며, 신자유주의 철학적 기반을 갖고 있다. 일반적으로 생물학적 결정론에 입각하여 생물학적 차이로 인해서 남녀 간의 역할 차이가 결정된다고 본다. 따라서 자유방임주의 여성주의론에서는 여성이 모성기능을 수행하기 때문에 남성으로부터 가족 내에서 보호받는 전통적인 성 역할 분담을 당연한 것으로 받아들인다. 즉, 여성의 모성과 가사업무라는 재생산 역할이 보호되어야 하며, 이러한 재생산 역할의 보호는 기존 가족제도 내에서 이루어져야 한다고 본다.

자유방임주의 여성주의론은 자유시장경제가 사회질서의 기반이 된다고 보기 때문에 법이나 사회정의에 의하기보다는 시장을 통한 개별여성의 자유 획득을 강조한다. 즉, 여성이 가정에 머물러 전적으로 가사업무에만 종사할 것인가, 아니면 노동시장에 참여할 것인가는 여성에게 선택의 자유가 주어져야 한다고 보는 입장이다.

그리고 자유방임주의 여성주의론자들의 국가에 대한 태도는 일반적으로 개인의 자유를 제한하는 국가개입에 대해서 반대하는 입장이다. 예를 들어, 여성노동자에 대한 보호적 입법조치로 인해 고용주가 여성 고용을 기피하게 되고 따라서 여성은 노동시장에서 오히려 불이익을 감수해야 하기 때문에 국가의 여성 보호입법이 오히려 여성에게 불리하게 작용한다고 보는 것이다. 또한 자유방임주의 여성주의론은 기존의 성차별적 가치를 그대로 인정하고 있을 뿐만 아니라 자유시장하에서의 자유로운 계약이라는 개념은 일부 능력 있는 전문직 여성에게만 해당하는 것으로 간주함으로써 계급에 관한 인식이 결여되어 있다고 할 수 있다. 따라서 자유방임주의 여성주의론은 엄격한 의미에서 여성해방에 관심을 가진 여성주의론이라고는 볼 수 없다고 하겠다.

(2) 자유주의 여성주의론

자유주의 여성주의론(liberal feminism)은 자유주의 정치사상에 기원을 둔 것으로, 주로 19세기와 20세기 초에 현격한 성 불평등의 해소를 달성하고자 한 관점이다. 자유주의 정치사상은 중세 봉건사회에서 근대 자본주의 사회로 이행하는 과정에서 새로 등장한 시민계급의 이념으로 형성되었는데, 만인의 자유와 평등을 제창하였다. 전통적 자유주의 정치사상의 기본 이념은 인간은 본질적으로 합리성을 지닌 존재이기 때문에 공정한 사회란 인간의 합리성을 전제로 한 자유의 실현을 위해 노력하는 사회로 간주한다.

여성도 남성과 동등한 능력을 보유하고 있기 때문에 동등한 처우를 받아야 하나, 현실에서는 능력주의 제도(meritocracy)에 의해 성차별이 발생하고, 여러 가지 제도적·법적 불평등으로 인한 기회의 차단이 성차별을 영속화시키는 요인이라고 파악하고 있다. 그러므로 자유주의 여성주의론은 참정권의 쟁취와 교육에서의 기회평등의 달성 등을 전략으로 내세운다. 그러나 자유주의 여성주의론에서는 국가가 성차별적 제도개선을 위해 긍정적인 역할을 수행한다고 보나, 개인의 가정생활과 사적 영역에까지 개입하는 것에는 반대한다.

이와 같은 자유주의 여성주의론은 여성 문제에 대한 사회구조적 분석에 입각한 근본적인 해결책이라기보다는, 국가정책의 범위 내에서 부분적인 개혁을 취하기 때문에 성차별을 근본적으로 해결하는 데는 한계가 있다. 자유주의 여성주의론이 강조하는 개혁과 법적인 평등은 노동시장, 가족, 교육, 사회복지제도 내의 제도화된 여성 억압의 토대를 허물지 못하고 있는 것이다. 우리나라의 경우, 여성 문제가 본격적으로 대두되기 이전인 1970년대까지 남녀 간의 교육기회의 평등을 주장한 것은 이러한 자유주의 여성주의론의 입장이라고 할 수 있으며, 기존의 여러 여성 관련 법제의 도입도 이러한 관점에서 설명할 수 있다.

그러나 자유주의 여성주의론의 성과는 무엇보다 여성 문제를 처음으로 이론화하고 사회운동으로 표출시켰다는 점이다. 자유주의 여성주의론은 자본주의 시대에 들어오면서 수많은 여성의 의식과 삶에 커다란 변화를 일으켰고, 이들이 주장하여 이루어 낸 법·제도·관행상의 개선은 적어도 현대 여성해방운동의 초석을 다졌다고 할 수 있다.

(3) 마르크스주의 여성주의론

마르크스주의 여성주의론의 출발은 여성도 경제참여를 통하여 경제적 자립을 얻으면 해방될 수 있다는 기본 이념에서 비롯된 것이다. 19세기 이후, 특히 서구의 경우 산업화가 보다 본격화되면서, 특히 여성노동자들은 중산층 이상의 여성들과는 달리 경제적 억압이 무엇보다 절박한 상황이었는데 여성이기에 받는 차별과 경제적 억압이라는 이중고에 시달렸던 것이다. 이러한 여성노동자에 대한 문제인식은 마르크스(Marx), 엥겔스(Engels), 베벨(Bebel)에서 출발한다.

마르크스주의 여성주의론은 계급의 모순을 1차적으로 인정하면서 여성 억압을 낳는 궁극적인 요인을 사적 소유제 혹은 그 현대적 형태인 자본주의 체제로 보는 관점이다. 마르크스주의 여성주의론은 주로 여성노동운동, 보통선거권운동, 사회주의 혁명운동 등에서 표출되었으며, 특히 20세기 중반이 되면서 제3세계 민족해방운동에 속하거나 이와 연계한 여성운동에서 채택되었다.

마르크스주의 여성주의론의 핵심은 여성 억압의 기원과 역사에 관한 탐구와 자본주의 체제하에서의 여성 억압에 대한 분석이다. 여성 억압은 계급구조의 발생과 함께 사적 소유제가 이루어지면서 형성되었다는 것이다. 사적 소유제의 모순은 남녀 간의 지배관계로 나타났는데, 그 매개체로 공적 부문과 사적 부문의 구별, 성별 분업, 가족제도 등을 거론한다. 특히 엥겔스는 『가족, 사유재산 그리고 국가의 기원(The Origin of the Family, Private Property and the State)』에서 출산 등 남녀의 생물학적 차이에서 비롯된 성별 분업을 인간 사회 최초의 분업으로 보았다. 이런 분업이 좀 더 확대 강화되어 여성은 집안일, 남성은 바깥일을 담당하게 되는데, 사회경제적인 변화로 말미암아 후자가 더 중요하게 인식되면서 남성이 여성에 대한 지배권을 가지게 된 것이 바로 여성 억압의 기원이라는 것이다.

따라서 마르크스주의 여성주의론자들은 남성에 대한 여성의 억압을 종식시키기 위해서는 여성이 경제적으로 독립하는 것이 매우 중요하다고 보며, 여성해방의 조건으로 전체 여성을 공적 분야에 유입하고, 가사노동과 자녀양육의 사회화를 기하여 여성을 해방할 수 있다는 것이다.

이렇게 마르크스주의 여성주의론은 자유주의 여성주의론의 단편적인 문제제기를 넘어서 여성 문제를 역사적이고 사회구조적인 관점에서 분석하였고, 이러한 여성 억압에 대한 체계적 분석은 사회 전체를 하나의 통일된 시각에서 틀을 마련했다는 것이 이 이론의 장점이라 할 수 있다. 또한 자본주의 사회의 기본적 모순인 계급모순을 여성 문제의 원인으로 보며 그 해결책도 자본주의 사회의 구조적 모순의 해결과 근본적인 변혁 속에서 모색하고 있다는 점이 특징이다.

그러나 여성 문제를 지나치게 경제적 논리로만 받아들였고, 특히 전체 여성 중에서 여성노동자의 문제에만 지나치게 집중한 한계가 있다. 그리고 생산수단의 사회화를 통한 자본주의 사회의 지배적인 사회관계의 철폐를 통해 여성 문제가 해결된다고 보지만, 현존하는 사회주의 사회에서도 자본주의 사회에 비해 성차별이 상대적으로 감소하고 가부장제가 완화되었다고 해도 여전히 성별 분업이 잔존하고 있다는 사실은 마르크스주의 여성주의론이 갖는 한계를 드러내 주는 것이다.

(4) 급진주의 여성주의론

1960년대 후반 이후 서구에서 여성해방운동이 강하게 일어나면서 여성 억압이야말로 억압의 가장 근본적인 형태로 독자적 체제를 이룬다고 보는 급진주의 여성주의론이 등장하였다. 마르크스주의 여성주의론의 경우 여성 억압을 계급 억압의 부산물로 여긴 데 비해, 급진주의(radical) 여성주의론은 여성 억압의 근원을 강조하였다.

급진주의 여성주의론자들 중 대부분은 여성 억압이 최초의, 가장 보편적인, 가장 뿌리 깊은 억압임을 인정한다. 아울러 여성 집단을 지배하면서 이득을 보는 주된 집단은 자본주의나 어떤 사회구조가 아니라 바로 남성 집단이라고 주장한다. 남성의 여성지배체제가 바로 이들이 말하는 '가부장제'인 것이다. 이처럼 남녀의 대립을 강조하는 급진주의 여성해방론은 여성 억압의 주된 원인을 법이나 제도, 노동보다는 여성의 재생산 기능, 성관계적 성(성애, sexuality), 사회적 성(gender) 등 여성으로서의 특징에서 찾는다. 특히 여성의 생물학적 특성인 출산과 이로 인한 의존성이 여성의 문제로 나타난다는 입장이다.

따라서 성의 혁명이 일어나야만 여성 문제를 근원적으로 해결할 수 있다고 보고 가능한 한 여성의 생물학적 생식의 지배에서 해방시켜야 함을 강조한다. 이를 위해 출산과 양육의 역할을 여성뿐 아니라 남성에게도 담당시켜야 함을 주장하는데, 예를 들면 인공수정이나 체외수정을 통한 출산의 과학화를 통해 여성해방이 가능해질 수 있다고 보는 것이다.

이렇게 급진주의 여성해방론은 남성과 여성의 생리적, 생물학적 특질을 정해진 것으로 전제하면서, 여성의 출산능력 자체를 인류의 재생산을 위해 사회적으로 보호되어야 할 모성으로 보지 않고 남성에 의해 지배당할 수밖에 없는 약점으로 보는, 생물학적 특성 자체에서 문제의 소지를 찾는 등 결정론에 빠지기 쉬운 단점이 있다. 그러나 여성에게만 부여된 재생산 기능을 무시한 최초의 이론이라는 점에서 의미가 크다.

(5) 사회주의 여성주의론

사회주의 여성주의론은 1960년대 후반 급진주의 여성주의론 등장 이후, 급진주의 여성주의론과 마르크스주의 여성주의론 등 두 가지 모두에 대한 비판적 문제의식에서 출발한다. 즉, 사회주의 여성주의론은 급진주의 여성주의론이 여성들 간의 계급차이나 가부장제 개념에 대해 너무 몰역사적인 점에 대해서 그리고 마르크스주의 여성주의론의 경우 여성 억압을 부차적인 것으로 처리한 것에 대해 비판적이다. 따라서 사회주의 여성주의론은 가부장제 이데올로기에 역사성을 부여하고, 유물론에 성이라는 범주를 적극적으로 끌어들이는데, 자본주의 사회의 여성 문제는 자본주의의 본질인 계급 억압과 성의 억압인 가부장제가 결합하여 더욱 굳건해진다는 점을 강조하는 것이다. 다시 말하여, 여성의 억압은 한편으로는 마르크스주의 여성주의론의 지적처럼 자본주의의 계급 억압체제에 기인하지만, 그와 동시에 급진주의 여성주의론이 주장하는 자본주의와 별도의 물적 기반을 갖는 남성 지배체제로서 가부장제의 규정을 받는다는 것이다.

그러나 자본주의와 가부장제가 어떻게 결합하여 여성 억압으로 이어지는가 하는 것에 대해서는 아직 합의가 이루어지지 않은 상태이다. 논의의 방향은 크게 두 가지로 나뉜다.

첫째, '이중체제론(dual system theory)'이 있다. 이는 자본주의와 가부장제 이데올로기를 일단 분리하고 나중에 결합하는 방식을 취하는데, 가부장제 이데올로기를 비물질적인 문화체제로 보는 입장과 물질적인 체제로 보는 입장이 있다.

둘째, '통합체제론(unified systems theory)'이 있다. 이는 이중체제론에 대한 비판에서 나온 것으로 자본주의와 가부장제를 원래 결합되어 있는 하나의 체제로 보는 입장이다.

이러한 결합방식에 의한 합의가 이루어지지 않음에도 불구하고 사회주의 여성주의론은 자본주의와 가부장제가 결합하여 남성이 생산 부문을 장악하고 여성이 남성에게 경제적으로 의존하게 하여 여성을 억압한다는 입장에 대해서는 완전 합의하고 있다. 그리고 자본주의와 가부장제의 결합이 결국 남성은 생산적 주체로서 공공 영역에 참여하는 반면에, 여성은 재생산적 주체로서 가정이라는 사적 영역에 참여하게 되는 성 역할의 이분법을 만들어 낸다는 것에도 합의하고 있다.

따라서 사회주의적 여성주의는 가정 내에서 여성이 분담해 온 아동양육업무와 가사업무 등의 성 역할 노동이 남성과 사회와 분담되도록 해야 하며, 임금노동과 무임금노동 간의 분리를 근본적으로 종식하여 남성 혼자서 가족의 생계를 책임지는 가족형태를 철폐할 것을 주장함으로써 양성평등을 강조한다.

이론적으로 볼 때, 사회주의적 여성주의는 자본주의체제 분석에다 가부장제 이데올로기 분석을 대입시킨 측면이 강하기 때문에 절충적인 장점은 있지만, 동시에 독창성과 일관성이 떨어지는 한계가 있다. 이러한 한계를 극복하기 위해 여러 다양한 억압구조를 세밀하게 분석하는 과정에 있다.

(6) 실존주의 여성주의론

현대 여성주의론 중 여성을 타자인 제2의 성으로 보면서, 이러한 위치에 대한 극복을 강조하는 여성주의론이 바로 실존주의 여성주의론이다. 이 이론의 대표적인 사람은 보부아르(Semone de Beauvoir)이다. 보부아르가 제창한 가장 일반적인 제2의 성 명제들은 사르트르(Jean-paul Sartre)가 제창한 20세기의 실존주의에서 이끌어 냈다. 보부아르가 사르트르의 자아와 타자와의 관계를 남성은 자아로, 여성은 타자로 규정한 것이 바로 제2의 성이다.

보부아르의 여성의 타자에 대한 설명에 의하면, 인간은 자신을 주체적이고 자유로운 존재로 확인하는 순간 타자가 발생하게 되는데, 출산의 부담이 없는 남성들은 그들의 정력과 정성을 바쳐 새로운 도구나 기술을 발명하여 우월한 존재가 되는 동시에 여성은 단지 출산만 하는 존재로 인식됨으로써 남성은 자아로, 여성은 타자의 위치에 놓이게 된다는 것이다.

보부아르는 오늘날 여성들의 삶은 이러한 소극적인 태도, 결혼과 모성에 대한 제도와 관습으로 인하여 타자로서 생활할 수밖에 없는데, 이의 극복방안으로, 첫째, 여성들은 자신의 지위를 확인할 수 있는 직업을 가져야 한다. 둘째, 여성들은 생각하고 관찰하는 주체적 행위를 하는 지성인이나 여성의 변화를 위한 선봉대원이 되어야 하는데, 특히 작가수업이 좋다. 셋째, 모든 사람은 적절한 식량과 의복 그리고 안식처를 제공받을 수 있을 때 어느 정도의 심리적 장애를 극복할 수 있기 때문에 여성들은 사회주의적 사회로의 변화를 위하여 노력해야 함을 강조하였다.

이러한 보부아르의 제2의 성을 중심으로 한 실존주의 여성주의론은 사르트르의 실존주의 이론을 그대로 차용하여 적용하고 있다는 면에서 독창성이 결여되며, 여성해방에 대한 실천적 전략이 부족하다는 비판을 받고 있다. 그러나 여성 문제를 여러 다양한 차원에서 분석할 때 제2의 성의 의미를 부여하는 이론적 근거를 분명히 제시해 주었다는 점에서는 의미가 크다.

(7) 복지주의 여성주의론

복지주의 여성주의론은 1970년대부터 모성의 기능인 사회적 재생산에 대한 물질적 보상이 자본주의 체제에서 제대로 주어지지 않은 자체가 여성 억압임을 강조하며, 어머니로서의 여성의 욕구해결과 아동의 욕구해결 모두에 관심을 기울이면서 등장하였다. 그리고 복지주의 여성주의론은 여성의 실용적인 문제해결에 관심을 가지기 때문에 공공 영역보다 사적 영역에서의 욕구해결을 더 중시한다. 여성의 빈곤, 불황, 보건의료, 고용, 교육 문제, 여성에 대한 폭력, 매맞는 여성의 쉼터, 강간과 성적 학대 피해자, 여성 죄수 문제 등에 관한 관심이 주류를 이룬다(NASW, 1995).

또한 복지주의 여성주의론은 성차별 문제를 긍정적 차별의 원리에 입각하여 다루기 때문에 가족 내에서 여성의 전통적 역할을 인정은 하지만, 모성의 사회적 재생산 역할에 대한 보상과 관련해서는 공공 영역인 국가 사회복지정책 개입에 의해 이루어짐을 주장함으로써 성차별 문제를 점진적으로 개혁하고자 한다. 아울러 사회복지전문가에 의한 사회복지실천을 강조하는데, 특히 지난 30년간에 걸쳐 학제 간 여성주의론적 학문 및 경험적 이론에 바탕을 둔 실천법의 괄목할 만한 성과로서 복지주의 여성주의론적 사회복지실천을 개발하였다. 이러한 사회복지실천은 이론과 방법에서 삶의 환경, 상황, 자각, 배경을 동시에 처리하려고 노력하는 다문화적이고, 다양식적이며, 해방적인 성격을 갖는다.

따라서 복지주의 여성주의론적 사회복지실천은 모든 사회복지 실천제도와 역할에서 남녀 모두와 함께 일하며, 사회정치적 구조의 변화가 인간 욕구의 처리와 성차별주의 그리고 기타 지배와 착취 형태로 인한 복합적 상처를 치료하는 데 필요한 일을 전개해 나가게 되었다. 그 결과 복지주의 여성주의론적 사회복지실천은 성차별을 두지 않는 실천과 성 역할에 민감한 실천을 통해 여성해방운동에 기여하게 되었다고 할 수 있다.

그러나 이러한 복지주의 여성주의론이 성차별에 따른 문제해결에 점진적인 개혁을 가능하게 함에도 불구하고, 방법과 대상이 제한되어 있어 한계를 지니고 있다.

(8) 포스트모던 여성주의론

포스트모던(post-modern) 여성주의론의 출발은 여성들이 진정으로 자유를 얻으면서 해방되기 위해서는 기존의 전통적인 가정과 남성중심적 활동을 거부하고 새로운 여성문화 활동을 주창하려는 데서 비롯되었다. 실존주의 여성주의론은 인간의 존재를 '자아'로서 '나'라는 '수체'와 '타자'로서 '타인'이라는 이분법적 범주를 설정하여, 남자는 '자아', 여성은 '타자'로 규정하여 열등한 존재로 간주된 여성들이 주체성을 가지면서 사회의 변혁을 통해 여성해방을 이룰 것을 주장하였다. 이에 대해 포스트모던 여성주의론은 다양성의 기본틀 안에서 여성이라는 '타자'의 장점을 찾거나 또는 '타자성'을 해체하는 방법으로 문제의 해결방법에 접근한다.

실제 포스트모던 여성주의론의 문제해결방식은 다음과 같다.

첫째, 타자로서의 '여성성'에 대한 장점을 찾는 방법이다. 이는 기본적으로 보부아르가 제창한 실존주의 여성주의론과는 달리 여성이라는 '타자성'에서의 장점을 찾는다. 즉, 여성이 지니고 있는 장점으로서 부드러움, 포용력, 모성성 등의 여성성을 긍정적으로 보면서, 남성과 여성의 차이점이라고 할 수 있는 개방성 · 다양성 · 다원성 등이 보장되어야 한다는 것이다.

둘째, 남성과 여성이라는 이분법적 사회구조와 이로 인해 파생되는 이념, 언어구조, 사회관습에 대해 비판적인 태도를 취하면서, 남성과 여성이라는 두 대립을 원상태로 되돌리기 위하여 여성이란 범주를 해체할 것을 제창하는 방법이다. 따라서 이는 남성과 대립된 여성보다는 여성들 내부의 차이 그리고 여성들의 삶이나 정체성을 규정하는 여성들의 다양성을 더 중시하는 경향이 있다고 하겠다.

이렇게 포스트모던 여성주의론은 여성들이 지닌 계급적 · 인종적 · 성애적 차이에 대해 급진주의 여성주의론보다 더 중요하게 생각하는 면이 있다. 그러나 이들은 계급적인 것이든 인종적인 것이든 어떤 하나의 차이에 특별한 중요성을 부여하는 데 반대하며, 나아가 한 여성의 정체성도 다양한 요소에 의해 규정된다는 것을 강조함으로써 거시적 차원에서의 계급 문제나 사회구조적인 문제 그 자체를 비교적 등한시하는 한계를 갖고 있다.

(9) 상호교차성 여성주의론

상호교차성 여성주의론은 상호교차성을 강조하는 여성주의론의 한 유형으로서 상호교차성 페미니즘 또는 교차성 페미니즘(intersectional feminism), 교차 페미니즘, 제3물결 페미니즘이라고도 하며, '교차 페미'로 불리기도 한다. 상호교차성 또는 교차성(intersectionality) 이론은 최근 20년 사이에 등장한 이론이자 방법론 또는 패러다임으로서 상호교차적인(intersecting) 또는 겹치는(overlapping) 사회 정체성 및 이와 관련된 지배구조, 불평등, 차별, 억압 등을 주로 연구한다. 1989년에 미국의 비판적 법 인종 이론을 개척한 크렌서(Kimberle Williams Crenshaw)에 의해 고안되었다(Pelak, 2007: 2395-2398). 그리고 상호교차성 이론의 뿌리 중 하나는 블랙 페미니즘이다. 블랙 페미니즘에서는 흑인 여성이 겪는 차별은 흑인의 차별과 여성의 차별을 단순히 합치는 방식으로 이해될 수 없다고 말한다. 인종, 계급, 젠더 등 각 범주들이 서로 상호작용하며 억압을 강화하기 때문이다(Collins, 2000: 15).

이와 같이 상호교차성 이론은 한 사람의 사회 정체성을 규정하는 범주는 단일하지 않으며 젠더, 인종, 사회 계급 등 다양한 측면이 상호교차적으로 작용한 결과라는 점을 강조하는데, 다음과 같은 몇 가지 특성을 지니고 있다. 첫째, 젠더와 인종을 단순한 개인적 특성이 아닌 구조로 개념화할 것을 강조하면서 젠더와 인종에 대한 본질주의적인 접근을 거부한다. 이러한 주장은 비단 상호교차성 이론가뿐만 아니라 최근 사회이론과 페미니스트 이론가 대부분이 동의하는 것이다. 이들에 따르면, 젠더나 인종은 사회적으로 구성된 것이며, 시대와 장소에 따라 유동적으로 그 의미가 변화하는데, 젠더나 인종의 개념은 고정적, 객관적, 자연적이지 않으며, 오히려 사회정치적 갈등의 상징에 불과하다는 것이다.

둘째, 여성이 단일한 범주를 구성한다는 선험적인 가정에 대해 거부한다. 즉, '여성'이 공통적인 억압을 경험하는 단일하고 통합된 집단이 아니라는 것이다. 따라서 상호교차성 이론은 '노동계급'이나 '여성'이라는 공통적인 구조적 위치를 가지고 있다는 사실은 그 자체만으로는 계급 불평등이나 젠더 불평등 해소를 위한 운동의 충분조건이 될 수 없다고 주장하면서, 경험적 연구를 실제로 수행하기 이전에 선험적으로 '여성'이라는 분석적 범주를 설정해서는 안 된다고 강조한다. 오히려 젠더 문제는 정치적이고 역사적인 실천과정 속에서 분석되고 문제해결 방안이 구축되어야 함을 주장한다.

셋째, 서로 연동되는 불평등 체계(interlocking systems of inequalities)가 존재함을 분명히 인식해야 한다고 강조한다. 서로 연동되는 불평등 체계야말로 상호교차성 개념의 핵심이라고 할 수 있기 때문에 한 사람에게 작용하는 억압, 지배구조, 차별을 올바르게 이해하기 위해서는 다양한 측면 사이에서 일어나는 상호작용과 창발적 속성을 체계적으로 분석할 필요가 있다고 주장한다. 이러한 속성을 잘 분석하기 위해서는 특정한 시기와 장소(historically specific and local)에 대한 분석이 필요함을 강조한다.

(10) 생태여성주의론

생태여성주의론(eco-feminism)은 생태학(ecology)과 여성주의(feminism)의 합성어이다. 페미니즘의 목표와 생태학 운동의 목표가 같다는 데에서 출발한다. 다시 말하여 자연에 가해지는 폭력과 여성에게 가해지는 억압이 서로 상관관계가 있다는 점에서 출발했다. 인간은 자연을 타자화하고 착취하는 방식과 기득권층인 남성이 여성을 타자화하고 착취하는 방식에서 그 공통점을 찾을 수 있으며, 한쪽의 억압이 동시에 다른 쪽의 억압을 낳기 때문에 자연해방과 여성해방 둘은 동시에 일어나야 한다고 주장한다. 이 용어가 처음 나온 것은 1974년 프랑스의 작가 프랑소아즈 드본느(Francoise d'Eauabonne)가 용어를 처음 사용한 부터이다. 그는『페미니즘이냐 아니면 죽음이냐(Le Feminisme ou la Mort)』라는 책에서 처음 이 용어와 개념을 사용하였는데, 가부장제를 자연 파괴와 연결시켰다(김현주, 2016: 33-35).

본격적인 논의는 1976년 미국 머레이 북친(Murray Bookchin)의 사회생태학 연구소가 개최한 에코페미니즘 강좌와 독일의 가브리엘 쿠비(Gabriele Kuby)의 '가부장제적 지배의 종말'(1975) 등 여성해방의 제2의 물결이 한창이던 1970년대 말 진행되었다(문순홍, 2006: 371). 1990년대부터 생태여성주의론은 분명한 전환을 보인다. 여성과 자연의 친밀성이 재생산 역할을 근거로 한 생물학적 사실이 아니라 가부장제에 의해서 구성된 것임을 인정하면서도, 여성-자연 친밀성에서 생태주의, 여성해방주의, 반자본주의적 사회변화의 가능성을 찾아내고자 하였다. 자본주의적 가부장제가 자연/문화 이원론에 의해 작동하고, 자연 지배가 둘 사이의 단절과 자연의 비하에 의해 정당화된다면, 단절의 수준이 약한 곳은 단지 종속적인 열등함의 장소가 아니라 자연과의 연속성을 회복할 수 있는 장소이기도 하기 때문(황주영, 2016: 307)이다.

3. 여성과 일–가족 관계에 관한 연구

지위와 사회적 참여가 직업과 벌 수 있는 능력에 밀접하게 연관된 사회에서, 직업은 대부분의 남성과 여성에게 사회적 인정과 참여, 존중을 위해 중요하다. 그러나 우리는 노동시장에서 남녀 간의 불평등을 자주 발견한다. 여성들은 일반적으로 남성보다 수입이 적으며, 노동시장에서 하는 일의 형태와 범위에서 남성보다 열등하고, 직업 자체도 남성보다 불안정한 직업을 갖는 경향이 많아 실직의 가능성도 남성보다 크다.

이러한 생산관계에서 갖는 여성의 불평등성의 문제, 즉 노동시장에서 여성이 갖는 불평등적 지위에 대한 연구가 꾸준히 이루어져 왔다. 그러나 최근에 여성주의자들은 여성들이 작업하는 현장과 노동시장에서 가족친화정책이 성평등 핵심전략의 하나로서 젠더 형평성을 증진하는 수단이 되어야 한다고 주장하고 있다.

1) 여성과 일

노동의 측면에서 살펴보았을 때, 여성은 가사노동, 남성은 시장노동(생산활동)의 형태로 성별 분업화된 현상과 노동시장에서의 남성 우위적인 고용구조는 바로 자본주의와 가부장제 사이의 상호작용의 결과이다. 가부장적 성별 분업이 자본주의 이전에도 이미 존재했으나 산업화에 따른 생산과 소비의 분리로 인해 더욱 강화되었을 뿐만 아니라 공공 분야, 즉 임금노동에까지 확대되었다. 이러한 가부장적 자본주의로 인해 여성은 노동시장에서 성별로 분업화된 일을 남성보다 적은 임금을 받고 함으로써 노동시장에서도 가부장제가 작용하게 되는데, 이로써 가장 많은 이득을 얻는 계층은 미숙련, 저임금의 여성노동자를 고용하는 자본가들이다. 이렇게 노동시장에서의 여성들의 열등한 지위는 자본가 계급 남성들에게 이롭기 때문에 구조화되고 지속되게 된다.

사실상 산업 자본주의가 성별 분업에 따른 여성의 가사노동에 기여한 것은 생산이 공장에서 이루어지면서 이데올로기적 측면에서 가정은 소비와 재생산을 위한 휴식처로서의 기능을 강화한 데서 비롯됨을 알 수 있다. 여성은 자녀를 양육하고 가족 구성원들의 정서적 안정을 유지해야 한다는 여성 역할의 이상화가 이루어짐으로써 무보수의 가사노동은 여성이 담당하고, 남성노동자는 임금 투쟁의 일환으로 가족임금을 요구하였다.

이러한 가족임금제는 두 가지 측면에서 남성의 지배 기반을 제공하였다고 할 수 있다. 첫째, 남성이 노동시장에서 여성보다 상대적으로 높은 직장, 높은 임금을 가져야 한다는 합리화의 기반이 되었다. 둘째, 여성의 일차적 책임은 가사노동임을 재확인하였으며, 노동시장에 참여한 여성의 이중부담(가사노동과 직장노동)을 당연시하게 하였다(김원홍 외, 1999: 265).

그런데 여기서 이러한 여성의 이중부담이 갖는 문제는, 첫째, 여성노동자에 대한 인식 문제인데 노동자로서의 인식보다 어머니나 아내로서의 인식이 우선시된다는 점이다. 둘째, 여성이 노동시장에 뛰어들 때는 그것이 남성으로부터 재정적 독립에의 거의 유일한 길이기 때문이라는 점이다. 셋째, 여성들이 직면하는 사회적 역할과 가정 역할에 대한 이중부담을 사회적인 문제라기보다 개인적으로 해결해야 할 문제로 간주하고 있는 것이 문제라는 점이다.

결국 이러한 여성의 이중부담이 갖는 문제는 여성의 취업을 가로막는 장애물이 된다. 이러한 이중부담 문제를 해결하기 위해 성인 여성 10명 중 8명꼴로 직장에 다니고 있는 스웨덴의 경우 여성노동자원을 활용하기 위해 전통적인 주부의 몫이었던 육아 문제를 정부가 담당함에 따라 모든 행정구역별로 보육시설을 완벽하게 갖춤으로써 아동양육 때문에 일을 못하게 하지는 않게 한 것이다.

2) 여성노동 시장의 변화

오늘날 여성노동 시장은 크게 세 가지 차원에서 변화를 겪고 있다.

(1) 노동의 여성화

서구 사회에서 불황 시에도 여성고용을 증가시킨 요인으로 노동시장 참여의 반전불가능성(the non-reversibility)을 들 수 있다. 여성은 더 이상 주변적인 노동자가 아니기 때문에 노동시장에 안정적으로 통합된 여성들은 다시 전업주부로 돌아가지 않는다는 것이다.

전반적으로 서구 국가에서 여성의 노동시장 참여 유형은 1980년대 초 M자형(양극 모델)에서 벗어나 종형(삼극 모델)로 전환하였으며, 경제위기 시 일단 직장을 잃더라도 노동시장에서 퇴장하기보다는 구직 행위를 계속하는 것으로 나타났다. 여기서 양극 모델이란 여성의 노동시장 참여가 '비참여'와 '참여' 사이를 오락가락하는 형태(비참여 ↔ 참여)를 띠는 데 비해, 삼극 모델에서는 '비참여'에서 일단 노동시장에 들어가게 되면 '취업'과 '실업' 사이에서 이동하는 형태(비참여 → 취업 ↔ 실업)를 나타낸다는 것이다.

이러한 여성 고용의 증대가 주로 기혼여성의 노동시장 참여에 힘입은 것임은 이미 잘 알려져 있다. 이러한 여성들의 높은 노동시장 참여는 직업구조의 변동, 여성교육 수준의 향상, 성차별금지와 동일노동–동일임금처럼 성평등을 추구하는 정책의 시행 등 다양한 원인이 복합적으로 작용한 결과라고 볼 수 있다. 그리고 경제위기 시 남성 실업자를 대신하거나 보조할 수 있는 소득의 필요성이 커진 결과이기도 하다. 이러한 변화의 결과, 경제위기 시에도 여성은 노동시장에서 퇴장하거나 실망실업자로 남는 대신 노동력의 주요 구성원으로서 지속적으로 노동시장에 머무른다는 것이다.

(2) 여성노동의 유연화: 파트타임 여성노동자의 증가

경제위기 이후 서구 사회에서 두드러지게 나타나는 특징의 하나는 파트타임 여성노동자의 증가 현상이다. 파트타임 노동은 경제적 하강기나 상승기에 사양 산업과 신흥 산업에서 가장 큰 규모로 확대되는 것으로 연구결과가 나오고 있다. 이러한 연구결과는 파트타임 노동의 증대가 수치적 유연성을 증대시키기 위해 고용주들이 선택하는 전략의 산물임을 알려 준다(Walby, 1997).

이와 같은 파트타임 노동이 갖는 문제는 크게 세 가지로 볼 수 있다. 첫째, 파트타임 노동의 개념 및 측정 기준과 관련된 정의 자체가 아직 통일되어 있지 않다. 미국의 경우 파트타임 노동을 정의하는 데 '직무에 기초한 정의'와 '노동자에 기초한 정의'가 혼용되고 있다. 전자는 고용주가 풀타임이라고 규정한 주당 표준 노동시간(통상 35시간)보다 작은 노동시간 동안 수행되는 직무나 시간상으로는 풀타임으로 또는 그 이상으로 일하지만 직무분류상 파트타임으로 분류되는 직무들을 모두 포괄하여 파트타임으로 정의한다. 후자는 주당 표준노동시간보다 적게 일하며 '파트타임 시간표'에 따라 일하는 사람들을 파트타임으로 정의한다(Tilly, 1996: 1). 여기서 전자의 정의를 사용할 경우 파트타임으로 분류되는 직무들은 2차 노동시장을 구성하며 이러한 일자리에 충원되는 사람들은 노동시간의 길이에 관계없이 2차적 노동자로서 승진기회나 임금 · 부가 급여 · 고용안정성 등에서 불리한 대우를 받는다.

둘째, 파트타임 노동자의 의사(意思)에 따른 자발적/비자발적 파트타이머의 구분에서도 그 기준의 타당성에 의문이 제기되고 있다. 자녀양육이나 노인 보살핌을 위한 사회적 지원체제가 갖추어져 있지 않는 상태에서 '스스로 파트타임을 선택'한 노동자들을 '자발적' 파트타이머로 볼 수 있는가 하는 논란이 그것이다. 공식 통계조사에서 자발적 파트타이머라고 대답한 사람들 중 많은 수가 여기에 해당하는데, 이들 중 상당수는 사실상 가족의 돌봄(care) 역할을 위한 다른 대안을 찾을 수 없어 파트타임 노동을 하고 있다고 볼 수 있다. 미국의 경우 현재 파트타임 여성노동자의 1/4이 비자발적 파트타임으로 보고되고 있지만 구분기준을 현실화할 경우 이 수치는 훨씬 더 커지리라고 평가된다. 또 지난 20년 동안 파트타임 노동자 증가의 상당부분이 비자발적 파트타이머의 증가로 설명될 수 있다는 점도 주목할 만하다(Tilly, 1996: 3).

셋째, 파트타임 노동의 문제는 그 성격과 관련된 것으로, 파트타임 여성노동자의 증가를 여성의 노동시장 통합과 연결시켜 생각할 때 이를 통합의 증대로 볼 수 있는가 하는 점이다. 여성의 노동시장 참여율이 증가하고 있지만 이는 주로 파트타임 노동의 증가에 힘입은 것으로, 총 노동시간의 측면에서 보면 여성의 노동시장 참여에서 유의미한 성장은 나타나지 않고 있다는 점이다. 파트타임 노동은 풀타임 노동과는 성격이 다른 것으로 여성의 파트타임은 일에 대한 태도에서 노동자보다는 주부에 더 가까우므로 여성 고용의 성장은 신화에 불과하다는 것이다.

그러나 양육의 사회화 수준이 낮고 가족의 노동력 재생산 노동이 여성의 책임으로 남아 있는 현재의 상황에서 파트타임 노동에 대한 기혼여성들의 수요는 당분간 지속되리라 예측된다. 여성의 생애주기에서 양육이나 보살핌 부담이 무거운 일정 시기에 파트타임 노동은 여성이 완전히 노동시장을 이탈하는 것을 막을 수 있는 기회가 될 수 있다. 특히 현재 스칸디나비아 반도 국가들에서처럼 노동시간에 따른 제반 권리와 돌봄 노동의 구분이 사라지거나, 서구 사회 특정 부문에서 나타나고 있는 것과 같은 1차 노동시장에 속한 파트타임 노동, 즉 높은 보상과 높은 생산성 · 고용안정성을 지닌 숙련직 파트타임은 파트타임 노동의 긍정적 변화가능성을 보여 준다. 현재 스칸디나비아 반도 국가들에서는 파트타임 노동이 여성에게 덫(trap)이 아니라 다리(bridge)가 되고 있다는 보고가 있을 정도로 파트타임 노동을 둘러싼 각종 정책은 획기적으로 개선되고 있다는 사실은 이들 사회에서 현실적으로 존재하는 파트타임 여성노동자의 문제를 더 이상 외면할 수 없게 되었으며 파트타임 여성노동의 문제가 사회통합의 주요한 쟁점이 되고 있다고도 할 수 있다.

(3) 여성노동의 양극화

경제위기 이후 선진국 여성노동 시장에서 나타나는 뚜렷한 특징은 여성노동시장이 두 개 또는 세 개의 층으로 수직적으로 분화되고 있으며 이들 간의 경계가 분명해지고 격차가 커지고 있다는 사실이다. 서구에서 공통적으로 지적되고 있는 여성노동 시장 구조의 변화는 전문직 여성의 비율이 광범위하게 증가해 왔다는 점이다. 1970년대 이후 지속되어 온 여성의 교육 수준 향상과 성차별금지나 동일노동–동일임금 등 남녀평등을 위한 각종 정책의 실시 결과 특히 고학력의 젊은 여성들은 과거 남성의 독점적 영역이었던 전문 · 기술 · 관리직에 진출하여 노동시장 상층의 일정 부분을 형성하게 되었다. 이에 따라 노동시장 상층에서 성별 직업분리나 성별 임금격차는 감소하는 경향을 보이며, 구체적으로 이것은 풀타임 정규직 노동자 내 성별 임금격차가 지속적으로 감소하는 현상으로 나타난다.

이와는 대조적으로 단순사무직 · 서비스직 · 생산직 등 노동시장 하층의 여성들에게는 성별 직업분리나 성별 임금격차의 정도가 약화되지 않으며 오히려 이들 집단의 빈곤이 심화되는 현상이 나타난다. 이는 특히 저학력 · 고연령 · 유색인 기혼 여성들에게 두드러지는 현상으로서 이를 '여성들 내부의 세대 간 격차로 인한 양극화'로 규정한다(Walby, 1997). 앞서 본 파트타임 여성노동자의 낮은 임금이나 여성가구주 가정의 빈곤 실태는 이 가설을 지지하는 주요한 증거로 해석될 수 있다. 따라서 대부분의 여성노동자는 파트타임이나 임시직 등 비정규직 노동자로 남을 가능성이 높고 이러한 고용형태에 대한 일정한 규제정책이 시행되지 않을 경우 이 집단여성들의 빈곤은 막을 길이 없다고 본다.

또한 이러한 양극화는 지식정보산업의 발달에 의해 가속화될 수도 있다. 정보사회의 등장은 첨단기술 및 정보 분야에서 요구되는 지식과 기술을 습득한 여성과 그렇지 못한 여성의 미래가 극단적으로 달라질 수 있음을 알려 주다. 즉, 기존 조직이 갖는 성차별적 속성이 첨단 기술과 결합하면서 여성에게 불리하게 작용할 수 있으므로 여성들은 남성보다 더욱 심한 양극화를 보일 가능성이 있다는 것이다.

3) 노동시장에서 차지하는 여성지위에 관한 연구

노동시장에서의 여성지위에 관한 설명들은 여러 부류가 있다. 대표적인 것들은 다음과 같다(김원홍 외, 1999; 박민자 역, 1991; 이홍탁, 1990; 정영애, 1998; Walby, 1990).

(1) 인간자본론

인간자본(human capital)은 인간들이 고용주에게 팔 수 있는 능력의 총합으로서 기술과 유사한 개념이지만 훈련과 자격만이 아니라 경험도 포함하므로 보다 넓은 개념이라 할 수 있다. 인간자본론에 따르면, 여성은 가족 내에서의 위치로 인해 남자보다 기술면에서 약하고 노동시장 경험이 적으며, 자격 면에서도 열악하므로 남자보다 일에 대한 대가를 덜 받게 됨에 주목하면서, 의사결정 단위는 개인이 아니라 가구라고 간주하고, 가구의 한 성인 성원은 가사에 그리고 다른 성원은 보수받는 노동에 집중하는 것이 가구의 이해관계에 더 맞아떨어진다고 주장한다.

그러나 이러한 인간자본론은 광범위하게 비판을 받아 왔다. 인간자본론의 이론적 문제는 고용주들이 고용인들에게 그들의 값어치에 따라 보수를 주는 완전노동시장을 전제한다는 것이다. 이 가정은 가장 많이 받는 직업들이 가장 많은 기술을 요할 것이라는 기능주의 계층 이론의 전제이기도 하다. 얼마만큼 '숙련'되었는지는 기술적 문제일 뿐만 아니라 사회적인 이슈로서, 더 권력 있는 노동자들은 덜 권력 있는 노동자들보다 자신의 직업을 고도로 숙련된 범주로 인정받게 할 수 있는 것이다. 여성노동자들은 남성노동자들보다 권력이 약하고 따라서 여성의 인간자본은 남성의 것보다 인정받지 못하기 쉽다. 이렇게 인간자본론이 노동시장에서 남녀에게 불평등하게 구조화하는 제도화된 권력관계를 무시했음은 큰 약점이다.

(2) 이중노동시장론

배론과 노리스(Barron & Norris)는 영국의 노동시장에서의 여성의 지위를 설명하기 위해 이중노동시장론을 발전시켰다. 이 이론은 노동시장을 두 개의 노동시장, 즉 1차적 노동시장과 2차적 노동시장으로 구분한다. 1차적 노동시장은 훈련과 승진을 제공하는 직장들로 이루어지고, 2차적 노동시장은 불안정한 저임금의 미숙련직을 포함하며 불경기 때 쉽사리 해고되고, 낮은 보수를 받으며, 열악한 고용 조건을 지닌다. 그들은 여성들은 가정 내의 역할 때문에 직장에 전념할 수 없고 적은 임금을 받고도 일할 것이며, 해고가 쉽고, 노조에 가입하는 경향이 적으므로 2차적 부문에 들어가게 된다고 간주한다.

(3) 노동시장분절론

에드워즈, 고든과 라이히(Edwards, Gordon, & Reich)는 노동시장분절론을 제기했다. 고용주들은 분할 지배(divide and rule) 전략으로 노동시장을 분절시킨다는 것인데, 이는 프롤레타리아의 연대와 동질화를 저지하기 위한 목적으로 이루어진다는 것이다. 즉, 여성을 남성으로부터 분리시킨다는 것으로, 성과 마찬가지로 인종에 기반을 둔 기존의 분리들이 고용주들에 의해 활용된다는 것이다.

(4) 비교가치론

비교가치론이란 노동의 가치가 수요와 공급의 시장경제 법칙에 의해 결정되어서는 안 되며, 오직 노동 그 자체가 가지고 있는 고유의 가치에 의해 결정되어져야 함을 주장한다. 따라서 여성들의 가사노동이나 직장에서의 노동은 시장경제의 법칙에 따르면, 그 가치를 저울질할 수 없는 보잘것없는 것이긴 하지만, 가사노동이나 여성이 하고 있는 일 자체가 가지고 있는 고유의 가치란 엄청난 것임을 강조한다. 그러나 이러한 비교가치론은 이상론에 치우친 것으로 시장경제의 원리를 정면으로 부정하는 입장을 취하고 있다는 한계를 갖는다.

(5) 사회주의 여성주의론

사회주의 여성주의론에서는 노동시장에서의 여성 차별을 사회 전반적인 구조면에서 설명하였다. 이 이론은 가부장적 성별 분업이 자본주의 이전에도 존재했으나 산업화의 진행에 따라 더욱 강화되었다고 보았는데, 남성은 여성들을 고임금 노동에서 배제시키고 여성이 저임금을 받아 어쩔 수 없이 가족 내에서 남성에게 종속되도록 조직화하였다는 것이다.

자본주의적 생산양식에서 여성들은 결혼하고 남편에게 봉사하는데, 그 이유는 남편과 동일한 조건의 임금에서 배제되기 때문이다. 여성은 가사노동, 남성은 생산노동의 형태로서의 성별 분업과 노동시장에서의 남성 우위적인 고용구조는 바로 자본주의와 가부장제의 상호작용의 결과이며, 노동시장에서 여성의 열등한 지위는 자본가 계급과 남성에게 이롭기 때문에 구조화되고 지속된다는 것이다.

4) 가족친화정책과 성별화된 일-가족 관계

오늘날 여성주의자(feminist)들은 가족친화정책(family friendly policy)이 젠더 형평성을 제고하는 수단이 되어야 함을 주장한다(Lewis, 1996; Williams, 2000). 여기서 젠더 형평성 관점은 한 사회가 남성이든, 여성이든 일과 가족 중 어느 한 영역에만 의존하지 않고, 남녀 모두가 일과 가족이라는 두 영역에서 최적의 기여를 할 수 있도록 사회 전반의 구조를 변화시키는 것을 지향하고 있다(Lewis, 1996: 8).

역사적으로 가족친화정책은 여러 나라에서 여성주의론의 주요 의제로 다루어져 왔다. 그리고 **가족친화정책**이란 용어는 많은 나라에서 **일-가족 양립정책**, **일-생활 균형**(work/life balance: 워라밸) 정책과 별다른 구분 없이 사용되며, 각 나라의 정책적 강조점에 따라 보다 적절하다고 여겨지는 개념이 선택적으로 사용되고 있다(홍승아, 장혜경, 이택면, 배호중, 이홍식, 2011: 12).

여성주의자들은 이러한 가족친화정책이 노동자의 삶의 질을 향상시키고 기업의 생산성 증대에 기여할 뿐만 아니라 성평등을 증진시킨다고 주장한다. 성별 분업과 공사 분리에 기초한 일-가족 이분법은 가정과 일터의 분리가 일어난 산업화 이후, 기업과 가족의 관계는 개인의 삶을 부양자와 양육자라는 두 개의 모델로 분리함으로써 이를 성별로 고착화하는 방식으로 이루어져 왔다. 기업의 고용체계는 가족 돌봄에 대한 책임이 면제된 남성노동자를 전제로 설계되었고, 가족 돌봄을 책임지는 여성은 이 체계에서 배제되거나 주변적 지위로 머물게 되었다. 이때 가족은 주 부양자인 남성과 양육자이자 보완적 부양자인 여성의 성별 분업체계를 기반으로 조직

되었다. 가족친화정책은 이러한 현실에 개입하여 남녀 모두가 일과 가족 돌봄을 균형 있게 양립할 수 있도록 지원하는 방안으로 제시되었다. 특히 여성주의자들은 가족친화정책을 통해 기업과 가족에서 성별에 따라 불균등하게 할당된 남녀의 역할이 재구성될 것이며, 그럼으로써 사회 전체에서 불평등한 일–가족 관계와 젠더 관계가 개선될 수 있을 것으로 기대한다(국미애 2013; 신경아 2001; Connell, 2005; Lewis, 2009; Rapoport, Bailyn, Fletcher, Pruitt, 2002).

대체로 가족친화정책이 실행되어야 한다고 주장하는 논의들은 다음 두 가지 방향을 강조한다(김원정, 2018: 176). 첫째, 일–가족 영역 간 관계에 대한 보다 통합적인 인식에 기초하여 기존의 일 중심 고용 관행을 개선하는 방향으로 가족친화정책이 활용되어야 한다는 것이다. 기존 관행은 일과 가족 영역을 분리하고 노동자에게 일 영역을 우선에 둘 것을 요구하며 가족 영역은 개인이 알아서 할 문제로 간주하였다. 그러나 통합적인 관점은 이와 달리 일 영역의 우선순위를 고집하지 않으면서 가족 영역의 요구에 따라 일하는 방식을 변형할 수 있도록 허용한다. 특히 유연근무와 휴가 · 휴직이 그러한 가능성을 제공하는 정책에 해당된다. 하지만 휴가 · 휴직이 특정 집단(주로 부모)의 가족 요구에 한하여 일보다 양육을 우선하게끔 조정하는 정책이라면, 유연근무는 일하는 방식의 변형을 모든 노동자에게 보편적으로, 일상적으로 허용하는 정책이라는 점에서 일–가족 관계를 통합적으로 재조정하는 효과가 더 크다고 할 수 있다.

둘째, 성별화된 일–가족 역할을 재조정하는 방향으로 가족친화정책이 활용되어야 한다는 것이다. 남성이 양육자 역할을 직접 수행할 수 있게 하고 동시에 여성들이 이전보다 수월하게 일을 지속하고 경력을 개발할 수 있게 함으로써 남녀의 일–가족 역할을 동등하게 조정하는 것이다. 이를 위해서는 가족친화정책 활용에서 남녀의 격차를 축소할 필요가 있다. 가족친화정책의 사용자가 사실상 여성으로 간주되고 계속해서 여성이 남성보다 정책을 더 많이 사용하게 된다면 기존의 성 역할을 고정시키는 결과를 초래할 수밖에 없기 때문이다.

따라서 기업이 노동자의 가족 역할을 지원하는 서로 다른 프로그램들을 어떻게 조합하고 있는지 분석함으로써 '가족친화정책' 유형을 도출하고, 이러한 남녀노동자의 성별화된 일–가족 관계를 재조정하는 방향으로 가족친화정책을 우리나라 정부 및 기업이 잘 실행하도록 하려면 다음과 같은 몇 가지 대책이 마련되어야 한다

(김원정, 2018: 194-197).

첫째, 정부 정책에 대한 것이다. 정부의 일-가족 양립정책은 도구적 접근에서 벗어나 성평등이라는 목적을 중심에 두고 추진되어야 한다. 여성의 노동자성 강화와 남성의 돌봄 참여 확대, 남성 부양자를 전제로 형성된 고용 관행의 전환을 가족친화정책의 궁극적인 목적으로 제시해야 한다. 이를 위해 우선, 임신기 근로시간 단축이나 최근 「남녀고용평등과 일·가정 양립 지원에 관한 법률」(이하 남녀고용평등법) 개정 시 새로 도입된 난임휴가와 같이 수혜 대상을 여성으로 특정하는 휴가·휴직제의 확대 방침을 재고할 필요가 있다. 그보다 '모든 노동자는 양육자'라는 보편적 노동자 상을 전제로 한 가족친화정책의 도입과 활용을 촉진해야 여성이 주로 정책을 사용함으로써 초래되는 부정적 효과를 완화할 수 있다. 또한 여러 부처에 걸쳐 시행되고 있는 가족친화정책들을 성평등 관점에서 통합적으로 조정할 수 있는 정책 추진 체계에 대한 고민도 필요하다. 이는 여성가족부를 포함한 성평등 정책 조정 기구의 위상과 역할 개선에 관한 논의와 함께 진행되어야 한다.

이와 함께 기업의 성평등한 가족친화정책 실행을 촉진하는 데 유용한 정책 담론의 개발과 개입 방식을 새롭게 모색할 필요가 있다. 지금까지 정부의 사업은 주로 생산성 담론과 가족주의 담론을 통해 사업주의 관심을 유도하는 방식으로 추진되었고, 그만큼 성평등 목적은 전면에 부각되지 못했다. 경제 논리에 종속되거나 경영자의 선의에 호소하는 것과는 다른 가족친화정책 확산의 담론 전략을 개발할 필요가 있다. 예를 들어, 사회에 배태되어 있는 기업이 추구해야 할 보편적 가치로 돌봄의 윤리와 성평등을 제시하고, 가족친화정책을 그러한 가치 추구의 수단으로 제안할 수 있다. 아울러 정책 개입의 초점을 어떤 주체에 맞출 것인지 고찰할 필요가 있다. 노동조합, 인사담당자 등 기업 내 이해집단은 가족친화정책의 실행 방식에 유의한 영향을 주지만, 이들이 기업 내에서 성평등한 변화를 주도할 수 있도록 역량을 강화시키는(empowering) 정책적 접근은 그동안 찾아보기 어려웠다. 특히 이 과정에서 아직까지 역할이 미미한 것으로 보이는 관리자·임원 등 상위직 여성들의 관심과 참여를 유도하는 방안도 검토해 보아야 한다. 가족친화정책 실행에서 부문·산업별 특성을 파악하고 그에 따른 다각화된 개입 전략을 마련해야 한다. 가족친화정책 실행에서 법·정책과 현실의 간극을 좁히기 위한 방안으로 정부는 주로 정책 활용 시 지원금 등을 제공하거나 인식 개선을 위한 캠페인 사업을 실시해 왔지만,

가족친화정책의 실행을 가로막는 요인은 그리 단순하지 않다. 해당 기업의 노동시장 내 구조적 위치뿐 아니라 특정 부문 · 산업에서 제도화되어 온 오랜 인사관리 관행, 노동조합의 영향력 등 조직 내부의 역동은 가족친화정책 실행 방식의 차이를 초래하는 복합적인 요인들이다. 따라서 다양한 부문 · 산업별로 가족친화정책을 특정한 방식으로 실행하는 데 영향을 주는 요인들을 밝히고, 그러한 부문 · 산업별 차이를 고려한 정부의 개입 방안을 마련할 필요가 있다.

둘째, 기업 정책에 대한 것이다. 기업조직의 기저에 있는 젠더화된 노동자 가정을 변화시키지 않은 채 실행되는 가족친화정책은 남성을 핵심노동력으로, 여성을 주변노동력으로 활용하는 젠더 위계를 고착화할 위험이 크다. 이러한 위험을 방지하기 위해서는 '가족친화' 이슈를 시혜나 호의가 아닌 노동권의 문제로, 여성의 문제가 아닌 모든 노동자의 문제로, 특정한 가족 상황과 관련된 개인의 이슈가 아닌 조직 규범과 관행, 구조의 이슈로 재구성할 필요가 있다(Fletcher & Bailyn, 2005). 특히 하나의 직무를 설계할 때, 일 외에 시간을 투여하고 헌신할 다른 생활 영역이 없는 노동자를 전제로 했던 기존의 방식을 변화시켜야 하는 것이다.

또한 그동안 기업이 이성애 핵가족 내의 가족 지위, 특히 남성노동자의 가장이라는 지위를 전제로 구축해 왔던 가족정책을 재구성해야 한다. 가족초청행사, 자녀 학자금 지원, 다자녀 수당 등은 그 기업에 고용된 노동자라면 남녀 공히 누릴 수 있는 혜택이지만, 오늘날 다양한 삶의 방식과 친밀한 관계 속에서 자신과 타인을 보살피며 살아가고 있는 노동자들의 현실을 간과한 채 기존의 표준적인 가족의 상을 강화할 가능성이 높다. 혼자 살지만 나이 든 부모를 부양하고 보살펴야 하는 노동자, 법적 가족제도에 포괄되지 않는 동성커플 등은 가족 지위를 특정하는 거의 모든 조치로부터 배제될 가능성이 높다. 따라서 오늘날 기업 정책의 기저가 되는 노동자 가정을 가족의 대표에서 개인으로, 부양자에서 잠재적 양육자로 변화시키는 이중의 기획이 필요하다. 모든 노동자를 특정 가족형태 안의 존재로 규정하지 않으면서 동시에 모든 노동자를 양육자로 상정하는 새로운 노동자 상을 구상해야 한다.

중점토의

1. 성 개념을 유형화하여 각각 설명해 보시오.
2. 가부장제도와 현대 자본주의가 여성에 미치는 영향에 대해 논해 보시오.
3. 성차별 문제가 무엇이며, 그 해결방안은 무엇인지 논해 보시오.
4. 여성학이 학문으로서 갖는 특성과 여성해방운동의 성격에 대해 설명하시오.
5. 다양한 여성주의론을 비교 · 분석해 본 후, 노동시장에서의 여성지위에 관한 여러 이론을 비교하여 설명하시오.
6. 성별화된 일-가족 관계를 설명한 후, 한국의 가족친화정책의 과제에 대해 논하시오.

참고문헌

국미애(2013). 노동 시간과 성 (불)평등 정치로서의 유연 근무제. 이화여자대학교 대학원 박사학위논문.

김원정(2018). 젠더 관점에서 본 한국 기업의 가족친화정책. 서울대학교 대학원 박사학위논문.

김원홍, 이인숙, 권희완(1999). **오늘의 여성학**. 건국대학교출판부.

김종호 역(1982). **에로스와 문명**. Marcuse, H. 저. 양영각.

김현주(2016). 생태학과 여성주의. **문학과 환경. 15**(2), 33-66.

문순홍(2006). **생태학의 담론**. 아르케.

박민자 역(1991). **여성사회학**. 경문사.

신경아(2001). 노동시장과 모성, 가족의 문제: 남성중심적 노동자 모델을 넘어서. **경제와 사회, 51**, 97-122.

이기웅, 박종만 공역(1986). **풍속의 역사 Ⅳ, 부르주아의 시대**. 까치.

이영자(1991). 자본주의와 성. **여성연구, 여름호**, 85-110.

이온죽, 장지연(1999). **여성 · 가족 · 사회**. 세영사.

이창순, 정진성 편역(1997). **페미니즘과 포스트모더니즘의 만남**. 한울아카데미.

이홍탁(1990). **여성사회학: 여성학 이론 정립을 위한 시도**. 법문사.

정영애(1998). 여성과 일. 정영애 외 공저, **또 하나의 나무: 여성학의 이해**. 강남대학교출판부.

즈느비에브 프레스, 미셸 페로 공저(1998). **여성의 역사 4** (권기돈, 정나원 공역). 새물결.

한국여성연구소(2005). **새 여성학강의**(개정판). 동녘.

홍승아, 장혜경, 이택면, 배호중, 이홍식(2011). **가족친화제도 확산을 위한 기업성과연구**. 한국여성정책연구원.
황주영(2016). 페미니즘에서 자연의 위치들: 에코페미니즘과 그로츠의 조우 가능성의 탐색. **시대와 철학**, 27(1), 295-323.

Collins, P. H. (2000). *Black feminist thought: Knowledge, consciousness and the politics of empowerment*. NY: Routelege.
Connell, R. W. (2005). A really good husband: Work/Life balance, gender equity and social change. *Australian Journal of Social Issues, 40*(3), 369-383.
Dillon, F. R., Worthington, R. L., & Moradi, B. (2011). Sexual identity as a universal process. In S. J. Schwartz, K. Luyckx, & V. L. Vignoles (Eds.), *Handbook of identity theory and research* (Vols. 1 and 2). NY: Springer Science+Business Media.
Finger, A., & Rosner, V. (2001). Forum: Doing feminism in interdisciplinary contexts. *Feminist Studies, 27*(2), 499-503.
Fletcher, J. K., & Bailyn, L. (2005). The equity imperative: Redesigning work for work-family integration. In E. E. Kossek & S. J. Lambert (Eds.), *Work and life integration: Organizational, cultural, and individual perspectives* (pp. 171-189). LEA's organization and management series. NJ: Lawrence Erlbaum Associates Publishers.
Hareven, T. K. (1985). American families in transition: historical perspectives on changes. In A. S. Skolnick (Ed.), *Family in transition*. Berkeley: University of California.
Kahn, A. P. (2006). *The encyclopedia of stress and stress-related diseases* (2nd ed.). Infobase Publishing.
Lewis, S. (1996). Rethinking employment: An organizational culture change framework. In Suzan Lewis & Jeremy Lewis (Eds.), *The work-family challenge: Rethinking employment*. London: Sage Publications.
Lewis, S., Brannen, J., & Nilsen, A. (2009). *Work, families and organizations in transition: European perspectives*. Policy Press.
Morgan, D. H. J. (1975). *Social theory and the family*. London: Routledge & Kegan Paul.
NASW (1995). *Encyclopedia of social work* (19th ed.).
Offen, K. M. (2000). *European feminisms, 1700-1950: A political history*. Stanford University Press.
Pelak, C. F. (2007). intersectionality. In George Ritzer (Ed.), *The Blackwell encyclopedia of sociology*. Blackwell Publishing.
Plummer, K. (1982). *Symbolic interactionism: Foundation and history, contemporary*

issues. Edward Elgar Pub.

Price, L. (2009). *From stress to distress: Conceptualizing the British family farming patriarchal way of life*. Belfast: Queen's University Press.

Rapoport, R., Bailyn, L., Fletcher, J. K., & Pruitt, B. H. (2002). *Beyond work-family balance: Advancing gender equity and workplace performance*. San Francisco, CA: Jossey-Bass.

Reiter, L. (1989). Sexual orientation, sexual identity, and the question of choice. *Clinical Social Work Journal, 17,* 138-150.

Thorne, B. (2000). A telling for women's studies. In J. A. Howard & C. Allen (Eds.), *Feminisms at a millennium*. Chicago: University of Chicago Press.

Tilly, C. (1996). *Half a job: Bad and good part-time jobs in a changing labor market*. Philadelphia: Temple University Press.

Tong, R. (1989). *Feminist thought: A comprehensive introduction*. Boulder, CO: Westview Press.

UNDP (2005). *Human development report 2005*. NY: the United Nations Development Programme.

Walby, S. (1990). *Theorizing patriarchy*. Cambridge: Basil Blackwell Ltd.

Walby, S. (1997). *Gender transformations*. London: Routeledge.

Weeks, J. (1982). The development of sexual theory and sexual politics. In M. Brake (Ed.), *Human sexual relations*. NY: Pengiun Books.

Weeks, J. (1985). *Sexuality and its discontents*. London: Routledge & Kegen Paul.

Williams, J. (2000). *Unbending gender: Why family and work conflict and what to do about it*. Oxford University Press.

Zaretsky, E. (1976). *Capitalism, the family and the personal life*. 김정희 역(1986). **자본주의와 가족제도**. 한마당.

https://www.nwsa.org. "NWSA". Retrieved 26 May 2019.

https://www.womensstudies.sdsu.edu. "History: department of women's studies at San Diego State University". Retrieved 26 May 2019.

제 2 장

여성복지의 이해

근대 산업사회에서 남성은 가계를 책임지는 부양자로, 여성은 가정을 전담하는 현모양처로 이원화한 차별적인 성별 분리가 강화되어 왔다. 그러나 민주주의와 경제성장에 의해 사회적으로 남녀평등이 확대됨에도 불구하고 우리 사회에는 여전히 공식적 · 비공식적인 성차별이 뿌리 깊게 존재하고 있으며, 가족 내에서도 가부장제가 엄연히 존재하고 있다. 이러한 차별구조에 의해 가정 영역은 사적 영역의 하찮은 부분으로 취급되고, 여성은 바로 그 하찮은 영역을 담당하는 존재로 인식되면서 여성의 삶과 경험은 공적 영역에서 배제되고 있다.

또한 미흡한 사회복지체계와 사회보장이 제대로 주어지지 않은 현실에서, 가족은 사회나 국가를 대신해 개인의 부양에 전적인 책임을 맡고 있다. 이런 상황 속에서 가족은 혈연중심의 배타적인 이해와 연고관계, 과잉 교육열 등 열린 사회를 가로막는 기능을 하게 되고, 이를 재생산하는 역할을 여성이 담당하고 있다.

이러한 다양한 여성 문제를 안고 있는 현실하에서 여성복지가 갖는 의미와 내용에 대해 살펴보고자 한다.

1. 여성 문제와 사회복지

1) 여성 문제와 사회복지

현대 사회는 급속하게 변화해 가는 변혁의 시대에 직면하고 있다. 사회 문제들 또한 새로운 영역에서 지속적으로 발생하고 있다. 사회 문제 가운데 하나가 바로 여성 문제이다. 대부분의 여성은 아동양육과 가족욕구를 충족시키는 일에 일차적인 책임을 지고 있다. 그러나 사회는 여성의 기능을 지원하는 체제로 갖추어져 있다기보다는 대부분 남성 본위의 여성 억압과 희생을 담보로 하는 구조로 이루어져 있어 여성은 가정과 사회에서 성과 계급에 따른 이중적 억압을 받아 왔다.

그러나 여성 문제와 관련하여 사회적, 경제적 발전은 여성에게 매우 커다란 변화를 초래하고 있다. 여성의 역할이 변화하게 되었고, 가정에서나 사회에서 그리고 직장에서 여성이 차지하는 지위가 변하게 되었으며, 아울러 여성의 욕구에도 상당한 변화가 일어났다.

사회복지의 일차적인 관심은 인간의 기본적인 욕구들에 대한 해결이다. 사회복지의 목적은 기본적으로 인간이 생존하기 위해 필요한 욕구들을 충족시켜 주는 것으로, 빈곤, 질병 등 사회적 위험으로부터 개인과 집단을 보호하는 데 있다. 따라서 산업사회의 시장경제적 체제하에서 여성의 생존을 위한 제반 욕구, 특히 여성들의 가사노동과 취업이라는 역할수행에 따른 이중고를 해소하고 완화하며, 성차별을 없애는 사회지원체제인 사회복지가 마련될 필요가 있다.

일반적으로 사회복지대상이 되는 여성 문제는 사회 구성원이 되는 모든 여성을 포함하는 일반여성 문제와, 사회적으로 인식된 구체적 욕구와 문제를 표출하는 요보호여성 문제 등 크게 둘로 구분할 수 있다. 전자인 일반여성 문제는 사회적 자원의 결핍 문제와 가부장제하에서 생기는 불평등과 성차별의 문제 영역으로 범주화할 수 있다. 그리고 후자인 요보호여성 문제는 여성 가구주 가족을 구성하고 있는 생활이 어려운 모자가구여성, 미혼모, 성매매 여성, 근로여성 등이 포함되고 있다. 이들의 문제는 최저생활 보장이라는 경제적 욕구와 그에 따른 심리적 욕구 등의 문제 영역으로 범주화할 수 있다.

앞으로 사회복지가 제대로 이루어지는 복지사회가 되기 위해서는 인구의 절반을 차지하는 여성을 남성과 동등한 대우를 받는 존재로 인식하는 성평등 사고를 넓혀 나가며, 여성의 다양한 역할수행에 필요한 제반 욕구들을 해결하고 지원하는 방향으로 사회복지정책이 수립되고 집행되어야 할 것이다.

2) 여성 문제에 대한 사회복지의 필요성

일반적으로 여성 문제와 관련하여 사회복지가 필요하게 된 요인들을 살펴보면 다음과 같다.

(1) 인구 구성상의 변화

인구 구성상의 변화를 보면, 출생률은 감소하는 한편, 평균수명은 연장되어 아동인구 비율은 감소되고, 노인인구, 특히 여성노인 인구 비율은 증가하고 있는 데서 사회복지의 필요성을 찾을 수 있다. 이러한 저출산과 고령화로 인한 인구구조의 변화는 고도의 경제성장을 이룬 선진국이 공통적으로 직면하고 있는 문제이며, 경제발전을 이룬 선진국 사회에서는 저출산화 경향이 보편적으로 진행되고 있다(Billari, 2008).

다만, 각국의 출산율의 추이를 비교해 본 결과, 유럽의 경우는 명확하게 저출산의 위험은 근본적인 사회의 위협 요인이 아니라는 점이 밝혀졌다. 그리고 유럽국가 이외에 동아시아, 북아메리카, 오스트레일리아, 뉴질랜드 등 몇몇 지역에서도 출산의 증가가 나타나고 있다는 점에서 그러하다. 이러한 출산의 증가 현상은 경제성장, 모성보호정책 및 가족정책, 출산지연(tempo effects)의 완화, 높은 이민자의 출산율 등 여러 가지 요인으로부터 기인함(Goldstein, Sobotka, & Jasilioniene, 2009)이 계속 규명되고 있다.

또한 고령화 추세로 인해 여성노인의 경우, 남성에 비해서 평균 수명이 길고 홀로 지내는 시간이 길 확률이 매우 높다. 그 결과 여성노인의 노후 생활은 경제적 불안감과 건강문제로 불안정한 삶을 지내는 경우가 많다. 이러한 일련의 변화는 노인복지에 대한 개별적 차원의 공백을 가져와 여성노인에 대한 사회차원에서 제도적 보호 장치와 적극적인 복지서비스 개입을 필요로 하게 되었다.

(2) 가족형태의 변화

산업화 이후 가족형태는 전통적인 확대가족에서 부부중심의 핵가족으로 급속히 변화되고 있으며, 가족의 크기도 소수자녀 선호에 따른 소규모가족으로 변하고 있다. 그러나 엄밀히 따진다면 현재 우리 사회의 가장 보편적인 가구형태인 2세대 가구 안에는 핵가족뿐만 아니라 부부와 자녀가 함께 살더라도 그 자녀가 이미 결혼한 직계가족이 상당 부분 포함되어 있다. 이에 따라 가족구성원 개인을 중시하는 핵가족 이념이 형성되어 과거의 가족이라는 사회제도가 수행하였던 제반 사회복지기능이 약화되고, 핵가족적 가족주의가 지니는 배타성이 친족 범위를 대폭 축소시켜 여성 가구주의 경우 더욱 고립되는 문제를 야기시키고 있다.

그리고 가족형태의 변화내용을 좀 더 자세히 살펴보면, 가족을 위한 사회복지정책 개입의 필요성을 보다 절실하게 느낄 수 있다. 세대별 통계에서는 드러나고 있지 않으나 최근 우리나라 가족의 가장 큰 변화 중 하나는 이혼 문제와 이로 인한 한부모 가족, 여성 가구주 가족의 증가이다.

한편, 우리나라에서는 아직까지 구미에서처럼 다양한 가족이 확산되거나 사회문제로 되고 있지는 않다. 그렇지만 인구 및 주택센서스 보고에 의하면 독신 가족, 무자녀 가족 등 1인 가족이 늘어나고 있는 추세를 알 수 있다. 이러한 1인 가족(단독가구) 중에서는 노인인구가 증가함에 따라 노인가구 중에서 자녀와 별거하여 사는 노인단독가구 비율이 증가하고 있으며, 소년소녀가장 가구도 점점 증가하고 있다. 또한 구조결손의 대표적 가족형태는 모자 가족인데, 모자 가족의 경우도 줄어들지 않고 있다. 이 밖에도 가족 구성원들의 직장관계 혹은 자녀의 교육상 국내외에서 별거하고 있는 가족, 주말에만 만나는 가족, 재혼으로 이루어진 가족, 입양자녀로 구성된 가족 등이 실제로 증가 추세에 있다.

이와 같은 가족형태의 변화, 즉 가구유형의 변화는 정책수요의 변화로 이어질 가능성이 크다. 홍승아 등(2015: 195-196)은 가구유형의 변화에 따른 정책수요를 다음과 같은 다섯 가지로 정리하였다. 첫째, 가구유형의 다양화에 따른 정책수요 파악에 입각한 다각적인 가족지원서비스의 체계화, 둘째, 원만한 가족관계를 증진할 수 있도록 이에 대응하여 성 간, 세대 간의 평등성 및 친밀성을 제고하는 노력과 양성평등 가족문화의 조성과 확산, 셋째, 남성의 보다 적극적인 육아 및 가족생활 참여를 위한 방안 마련 및 일-가정 양립 지원정책, 넷째, 중장년층의 가족생활 지원, 다섯째, 가구유형에 관계없이 가족구조가 안정적으로 유지되기 위한 소득지원정책 등이다.

이렇게 가족형태가 변화됨에 따라 비교적 시급한 사회복지정책과 관련하여 볼 때, 한부모가족, 저소득 모자 가족, 가출여성 등 요보호여성 문제가 급증하기 때문에 이들에 대한 공공부조, 상담사업, 시설보호사업, 직업훈련, 보도와 알선 등 사회복지사업이 필요하게 되었다. 아울러 한부모가족, '조부모+손자녀' '독신노인' 가구의 대부분은 여성가구주 가구이다. 이들 가구의 여성은 경제적 역할과 돌봄의 역할을 동시에 수행하고 있으며, 빈곤층 중 높은 비중을 차지하고 있어, 이러한 가족에 대한 적극적인 사회복지정책 지원이 필요하다.

(3) 가족관계의 변화

가족은 각자 다른 특성을 가지는 개인들의 집합체이며, 내부적인 이해관계가 서로 상충될 수 있을 뿐 아니라 가족 외부와의 관계 역시 매우 상이한 역동적인 조직체이다. 가족관계에서 문제를 야기할 가능성이 높으며 따라서 외부의 개입이 요청되고 있는 중요한 측면은 부부관계와 부모-자녀관계(학부모-자녀관계, 노부모-성인자녀관계)이다. 부부관계는 남녀의 성관계를 기초로 하고 있으며, 부모-자녀관계는 세대 간의 관계라는 특성을 갖는다.

먼저 부부관계의 변화를 보면, 일반적으로 남편의 권위적인 지배관계에서 민주적인 상호 관계로 변화되어 감에 따라 가족의 민주화와 더불어 부부관계도 평등화 방향으로 변화하고 있다. 그러나 예전에 비하여 상대적으로 평등하고 민주적인 방향으로 가고 있다는 것일 뿐, 부부간의 실제적 평등에 기반한 조화로운 관계까지는 아직 실현되지 않고 있다.

최근 부부간에 상호 의논하여 결정하는 일이 많아졌다고는 하지만 그 내용을 보면, 집안의 대소사, 친인척방문 등 일상적이고 사소한 일들에 불과하고 중요하고 큰 일은 여전히 남편 혼자 결정하는 일이 많다. 부부간의 역할분담에서도 전통적인 성별 역할분담 이데올로기가 강하게 남아 있다. 그리고 주부는 가정과 직장에서의 이중노동부담을 안고 있어도 이는 화폐로 지불되지 않는 노동일 뿐이며, 사회보험 등에서 적절하게 평가받지도 못하고 있다(서명선, 1996).

이러한 결과로 2010년대 초반부터 한국사회에서 부부관계 특성을 한마디로 표현하는 단어인 황혼이혼과 졸혼이 등장하였다. 이것은 길어진 부부관계 후기의 배우자관계가 만족스럽지 못하다는 의미인 동시에 길어진 부부관계를 어떻게 잘 유지해 나갈 것인가에 대한 새로운 기대를 반영하는 것일 수도 있다. 특히 은퇴 이후 가족관계 재정립의 요구가 남성들보다 오히려 여성들에게서 더 높다는 연구(이선형, 문은영, 김보람, 2014)는 파트너인 여성이 느끼는 불편함을 남성이 인지하지 못한다는 것을 말해주기 때문에 남성의 요구를 감안하되 성평등의 관점에서 사업을 기획하고, 실행해야 할 것이다.

다음으로, 부모–자녀관계에서 우선 학부모–자녀관계를 보면, 급격한 사회변화는 혈연관계인 부모–자녀관계에 세대갈등, 세대단절 현상을 초래하였다. 특히 왜곡된 교육열의 영향으로 인하여 오늘날의 효의 척도는 곧 성적이라고 해도 과언이 아닐 정도로 변질되었다. 공부만을 강조한 결과 '부모의 권위는 낮아지고 오히려 부모가 자녀의 눈치를 보는 소위 역수직관계'를 초래하기도 한다. 자신들만의 문화는 가졌으되 실질적인 경제력이 뒷받침되지 않은 상황에서 기성세대인 부모에게 의지할 수밖에 없는 자녀세대의 딜레마와 자녀들을 위해 희생하고서도 자녀로부터 존경받지 못하는 부모세대의 권위 상실에서 오는 허탈감이 오늘날 부모–자녀 간의 세대갈등의 전형적인 모습이다(함인희, 1993).

반면에 전통적인 한국의 노부모–성인자녀관계는 노부모의 희생과 성인자녀의 효로 대표될 수 있다. 부모가 알뜰하게 저축하여 자녀의 앞날을 위해서 투자하는 소위 '희생 이데올로기'를 한국의 부모는 중요하게 간직하고 실천해 왔으며, 자녀에게는 부모가 노후에 연약해지면 부모님을 봉양하는 '효 이데올로기'가 작용해 왔다(손승영, 1995). 즉, 가족 내에서 노부모–성인자녀관계는 사회적으로 허용된 상호 의무와 가족의 존속을 기초로 하여 이루어진다고 하겠다.

이와 같이 가족 내에 전통적, 보수적 의식과 성평등적, 민주적 의식이 공존하는 상황은 미래 가족의 변화를 예측하게 하고, 이는 향후 가족 정책의 기본적인 정책자료로서 중요하다. 가족 내 성별 및 세대 갈등을 해소하기 위해 평등하고 민주적인 가족관계를 구축하기 위해서는 다음과 같은 다양한 형태의 교육 · 상담 프로그램이 필요하다. ① 청소년의 가족 및 성 역할에 대한 평등의식 제고 프로그램 개발, ② 부모에 대한 교육과 자녀와의 관계 유지 프로그램 개발, ③ 평등한 부부관계를 위한 교육 및 문화운동, ④ 남성 대상의 평등 부부관계 교육 프로그램 개발 등이 그것이다(이재경 외, 2004: 285-286).

(4) 교육기관에서 성차별의 사회화

여성들의 교육수준은 과거에 비해 많이 향상되었음에도 불구하고 고등학교, 대학, 대학원으로 갈수록 현저한 학력차이를 보이며, 대학 이상의 진학률의 경우 성차가 증대함으로써 교육기회와 교육결과에 따른 여성의 삶의 질 향상에 큰 걸림돌로 작용하고 있다.

그리고 성 역할의 사회화에 대한 관심이 고조되면서 기존의 교육제도가 교육기회에서부터 교과과정, 교과서 내용 그리고 교사들의 성차별적 태도에 이르기까지 다양한 형태로 성차별의 사회화를 재생산하는 데 주요 기능을 수행하고 있음이 밝혀지고 있어 점차 교육기관에서의 학교사회복지서비스(school social work)의 욕구가 증대하고 있다.

(5) 취업여성의 증가와 차별 대우

1960년대 산업화정책 채택 이후 고도의 경제성장 과정에서 수출주도형 경공업 부문에서의 고용기회의 확대로 여성인력의 노동시장 이입이 가능하게 되어 여성의 경제활동 참가율이 지속적으로 증가되어 왔다. 그러나 이렇게 한국사회의 산업화와 더불어 여성들의 취업이 확대되고 질적으로도 향상되고 있음에도 불구하고 남성과 비교하면 여성 고용비율은 증가하지 않고 있다. 그리고 여성이 사회경제에 주도적인 역할을 수행하는 직업에 종사하기보다는 남성의 경제활동을 도와주는 역할을 하는 데 대한 취업비율이 두드러지게 나타나고 있다.

또한 여성은 동일조건(학력, 경력) 남자에 비해 적은 임금을 지급받고 있다. 아울러 성별에 따라 호봉기준에서 차별(남녀분리호봉, 기본급 승급액의 차별)이 존재하며, 생활보조적인 기업복지(가족수당, 교육수당, 통근수당, 주택대부금 등) 차원에서도 차별이 엄연히 존재하고 있다.

이렇게 볼 때, 여성취업자는 점차 늘어나고 있으나 여성들은 여전히 저임금, 미숙련, 단순반복직, 하위직에 머물러 있고, 일용근로자, 시간제 근무직, 임시직 근로자 등 불안정한 취업이 많으며, 전반적으로 열악한 노동조건하에서 일을 하고 있기 때문에 계속적인 차별 대우를 받고 있다. 따라서 고용의 전 단계에 걸친 성차별 개선을 위하여 성차별 관련규정의 개정, 여성 노동조건의 개선, 기혼여성의 모성보호 및 육아지원, 여성을 위한 생활보장 그리고 직장생활을 병행할 수 있는 사회복지제도의 마련 등의 여성 관련 사회복지 법 · 제도의 정비 및 복지서비스의 제공이 필요해졌다.

(6) 성차별 의식의 존재

우리 사회에 오랫동안 뿌리 깊이 존재해 온 가부장제에 의한 여성의 종속관계와 남존여비 사상은 사회구조가 급변하는 오늘날까지도 남녀관계에 상당한 영향을 미치고 있어서, 우리나라에서는 다른 선진 산업사회에 비하여 남녀 간의 성차별 의식이 강하게 잔존하고 있다. 한 예로서 부모들의 자녀 기대교육 수준을 살펴보면 아들의 경우 대학졸업 이상의 학력을 바라는 부모가 과반수를 차지하나 딸의 경우는 그렇지 않은 경우가 여전히 많다.

이와 같이 가부장적 사회구조의 전형적인 가족역할 구조는 사회화를 통해 여전히 성차별주의를 재생산해 내고 있고, 여성들은 자신에게 주어진 일과 가정의 이중역할로 고통을 겪게 한다. 그 결과 여성의 인권 내지 복지권에 대한 인식이 높아지게 되고, 인간다운 삶을 향한 욕구가 늘어남에 따라 여성의 능력개발과 사회참여를 위한 지원체계로서 여성 관련 사회복지의 필요성이 증대되고 있다. 특히 고질적인 성차별 의식은 법조문에도 일부 나타나고 있는데, 계속하여 성차별적 규정을 개정할 필요가 있다.

(7) 가사노동의 사회적 의미의 변화

일반적으로 가족을 하나의 통합된 이해집단으로 보는 전제는 가족 내부에서 남성들과 여성들 간의 경험과 이해관계가 다르다는 것을 간과하는 오류를 범하게 되는데, 가족을 하나의 단위로 보고, 한 단위로서의 가족 역할을 강조함으로써 가족성원들 내부의 갈등과 이해의 차별성을 충분히 고려하지 않게 되는 것이다. 가족은 전적으로 애정이나 친족에 의해 형성된 단위로서만 볼 수 없으며 생산과 재분배가 일어나는 하나의 장으로 파악되어야 한다. 가족은 이런 과정 속에서 서로 다른 활동을 하고 서로 다른 이해관계를 갖는 사람들 간에 갈등이 일어날 수 있는 장인 것이다.

한편, 가족의 내부와 외부의 생산조직은 일반적으로 가부장제와 자본주의에 의해 형성된다. 현대의 사회구조는 많은 면에서 갈등과 변화를 야기하는 계급과 성에 의한 노동의 불평등한 분화에 의해 변화된다. 가족 내부에서 임금노동자와 비임금노동자들 사이에 일어나는 재분배는 생산의 가부장적이고 자본제적인 조직에 내재된 노동분업에 의해 요구되고 강화된다.

이러한 관점에서 가족을 이해하게 되면 여성의 가사노동의 사회적 의미는 달리 해석될 수밖에 없다. 자본주의에서 가구는 노동력을 만들어 제공하며, 화폐거래를 포함하는 제도로서의 경제적 지위를 통해서만 그 중요성이 인정된다. 외부로부터 부여된 이러한 화폐거래들은 화폐화되지 않는 노동관계들, 즉 가사노동의 생산적 특성을 모호하게 한다. 그리하여 가사노동에 의한 생계생산은 화폐경제에서는 그 의미와 중요성이 은폐된다. 다시 말하면 생산, 재생산을 위한 노동으로서 생계생산은 그 자체로 독특한 모순과 특성을 지니는데, 그중 하나는 생계생산에 대한 측정이 이루어지지 않고 있다는 점이며 다른 하나는 역사적으로 여성이 주로 담당했다는 점이다.

가사노동이라고 불리는 이러한 가구단위 생산(household production)은 대체로 상품을 구입해서 그것들을 유용한 형태로 변형시키는 것으로 구성된다. 가구단위 생산은 우리 사회의 기본적인 동력을 만들어 내므로 생산개념은 물질의 생산과 함께 인간의 생산, 즉 사회적으로 의미가 부여된 성과 같은 생산 모두를 포함해야 하는 것이다. 아울러 여성이 가정에서 하는 노동은 주로 비상품화된 노동과정들로 이루어지는데 화폐로 환산되는 수입의 원천과 마찬가지로 생계생산 역시 수입의 원천이라고 할 수 있다. 즉, 가구는 상품화된 노동력의 재생산을 보장해 줌으로써 경제적 기능을 수행하는 것이다. 인간의 생산과 재생산에 사용되는 노동의 기능과 형태는 다양하지만 그중에서 비상품화된 노동을 통해서 그러한 기능을 수행하는 것이 바로 가사노동인 것이다.

따라서 가구는 생계생산을 함으로써 자본주의의 노동력을 재생산하는 단위가 되는데, 자본주의에서 노동력의 재생산은 수입의 분배에 의해서만 규정되는 것이 아니고 이와 더불어 생계생산을 포함한다는 것이다. 그러나 생계생산은 이미 확립된 가부장적 권위관계에 따라 그 의미가 규정되므로 여성노동의 사회적 가치에 대한 논쟁에서 중요한 것은 가사노동의 생산성 여부만이 아니라 가사노동이 갖는 생산

관계가 무엇이냐 하는 점도 대단히 중요하다.

과거에는 생산과 재분배가 한 가구 내에서 혹은 촌락단위로 일어났지만 자본주의 생산양식의 발전과 함께 노인들과 아동들, 여성들은 경제적 생산에 덜 참여하게 되었고 성인남성 임금노동자들에게 점점 더 의존하게 되었다. 그러나 사람들은 종(자녀)을 재생산하고 자원을 재분배하기 위해 계속 가구단위로 살았고, 한 가구 내에서 노동의 성적 분리도 강화되었다.

경제적 관점에서 사회적 성의 창조는 양성 간의 노동 분화의 창조, 즉 서로를 필요로 하는 두 범주의 노동자들의 자조로 생각할 수 있다. 우리 사회에서 양성 간의 노동분업은 남성들은 일차적으로 임금노동에, 여성들은 가사노동(혹은 가구단위 생산)에 배치한다. 그렇게 하여 한 가구에서 함께 사는 남성과 여성은 그들의 자원을 결합한다. 그리고 이런 과정을 통하여 남성들이 여성들의 노동으로부터 이득을 얻는 가부장제적 노동분업은 자본주의의 발달과 함께 강화되었고 여성의 가사노동은 일종의 지배관계에 종속될 수밖에 없게 된 것이다.

그러나 이제 여성의 권리 신장과 함께, 가사노동이 갖는 의미도 점점 변화하게 되었다. 즉, 여성의 가사노동이 갖는 사회적 가치를 단순히 남성노동을 돕는 보조자로서 주 임금소득자인 남성의 보호를 받는 '사적 성격으로 환원'시켜 규정하는 것이 아니라, 사회보장을 통한 정당한 권리로서 가사노동의 의미를 '공공 성격으로 환원'하여 규정하는 작업이 활성화되고 있는 것이다.

(8) 성 개방 풍조

전통적인 가부장제 아래에서는 남성에게만 혼외 성관계를 용인하고 여성에게는 이를 절대로 금지하는 성에 대한 이중적인 잣대가 주어졌다. 이러한 관습은 오늘날에도 여전히 남아 있어서 남자의 외도는 대수롭지 않은 것으로 여기는 반면에 여성의 혼외관계에는 가혹한 제재와 비난이 따른다. 그리고 여성을 남녀 간의 평등한 애정의 대상으로 여기기보다는 남성의 이기적인 본능의 대상으로 생각하는 경향이 농후하여 여성을 남성의 성적 도구로 전락시키고 이로 인하여 인신매매와 성매매 등의 심각한 사회문제를 야기시키고 있다.

또한 자본주의사회가 성장되어 감에 따라 소비가 미덕인 시대를 이루게 되어 서비스업의 발달이 촉진되고 이로 인하여 성 개방 풍조가 파급되어 혼전 성관계 및 혼외정사가 점점 늘어나는 추세를 보이고 있으며, 선진사회에서 수입된 퇴폐문화의 확산으로 남녀 간의 성 윤리가 더욱 문란해지고 있다. 이로 인하여 성의 상품화현상을 초래하여 인신매매, 성매매, 성폭력 등 여러 가지 심각한 사회 문제가 발생하고 있다.

따라서 이와 같은 이중적인 성 윤리 잣대와 성 개방 풍조에 의한 이혼여성, 미혼모, 성매매 여성 등과 같은 요보호여성 문제들이 많이 발생하게 되었는데, 이에 대한 사회복지대책이 필요할 수밖에 없다.

(9) 여성의 욕구 변화와 복지권 의식의 고취

우리 사회에는 아직도 정치, 경제, 사회, 문화, 교육, 가족 등 모든 영역에서 여성에게 불평등한 관행이 존재하고 있지만, 점차 이러한 관행을 타파하려는 노력이 이루어지고 있다. 최근에 여성의 인권 내지 복지권에 대한 인식이 향상되어 인간다운 삶을 요구하는 의식의 변화가 이루어지고 있으며, 민주화의 흐름으로 평등, 참여, 합의의 민주적 가치관이 사회의 중심가치로 확립되어 감에 따라 여성에게 가해진 다양한 불평등 의식을 타파하려는 노력도 나타나고 있다.

한편, 핵가족화 현상에 의한 가족규모 및 기능의 축소, 소수자녀 선호에 따른 자녀양육 기간의 단축, 기계문명의 발달로 인한 가사노동 부담의 감소, 여성의 교육기회 확대 등은 여성의 전통적인 역할에 대한 갈등을 초래하고 있으며, 여성으로 하여금 가사책임성에 의문을 제기하게 하여 가정에 고립되지 않고 자아실현을 하고자 하는 욕구를 증대시키고 있다. 이러한 욕구는 많은 여성이 직업을 통한 경제활동에 참여할 수 있도록 하고 있으며, 가족 외의 다른 집단에서 그들의 자아를 실현할 수 있도록 하고 있다. 따라서 취업여성을 위한 노동조건의 개선, 여성의 능력개발과 사회참여 확대를 위한 다양한 사회활동의 안내와 조직, 운영 그리고 건전 가정육성과 여성의 역할 증진을 위한 교육훈련, 상담, 지도사업 등 사회복지사업이 필요하다고 하겠다.

2. 사회복지와 여성주의론

1) 사회복지와 여성주의론의 관계

기존의 사회복지제도와 정책 목적들은 1960년대 후반에 여성해방운동과 때를 같이하여 부활한 여성주의론자들의 공격 목표가 되었다. 그들의 대표적인 비판 내용을 보면, 첫째, 기존의 복지국가 이념이 여성, 가족, 노동의 성 분업, 사회복지정책 간의 상관관계를 전혀 고려하지 않음으로써 성의 역할 분담과 가족에 관한 논의가 사회복지연구에서 구체적이고도 핵심적인 부분이라는 것을 간과하고 있다는 것이다. 둘째, 사회복지는 숨은 성차별적 성격을 갖고 있는 것으로 사회복지제도가 오히려 성차별을 강화시킨다는 것이다.

그 근거로서, 첫째, 생리휴가, 탁아소 등의 여성을 위한 사회복지제도는 진정으로 여성을 위해서 마련한 것이 아니라 여성의 노동력 착취라는 자본주의의 의도가 숨어 있다는 것이다. 둘째, 사회복지제도가 잘 되어 있는 나라에서도 성차별적 요소가 실제적으로 약화되지 않고 있다는 것이다.

이러한 논리에 대한 반박은, 첫째, 성의 역할 분담과 가족에 관한 총체적인 논의를 위해 사회복지는 여성정책과 가족정책 간의 상호 관련성 속에서 이 양자 간의 공통성과 상이성을 구분해 내었으며, 둘째, 사회복지만이 성차별 강화의 요소가 아니라, 수많은 사회요인 중 하나로서 다른 요인들과의 연관성 속에 그러한 결과가 나타난 것이지 반드시 사회복지제도가 성차별을 강화한 것은 아니라는 점, 셋째, 현실적으로 볼 때 여성이 원하는 것을 제공하는 데에는 사회복지 외의 별다른 방도를 찾을 수 없으며, 사회주의 국가에서도 사회복지는 엄연히 존재하고 있다는 사실을 들고 있다.

이러한 사회복지 실천가와 여성주의론자 간의 상호 비판 속에서 여성주의적 시각을 가진 사회복지 실천가들이 등장하게 되었고, 이들은 그동안 너무나 당연하게 받아들여지고 있었던 사회적 재생산의 주체로서 여성의 역할에 대한 근본적인 질문을 통해서 여성, 가족, 국가 간의 관계를 재정립하고자 하였다(Gordon, 1990: 29). 여성이 사회적 재생산의 주체가 되어야 하는 이유와 여성의 사회적 재생산의 주체로서의 역할 그리고 이 과정에서 국가가 개입하는 양상이 여성에게 주는 의미와 변화방향 등은 기존의 사회복지정책의 목적에서는 해답을 찾을 수 없었기 때문에 여성복지 실천가들은 기존의 사회복지정책의 목적에 여성주의 시각을 도입하여 '여성주의 사회복지실천(feminist social work practice)'을 정립함으로써 여성복지 활동 영역을 넓혀 나가는 계기가 되었던 것이다.

2) 여성주의 사회복지실천

여성주의 사회복지실천은 주로 반차별적 시각과 반억압적 시각과 밀접하게 관련되어 있다(Payne, 1997: 238). 그리고 여성주의 사회복지실천에는 해방 사업(emancipatory work)과 성 구체화 사업(gender-specific work) 등 두 가지 유형의 실천사업이 있다. 해방 사업은 여성의 자율성을 증가시키고, 여성과 남성 간의 권력의 불균형을 감소시키는 의식화 고취를 강조한다. 반면에 성 구체화 사업은 여성성(feminity)을 지원하고 개발하는 것을 강조한다(Van der Vlugt, 1994: 21-22).

여성주의 사회복지실천의 방향과 그에 대한 대책은, 첫째, 여성과 남성의 불평등을 해소하는 방안으로 무엇보다도 직접적인 소득보장을 지원해 주는 것으로, 어머니 또는 배우자로서 여성의 위치를 인정하고 그에 대한 복지 급여를 더욱 더 확대해 나가는 것이고, 둘째, 어머니 또는 배우자로서의 여성의 위치를 전제하는 가부장적 이념에 저항하고 여성과 남성이 독립적이고 평등한 존재임을 인정하도록 근본적으로 사회복지정책들을 바꾸는 것이다.

그러나 이러한 두 가지 방향은 상충적인 것으로서 전자의 경우는 '복지주의 여성주의론(welfare feminist)'의 입장으로서 모 또는 배우자로서의 여성에 대한 복지급여의 확대는 여성과 남성의 현실적 불평등을 직시하고 그를 해소할 수 있으나 궁극적으로 여성의 모성과 남성의존도를 강화하게 된다. 반면에 후자의 경우는 '사회주의 여성주의론(socialism feminist)'의 입장으로서 복지 급여의 수급권 측면에서 여성을 독립적이고도 개별적인 존재로 전제하면 현실적인 자본주의하의 노동시장 불평등에 의해서 수급권을 획득할 수 없는 여성들이 많이 생기게 된다.

이렇게 볼 때, 후자의 경우처럼 사회주의 여성주의론의 궁극적인 방향은 노동시장의 불평등이 사회보장 급여의 수급권으로 이어지지 않도록 급여를 노동기간이나 임금수준에 연결 짓지 않도록 하는 보편적 수당형태의 사회보장제도를 만드는 것이다. 그러나 이러한 변화는 보편적 수당을 충분히 줄 수 있는 자원이 충분치 못한 한계 때문에 현실적으로 가능하지 않다.

따라서 여성과 남성 간의 불평등을 해소하기 위한 방안은 복지주의 여성주의론이 주도하는 분야와 사회주의 여성주의론이 주도하는 분야를 분리하여 사회복지정책에 반영해야 할 것이다. 복지주의 여성주의론이 여성의 지위와 역할을 향상시키는 데 가장 효력을 발휘할 수 있는 분야는 여성에게 직접적인 소득보장을 제공하는 분야로서 국민연금이나 생활보장 등 사회보장제도 내에서 여성의 가사노동의 가치를 인정하고 그에 대한 보상을 마련하는 것이다. 그러나 복지주의 여성주의론이 여성의 남성에 대한 의존과 사회적 재생산의 역할을 강화하는 폐단을 극복하기 위해서는 여성과 남성의 노동시장과 사회, 정치활동 분야에서 동등한 참여와 보상의 기회를 갖도록 적극적으로 지원해 주는 정책이 고용 분야와 사회복지 분야에서 실천되어야 한다.

3) 성인지 예산제도

1980년대 이후 세계적으로 남성과 여성의 양성평등(gender equality)에 대한 관심이 높아지면서 시민사회를 중심으로 정부의 정책을 바꾸는 활동이 적극적으로 전개되었는데, 이러한 시민사회의 활동의 결과로 성인지 예산제도가 도입되었다. 정부의 정책 사고를 행동으로 옮기는 가장 유력한 제도이자 국민의 사회복지를 실질적으로 구현하는 자원배분 수단이 바로 예산제도라는 점에서, 성인지 예산제도의 도입은 공공부문의 운영방식과 예산의 사회적 효과 측면에서 새로운 변화를 가져다주었다.

(1) 성인지 예산제도의 개념과 변천과정

성인지 예산(gender-responsive budgeting)은 예산이 여성과 남성에게 미칠 영향을 미리 분석하여 이를 예산편성에 반영하고, 예산집행 결과 여성과 남성이 동등하게 예산의 수혜를 받게 되었는지, 혹은 수혜를 받는 방향으로 변화되고 있는지를 평가하는 예산기법 내지 방법론으로 정의된다(Budlender & Hewitt, 2003). 따라서 성인지 예산제도는 예산의 편성, 집행, 관리, 평가 과정에 남성과 여성이라는 '성 변수'의 특성을 인식하여 예산이 여성과 남성에게 미칠 영향을 미리 분석하고, 양성평등의 관점을 예산에 반영시키는 새로운 예산운영 방식이라 할 수 있다.

성인지 예산은 특정한 성의 권익과 복지 증진이나 여성 문제의 해소를 위한 예산 분석 수단이 아니고, 모든 재정활동을 대상으로 그것이 남성과 여성에게 어떤 '의미와 영향'을 함축하는지를 파악하고 분석하는 예산기법이다((Nallari & Griffith, 2011). 즉, 성인지 예산은 예산배분에 영향을 미치는 사회적 가치 변수로서 성 변수와 성 관점(gender perspective)을 적극적으로 도입 · 적용한다. 성인지 예산은 전통적 예산이 예산운영 과정에서 철저히 도외시하였던 남성과 여성 변수를 예산운영의 핵심변수로 간주한다는 점과, 성별통계와 성별영향 분석평가라는 객관적 증거에 기반을 둔다는 점에서 그 독자적 영역을 인정받게 되었다(임성일, 2012: 5-6).

성인지 예산제도를 처음 도입한 나라는 호주이다. 호주는 1984년 여성예산(women's budget)이라는 명칭으로 성인지 예산을 수립하였다. 성인지 예산제도가 초기에는 소수의 국가를 중심으로 발전하였다. 그러나 1995년 중국 베이징에서 개최된 제4차 UN 세계여성대회에서 성인지 예산에 관한 행동강령이 채택되고, 2001년 브뤼셀에서 개최된 유엔여성기금(UNIFEM) 회의에서 EU와 회원국들이 2015년까지 성인지 예산을 실행하기로 합의한 이후 성인지 예산제도는 전 세계로 급속히 확산되어 갔다. 오늘날 선 · 후진국을 망라하여 전 세계 100여 개 국가에서 다양한 형태의 성인지 예산제도를 운영하고 있다.

성인지 예산제도의 성격변화 과정을 보면, 제도의 도입초기에는 여성중심 예산사업에 치중하는 경향이 강하였다. 그 이유는 초기단계에서 UN 등 국제기구와 선진국들이 후진국 원조사업의 일환으로 여성의 권한과 혜택을 강화하는 것을 원조의 조건이나 평가대상으로 선정하였고, 그 결과 성인지 예산이 여성 관련 지출사업에 치중하는 경향을 보였기 때문이다. 예를 들면, 여성에게만 지출되는 자궁암 예방 프로그램, 여성폭력방지 프로그램 등에 대한 지출사업을 들 수 있다. 그 후 성인지 예산이 전 세계적으로 확산되면서 차츰 그러한 경향에서 벗어나 성 주류화(gender mainstreaming) 개념을 예산부문에서 실행하는 제도로 발전해 나갔다. 성 주류화란 정부가 수행하는 모든 활동, 즉 정책개발, 연구, 주창, 소통과 대화, 입법, 자원배분, 계획, 프로그램 시행과 모니터링 등에 대해 양성평등의 시각과 인식을 적용하여 궁극적으로 양성평등을 확보하는 것을 뜻한다(Sarraf, 2003).

(2) 성인지 예산제도의 기능과 적용단계

일반적으로 성인지 예산제도는 다음과 같은 기능을 수행한다(Budlender & Hewitt, 2003; Stotsky, 2006). 첫째, 성인지 예산제도는 정부활동의 책임성, 참여, 투명성을 제고시키고, 이를 통해 정부의 거버넌스 방식과 재정관리를 개선하는 기능을 수행한다. 둘째, 성인지 예산제도는 양성평등을 반영하는 재정사업을 통해 거시경제의 성장과 재정 안정성에 긍정적인 영향을 미친다. 일반적으로 성불평등은 경제성장과 재정 안정에 부정적인 영향을 미치는 것으로 파악되는데, 이는 특히 노동시장과 금융시장, 교육 및 건강 부문을 통해 영향력을 끼치는 것으로 분석되고 있다. 셋째, 성인지 예산제도는 재정적자, 공공자산의 활용, 서로 다른 지방정부 간의 책임범위 등에 대하여 다양한 정책적 시사점과 긍정적 효과를 주는 것으로 평가받고 있다.

따라서 성인지 예산제도는 정부 내부적으로는 남녀의 수요 충족상태를 점검할 수 있고, 정부 외부적으로는 책임성, 참여, 투명성 제고의 효과를 가져다준다고 할 수 있다.

그리고 각 국가들의 성인지 예산제도들 간에는 어느 정도 차이가 존재하지만, 일반적으로 정책 형성과 실행을 뒷받침해 주기 위한 적용 단계는 다음 다섯 가지 단계를 공통적으로 따르고 있다(Nallari & Griffith, 2009). 즉, 상황 또는 수요 분석(situation or needs analysis) 단계, 정책검토-'집행'(policy review-'activities') 단계, 자원할당-'투입'(resource allocation-'inputs') 단계, 모니터링-'산출'(monitoring of delivery-outputs) 단계, 영향 평가(evaluation-'outcomes' or 'impact') 단계 등이 그것이다.

1단계인 상황 또는 수요 분석 단계는 부문별 여성·남성, 소년·소녀의 상황에 대한 서술을 명료하게 하는 단계로, 이때 필요한 자료는 상황 기술/묘사한 자료들이다.

2단계인 정책검토-'집행' 단계는 앞에서 서술된 상황을 잘 다루었는지 검토함과 동시에 특정 정책의 성인지 대상여부를 점검하는 단계로, 이때 필요한 자료는 과거 실적 자료들이다.

3단계인 자원할당-'투입' 단계는 성인지 정책 실시를 위한 예산의 적정안배를 점검하는 단계로, 이때 필요한 자료는 예산액 수치 자료들이다.

4단계인 모니터링-산출 단계는 해당지출의 계획적 지출 여부를 점검하는 단계로, 이때 필요한 자료는 목표지표 및 전달지표(delivery indicators) 자료들이다.

5단계인 영향 평가 단계는 정책과 지출의 영향점검, 즉 양성평등 개선효과를 점검하는 단계로, 이때 필요한 자료는 목표와 상황기술 자료들이다.

(3) 한국의 성인지 예산제도의 도입과 활용

우리나라에서는 1990년대 후반부터 여성단체의 적극적인 활동과 관련전문가의 연구가 활발하게 전개하면서 성인지 예산제도에 대한 사회적 공론화를 이끌어 내었고, 이러한 노력 끝에 2006년 9월「국가재정법」을 통해 성인지 예산제도의 법제화가 이루어졌으며, 이를 계기로 성인지 예산은 시민단체 주도형 체제에서 정부 주도형 체제로 전환하여 발전하기 시작하였다.「국가재정법」제16조(예산의 원칙)는 "정부는 예산의 편성과 집행에 있어서 예산이 남성과 여성에게 미치는 효과를 평가하고, 그 결과를 정부의 예산편성에 반영하기 위하여 노력하여야 한다."라고 명시하였고, 제26조 등에서는 성인지 예산제도의 수단적 도구로서 성인지 예산서 및 성인지 결산서, 성인지 기금운용계획서와 성인지 기금결산서의 작성을 의무화하였다.

이에 따라 당시 기획예산처는 2007년도 예산안 편성지침에 성인지 예산제도의 개념을 포함시켰고, 2009년에 처음으로「국가재정법」에 근거한 성인지 예산서가 국회에 제출되었다. '2010년도 성인지 예산서'에는 29개 중앙부처의 195개 사업(7조 3,144억 원)이 포괄되었으며, '2011년도 성인지 예산서' 및 '2011년 성인지 기금운용계획서'에는 34개 중앙관서의 245개 사업(10조 1,748억 원)을 포괄하였는데, 정부 총지출 대비 3.3%를 점유하였다.

이후 중앙정부 차원에서만 실시되던 성인지 예산제도는 2011년 3월에「지방재정법」이 개정되면서 2013년부터는 모든 지방자치단체가 의무적으로 실시하게 되었다.「지방재정법」제3조(지방재정운용의 기본원칙) 제2항에 "지방자치단체는 예산이 여성과 남성에게 미치는 효과를 평가하고, 그 결과를 지방자치단체의 예산에 반영하기 위하여 노력하여야 한다."(2011. 9. 9. 시행)로 규정하였다. 이는 성인지 예산제도를 한 단계 높이는 것으로서 지방자치단체들이 성별영향 평가를 실시하도록 하였고, 광역자치단체들이 여성발전기본조례를 제정하게 함으로써 지방의 성인지 예산제도의 정착에 중요한 연계 고리의 역할을 하였다.

이와 같이 우리나라의 성인지 예산제도의 도입은 다른 국가들에 비해 다소 늦었지만, 제도의 법제화가 이루어지고 관련 중앙부처를 중심으로 성인지 예산제도가 적극적이고 체계적으로 실시되고 있는 점은 높이 평가할 만하다. 그러나 이해관계자(stakeholder)의 인식 변화와 공감대 형성 부족, 성별통계, 관련정보, 대상사업 선정기준 등 관련 인프라 구축이 아직도 미흡한 점이 있으며, 관계공무원의 인식과 학습기회 제한 등에 의해 전문성이 아직도 부족한 점 등은 개선할 여지가 있다.

3. 여성복지의 이해

1) 여성복지의 개념

(1) 여성복지의 의의

여성의 사회 참여나 취업이 점점 증가하는 추세에 있다. 이러한 현상은 여성의 교육 수준 확대와 경제적 필요의 확대로 인한 필연적인 결과이며, 앞으로 더욱 증가할 전망이다. 이제는 여성이 가정 내에서 자녀를 양육하고 노인이나 병자를 돌보던 방식은 더 이상 당연한 것이 될 수 없게 되었고, 결국 피부양자에 대한 보호 제공의 문제는 개인이나 개별 가족이 해결할 수 없는 상태로 가고 있다. 이러한 문제를 해결하기 위해 어떤 국가에서는 여성의 노동력을 노동시장에서 끌어내어 가정으로 돌아가게 하는 정책을 세우는가 하면, 또 다른 국가에서는 여성의 사회 참여 확대 방안을 위한 성평등정책이 가족정책에서 중요한 위치를 차지하고 있다.

이렇게 여성을 위한 복지가 오늘날 중요시되는 것은 산업사회 구조의 다원화와 사회변동으로 인한 여성 문제의 사회화 현상 그리고 다양한 여성의 욕구에 효과적으로 대처할 수 있는 제도화가 요구되고, 아울러 여성만이 가지는 자녀의 임신, 출산 그리고 양육의 재생산기능을 중심으로 한 특수한 상황에 처하게 되며, 아동을 포함한 가족 구성원과 불가분의 관계를 가지고 있기 때문이다. 그리고 교육 수준, 노동시장 참여구조, 의사결정 참여에의 배제 등 여성들의 생활보장이 이루어지지 않고 삶의 질이 남성에 비해 월등히 떨어질 수밖에 없는 성차별적 현실은 결국 여성의 빈곤화라는 새로운 형태의 차별을 낳고 있는 현실에서 여성의 인간다운 삶을 위한 소득, 의료, 주거, 교육, 출산, 장례 등을 보장해 주는 사회복지의 중요성은 매우 크다고 하겠다.

또한 자본주의사회에서 여성 문제는 남녀불평등의 변수만으로는 충분히 설명되지 못하는 부분이 많다. 여성의 빈곤 문제, 주택 문제, 의료 문제 등은 남녀불평등의 수준을 넘어 많은 부분이 자본주의 사회의 구조적 모순에서 기인된 것이라고 볼 수 있다. 따라서 여성복지의 문제를 해결하기 위해서는 일반적인 사회 문제를 해결하기 위한 전략인 복지 모델을 통해 접근하는 것이 또 하나의 중요한 변수가 될 수 있다.

따라서 여성을 위한 복지는 여성이 국가나 사회로부터 인간의 존엄성과 인간다운 생활을 할 권리를 남성과 마찬가지로 동등하게 보장받아 여성의 소득, 건강, 정신적 만족 등 삶의 질과 관련된 제반 욕구와 조건들을 충족시켜 나가도록 해야 한다. 이를 위해 사회 구성원 모두가 여성의 인간다운 삶을 보장하기 위한 자원의 재분배 노력과 함께, 가부장제에 의한 성 차별과 그에 근거를 둔 법이나 사회제도, 문화 등을 적극적으로 개선해 나가야 하는데, 특히 여성의 주체적 활동이 우선시된다.

(2) 여성복지의 개념

'**여성복지**'라는 용어가 한국에서 일상적으로 통용되기 시작한 것은 1990년대부터라 할 수 있다. 1995년 북경여성대회와 유엔 여성차별철폐협약 이후 여성복지에 대한 관심은 더 증대되었다. 그리고 여성복지의 증진과 인권보장을 위한 최고 상위법은 「헌법」 제34조 제3항에 있는 '여성의 복지와 권익의 향상'을 위하여 노력하여야 한다는 조항과, 「헌법」 제36조 제2항에 있는 '모성보호를 위한 국가의 노력'을 의무로 규정한 데서 찾을 수 있다. 이후 1995년에 「여성발전기본법」 제정과 2015년 「양성평등기본법」으로 전면 개정으로 이어져 오고 있다.

그러나 여성복지의 개념을 한마디로 정의하기란 쉽지 않다. 여성을 바라보는 시각이나 이데올로기가 다양하고, 국가와 시대에 따라 다양하게 변화되어 왔기 때문이다. 그리고 여성을 위한 사회복지에 대해서도 다양한 의견이 있기 때문에 여성복지의 개념을 한마디로 정의하기란 쉽지 않은 것이다.

그럼에도 불구하고, 일반적으로 여성복지란 모든 여성이 한 사회의 구성원으로서 삶의 질을 영위할 수 있도록 여성의 욕구나 문제를 해결하기 위하여 사회구성원들이 공사 차원에서 행하는 공동체적 노력을 의미한다고 할 수 있다. 좀 더 구체적으로 말해서 여성복지는 여성 문제의 해결, 예방, 여성의 사회기능수행(social functioning)의 활성화, 생활의 질적 향상 등에 직접적으로 관심을 갖는 사회복지 서비스나 정책을 포함한다. 즉, 여성복지는 여성에 대한 서비스뿐만 아니라 가부장제에 의한 성차별과 그에 근거를 둔 법이나 사회제도, 문화 등의 적극적인 수정과 변화에 대한 노력까지 포괄하는 것이다.

그러나 이러한 복지를 추구하는 인간의 공동체적 노력, 즉 사회적 노력도 여러 가지가 있을 수 있다. 전통적 사회에서는 사회적 노력이 개인의 자발성과 가족, 종교 등에 의존하였지만 현대 사회에 올수록 사회가 복잡다단해지기 때문에 사회적 연대와 국가에 의존하는 경향이 있는데, 이러한 경향은 여성복지가 사회적, 국가적 책임이라는 가치를 지니고 있기 때문이다.

이상으로 볼 때 여성복지란, 첫째, 목적 면에서 여성의 생활보장이라는 복지권의 기본 이념에 입각하여 여성의 행복을 유지시키고자 하는 것이고, 둘째, 주체 면에서 여성 개인을 포함한 사회 구성원 전체가 되며, 셋째, 대상 면에서 각종 사회복지 서비스를 필요로 하는 여성뿐만 아니라 가부장제에 의한 성차별을 받는 여성까지 포함하는 여성들 전체가 되고, 넷째, 수단 면에서 제도적, 정책적, 기술적 서비스 등 조직적인 제반 활동이 되며, 다섯째, 범위 면에서 사회복지의 한 분야가 되고 있음을 알 수 있다.

따라서 여성복지의 목표는 여성에게 특별한 대우, 추가인 혜택을 제공하는 것이 아니라 모든 인간으로서 동등한 대우와 권리를 보장해 주는 것(Evans & Harris, 2004)이라 할 수 있다. 즉, 한 사회의 구성원으로서 마땅히 누려야 할 기본적인 권리를 보장받도록 하는데 있다. 성별에 관계없이, 그리고 성별에 따라 대우도, 차별도 없는 동등하고 형평성 있는 사회구성원으로서의 기본적인 삶을 보장받는 것에 여성복지의 목표가 있다.

물론 여기서 여성복지가 사회복지의 한 분야가 됨에도 불구하고 여성복지의 관점은 성(gender)이라는 새로운 변수를 통해서 문제를 분석하고 문제해결에 접근하는 새로운 패러다임을 의미하므로 사회복지실천 전반에 걸쳐 많은 변화를 포함하는 것을 의미한다. 이는 전통적인 남성 위주의 가부장적 성격을 버리고 여성중심적인 물음을 던지고 분석하는 것이다. 즉, 과거의 성무지적(gender blinded) 복지에서 여성인지적 복지로의 전환을 의미한다.

따라서 현재까지는 적적한 여성복지 정의와 모델이 충분히 개발되었다고 할 수 없지만 적어도 가부장제나 성 역할 분리에 입각한 자본주의적인 성차별로 인해서 생기는 문제에 관심을 가지고 다양한 사회복지 해결방안을 모색하고 있다는 데 큰 의의가 있다. 지금까지 전통적인 가정 내의 어머니로서 혹은 아내로서 여성의 역할을 중시했다면 이제는 한 개인으로서 지니는 욕구와 자발성, 주체성에 중심을 둠으로써 가부장적인 성 역할에 매이는 것을 강요하지 않으며 여성 개개인의 자아계발과 잠재 능력을 개발시키는 데 여성복지의 목적이 있다고 할 수 있다.

이렇게 볼 때 여성중심 시각의 관점에서 여성의 복지를 침해하는 불평등 및 성 차별의 수준이 감소되지 않는 한 여성복지의 성취는 결국 여성운동과 불가분의 관계에 머물 수밖에 없기 때문에 때로는 기존 사회복지 실천방법과 마찰이 일어나는 것은 당연할 수도 있다. 이런 점에서 최근의 선진국가에 대한 여성복지 연구는 복지국가가 여성중심 시각일 수 있는 잠재력이 어느 정도이며, 이미 얼마나 여성 친화적이 되었는가에 관심을 가지면서 사회복지의 권리를 확보하기 위해서는 여성들의 정치영역이 중요하다는 사실을 계속 부각시켜 오고 있다(Fleckenstein & Lee, 2014; Gordon, 1990; Lewis, 1993; Noonan, 2013).

(3) 여성복지의 범주

종래의 여성복지는 요보호여성과 이들로부터 파생되는 문제에 국한되어 왔으나 최근에는 일반여성까지 모두를 포함하는 포괄적인 개념으로 변화되었다. 문제의 초점도 종래의 요보호여성들로부터 비롯되는 빈곤모자가족 문제, 성매매, 미혼모, 가출, 근로여성 문제 등과 함께, 일반여성의 인권 문제와 복지 문제, 사회 참여와 자아실현을 돕는 여건 조성, 성차별 철폐운동으로 확대되었다.

그러나 우리나라의 여성복지 개념은 매우 소극적 의미의 복지이념에서 시작하였다. 공공부문에서의 여성복지는 초기부터 일반여성을 대상으로 하기보다는 영세 여성가구주, 미혼모, 성매매 여성, 가출여성 등 요보호여성을 중심으로 사회복지서비스를 제공하면서 부녀복지라는 용어를 사용해 왔기 때문에 현재까지도 공공부문 일부에서는 부녀복지 용어가 쓰이고 있다. 1980년대에 들어서면서 부녀복지가 지니고 있던 요보호여성을 중심으로 하는 잔여적 복지 개념에서 일반여성을 위한 복지 개념으로 확대되었으나 내용을 보면 아직도 대부분 요보호여성을 위한 정책에 머물러 있다. 그러나 요보호여성과 일반여성은 서로 대칭되기보다는 사회구조 속 여성 현실의 연속선상에 존재하고 있는 동일 주체의 양면을 포함하고 있어서 양자를 구분하는 것은 타당치 않을 수 있다. 요보호여성, 일반여성을 위한 복지는 따로 존재하지 않기 때문이다. 오히려 여성복지는 사회구조적으로 여성이 빈곤, 차별, 배제, 폭력 등에 노출될 위험이 더 높다는 전제를 공유하는 것으로부터 시작된다(송다영, 김미주, 최희경, 장수정, 2011).

사실상 여성복지는 혼인 여부에 상관없이 모든 여성에 관한 복지 전반을 포함하는 것을 가리키는데, 그 범주는 크게 광의와 협의로 나누어 볼 수 있다. 광의의 여성복지는 모든 여성을 대상으로 하는 사회복지, 특히 사회보장의 요소인 공공부조, 사회보험, 사회복지 서비스에 의한 여성의 복지 급여를 의미하나, 가부장제에 의한 성차별을 타파하고자 하는 여성주의적 시각을 토대로 제도 개선을 포함한다. 반면에, 협의의 여성복지라 할 때에는 특별한 여성 문제와 욕구를 가진 대상에 따라 저소득 모자가구에 대한 생활보장, 성매매 여성에 대한 자립자활대책, 미혼모 예방 및 보호대책, 근로여성에 대한 복지대책, 가정주부의 여가선용지원대책 등이 포함된다. 구체적인 내용으로는 시설입소보호, 직업훈련, 보도와 알선사업, 상담 · 계도사업, 지역사회복지관사업 등이 있다.

2) 여성복지의 접근방법

여성복지는 여러 다양한 여성 문제에 직간접적으로 개입하는 것을 의미하고 있으므로, 여성복지의 접근방법에는 간접적(거시적) 방법과 직접적(미시적) 방법이 있다. 전자는 여성 문제를 사회 전체의 문제로서, 즉 여성이 전체 사회의 제도적 구조와의 관계에서 보다 잘 존속할 수 있는 조건 혹은 환경을 조성해 가는 접근방법으로서 직접적으로 여성과의 만남 속에서 이루어지기보다는 간접적인 여성정책의 차원에서 논의될 수 있고, 후자는 여성 문제로 고통을 당하고 있는 여성에게 직접적으로 접근하는 방법으로서 서비스의 차원에서 여성복지서비스 실천을 통해 달성될 수 있다. 즉, 여성정책 접근방법과 여성복지서비스 실천 접근방법으로 구분할 수 있다.

그러나 이 둘의 접근방법들은 어떤 수준에서 출발하느냐 하는 시각상의 차이일 뿐 궁극적으로 여성의 사회 기능수행의 향상과 복지를 도모하고자 한다는 점에서는 상호보완 관계에 있으므로 양자를 잘 조화롭게 활용해야 할 것이다.

(1) 여성정책 접근방법

여성복지의 접근방법 중에서 여성복지서비스 실천 접근방법이 여성 문제에 대하여 개별적, 심리적, 미시적으로 처리, 치료하는 서비스인 데 비해, 여성정책 접근방법은 여성 문제에 대하여 사후복귀적 처우라기보다는 예방적 처우라는 관점을 가지고 사회의 성차별적인 구조 문제에 대하여 제도적, 법률적, 거시적으로 접근하는 것이다. 그러므로 여성정책은 국가가 여성을 위해 시행하는 모든 활동을 의미한다고 하겠다.

이러한 여성정책은 일찍부터 가족정책과 맞물려 발전되어 왔다고 할 수 있다. 첫째, 자녀의 교육정책의 충실, 둘째, 인구정책의 충실, 셋째, 노동시장에서 여성의 처우 개선과 그 대안에 관한 시책의 충실 등이 그것이다. 그러나 가족은 여성정책과 관련해 볼 때 여성복지에 순기능적 측면도 있지만, 역기능적 측면도 동시에 갖고 있다.

① 가족의 여성복지에 대한 순기능적 측면

현재 여성정책에서 가족정책이 강하게 요구하는 데는 가족정책이 다음과 같은 장점을 갖고 있기 때문이다. 첫째, 전통적으로 유지되어 온 핵가족의 붕괴에 즈음하여 가족정책이 그것을 방지하는 하나의 잠재적인 전략이 될 수 있다. 둘째, 가족정책은 사회복지의 전개와 분석에 유용한 틀을 제공할 수 있으며 변화하는 가족의 복지요구에 즉각적으로 대응할 수 있다. 셋째, 모든 영역에서 종래의 제반 사회정책과 공공정책을 평가하는 데 가족정책은 하나의 기준이 될 수 있다(Kamerman & Kahn, 1978).

따라서 최근에 가족정책은, 첫째, 아동에게 영향을 미치는 공공정책을 중요시하게 되었다는 점과, 둘째, 여성정책이 가족정책의 주요한 구성요인으로 규정된다는 점 등 두 가지 맥락에서 집중적으로 사용되고 있음을 알 수 있다. 이런 측면에서 여성정책은 모자가정을 위한 가족정책, 사회복지사업, 취업모를 위한 지원 서비스, 미혼모, 성매매 여성과 가정폭력을 받는 여성을 위한 사회복지 프로그램 등을 강조하게 되는 것이다.

여하튼 이러한 관점에서 가족정책과 비교해 볼 때, 여성정책은 다음과 같은 성격을 갖고 있다(Kamerman & Kahn, 1978)고 하겠다. 여성정책의 하나는 개인으로서 여성에게 영향을 미치는 사회정책으로 균등한 고용기회, 직종분리 문제, 동일가치 노동에 대한 동일임금 지급, 법적 권리 등을 중시하는 데 반해, 다른 하나는 가정 내의 역할과 관련된 여성 문제를 중시하는데, 여기에는 여성이 직업을 가졌을 때의 지원, 아이를 낳은 후에도 노동시장에 남아 있을 때의 지원 등의 문제를 포함하며, 아울러 이혼이나 별거를 했을 때의 경제적인 지원과 가족 역할, 자녀양육, 아동 보호서비스 등의 문제를 중시하고, 여성들이 밖에서 일을 하더라고 남성들보다는 가정에 우선 중점을 두므로 가족 내 개인으로서의 여성 역할과 균형을 맞추는 데 관심을 두게 된다는 것이다. 이러한 여성정책의 후자의 관점에서 본다면, 여성정책과 가족정책은 중첩되는 면을 가질 수밖에 없으며, 궁극적으로 여성정책은 가족정책에 포함되는 정책이라 할 수 있다.

② 가족의 여성복지에 대한 역기능적 측면

가족은 성차별이 구조화되어 있는 현장이자 폐쇄적 사회를 유지하는 기초가 되기도 한다. 혈연관계에 있는 자기 가족의 문제를 위해서는 무엇이든 할 수 있는 사람들이 함께 사는 사회를 위해서는 방관하는 경우가 많은 것이다. 이러한 폐쇄적이며 이기적인 자기가족 중심주의는 연고주의, 학연 · 지연 등과 결합되면서 합리적이고 투명한 사회적 관계를 바탕으로 하는 개방적 사회를 만드는 데 장애가 됨으로써 결과적으로 여성복지의 저해요소가 되는 것이다.

이런 점에서 민주주의의 발달과 인권의 신장에 따라 여성정책적 접근방법은 이러한 가족정책과의 연관하에서도 여성주의적 시각과 결합하여 여성의 평등한 사회참여를 가로막는 장애요인들을 제거하고, 폐쇄적 가족주의를 뛰어넘는 대안적 가족 모델을 탐색하여 성평등에 기초한 열린 가족의 상을 만들어 가며, 전반적인 여성 억압이나 성차별 문제를 해결하려는 의도적인 사회적, 국가적 개입을 중시하는 경향을 갖지 않을 수 없게 되었다.

따라서 여성복지의 **여성정책적 접근방법**은 여성복지정책으로 구현되는데, 이는 사회복지정책의 한 분야라고 할 수 있다. 이렇게 볼 때 여성복지정책이 갖는 특성은, 첫째, 사회복지정책이 가부장적 성별 구분론을 토대로 하여 만들어졌기 때문에 여성복지정책 역시 가부장적인 정책내용을 완전히 불식시키지 못하는 한계를 갖고 있다. 둘째, 여성복지정책은 여성개인에 대한 비중보다는 가족의 보호자로서의 역할을 지원하는 데 비중을 두고 있으며, 아울러 일반여성보다는 요보호여성에 대한 지원에 더 비중을 두고 있다. 셋째, 여성정책이 중앙정부 중심의 법적·제도적 개선에 더 비중을 두고 있어 여성복지정책 역시 그러한 경향을 갖고 있다.

(2) 여성복지서비스 접근방법

여성복지서비스 접근방법과 관련하여 일선 사회복지사를 통해 이루어지는 여성복지서비스는, 첫째, 사회제도 측면, 둘째, 집단 상호작용 측면, 셋째, 개인 심리 측면 등 세 가지 측면을 가지고 있다. 이 세 가지 측면들은 각기 상호 연관되어 있고 그것들이 복잡하게 여성 문제를 형성한다고 보며, 이것이 여성복지서비스 접근방법의 주요 대상이 되는 것이다.

그리고 여성복지서비스의 실천모델은 크게 사회복지서비스 모델과 여성주의 모델로 나눌 수 있다.

① 사회복지서비스 모델

여성복지서비스의 사회복지서비스 모델(social welfare service model)은 사회복지 역사에서 오랫동안 특수한 욕구를 가진 여성들의 특별한 문제를 취급하는 사회복지서비스 활동의 하나로서 다분히 여성복지의 제도적 개념을 보완하는 잔여적 성격을 띠고 출발하였다. 그러나 사회복지서비스는 계층, 소득, 인종, 종교, 이념, 지역 등의 구별 없이 모든 사회구성원에게 다 제공될 수 있다는 점에서 보편성을 띠고 있다. 이런 점에서 한국은 재정부담의 형편 때문에 오랫동안 여성복지를 부녀복지로 칭하여 사회복지의 잔여적 개념으로 사용해 왔는데, 기존의 부녀복지는 여성복지의 대상 중에서 특히 취약 여성(vulnerable women)의 복지에 국한시켜 서비스를 제공해 왔다고 할 수 있다. 그러나 1990년에 들어와서부터 한국도 여성운동의 영향으로 점점 서비스의 개념이 보편적 개념으로 변화해 가고 있다.

따라서 사회복지서비스 모델은 위기여성들에게 서비스를 제공하지만 그것이 반드시 여성운동의 성격을 띠지는 않으며, 운영을 할 때에도 비교적 여성운동과 같은 정치적 성격을 띠는 것을 지양하고 중립성을 취하는 모델이라고 할 수 있다.

② 여성주의 모델

여성복지서비스 접근방법에서 획기적인 변화는 1980년대부터 구미 각국에서 여성의 경험과 상황의 개념을 재정립하고 재구성하려는 노력으로 나타났는데, 그것은 여성과 관련된 실천뿐만 아니라 남성 및 아동과 관련된 실천에도 영향을 미쳤다. 이와 관련하여, 첫째, 성 역할에 민감하고, 둘째, 성차별을 하지 않으며, 셋째, 여성주의 실천에 접근하려는 세 가지 경향이 나타난 것이다(NASW, 1995).

그리하여 여성복지서비스의 여성주의 모델(feminist model)이 등장하게 되었고 그 주요 내용은 상호 관심, 비판적 의식, 정치적 · 문화적 맥락이라는 조건하에서 여러 가지 상호작용에 대한 가정을 수립하고, 적용하는 기술인 강점(strength) 기술(Saleebey, 1992)과 역량강화(empowerment) 기술(Simon, 1994)을 들 수 있다. 강점 기술은 여성의 특성을 가치 있는 것으로 생각하고, 남성의 특성들과 비교하여 열등한 것처럼 보였던 여성의 특성들을 재정의하도록 하는 기술을 말한다. 그리고 역량강화 기술은 여성의 개인적이고 사회적인 측면에 변화를 가져오도록 하는 것으로서, 무력감을 경험하는 여성 개인과 집단의 잠재적 힘과 능력을 개발하여 여성의 장점과 에너지를 자유롭게 활용하도록 하는 기술을 말한다.

미국의 여성주의 여성복지서비스의 발달단계는 세 단계로 나눌 수 있다. 첫째, 1970년대 중반에 최고조에 달한 '여성을 위한 대안적(alternative) 서비스 등장' 단계, 둘째, 1980년대 중반에 절정에 달한 '대안적 세계관 규정' 단계, 셋째, 현재의 '통합적 방법 개발' 단계 등이다(NASW, 1995).

첫째, 여성을 위한 **대안적 서비스** 등장 단계이다. 1960년대 중반에 시작된 여성주의론 운동은 기존의 진부한 사회복지제도에서 다루지 않았던 여성의 욕구와 문제를 새롭게 분석하고 인식하는 결과를 낳았다. 이 기간 동안 많은 여성주의적 사회복지사가 전문가적인 동기보다는 여성주의론에 기반을 둔 이론과 실천을 개발하기 위한 방법으로 공동체를 형성하거나, 개별적인 여성복지 실천을 중시하였다. 이러한 경향은 비록 저소득층 여성과 근로여성에 대한 실천 기회를 제한하기는 했지만 실천 모델 개발에 상당히 기여하였다. 자조, 정치적 행동주의와 같은 주제도 매 맞는 여성의 쉼터, 강간 피해자 프로그램, 레즈비언 대상의 효과를 기반으로 한 상담 서비스, 여성보건센터, '집에서 쫓겨난 주부' 서비스, 비전통적인 고용 부문에 대한 훈련과 옹호 등 지역사회에 기반을 둔 여성 대상의 대안적 복지기관과 서비스의 실천에 기여하게 되었다.

이러한 서비스는 주로 공동체 활동으로 나타났고, 실무자 대부분은 비전문적 활동가였기 때문에 프로그램의 안정적 기금확보에 어려움을 겪었다. 그 후 전문적 요원과 관료체제의 도입으로 보다 나은 안정성은 확보되었으나, 여성의 노동조건에 대한 탈정치화가 초래되었으며, 아마도 이것은 피할 수 없는 과정이었다. 이러한 현상은 바로 사회복지문헌에 반영되었는데, 1970년에서 1985년까지 사회복지문헌에서 여성 문제에 대한 관심은 증가했으나, 여성주의론의 관점에서 작성된 항목의 비율은 감소하였던 것이다.

둘째, 대안적 세계관 규정 단계이다. 사회복지 내부와 전통적인 기관에서 정치적 여성주의론 실천을 개발하고 합법화하려는 노력은 꾸준히 이어졌다. 여성주의 실천 개발의 두 번째 단계는 대안적 세계관 또는 여성주의 실천이 토대를 두고 발전할 수 있는 개념 틀을 규정하는 데 중점을 두었다. 여러 서적과 논문은 적은 범위의 여성 문제와 모든 제도화된 억압에 저항하는 명백한 여성주의 시각을 구분하고 있으며, 개인적 측면과 정치적 측면 모두에 중점을 두는 것이 필요할 뿐만 아니라 방법론적으로 가능하다는 확신을 도출하였다.

따라서 여성주의 실천은 그간 주장해 온 '원인과 작용'을 한 실천방법에 통합시키겠다는 목적을 달성할 수 있는 전망을 가질 수 있게 되었으며, 여성주의 이데올로기의 핵심 개념을 정의하기 위해서 여러 여성주의 방법과 기술을 설명하고 규정하였다. 자유주의-개량주의 여성주의론, 문화적-급진적 여성주의론, 마르크스주의-사회주의 여성주의론의 구별을 통해 개념적 틀을 정립하려는 시도가 있었다.

셋째, 통합적 방법 개발 단계이다. 1980년대 중반 이후 여성주의 이론가가 참여한 존재론적, 인식론적 논쟁은 여성주의 사회복지실천과 연구 모두에 주목할 만한 개혁을 촉진하게 되었다. 현실과 진실이 역동적, 다차원적, 상황적, 정치적으로 만들어진 것으로 보는 견해는 정치적-개인적 전환의 방법과 기술에 대한 모색을 고취시켰으며, 이는 여성주의 실천의 목표가 되었다. 특히 포스트모더니즘과 인식론적 관점이 영향력을 가졌으며, 이것은 집단에 기초한 의식 향상과 민중조직 방법을 넘어서서 여성주의 실천가의 목록을 확대하는 데 큰 도움을 주었다.

따라서 이러한 여성주의 모델은 서비스 전달 기반이 여성주의에 기반을 두고 서비스 제공은 여성운동이라는 등식이 성립되는 형태로서 정치적 성격을 띤다. 우리나라의 경우 대체로 여성민우회, 한국성폭력상담소, 한국여성의 전화와 같은 여성단체로 분류되는 기관이 취하고 있는 여성복지서비스 모델이라 할 수 있다. 그러나 실제 우리나라 여성복지서비스기관 종사자들의 여성주의 적용에 관한 조사결과를 보면 이들의 의식화 수준이라고 할 수 있는 여성주의 정체성은 상당히 낮게 나타나고 있다(김혜란, 김소정, 김남희, 송승현, 2006). 이러한 점은 여성복지서비스 실천에서 여성주의 관점이 잘 반영되고 있지 않다는 점을 보여 주고 있다.

3) 복지레짐과 여성레짐

자본주의 구조하에서 '노동자가 자신의 노동력을 상품으로 팔지 않고도 사회적으로 용인될 만한 수준의 생활을 할 수 있는 정도'를 의미하는 것으로, 자신이 노동시장에서 일을 할 수 없는 상황에 처했을 때, 국가가 어느 정도 수준의 급여를 제공해 주는가의 정도를 말하는 지표인 탈상품화(decommodification) 수준에 기반을 두고 에스핑-앤더슨(Esping-Andersen)은 크게 세 유형의 복지레짐(welfare regime; 혹은 복지체제로 번역)을 제시하였다. 그는 복지국가(welfare state)라는 용어보다 복지레짐이라는 용어를 사용하여 세 가지 유형의 **복지레짐**을 제시하였다. 분류 근거로는 세 가지를 든다. 첫째, 탈상품화이다. 이는 자본주의 사회에서 노동자의 노동력은 하나의 상품이며, 이를 통해 고용된 임금으로 생계를 유지할 수밖에 없다는 점에서 양산될 수 있는 불평등을 전제로 한다. 둘째, 사회계층화(stratification)이다. 이는 복지정책을 실시한 이후 나타난 사회계급 구조의 변화를 지칭한다. 셋째, 복지 제공의 주체를 국가, 시장 그리고 가족으로 구분한다.

그가 제시한 서구의 복지레짐은, 첫째, 스웨덴, 덴마크, 노르웨이 등 북유럽 국가가 포함되는 사민주의 유형이다. 사민주의 유형은 탈상품화의 수준이 높고 일자리에 연계되지 않는 보편적인 사회권을 보장한다. 사민주의는 사회적 평등의 정치적 실현을 도모함에 따라 국가가 운영하는 단일보험 급여제도와 소득비례 보험제도를 연동적으로 동시에 운영한다. 전자는 평등주의에 기반해 구성원 간 차이를 두지 않고 균일하게 지급하는 보험급여 제도이고, 후자는 시장 고임금자의 기피를 막기 위해 고안한 것이다. 이 레짐(체제)에서는 일할 수 있는 권리를 적극적으로 추구하는 것을 보장하는데, 이는 소득 증대와 밀접한 연관이 있다.

둘째, 프랑스, 독일과 같은 대륙유럽 국가가 포함되는 조합주의 혹은 보수주의 유형이다. 이 유형은 시장에서의 지위와 역할을 기반으로 국가가 의무적으로 국민을 가입시켜 전국적 차원에서 운영하는 사회보험제도를 핵심으로 한다. 의무적 운영이라는 점에서 자유주의 복지레짐보다 좀 더 발전된 것이지만 여전히 '보수주의적'이다. 그 이유는 노동자 자신이 받는 시장 임금에 비례하는 보험금을 납부하므로 개인 서비스가 시장에서의 위치에 비례하기 때문이다. 따라서 탈상품화 정도가 어느 정도는 낮을 수밖에 없고 시장에서의 불평등이 재생산된다. 그러나 조합주의 레짐하에서, 특히 제조업 중심의 남성 노동자 중심의 강한 노동조직에서 원래부터 어느 정도 높은 임금이 보장되기 때문에 사민주의 레짐과 유사한 수혜 정도를 보인다. 그럼에도 불구하고 여성의 경제 참여가 매우 낮다. 여성이 가족 보호의 역할에 불과하게 되며, 사회적으로 보육이나 육아 시스템이 현저히 부족하는 등 가족중심의 복지레짐이 유지된다.

셋째, 영미형으로 분류되는 자유주의 유형이다(Esping-Andersen, 1990). 자유주의 복지레짐 국가로는 영국과 미국을 들 수 있다. 여기서는 국가가 아닌 시장의 우선성이 강조되며, 개인의 책임성이 부각된다. 국가복지는 엄격한 자격 요건의 심사를 통해 시장에서의 실패자, 낙오자, 빈민, 그리고 사회적 약자를 대상으로만 수혜되며 이를 통해 수혜자에게 부정적이고 수치스러운 사회적인 낙인이 찍히게 된다. 나머지 압도적 다수는 시장복지를 통해 사회 내 여러 사적인 민간보험을 들게 된다. 이 제도는 잔여적 복지에 근접하며, 탈상품화 정도가 매우 낮고, 국가복지와 시장복지 수혜자 간 갈등이 나타나 이원화된 계층 체제가 나타난다. 복지레짐의 경우 국가의 비중은 낮고 시장을 매개로 작동함으로써 결과적으로 매우 취약한 복지레짐을 갖게 된다(Esping-Andersen, 1990).

이러한 복지레짐의 유형 분류와는 달리 여성주의자들은 크게 사회보장의 기본원리를 개인단위 혹은 가족단위로 접근할 때 성별분업과 가족 돌봄으로 인하여 노동시장 참여를 선천으로 제약받는 여성의 특수성과 가부장제 사회 맥락에 대한 이해의 정도에 따라 여성복지 보장방식이 달라질 수 있음에 주목한다. 세인즈베리

(Sainsbury, 1994; 1999)는 젠더레짐을, 첫째, 남성생계부양자 레짐(male-breadwinner regime), 둘째, 성 역할 분리 레짐(separate gender role regime), 셋째, 개인소득자-양육자 레짐(individual earner-carer regime) 등으로 분류하였다.

첫째, 남성생계부양자 레짐은 남성가장 중심의 가족을 전제로 하여 가족구성원의 소득보장을 위해 여성은 양육자 역할을 해야 함을 강조한다. 둘째, 성 역할 분리 레짐은 1.5레짐으로 불리는데, 남성을 주요 생계부양자로 하면서 여성은 노동시장에 부분적으로 참여하나 여전히 가족 내 돌봄 역할을 맡는 존재로 간주한다. 따라서 성 역할 분리 레짐은 남성생계부양자 레짐의 변형에 불과하다. 사회구조와 노동시장 안정성이 와해되고 남성생계부양자 레짐의 물질 기반이 상실되면서 성 역할 분리 레짐으로 변형된 것이기 때문이다. 셋째, 개인소득자-양육자 레짐은 복지 수급의 단위를 가족이 아닌 개인을 기준으로 한다. 개인을 성별에 관계없이 소득자-양육자로 설정하고 이들의 탈상품화, 탈가족화를 위한 정책을 설계한다.

이와 같이 젠더레짐은 탈가족화와 사회 내 성별분업 양식을 포함하고 있기 때문에 복지레짐 유형화와 완전히 일치하지는 않지만 두 개의 레짐 간에는 상호연관성을 보인다. 이러한 복지레짐과 젠더레짐 간 상호연관성을 살펴보면 〈표 2-1〉과 같다(송다영, 2012).

표 2-1 복지레짐과 젠더레짐 간의 상호연관성

복지레짐	복지레짐과 젠더레짐의 조화	젠더레짐
사민주의 유형	• 탈상품화 高, 탈가족화 高 • 탈가족화: 공공서비스화 • 남녀 노동권-돌봄권 병행 • 개인 단위 사회권 수급	소득자-양육자/공공형 모델
자유주의 유형	• 탈상품화 低, 탈가족화 低 • 탈가족화: 시장서비스화 • 여성 노동시장에의 접근 강조 • 개인 단위 사회권 수급	소득자-양육자/시장형 모델
보수주의 유형	• 탈상품화 中, 탈가족화 中 • 탈가족화: (재)가족화, 수당 • 가족 단위 사회권 수급	성 역할 분리 모델

자료: 송다영(2012), p. 77.

4) 한국 여성복지 전달체계의 현황

한국의 여성복지 전달체계는 처음에는 민간에서 태동하여 제도화되었고, 제도화 시기에 따라 여러 유형의 전달체계가 구축되었으며, 각각의 전문화 · 개별화 전략으로 운영되어 오고 있다. 특히 여성운동의 영향으로 사회 이슈화와 더불어 전달체계가 구축되었다. 1994년「성폭력범죄의 처벌 및 피해자보호 등에 관한 법률」제정(이 법은 2010년에「성폭력범죄의 처벌 등에 관한 특례법」과「성폭력방지 및 피해자보호 등에 관한 법률」이 각각 제정됨으로써 폐지), 1997년「가정폭력방지 및 피해자보호 등에 관한 법률」제정(2006년 전문개정), 2004년 성매매 특별법으로「성매매방지 및 피해자보호 등에 관한 법률」과「성매매알선 등 행위의 처벌에 관한 법률」이 제정되면서 여성복지 전달체계 인프라가 구축되었다. 이후에도 장애인성폭력, 친족성폭력, 이주여성폭력문제 등 이슈가 제기됨에 따라 전달체계 인프라가 구축되었다. 현재는 정부의 공적 행정체계와, 민간 실행기관으로서 민간에서 태동하여 제도화되는 과정에서 정부주도형 위탁방식의 형태(여성 긴급전화 1366, 여성 쉼터인 '해바라기센터' 등)와 예산이 지원되는 형태(상담소, 보호시설 등)가 공존하고 있다.

(1) 공적 행정체계

여성복지의 공적 전달체계 또는 행정체계는 주무부처인 여성가족부 혹은 보건복지부가 여성복지 관련 법률에 의거하여 사업을 계획하고 예산을 배정하고 있다. 사업은 지방자치단체 상부체계인 특별시, 광역시, 도를 경유하여 중간체계인 시 · 군 · 구로 시달된다. 시 · 군 · 구는 사업의 집행에 책임을 지며 실제 사업의 실행은 여성복지 관련 시설이나 단체 등에서 이루어진다.

여성복지의 내용을 보면 대부분 저소득 한부모가정, 미혼모여성, 성폭력피해여성, 가정폭력피해여성, 성매매 피해여성 등에 대한 사회적 지원업무로 피해여성에 대한 상담을 기반으로 하며, 보호시설을 통한 생활자립 기반의 조성, 자녀보육, 직업훈련, 취업알선 등이 주를 이룬다. 그러나 이러한 서비스들은 생활지원이나 보육지원과 같은 현실적으로 시급히 요구되는 서비스로 한정되는 경향을 갖고 있으며, 여성복지 사업은 사회적 혹은 정치적 상황에 따라 부처 이동이 발생하고 있다.

특히 여성의 폭력과 연관된 업무는 2002년부터 여성가족부에서 담당하고 있으나 경찰청, 법무부, 보건복지부 등과의 협조가 유기적으로 이루어지지 않는 행정체계로 인해 효율적 대응에 일정한 한계가 있다. 이러한 중앙정부 차원의 여성복지 업무 전달체계의 문제는 지방자치단체에서도 유사한 방식으로 발생하고 있다. 광역시 또는 도, 시 · 군 · 구 단위의 여성복지 업무는 주로 사회복지과나 여성복지과, 여성정책과, 가정복지과 등에서 맡고 있으며, 시 · 군 · 구 단위의 기초자치단체는 여러 가지 사회복지업무를 수행하면서 극히 낮은 비율로 여성복지 업무를 수행하는 방식으로 이루어지는 경우가 적지 않다. 최종 전달은 대부분 지방자치단체에서 위탁을 받은 사회복지관, 상담소, 시설, 센터의 서비스 전달을 통해 이루어진다.

(2) 민간 실행기관

민간 실행기관은 일정한 시설에 거주하면서 자립을 도모하는 시설형과, 시설을 오가며 상담 및 교육, 치료 등을 하는 통원 이용형으로 나뉜다. 시설형에는 모자보호시설, 모자일시보호시설, 미혼모시설, 성폭력피해자보호시설, 가정폭력피해자보호시설, 성매매피해자지원시설 등이 있으며, 통원 이용형에는 성폭력상담소, 가정폭력상담소, 여성복지상담소, 성매매상담소 등이 해당된다.

그리고 여성의 빈곤과 자립 관련 서비스 기관인 모자보호시설은 「한부모가족지원법」의 규정에 의해 18세 미만의 아동을 양육하는 저소득 한부모가정, 미혼모시설 퇴소자 중 스스로아동을 양육하는 미혼모 한부모가정에게 시설 내 서비스를 받을 수 있도록 하고 있다. 아울러 각종 시설은 한부모 여성에게 일정 기간 거주를 보장하고 교육, 상담, 아동보육 등의 서비스를 제공하면서 경제적 자립과 사회복귀를 지원한다. 반면에, 시설에 거주하지 않고 아동과 함께 살아가는 한부모 여성은 「한부모가족지원법」에 의거하여 자녀양육비, 취업, 창업을 위한 교육, 아동보육서비스를 지원받을 수 있다.

한편, 여성폭력 및 권익 증진과 연관된 서비스 기관이 있는데, 구체적인 서비스 내용별로는 성폭력, 가정폭력, 성매매 등과 관련된다. 이용유형별로는 생활시설과 이용시설로 구분되는데, 우선 생활시설 여성복지서비스는 피해자의 보호, 신체적, 정신적 안정회복과 사회복귀, 기타 아동보육서비스를 지원한다. 그리고 청소년지원시설은 19세까지 장기보호를 원칙으로 하며, 최근 들어 외국인여성이나 결혼이주여성 지원시설, 그룹 홈, 이주여성쉼터 등이 생겨나고 있다. 그리고 이용시설 형여성복지서비스를 제공하는 기관으로는 성폭력피해상담소, 가정폭력피해상담소, 성매매피해상담소, 여성자활지원센터 등이 있다.

중점토의

1. 여성 문제와 관련하여 사회복지가 필요하게 된 요인들이 무엇인지 설명하시오.
2. 사회복지와 여권론의 관계를 논하시오.
3. 여성주의 사회복지실천, 여성복지의 개념과 범주에 대해 설명하시오.
4. 성인지 예산제도에 대해 설명하시오.
5. 가족의 여성복지에 대한 순기능적 측면과 역기능적 측면을 비교하여 논하시오.
6. 여성복지의 접근방법에 대해 설명하시오.
7. 복지레짐과 젠더레짐에 대해 비교 · 설명하시오.
8. 한국 여성복지 전달체계에 대해 설명하시오.

참고문헌

김영숙 외(2017). **정부 부처의 사회복지 관련 사업의 성인지적 분석과 효율성 제고 방안**. 한국여성정책연구원.

김혜란, 김소정, 김낭희, 송승현(2006). 모니터링프로젝트 사업보고서. 서울특별시.

서명선(1996). 여성복지. 한국사회복지연구회(편), **한국사회복지연감**. 예풍출판사.

손승영(1995). 한국사회의 변화와 가족. 여성한국사회연구회(편), **한국가족문화의 오늘과 내일**.

송다영(2012). 젠더레짐을 통한 여성사회권 현실과 지향성 연구. **미래사회복지연구** 3(1), 71-96.

송다영, 김미주, 최희경, 장수정(2011). **여성복지론: 쟁점과 실천**. 양서원.

이선형, 문은영, 김보람(2014). **젠더관점에서 본 서울시 베이비부머의 가족생활실태 및 지원방안**. 서울시여성가족재단.

이재경 외(2004). **한국 가족의 현실과 변화**. 여성부.

임성일(2012). **성인지 예산제도의 도입과 2013년도 지방자치단체 성인지 예산편성**. 한국지방행정연구원.

함인희(1993). 변화하는 가족과 여성의 지위. 한국여성개발원. **여성연구**, 11(2), 80-91.

홍승아 외(2015). 가족변화 대응 가족정책 발전방향 및 정책과제 연구. 한국여성정책연구원.

Billari, F. C. (2008). Lowest-low fertility in Europe: Exploring the causes and finding some surprises. *The Japanese Journal of Population, 6*(1), 1-18.

Budlender, D., & Hewitt, G. (2003). *Engendering budgets.* Commonwealth Secretariat.

Esping-Andersen, G. (1990). *Three worlds of capitalism.* Oxford University Press.

Evans, T., & Harris, J. (2004). Citizenship, social inclusion and confidentiality. *British Journal of Social Work, 34*(1), 69-91.

Fleckenstein, T., & Lee, S. C. (2014). The politics of postindustrial social policy: Family policy reforms in Britain, Germany, South Korea and Sweden. *Comparative Political Studies, 20*(10), 1-30.

Goldstein, J. R., Sobotka, T., & Jasilioniene, A. (2009). The end of lowest-low fertility? *Population and Development Review, 35*(4), 663-699.

Gordon, L. (1990). The new feminist scholarship on the welfare state. In L. Gordon (Ed.), *Women, the state, and welfare* (pp. 9-35). Madison, WI: The University of Wisconsin Press.

Kamerman, S. B., & Kahn, A. J. (Eds.) (1978). *Family policy: Government and families in fourteen countries.* NY: Columbia University Press.

Lewis, J. (1993). Gender and the development of welfare regimes. *Journal of European Social Policy, 3*, 73-91.

Nallari, R., & Griffith, B. (2011). *Gender and macroeconomic policy*. World Bank.

NASW (1995). *Encyclopedia of social work* (19th ed.).

Noonan, M. (2013). The impact of social policy on the gendered division of housework. *Journal of family Theory & Review,* 5(2), 124-134.

Payne, M. (1997). *Modern social work theory.* Chicago, IL: Lyceum Books, Inc.

Sainsbury, D. (1994). Women's and men's social rights: Gendering times and stratification. In D. Sainsbury (Ed.), *Gendering welfare states.* Sage Publication.

Sainsbury, D. (1999). Gender and social-democratic welfare states. In D. Sainsbury (Ed.), *Gender and welfare state regimes.* Oxford University. Press.

Saleebey, D. (Ed.) (1992). *The strength perspective in social work practice.* White Plains, NY: Longman.

Sarraf, F. (2003). Gender-responsive government budgeting. IMF working paper 03/83.

Simon, B. L. (1994). *The empowerment tradition in American social work: A history.* NY:

Columbia University Press.

Stotsky, J. (2006). Gender Budgeting. IMF working paper 06/232.

Van der Vlugt, Ineke (1994). Female social work or gender-specific social work with women and girls? In Karl-Ernst Hesser & W. Koole (Eds.), *Social work in the Netherlands: Current developments* (pp. 24-34). SWP.

제2부

여성복지의 이론과 실천방법

WOMEN WELFARE

제 3 장

여성복지정책과 서비스

여성복지의 대상은 요보호여성을 중심으로 한 잔여적 개념에서 모든 여성을 대상으로 하는 보편적 개념으로 변화해 왔다. 따라서 여성복지정책을 고찰하기 위하여 복지국가 이념을 고찰하고 복지국가에서의 여성복지에 대한 분석을 위한 논의점을 고찰하고자 한다. 이러한 논의점을 기초로 성을 고려한 복지국가의 분석틀을 검토하고자 한다. 또한 우리나라의 여성복지 서비스의 현황을 살펴본다.

1. 여성복지정책

여성복지의 개념은 다양하게 정의될 수 있다. 우선 광의의 개념과 협의의 개념으로 살펴보면, 광의의 여성복지는 여성이 국가나 사회로부터 인간의 존엄성과 인간다운 생활을 할 권리를 동등하게 보장받음으로써 여성의 건강, 재산, 행복 등의 삶의 조건들이 만족스러운 상태를 의미함과 동시에 적극적으로 가부장적 성차별주의와 그에 근거를 둔 법이나 사회제도, 문화 등을 개선해 나가는 모든 주체적인 노력을 포함하는 개념으로 볼 수 있다(한국여성개발원, 1990). 협의의 여성복지를 사회복지의 하위 개념으로 규정짓는다면 이것은 여성을 위한 사회복지로서, 여성 개개인에게 인간다운 삶을 보장하기 위해서 시도되는 자원의 재분배 노력들을 가리키며 이러한 여성복지의 실체는 국가와 시대에 따라 변화하게 된다(이혜경, 1996).

여성복지를 바라보는 시각이나 이데올로기 또한 다양하게 저마다의 주장들이 있고, 시대나 사회상에 따라 변화되어 왔다. **여성복지정책**을 분석하는 이론적 틀을 모색하는 데 있어서 여성주의 이념과 복지국가에 대한 이념을 같이 고려하고자 한다. 여성복지의 문제가 과거처럼 단순히 요보호여성의 문제가 아니라 모든 여성을 대상으로 할 때 남녀불평등의 문제가 더욱 중요한 원인으로 제기되며 여성주의적 관점이 필요한 것이다. 따라서 다양한 여성주의 관점을 고찰하여 여성에 대한 불평등의 원인이 무엇이며 평등을 위한 전략이 무엇인지 살펴볼 것이다. 그런데 한 사회에서의 여성복지의 문제는 성차별의 문제뿐 아니라 그 사회의 기타 사회구조적 문제와 복지국가의 발전 정도와 관련이 된다. 따라서 복지국가의 유형을 고찰하고 여성복지적 관점에서의 논의를 통하여 복지국가와 여성복지와의 관련성을 살펴보고자 한다.

1) 여권주의와 여성복지

(1) 자유방임주의적 여권론

자유방임주의적 여권론은 여성억압이 국가개입 때문이라고 보기 때문에 국가에 의한 정책추진은 필요 없다고 보고 복지향상을 위한 제도적 차별을 시도하는 국가의 개입을 반대하는 입장이다. 이러한 시각은 남녀의 생물학적 차이를 인정하여 전통적인 성 역할의 분담을 당연히 여기고 이를 여성해방의 상태라고 보는 입장이다. 이들은 능력 있는 여성의 노동시장진출을 위한 최소한의 국가개입과 자연상태의 모성육성을 위한 평등권에 최소한의 국가개입이 있어야 한다고 주장한다.

(2) 자유주의적 여권론

자유주의적 여권론은 여성과 남성은 원래 평등한 존재이나 현실 사회의 왜곡된 기회와 환경의 차이가 여성의 열등화를 가져오고 성차별적 역할이 사회화되어 결국 남녀 간의 불평등을 초래하게 되었다고 주장한다. 그러므로 남녀가 동등한 사회적 지위를 보장받기 위해서는 법 앞의 평등을 보장받아야 한다고 주장하고 있다. 선거, 교육, 취업 등에서 평등한 기회가 주어지면 여성도 능력이나 자기성취감 및 사회기여도도 높아질 것이라는 입장에서 윌리엄즈(Williams, 1989)는 다음의 세 가지 복지 전략을 제시하고 있다. ① 성불평등을 야기시키는 복지 관련 법률을 개정하고 복지서비스를 제공하는 자의 성차별주의에 도전해야 한다. ② 여성이 보다 많은 기회와 권리를 이용할 수 있는 방향으로 개혁이 이루어지도록 압력을 가해야 한다. ③ 교육이나 고용 등의 분야에서 평등한 기회정책을 제도화하기 의해 행정부서에 압력을 가해야 한다.

(3) 마르크스주의적 여권론

마르크스주의적 여권론은 여성 문제를 계급체계의 결과로서 나타나는 성차별의 문제로 보고 있다. 여성 억압의 기원은 사적 소유의 확립과 계급 발생 및 이를 지탱하기 위한 제도로서 일부일처제의 확립에 있다고 보는 것이다. 여성 문제는 기본적으로 자본가 계급과 노동자 계급이라는 모순에서 나타나는 것이며 자본가는 여성의 생물학적 차이를 이용하여 악의적으로 차별함으로써 이윤의 추구를 극대화하려고 하기 때문에 여성의 문제는 보다 심화된 형태로 나타난다는 것이다. 따라서 여성해방을 위한 일차적 전제로서 사적 소유의 폐지와 여성의 생산에의 참여를 주장한다. 궁극적으로는 자본주의를 폐지하고 여성의 완전한 생산에의 참여와 가사노동의 사회화를 이루는 것이라고 본다.

(4) 사회주의적 여권론

사회주의적 여권론은 자본주의와 가부장제가 결합하여 남성이 생산 부문을 장악하여 여성이 남성에게 경제적으로 의존하게 되어 여성을 억압한다는 입장이다. 결국 남성=생산적 주체=공적 영역, 여성=재생산적 주체=사적 영역이라는 성 역할의 이분법을 만들어 낸다는 것이다. 사회주의적 여권주의의 복지전략은 자본주의와 가부장제에 대해서 동시에 공격하여 가정 내에서는 여성에게 자연스럽게 맡겨지는 보호업무와 가사업무 등의 성별 역할 노동이 남성과 사회와 분담되도록 한다. 또한 임금노동과 무임금노동 간의 분리를 근본적으로 종식하여 남성 혼자서 가족의 생계를 책임지는 가족형태가 유지되지 않도록 해야 한다고 주장한다. 결국 양성평등의 추구를 위해서 새로운 복지 개념을 모색해야 한다고 본다.

(5) 급진주의적 여권론

급진주의적 여권론은 남녀 간의 생물학적 차이로 인한 여성의 생물학적 특성인 출산과 이로 이한 의존성이 여성의 문제라는 입장이다. 성의 혁명이 여성 문제의 해결이라 보고 가능한 한 여성의 생물학적 생식의 지배에서 해방시키고 출산과 양육의 역할을 여성뿐 아니라 남성에게도 담당하게 해야 한다고 주장한다. 예를 들면, 인공수정이나 체외수정을 통한 출산의 과학화의 진전을 통해 여성해방이 가능해질 수 있다고 본다.

(6) 복지주의적 여권론

자본주의 체계의 큰 변혁이나 소멸 없이 실용적인 문제해결을 하려는 시도에 바탕을 둔 것으로 공적 영역보다 사적 영역에서의 여성의 욕구를 해결하려고 한다. 복지주의적 여권주의는 여성억압이 가족 내에서 어머니와 아내로서의 기능인 사회적 재생산에 대한 물질적 보상이 없는 데 있다고 보고, 여성-모로서 모와 아동의 욕구에 우선 관심을 기울인다. 이들의 복지 전략은 성차별 문제를 긍정적 차별의 원리에 입각하여 가족 내에서 여성의 전통적 역할을 인정하지만 사회적 재생산에 대한 무보상을 여성 문제로 부각시킨다. 그리고 역할에 대한 보상을 국가정책의 개입을 통해서 얻어 냄으로써 여성의 사회경제적 지위를 향상시키고 성차별적 문제도 점진적으로 개혁하는데 있다. 국가를 여성생활의 규제자로 보기보다 잠재적인 복지 급여자로 본다.

이상에서 살펴본 여권론의 관점은 여성복지를 위한 국가의 역할을 부정적으로 간주하거나 최소한의 개입만이 필요하거나 또는 국가의 정책이 일방적으로 가부장제와 자본주의의 이익을 대표하는 것으로 단순화시키는 경향이다. 복지주의적 여권론의 경우에도 여성의 복지에 긍정적인 점진적인 개혁성을 띠는 것임에도 불구하고 방법과 대상이 극히 제한되어 있어 한계를 지니고 있으며 기본적으로 보수주의적이다. 여권론 관점에서의 복지국가에 대한 연구는 대체로 비관적이며 복지선진국가에서도 여성의 지위가 주변적이고 불안정하게 나타나며 여성의 사적 의존성은 감소되었으나 공적 의존성으로 대체되었을 뿐이라고 간주되기도 한다.

그러나 여권론의 이러한 관점은 복지국가의 구조와 성격이 국가 간 혹은 시간상의 차원에서 불변하리라는 가정에 입각해 있다는 제한점을 갖고 있다. 여성복지의 발전은 복지국가의 발전과 관련이 있으며 복지국가의 유형에 따라서도 차이가 있다. 복지국가의 유형과 여성복지와의 관계를 살펴보겠다.

2. 복지국가와 여성복지

여성복지를 복지국가에 대한 논의와 연결하는 것은 남녀관계를 구성하는 많은 제도와 과정이 직접적으로 국가의 사회정책에 의하여 영향을 받기 때문이다. 이러한 논의는 '복지국가가 이념적으로 남녀 간의 평등을 지향하는가'라는 질문과 '어떤 유형의 복지국가가 남녀 간 평등에 긍정적인 효과를 갖는가'에 대한 질문으로부터 시작된다.

복지국가에 대한 연구는 1970년도 중반기 이후 복지국가의 유형을 분류하고 사회정책의 모델을 만들어 낸 것이다. 그 초점은 복지국가의 출현과 성장에 대한 설명과 더불어 경제발전, 사회구조(계층관계 및 정치화) 그리고 국가 제도적인 배열과 그 능력에 관한 것이다. 복지국가란 역사적인 발전맥락에 따라, 이론적 시각에 따라, 국가의 정치적 · 사회적 및 경제적 체제에 따라 다양하게 정의되고 있어 합의적인 정의를 찾기는 대단히 어렵다. 그러나 여러 가지 정의 가운데 공통적인 특징을 찾아보면 다음과 같다. 즉, 복지국가는 "자본주의 경제체제와 민주적인 정치체제하에서 국민에 대하여 최소한의 국민적 최저 수준의 삶의 안전과 기본적 욕구를 보장하는 국가"라고 정의할 수 있다(김태성, 성경륭, 1995).

1) 복지국가의 유형

복지국가에 대한 다양한 논의가 있으나 에스핑-안데르센(Esping-Andersen, 1990)의 복지국가 유형을 중심으로 살펴보겠다. 에스핑-안데르센은 복지국가발달에 대한 비교 국가적인 관점에서 개인의 복지가 시장에 의존하지 않고도 이루어질 수 있는 탈상품화의 정도와 복지국가정책에 의한 사회계층의 형태, 국가와 시장과 가족이 상호작용하는 방법을 기준으로 복지국가를 구분하였다. 에스핑-안데르센의 분석에서 핵심을 이루는 탈상품화 개념은 복지정책의 시장영향력 완화 정도에 초점을 맞춘다. 탈상품화 정도는 사회보장 최저급여액의 평균 임금에 대한 비율, 기여연수로 표현되는 급여 지급의 자격요건, 전체 사회보장 프로그램재원에 수급자가 기여하는 비중, 실제 사회보장제도의 수급률을 종합하여 탈상품화 지수로 사용하였다. 복지국가는 자유주의적 복지국가, 조합주의적 복지국가 그리고 사회민주적 복지국가의 세 유형으로 분류되었다.

(1) 자유주의적 복지국가

자유주의적 복지국가는 소득조사에 의한 공적 부조 프로그램이 상대적으로 중요시된다. 따라서 급여의 대상의 초점을 저소득층에 맞추는 경향이 있다. 이러한 상황에서 사회복지의 확대는 전통적인 자유주의적 노동윤리규범에 의해 크게 제약을 받는다. 따라서 이러한 국가에서는 복지의 한계는 일 대신에 복지를 택하는 한계 성향과 일치한다. 즉, 일을 안 하면 벌을 받는 것으로서 복지를 받게 된다. 자격기준은 까다롭고 엄격하고 결과적으로 치욕과 밀접한 관계를 갖는다. 국가는 사회복지에서 민간 부문(시장)의 영향을 민간 부분에 대한 보조의 방법으로 장려한다. 이러한 결과로 이들 국가에서는 탈상품화의 효과는 최소화되고 사회권의 영역은 제한된다. 또한 다차원의 사회계층이 존재한다. 다수의 사람은 시장에서의 역할에 따라 차이가 나는 복지를 수혜하게 되고 이러한 두 계층은 대립적인 관계가 되는 이중구도가 형성된다. 자유주의적 복지국가로는 미국, 캐나다, 오스트레일리아를 꼽는다.

이와 같이 자유주의적 모델은 소득조사, 중간 수준의 사회보험, 보통 수준의 보편적 이전이라는 특징을 갖고 있고 자유주의 노동윤리와 시장의 우세가 강조되며 광범위한 노동력의 상품화와 노동계층 및 빈곤계층 사회권의 제한을 볼 수 있다(Sainsbury, 1994). 이러한 자유주의적 국가는 개인적 자기책임을 강조하며, 오명적인 구제를 받는 계층의 집단과 사회보험의 고객인 중류의 집단, 즉 그 주된 복지를 시장으로부터 얻는 계층의 집단이라는 이중구조를 발견할 수 있다(Esping-Andersen, 1990). 시장을 통한 임금 획득에 실패한 사람들을 위해 소득조사에 의한 공적 부조의 제공으로 어느 정도의 탈상품화가 도출된다고 볼 수 있으나 사회보험이 개인 노동자의 취업역사(기여도, 성취도)를 반영하며 노동 동기를 조절하지 않는 한 공적 부조는 노동의 상품화적 지위를 근본적으로 변화시키지 않는다.

(2) 조합주의적 복지국가

조합주의적 복지국가에서는 자유주의적 복지국가의 주된 관심인 시장의 효율성과 노동력의 상품화의 문제가 중요하지 않다. 따라서 사회복지의 제공을 하나의 사회권으로 하느냐 안 하느냐는 중요한 쟁점이 아니다.

이러한 유형에는 국가가 주된 사회복지제공자의 역할을 한다. 따라서 자유주의적 복지국가와 달리 민간보험이나 기업복지의 역할이 상대적으로 덜 강조된다. 그러나 국가는 사회적 지위 차이를 유지하여, 국가복지의 재분배 효과는 거의 없다. 이러한 국가들은 보험원칙을 강조하는 사회보험에 크게 의존한다. 사회보험에 의한 혜택은 시장에서의 지위 차이에 따라 크게 차이가 난다. 즉, 탈상품화 효과에는 한계가 있다. 이러한 유형에 속하는 국가들은 오스트리아, 프랑스, 독일, 이탈리아 등이다.

이 같은 국가에서 사회권은 계급과 지위와 관련되며 임금의 격차를 줄이려는 노력은 적다. 또한 이러한 국가는 전통적 가족의 기능과 역할을 유지하고 방어하는 것을 강조한다. 사회보장체계의 조직적 구조는 조합주의적 전통의 영향을 반영하고 있으며 사회서비스는 가족이 이러한 서비스를 제공하는 데 실패했을 경우에만 제공되는 경향이다.

조합주의적 국가는 여러 지위가 차별화되고 각기 독특한 규칙, 재정, 혜택구조를 가지고 그 고객의 상대적인 지위 위치에 따라 재단된 사회보험을 통해 전통적인 지위관계를 유지하는 것을 목표로 한다. 이러한 국가에서는 도덕적 근거에서 상품화에 반대하였고 상품화에 대항하기 위한 여러 전략으로서 조합주의와 제단주의를 발전시켰다. 결과적으로 시장과 국가는 모두 복지의 주요한 기제로서 사회계층과 탈상품화의 수준을 결정한다. 따라서 탈상품화 정도는 중간 수준이고 전통적인 가족 역할은 시장의 파괴적 영향으로부터 보호된다.

(3) 사회민주적 복지국가

사회민주적 복지국가는 보편주의 원칙과 사회권을 통한 탈상품화 효과가 가장 크고 또한 새로운 중간계층까지 확대되는 국가들이다. 이러한 국가들의 이름을 '사회민주적'이라고 한 것은 이러한 국가들에서는 사회민주주의 세력이 복지국가 확대에 중추적인 역할을 하였기 때문이다. 복지국가 논의에 대한 주요 설명적 카테고리인 계층, 계층구분, 계층 연한, 사회계층의 권력자원 등은 사회민주적 모델에서 잘 나타난다.

이러한 국가에서는 국가 대 시장, 노동계급 대 중간계급 사이의 이중성을 피하고 최소한의 생활수준 보장을 넘어서 가능한 한 최대한의 수준에서의 평등을 추구한다. 따라서 이 같은 유형에서는 복지국가의 급여 수준이 신 중간층이 원하는 수준까지 높아진다. 또한 이러한 국가에서는 사회의 모든 계층이 하나의 보편적이고 포괄적인 복지체계에 통합된다. 이 유형에서는 시장의 복지기능을 최대한으로 약화시키고, 이로 인하여 복지국가 추구를 위한 보편적인 결속이 이루어진다. 즉, 사회의 모든 사람이 급여를 받고, 국가에 의존하고, 모든 사람이 지불해야 할 의무가 있다.

이러한 복지국가의 또 하나의 주요한 특징은 복지와 일을 적절히 배합하는 면이다. 이것은 완전고용정책과 직접 관계되어 있다. 따라서 사회민주적 복지국가의 성공은 완전고용정책의 성공 여부에 크게 달려 있다. 그러므로 이러한 국가에서의 완전고용정책은 '일할 권리'와 '사회복지에의 권리'를 밀접하게 연결시킨다. 다른 한편으로는, 결속적이고 보편적이고 탈상품화적인 복지체계를 유지하는 데는 많은 비용이 소요된다. 이를 해결하기 위해서도 완전고용은 복지비용이 소요되는 사회 문제를 최소화하기 위하여 그리고 복지수입원을 극대화하기 위해서도 필요하다. 이러한 복지국가는 높은 수준의 결과의 평등과 관련된다. 이 같은 모형에 가까운 나라들은 스웨덴, 노르웨이, 덴마크이다.

2) 복지국가론에 대한 비판과 여성복지정책의 논쟁점

복지국가의 논의는 성(性)에 중립적인 용어로 제시되어 있으면서 남성의 삶을 그 출발점으로 삼고 있다. 그 분석의 단위는 개인 또는 여러 집합체, 즉 계층, 직업집단, 세대 또는 가구이다. 이러한 분석단위가 성에 따라 재분석되지는 않았으며 따라서 여성의 삶의 현실은 충분히 고려되지 않았다. 예를 들면, 사회권과 같은 중심적 개념화에서도 복지국가의 발전이 사회권의 확대를 가져왔으며 이러한 사회권이 남성과 여성에게 동등하게 분배된다고 가정하고 있는 것이다. 이것은 대부분의 경우 여성의 권리의 기반이 그 남편의 권리로부터 비롯된 것, 즉 파생적인 것임을 간과하고 있기 때문이다. 그 결과 기존의 복지국가의 논의에서는 서로 다른 유형의 복지국가에서 여성의 복지수급의 현실과 복지정책의 결과가 여성과 남성에게 어떻게 다르게 나타나는가에 대한 정보를 제공하지 못한다.

복지국가에 대한 에스핑-안데르센의 논의는 남성적 주류이론의 시각으로 유형화를 시도한 것이며 그의 개념 중 가장 핵심적인 개념인 탈상품화는 여성의 복지를 논의하기에는 불충분한 개념이다(신혜섭, 2001).

탈상품화는 사회정책으로 인해 임금노동이 시장의 권한으로부터 자유로운 정도로만 개념화되고 있어 경제적 자율성을 임금 노동자의 경제적 독립과 동일시한다. 그 결과, 임금노동(사회보장체계)과 관련한 사회권의 발달을 이해하는 데는 매우 유용하지만 필요(사회적 부조체계)와 관련된 사회권을 분석하지 못하며 아내/어머니로서 여성의 권리에 대한 연구에는 미흡하다(Orloff, 1993). 즉, 탈상품화는 시장과 노동자의 관계에서 의미 있는 개념이기 때문에 노동시장에 참여하고 있지 않는 여성의 복지 수준에 대한 분석에 유용하지 않다. 예를 들면, 여성의 노동시장 참여를 촉진하는 임금시장정책을 어떻게 설명해야 할 것인가? 상품화인가 탈상품화인가? 탈상품화의 개념에 대한 논의는 지나치게 임금노동에만 고착되어 있어 여성이 남성/부양자에게 경제적으로 의존하는 것은 간과하고 있다. 즉, 탈상품화 논의는 남성노동자의 탈상품화일 뿐이다. 탈상품화는 노동시장에서 대부분의 시간을 보내는 남성들의 생활양식에 기초하고 있다. 따라서 공적임금에 기초한 탈상품화 개념의 문제는 시장 밖에서 살아온 여성들에 대해 설명하지 못한다는 데 있다. 여성은 탈상품화되는 것이 아니라 상품화되어 있지 않기 때문에 문제가 생기는 것이다. 기혼여성의 대다수는 남편에게 경제적으로 의존하고 있으며, 고용된 여성의 경우에도 상당수는 시장을 통해 재정적 독립을 확보하지 못하고 있다. 여성은 상대적으로 낮은 평균임금, 높은 시간제와 비정규식 노동, 빈번한 고용 장애를 경험하기 때문이다. 여성의 독립은 복지국가 정책이나 노동시장 참여에 의해 조건화되는 만큼이나 그들의 가족 내 지위와 관계에 의해 조건화된다(김경희, 백진아, 엄규숙, 2001).

이러한 비판을 수용하여 에스핑-안데르센은 탈가족화 전략(defamilisation)이라는 새로운 개념을 추가하였다. 탈가족화란 가족의 복지와 부양의무를 얼마나 완화시킬 수 있는가의 정도를 의미하는데, 이것은 여성에게 자신의 노동력을 상품화하기 위한 전제조건이 되기 때문이다. 에스핑-안데르센은 이 개념의 측정 기준으로 보육서비스 제공, 아동수당, 모성/부성 휴가 수준을 제시하였다(Esping-Andersen, 1999).

우리나라에서도 여성의 노동시장 참여는 증가하고 있다. 이러한 현상은 여성을 가부장제라는 사적 의존성으로부터 자유롭게 하는 효과를 갖는다는 점에서 여성의 자기 결정권을 증가시켜 준다. 그런데 여성의 노동시장에의 참여는 무엇보다도 그 사회의 가족 및 성에 대한 이념에 의하여 영향을 받는다. 여성주의적 복지국가 유형론과 관련되어 제시된 개념은 다음과 같다.

3) 여성주의적 복지국가 유형론에 관한 논의

(1) 오코너

탈상품화 개념이 여성의 자기 결정권을 충분히 반영하지 못하는 점에 대하여 오코너(O'Connor)와 같은 학자는 탈상품화의 개념이 가족성원에의 사적 의존성과 국가기관에 대한 공적 의존성이라는 양자 모두에서의 개인적 자율성과 의존으로부터의 탈피라는 개념에 의해 보완되어야 한다고 본다. 그에 따르면 시장과 국가의 관계를 넘어서 가족과 국가의 관계에 초점을 맞출 때 탈상품화는 개인이 가족에서의 (무급의) 보호책임과 관계없이 사회적으로 적절한 생활수준을 유지할 수 있는 정도, 즉 개인적 자율성(O'Connor, 1993: 515)으로서 간주될 수 있다는 것이다.

(2) 루이스와 오스트너

루이스와 오스트너(Lewis & Ostner, 1991)는 성별분업에 기반을 둔 대안적인 복지국가 유형론을 제안하였다. 유형화의 기준은 크게 세 가지로, 여성이 사회보장체계 내에서 어떻게 다루어지는지, 사회서비스 제공수준(특히 보육) 그리고 여성의 노동시장 참여수준 등이었다. 이러한 기준으로 복지국가의 유형을 강한 남성생계부양자 모형(strong male-breadwinner model)에서부터 약한 남성생계부양자 모형(weak male-breadwinner model) 그리고 이중생계부양자 모형(dual-breadwinner model)으로 구분하였다.

(3) 오르로프

오르로프(Orloff, 1993)는 에스핑-안데르센의 탈상품화의 개념에 대한 가장 직접적인 비판을 하였다. 그녀는 독립성 개념을 도입하여 개인, 국가, 가족과 시장 사이의 노동과 보호, 권리와 필요 사이의 유형의 변화를 보다 적극적으로 제시하였다. 또한 '여성의 유급노동에의 접근권'과 '독립적인 가구를 구성할 수 있는 가능성'의 두 가지 차원을 추가하였다. 즉, 결혼계약과 함께 시작되는 경제적 보호와 의무 사이의 교환에서 여성이 얼마나 독립성을 가질 수 있는가 그리고 모성으로서의 여성이 얼마나 자신의 삶에 대한 독립성을 유지할 수 있는가를 분석내용에 제시하였다. Orloff(2003)는 남녀 모두에게 노동을 요구하는 노동중심 일원체계를 강조하고 있으며 여성이 완전한 시민권에 도달하지 못하는 이유는 보살핌 노동에 대한 책임 때문이므로, 여성들이 임금노동을 하는 동안 보살핌 노동을 대신할 수 있는 공공의 보육시설이 필요함을 주장하였다.

(4) 세인즈베리

성(性)을 고려하여 복지국가를 비교하기 위해서 여성과 남성의 사회권에 대한 실증적 분석이 필요하고 이러한 분석에 사용될 차원은 기존의 복지국가 유형화의 연구에서는 고려되지 않거나 아주 미약하게 고려된 차원을 고려할 필요가 있다. 이러한 차원은 공과 사의 상호 연관성과 복지 제공의 공적 및 사적 혼합의 관점에 주의를 기울이는 것이다. 세인즈베리(Sainsbury, 1994)는 이러한 시도를 위해 구체적으로 가족 이데올로기의 유형, 가족 이데올로기의 사회정책에 대한 영향, 복지 혜택

표 3-1 사회정책의 부양자 모델과 개인적 모델

차원	부양자 모델	개인적 모델
가족 이데올로기	엄격한 성별 노동분화 남편=소득 아내=보호	역할 공유 남편=소득/보호 아내=소득/보호
수급권	부부간 차이 있음	부부간 동일함
수급권의 근거	부양자	기타
복지 혜택 수여자	가장	개인
복지 기여 단위	가구 또는 가족	개인
조세	부부 공동 조세: 피부양자 공제	부부 분리 조세: 동일한 조세 감면
취업 및 임금 정책	남성에게 우위	양성에게 동일함
보호의 영역	사적	공적(강력한 국가개입)
보호의 업무	무급	복지수급에 기여

자료: Sainsbury (1994), p. 153.

과 기여의 단위 및 권리의 본질, 가족 내 성별 노동 분화를 강화하는 다른 정책의 영향, 공적 영역과 사적 영역 사이의 경계, 여성 노동의 유급 또는 무급의 정도를 분석하였다. 이러한 차원을 기준으로 복지국가의 사회정책은 부양자 모델(breadwinner model)과 개인적 모델(individual model)로 유형화되며 〈표 3-1〉에 요약되어 있다.

부양자 모델 부양자 모델에서의 가족 이데올로기는 결혼을 중시하며 남편과 아내 사이의 엄격한 노동 분화를 강조한다. 남편은 가장이며 전일제 고용에 종사하고 가족 구성원, 즉 아내와 아이들을 경제적으로 부양할 의무를 갖는다. 아내의 의무는 좋은 가정을 꾸미고 가족을 돌보는 것이다. 이러한 성별 분업은 가족법, 사회적 및 노동 규칙과 세금체계에 명문화되어 있고 일상의 생활양식을 형성한다. 복지혜택의 단위는 가족이며 최저 임금과 보수는 가족임금의 개념을 반영한다. 남편과 아내가 다른 권리를 갖고 복지 수여의 자격은 부양자의 지위와 가족 유지의 원칙에 기반을 둔다. 따라서 대부분의 아내의 권리는 그 가족과 남편의 수급권 내에서 피부양자의 지위로 인한 것이다. 그 결과 기혼여성은 개인적 수급권이 없다. 가족 또는 가구는 사회보험의 기여와 조세의 단위이다. 가족부양자는 아내와 자녀를 부양하는 비용에 대한 보상으로서 세금 감면을 받는다. 성별 노동의 분화를 지지하는 가족

이데올로기에 의해 임금 및 노동시장정책이 영향을 받는다. 즉, 남성의 취업과 소득에 우선권이 주어진다. 공적 영역과 사적 영역 사이의 경계는 엄격히 강요되고 보호와 재생산은 사적 영역에 속하여 그 노동은 무급이다.

개인적 모델 개인적 모델에서 가족 이데올로기는 남편과 아내가 그 자신의 소득 유지에 책임이 있으며 남편과 아내는 재정적 유지와 자녀의 보호를 공유한다. 복지의 혜택, 기여 및 조세의 단위는 개인이고 피부양자에 대한 공제나 수당이 없다. 노동시장정책은 여성과 남성 모두를 대상으로 삼고 있으며 공과 사 영역의 경계는 유동적이다. 즉, 재생산 업무의 많은 부분이 공적 영역에서 행해지고 있고 가정에서의 보호의 업무는 사회보장체제에서의 수급권을 받을 수 있는 근거로서 사용된다.

세인즈베리는 이러한 연속성의 개념에 기초하여 가장 개인적 모델에 가까운 나라로 스웨덴을 예로 들고 있다. 스웨덴 사회복지의 특징은 시민권과 거주권에 근거한 복지 혜택과 사회적 서비스에 대한 수급권에 있다. 이러한 특성으로 인해 시장에의 의존성이 감소하며 욕구와 요구에 대한 탈상품화가 가능하다. 또한 다양한 범위의 서비스에 대한 이용권이 공적 재화의 성격을 갖고 있다. 따라서 스웨덴을 사회서비스 국가라는 명칭으로 명명할 수 있다. 스칸디나비아 국가들은 공공보육과 출산휴가를 제공하여 여성의 노동시장 참여를 촉진하고 있다. 따라서 여성은 상당한 독립성을 갖고 있으며 가장 성에 의한 계층화가 없는 복지국가라고 할 수 있다.

시민권에 근거한 복지 수급권은 부양자 모델의 영향을 약화시켰고, 남녀 모두에게 균등한 혜택을 주는 효과를 가져왔다. 기혼여성은 주류의 사회보험체계에 포함되었으며 개별적으로 복지 혜택에 대한 수급권을 갖는다. 이러한 예는 1913년 시행된 스웨덴의 노령연금체계에서는 결혼 여부에 관계없이 모든 여성이 포함된 것에서도 찾아볼 수 있다. 이는 장기적으로 성, 혼인 여부, 노동시장 지위와 관계없이 개인적인 수급권을 갖는 원칙을 세웠다. 여기에 1955년 의료혜택이 추가되었다. 또한 출산휴가가 취업여성뿐 아니라 모든 어머니에게 일정액으로 제공되어 가족 보호와 가사노동이 사회 혜택에의 수급권을 주장할 수 있는 자격을 제공하는 것으로 해석되었다. 또한 공동조세를 금지하였고 조세제도는 기혼여성이 취업하도록 하는 인센티브를 제공하였다.

결론적으로 스웨덴에서의 사회권은 시민권과 거주권에 따른 여러 가지 혜택에 기초해 있으므로 자격요건이 남편과 아내에게 동일하고 개별적 수급권을 갖는다. 따라서 기혼여성은 누구나 개별적인 기본 노령 연금을 받으며 장애 및 질병에 대한 혜택을 받는다. 이러한 제도는 다른 국가에서 기혼여성의 수급권은 그들의 남편의 권리로부터 파생되므로 개별적 권리를 갖지 못하는 것과는 대조된다. 이와 같이 스웨덴에서는 사회권이 시민권에 근거하므로 부양자의 우월한 지위가 다른 나라에서처럼 법적으로 나타나지 않는다.

또한 가족 내의 성별 노동 분화를 살펴보면 스웨덴에서는 다른 나라에서 찾아볼 수 없는 방법으로 가족의 보호를 포함하는 원칙으로 사회복지제도가 형성되었다. 예를 들어, 공공보육과 출산휴가가 제공되고 이에 따라 여성이 보다 수월하게 노동시장에 참여할 수 있다. 자녀가 있는 어머니가 취업하는 경우 상당한 조세 감면도 제공하였다. 네덜란드의 경우 부모 됨과 관련된 혜택, 가족 수당, 자녀출산 관련 비용은 아버지에게 제공되나 스웨덴에서는 모성 혜택을 미혼모를 포함하여 모든 어머니에게 직접 제공하였다. 또한 한부모가 받는 모성 혜택이 남편이 있는 여성이 받는 모성 혜택보다 열등하지 않았다. 따라서 가족형태에 따른 모성 혜택의 우월을 거의 찾아보기 어려웠다. 비록 스웨덴이 개인적 모델에 완전히 들어맞지는 않으나 가장 근접하고 있으며 여성은 상당한 독립성을 갖고 있으며 따라서 여성에게 가장 우호적인 복지국가라고 할 수 있다.

(5) 프레이저

프레이저는 서구에서 논의되었던 복지국가 재편론과 관련하여 그 논의의 뿌리는 가족임금제(family wage)의 이상에 구현되어 있는 구 젠더 질서의 붕괴를 지적하였다(Fraser, 2000). 즉, 구 젠더 질서란 남성가장과 아내, 자녀로 구성된 가족을 전제로, 남성 가장의 소득활동을 통해서 아내와 자녀를 부양한다는 개념이다. 산업시대 복지국가는 구 젠더 질서를 기초로 하여, ① 노동자를 보호하기 위한 프로그램(생계부양자의 임금소득 중단에 대한 보호), ② 전업주부여성을 직접 지원하는 프로그램, ③ 잔여그룹 지원(자산 심사에 따른 빈곤층 지원)으로 구성된 복지 프로그램을 운영하였다. 그러나 구 젠더 질서가 더 이상 성립하지 않는 만큼 이에 근거한 복지프로그램도 유용성을 다하였다고 볼 수밖에 없다.

고용의 불확실성이 증가하고 가족형태가 다양화하는 새로운 세계는 더 이상 가족임금의 세계가 아닌, 사람들을 불확실성으로부터 보호해 주는 복지국가를 요구한다(Fraser, 2000). 보수주의자들은 후기산업사회의 복지국가를 구 젠더 질서를 복귀시키고 강화하는 방식으로 재편하려고 하지만, 이것은 가능하지 않다. 프레이저는 복지국가는 새로운 젠더질서를 지원하는 복지국가로 재편되어야 한다고 주장하면서 대안으로서의 몇 개의 모형을 제시한다. 이러한 모형 중에서 차이와 평등의 딜레마를 넘어서는 이상적인 모델은 보편적 양육자 모형이다. 남성의 역할을 표준으로 삼아 여성들이 남성들과 유사한 생활양식을 갖게 되는 것을 지향하는 것이 아니라 남성들이 여성의 생활양식을 지향하는 것이다. 즉, 누구나 보살핌노동자가 되는 것을 지향한다. 후기 산업사회복지국가에서 성평등을 성취하려면 기존의 젠더질서를 지탱하는 구조를 무너뜨리고 보살핌 노동을 마땅히 고려하는 새로운 젠더질서를 확립해 나가야 하는 것이다.

3. 우리나라의 여성복지 서비스

여성복지 서비스란 여성을 주 대상으로 하는 사회복지 서비스이다. 우리나라에서 여성복지의 개념은 이제 보다 보편적인 접근을 취하는 여성복지로 전환되어 가고 있는 단계이다. 그러나 아직 현장에서의 여성복지서비스의 많은 부분은 취약여성이나 피해여성을 위한 서비스이다.

1) 저소득 한부모가족에 대한 급여 지원

한부모가족의 생활안정과 자립기반의 조성을 위하여 이혼, 사별, 별거, 미혼 등의 이유로 혼자서 만 18세 미만(취학 등의 이유가 있을 때는 만 22세 미만)의 자녀를 키우는 저소득층을 대상으로 지원한다. 선정기준은 최저생계비 130%이며 양육하는 미혼모, 청소년 한부모와 조손가족도 지원대상으로 포함된다. 복지급여로 생계비 지원, 아동교육지원비, 아동양육비가 있으며, 복지자금을 대여받을 수 있으며 고용지원, 가족지원서비스 등을 받을 수 있다.

2) 한부모가족복지시설

주거지원이 필요한 저소득 한부모를 위한 시설은 다음과 같다.

1. 모자가족복지시설: 모자가족에게 다음 각 목의 어느 하나 이상의 편의를 제공하는 시설
   가. 기본생활지원: 생계가 어려운 모자가족에게 일정 기간 동안 주거와 생계를 지원
   나. 공동생활지원: 독립적인 생활이 어려운 모자가족에게 일정 기간 동안 공동생활을 통하여 자립을 준비할 수 있도록 주거 등을 지원
   다. 자립생활지원: 자립욕구가 강한 모자가족에게 일정 기간 동안 주거를 지원
2. 부자가족복지시설: 부자가족에게 다음 각 목의 어느 하나 이상의 편의를 제공하는 시설
   가. 기본생활지원: 생계가 어려운 부자가족에게 일정 기간 동안 주거와 생계를 지원
   나. 공동생활지원: 독립적인 생활이 어려운 부자가족에게 일정 기간 동안 공동생활을 통하여 자립을 준비할 수 있도록 주거 등을 지원
   다. 자립생활지원: 자립욕구가 강한 부자가족에게 일정 기간 동안 주거를 지원
3. 미혼모자가족복지시설: 미혼모자가족과 출산 미혼모 등에게 다음 각 목의 어느 하나 이상의 편의를 제공하는 시설
   가. 기본생활지원: 미혼 여성의 임신 · 출산 시 안전 분만 및 심신의 건강 회복과 출산 후의 아동의 양육 지원을 위하여 일정 기간 동안 주거와 생계를 지원(제5조에 따른 지원대상자 중 미혼이 아닌 여성의 임신 · 출산 시 안전 분만과 출산 후 양육 지원을 포함한다)
   나. 공동생활지원: 출산 후 해당 아동을 양육하지 아니하는 미혼모 또는 미혼모와 그 출산 아동으로 구성된 미혼모자가족에게 일정 기간 동안 공동생활을 통하여 자립을 준비할 수 있도록 주거 등을 지원
4. 일시지원복지시설: 배우자(사실혼 관계에 있는 사람을 포함한다)가 있으나 배우자의 물리적 · 정신적 학대로 아동의 건전한 양육이나 모의 건강에 지장을 초래할 우려가 있을 경우 일시적 또는 일정 기간 동안 모와 아동 또는 모에게 주거와 생계를 지원하는 시설
5. 한부모가족복지상담소: 한부모가족에 대한 위기 · 자립 상담 또는 문제해결 지원 등을 목적으로 하는 시설

3) 성매매피해자를 위한 지원시설

1. 일반 지원시설: 성매매피해자 등을 대상으로 1년 6개월의 범위에서 숙식을 제공하고 자립을 지원하는 시설이다. 구체적으로는 ① 숙식의 제공, ② 심리적 안정 및 사회적응을 위한 상담 및 치료, ③ 질병치료 및 건강관리를 위한 의료기관에의 인도 등 의료지원, ④ 수사기관의 조사 및 법원의 증인신문에의 동행, ⑤ 법률구조기관 등에의 필요한 협조 및 지원요청, ⑥ 자립자활교육의 실시와 취업정보 제공, ⑦ 「국민기초생활 보장법」 등 사회보장관련법령에 따른 급부의 수령지원, ⑧ 기술교육 등을 제공한다.
2. 청소년 지원시설: 19세 미만의 성매매피해자 등을 대상으로 19세가 될 때까지 숙식을 제공하고, 취학 · 교육 등을 통하여 자립을 지원하는 시설이다.
3. 외국인 지원시설: 외국인 성매매피해자 등을 대상으로 3개월(「성매매알선 등 행위의 처벌에 관한 법률」 제11조에 해당하는 경우에는 그 해당 기간)의 범위에서 숙식을 제공하고, 귀국을 지원한다.
4. 자립지원 공동생활시설: 성매매피해자 등을 대상으로 2년의 범위에서 숙박 등의 편의를 제공하고, 자립을 지원하는 시설

4) 성폭력피해보호시설

성폭력피해자를 보호함으로써 신체적 · 정신적 안정회복과 사회복귀를 도모하기 위한 시설이다.

1. 일반보호시설: 피해자에게 제13조 제1항 각 호의 사항을 제공하는 시설
2. 장애인보호시설: 「장애인차별금지 및 권리구제 등에 관한 법률」 제2조 제2항에 따른 장애인인 피해자에게 제13조 제1항 각 호의 사항을 제공하는 시설
3. 특별지원 보호시설: 「성폭력범죄의 처벌 등에 관한 특례법」 제5조에 따른 피해자로서 19세 미만의 피해자에게 제13조 제1항 각 호의 사항을 제공하는 시설

4. 외국인보호시설: 외국인 피해자에게 제13조 제1항 각 호의 사항을 제공하는 시설. 다만, 「가정폭력방지 및 피해자보호 등에 관한 법률」 제7조의2 제1항 제3호에 따른 외국인보호시설과 통합하여 운영할 수 있다.
5. 자립지원 공동생활시설: 제1호부터 제4호까지의 보호시설을 퇴소한 사람에게 제13조 제1항 제3호 및 그 밖에 필요한 사항을 제공하는 시설
6. 장애인 자립지원 공동생활시설: 제2호의 보호시설을 퇴소한 사람에게 제13조 제1항 제3호 및 그 밖에 필요한 사항을 제공하는 시설

5) 가정폭력피해자 보호시설

가정폭력피해자 보호시설에서는 ① 숙식의 제공, ② 심리적 안정과 사회적응을 위한 상담 및 치료, ③ 질병치료와 건강관리(입소 후 1개월 이내의 건강검진을 포함한다)를 위한 의료기관에의 인도 등 의료지원, ④ 수사 · 재판과정에 필요한 지원 및 서비스 연계, ⑤ 법률구조기관 등에 필요한 협조와 지원의 요청, ⑥ 자립자활교육의 실시와 취업정보의 제공, ⑦ 다른 법률에 따라 보호시설에 위탁된 사항, ⑧ 그 밖에 피해자등의 보호를 위하여 필요한 일 등의 업무를 담당하고 있다.

1. 단기보호시설: 피해자 등을 6개월의 범위에서 보호하는 시설
2. 장기보호시설: 피해자 등에 대하여 2년의 범위에서 자립을 위한 주거편의(住居便宜) 등을 제공하는 시설
3. 외국인보호시설: 배우자가 대한민국 국민인 외국인 피해자 등을 2년의 범위에서 보호하는 시설
4. 장애인보호시설: 「장애인복지법」의 적용을 받는 장애인 피해자 등을 2년의 범위에서 보호하는 시설

6) 여성긴급전화 1366

여성긴급전화 1366은 가정폭력, 성폭력, 성매매 등 여성 폭력 긴급구호의 one-stop 보호망으로 운영한다는 방침 아래 144명의 전담직원으로 연중 24시간 운영체제를 확립하였다. 최근에는 여성 및 아동의 인신매매 방지를 위한 국제적 관심이 고조되는 가운데 외국인 여성 중 성매매, 성폭력 등 피해로 전문상담소 및 보호시설의 도움을 필요로 하는 경우 상담원과 피해자 간의 의사소통에 도움을 줌으로써 이들이 보다 편리하게 도움을 받을 수 있도록 지원하기 위해 외국인 성매매, 성폭력피해자 보호를 위한 동시통역시스템을 본격 운영 중이다.

구체적으로 ① 피해자의 신고접수 및 상담, ② 관련 기관・시설과의 연계, ③ 피해자에 대한 긴급한 구조의 지원, ④ 경찰관서 등으로부터 인도받은 피해자 및 피해자가 동반한 가정구성원의 임시보호와 같은 업무를 수행한다.

7) 상담소

1. 가정폭력상담소에서는 가정폭력을 신고받거나 이에 관한 상담에 응하는 일, 가정폭력으로 인하여 긴급보호를 필요로 하는 피해자에 대한 임시보호 및 의료기관 또는 가정폭력피해자 보호시설로의 인도, 행위자에 대한 고발 등을 위한 관련 기관의 협조와 지원의 요청, 가정폭력 예방 및 방지에 관한 홍보에 관한 업무를 담당한다.
2. 성매매매피해상담소의 업무는 ① 상담 및 현장방문, ② 지원시설 이용에 관한 고지 및 지원시설에의 인도 또는 연계, ③ 성매매피해자의 구조, ④ 의료 및 법률지원 등이다.
3. 성폭력피해상담소 전문상담요원이 성폭력 피해를 접수받고 이에 관한 상담에 응하고 있다. 또한 전화상담과 내방상담으로 진행한다. 구체적인 업무는 다음과 같다.
   ① 성폭력 피해의 신고접수와 이에 관한 상담

② 성폭력 피해로 인하여 정상적인 가정생활 또는 사회생활이 곤란하거나 그 밖의 사정으로 긴급히 보호할 필요가 있는 사람과 제12조에 따른 성폭력피해자보호시설 등의 연계

③ 피해자 등의 질병치료와 건강관리를 위하여 의료기관에 인도하는 등 의료 지원

④ 피해자에 대한 수사기관의 조사와 법원의 증인신문(證人訊問) 등에의 동행

⑤ 성폭력행위자에 대한 고소와 피해배상청구 등 사법처리 절차에 관하여 「법률구조법」 제8조에 따른 대한법률구조공단 등 관계 기관에 필요한 협조 및 지원 요청

⑥ 성폭력 예방을 위한 홍보 및 교육

⑦ 그 밖에 성폭력 및 성폭력 피해에 관한 조사 · 연구

중점토의

1. 탈상품화 개념을 설명하시오.
2. 여성복지 증진을 위한 방안을 토의하시오.
3. 여성주의적 복지국가를 논하시오.
4. 여성복지의 변화에 대하여 논의하시오.
5. 보편적 여성복지 서비스의 개념을 논의하시오.

참고문헌

김경희, 백진아, 엄규숙(2001). 복지정책이론의 여성주의적 재구성을 위한 시론. **연세여성연구, 7**, 200-230.

김태성, 성경륭(1995). **복지국가론**. 나남출판.

신혜섭(2001). 여성복지적 관점에서의 탈 상품화에 대한 대안적 개념의 고찰 및 함의. **한국가족복지학, 8**, 97-116.

이혜경(1996). **여성의 사회참여와 사회보장**. 한국사회보장학회 춘계학회발표집.

한국여성개발원(1990). **여성복지법제에 관한 연구**. 한국여성개발원.

Esping-Andersen, G. (1990). *Three worlds of welfare capitalism.* Cambridge: Polity Press.

Esping-Andersen, G. (1999). *Social foundations of postindustrial economies.* Oxford University Press.

Fraser, N. (2000). After the family wage: A postindustrial thought experiment. In B. Hobson (Ed.), *Gender and citizenship in transition* (pp. 1-32). London: Macmillan Press.

Lewis, J., & Ostner, I. (1991). *Gender & the evolution of European social policies.* Center for European Studies: Harvard University.

O'Connor, J. (1993). Gender, class and citizenship in the comparative analysis of welfare state regimes: Theoretical and methodological issues. *British Journal of Sociology, 44*(3), 501-518.

Orloff, A. S. (1993). Gender and social right of citizenship: The comparative ananlysis of gender relation and welfare state. *American Sociological Review, 58*(3), 303-328.

Sainsbury, D. (1994). *Women's and men's social rights: Gendering dimensions of welfare states.* Sage Publications.

제 4 장

여성과 법

여성과 관련된 법으로는 「영유아보육법」「모자보건법」「남녀고용평등법」「근로기준법」 외에 사회보장법으로 사회보험, 공공부조, 사회복지 서비스 등이 있다(한국여성개발원, 1990: 195-197). 이 중 「영유아보육법」이나 「모자복지법」은 모성보호를 중심으로 시행되고, 「남녀고용평등법」은 고용상의 남녀평등과 모성보호 등을 주 내용으로 하고 있다(김영란, 1998: 56). 1999년 7월 1일자로 시행되고 있는 「남녀차별금지및구제에관한법률」은 성차별 금지 영역을 직장의 범주를 능가하여 공공기관에까지 확대하고 있다.

이 글에서는 주로 여성에게만 가해지는 가정 내에서의 폭력을 다룬 「가정폭력방지법」, 노동시장에서 직장여성과 관련된 법으로 「남녀고용평등법」, 사회보장법으로는 최근에 이슈가 되고 있는 주부의 연금 수급권 문제 등을 중점적으로 다루고자 한다. 이를 위해 여성 관련법을 어떻게 이해해야 할 것인지 틀을 구성하여 보고, 그 틀에 맞추어 각 관련법들을 살펴본다.

1. 여성복지 관련법의 이해

1) 개념틀

법은 여성에게 무관심하다. 법과 남성적인 문화는 일치한다. 따라서 법은 여성주의 연구의 주요 관심사이다. 이는 단지 법을 개혁한다기보다는 남성적인 파워가 주는 의미에 도전하기 위해서이다. 법을 통해서는 기회의 평등(equality of opportunity)을 얻을 수 있다. 기회의 평등을 얻기 위한 법적인 권리는 복잡한 파워에서의 관계를 과도하게 단순화시키는 경향이 있다. 즉, 어느 특정 영역에서의 권리의 획득은 파워에서의 불균형 문제를 해결해 주지는 못한다. 여성들의 삶의 많은 부분이 이루어지는 사적 영역은 법적인 권리와 무관한 경우가 많다.

예컨대, 폭력남편을 가정으로부터 떠나도록 법적으로 요구할 수 있는 권리가 가정폭력 문제를 종결시키는 것은 아니다. 이는 여성이 법에 무지해서도 아니고 법에 결함이 있어서도 아니며, 사실은 중요한 다른 문제를 도외시한 것이다. 여성의 경제적인 의존은 여성으로 하여금 자신의 권리를 행사하는 것을 방해하고, 자녀에 대한 배려는 여성으로 하여금 폭력남편을 그나마 가정에 있도록 하는 것이 낫다고 생각하게 할 수 있다(Smart, 1989: 143-144).

법은 남성들에게 법적 권리를 누릴 수 있도록 많은 혜택을 주었다. 지금까지의 사회복지는 여성을 고려하지 않은 미완성적인 제도이다. 따라서 개념틀에서의 보완이 필요하다. 기존의 사회복지는 산업화라는 경제적인 과정을 강조해 왔다. 그런 가운데 사회복지의 대상은 공적 영역에서 활동하는 남성을 지칭하는 것이 되고, 여성은 관심의 대상에서 제외되었다. 사실 사적 영역과 공적 영역은 서로 분리되어 있지 않다. 가정에서의 수발은 사회보장 제도에서 어떠한 혜택을 보장하는가 하는 문제와 연결이 된다. 세인즈베리(Sainsbury, 1994: 151-154)는 그 같은 논리를 부양자 모델(breadwinner model)로 설명하고 있다.

부양자 모델에 의하면, 남성은 자신과 가족을 위해 부양자가 되고 여성은 부인과 어머니로서 부양자에게 경제적으로 의존적이 되어야 한다고 가정한다(Sapiro, 1990:

42). 부양자 모델은 결혼제도를 찬양하고, 남편과 부인 간에 엄격한 노동분업이 있어야 함을 주장한다. 남편은 가장이고, 부인과 자녀를 부양하는 것이 그의 의무이다. 부인의 의무는 좋은 가정을 만들고 남편과 자녀들을 돌보는 것이다. 이러한 노동분업은 생활을 규정하고, 법에서 성문화되어 있다.

사회보장 급여도 가족 단위로 나오고, 사회보장 급여 자격도 남편의 지위를 기준으로 설정된다. 따라서 여성의 급여 권리는 가족 내의 피부양자로서 인정된다. 기혼여성은 급여에 있어서 개인적인 권리를 가지지 못한다. 가정에서의 노동분업은 임금과 노동시장정책에도 영향을 미친다. 즉, 남성의 고용이나 수입이 우선시된다. 반면에 수발과 재생산은 주로 가정에서 이루어지고, 무급이다.

세인즈베리(1994)의 부양자 모델과 상응한 것으로 길버트(Gilbert, 1995)는 연금제도를 전통적인 위계 모델틀로 성에 따라 연금연령이 어떻게 결정되고, 아동보호는 어떤 차원에서 이루어지며, 결혼지위와 관련하여 동거는 급여 대상에 포함되는지 등에 대해서 분석하였다.

미국과 대부분의 산업국가의 경우 연금정책은 부인이 취업을 하지 않는다고 가정할 즈음에 소개되었다. 결혼한 여성의 경우 노령연금에 대한 부인의 권리는 부인이라는 의존적인 지위로부터 나왔다. 아동보호는 사적인 가족의 책임으로 간주된다. 그래서 아동보호는 어머니의 일이고, 아무런 공적인 급부도 제공되지 않는다. 연금계획에서 여성의 은퇴 연령은 남성에 비해 3세 내지 5세 낮게 설정되고 있다. 일반적으로 부인은 남편에 비해 나이가 어린데, 그러한 사실을 근거로 부부가 동시에 은퇴하도록 장치해 두었다. 즉, 부인의 취업은 남편의 취업에 이차적이고, 남편이 은퇴하게 되면 부인도 은퇴하는 것으로 가정하고 있다.

전통적인 관점에서 볼 때 결혼만이 헌신적인 관계를 증명하는 길이다. 상호 헌신은 사회적, 정서적, 법적, 경제적 차원에서의 상호 보호 차원을 포괄하는 공식적인 계약이다. 그런 의미에서 동거의 경우는 연금에서 아무런 혜택을 받지 못한다(Gilbert, 1995: 12-26).

2) 여성 관련법의 제정 및 성격

우리나라에서 1970년대까지 여성에 대한 사회복지적 접근은 윤락 여성, 미혼모

등 요보호여성을 중심으로 한 부녀복지에서 소극적으로 다루어져 왔다. 기존의 복지 또는 사회복지에 대한 개념규정에 있어서도 여성은 경시되어 왔고 복지 관련법이나 제도에 있어서도 여성의 특수성을 적절하게 반영하지 못한 채 전반적인 복지체계로부터 소외되어 왔다. 사회복지는 자본주의와 가부장제적 질서의 구조가 만들어 내는 여성억압과 여성차별을 해소하기보다는 오히려 이를 강화시키는 역할을 하였다(한국여성개발원, 1990: 17).

여성에 대한 자본주의와 가부장제적 질서의 구조적 억압은 자본주의 사회에서는 보편적인 현상이지만 우리 사회와 같이 유교적 전통이 강하고 개발도상국으로 경제발전에 모든 국가적 힘이 모아져 있는 사회에서는 더욱 심각하게 드러나고 있다(최선화, 1995).

UN이 1975년을 '세계 여성의 해'로 선포하고 UN 여성 10년(1976~1985)을 정하여 남녀평등을 촉진할 입법, 사법, 행정 등 제반조치를 취한 것을 가맹국에게 의무로 부과한 점이 여성 관련법 제정의 주요 외적 요인으로 볼 수 있다(이주영, 1999: 29). 국내에서도 그 즈음에 '한국여성의전화'와 같은 사회운동 단체들이 뒷받침이 되어 일을 하고 있었고 법제정운동에도 적극적으로 참여하였다.

1980년대 후반 이후 「남녀고용평등법」(1987), 「모자복지법」(1989), 「영유아보육법」(1991) 등 일련의 여성 관련 복지법이 제정되기에 이르렀다. 특히 1995년 12월 30일 「여성발전기본법」이 제정됨으로써 일반 여성을 대상으로 하는 여성정책 발전을 가져올 기본틀이 만들어졌다.

「여성발전기본법」은 「헌법」의 남녀평등이념을 구현하기 위한 국가와 지방자치단체의 책무 등에 관한 기본적인 사항을 규정함으로써 정치, 경제, 사회, 문화의 모든 영역에 있어서 남녀평등을 촉진하고 여성의 발전을 도모함을 목적으로 한다. 「여성발전기본법」은 여성관련 개별법에 대해 형식적으로 우월한 효력을 가지고 있지는 않지만 개별법의 해석상의 지침으로서 또는 입법정책적 방향제시의 기능을 갖는다. 기본법으로서의 내용에 비추어 입법권자의 의사를 중시하여 법률해석의 차원에서 실질적인 효력의 우월성이 인정될 수도 있다(국회여성특별위원회, 1997 제3호).

현행 「헌법」 제34조 제3항에서 "국가는 여성의 복지와 권익의 향상을 위하여 노력하여야 한다."라고 규정하고 있어 직접적으로 여성의 복지 및 권익 향상을 위한 국가의 입법적 · 정책적 노력의 필요성을 제시하고 있다. 이러한 헌법적 원칙은 개별 법률에 의해 구체화된다. 즉,「여성발전기본법」이 제정되고, 여기에 관한 세부적 실정법으로는「모자복지법」「아동복지법」「가정폭력방지 및 피해자보호 등에 관한 법률」(이하「가정폭력방지법」)「가정폭력범죄의 처벌 등에 관한 특례법」(이하「가정폭력처벌법」)「남녀고용평등법」등이 있다.

「여성발전기본법」은 여성의 복지와 권익증진에 관한 기본법적 성격을 가지고 있으며,「모자복지법」이나「아동복지법」등은 국가에 의한 서비스법적 의미를 지니며,「가정폭력방지법」의 경우는 형사법적인 성격과 서비스법적인 성격을 동시에 가진다(이주영, 1999: 31).

1995년에 제정된「여성발전기본법」은 여성정책의 패러다임이 '여성발전'에서 '실질적 양성평등 실현'으로 전환되고 있어서 2014년「양성평등기본법」으로 변경되었다.「양성평등기본법」은 여성과 남성이 동등한 참여와 대우를 받고 모든 영역에서 평등한 책임과 권리를 공유하는 실질적 양성평등 사회를 실현하기 위함이다.

주목할 점으로는 모성보호의 개념을 권리보장의 개념으로 전환하고 모성뿐 아니라 부성으로까지 확대하여 모・부성권을 보장함으로써 양성평등을 도모하고자 하였다. 그리고 일・가정 양립 지원을 명시하였다.

2. 가정폭력방지법

폭력은 여성에 대한 남성의 파워가 극단적으로 나타나는 사회현상이다. 가정에서의 폭력은 가정은 안전과 신뢰가 보장되는 장소이고, 가족은 사랑과 애정의 결정체라는 가정에 대한 순진한 고정관념과 대조된다. 가족은 가족성원들이 각기 다른 역할을 수행하기는 해도 공통적인 이해를 가지는 단위이다. 그러나 가정에서의 폭력은 가정이 안전한 장소만은 아니라는 것을 말해 준다. 가정은 분노나 미움뿐만이 아니라 사랑과 같은 모든 종류의 격렬한 인간적인 정서의 중심지이다. 즉, 가정은 가족 성원들 간에 이해가 일치하지 않고 여성에 대해 남성이 파워를 행사하는 곳이기도 하다. 가정폭력의 존재는 가정을 경제적인 단위인 동시에 정치적인 단위로 보아야 함을 일깨워 준다.

가정폭력은 측정하기 힘들다. 영국의 경우 부인에 대한 남성의 학대는 결혼생활에서의 강간(marital rape) 문제를 인식한 1990년에 와서야 본격적으로 논의되었다. 쉼터운동(refuge movement)은 가정에서의 폭력을 널리 알리는 역할을 담당하였다. 여성은 돈이나 거주할 곳이 없는 한 폭력을 피할 방도가 없다. 더욱이 어린 자녀를 둔 여성은 폭력에 가장 취약하다. 그리고 이러한 여성들의 특징은 경제적으로 남편에게 의존적이라는 점이다. 이는 가정에 대한 다른 면을 생각하게 한다. 여성의 의존은 남성이 가지는 파워와 연관이 있다. 폭력에 대한 여성의 경험은 경찰이나 공적 기관 등에서도 만연해 있다.

외국의 경우에도 그러하였지만 우리나라도 비정부기관에서 가정폭력 피해 여성을 위해 일관성 있게 서비스를 제공하였다. 경찰은 비상시에 원조를 제공하는데, 경찰은 가해자를 고발하거나 투옥하는 일을 거의 하지 않는 것으로 나타났다(Morley & Pascall, 1996). 사회적 서비스 또한 피해 여성보다는 자녀에게 먼저 관심을 가지고, 경찰과 법원은 피해 여성에 대해 '비동정적인 태도'를 보이는 경우가 허다하다(Maynard, 1993: 116-117).

가정폭력은 어느 곳에 파워가 있는지를 보여 준다. 공적인 세계의 구조가 사적인 가정에도 반영된다. 가정폭력이나 국가의 정책 등에 의해 여성이 보호받지 못하고, 더욱이 여성은 가정 밖에서 자원을 획득하지 못하게 됨에 따라 남성의 지배가 유지되고 있다(Pascall, 1997: 47).

우리나라에서는 가정폭력을 방지하기 위한 법으로 가정폭력 가해자에 대한 처벌은 「가정폭력처벌법」으로, 가정폭력 피해자에 대한 보호 및 예방조치는 「가정폭력방지법」으로 제정되어 1998년 7월 1일부터 시행되고 있다.

2005년 8월 9일자로 「가정폭력방지법」 일부 개정법률안이 국무회의에 상정되었다. 여성가족부에서 개정안을 제출한 「**가정폭력방지법**」은 1997년 12월 31일 제정된 이후 2001년과 2002년 등 두 차례에 걸쳐 자치단체로의 상담소 신고권한 위임, 피해자 의료비 구상권 일부완화 등이 소폭 개정된 이래, 제정 8년 만에 피해자보호 관련 조문에 대하여 전반적인 손질을 가하였다. 이때 개정된 법률안에는 가정폭력 피해자 시설의 설치, 피해자 보호시설의 종류를 세분화, 상담소 및 보호시설의 종사자 자격기준, 가정폭력 관련 상담원 교육훈련시설의 종사자 자격기준, 가정폭력 상담원 교육훈련시설의 설치 근거, 5년마다 가정폭력 실태조사를 실시하는 등의 내용을 포함하고 있다.

「가정폭력방지법」은 2005년 이후 2015년 6월 22일까지 많은 진전이 있어 왔다. 개정된 주요 법률안은 다음과 같다.

가정폭력 예방교육 실시

2010년 5월 17일 가정폭력 예방교육 실시할 것을 개정하였다.

긴급전화센터 설치·운영

2010년 1월 18일 가정폭력 피해자의 신고접수 및 상담을 하고, 관련 기관 · 시설과 연계하며, 피해자에 대한 긴급한 구조의 지원과 경찰관서 등으로부터 인도받은 피해자 및 피해자가 동반한 가정구성원의 임시보호 등의 업무를 수행하기 위하여 긴급전화센터를 설치하고 운영하도록 개정되었다.

가정폭력 상담소

2013년 7월 30일과 2015년 6월 22일에 걸쳐 개정되었다. 상담소의 업무는 가정폭력을 신고받거나 이에 관한 상담에 응하는 일, 가정폭력으로 정상적인 가정생활과 사회생활이 어렵거나 그 밖에 긴급히 보호를 필요로 하는 피해자 등을 임시로 보호하거나 의료기관 또는 가정폭력피해자 보호시설로 인도하는 일, 행위자에 대한 고발 등 법률적 사항에 관하여 자문하기 위하여 대한변호사협회 또는 지방변호사회 및 「법률구조법」에 따른 법률 구조법인 등에 대한 필요한 협조와 지원을 요청, 경찰관서 등으로부터 인도받은 피해자 등의 임시보호, 가정폭력의 예방과 방지에 관한 교육 및 홍보, 그 외의 가정폭력과 그 피해에 관한 조사 · 연구 등이다.

보호시설에 대한 보호비용 지원

보호시설에 입소한 피해자나 피해자가 동반한 가정 구성원의 보호를 위하여 필요한 경우, 생계비, 아동교육지원비, 아동양육비, 직업훈련비 등의 보호비용을 보호시설의 장 또는 피해자에게 지원할 수 있다고 명시하고 있다 이 법률안은 2013년 7월 30일자로 개정되었다. 단, 피해자나 피해자가 동반한 가정 구성원이 「국민기초생활 보장법」 등 다른 법령의 보호를 받고 있는 경우에는 지원을 받지 못한다.

임대주택의 우선 입주권 부여

2009년 5월 8일에 신설되었다.

수사기관의 협조

긴급전화센터, 상담소 또는 보호시설의 장은 가정폭력행위자로부터 피해자 또는 그 상담원 등 종사자를 긴급히 구조할 필요가 있는 경우 관할 경찰관서의 장에게 그 소속 직원의 동행을 요청할 수 있다. 2015년 5월 17일자에 신설되었다.

사법경찰관리의 현장 출동

사법경찰관리는 가정폭력범죄의 신고가 접수된 때에는 지체 없이 가정폭력의 현장에 출동하도록 되었다. 사법경찰관리가 조사나 질문을 할 경우에는 피해자, 신고자, 목격자 등이 자유롭게 진술하도록 가정폭력 행위자로부터 분리된 장소에서 조사하는 등 필요한 조치를 하도록 되어 있다. 2013년 7월 30일 전문 개정되었다.

2018년 일부 개정된 「가정폭력방지법」에서는 제4조 4(아동의 취학 지원)에서 "피해자의 보호나 양육을 받고 있는 아동이 주소지 외의 지역에서 취학(입학 · 재입학 · 전학 및 편입학을 포함한다)할 필요가 있을 경우 그 취학이 원활히 이루어지도록 지원하여야만 한다."고 명시하고 있다. 현실적인 대책을 제시하고 있다.

1) 경찰의 개입

경찰은 가정폭력 사건을 가장 빨리, 가장 많이 만나게 되는 국가 기관이다. 또한 이 법이 시행되면서 가장 많은 기대와 지탄을 동시에 받고 있는 기관이기도 하다. 경찰관들의 가정폭력에 대한 인식은 아무리 강조해도 지나치지 않다. 「가정폭력처벌법」 제5조(가정폭력범죄에 대한 응급조치)에서 진행 중인 가정폭력범죄에 대하여 신고를 받은 사법경찰관리는 즉시 현장에 임하여 폭력행위를 제지하고 범죄수사를 해야 하는 것으로 규정되어 있다. 또한 제7조(사법경찰관의 사건 송치)에서 사법경찰관은 가정폭력범죄를 신속히 수사하여 사건을 검사에게 송치해야 하고, 이 경우 사법경찰관은 당해 사건이 가정보호사건으로 처리함이 상당한지의 여부에 관한 의견을 제시할 수 있다고 규정하고 있다. 이렇듯이 법 조항에는 사법경찰관의 역할을 구체적으로 명시하고 있다.

그러나 사법경찰관들은 112 신고 접수 후 늦게 출동하고 또는 출동하지 않는 사례가 많았다. 출동한 후에도 적극적으로 가해자를 제지하려고 하지 않고 가정 내의 일이라고 간주하여 여전히 법으로 해결해 주려는 노력을 하지 않았다. 또한 피해자를 대하는 경찰관들의 태도가 위압적이고 문책을 하는 듯한 태도를 보였다. 사건이 접수된 후 조사과정의 지연으로 피해자의 공포감이 가중되는 현상을 보였다. 김혜선(1999: 15)의 연구에서도 경찰의 활동이 미흡한 것으로 나타났다. 가정폭력을 신고한 경우에도 즉시 출동한 경우는 70.4%에 그치고, 아예 출동을 하지 않은 경우도 6.2%로 나타나 가정폭력방지법 집행의 1차적 단계부터 문제가 있는 것으로 나타났다.

가정폭력을 신고한 후 경찰의 태도와 현장 상황 처리에 따라 가해자의 행동이 다르게 나타난다. 경찰이 출동하여 남편의 말만을 듣고 간 경우 가해자가 폭력적인 행동을 보인 경우가 55.6%인 반면에 경찰이 양쪽의 말을 공정하게 경청한 경우에는 이후 가해자가 폭력적인 행동을 보인 것이 31.0%를 차지하고 있고, 경찰이 상황을 모두 기록하고 접수시킨 경우에는 가해자의 28.6%가 폭력적인 행동을 보여 경찰의 태도에 따라 가정폭력 신고 후에 남편의 태도가 달라짐을 알 수 있었다.

2002년 12월 18일 개정된「가정폭력처벌법」에서는 경찰은 가정폭력으로 신고가 들어오면 신속하게 출동해서 폭력행위를 제지하고, 범죄수사를 하며, 피해자가 동의를 할 경우에 가정폭력 관련 상담소 또는 보호시설에 인도하고, 긴급치료가 필요한 경우 피해자를 의료기관에 인도하며, 폭력행위의 재발 시에 임시조치를 신청할 수 있음을 피해자에게 통보하도록 되어 있다.「가정폭력처벌법」제정 이후 각 경찰서에서는 관내에 여성폭력 상담전화와 여성 상담소를 두고 전용전화(해당지역 경찰서 국번+0118)를 설치해서 여경들이 가정폭력에 대한 상담을 하도록 하고 있으며, 가정폭력 사건에 관한 수사지침을 마련하여 가정폭력 사건에 적절하게 대처하도록 일선 경찰들을 교육하고 있다. 또한 112로 신고가 들어온 경우 관할 파출소로 연결하여 출동하도록 하고 조치결과 등 모든 과정을 녹음하여 기록으로 남게 하고 있다.

경찰이 가정폭력 관련 법률의 시행 이후에도 가정폭력 사건의 특수성을 고려하지 아니한 채 일반 형사사건처럼 처리하여 피해자에 대한 보호조치가 충실하지 않다는 불만이 제고되고 있는 상황에 대응하여 가정폭력에 적극적으로 대처하여 가정폭력을 예방하고 건강한 가정을 육성하기 위해 2000년에 일선 경찰서에 '가정폭력 사건' 수사지침을 내려 보냈다.

이 수사지침에 의하면, 첫째, 경찰이 가급적 여자 경찰관이나 경험이 많은 경찰관으로 가정폭력 전담 경찰관을 지정하거나 가정폭력 전담 부서를 지정하여 수사의 전문화를 도모하도록 하며, 둘째, 신고를 해도 현장에 출동하지 않는 사례가 적지 않으므로 필히 가정폭력 사건 신고대상을 비치하고 관리를 철저히 하도록 하고 있고, 셋째, 진행 중인 가정폭력 범죄에 대하여 원칙적으로 응급처치를 하고, 응급조치 보고서를 충실히 작성하며, 넷째, 응급조치에도 불구하고 폭력행위 재발 우려 시 피해자에게 임시조치의 내용을 설명해 주고, 피해자의 요구가 있으면 가정폭력의 사안을 고려하여 가급적 임시조치를 신청하도록 할 것을 요구하고 있고, 다섯째, 상담소와 보호시설 활용을 제고하며, 여섯째, 피해자가 신고하였을 경우 처벌을 원하지 않고 사안이 경미할 경우를 제외하고는 원칙적으로 입건하도록 하고 있으며, 일곱째, 검찰 송치 시 가정보호사건으로 처리함이 상당한지 여부에 관한 담당 경찰관의 의견을 가급적 기재하도록 하고 있다(배숙희, 2001).

여성가족부와 경찰청은 '가정폭력 사건 대응 초기지원 가이드라인'을 배포하였는데, 내용은 다음과 같다(KBS NEWS, 2018. 10. 04.).

- 가정폭력 사건 발생 신고를 받고 출동 시, 눈에 띄는 신체적 폭력이 없더라도 세심하게 현장 상황을 확인하고, 기물파손이나 상처에 대한 사진을 확보하는 등 현장기록을 남긴다.
- 가해자는 피해자로부터 즉시 집 밖으로 분리하여, '화해'보다는 '피해자 보호'에 중점을 두고, 피해자에게 가정폭력 대처요령과 지원기관을 친절히 안내하여 지역 가정폭력상담소나 1366센터로 인계한다.
- 피해자가 다쳤을 경우 병원으로 데려가 응급조치하는 한편, 외상이 드러나지 않더라도 병원 진료가 가능함을 안내하고 필요 시 치료를 받을 수 있도록 한다.
- 피해자가 잘못한 것처럼 추궁하지 않도록 유의하며, 피해자의 충분한 심리적 안정이 확인된 후 피해상황 등을 확인한다.

2) 일반인을 대상으로 한 교육

「가정폭력방지법」 제4조(국가 등의 책무)는 가정폭력의 예방과 방지를 위한 연구, 교육 및 홍보와 피해자를 위한 보호시설의 설치 · 운영 및 기타 피해자에 대한 지원 서비스의 제공 등을 명시하고 있다. 어떤 사건에 대한 예방은 WHO 기준으로 보았을 때 일반인을 대상으로 한 1차 예방, 위험상황에 약간 개입되어 있는 사람들을 위한 2차 예방, 위험상황에서 절대적인 도움을 필요로 하는 피해자와 그 가족들을 위한 3차 예방으로 나누고 있다.

「가정폭력방지법」의 구체적인 내용에 대한 교육의 필요성은 '한국여성의전화연합'이 실시한 통계조사에도 나타나고 있다. 이 통계에 따르면 일반인이나 피해자 모두 「가정폭력방지법」의 인지도는 84.0%, 87.8%로 나타나 매우 높다. 그러나 「가정폭력방지법」의 내용을 묻는 질문인 폭력남편을 신고하면 남편은 필히 실형을 받고 전과자가 된다고 알고 있는 경우가 일반인 24.3%, 피해자 29.6%로 다소 높게 나타났다. 또한 폭력남편을 신고하면 남편은 치료를 받을 수도 있다는 설문에 대해서 일반인 15.9%, 피해자 37.3%가 그렇지 않다고 대답하고 있어 「가정폭력방지법」의 주요한 내용에 대한 교육의 필요성을 보여 주고 있다.

일반인이나 피해자가 「가정폭력방지법」을 알게 된 경우는 TV나 신문, 잡지 등 매스컴을 통한 경우가 95.6%, 85.0%를 차지하고 있어 「가정폭력방지법」이 생겼다는 것을 알기는 하나 그 구체적인 내용에 대해서는 잘 모르고 있는 것으로 나타났다. 따라서 정부는 「가정폭력방지법」의 홍보뿐만 아니라 다양한 방법을 통해 「가정폭력방지법」의 내용과 가정폭력의 원인, 실태, 심각성, 사회적 파장과 그 대책 등을 교육해야 한다. 우리나라의 일반 국민은 아직도 가정폭력에 대한 통념을 내면화하고 있는 것으로 나타나고 있어 가정폭력 전반에 대한 교육이 반드시 필요함을 보여 주고 있다(정춘숙, 1999: 61-62).

자녀도 가정폭력의 피해자이다. 폭력을 피해서 안전한 다른 장소로 피신할 경우 학교를 다니지 못하는 문제가 발생한다. 2020년 5월부터 시행되고 있는 「초 · 중등교육법 시행령」 제21조에 의하면, "초등학교의 장은 학생의 학교생활 부적응 또는 가정사정 등으로 인하여 학생의 교육환경을 바꾸어 줄 필요가 있다고 인정하는 때에는 학생의 보호자 1인의 동의를 얻어 교육장에게 해당 학생의 전학을 추천할 수 있다."라고 되어 있다. 중·고등학생 또한 객관적인 사실이 확인된 가정폭력 피해자로서 전학이 불가피한 경우에는 「초·중등교육법 시행령」 제73조와 제89조의 규정을 적용하여 거주지 이전 없이 사실증명에 의하여 전학이 가능하다고 되어 있다. 이러한 법령이 있음에도 불구하고 피해자의 아이를 거주지의 이전 없이 전학시킨다는 것은 쉬운 일이 아니다. 우선 해당 학교의 담당선생님과 교장신생님까지지도 이 법령에 대해 이해하지 못하는 경우가 많다(김선화 사회복지사와의 대화에서, 1999년, 10월). 따라서 관련인들의 가정폭력에 대한 지식과 올바른 인식이 요구된다. 2002년 12월 18일 개정된 「가정폭력처벌법」에서는 피해자의 보호하에 있는 아동이나 피해자인 아동의 교육 또는 보육을 담당하는 학교의 교직원 또는 보육시설의 종사자는 정당한 사유가 없는 한 해당 아동의 취학·진학·전학 또는 입소(그 변경 사실을)의 사실을 행위자인 친권자를 포함하여 누구에게든지 누설하여서는 안 된다는 조항을 신설하였다. 이는 피해자들이 아동을 통해 자신의 거취가 밝혀지는 것에 대한 불안으로부터 안심할 수 있는 법적 힘을 받게 되었다.

「가정폭력처벌법」 제4조(신고의무 등) 제1항에서 "누구든지 가정폭력범죄를 알게 된 때에는 수사기관에 신고할 수 있다."라고 규정하고 있다. 직무상 알게 된 비밀을 엄수하는 것이 일선 경찰관들이 가정폭력을 수사할 때에 참고하는 사항으로 들어가 있음에도 불구하고 피해자의 신변이 위협받는 사례들이 발생하였다. 신고자의 비밀보장 문제가 해결되지 않으면 제4조(신고의무 등) 제1항은 실효성을 발휘할 수 없다(손순희, 1999: 36-44). 2002년 12월 18일 개정된 「가정폭력처벌법」에서는 "가정폭력 범죄를 신고한 자에 대하여 그 신고행위를 이유로 불이익을 주어서는 아니 된다."라고 명시하고 있어서 신고자의 비밀보장 문제는 어느 정도 해결할 수 있으리라 본다.

3) 가해자에 대한 개입

「가정폭력처벌법」의 시행에서 가해자에 대한 조치로서 제40조(보호처분의 결정 등) 제1항에서 판사는 심리의 결과 보호처분이 필요하다고 인정한 때에는 보호관찰 등에 관한 법률에 의한 사회봉사, 수강명령, 보호관찰, 의료기관에의 치료위탁, 상담소에의 상담위탁 등을 명령하고 있다. 그러나 명령 후 사후관리가 제대로 이루어지지 않고 있어, 가해자에 대한 치료가 방치되고 있는 현실이다.

과거에는 가해자들이 상담명령만을 받았지 접근행위제한 등은 받지 않음으로 인해 가해자가 경찰에 신고되고, 법원에서 보호처분 명령을 받는 전 기간 동안에 피해자와 가해자가 한집에 살고 있어 피해자가 심각한 위협에 시달리고 있고 피해자를 보호하는 데 커다란 어려움이 따랐다. 2002년 12월 18일 개정된「가정폭력처벌법」에서는 가해자가 피해자의 거주지나 직장 등으로부터 100m 이내에 접근을 금지하도록 되어 있어서 피해자의 심리적 안정 측면에서 개선된 면을 보였다.

상담명령을 받고도 연락이 두절되거나 보호처분을 지키지 않아 법원에 돌려보내는 등의 가해자에 대한 처분이 모호하다.「가정폭력처벌법」이 제 역할을 할 수 있기 위해서는 보호처분을 이행하지 않는 가해자에 대한 적극적인 대처가 있어야 한다. 제24조(소환 및 동행영장) 제2항에서 판사는 행위자가 정당한 이유 없이 제1항의 규정에 의한 소환에 응하지 아니한 때에는 동행영장을 발부할 수 있다고 규정하고 있다. 이 동행영장제도 등은 이 경우에 제 역할을 기대할 수 있다.

실제로 가해자들의 상담과 치료 등에 대한 재정지원이 거의 없다. 가정폭력 가해자들 중에 알코올 문제가 있는 경우 병원 등의 전문기관에서 치료를 받아야 하는데 경제적 능력이 없는 가해자가 비용이 많이 드는 기관을 이용할 수 없는 문제가 발생되고 있다. 즉, 가해자가 경제적 능력이 없는 경우 국가가 이를 부담하도록 되어 있으나 정부의 예산이 확보되어 있지 않아 가해자에게 치료와 상담 등을 거의 제공하지 못하고 있다.

「가정폭력처벌법」 제5조(상담소의 설치 · 운영) 제1항은 "국가 또는 지방자치단체는 가정폭력 관련 상담소를 설치 · 운영할 수 있다."라고 임의규정하고 있다. 또한 서비스의 대상을 피해자로만 국한시키는 경향을 볼 수 있다. 이와 관련하여 제4조(국가 등의 책무) 제1항에서 피해자를 위한 보호시설의 설치 · 운영 및 기타 피해자에 대한 지원 서비스의 제공 등을 제시하고 있다. 피해자에 대해서도 아직은 시설을 확보하는 차원에 머물고, 가해자에 대한 서비스는 구체적으로 제시된 것은 없음을 알 수 있다.

3. 남녀고용평등법

1) 고용상의 평등

「남녀고용평등법」[1]에서의 주요 논지는 노동시장에서의 여성의 취약한 위치와 모성보호로 모아진다. 과거 반세기 동안 여성과 남성 모두에게 고용에 있어 커다란 변화가 있었다. 제2차 세계 대전 이후는 복지국가가 출현하고 동시에 남성에게는 완전고용의 시기였다. 남성은 대부분의 성인기를 노동시장에서 전일제로 안전하게 취업할 수 있을 것이라고 기대되었다. 여성들에게도 결혼으로 인해 취업을 하지 못했던 장벽들이 사라졌지만, 여전히 결혼은 취업의 대안으로 오늘날까지 남아 있다. 따라서 여성의 사회참여는 증가한 반면에 남성의 고용안정은 감소되었다. 특히 기혼여성의 사회참여가 증가하여, 일하는 여성의 생활에는 취업과 결혼, 어머니로서의 역할(motherhood) 등이 포함되었다. 전후 사회에서의 가장 급격한 변화 중의 하나는 여성이 노동시장에 참여하게 된 것이다. OECD 국가 중 대부분의 국가는 성인 여성의 반 이상이 취업을 하고 있다(Hagen & Jenson, 1988: 3).

아동양육 시기 동안에 여성이 취업하는 새로운 유형이 나타나기 시작하였다. 1977년에서 1979년 동안 5세 미만의 자녀를 둔 여성의 27%가 취업한 것에 비해, 1991년과 1993년 동안에는 49%로 증가하였고, 5세 이상의 자녀를 둔 경우에도 66%에서 73%로 증가하였다(OPCS, 1995b: Table 5. 10). 우리나라의 경우 2019년 지역별 고용조사에 의하면, 6세 이하 자녀를 둔 여성의 고용률이 49.1%, 7~12세 자녀를 둔 여성의 고용률이 61.2%, 13~17세 자녀를 둔 여성의 고용률이 66.1%로 학령기 자녀를 둔 여성의 취업은 주류에 이르렀다고 볼 수 있다(통계청, 2016~2019).

여성은 취업을 할 수 있게 되어, 자녀를 양육하고 노동시장에 참여하게 되는 일을 동시에 하게 되었다. 그러나 대부분의 여성은 좋은 조건의 직장에서는 제외되고, 시간제노동이나 낮은 임금을 받는 등의 취업에서 차별을 받게 된다.

---

1) 「남녀고용평등법」은 1987년에 제정되어 2007년에 「남녀고용평등과 일 · 가정 양립 지원에 관한 법률(약칭: 남녀고용평등법)」로 개정되었다.

시간제노동과 가사노동의 증가는 전후 기간 동안의 노동시장에서 나타난 특징적인 현상이다. 이 두 가지 현상은 여성화된 고용의 형태이고 어머니다움과 연관이 있다. 이 두 가지 유형의 노동 모두가 급여 수준이 낮고, 특히 가사노동의 경우는 기이하다.

기술은 임금수준을 차이 나게 하는 주요 요인이다. 남성은 관리직을 점유하고, 남성과 여성의 노동을 구분하는 것은 남성의 일만이 숙련된 것이라고 확신하는 데 있다. 여성은 행정직과 비서직에서 일들을 가사노동처럼 부드럽게 처리한다고 해서 고용이 된다. 대부분의 여성의 일은 그 가치를 인정받지 못하고 있다. 낮은 수준의 임금과 시간제노동, 조건 또한 좋지 못하다. 이는 노령연금의 안전한 기반을 제공하지 못한다.

낮은 임금수준은 노동시장에서 여성의 종속을 측정하는 한 예이다. 그러나 파워 또한 위계질서나 의사결정, 일의 내용이나 과정, 승진이나 자원 등을 통제한다. 여성은 직장에서 남성 권위의 지배하에 놓이기 쉽다. 파워는 성희롱이라는 폭력을 통하여 나타나기도 한다.

가정과 직장 모두에서 성적 정체감은 강요된다. 직장에서 여성의 복종은 여성적인 정체감의 일부가 된다. 직장에서는 성희롱 위험이 있다. 성희롱은 여성으로 하여금 남성 지배적인 직업환경에 적응하게 하고, 여성의 지위를 낮추는 데 사용된다. 권위구조가 남성의 손 안에 있다는 것은 그 같은 일들이 실제 공식적으로 인가받고, 그러한 구조에 저항하기 어렵고, 성희롱을 근절시키고자 하는 정책의 테두리 안에서도 어려운 일이다.

1999년 2월 8일 제정된 「남녀차별금지 및 구제에 관한 법률」에 의하면, "성희롱은 업무, 고용 기타 관계에서 공공기관의 종사자, 사용자 또는 근로자가 그 지위를 이용하거나 업무 등과 관련하여 성적 언동 등으로 성적 굴욕감 또는 혐오감을 느끼게 하거나 성적 언동 기타 요구 등에 대한 불응을 이유로 고용상의 불이익을 주는 것을 말한다."라고 정의하고 있다. 성희롱의 구체적인 내용은 제2장 남녀차별의 금지 제7조(성희롱의 금지 등)에 나와 있다. 1999년 2월 8일 「남녀고용평등법」에서 사업주에게 직장 내 성희롱을 예방하기 위한 교육, 가해자에 대한 적절한 조치, 피해근로자에 대한 불이익 금지를 의무적으로 규정하였다.

우리 문화에서는 가정 밖에서의 일만을 노동이라고 생각한다. 그리하여 가사노동을 과소평가하는 경향이 있다. 1999년 1월 29일 개정된「여성발전기본법」제26조에서도 가사노동의 가치에 대하여, "국가 및 지방자치단체는 가사노동에 대한 경제적 가치를 정당하게 평가하여 이를 법 제도나 시책에 반영하도록 노력하여야 한다."라고 선언적인 정도에 머물고 있다. 직장과 가정, 성(sexuality) 등을 분리해서 생각할 수 없다. 자본주의 자체가 가부장적이다. 취업은 여성이 가정 내에서의 지위를 재협상하는 데 도움을 준다. 그리고 취업은 여성으로 하여금 공적 세계에 접근할 수 있게 한다.

「남녀고용평등법」이 시행된 이후 여성구직자 및 근로 여성, 여성단체 등이 기업의 인사조치에 대하여 성차별이라고 주장하며 분쟁을 처리하는 행정기관과 사법기관에 분쟁처리를 의뢰한 사건은 1999년 66건이었다. 이 중 여성이라는 성별이 32건, 여성의 혼인 · 가족상의 지위, 즉 기혼여성이 28건, 그 외에 임신, 출산, 용모 및 신체적 조건, 군복무 미필이 각 2건이다. 임금, 승진, 정년차별의 경우는 거의 여성을 이유로 하였고, 배치, 전직에서와 퇴직차별의 경우는 모두 혼인을 이유로 하였다. 여성고용차별사건 129건 중에서 84.5%인 109건이 처리되었는데, 그중 여성이 차별을 받았음을 인정한 경우는 72.5%인 78건이다(김엘림, 1999: 8-9).

2018. 9. 10.~2019. 8. 31. 기간 동안에 성차별 신고가 312건 접수되었으며 처벌 유형별로 보면, 모집 · 채용상 성차별 신고가 177건(46.6%)으로 가장 많고, 교육 배치 및 승진 76건(20.0%), 임금 및 임금외 금품 66건(17.4%), 정년퇴직 및 해고 61건(16.1%) 순으로 나타났다. 비슷한 시기에 성희롱 신고는 1,311건이 접수되었으며, 5~50인 미만 사업장 종사자에 의한 신고가 전체의 16.2%로 가장 높은 것으로 나타났다(한국여성정책연구원, 2019).

2) 모성보호

여성억압의 주요 열쇠는 '의존(dependency)'이다. 아동보호는 많은 시간을 필요로 하고 무급으로 이루어지기 때문에 여성이 의존하게 되는 주요인이다. 아동보호는 노동시장에서의 불이익을 담보로 한다. 여성은 아동보호로 인해 사회보장 혜택에서도 취약하다. 국가로부터, 노동시장으로부터 심지어 가정에서조차도 아동보호는 여성의 몫이다.

1999년 2월 8일 개정된「남녀고용평등법」은 생후 1년 미만의 영아를 가진 근로 여성이나 배우자가 영아의 양육을 위하여 휴직을 신청하는 경우에 이를 허용하도록 하고, 육아휴직 기간은 1년 이내로 하며, 이 기간은 근속기간에 포함하도록 하고 사업주는 육아휴직을 이유로 불리한 처우를 하지 못하도록 하고 있다. 또한 사업주는 근로 여성의 취업을 지원하기 위하여 수유 · 탁아 등 육아에 필요한 보육시설을 제공해야 하며, 국가와 지방자치단체는 근로여성을 위한 교육, 육아, 주택 등 공공시설을 설치할 수 있도록 하였다.

한편에서는 우리나라의 보육시설이 3세 이상의 유아를 중심으로 운영되고 있으므로 0~2세 영아를 위한 보육시설이 절대 부족한 현실을 고려하여, 육아휴직제도를 생후 3년 미만의 영유아를 가진 남녀근로자로 대체할 것을 제안하기도 하였다(국회여성특별위원회, 1999: 295).

「남녀고용평등법」은 육아휴직제도를 남성에게도 확대함에 따라, 유엔여성차별협약에서 명시하고 있는 육아의 남녀공동책임이라는 기본 정신에 부합하고 있다. 그러나 여기에서 간과하지 말아야 할 점은「남녀고용평등법」에서는 여성의 계속고용에 대한 지원을 일개 사업주에게만 부담시키는 경향이 다분히 있다는 것이다. 앞에서 언급하였듯이 1999년 2월 8일 개정된「남녀고용평등법」 제3장 제11조의(보육시설) 제1항에서 "사업주는 생후 1년 미만의 영아를 가진 근로 여성 또는 그를 대신한 배우자인 근로자가 그 영아의 양육을 위하여 휴직을 신청하는 경우에 이를 허용해야 한다." 그리고 제3장 제12조의(육아시설) 제1항에서 "사업주는 근로자의 취업을 지원하기 위하여 수유 · 탁아 등 육아에 필요한 보육시설을 설치하고, 이를 노동부장관에게 신고하여야 한다."라고 하면서 제도의 필요성에 대하여 강력하게 대처하고 있다. 그러나 제3장 제13조의(복지시설 설치) 제1항에서 "국가와 지방자치단체는 근로여성을 위한 교육 · 육아 · 주택 등 공공복지시설을 설치할 수 있다."라고 언급함으로써, 사업주의 의무는 절대 강조한 것에 비하여 복지시설 설치에 대한 국가책임에는 임의적임을 알 수 있다.

그러나 1999년 1월 29일 개정된「여성발전기본법」 제1장 제5조(국가 및 지방자치단체의 책무)에서 "국가 및 지방자치단체는 남녀평등의 촉진, 여성의 사회참여확대 및 복지증진을 위하여 필요한 법적 · 제도적 장치의 마련과 이에 필요한 재원을 조달할 책무를 진다."라고 국가와 지방자치단체의 책무에 대하여 적극적인 입장을 표명하고 있다. 비슷한 시기에 개정된 두 법이 조금 나중에 개정된 구체적인 특정의 법에 적용되었을 때는 임의적인 성향을 띠고 있어서 흥미롭다.

모성보호제도의 가장 중요한 부분인 산전산후 휴가(출산휴가)의 경우, 1999년 「근로기준법」상 60일을 쓸 수 있도록 되어 있으나 노동현장에서 이 규정이 발붙이기란 쉽지 않다. 전국여성노동조합이 1999년 8월 여성노동자 422명을 대상으로 실시한 설문조사에서 실제 사용 가능한 출산휴가는 평균 45일로 나타났다. 또 출산휴가가 아예 없다는 응답도 29.6%에 이르렀다. 여성・노동단체에는 현행법상 명백히 불법인 '출산 퇴직제'에 대한 상담전화도 끊이지 않았다고 한다.

「남녀고용평등법」은 고용에 있어서 여성이라는 이유만으로 남녀를 차별하는 고용관행을 바로잡고, 모성을 보호하기 위해 육아휴직을 제도화하였다(국회여성특별위원회, 1999: 302).

결국 모성보호를 **모성권리**로 재개념화해야 한다. 법에서는 남성과 여성은 똑같은 권리를 가지며 여성의 신체적・생리적 특성에 따라 여성의 근로는 모성보호를 받는다고 언급하고 있는데, 이러한 보호 조치들은 남성과 다른 여성의 특수성에 대해 권리를 부여하는 것과는 의미가 다르다. 권리는 적극적인 자원이 될 수 있지만 여성이 보호를 받는다는 것은 약자의 위치로부터 벗어나기 어렵다는 의미가 된다(조형, 1997: 283). 여성주의자들은 대안책으로 가족수당을 지지한다. 성평등권을 실현하기 위해서 여성 관련법은 성 중립적(gender-neutral)이 아닌 실제적인 성 차이(gender difference)를 고려한 권리를 구체적으로 보장할 수 있어야 한다.

2002년 통계청 자료에 의하면, 여성의 취업 장애요인으로 육아부담을 38.8%로 인식하였으며, 2015~2019 통계청 자료에서도 여성 취업의 장애요인으로 육아부담을 가장 높게 보고하였는데 비중이 77.0%로 급격한 증가를 보였다. 2020년 「남녀고용평등법」에 의하면, 만 8세 이하 또는 초등학교 2학년 이하인 자녀를 양육하기 위하여 육아휴직을 신청하는 경우에 이를 허용하게 되어 있다. 육아휴직 기간은 1년 이내로 하고 있다. 2020년 「국가공무원법」과 2020년 「지방공무원법」에서는 육아휴직 기간을 3년 이내로 명시하고 있어서 고무적이다.

육아휴직을 신청할 수 있는 자격은 육아휴직을 시작하려는 날의 전날까지 해당 사업에서 계속 근로한 기간이 6개월 이상인 근로자이다. 휴직기간은 근속기간에 포함되며, 사업주는 육아휴직 기간 동안 임금을 지불할 법적 의무는 없다. 현 고용보험제도에 의하면, 육아휴직 시작일부터 3개월까지는 통상임금의 80(상한액은 월 150만 원, 하한액은 월 70만 원)을, 육아휴직 4개월째부터 육아휴직 종료일까지 통상임금의 100분의 50(상한액은 월 120만 원, 하한액은 월 70만 원)을 육아휴직 급여액으로 지급한다. 그리고 육아휴직 종료 후 해당 사업장에 복귀하여 6개월 이상 계속 근무한 경우에는 육아휴직 급여 25%(사후지급금)를 지급받을 수 있다.

「남녀고용평등법」은 1987년 12월 4일에 제정되어, 2005년 8월 17일 일부 개정 법안이 제시되기까지 다음과 같은 변화과정을 거쳐 왔다. 1989년 4월 1일에 동일가치 노동의 기준을 노동 수행에서 요구되는 기술, 노력, 책임 및 작업조건 등으로 하고, 동일가치의 노동에 대하여는 동일한 임금을 지불하도록 하며, 육아휴직 기간을 근속기간에 포함시키는 것으로 일부 개정하였다.

1995년 8월 4일에는 여성 근로자를 모집, 채용함에 있어서 직무수행에 불필요한 용모, 키, 체중 등 신체적 조건을 제시하거나 요구하는 것을 금지시켰다. 또한 육아휴직 신청의 대상을 여성 근로자뿐만이 아니라 그 배우자인 남성 근로자도 선택적으로 신청할 수 있도록 하였다. 1992년 2월 8일에는 직장 내 성희롱의 예방과 피해근로자들을 보호하기 위하여 사업주에게 직장 내 성희롱의 예방을 위한 교육을 실시하고, 가해자에 대한 징계 및 피해자에 대한 불이익 조치를 금지하는 등의 의무를 부과하였다.

2001년 8월 1일 개정에는 직장과 가정생활의 양립을 지원할 수 있는 육아휴직제도를 개선하고 직장 내 성 차별 및 성희롱을 해소하기 위해 성희롱을 예방교육하며, 구제절차를 강화하였다. 「남녀고용평등법」의 적용범위를 상시 5인 이상의 근로자를 사용하는 사업 또는 사업장에서 모든 사업 또는 사업장으로 확대하였다. 육아휴직 대상자의 범위를 생후 1년 미만의 영아를 가진 모든 근로자로 확대하고, 육아휴직 기간 중 해고금지 규정 등을 신설하였다.

2005년 5월 31일에는 사용자가 임신 중인 여성뿐만 아니라 유산 또는 사산한 여성에 대하여도 보호휴가를 주도록 하는 내용으로 「근로기준법」이 개정됨에 따라 국가는 산전후 휴가뿐만 아니라 유산, 사산 휴가를 사용하는 근로자에 대하여도 휴가기간에 대하여 급여를 지급하도록 하였다(고용노동부, www.molab.go.kr).

1987년 12월 4일 제정된 「남녀고용평등법」이 2007년 12월 21일자로 「남녀고용평등과 일 · 가정 양립 지원에 관한 법률(이하 남녀고용평등법)」로 전면 개정되어서 출산전후휴가에 대한 지원을 선언하고 있다. 중요한 점으로 근로자가 배우자의 출산을 이유로 휴가를 청구하는 경우에는 3일의 휴가를 주어야 한다고 '배우자 출산휴가'를 명시하고 있다. 또한 2007년 12월 21일자로 일·가정 양립 지원을 신설하였다. 여기에는 '육아휴직' '육아기 근로시간 단축' '육아기 근로시간 단축 중 근로조건' '육아휴직과 육아기 근로시간 단축의 사용형태' '육아지원을 위한 그 밖의 조치' '직장복귀를 위한 사업주의 지원' '일·가정의 양립을 위한 지원' '직장보육시설 설치 및 지원 등' '그 밖의 보육 관련 지원' '공공복지시설의 설치' '근로자의 가족 돌봄 등을 위한 지원' '일·가정 양립 지원 기반 조성' 등의 내용들을 포함하고 있다.

구체적으로 살펴보면, 사업주는 근로자가 만 6세 이전의 초등학교 취학 전 자녀를 양육하기 위하여 육아휴직을 신청할 경우에는 이를 허용하여야 한다. 육아휴직 기간은 1년 이내이며, 사업주는 육아휴직을 이유로 해고하거나 불리한 처우를 해서는 안 되고, 육아휴직 기간에는 근로자를 해고할 수 없다. 육아휴직을 마친 후에는 휴직 전과 같은 업무 또는 같은 수준의 임금을 지급하는 업무에 복귀시켜야 한다. 그리고 육아휴직은 근속기간에 포함된다.

근로자는 육아휴직 대신에 근로시간 단축을 신청할 수 있으며 이는 허용되어야 한다. 이때에 단축 근로시간은 주당 15시간 이상이어야 하며 30시간[2)]을 넘어서는 안 된다. 그리고 육아기 근로시간 단축기간은 1년 이내이다.

하지만 「남녀고용평등법」에 대한 비판 또한 만만치 않다. 「남녀고용평등법」에서는 비정규직에 있는 기혼 취업여성을 염두에 두지 않고 있다는 것이다. 또한 정책 급여의 대상이 학령 전 아동양육 가정에만 제한을 두고 있다는 점이다(김은정, 2012).

한편, 일·가정 양립 정책의 대상은 여성만이 아니어서 남성의 육아휴직에 대한 관심이 증가하고 있다. 전통적인 성별분업에 근거한 남성생계부양자 모델이 퇴색되고, 남녀가 모두 일하고 가정을 돌보는 새로운 모형으로 대체되어야 한다는 주장이 등장하였다. 그리하여 일·가정 양립 논의에서 몇 가지 문제점이 지적되었다.

첫째, 일·가정 양립의 개념이 주로 여성의 입장에서만 정의되어 왔다. 일·가정 양립의 개념은 전통적인 성 분업이 해체되고 여성의 유급노동 참여가 확대됨에

2) 2019년 8월 27일 개정된 「남녀고용평등법」에서는 35시간으로 변경되었다.

따라 등장한 것으로 여성의 유급노동을 지원하기 위한 정책에 그 초점이 있다. 둘째, 여성의 양육부담(care)을 강조한 나머지 남성의 부양부담(cash)을 간과하고 있다. 복지국가 비판들 중의 하나로 여성이 가족 내에서 수행하는 돌봄노동이 무급으로 이루어지고 있으며, 나아가 여성의 경제적 독립성에 제약이 되고 있음을 강조한다. 그러나 남성의 입장에서 보면 생계부담의 책임을 전적으로 떠맡는 것에 대한 부담감, 과도한 유급노동으로 인하여 배우자와 자녀들과의 유대관계를 가지지 못하는 어려움에 대한 고려는 부족하였다는 점이 주목을 받고 있다. 셋째, 젠더 변수에만 너무 치중한 나머지 일 · 가정 양립과 관련된 계급의 차이는 간과하는 경향을 보였다는 점이다. 모든 여성이 일 · 가정 양립으로 인한 이중역할 갈등에 시달린 것도 아니고, 모든 남성이 돌봄노동에 무관심한 것은 아니라는 것이다. 이는 일 · 가정 양립 이슈가 여서에게만 국한된 것이 아니고 남성의 입장과 역할도 고려되어야 함을 말해 주고 있다(김진욱, 2015).

우리나라 남성 근로자의 일 · 가정 양립 지원제도는 1995년 여성 근로자를 대신하여 남성 근로자가 육아휴직을 사용할 수 있도록 한 것에서 비롯되었다. 이후 육아휴직제도는 남녀를 불문한 일 · 가정 양립 지원 제도로 정착되었다. 2001년에는 1년 미만 영아, 2006년에는 생후 3년 미만의 영유아, 2010년에는 만 6세 이하의 미취학 자녀를 둔 경우로 확대되었으며, 2014년부터 만 8세 이하(초등학교 2학년 이하) 자녀를 가진 남녀 근로자 모두에게 1년간 육아휴직이 가능하게 되었다. 2020년 2월 28일부터는 부부가 동시에 육아휴직 신청이 가능하게 되었다(고용보험, 2020).

지난 몇 년간 여성 육아휴직이 크게 증가한 것과는 달리 남성 근로자의 육아휴직 활동은 대단히 저조하다. 2015년의 경우 전체 육아휴직자 중 남성이 차지하는 비율은 5%에 불과했다(고용노동부, 2015). 더욱 우려스러운 점은 상당수의 남성 육아휴직자들이 육아휴직을 이용하여 이직하거나 이직을 앞둔 시점에서 육아휴직을 활용하는 양상이 나타나고 있다는 것이다(장지연, 윤자영, 이경희, 강병식, 박혁, 2014).

「남녀고용평등법」은 2007년 제3장의 2 일 · 가정의 양립 지원의 일환으로 육아휴직 외에도 근로자의 가족 돌봄 등을 위한 지원으로 근로자가 부모, 배우자, 자녀 또는 배우자의 가족(이하 '가족'이라 한다)의 질병, 사고, 노령으로 인하여 그 가족을 돌보기 위한 휴직 '가족돌봄휴직'을 신청할 수 있도록 하였다. 다만, 대체인력 채용이 불가능하고, 정상적인 사업 운영에 중대한 지장을 초래할 경우 등의 경우에는 허용되지 않는다.

돌봄휴직 기간은 연장 최장 90일로 하며, 이를 나누어 사용할 수 있다. 가족돌봄휴직 기간은 근속기간에 포함된다. 휴직 기간의 급여에 대한 규정은 없기 때문에 고용보험의 지원은 없다. 단, 육아휴직에 비하여 인지도가 높지 않고, 시행률도 낮은 것으로 나타나고 있다(한국여성정책연구원, 2016).

4. 국민연금법

1) 여성과 사회보장체계

흔히 가정은 정서적인 연대와 휴식을 하는 장소라고 생각되어, 가정 또한 일하는 곳이라는 사실을 흐리게 한다. 가정주부는 공식적으로 '경제적으로 활동하지 않는(economically inactive)' 사람으로 일컬어진다. 하나의 과업으로 생각해 볼 때에 집안일은 돈을 지불해야 하는 노동이다. 가정에서 그릇을 씻는 일은 식당에서 그릇을 씻는 것과 같다. 그러나 가정에서의 집안일은 생산라인과 연결이 되지 않을 뿐만 아니라 돈으로 지불되지도 않는다. 가족관계는 노동 그 자체뿐만 아니라 사랑이나 지속적인 책임감 등을 요구한다. 가정에서의 역할분담, 즉 노동분업을 부양자인 가장과 가정주부로 나누는 구분은 남성은 생애에 걸친 유급고용에 속해 있고, 결혼한 여성은 노동시장에서 제외된다는 가정에 그 근거를 두고 있다.

남성의 실업, 불안정한 고용상태, 여성이 취업을 할 수 있는 가능성 등이 증가함에 따라 사실 가정에서의 노동분업이 더 이상 완벽하게 유지되기 어렵다. 즉, 부양자와 가정주부라는 이분법적 논리는 현대 사회에서 적절하지 못하다(Morris, 1990). 사회보장에서 부부를 한 단위로 보고, 더욱이 남편을 가장으로만 보는 논리는 문제의 소지가 있다(Auden, 1985: 144). 여성도 때로는 부양자가 될 수 있다. 우리나라의 경우 IMF 사태를 경험하면서 그러한 예들을 많이 찾아볼 수 있다. 생계유지자 모델을 따르고 있는 사회보장체계가 가지는 문제점은 사별하지 않은 여성 한부모가족 가구주와 남편이 실업상태에 있는 부인 이 두 집단에게서 잘 나타나고 있다(Morris, 1990: 30).

사회보장체계는 성에 대해 중립적인 입장(gender-neutral)을 택하고, 여성을 무임금의 영역으로 제한시키고 임금을 받는 일에만 권리와 의무를 부여하면서 여성을 비시민으로 만든다. 역사적으로 여성의 임금은 가족의 생존과 연관시켜 논의되지 못했다. 1942년의 베버리지 보고서의 경우도 빈민들 중에 여성이 압도적이었음에도 불구하고 사회보장 접근은 남성 실업에 초점을 두었다. 여성은 주변인이었다. 베버리지의 관심은 남성 고용과 실업에 있었고, 여성의 전통적인 역할을 상승시키는 가족 이데올로기를 개발하는 것이었다.

여성들은 독립적인 수혜자로서가 아닌 피부양자 혹은 배우자가 사망한 여성의 자격으로 사회보장의 혜택을 받는다. 노동시장에서 여성취업이 증가함에 따라 베버리지의 가정에 대해 의문이 제기되었다. 사회보장의 원리에서 보면, 결혼은 여성에게 그리 안전한 기반이 되지 못한다. 여성은 결혼을 통해 남성의 피부양자로 간주된다. 여성의 경우 사회보장 혜택은 특정 남성과의 관계와 그 남성이 지불한 기여금 기록(contribution record)에 의존한다.

베버리지는 일찍이 이러한 조건들이 불안정하다고 보았다. 즉, 여성의 위치는 결혼이나 이혼으로 인해 불안정해질 수 있기 때문에 결혼과 주부의 가사노동을 취업과 동등하게 다룰 것을 제안하였다. 여성의 경우 결혼관계가 종결되는 것은 곧 남성의 실업과 같아서, 사별 여성 구제(widow benefit)와 별거 구제(separation benefit) 등이 필요하다고 역설하였다. 그러나 이후에 사별 여성 구제는 시행되었으나 별거 구제는 시행되지 못하였다. 결혼생활의 붕괴는 보험체계 내에서는 쉽게 해결할 수 없는 딜레마를 보였다. 별거 구제는 무시되고, 그나마 베버리지에 의해 제안된 이혼구제도 실제 계획에서 무산되었다. 그리하여 사별하지 않은 여성 한부모가족 가구주는 사회적인 대책 없이 개인 차원에서 '문제'를 해결해야 했다. 더욱이 모든 여성이 결혼하는 것도 아니고 설사 결혼을 했다 해도 그 결혼이 끝까지 지속되는 것이 아님에도 불구하고 여성의 사회보장을 결혼과 연관시켜 왔다. 베버리지는 여성에게는 결혼관계의 종결이 남성의 실업과 동일하다고 인식했지만, 전자보다는 후자에 중점을 두었다.

물론 사회보장에서는 여성의 위치를 부양자로서뿐만 아니라 기여자로도 본다. 사회보장의 기여자 측면에서 미혼여성의 경우는 남성과 동일하게 간주된다. 그러나 결혼한 여성은 특별한 범주로 간주된다. 즉, 기혼여성은 남편에 의지할 수 있기 때문에 남성과 동일한 혜택(benefit)을 필요로 하지 않는다고 가정한다. 취업여성은 남성과 거의 동일하게 사회보장의 기여자로 간주되나, 많은 여성이 소득이 낮은 직종에 종사하여 사회보장 혜택을 적게 받고 있다. 이상에서 살펴본 바와 같이 역사적으로 사회보장체계 자체가 가정에서의 성별 분업구조와 노동시장 내의 성 차별을 반영하고 있음을 알 수 있다.

2) 여성과 연금정책

여성과 관련하여 연금정책은 모순이 있다. 연금정책은 은퇴와 관련하여 여성을 경제적으로 독립적인 위치와 사별 여성, 유족, 피부양자로 본다(Groves, 1983: 38). 유족 모델(survivor model)은 오랜 역사를 가진다. 유족 모델의 논리에 의하여, 사별 여성과 조모는 남편의 기여금을 근거로 보험혜택을 제공받는다. 기여 모델(contributor model)은 1970년대에 생겨서, 여성의 변화하는 취업 양상과 평등주의 이데올로기를 반영하고 있다. 그러나 기여 모델은 여성의 취업과 관련하여 중요한 약점을 가지고 있다. 기여자로서의 동등한 대우가 노년에 와서 여성에게 동등한 연금을 보장해 주지는 않는 것이다. 유족 모델이나 기여 모델 모두가 여성노인을 제대로 대우하지는 않는다. 유족 모델은 여성을 사별 여성으로 가정하고, 기여 모델은 여성을 미혼으로만 간주하기 때문이다. 기여 모델의 시각에서 보면 여성이 직장을 가지고 있다 하더라도 여성의 수입은 남성의 수입과 비교하여 현저하게 부족하기 때문에 기여자로서 취약하다. 따라서 이 두 모델은 남편의 의존자로서의 가정주부와 성차별적인 노동시장의 특성을 말해 준다.

베버리지 계획은 기본적으로 유족 모델 틀을 수용한다. 결혼은 여성을 의존적인 부인이나 사별 여성의 자격으로 연금을 제공하고, 이는 여성 수입의 대부분을 차지하게 된다. 즉, 남편의 보험기록을 근거로 연금을 받는다. 그러나 결혼관계나 동거, 이혼 등의 변화는 유족 모델에 새로운 도전을 제기한다.

법은 평등한 기회를 제공함으로써 여성에게 유급의 더 나은 측면을 보여 주었고, 사회보장법은 여성을 기여자로 대우하였다. 여성은 유급시장에서 남성과 경쟁할 수 있는 기회를 가지게 되었다. 그러나 아직도 사회는 여성에게 무급을 수행할 것을 기대하고 있다. 여성의 유급 고용이 증가하고, 여성이 남성의 수입에 덜 의존하게 되고, 폭력관계에 덜 매이고, 필요시에는 자녀를 지원할 수도 있지만, 아직도 많은 여성은 사적 가부장제로부터 벗어나기 어렵다(Pascall, 1997: 238).

여성빈곤은 여성에게만 주어지는 유일한 두 가지 원인들로 인해 지속된다. 즉, 아동양육과 노동시장에서의 불이익이다. 복지수혜 자격은 노동시장의 수행과 밀접한 관련을 가지고 있다. 사회적 권리로서 사회복지라는 큰 원칙 아래 사회적 위험 영역의 포괄성, 복지제도의 적용에서 보편주의라는 차원에서 보면 사회보험의 적용을 전 사업장에 확대해야 하며 수급 자격에 있어서 장기간 전일제노동은 물론이고 시간제, 임시직 등 다양한 노동유형이 포함되어야 한다.

비취업여성의 경우 남편을 통한 권리가 아니라 여성 자신의 권리, 무급가사노동에 대한 보상으로서 기혼여성에 대한 독자적인 노후생활보장대책이 필요하다. 즉, 여성의 독자적인 노후생활보장대책이 필요하다. 따라서 여성의 독자적인 연금수급을 확보하기 위해서 1인 1연금제의 기초연금제도 도입과 함께 가입자의 연금소득을 부부공용재산으로 인정하여 이혼 시 피부양 배우자에게 연금분할 수급권을 인정해야 한다. 사회보험이나 모성보호는 기본적으로 취업여성을 대상으로 한다는데 한계가 있다. 빈곤여성 등 사회적 취약계층을 보호하기에는 한계가 있다(이상록, 정세욱, 1997: 203-204).

3) 여성과 국민연금법

국민연금은 경제적 안정, 특히 노후생활의 경제적인 안정을 위하여 수립된 것으로 노후의 장기적인 소득보장을 위한 수단이다. 우리나라의 경우 국민연금은 1988년에 도입되었고, 1992년부터 5인 이상 사업장으로 적용되기 시작했으며, 1995년부터는 농어민 및 농어촌 지역 자영자에 대해 적용하고 있다.

국민연금은 남편과 아내 및 피부양 자녀의 가족부양 원칙만을 수용하고 있어서, 여성이 연금제도에 의해 노후생활을 보장받으려면 노동시장에 직접 참가하여 자격요건을 갖추거나 아니면 남편이라는 부양자를 가져야 한다. 즉, 남성은 부양자이고 가장이고, 여성들은 남성에 경제적으로 의존할 수 있다는 가정을 전제로 하고 있다. 취업을 하지 않은 기혼여성은 자신의 가사노동에 대한 보상으로 독자적인 연금수급권을 획득할 수 없다. 대신 남편이 연금 수급권을 획득하면 남편에 의존적인 가족

성원의 자격으로 가급연금액을 받을 수 있다.

가급연금(spouses' benefit)액은 남성의 생계유지 의무에 대한 경제적 원조의 성격을 띠게 되므로 남성의 노령연금액에 추가되어 지급되며 이혼 시 그 혜택은 자동적으로 말소되어 왔다. 따라서 이혼은 여성이 가정주부로서 남편을 통해서 간접적으로 받아 온 의료보험이나 국민연금 혜택 등의 경제적 자원에 대한 접근을 단절시킨다. 남편과 사별한 기혼여성은 유족연금 수령권을 받을 수 있다. 그러나 이혼한 여성은 일생 동안의 가사노동으로 가족과 국가경제에 기여하였다고 할지라도 연금취득권이 인정되지 않다가 1999년 1월 1일자로 「**국민연금법**」에 배우자 연금 분할제도가 도입되어, 배우자의 연금가입기간 중의 혼인기간이 5년 이상인 자가 이혼 시에는 배우자가 60세에 도달하여 노령연금 수급 시에 상대 배우자는 1/2 균분하여 분할지급 하도록 개정되었다(한국보건사회연구원, 1999: 70).

분할연금은 성별과 관계없이 이혼 당사자인 부부 모두 신청해서 나눌 수 있다. 현재 분할연금액은 원칙적으로 혼인기간 중 가입 기간에 해당하는 연금액을 똑같이 나눠서 지급한다. 혼인기간이 1년인 경우에도 1년의 가입 이력만 나눠 갖는다는 의미이다. '4차 국민연금 종합운영계획안'에서 분할의 요건이 되는 최저 혼인기간 요건이 5년 이상에서 1년 이상으로 완화되었다(www.mohw.go.kr).

사별한 여성의 경우 남편에게 직접 지급될 뻔한 노령연금액과 사별한 여성의 자격으로 받게 되는 유족연금 간에는 급여 혜택에 있어서 차이가 매우 크다. 유족연금은 1년 이상 10년 미만의 가입자가 사망한 경우 기본 연금액의 40%, 10년에서 20년 동안 지급했을 경우는 기본 연금액의 50%, 20년 이상을 지급하였을 경우에는 기본연금액의 60%를 지급받게 되므로, 이러한 급여 수준은 노령연금액의 수준에 훨씬 못 미친다. 이는 곧 여성의 빈곤화와 직결된다(www.nps.or.kr).

국민연금제도의 경우에도 여성을 경제적인 의존자로 볼 것이 아니라 기여자로서 보아야 한다. 우리 사회 기혼여성의 과반수 이상이 전업주부인 현실을 고려할 때, 사회보장에서 여성의 독립적 권리를 획득하는 방안이 검토되어야 한다. 국민연금의 경우 가사노동에 대한 보상으로 독립적인 부인연금 수급권을 부여해야 하고, 여성을 경제적 기여자로 볼 때 이혼 시에 재산분할권, 남편 사망 시에 상속관행의 변화도 촉진할 수 있으며, 여성이 결혼해체로 인해 겪게 되는 빈곤을 약화시킬 수 있다. 이같이 현행 국민연금제도가 소득발생 중심, 세대 중심으로 되어 있어 이혼한 전업주부, 배우자의 연금액이 매우 낮은 여성들은 노령, 장애, 사망 등 각종 사회적 위험으로부터 보호되지 못할 가능성이 크다(김영란, 1998: 56-57).

기존의 가급급여는 피부양자가 있는 가구의 경우에 가구주의 연금금액만으로는 해당 가구 구성원의 소득보장이 충분히 이루어질 수 없다는 점에 근거하여, 생활보장의 목적으로 피부양자 몫으로 추가되어 부과되는 연금급여의 형태이다. 연금 수급자의 연금 개시 시점에서의 가구 내의 연령 구성을 감안한다면 가급급여는 여성들의 연금 수급권 획득방식이다.

기혼여성들의 경제활동참가율이 증대되고 있음에도 불구하고 근속경력의 미흡, 불안정한 고용형태로 인해 본인의 노동경력에 입각한 연금 수급권을 획득하기는 미진한 상황임을 감안한다면 가급급여는 여성들이 연금 수급권을 획득하는 일반적인 방식이다.

이혼 등의 가족해체 시 여성에게 가급급여의 획득이 가능하다 할지라도, 피부양자에 대한 보조급여라는 성격상 가급급여 수준이 단독가구의 생활보장 수준에는 미치지 못한다(이상록, 정세욱, 1997: 201-202).

이에 대한 대안으로 **배우자 연금분할권**을 고려할 수 있다. 가급급여가 지니는 부정적인 측면, 즉 남성 의존성 심화, 가족해체 시 급여 수급의 불안정, 전업주부와 취업주부 간의 비형평성, 노동동기의 약화 등의 문제를 해소하면서도 여성들의 소득보장을 성취하기 위해서 고안된 연금급여방식의 하나가 배우자 연금분할권이다. 배우자 연금분할권이란 재산분할권과 동일하게 연금이 부부 공동 재산의 성격을 갖는 것으로 인식하여, 매년 급여 산정 소득을 배우자별로 분할하여 관리함으로써 이혼 등의 가족해체 시 혹은 배우자 퇴직 시 분할 산정된 자신의 소득을 기초로 연금급여 수급을 보장해 주는 방식이다.

연금분할권제도의 원리는 무엇보다도 결혼 자체를 양 배우자의 경제적 파트너십으로 인식할 뿐 아니라 복지 수급권을 시장노동 이외의 가사노동에 연관시킴으로써 모든 사회구성원의 소득보장을 성취하려는 성평등적 관점에 기초하고 있다. 연금분할권의 자격규정으로 최소 결혼기간, 동거형태의 자격인정 여부 등과 관련하여 논의가 있다. 벨기에의 경우 이혼한 남녀 배우자는 60세의 연령을 기준으로 결혼기간 소득의 62.5%가 여성 배우자에게 분할되어, 분할 수준이 상당히 높다. 캐나다의 경우는 1년 이상 결혼을 지속하고 이혼 혹은 별거한 경우에도 분할권이 부여되어 자격기준 자체가 상당히 관대하다. 네덜란드의 경우는 동거의 경우에 있어서도 분할권을 배우자에게 부여하고 있다. 1998년 12월 개정으로 「국민연금법」에서는 배우자 연금분할권을 인정하고 있다(이상록, 정세욱, 1997: 202-204).

우리나라 국민연금에서 분할연금은 혼인기간이 5년 이상인 자가 노령연금수급자인 배우자와 이혼한 후 60세가 된 때부터 그가 생존하고 있는 동안 배우자이었던 자의 노령연금액을 분할한 일정한 금액을 생존하는 동안 지급하는 제도이다. 이때 분할연금액은 배우자였던 자의 노령연금액 중 혼인기간에 해당하는 연금액을 균등하게 나눈 금액이다(「국민연금법」 제64조).

국민연금에서 연금분할은 연금급여분할 형태로만 이루어지며, 연금분할은 이혼한 경우에 한해서만 허용되며, 혼인관계가 지속되거나 혼인관계를 지속하지만 별거하고 있는 경우 등에서는 허용하지 않고 있다(「국민연금법」 제64조). 이것은 결혼 자체를 양 배우자의 경제적 파트너십으로 인식하고 시장노동 이외에 가사노동과 연관시켜 연금수급권을 보장하려는 분할연금의 성평등적 취지에 배치된다고 할 수 있다. 분할연금을 청구할 수 있는 권리는 사유발생일로부터 5년을 경과한 때에는 소멸하도록 되어 있다(「국민연금법」 제64조).

그러나 국민연금제도에서 연금분할은 5년 이상의 혼인기간을 유지한 자가 이혼 후 60세에 도달하고 배우자이었던 자의 노령연금이 지급될 때에만 행해짐으로써 다음과 같은 문제점을 갖고 있다(권문일, 2003).

첫째, 분할연금수급권이 이혼 후 배우자였던 자의 상황 변화로 인해 소멸될 수 있는 문제가 있다. 예컨대, 배우자이었던 자가 연금수급연령에 이르기 전에 사망하거나 장애로 인해 연금수급연령 이전에 장애연금을 수급할 경우에는 다른 일방의 배우자는 분할연금 청구권을 상실하게 되는 것이다.

둘째, 국민연금은 노령연금급여 분할만을 허용하고 노령연금수급권 발생 이전에 연금계정에 기록된 소득 내지 기여금을 분할할 수 있는 소득이력분할을 채택하고 있지 않다. 그 결과 배우자 및 자신의 소득이력을 각각 분할하여 재합산함으로써 향후 자신 명의의 연금수급권을 획득하거나 또는 연금수급권을 증액할 수 있는 기회를 가질 수 없다. 여성의 개별수급권을 확대 강화하려는 국제적 추세를 고려할 때 소득이력분할 형태의 연금분할방식의 도입을 검토할 필요가 있다.

2007년 7월 23일 개정법률은 이혼한 배우자가 재혼한 경우에도 분할연금을 계속

지급받도록 하고 있다. 그리고 현재 분할연금은 수령자격이 혼인 기간 1년 이상으로 완화되었다. 만 61세가 되어야 받을 수 있는 조항은 문제가 제기될 수 있다. 더구나 60세 전에 전 배우자가 사망하거나 다치면 유족연금과 장애연금이 발생하는 데 이 두 연금은 분할되지 않는다.

중점토의

1. 사회복지제도는 여성을 어떻게 생각하고 있는지 논의하시오.
2. 여성복지와 관련된 법으로 어떤 법이 있는지 설명하시오.
3. 여성복지 관련법들은 여성을 어떠한 존재로 인식하고 있는지 논의하시오.
4. 기존의 여성복지 관련법들을 분석하고 비판하시오.

참고문헌

고용노동부(2015). **아빠를 위한 남성육아휴직 가이드북.**

고용보험(2020. 7. 29.). 개인혜택-육아휴직(부부동시). (인출: http://ei.go.kr)

국회여성특별위원회(1997). **여성관련 현안 및 정책자료, 3.**

국회여성특별위원회(1999). **여성관련 법률의 입법과정 및 향후과제.**

권문일(2003). 이혼여성과 연금수급권. **비판사회정책, 15,** 243-273.

김엘림(1999). 남녀고용평등법 시행 10년의 성과와 과제. **한국여성, 6,** 8-9.

김영란(1998). 통일한국의 여성정책 통합방안에 관한 연구: 사회정책부문. 한국사회복지학. **한국사회복지학회,** 39-70.

김은정(2012). 일가정양립지원 정책 목표와 대상 간 정합성 연구. **가족과 문화, 24,** 131-160.

김진욱(2015). 중년남성이 일가족 양립과 갈등. 한국가족사회복지학회 가족정책포럼 발표논문.

배숙희(2001). 가정폭력 · 성폭력 보호시설 운영효율화를 위한 정책개발. **여성복지시설의 효율적 운영을 위한 정책개발 세미나,** 41-57.

손순희(1999). 가정폭력사례를 통해 본 집행처리에 있어서의 문제. **가정폭력방지법, 그 평가 및 대안.** 한국여성의전화연합회, 36-44.

이상록, 정세욱(1997). 연금 수급권 보장의 정책적 방안 연구. **비판사회정책,** 197-214.

이주영(1999). 여성복지법제의 개선방안에 관한 연구: 여성복지서비스법제를 중심으로. 서울대학교 대학원 박사학위논문.

장지연, 윤자영, 이경희, 강병식, 박혁(2014). 여성 및 모성지원사업군 평가. 고용노동부, 한국노동연구원.

정춘숙(1999). 가정폭력방지법 시행 1주년과 여성인권. **가정폭력방지법, 그 평가 및 대안**. 한국여성의전화연합회, 57-74.

최선화(1995). 여성복지발전에 관한 일고. **한국사회복지학**. 한국사회복지학회.

통계청(2002). 2002년 사회통계조사보고서.

통계청(2016~2019). 지역별 고용조사.

통계청(2015~2019). 사회조사: 여성취업 장애요인(복수응답, 13세 이상 인구).

한계레신문. 1999년 10월 9일.

한국보건사회연구원(1999). **보건복지동향 보건복지포럼**, 65-71.

한국여성개발원(1990). **여성복지관계법제에 관한 연구**.

한국여성정책연구원(2016). 여성 · 가족 관련 법제의 실효성 제고를 위한 연구(IV): 가족돌봄휴직제도를 위한 심층분석.

한국여성정책연구원(2019). 성인지적 근로감독행정 강화방안-고용상 성차별 · 성희롱 예방 · 시정을 중심으로.

Gilbert, N. (1995). *Welfare justice: Restoring social equity*. Yale University Press.

Groves, D. (1983). Members and Survivors: Women and retirement legislation. In Jane Lewis (Ed.), *Women's welfare, women's rights*. London: Croom Helm.

Maynard, M. (1993). Violence towards women In D. Richardson & V. Robinson (Eds.), *Introducing women's studies*. New York: Macmillan.

Morley, R., & Pascall, G. (1996). Women and homelessness: Proposals from the Department of the Environment- II domestic violence. *Journal of Social Welfare and Family Law, 18*(3), 327-40.

Pascall, G. (1997). *Social policy: A new feminist analysis*. Routledge.

Sainsbury, D. (1994). Women's and men's social rights: Gendering dimensions of welfare states. In Sainsbury, D. (Ed.). *Gendering Welfare States* (pp. 150-169). Sage.

Sapiro, V. (1990). The gender basis of American social policy. In Gordon, L. (Ed.). *Women, the state, and welfare*. The University of Wisconsin Press.

Smart, C. (1989). *Feminism and the power of law*. Routledge.

Wickham, A. (1985). A legal construction of sex and gender. In O'Donovan, K. (Ed.). *Sexual Divisions in Law*. Weidenfeld and Nicolson.

국민연금공단 홈페이지 www. nps. or. kr
고용노동부 홈페이지 www.molab.go.kr
보건복지부 홈페이지 www.mohw.go.kr
KBS NEWS. (2018. 10. 04. 14:06)

제 5 장

여성주의 사회복지실천방법

여성주의 실천(feminist practice)과 사회복지실천(social work practice)에서 추구하는 철학과 가치, 실천방법은 상당 부분 유사하다(Collins, 1986). 여성주의의 '개인적인 것은 정치적(the personal is political)'이라는 관점은 사회복지실천의 '환경 속의 개인(person-in-environment)' 패러다임과 일치한다. 즉, 여성주의 실천과 사회복지실천에서는 공통적으로 개인과 환경의 상호의존성과 상호연결성을 강조한다. 더 나아가 여성주의 실천과 사회복지실천에서 실천대상자가 환경과의 상호작용에서 역량강화(empowerment)를 경험할 수 있도록 원조하는 것을 궁극적인 목표로 삼는다는 점에서도 서로 비슷하다. 여성주의 실천에서는 실천대상자와 실천가 사이에 힘(power)의 불균형이 내재함을 지적하고 대상자와 실천가가 평등한 관계를 유지할 것을 강조하는데, 사회복지실천 역시 실천대상자가 자기 삶의 주체로서 자신을 위한 결정의 기회를 극대화하는 자기결정권(self-determination)을 강조한다는 점에서 여성주의 실천과 유사하다.

하지만 이와 같은 일치성에도 불구하고 사회복지실천에서 여성주의 관점을 적극 반영하지 않는다면, 기존의 성 차별적 지식에 의존하거나 가족과 대인관계, 사회제도 내에서의 여성 억압적 요인을 간과하는 결과를 가져올 수 있다. 또한 기존의 사회복지실천에서 개인과 환경 간의 적합성(goodness-of-fit)을 강조하는 가운데 개인과 환경의 적응을 추구하며 다소 보수적인 시각을 견지할 수도 있다. 따라서 사회복지사는 여성주의의 기본 철학과 가치, 이에 따른 실천방법에 대해 이해하고 이를 사회복지실천에 적극 반영하는 노력이 필요하다.

1. 여성주의 실천에 대한 개념정의와 모델

1) 개념정의

여성주의 실천은 다양한 여성주의 유형을 실제에 통합하여 구현하며 계속 변화한다. 여성주의 실천에 대한 개념정의에 앞서 성차별주의(sexism)에 대한 다음의 언급을 참고해 볼 필요가 있다.

> '성차별주의'란 남자들의 눈에 보이는 세상만이 유일한 세상이고, 남자들이 세상을 다루기 위해 고안해 낸 방법만이 유일한 방법이며, 남자들이 형성시킨 가치관만이 유일한 가치관이고, 남자들의 눈에 비치는 성(性)의 모습만이 유일한 성의 모습이며, 여성이란 무엇인가에 대하여 남자들이 갖는 관념만이 여성에 대한 유일한 관념이라는 신념을 무의식적으로 당연시하여, 미리 가정해 버리고, 의심의 여지없이, 검토도 하지 않은 채, 도전할 생각도 없이 그대로 받아들이는 그 자세를 말한다(Jessie Bernard의 말, 이온죽, 장지연, 1999: 21).

성차별주의에 반하여 여성주의자들은 여성은 여성 유일의 역사와 경험, 강점 등을 가지고 있으며, 따라서 남성의 가치관과 경험뿐 아니라 여성의 가치관과 경험을 기존의 학문과 문화, 전문 원조(professional helping)에 통합해야 함을 강조해 왔다.

전문 원조에서 여성의 경험을 강조하는 여성주의 실천방법과 관련한 용어는 매우 다양하다. '성인지적 실천' '여성중심 실천' '비성차별적 실천' '여성주의 실천' 등이 이에 해당한다. 브릭커-젠킨스와 로켓(Bricker-Jenkins & Lockett, 2008)에 따르면, '성인지적 실천(gender-sensitive practice)'은 남성중심으로 이루어진 기존 학문의 문제점을 제기하면서 인간 발달과 인생 경험에서 남성과 여성의 차이에 관한 새로운 학문을 통합하려는 실천을 의미한다. 즉, 남성중심의 관점에서 벗어나 여성이 보이도록(visible) 혹은 성을 의식하도록 강조하는 실천을 의미한다. 예를 들면, 여자 청소년과 남자 청소년의 자기 이미지는 사회에서 이들에 대한 기대와 역할, 신념 등에 따라 서로 다른 의미를 가지며, 이에 따라 서로 다른 실천 경험을 필요로 한다는 것이다.

'여성중심 실천(women-centered practice)'은 '성인지적 실천'의 한 형태로서, 여성의 입장에서 실천에 접근하고 종종 여성의 시, 음악, 미술을 포함한 여성문화를 실천기법에 통합한다.

'비성차별적 실천(nonsexist practice)'은 '성인지적 실천'보다 한 단계 발전한 실천이다. 비성차별적 실천은 문화적으로 규정된 성 역할뿐 아니라 성에 기초한 권력관계를 분석한 결과를 실천에 통합하여 성차별적 역동을 제거하고, 보다 적극적으로 모든 사회관계에서 성차별을 제거하도록 옹호한다. 예를 들면, 비성차별적 실천가는 남자 청소년에게 자신의 권력에 대한 원천에 대해 다시 생각해 보도록 원조하거나 집단 혹은 조직에서 성 균형을 이루기 위해 여성 지도력을 개발하려 노력한다.

마지막으로, '**여성주의 실천**(feminist practice)'은 다문화적, 다양식적(multimodal), 해방적 실천으로서 이론과 방법에서 인간생활의 내용과 조건, 의식, 맥락을 동시적으로 다루려 한다. 인간의 욕구를 충족하고 성차별뿐 아니라 다른 형태의 지배와 이용으로 인한 상처를 치유하기 위해서는 사회정치적 구조의 변형이 필요하다고 가정한다. 여성주의 실천은 하나의 기법 혹은 하나의 실천학파가 아니며, 다른 존재방식으로서 서로에 대해 다른 태도를 가지고 다른 가치와 사고방식을 가지는 것을 의미한다. 여성주의 실천은 아직 존재하지 않는 사회, 소위 '여성적' 가치와 사고방식이 소위 '남성적' 가치와 사고방식만큼 존중되는 사회를 위해 여성뿐 아니라 남성을 훈련하는 것이다(Chaplin, 1999). 따라서 여성주의 실천에서는 여성 혹은 남성 어느 한쪽이 승리하는 위계적 사고 모델을 거부하고 양쪽의 상호 연결성을 강조한다. 비성차별적 혹은 성인지적 실천에서도 기존의 실천을 수정하고 개혁하려 하지만, 여성주의 실천가들은 대안적인 실천 모델을 시도한다.

2) 여성주의 실천 모델

여성주의에는 다양한 유형이 있으며, 다양한 유형의 여성주의에서는 서로 다른 원칙들을 강조하고 있다. 다음에서는 여성주의 모델을 자유주의, 급진주의, 사회주의로 구분하고, 각 모델에 따른 실천방법과 기술에 대해 간략하게 살펴본다.

(1) 자유주의 모델에 따른 여성주의 실천

19세기와 20세기 초에 발전한 자유주의 여성주의는 남성과 여성의 본질적 특성은 같지만, 능력주의 제도(meritocracy)에 의해 성 불평등이 발생한다고 규정한다. 즉, 능력주의 제도는 여성들의 기회를 차단하는 측면에서 공정하지 않고, 이런 성 불평등은 남성이 규정한 여성의 역할을 여성이 그대로 받아들이는 성 역할 사회화(sex role socialization)와 법률, 문화, 전통 등에 내재된 제도적 차별에 의해 유지된다는 것이다. 따라서 자유주의 여성주의자들은 능력주의 제도에서 여성에게 균등한 교육, 경제 등의 기회를 제공하고, 여성은 남성처럼 보다 주장적이고 경쟁적, 개인주의적으로 변화하여 남성들과 같은 특혜를 누려야 함을 강조한다. 하지만 자유주의는 여성의 선택과 기회의 자유가 기존의 가부장적 자본주의 사회에서 달성될 수 있다는 이상주의적 성격을 가지고 있다는 비판을 받고 있다.

자유주의 모델에 따른 여성주의 실천에서는 개입의 초점을 성 역할 사회화와 불평등한 기회구조에 맞추고, 이를 교정하려는 방법에 주력한다(〈표 5-1〉). 자유주

표 5-1 자유주의 모델에 따른 여성주의 실천

문제 규정	• 특히 성 역할 사회화에 기반한 개인의 결함과 기회구조의 문제를 규정 • 개인의 결함과 기회구조의 상호작용을 규정 • 사회제도적 지지의 존재를 규정
사정	① 개인 결함의 정도와 징후를 사정 ② 기회 구조의 차단 정도와 영향에 대해 사정 ③ 개인 결함과 기회구조의 상호작용을 나열하고 우선순위를 부여 ④ 사회제도적 지지의 이용 가능성에 대해 사정
치료 전략	• 전통적 치료의 사용: 개인의 병리를 다루기 위한 개별 심리치료, 집단치료, 일부 가족 치료의 활용 • 환경 속의 개인을 다루고 생존, 정서욕구를 충족하기 위한 개인과 환경 자원을 활용하는 개별지도와 현장개입(outreach) • 특히 클라이언트가 성차별을 받지 않도록 옹호 • 클라이언트 중심의 지지집단
치료 목표	• 개인의 결함을 교정 • 문제가 되는 기회구조의 개방 • 클라이언트의 선택을 성취하도록 원조하는 지지집단의 확립

자료: Nes & Iadicola (1989).

의 모델을 적용하는 사회복지사는 개입 과정에서 성 역할 사회화에 기반을 둔 개인의 결함, 기회구조의 문제, 혹은 개인과 기회구조의 상호작용에 초점을 맞춘다. 이에 따라 개인의 결함을 교정하고 문제가 되는 기회구조를 개방시키기 위해 개인 혹은 집단 개입, 가족치료, 클라이언트 옹호 등의 활동에 주력한다. 또한 클라이언트가 선택한 것을 성취하도록 원조하는 클라이언트 중심의 지지집단을 활용한다.

(2) 급진주의 모델에 따른 여성주의 실천

급진주의에서는 자유주의와는 달리, 남성과 여성 사이에 생물학적인 차이—여성의 임신과 출산—가 존재하며, 제도화된 **가부장제**(patriarchy)가 모든 성 불평등의 원천이라고 규정한다. 급진주의에 따르면, 모든 남성은 성 억압으로 인한 혜택을 누리고 있고, 모든 제도와 언어, 문화, 전통은 가부장제를 강화하고 있다. 급진주의 여성주의자들은 여성의 사랑, 보호, 영적인 특성을 보다 자연에 근접한 가치 있는 특성으로서 인식해야 하며, 전통적 남성, 여성의 구분을 초월하는 양성적(androgynous) 가치와 태도를 모든 제도 과정에서 존중해야 함을 주장한다.

급진주의 모델에 따른 여성주의 실천에서는 가부장제가 개인에게 미치는 영향에 초점을 맞춘다(〈표 5-2〉). 즉 개인의 문제는 가부장제에 기반을 둔 억압적 사회관계에서 비롯된다는 가정에 따라 전통적 성 역할에 대해 사정하거나 가부장적 과

표 5-2 급진주의 모델에 따른 여성주의 실천

문제 규정	• 개인의 문제와 가부장제에 기반한 억압적 사회관계와의 관계를 규정 • 전통적 성 역할과 권위주의적, 위계적(가부장적) 관계를 증진하는 사회제도적 상황을 규정 • 가부장적/성 역할 사회화의 결과인 개인의 특성을 검토
사정	• 일차, 이차 관계에서 가부장제의 특성이 나타나는 정도를 사정 • 가부장적, 제도적 과정이 개인에게 미치는 영향에 대해 사정 • 가부장적 성 역할이 개인 발달에 미치는 영향에 대해 사정
치료 전략	• 여성과 남성 대상의 의식향상(억압받는 자와 억압하는 자의 심리를 제거) • 여성을 위한 지지와 자조집단 • 일부 전통적인 형태의 치료(여성에 대한 여성의 원조를 강조) • 정서적, 지적 반응을 추구하는 건설적 출구와 여성 논제와 관련한 여성의 정치화와 동원을 통한 의식향상과 치료의 적용

치료 목표	• 개인의 문제는 가부장제에 기반한다는 개인적, 집합적 인식의 창조(개인적인 것은 정치적) • 성 역할을 초월하는 성격을 창조하기 위해 남성과 여성 성격의 특성을 통합 • 가부장제의 특성을 나타내는 일차, 이차관계의 변화를 증진 • 사회체계의 변화를 가져오기 위해 여성을 동원하고 정치화(가부장제의 제거) • 가부장적 성 역할 사회화로부터 발생하는 차단을 제거 • 여성을 위한 대안적 지역사회를 조성 • 자매관계(sisterhood)를 증진

자료: Nes & Iadicola (1989).

정이 개인에게 미치는 영향에 대해 사정한다. 또한 권위주의적이고 위계적인 관계를 증진하는 사회제도적 상황을 규명하고자 한다. 급진주의 모델을 적용하는 사회복지사는 가부장제 영향을 인식하기 위한 여성과 남성의 **의식향상**(consciousness raising), 여성의 지지집단과 자조집단의 조직, 사회체계의 변화를 위한 여성의 정치세력화, 여성을 위한 대안적 지역사회의 조성 등을 실천과정에서 강조한다.

(3) 사회주의 모델에 따른 여성주의 실천

1960년대 미국에서 일어난 시민권 투쟁의 영향으로 발전한 사회주의 여성주의 모델은 급진주의의 가부장제 개념과 마르크스주의의 계급 개념을 결합한 형태로서 성 불평등의 원인이 가부장제와 자본주의의 계급체계에 있다고 이해한다. 예를 들어, 가부장제 사회에서는 필요하면 언제든지 노동할 수 있는 유휴인력을 형성할 뿐 아니라 성별 분업에 따른 가사노동을 착취함으로써 자본가들에게 혜택을 제공한다는 것이다. 역으로 자본주의 사회에서는 여성 임금의 착취를 통해 여성의 의존과 무력감을 야기하고 가부장제를 유지시키는 혜택을 제공한다는 것이다. 따라서 사회주의 여성주의에서는 계급, 가부장제, 모든 다른 형태의 억압을 제거하는 민주적 사회주의와 남성과 여성 모두가 서로의 희생 없이 신체적 혹은 종(species)의 욕구를 충족함으로써 자기실현을 이룰 수 있는 사회를 이상으로 추구한다. 이를 위해 모든 억압받는 사람들의 의식을 향상하고 이들의 연합을 형성할 것을 강조한다.

사회주의 모델에 따른 여성주의 실천에서는 계급과 가부장제의 연계를 강조하고, 이에 대한 정치적 의식의 향상, 연합 형성, 다른 사람의 희생 없이 개인과 종의

표 5-3 사회주의 모델에 따른 여성주의 실천

문제 규정	• 가부장제와 계급체계를 나타내는 제도적 과정과 신념체계의 영향을 규정 • 두 체계 내와 체계 간에서 일어나는 모순의 견지에서 문제를 규정 • 지배체계의 결과인 성격특성을 검토
사정	• 급진주의와 같으며, 이 밖에 계급, 인종, 클라이언트의 일반적 사회경제적 조건의 사정 • 지배체계와 관련되는 소외, 자기 충족, 통제소(locus of control)의 논제를 검토
치료 전략	• 계급주의, 성차별, 다른 형태의 억압이 관계에 미치는 영향을 해석할 수 있도록 개인의 의식 향상 • 기본 욕구를 충족하고 지배체계를 변화하기 위한 지지, 자조, 옹호집단의 활용 • 연합 형성과 개인 및 집단의 역량강화로서 지배체계 한계 밖의 욕구를 충족하는 방법을 보여 줌 • 클라이언트가 정치적 행동을 하도록 고무
치료 목표	• 급진주의와 유사하며, 이 밖에 억압성격과 억압체계를 종식하기 위해 계급과 가부장제의 연계를 보여 주고 정치적 의식을 향상 • 지배체계에 의해 제한되는 존재조건을 변화하도록 조직화, 연합 형성, 개인과 집단의 역량 강화 • 개인의 가능성을 다른 사람의 희생 없이 현실화할 수 있는 방법으로 개인이 신체적, 종(species) 욕구를 충족하도록 조성

자료: Nes & Iadicola (1989).

욕구를 충족하기 위한 방법의 모색 등에 주력한다(〈표 5-3〉). 사회주의 모델을 적용하는 사회복지사는 가부장제 혹은 가부장적 성 역할이 개인에게 미치는 영향뿐 아니라 계급체계와 관련된 소외 문제 등을 주의 깊게 사정한다. 이에 따라 개입 과정에서는 계급주의, 성차별, 다른 형태의 억압이 관계에 미치는 영향을 해석할 수 있도록 개인의 의식을 향상하고, 지배체계를 변화시키기 위해 지지, 자조, 옹호 집단을 활용하며, 클라이언트의 역량을 강화하거나 클라이언트가 정치적 행동에 참여하도록 격려하는 활동에 주력한다.

앞에서 살펴보았듯이, 여러 유형의 여성주의에서는 서로 다른 실천원칙들을 강조한다. 하지만 이런 다양한 원칙에도 불구하고 여성주의 사회복지실천의 개념을 형성해 왔으며, 여성주의 사회복지실천에서 공통적으로 강조하는 기본 명제와 가정, 실천원칙, 기법 등을 제시한다. 다음에서는 이들에 대해 자세히 살펴본다.

2. 여성주의 사회복지실천방법

1) 여성주의 사회복지실천의 기본 명제와 가정

여성주의 사회복지실천을 위한 기본 명제와 가정은 〈표 5-4〉와 같다(Bricker-Jenkins & Lockett, 1995). 〈표 5-4〉에서 보듯이, 여성주의 사회복지실천의 궁극적인 목적은

표 5-4 여성주의 사회복지실천을 위한 10가지의 명제와 가정

기본 철학, 가치, 목적	• 집합주의/조건: 인간 존재의 내재적 목적은 자기실현이다. 하지만 자기실현은 이를 촉진하는 물질적, 이념적 조건의 창조를 포함하는 집합적 노력이다. • 정치화: 사회복지실천의 목적은 집합적 자기실현을 지지하는 것이다. 자기실현의 구조적, 이념적 장애가 있는 상황에 대해 실천에서 명백하게 다루어야 한다. 모든 실천의 결과는 내재적으로 정치적이다. 여성주의 실천의 의도는 명백하게 정치적이다. • 친여성적(pro-woman) 입장: 여성주의 실천은 친여성적이다. 여성은 실천가가 발견하고 관여해야만 하는 여성 유일의 역사와 조건, 발달 유형, 강점을 가지고 있다.
인간행동과 사회환경	• 강점/건강: 인간은 지역사회에서 안전성과 건강, 자기실현을 추구하므로 치유, 성장, 개인적/정치적 변형을 위한 개인적, 집단적 능력을 확인하고 동원하는 것이 가능하다. • 다양성: 다양성은 모든 사람에게 선택을 창조하고, 따라서 강점과 성장, 건강의 원천이 된다. • 상호의존: 모든 것은 연결되어 있다. • 구성주의: 현실은 전개되는 다차원적 과정이며 정치적으로 조성된 과정이다.
실천방법과 관계	• 개인적인 것은 정치적인 것이다: 인생의 개인적, 집단적 고통과 문제는 항상 문화적, 정치적 차원을 가지고 있다. • 비폭력적 관계와 구조: 모든 지배, 착취, 주도권 체계와 이념은 내재적으로 폭력적이며 복지에 유해하다. 이것들은 민주적, 평등적, 시너지적, 비폭력적인 사회 형태, 관계, 과정과의 실천에서 저항되거나 대치될 수 있다. • 변형: 치유와 건강, 성장은 확인, 의식, 집단적 변형행동의 기능이다. 이것들은 기본적인 인간 욕구를 충족하기 위한 자원과 연결성뿐 아니라 유일성과 전체성을 보존, 양육하는 관계를 통해, 확인하는 환경의 창조를 통해 다시 지지되고 유지되어야 한다.

자료: Bricker-Jenkins & Lockett (1995).

여성의 집합적 자기실현을 지지하는 것이다.

여성주의 사회복지실천에서는 개인 혹은 집단의 고통과 문제는 항상 문화적, 정치적 차원을 가지고 있으며, 즉 '**개인적인 것은 정치적**'이며, 인간의 자기실현은 이를 촉진하는 환경적 조건을 형성함으로써 가능하다고 가정한다. 따라서 집합적 자기실현은 정치적인 노력에 의해서만 가능하다는 점을 강조한다. 이에 따라 여성주의 사회복지실천에서는 가부장제 사회에서 남성과 여성의 관계에 존재하는 근본적인 불평등과 여성 억압을 인정하고 이들의 영향을 극복하기 위한 방법을 모색한다.

2) 여성주의 사회복지실천의 원칙

여성주의 사회복지실천의 일반적 원칙은 다음의 네 가지를 포함한다. 첫째, 개인적 정체성과 사회적 정체성은 상호의존적이다. 둘째, 개인적인 것은 정치적이다. 셋째, 관계는 평등하다. 넷째, 여성의 관점은 가치 있다(Worell & Remer, 2003).

(1) 개인적 정체성과 사회적 정체성의 상호의존성

여성주의 사회복지실천에서는 개인이 자신에 대해 가지고 있는 정체성과 그 개인이 속한 사회가 개인의 일정한 특성에 대해 가지고 있는 기대, 역할, 신념 등은 상호의존적이라는 점을 강조한다. 예를 들어, '나는 30대의 중산층 기혼 장애여성이다'라고 할 때, 이 사람이 자신에 대해 가지는 생각 혹은 이미지는 이 사람이 속한 사회에서 30대, 중산층, 기혼, 장애, 여성에 대해 가지고 있는 기대, 역할, 신념 등과 상호의존적이다. 특히 여성주의 사회복지실천에서는 우리 사회에서 여성에 대한 사회적 기대, 역할, 신념 등에는 성 역할 고정관념, 성차별, 억압 등이 포함되어 있다는 점을 강조한다. 따라서 모든 여성이 자신의 사회적 위치와 사회적 위치 안에서 이루어진 자신의 정체성 발달을 인식하고, 자신과 자신이 속한 집단을 수용하며 재평가해야 함을 강조한다.

(2) 개인적인 것은 정치적

개인적인 경험은 사회정치적인 요인들의 영향을 받는다. 예를 들어, 여성 한부모의 경험 혹은 학대받는 여성의 경험은 이 여성이 개인적으로 경험하는 것이지만, 가부장적 사회에서 전통적 성 역할 고정관념, 여성에 대한 억압, 여성의 자원에의 접근성 부족 등 사회정치적 요인들의 영향을 받는다. 따라서 여성의 개인적 경험은 한 개인의 경험일 뿐 아니라 모든 여성의 공통적인 경험이기도 하며, 여성은 자신의 문제에 대한 사회정치적인 이해를 통해 고립감에서 벗어날 수 있다.

여성주의 사회복지실천에서는 여성이 자신의 성장 과정에서 가족, 학교, 사회에서 이루어진 성 역할 사회화를 인식하고, 자신의 내재화된 억압 메시지와 신념들을 찾아내어 이를 보다 건설적이고 대응적인 자기 진술(self-statement)로 바꿔야 함을 강조한다. 예를 들어, 많은 여성은 분노를 표현하면 사랑 혹은 사회적 인정을 상실할 것이라는 생각으로 분노를 억압하고 침묵하기도 하며, 또 많은 여성은 자신의 욕구를 무시하도록 사회화되어 자기 양육적인(self-nurturing) 행동에 대해 죄책감을 갖기도 한다. 여성주의 사회복지실천에서는 여성들이 사회가 여성을 억압하는 방법을 이해하고, 환경 변화를 위한 기술을 습득하며, 차별 관행을 제거하기 위한 노력을 기울임으로써 개인적, 사회적 권력감(sense of power)을 발전시키는 개입을 강조한다.

(3) 관계의 평등

여성주의 사회복지실천에서는 모든 사람 사이의 관계는 평등하다는 점을 강조하고, 이와 마찬가지로 사회복지사와 클라이언트의 관계도 평등해야 함을 강조한다. 또한 가부장제 사회에서 여성이 종속적인 지위에서 벗어나기 위한 경제적 자립을 성취하도록 지원하고, 의존적인 관계에서 벗어나 자립적인 관계를 형성하도록 지지한다. 이를 위해 대인 기술과 생활 기술을 발전시키고, 적절한 자기주장 기술을 습득하도록 지지한다. 이런 맥락에서 사회복지사는 자립적이고 능력 있는 여성의 역할 모델이 되어야 한다.

여성주의 사회복지실천에서는 억압적 환경에서 발생하는 대인 갈등을 다루는 기술을 강조한다. 앞에서 언급한 대로, 필요한 경우 건설적인 변화를 위해 분노를 표현하고 사용하도록 교육한다. 여성주의 관점의 분노조절훈련에서는 분노 표현에 대한 지지, 분노를 유발하는 사회환경적 요인들에 대한 분석을 포함한다는 점에서 일반 분노조절훈련과 차별성이 있다. 또한 분노의 대상이 한 개인 남성이기보다는 남성의 성 역할 사회화에 기여한 사회제도를 문제로 보고, 남성의 변화뿐 아니라 사회 환경의 변화를 위한 활동에 관여한다.

(4) 여성 관점의 가치

여성주의 사회복지실천에서는 가부장제 사회에서 가치 있게 평가되어 온 남성의 관점, 가치체계, 경험과 동등하게 여성의 관점, 가치체계, 경험도 가치가 있고, 사회에서 동등한 무게와 비중을 차지해야 함을 강조한다. 이에 따라 여성들이 여성으로서 자신의 경험을 신뢰하고, 다른 여성들의 가치와 다른 여성들과의 관계를 높이 평가하도록 교육한다. 또한 여성들이 자신의 욕구를 배려하고 자기 자신을 돌보는 것이 매우 중요하다는 점을 강조한다.

이와 같은 일반적 원칙들에 기초하여 여성주의 사회복지실천에서는 다음과 같은 보다 구체적인 실천원칙을 강조한다(남기철 역, 2020).

첫째, 클라이언트–사회복지사 관계는 평등하다. 사회복지사는 클라이언트에게 전문가나 권위적인 인물이 아닌 동료 혹은 동반자(partner)로서의 역할을 수행한다.

둘째, 클라이언트의 관심과 문제를 사회·정치적 배경에서 사정해야 한다. 클라이언트의 생활에서 권력관계 사정에 특별한 주의를 기울인다.

셋째, 원조는 임상 접근에 제한되어서는 안 되며, 더 나아가 사회제도들을 수정하기 위한 정치적 행동과 옹호를 강조한다.

넷째, 사회복지사는 자신의 개인적 관련 경험들을 기꺼이 클라이언트와 공유하고자 한다.

다섯째, 원조 과정은 역량강화를 강조하고 교육적인 내용을 포함한다. 교육내용에는 여성차별, 성차별, 성 역할 고정관념, 여성이 자기 자신을 어떻게 바라보는가 등을 포함하고, 여성에 대한 태도에 영향을 미치는 사회적·역사적 요인들을 포함한다.

여섯째, 원조 과정에서 클라이언트를 활동적인 참여자로 기대한다. 또한 클라이언트의 결함, 병리보다는 강점에 초점을 맞춘다.

일곱째, 여성의 사회적 지지망과 지지집단을 창출하는 것을 강조한다.

(5) 여성주의 사회복지실천 원칙들의 적용 사례

25세 멕시코 여성인 메이블은 산후우울증을 겪고 있는 두 아이의 엄마이다. 현재 살고 있는 미국에는 가족이 없고 유일하게 의지할 수 있는 사람들은 남편의 가족뿐이다. 언어적, 정서적 학대와 몇 번의 신체적 학대를 받으며 약 7년 동안 결혼생활을 해 왔는데, 갇혀 있고 소외되어 있다고 느낀다. 그녀는 경제적으로 독립적이지 못할 뿐만 아니라 운전을 못하고 영어도 간신히 말할 정도이며 남편과 원치 않는 성관계도 자주 가져야 하는 상황에 처해 있다. 남편이 멕시코에 있는 가족을 방문했을 당시 17세였던 메이블은 임신하고 남편과 결혼하게 되었다. 미국 시민권자인 남편은 메이블의 미국 내 합법적 영주권 신청을 계속해서 거부하고 있다(Diaz-Lazaro, 2012, p. 83).

이 사례는 미국의 사례이지만 우리나라 결혼이주여성 사례에 적용 가능하다. 다음에서는 앞에서 살펴본 여성주의 사회복지실천 원칙들을 이 사례에 어떻게 적용할 수 있는지에 대해 알아본다.

① 개인적 정체성과 사회적 정체성의 상호의존성

여성주의 사회복지사는 클라이언트를 사회환경적 맥락에서 이해해야 하며, 개인이 처한 다중적인 사회적 위치를 여성주의 틀 안에서 파악해야 한다. 이 사례에서 클라이언트는 여성이고, 멕시코계이며, 영주권이 없고, 운전과 영어회화 구사에 자유롭지 못하며, 경제적으로 배우자에게 의지하고 있다. 이민자들이 경험하는 열악한 상황에 처해 있는 클라이언트의 개인적 상황과 사회적 정체성과의 상호작용에 사회복지사가 민감하게 반응하지 않는다면, 사정 내용이 부족하거나 심지어 사정이 잘못 이루어질 수 있다. 사회복지사는 클라이언트 자신이 사회적 정체성과의 상호의존성을 자각하고 인지할 수 있도록 격려할 필요가 있다.

② 개인적인 것은 정치적

전통적인 성 역할 고정관념, 인종, 계급, 성적 지향(sexual orientation), 능력, 그 외의 사회적 정체성은 클라이언트의 선택권을 제한하므로 클라이언트가 처한 문제는 외부적 요인들과 연관된다. 배우자에게 학대받고 있는 상황과 이에 대한 클라이언트의 인지, 정서, 행동 대응은 미국 내 멕시코 사람들이 경험하는 경제, 정치, 사회, 문화적 요인들과 관련되어 있다. 사회복지사는 클라이언트가 처한 상황을 개인 내적인 것과 외적인 것으로 구분하도록 도우며, 문제를 재구성하고, 사회적 변화를 시작할 수 있도록 지지할 필요가 있다. 학대받으며 우울증을 겪고 있는 두 아이의 엄마인 클라이언트가 처한 상황은 개인적인 것으로 보일 수 있으나, 미국 사회에서 받고 있는 차별, 문화적 역할갈등, 이민과 관련된 트라우마, 언어장벽, 경제적 혹은 교육적, 의료적 자원부족 등에서 기인한 결과이다. 사회복지사는 이를 이해함으로써 클라이언트의 삶에서 사회화 과정과 권력역동이 어떻게 작용해 왔는지 체계적으로 살펴볼 수 있다. 또한 클라이언트가 자신이 여성이며, 멕시코 문화에서 경험한 사회화 과정이 영향을 미쳤고, 현재 무력감을 느끼는 수동적인 희생자가 되었음을 깨닫게 돕고, 멕시코계 여성 이민자로서 개인적, 사회적 권력을 키울 수 있도록 격려하고 지원해야 한다.

③ 관계의 평등

여성주의 사회복지사는 클라이언트와 평등한 관계를 유지하도록 노력해야 한다. 이를 위해 클라이언트의 역량강화, 상담 과정의 명확한 설명(demystifying), 권력의 균형, 강점 강조 등이 이루어져야 한다. 사회복지사는 클라이언트와 상담할 때, 모든 관계가 평등하고 클라이언트와 사회복지사의 관계도 평등함을 강조해야 할 뿐 아니라 클라이언트가 배우자와의 종속적이고 의존적인 관계에서 벗어나도록 지원하고 억압적 관계에서 벗어날 수 있는 대인관계 기술을 발전시킬 수 있도록 도울 필요가 있다.

④ 여성관점의 가치

여성주의 사회복지사는 여성의 침묵을 강요하는 문화적 영향으로 여성이 직면하게 되는 정서적, 신체적, 교육적, 행동적 상실에 특히 주목해야 한다. 사회복지사는 클라이언트가 여성 자신뿐만 아니라 다른 여성들과의 관계를 중요하게 여길 수 있도록 격려하고, 여성의 시각에서 여성임(womanhood)을 재정의해야 한다. 사회복지사는 클라이언트에게 자신의 관점과 경험이 다른 사람들과 동등한 가치를 가진다는 점을 인식시키고, 여성으로서 자신의 경험을 신뢰하고 자신을 돌보는 것이 중요함을 강조해야 한다.

3) 여성주의 사회복지실천의 개입 과정

앞에서 언급한 여성주의 사회복지실천의 기본 가정과 원칙들을 개입 과정에서 보다 구체적으로 적용해 본다. 개입의 과정을 관계형성, 사정, 작업단계로 나누었을 때, 단계별 여성주의 사회복지 실천기법은 다음과 같다.

(1) 관계형성 단계

관계형성 단계에서 여성주의 사회복지사는 무엇보다 클라이언트에게 안전을 제공하는 것이 중요하고, 사회복지사와 클라이언트 간의 지위 차이를 줄여 대등한 동반자의 관계를 형성하는 것이 중요하다는 점을 인식해야 한다. 클라이언트가 자신의 이야기를 하도록 격려하고, 클라이언트의 전문성(expertise)을 확인할 필요가 있으며, 필요한 경우 클라이언트의 **권리감**(sense of entitlement)을 증진시킨다.

관계형성 단계에서 여성주의 사회복지사는 구체적으로 다음과 같은 활동을 수행한다(Bricker-Jenkins & Lockett, 1995).

- 클라이언트가 자신의 개인 경험을 표현하고 자신의 이야기를 말하도록 격려한다.
- 구체적인 욕구와 안전성을 우선적으로, 또한 실천 내내 확보한다.
- 원하는 현실을 반영하는 언어를 사용한다.
- 클라이언트가 처한 상황에서 출발한다.
- 사회복지사와 클라이언트의 실제적이고 상징적인 지위의 차이를 줄인다.
- 클라이언트의 구체적인 전문성을 확인한다.
- 클라이언트와 동반자로서 협력적인 관계를 수립한다.
- 방어/ '부정(denial)'을 존중한다. 정신적 안전을 보존하려는 클라이언트의 기능을 확인한다.
- 모든 차원-신체적, 지적, 감정적, 사회적, 영적(spiritual), 문화적-을 존중한다.
- 권리감을 증진시킨다.

(2) 사정단계

사정단계에서 여성주의 사회복지사는 여성의 경험과 여성의 이야기에 초점을 맞춘다. '개인적인 것은 정치적' 혹은 '환경 속의 개인' 패러다임을 적용하여 클라이언트와 환경과의 관계성에 초점을 두면서 클라이언트의 환경을 탐색한다. 또한 클라이언트와 클라이언트 환경의 상호작용에서 권력 차원을 분석하고, 권력관계와 부여된 역할행동에서 클라이언트가 원하는 변화를 탐색한다.

사정단계에서 여성주의 사회복지사는 구체적으로 다음과 같은 활동을 수행한다(Bricker-Jenkins & Lockett, 1995).

- 기존의 개념화와 추상적인 변수들보다는 여성 경험을 융통성 있게 살펴보는 것으로 시작한다.
- 클라이언트에게 자신의 사회력(social history)을 작성하도록 요청한다.
- 여성의 이야기를 신뢰한다.
- 조건과 환경에 초점을 둔다.
- 클라이언트의 단어와 사건의 의미를 탐색한다.
- 이념적, 물질적 장애와 기회를 탐색한다.
- 인간의 선천적 건강 추구의 열망과 노력과의 연합을 찾는다.
- 개인적, 문화적 강점의 유형을 확인한다.
- 사회복지사-클라이언트의 관계에서 권력 차원을 분석한다.
- 클라이언트-맥락의 관계에서 권력 차원을 분석한다.
- 강점과 권력에 대한 인식을 표면화하기 위해 꿈, 환상, 이야기를 활용한다.
- 권력관계와 부여된 역할행동에서 원하는 변화를 분석하고 다룬다.
- 내재화된 '…주의(ism)'(예를 들면, 자기 부정, 침묵)의 결과를 확인한다.
- 모든 것의 관계성을 인식한다. 체계를 생각한다.
- 클라이언트의 실제적이고 원하는 현실에 기반한 상징, 신화, 의식을 활용한다.

(3) 작업단계

작업단계에서 여성주의 사회복지사는 지지집단을 활용하고 집단행동을 격려한다. 개인의 권력 행사를 위한 기회를 만들고, 자기옹호, 남성들에 대한 도전, 직면을 포함한 상호작용 기술, 합의적 의사결정방법 등을 교육한다. 또한 여성의 강점과 문화를 강조하고 여성-긍정의 독서를 권장한다.

작업단계에서 여성주의 사회복지사는 구체적으로 다음과 같은 활동을 수행한다(Bricker-Jenkins & Lockett, 1995).

- 직면(confrontation)을 포함하여 상호작용 기술을 가르친다.
- 전문적, 대중적 문헌에서 여성-긍정의 독서를 권장한다.
- 클라이언트의 일지, 창작문, 미술, 춤, 연극을 활용한다.
- 자연적 혹은 구성된 지지집단과 행동집단을 활용한다.
- 표현적, 양육적인 과정으로 자원을 획득하고 구체적인 목표를 달성하기 위해 과제중심 방법을 결합한다.
- 합의적 의사결정을 가르친다.
- 기존의 치유, 원조 유형 중심의 실천을 확인하고 구조화한다.
- 자기규정(self-definition)과 개인 권력의 행사를 위한 기회를 만든다.
- 개인적 책임과 집단행동을 격려하고 교육한다.
- 자기옹호를 가르친다.
- 사람들에게 작용하는 연계를 새로 만들거나 강화하고 그렇지 않은 연계에 도전한다.
- 권력과 특권을 분석하고 공유하기 위해 남성들에게 도전한다.
- 여성의 강점과 문화를 환경에서 가시화한다.
- 프로그램과 서비스에 대한 경제적, 문화적, 물리적 접근성에 초점을 둔다.
- 팀 실천 혹은 집합적으로 실천한다.
- 조직의 구조, 과정, 프로그램의 디자인에서 실천원칙을 반영한다.
- 다양성을 실천과정과 환경에 통합한다.

3. 여성주의 사회복지실천의 다양한 기법

여성주의 사회복지실천에서는 역량강화, 의식향상, 자기주장 훈련, 강점 강조, 상황의 재구성, 개인적인 것은 정치적인 것, 재명명, 의미탐구, 선택의 다양성 등의 실천 방법을 적용하면서 기존의 시각과 다르게 접근한다. 예를 들어, 우울증세가 있는 여성의 정신건강 문제를 전통적인 성 역할 고정관념으로 인해 발생한 것으로 이해하고, 가부장제에서 비롯된 그릇된 신화나 자아 이미지에 우울의 원인이 있다고 보는 실천개입 전략을 선택한다. 또한 여성의 가족보호자로서의 역할과 모성의 역할에 대한 강조보다는 여성 클라이언트를 독립적인 한 인간으로 존중하며 개입하는 것을 강조한다(김인숙, 2005).

다음에서는 여성주의 사회복지실천에서 흔히 강조하는 역량강화, 의식향상, 자기주장훈련에 대해 살펴본다.

1) 역량강화

역량강화(empowerment)는 '개인, 가족, 집단, 지역사회가 자신들의 개인적, 대인적, 사회경제적, 정치적 강점을 향상하고 자신들의 상황을 증진시키도록 원조하는 과정'이다(Barker, 2013). 이를 보다 구체적으로 살펴보면,

> 역량강화는 무력한 사람들, 조직, 집단이 ① 자신들의 삶의 맥락에서 진행 중인 권력역동을 인식하고, ② 자신들의 삶을 합리적으로 통제하는 기술과 능력을 개발하며, ③ 다른 사람들의 권리를 침해하지 않으면서 이런 통제를 행사하고, ④ 공동체에서 다른 사람들의 역량강화를 지지하는 과정이다(McWhirter, 1991: 224).

여성을 위한 역량강화 실천은 고정관념 혹은 대상화(objectification)로 이루어진 자신으로부터의 소외, 여성에 대한 상반된 사회적 메시지, 제도적 혹은 구조적 성차별 상황을 인식하고 이에 대응한다. 또한 역량강화를 위해 여성 개인의 변화와 성장을 모색하고, 억압된 집단으로서 경험한 부정적 평가를 인식하며, 대인관계와 정치적 맥락에서 힘을 기르는 훈련에 집중한다(Gutiérrez, Parsons, & Cox, 2003). 역량강화 실천은 다음의 주요 원리를 포함한다. ① 역량강화는 맥락적이므로 통제감(sense of control)은 각각의 상황, 문화, 정체성에 따라 다르게 나타난다. ② 역량강화는 발전적 과정이다. ③ 역량강화는 과정이면서 동시에 결과이다. ④ 역량강화 실천은

상호성(mutuality)을 포용하고, 강점을 기반으로 하며, 문화적 겸손(humility)과 함께 다양성을 인정하는 관계를 수반한다(East & Roll, 2015).

역량강화 과정에서 클라이언트에게 나타나는 변화는 크게 네 가지로 요약할 수 있다(신영화, 1999).

첫째, 역량을 강화함에 따라 개인적 단계에서 자기효능감(self-efficacy)이 증가된다. '할 수 있다'는 환경에 대한 통제감을 갖게 되면, 스스로 높은 목표를 설정하고 이를 달성하기 위해 노력한다. 또한 장해물이 발생해도 재빨리 회복하며 도전적인 상황을 선택하여 환경을 탐색하고 새로운 환경을 창출한다.

둘째, 역시 개인적 단계에서 자기비난이 감소되고 자아존중감이 향상된다.

셋째, 역량을 강화함에 따라 집단적 단계에서 집단의식이 개발된다. 집단의식의 개발은 공동 운명의식을 창출하고 문제의 원인에 대처하도록 에너지를 집중시킨다.

넷째, 사회적 단계에서 역량강화는 변화에 대한 책임감을 증진시킨다. 즉, 변화에 책임이 있다는 의식은 사회운동 참여, 사회적 이슈에 대한 의식화, 사회구조의 변화노력 등을 통해 문제해결에 헌신하게 된다.

클라이언트의 개인적, 집단적, 사회적 역량강화를 달성하기 위해 사회복지사는 개입 과정에서 개별상담, 부부 혹은 가족치료, 집단경험을 활용할 수 있으나, 집단상담은 여성주의 실천에서 흔히 사용하는 실천방법이다. 사회복지사는 클라이언트의 역량강화를 위해 무엇보다 개입의 목표를 클라이언트와 함께 설정하고, 클라이언트가 억압적인 사회 맥락에 적응하도록 돕기보다는 자신의 안녕과 복지에 영향을 미치는 사회적, 대인적, 정치적 환경을 변화하도록 지원하는 개입에 초점을 맞출 필요가 있다(Land, 1995).

여성의 역량강화를 위한 집단 프로그램을 운영한 경험으로 이스트와 롤(East & Roll, 2015)은 다음과 같은 기법을 제안하였다.

(1) 이야기로 관여하기(engaging with stories)

역량강화 실천에서는 클라이언트가 자신의 상황, 희망, 걱정 등을 허심탄회하게 이야기할 수 있도록 돕는다. 클라이언트가 이야기 나눔을 통해 자신이 걱정과 의견을 가진 인격체라는 것을 자연스럽게 느끼고, 자신의 개인적 삶이 환경 혹은 정치적 현실과 연관되어 있음을 깨닫게 한다.

집단 모임은 소규모로 6~12명의 여성들이 서로 둘러앉아 훈련된 조력자의 지도를 받으며 한 시간 정도 이야기를 나누는 형식으로 진행하는데, 자기소개, 특정 주제에 따른 포커스 질문, 되돌아보기와 참여자 간의 토론, 행동에 옮기기, 마무리로 이루어진다. 집단 모임에서 여성들은 서로의 경험을 공유하고 행동 방향에 대해 의논한다.

(2) 목소리 내기(developing a voice)

여성의 역할과 경험을 나누면서 자존감, 자신감, 용기, 갈등해결 전략, 권력과의 대화, 옹호, 목표 정하기 등의 주제를 다룬다. 역량강화를 위한 집단 개입에서는 여성들이 최근 이슈들에 관해 토론하면서 자신의 믿음이나 인식을 변화시키는 경험이 매우 중요하며, 특히 개인적 성장과정이 지역사회 변화와 분리된 것이 아닌 함께하는 것임을 강조한다. 목소리 내기의 과정에는 팀 형성, 문제해결, 옹호, 개인적 리더십 스타일 기술 등 개인적, 체계적 변화로 이끄는 훈련을 포함한다. 이를 통해 여성들이 스스로를 리더 또는 잠재적 리더로 인식하도록 돕는다. 또한 여성들은 개인적 이슈를 어떻게 사회적 구조 맥락에서 분석하는지를 배우며 의식향상을 경험한다.

(3) 리더와 옹호자 되기(becoming a leader & advocate)

리더와 옹호자 되기란 개인의 견해를 지역사회와 공유하는 것을 의미한다. 사회복지사는 여성이 이슈들을 분석하고, 입법과정을 이해하며, 이야기 모임을 운영할 수 있도록 리더십 훈련을 도우며, 작은 일에서 시작하여 지역사회 활동까지 참여할 수 있도록 지원한다. 예를 들면, 여성이 가족의 옹호자 역할을 맡아 지역사회 집단에 참여하여 자녀의 학교나 동네 청결과 안전 문제에 관여하도록 지원한다.

2) 의식향상

의식향상(consciousness raising)은 '자신의 삶을 조성하는 사회문화적 현실과 그 현실을 변형하는 자신의 능력을 깊게 의식하는 과정'으로서, 의식향상을 위해 사회복지사는 다음과 같은 질문들을 제기할 수 있다(Bricker-Jenkins & Lockett, 1995).

- "나는 누구인가?"
  나의 욕구는 무엇이며, 내가 원하는 것은 무엇이고, 나의 인생 비전은 무엇인가?
- "누가 한 말인가?"
  나의 자기정의(self-definition)와 현실의 출처는 무엇인가? 이것은 자신과 세계에 대한 나의 경험과 일치하는가?
- "이 정의로부터 혜택을 받는 사람은 누구인가?"
  이것은 나의 요구, 나의 '진실'과 일치하는가? 내가 이런 정의에 따라 사는 것이 가능한가? 만약 아니라면…….
- "무엇이 변화되어야 하며, 어떻게 변화되어야 하는가?"
  변화를 가져오기 위해 내가 무엇을 해야 하는가? 변화를 위한 힘의 출처는 무엇인가?

일반적으로 의식향상은 사회복지사와 개별 클라이언트 사이에서도 이루어지지만, 집단 경험을 통해 더 잘 이루어지는 것으로 알려져 있다. 이는 집단에서 성원들은 소속감뿐 아니라 연대감을 느끼고 변화를 위한 기술을 공유할 수 있기 때문이다. 여성들은 의식향상 집단 경험을 통해 오랜 동안의 불공평감 혹은 분노를 표현함으로써 자기 비난에서 벗어나고 문제해결 전략들을 발전시키는 에너지를 활성화할 수 있다. 또한 자신의 삶을 무력하고 통제 불가능한 상황으로 이해하기보다는 자신이 상황에 대한 내적 통제소(internal locus of control)를 가지고 위험을 감수하며 문제를 해결해 가는 접근을 시도할 수 있다. 의식향상 집단을 통해 여성들은 자신의 삶에 영향을 미치는 사회적, 정치적 요인들에 대해 이해할 뿐 아니라 다른 여성들로부터 받는 지지를 가치 있게 평가하고, 역할모델, 격려, 기회, 인정을 통해 리더쉽 기술을 발전시킴으로써 권력감을 발전시킬 수 있다.

사회복지사는 클라이언트의 의식향상을 위해 동반자의 입장에서 자문 역할을 수행한다. 클라이언트는 사회복지사와의 개방적이고 평등하며 상호적인 관계 경험을 통해 가정과 직장, 지역사회에서 이런 관계에 대한 비전을 형성할 수 있다. 클라이언트의 의식향상을 위해 사회복지사는 구체적으로 다음과 같은 역할을 수행할 수 있다(Bricker-Jenkins & Lockett, 1995).

첫째, 비전을 명료화하도록 돕는다.

둘째, 비전을 사회적, 역사적, 물질적 맥락에서 실현할 수 있는 기회를 확인하거나 조성한다.

셋째, 기술을 가르치거나 필요한 자원을 동원한다. 의식향상을 위해 필요한 기술은 문제해결 기술, 자기주장, 자녀양육이나 고용, 자기방어 등과 같은 생활기술, 집단 의사소통 기술, 공식 혹은 비공식 자원을 확인하고 관여하기 위한 기술 등을 포함한다.

넷째, 모두는 각자 지역사회에서 현실을 창출할 수 있고 이에 대한 책임이 있다는 것을 제시하고 강화한다.

3) 자기주장훈련

자기주장(self-assertiveness)은 공격, 간접적 조종(indirect manipulation) 혹은 비주장과는 달리 자신의 욕구를 다른 사람들에게 분명하게 요구하고, 협의될 수 있는 구체적인 변화를 요청하는 의사소통의 한 방법이다. 자기주장은 동등한 가치를 가진 사람들 간의 직접적이고, 정직하며, 분명한 의사소통으로서, 가부장적 사회에서 우월한 사람과 열등한 사람 혹은 상위의 사람과 하위의 사람 간에 흔히 발생하는 의사소통과는 대치되는 개념이다(Chaplin, 1999). 다른 사람을 비하하는 공격적인 행동과는 달리 주장적인 행동은 자신뿐 아니라 다른 사람과 다른 사람의 욕구를 존중하는 것이며, 먼저 자신이 원하는 것을 분명하고 정직하게 표현하고 이에 대해 협의하며, 설령 자신의 욕구가 수용되지 않더라도 자신의 욕구를 분명히 함으로써 자기존중감을 느낄 수 있다.

여성주의 실천에서는 특히 여성의 자기주장을 강조한다. 많은 여성은 대부분의 경우에 수동적이고 베푸는 입장이면서도 간혹 공격성을 폭발하는 경우가 있는데, 이는 중간 방법으로 의사소통하는 방법을 학습하지 못하였기 때문이다. 여성은 대상에 따라 수동적이면서 동시에 공격적, 조종적일 수 있다. 예를 들어, 배우자에게는 수동적이지만 자신의 분노를 자녀들에게 공격적으로 나타낼 수 있다. 또한 다른 사람에게 뭔가 요청해야 할 때 조종적인 방법을 사용하여 자신의 욕구를 충족시키는 방식을 학습하기도 했다. 예를 들어, 가족여행을 하고 싶은 경우에 자신이 구체적으로 무엇을 원하는지 직접적으로 배우자에게 요청하는 대신에 자녀들의 욕구를 앞세우는 간접적인 방법을 사용하는 경우가 있다.

자기주장을 강조하는 사회복지사는 무엇보다 클라이언트가 의사소통에서 '나'라는 일인칭을 사용하도록 원조하고, 비판받지 않고 '**나-진술법**(I-statement)'을 자유롭게 사용하도록 훈련한다. 클라이언트가 배우자의 욕구 혹은 자녀들의 욕구를 우선적으로 배려할 때에도 클라이언트 자신이 무엇을 원하는지에 대해 탐색하고 이를 다룰 필요가 있다. 또한 클라이언트가 일상생활에서 주장적으로 행동하지 못한 경우에도 가부장적 사회에서 여성이 자기주장을 하는 것이 쉽지 않다는 점을 확인시키고, 쉽고 간단한 과제에서부터 출발하여 가장 어려운 상황을 다룰 수 있도록 원조해야 한다. 어떤 여성들은 가정에서는 주장적일 수 있지만 직장 상사한테는 쉽게 겁을 먹을 수 있는가 하면, 다른 여성들은 친구들에게 주장적일 수 있지만 배우자와 자녀들의 욕구 앞에서는 자기주장이 쉽지 않을 수 있다. 여성의 **인지 재구조화**(cognitive restructuring)를 통해 자신의 욕구를 주장할 권리에 대한 신념체계를 발전시키고, 전통적 성 역할 메시지 등과 같은 심리적 장해물을 제거할 필요가 있다.

사회복지사가 여성 클라이언트의 자기주장을 원조할 때 다음과 같은 기법을 효과적으로 사용할 수 있다(Chaplin, 1999).

(1) 변화를 분명하게 요청하기

'변화를 분명하게 요청하기(asking clearly for a change)'는 가장 기본적인 자기주장 기술로서 역할연습을 통해 학습할 수 있다. 예를 들어, 사회복지사는 식당 금연 구역에서 담배를 피우는 사람에게 담배를 꺼 줄 것을 요청하는 상황을 설정하고 이에 대해 클라이언트와 개별 혹은 집단 회기에서 역할연습을 할 수 있다. 사회복지사는 식당 같은 비위협적인 상황에서 출발하여 점차 어려운 상황, 즉 아는 사람 혹은 직장 상황을 설정하고 연습한다. 또한 이때 주장적인 행동뿐 아니라 비주장적, 공격적인 행동도 연습함으로써 클라이언트가 각각의 행동을 취했을 때의 결과를 경험하고 표현하도록 한다.

(2) 망가진 레코드 기법

'망가진 레코드 기법(the broken record technique)'은 특히 다른 사람과 자신의 주장을 정당화하기 위한 논쟁에 휘말리지 않도록 하는 데 유용한 기법이다. 이 기법은 중요한 한두 문장, 예를 들어 '내 말을 들어 보십시오.' 혹은 '나는 할 수 없습니다.'를 계속해서 반복하는 것이다. 상대방이 말하는 사람의 마음을 바꾸어 놓을 수 없다는 것을 깨닫는다면 반복되는 말을 수용하게 될 것이고, 반복되는 말이 수용되면 그때 협의가 가능하다. 하지만 많은 여성은 자신의 말이 경청되고 수용되는 경험을 하지 못했기 때문에 자신의 말이 수용되도록 극적인 방법을 사용하는 경우가 있다. 이때 상대방과 논쟁에 휘말리거나 극적인 방법을 사용하는 대신에 '망가진 레코드 기법'을 활용할 수 있다.

(3) 시간 가지기

'시간 가지기(taking time)'는 어떤 것을 요청받았을 때 자신이 진정으로 원하는지 생각해 보고 결정할 수 있는 시간을 가지는 기법이다. 이 기법은 특히 많은 여성이 '아니요'보다는 '예'를 말하도록 훈련되었기 때문에 유용하다. 예를 들어, 친구가 아기를 돌봐 달라고 부탁하는 상황에서 실제로는 하기 싫지만 친구에게 '싫다'라고 말하는 것은 이기적인 행동이라는 생각에 부탁받는 즉시 자동적으로 '그래'라고 대답하는 경우이다. 이런 경우에 친구에게 생각해 볼 시간을 달라고 요청할 수 있다. 설령 아기를 봐 주기로 결정하였더라도 부탁받는 그 자리에서 느끼는 압력에 의한 결정은 아니라는 점에서 자기존중감을 느낄 수 있다.

4. 여성주의 집단 사회복지실천

1) 집단 사회복지실천 모델에 대한 여성주의 비판

여성주의 실천에서는 여성의 집합적 자기실현을 달성하기 위한 방법으로 다양한 집단을 적극 활용한다. 하지만 여성주의 실천에서 활용하는 집단은 기존의 집단과는 차이가 있으므로, 여성주의 사회복지사는 이 차이에 대해 주의를 기울일 필요가 있다. 가빈과 리드(Garvin & Reed, 1995)는 여성주의 집단이 기존의 집단 사회복지실천 모델과 얼마나 유사한지 혹은 상이한지를 살펴보았다. 가빈과 리드는 기존의 모델로서 흔히 인용되는 페이플과 로스만(Papell & Rothman, 1988)의 집단 사회복지실천 모델의 분류–사회목표 모델, 치료 모델, 상호작용 모델–에 과제집단 모델을 추가하고, 이에 대한 여성주의 비판을 제기하였다. 다음에서는 가빈과 리드가 제기한 기존 집단 사회복지실천 모델에 대한 여성주의 비판을 검토해 본다.

집단 사회복지실천 모델로서 사회목표 모델은 개인이 사회변화를 위한 역할을 수행하도록 원조하는 목적이 있으며, 이를 위해 개인의 사회행동 기술 혹은 사회 상황의 변화에 초점을 맞춘다. 여성주의 시각에서 볼 때 사회목표 모델은 환경에 대한 관심과 사회행동을 강조한다는 점에서 여성주의 시각과 일치하는 부분이 있다. 하지만 젠더 논제들에 대한 명백한 주의가 부족한 점, 성차별, 성 억압 혹은 가부장적인 전통적 성 역할에 대한 검토가 부족한 점, 집단 성원들이 억압을 극복하기 위해 상호

표 5-5 여성주의 시각에서 본 집단 사회복지실천 모델–사회목표 모델

목적	• 개인이 사회변화 역할을 수행하도록 원조 • '정치적'이라는 여성주의 사고에 기여 • 성 논제(gender issues)에 대한 명백한 주의의 부족
변화표적	• 개인의 사회행동기술, 사회 상황의 변화 • 환경의 억압적 힘에 대한 여성주의 초점에 기여 • 특히 힘과 관련된 성 논제에 대한 명백한 주의의 부족
변화이론	• 소집단 이론, 사회행동 이론들 • 집단 이론과 사회행동 이론 모두가 사용되어야 한다는 생각에 기여 • 이런 이론들은 성차별적, 다른 성과 관련된 역동의 측면에서 검토되거나 비판되지 않음
사회복지사 역할	• 성원들이 상호 원조체계를 개발하는 방법을 촉진 • 사회복지사가 상호 원조체계를 형성하는 방법을 강조 • 성원들이 성 역할 분석에 관여하도록 원조하는 것을 강조하지 않음
성원 역할	• 사회 변화를 가져오기 위해 다른 집단의 성원들과 작업하도록 기대함 • 성원들의 사회 변화 역할을 강조 • 억압과 관련된 변화를 강조할 것이라는 기대가 부족
집단과정	• 문제해결과 의사결정, 프로그램 과정, 사회행동 과정 • 앞의 모든 과정에 대한 강조 • 억압을 극복하기 위한 상호 원조의 다양한 측면이 강조되지 않음

*여성주의 실천과 일치.

**여성주의 실천과 불일치.

자료: Garvin & Reed (1995).

원조하도록 강조하지 않는 점, 사회복지사의 역할로서 성원들이 성 역할 분석에 관여하도록 원조하는 것을 강조하는 않는 점 등에서 비판이 제기되고 있다(〈표 5-5〉).

집단 사회복지실천 모델 가운데 치료 모델은 개인의 사회기능을 향상하도록 원조하는 데 그 목적이 있다. 치료 모델은 성원의 역량강화를 목표로 한다는 점에서 여성주의 집단과 일치하는 점이 있지만, 사회환경에 대한 관심이 부족할 뿐 아니라 성 억압 논제들에 대한 명백한 주의가 부족하다는 점에서 비판을 받고 있다. 더욱이 사회복지사와 성원들 간의 관계에 위계가 있으며, 성원들이 집단 안팎에서 위계관계를 제거하도록 요청하지 않는 점, 성 억압을 확인하고 극복하기 위한 상호 과정을 강조하지 않는 점 등에서 비판받고 있다(〈표 5-6〉).

표 5-6 여성주의 시각에서 본 집단 사회복지실천 모델-치료 모델

목적	• 개인의 사회기능을 향상하도록 원조 • 자기효능감(self-efficacy), 따라서 역량강화가 증진될 수 있는 방법에 기여 • 개인과 환경의 상호작용('개인적인 것은 정치적')뿐 아니라 성 논제에 대한 명백한 주의의 부족
변화표적	• 개인의 사회기능, 성원들의 사회기능과 관련된 집단 양상 • 개인과 환경 모두의 변화가 추구될 수 있다는 기본 사고에 기여 • 개인이 집단에 가져오는 관심사뿐 아니라 성과 관련된 힘의 논제에 대한 초점의 부족. 또한 행동적 접근에서보다 기능의 인지적인 면을 더 많이 강조
변화이론	• 정신분석 이론, 행동주의 이론, 소집단 이론, 조직 이론 • 폭넓은 관련 이론들에 기여 • 이런 이론들은 성차별적, 다른 성과 관련된 역동의 측면에서 검토되거나 비판되지 않음
사회복지사 역할	• 개인, 집단, 환경 조건을 수정하기 위한 영향을 행사하는 방법들을 사용 • 개인과 체계 모두의 변화를 위한 테크놀로지가 유용 • 가치의 변화를 고려할지라도 사회복지사의 여성주의 가치 혹은 사회복지사 자신의 변화 지향 활동에 대한 강조가 없음. 사회복지사와 성원들 간의 위계를 강조하는 것으로 해석할 수 있음
성원 역할	• 다른 성원들의 목표 달성을 원조할 뿐 아니라 개인 목표를 개발하고 달성하도록 기대함 • 성원들이 개인 목표를 설정하도록 기대함 • 성원들은 성 억압 논제들과의 관계를 인식하는 목표를 위한 작업을 하도록 요청되지 않음. 집단 안팎에서의 위계관계를 제거하는 작업을 하도록 요청되지 않음

집단과정	• 문제해결과 의사결정, 프로그램 과정, 과제와 사회정서적 조건들을 수정하여 개인 목표를 달성하기 위한 다른 집단과정 • 앞의 모든 과정 • 성 억압을 확인하고 극복하기 위한 상호 과정을 강조하지 않음

*여성주의 실천과 일치.
**여성주의 실천과 불일치.
자료: Garvin & Reed (1995).

집단 사회복지실천 모델 가운데 상호작용 모델은 개인과 체계 간의 상호작용에 초점을 두고, 개인과 체계 간의 보다 확실한 상호작용의 증진, 상호 원조체계의 개발, 체계 수준들 간의 중재 등에 목표를 두고 있다. 상호작용 모델에서 성원들은 집단 내의 다른 성원들과 상호작용하고 상호 지지하도록 기대될 뿐 아니라 집단 밖의 다른 체계들과도 상호작용하고 협의하도록 기대된다. 하지만 여성주의 시각에서 이 모델은 집단 안팎의 상호작용이 성 관련 힘의 역동에 어떻게 관련되는지에 대한 주의가 부족하다는 점에서 비판을 받고 있다. 즉, 사회복지사의 역할로서 성 억압과 성 역할에 대한 분석을 강조하지 않으며, 성과 관련한 억압적 상황을 수정하기 위한

표 5-7 여성주의 시각에서 본 집단 사회복지실천 모델-상호작용 모델

목적	• 개인과 사회체계가 서로의 욕구를 충족시키기 위해 협의하도록 원조 • 개인적인 것과 정치적인 것은 분리될 수 없다는 개념 • 성 논제에 대한 명백한 주의의 부족
변화표적	• 개인과 체계 간의 보다 확실한 상호작용 • 개인과 환경 변화의 상호성 사고에 기여 • 이런 상호작용이 성과 성 관련 힘의 역동에 어떻게 관련되는지에 대한 초점의 부족
변화이론	• 사회체계이론, 소집단이론, 협의와 갈등이론 • 체계 개념들에 적합한 이론을 선택해야 한다는 생각 • 이런 이론들은 성차별적, 다른 성과 관련된 역동의 측면에서 검토되거나 비판되지 않음
사회복지사 역할	• 성원들의 감정과 욕구에 동조, 상호 원조체계를 개발, 변화를 가로막는 세력에 도전, 체계 수준들 간의 중재, 인생에 대한 비전을 제시 • 사회복지사가 개인과 체계 모두와 관계하는 방법에 대한 사고 • 사회복지사의 성 역할 분석에 대한 강조와 억압에 대항하는 사회복지사 자신의 투자가 없음

성원 역할	• 상호 원조체계를 형성하고 다른 성원들과 확실한 관계를 개발하도록 기대함. 또한 공통 기반을 발견하고 유지하기 위해 집단밖의 다른 체계들뿐 아니라 다른 성원들과 상호작용하도록 기대함 • 성원의 역할이 자기 자신과 체계로 확장된다는 기대 • 특히 성과 관련하여 억압적 상황을 이해하고 수정하기 위한 성원들의 책임을 강조하지 않음
집단과정	• 자료 공유, 변증법적 과정, 금기 영역에 들어감, 모두 같은 처지(all in the same boat), 상호 지지, 개인 문제해결, 행동 시연, 다수의 강점(strength in numbers), 상호 요구 • 앞의 모든 과정 • 앞의 과정들과 성 억압의 관계가 강조되지 않음. 이것만 아니면 여성주의 실천과 일치

*여성주의 실천과 일치.
**여성주의 실천과 불일치.
자료: Garvin & Reed (1995).

성원들의 책임을 충분히 강조하지 않는 점 등이 문제로 지적되고 있다(〈표 5-7〉).

가빈과 리드는 집단 사회복지실천 모델로서 과제집단 모델을 추가하였는데, 과제집단 모델에서는 집단이 설정한 과제를 달성하도록 원조하는 데 그 목적이 있다. 과제집단에서 과제는 종종 집단 밖의 체계를 변화하는 것과 관련이 있으므로, 집단이 정치적 목표를 수행하는 데에 초점을 둔다는 점에서 여성주의 시각과 일치하는 부분이 있다. 또한 문제해결과 의사결정, 협의, 분업결정의 과정들이 집단의 정치적 역할을 수행하는 데 유용하다. 하지만 다른 집단 사회복지실천 모델과 마찬가지로 성에 대한 분석이 부족한 점, 성차별적 혹은 성 관련 역동의 측면이 검토되지 않는 점에서 비판을 받고 있다(〈표 5-8〉).

표 5-8 여성주의 시각에서 본 집단 사회복지실천 모델-과제집단 모델

목적	• 집단이 과제를 달성하고 생산물을 생산하며 위임된 사항을 수행하도록 원조 • 집단이 정치적 목표를 수행하도록 원조 • 성 분석이 부족, 개별 성원들의 욕구와 성원들 간의 관계에 대한 주의의 부족
변화표적	• 종종 집단 밖의 체계 양상, 전체 집단에게 유익한 생산물일 수 있음 • 표적은 여성주의의 정치적 목표와 일치 • 표적이 성원들 간의 관계와 성원들의 증진하는 성 의식을 반영하지 않음

변화이론	• 소집단 이론, 특히 문제해결, 의사결정, 과제 수행, 지도력을 다루는 이론들 • 정치적 목적을 달성하는 데 유용 • 성차별적, 다른 성 관련 역동의 측면에서 검토되거나 비판되지 않음
사회복지사 역할	• 종종 집단의 '참모', 자생 지도력과 작업, 집단을 위한 자원을 확보, 안건과 기록에 대한 책임 • 참모 역할이 일부 여성주의 과제집단에서 유용할 수 있음 • 사회복지사의 성 역할 분석에 대한 강조와 억압에 대항하는 사회복지사 자신의 투자가 없음
성원 역할	• 집단 과제를 수행하고 이 목적을 위해 기여하는 데 초점을 두도록 기대함, 지도자의 역할을 수행하도록 요구될 수도 있음 • 집단에 의해 선택된 과제를 수행하도록 기대함 • 특히 성과 관련하여 억압적 상황을 이해하고 수정하기 위한 성원들의 책임을 강조하지 않음
집단과정	• 문제해결과 의사결정, 협의, 분업 결정 • 앞의 과정들은 정치적 역할을 수행하는 데 유용 • 앞의 과정들과 성 억압의 관계가 강조되지 않음. 상호 원조와 개인의 의식을 형성하는 과정이 포함되지 않음

*여성주의 실천과 일치.
**여성주의 실천과 불일치.
자료: Garvin & Reed (1995)

2) 여성주의 집단의 특성과 집단의 예시

여성주의 집단에서는 성 논제들을 확인하고 남성과 여성의 평등한 상호작용과 여성의 역량강화를 강조한다. 여성주의 집단의 목표는 개인, 집단, 기관 등 성 관련 억압을 증진시키는 사회체계의 변화이다. 사회복지사는 성원들이 성 역할 분석에 관여하도록 원조하며, 집단과정에서는 특히 성 관련 경험을 공유하고 성차별을 직면하기 위한 상호 지지, 자신의 행동에 대한 책임을 수용하기 위한 상호 요구 등의 방법을 활용한다(〈표 5-9〉).

표 5-9 여성주의 집단 사회복지실천 모델

목적	• 성 논제들을 확인하고 남성과 여성의 힘의 불균형을 교정하여 남성과 여성이 성차별적 가치에 의한 제약 없이 상호작용하는 것을 강조하는 앞의 모든 목적 • 개인과 사회가 이분법적이지 않은 관계 • 역량강화
변화표적	• 성 관련 억압을 증진시키는 개인, 집단, 기관, 환경 양상에 대한 초점 • 성원들의 억압과 이에 저항하기 위한 선택에 대한 의식을 증진 • 사회변화 표적에 대한 강한 강조 • 치료적 집단과 사회행동 집단 간의 구분이 덜함
변화이론	• 현대 여성주의 이론의 측면에서 재구성된 앞의 모든 이론 • 개인과 사회의 관계를 이분법적으로 보지 않고 과정의 단계로 봄 • 성 관련 논제들을 이해하기 위해 역할이론이 유용
사회복지사 역할	• 동조나 특히 성과 관련된 자신의 가치를 표현하지만 다른 성원들의 가치를 지지하는 상호적 사고와 일치 • 사회복지사는 또한 비억압적 사회를 추구 • 성원들이 성 역할 분석에 관여하도록 원조 • 모든 접근의 신화적 요소를 없앰
성원 역할	• 억압과 성차별과 관련된 논제들을 다루고 자신의 논제들이 이것들과 어떻게 관련되는지에 대해 이해하도록 기대함 • 모임 밖에서뿐 아니라 모임 중에 다른 성원들을 지지하도록 기대함 • 개인적인 것과 정치적인 것이 어떻게 상호작용하는지 탐색 • 억압을 극복하기 위해 개인적인 장애와 환경적인 장애를 변화시키는 데 초점
집단과정	• 특히 성 경험과 관련된 자료를 공유, 창조적 해결책에 도달하기 위해 성원들이 '차이'를 사용하도록 원조하는 변증법적 과정 • 성과 힘의 논제들을 토론하는 것과 관련된 금기를 제거 • 성차별에 직면하기 위한 상호 지지 • 자신의 행동에 대한 책임을 수용하기 위한 상호 요구 • 인생을 어떻게 살기를 원하는지의 논제와 관련한 의사결정 • 억압된 사람들에게 특히 중요한 다수의 강점

자료: Garvin & Reed (1995).

(1) 자녀양육기술 집단

가빈과 리드(1995)는 여성주의 집단의 예로서 자녀양육기술(parenting skills)을 향상하기 위한 여성주의 집단을 제시하였다. 이 집단에서 사회복지사는 부모역할과 연관된 성 논제들을 고려하고, 성 억압이 부모역할에 어떻게 영향을 미치는지에 초점을 맞춘다. 남성과 여성 사이의 힘의 불균형이 어떻게 개인에 의해 내재화되고, 남성과 여성 사이에서 재형성되며, 많은 이론과 실천 모델에 통합되는지에 주의를 기울인다. 특히 성원들이 부모와 다른 성의 자녀 사이에 존재할 수 있는 불평등과 부모역할에 내재되어 있는 문화적 가정들에 대해 검토하도록 돕는다.

또한 자녀양육기술을 향상시키기 위한 여성주의 집단에서 사회복지사는 성원들의 역량을 강화하기 위한 과정에 주의를 기울인다. 집단 안팎에서 보다 효과적인 변화를 가져오기 위한 성원들의 힘에 주의를 기울인다. 성원들은 학교와 같은 지역사회 기관이 자신들의 자녀양육기능 수행의 기회를 제한한다면 집단을 통해 지역사회 기관의 변화를 추구할 수 있다는 생각을 할 수 있다. 성원들은 이를 위한 토의와 역할연습을 통해 이러한 변화를 위한 기술을 학습하고 실천하며, 자녀들과 학교체계 관계자들과 건설적으로 관심사에 접근하는 방법을 개발한다.

집단의 초점과 과정은 여성집단, 남성집단 혹은 양성집단 구성에 따라 다를 수 있다. 전체 혹은 일부 회기에서 성에 따라 집단을 두 집단으로 나눔으로써, 예를 들면 남성들에게는 공통적이지만 여성들에게는 다를 수 있는 부모역할 논제들을 표면화하는 것이 생산적일 수 있다. 집단이 모두 같은 성이라면 집단 구성으로 인해 고양되거나 억제된 요소를 다루는 것이 필요하다. 여성집단에서는 갈등과 차이를 억제하는 균일성에 대한 압력에 도전하는 방법을 강조할 필요가 있으며, 남성 집단에서는 협력 규범과 위계, 경쟁에 도전하는 전략을 다루는 것이 중요하다.

(2) 학대받는 여성을 위한 집단

여성주의 집단의 가장 흔한 예는 학대받는 여성들을 위한 집단이다. 다음에서는 학대받는 여성들의 역량강화를 위한 프로그램 가운데 굿맨과 팰런(Goodman & Fallon; 신영화, 1999)의 구조화된 집단교육 프로그램을 간략하게 살펴본다. 굿맨과 팰런의 프로그램은 일주일에 1회, 1회에 2시간씩 15주 동안 진행된다. 프로그램의 첫 모임에서 사회복지사는 학대의 정의를 다루고 '권리장전(Your Rights)'을 통해 학대받는 여성들의 권리감을 강조한다(〈표 5-10〉).

표 5-10 권리장전

• 당신은 당신 자신일 수 있는 권리가 있다. • 당신은 당신 자신을 우선적으로 생각할 권리가 있다. • 당신은 안전할 권리가 있다. • 당신은 사랑하고 사랑받을 권리가 있다. • 당신은 존중받을 권리가 있다. • 당신은 완벽하지 않을 권리가 있다. • 당신은 누군가가 당신을 부당하게 혹은 심하게 다룬다면 그를 저지하거나 그에게 화를 낼 권리가 있다. • 당신은 사생활을 보장받을 권리가 있다. • 당신은 자신의 의견을 제시하고, 그 의견을 존중받을 권리가 있다. • 당신은 자신의 돈을 관리할 권리가 있다. • 당신은 자신에게 영향을 미칠 수 있는 사안에 대해 언제든지 의문을 제기할 권리가 있다. • 당신은 자신에게 영향을 미치는 결정을 할 권리가 있다. • 당신은 성장하고 변화할 권리가 있다. • 당신은 거부할 권리가 있다. • 당신은 실수할 권리가 있다. • 당신은 타인의 문제에 대해 책임지지 않을 권리가 있다. • 당신은 모든 사람으로부터 사랑받지 않아도 될 권리가 있다. • 당신은 행복하지 못한 일상을 통제하고 변화시킬 수 있는 권리가 있다.

자료: 신영화(1999).

프로그램의 초기단계에서는 학대받는 여성이 가정을 떠나지 못하는 이유, 학대받는 여성의 역기능적인 아동기 유산과 경계, 불건강한 패턴과 결별하기, 학대받는 여성의 감정(애도, 공포, 죄의식, 분노 등)을 이해하기 등에 대해 다룬다. 중기에는 자기주장 기술훈련, 현실적인 목표 세우기, 의사결정하기, 건강한 관계에 대해 평가하기를 다루며, 종결기에는 변화된 패턴 이해하기를 다룬다. 모임에서는 매주 성원들에게 자기 자신에게 선물하는 과제를 부여한다. 선물은 자신에 대한 칭찬이나 낮잠자기 등 자기 양육적 가치를 반영하는 것이면 무엇이든지 가능하다. 또한 모임마다 긍정적인 사고를 강조하고 웃음과 나눔, 지지를 강조한다. 특히 학대받는 여성들의 역량을 강화하기 위해 사회복지사는 학대받는 여성이 자신의 우선순위를 명확히 하고, 자기효능감을 회복하며, 다른 사람들과 연계를 만들고 자신에 대한 목표를 설정하도록 원조한다.

5. 여성주의 실천에 대한 비판

여성주의는 기존의 사고와는 완전히 다른 패러다임의 전환을 요구하며, 가부장적, 위계적 사회구조나 사고와 일치하지 않거나 조화를 이루지 못한다. 이에 따라 여성주의 사회복지사는 클라이언트의 현실을 고려하지 않은 채 이상주의적 차원에서 클라이언트에게 비현실적인 기대와 부담을 지울 수 있다. 예를 들면, 가부장적 결혼이 유지되는 상황에서 여성주의 실천의 효과는 제한적일 수밖에 없으며, 위계적 이윤추구 경제체계가 유지되는 상황에서 여성의 독립에 대한 기대는 제한적일 수밖에 없다. 사회복지사가 이런 사회 상황의 한계를 충분히 인식하지 않은 채 여성의 의식향상 혹은 독립을 지나치게 강조하는 것은 클라이언트에게 상당한 현실적인 위험과 부담이 따를 수 있다. 더욱이 공적 사회자원 혹은 사회안전망이 부족한 우리의 현실을 감안할 때, 이상주의에 치우친 여성주의 실천에는 많은 현실적 한계가 있을 수 있음을 주지할 필요가 있다.

이와 같은 현실적 한계를 극복하기 위해 여성주의 사회복지사는 사례관리자(case manager)의 역할을 적극 수행할 필요가 있다. 사례관리자로서 클라이언트를 기존의 자원과 연결하고 모니터하는 역할뿐 아니라 필요한 자원을 개발하는 역할을 수행할 필요가 있다. 또한 기존의 자원이 클라이언트의 욕구에 부응하지 않는 경우에는 여성의 이해를 대표하는 위치에서 기존 자원과 대항하면서 여성의 권익을 옹호하는 옹호자(advocate)의 역할을 적극 수행할 필요가 있다.

클라이언트가 활용 가능한 비공식적 자원(예를 들어, 확대가족, 친구들, 직장 동료)이 있는 경우라도 이들이 가부장적 성 역할을 강화하거나 성 억압적 사회 상황을 고정화한다면 이는 오히려 클라이언트의 역량강화에 부정적인 영향을 미칠 수 있다. 여성주의 사회복지사는 클라이언트가 주변의 공식적, 비공식적 자원을 적극 활용하도록 지지함과 동시에 부정적인 영향을 미칠 수 있는 자원에 직간접적으로 개입할 수 있다. 또한 여성집단을 활용하는 경우, 집단적 역량강화를 통해 집단 성원들 간의 소속감과 연대감을 형성하고 변화를 위한 기술을 공유하도록 지원하는 방법을 적극 활용할 필요가 있다.

중점토의

1. 여성주의의 유형(자유주의, 급진주의, 사회주의)에 따른 여성주의 실천방법의 특성은 각각 무엇인지를 설명하시오.
2. 여성주의 사회복지실천에서 강조하는 원칙들을 개입의 단계별로 설명하시오.
3. 학대받는 여성의 역량강화를 위한 전략에 대해 설명하시오.
4. 치료집단과 여성주의 집단을 비교하시오.
5. 여성주의 실천에 대한 비판은 어떤 내용인지 설명하시오.

참고문헌

김인숙(2005). 여성주의 사회복지실천의 정립을 위한 고찰. **한국사회복지학**, 41, 93-118.

남기철 역(2010). **사회복지실천 기법과 지침**(개정 3판). Sheafor, B. W., & Horejsi, C. R. 공저. 나남출판.

신영화(1999). 학대받는 아내의 능력고취를 위한 집단사회사업실천의 효과성. 서울대학교 대학원 박사학위논문.

이온죽, 장지연(1999). **여성 · 가족 · 사회**. 세영사.

한국여성개발원(1997). 여성복지서비스 전달체계의 기능강화방안에 관한 연구: 여성복지담당 공무원의 업무를 중심으로.

Barker, R. L. (2013). *The social work dictionary* (6th ed.). Washington, DC: NASW.

Bricker-Jenkins, M., & Lockett, P. (1995). Women: Direct practice. In R. Edwards (Ed.), *Encyclopedia of social work* (20th ed., pp. 2529-2539). Washington, D.C.: NASW.

Bricker-Jenkins, M., Hooyman, N., & Gottlieb, N. (1991). *Feminist social work practice in clinical settings*. Newbury Park, CA: Sage.

Chaplin, J. (1999). *Feminist counseling in action* (2nd ed.). London: Sage.

Collins, B. G. (1986). Defining feminist social work. *Social Work, 31,* 214-219.

Diaz-Lazaro (2012). Empowerment feminist therapy with Latina immigrants: Hornoing the complexity and socio-cultural contexts of clients' lives. *Women & Therapy, 35*, 80-92.

Dominelli, L. (2002). *Feminist social work theory and practice*. Basingstoke, Hampshire:

Palgrave.

East, J. F., & Roll, S. J. (2015). Women, poverty, and trauma: An empowerment practice approach. *Social Work, 60*, 279-286.

Garvin, C. D., & Reed, B. G. (1995). Sources and visions for feminist group work: Reflective processes, social justice, diversity, and connection. In N. Van Den Bergh (Ed.), *Feminist practice in the 21st century* (pp. 41-69). Washington, D.C.: NASW.

Goodman, M. S., & Fallon, B. S. (1995). *Pattern changing for abused women: An educational program*. Newbury Park: Sage.

Gutiérrez, L., Parsons, R. J., & Cox, E. O. (2003). *Empowerment in social work practice: A sourcebook. Belmont*. CA: Wadsworth/Thomson Learning.

Hanmer, J., & Statham, D. (1989). *Women and social work: Towards woman-centered practice*. Chicago: Nelson-Hall.

Land, H. (1995). Feminist clinical social work in the 21st century. In N. Van Den Bergh (Ed.), *Feminist practice in the 21st century* (pp. 3-19). Washington, D.C.: NASW.

McWhirter, E. H. (1991). Empowerment in counseling. *Journal of Counseling and Development, 69*(3), 222-227.

Nes, J. A., & Iadicola, P. (1989). Toward a definition of feminist social work: A comparison of liberal, radical, and socialist models. *Social Work, 34*, 12-21.

Papell, B., & Rothman, C. (1988). *Social work with groups*. New York: Haworth Press.

Pierson, J. & Thomas, M. (2010). *Dictionary of social work: The definitive A to Z of social work and social care*. New York, NY: Open University Press.

Van Den Bergh, N. (1995). *Feminist practice in the 21st century*. Washington, D.C.: NASW.

Worell, J., & Remer, P. (2003). *Feminist perspectives in therapy: Empowering diverse women* (2nd ed.). Hoboken, NJ: John Wiley & Sons, Inc.

제 3 부

여성복지의 실천 영역

WOMEN WELFARE •••

제 6 장

여성과 노동

여성의 노동시장 참여는 증가하고 있으나 노동시장에서 여성의 불안정하고 낮은 지위는 계속되고 있다. 이러한 노동시장에서의 불평등은 여성이 감수하는 차별적 삶의 현실이며 남성의 복지에 비해 여성의 복지를 전반적으로 보다 열악하게 하는 주요한 요인이 된다. 또한 사회보장제도에 의한 수급권은 시장에서의 노동의 기여에 근거하여 그 차이가 평가되므로 근본적인 여성의 복지 향상을 위하여 노동시장에서의 불평등 완화를 위한 사회정책과 서비스가 요구된다.

노동시장에서의 불평등을 설명하는 이론으로서 먼저 인적자본이론은 학교교육, 직업훈련, 직업경험, 현장실습, 정보탐색의 차이 등 인적자본의 차이에 따라 노동자의 가치가 결정되고 임금도 이에 따라 달라진다는 것이다. 여성은 남성에 비하여 교육이나 훈련 또는 노동시장에의 참여가 불연속적이어서 인적자본을 덜 획득하게 되고 여성의 낮은 인적자본은 낮은 임금수준을 초래한다는 것이다.

이중노동시장이론은 성차별의 원인이 노동시장 자체의 성별구조화에 있다고 본다. 노동시장은 인종, 성, 교육, 산업 등의 변수에 의해 1차 시장과 2차 시장으로 구분되어 있다. 남성은 높은 임금, 안정된 직장인 1차 시장에 그리고 여성은 낮은 임금과 불안정성이 특징인 2차 시장에 충원된다는 것이다. 이러한 노동시장의 분리는 자본의 막강한 힘에 의해 일어나고 인종, 성, 연령 등으로 구분되는데 이 중에서 성은 노동시장을 분리하는 강력한 기준으로 작동한다. 성별분업이론은 사회적으로 성별노동 분업구조가 일단 만들어진 후 성별분업 이데올로기에 의해 여성이 가사노동을 전담하게 되고 여성은 일하고 있더라도 직장보다는 가정이 여성의 적절한 위치라고 하는 이데올로기가 지속되는 현상을 설명한다. 자본주의 초기 가족임금이 도입되면서 남성은 생계부양자이고 여성은 가족돌봄자라는 성별분업구조가 만들어졌다. 이에 따라 남성은 생계를 책임지는 대표노동자인 반면 여성은 동일업무를 수행해도 낮은 업무를 받는 것이 합리화되었다. 결과적으로는 성별직종분리와 여성의 저임금이 유지되는 기제가 되었다.

이러한 이론을 참고하여 본 장에서는 노동시장에서의 여성노동의 현황을 살펴보고 여성노동의 주변적 특성을 고찰하며 노동시장에서의 불평등에 대한 해소방안을 고찰하기로 한다.

1. 여성노동의 현황

1) 여성의 경제활동 참여

여성의 노동시장에의 참여는 1960년대 초부터 지속적으로 증가하여 우리나라의 고도 경제 성장에 크게 기여해 왔다. 여성의 경제활동참가율은 1980년대 후반 이후 더욱 빠른 증가 추세를 나타내어 1963년 37.0%에서 1997년에는 49.5%로 증가하였다가 2005년에 50.1%로 처음으로 50%가 넘어갔으며, 2015년 51.8%로 50% 초반의 수준에 머물고 있다. 반면, 남성의 경제활동참가율은 1997년 75.6%로서 매년 조금씩 감소되어 2015년 74%로 70% 초반대를 유지하고 있다. 경제활동인구 중 여성이 차지하는 비율도 꾸준히 증가하여 전체 경제활동인구의 절반에 근접하고 있다. 여성경제활동인구는 2010년 이후 약 1,000만 명을 넘어섰는데, 이 숫자가 취업자와 실업자의 합계로 경제활동인구의 증가가 곧바로 여성취업자의 증가를 의미하는 것은 아니지만, IMF와 같은 경제 불황기에 여성의 경제활동참가율이 일시적으로 줄어드는 경우 이외에는, 전반적으로 일을 하고 있고 일을 하고자 하는 여성은 꾸준히 증가하고 있다.

경제활동참가율을 고용률과 실업률로 나눠 본다면, 남녀 고용률 차이는 2003년 24.7%p에서 여성 고용률의 지속적인 증가에 따라 2018년 19.9%p까지 감소하였다. 2018년 여성 실업률은 3.7%로 전년(3.5%)보다 0.2%p 상승하였고, 남성 실업률은 3.9%로 전년(3.8%) 대비 0.1%p 상승하였다. 실업률은 여성이 남성보다 낮은 수준을 대체로 유지하고 있고, 2014년 남녀 실업률이 각각 3.5%로 같았으나 2018년 0.2%p까지 차이가 벌어졌다.

여성의 경제활동참가율 증가를 설명하는 요인으로는 다음을 들 수 있다.

첫째, 여성의 고학력화로 과거보다 임금이 상대적으로 높은 직장을 얻을 기회가 많아져 시장 노동가치가 가사 노동가치보다 높을 가능성이 커졌으며, 또한 여성의 고학력화는 좋은 직장(예를 들어, 전문직)을 얻게 될 가능성을 높이게 된다. 따라서 결혼, 육아 등의 이유로 직장을 포기할 경우 지불해야 하는 기회비용이 높아져 일단 노동시장에 진출하게 되면 계속 머물게 된다.

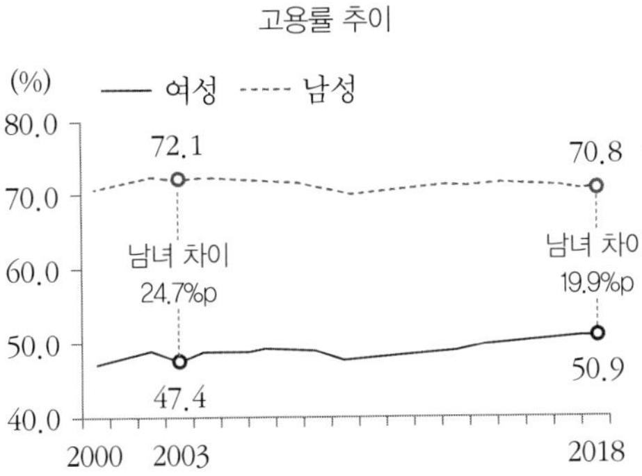

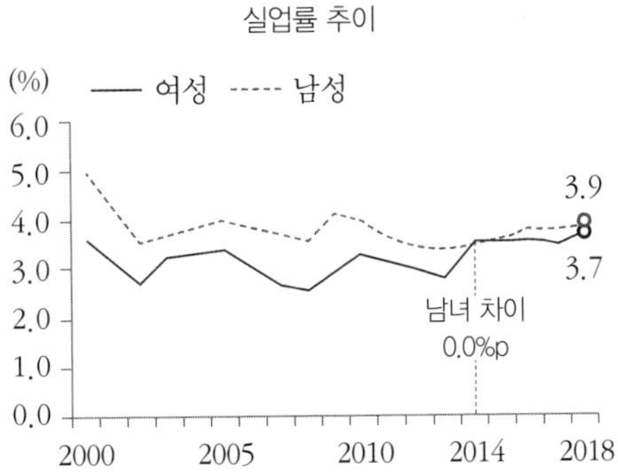

여성 고용률 및 실업률 변화

(단위: %, %p)

연도	고용률[1]				실업률[2]			
	전체	여성	남성	차이(남-여)	전체	여성	남성	차이(남-여)
2000	58.5	47.0	70.8	23.8	4.4	3.6	5.0	1.4
2005	59.9	48.6	71.9	23.3	3.7	3.4	4.0	0.6
2008	59.8	48.9	71.2	22.3	3.2	2.6	3.6	1.0
2010	58.9	47.9	70.3	22.4	3.7	3.3	4.0	0.7
2014	60.5	49.7	71.7	22.0	3.5	3.5	3.5	0.0
2015	60.5	50.1	71.4	21.3	3.6	3.5	3.6	0.1
2016	60.6	50.3	71.2	20.9	3.7	3.6	3.8	0.2
2017	60.8	50.8	71.2	20.4	3.7	3.5	3.8	0.3
2018	60.7	50.9	70.8	19.9	3.8	3.7	3.9	0.2

주: 1) 15세 이상 인구 중 취업자가 차지하는 비율

2) 15세 이상 경제활동인구 중 실업자가 차지하는 비율

자료: 통계청(각 년도). 경제활동인구조사.

[그림 6-1] 고용률, 실업률 추이/여성 고용률과 실업률의 변화

둘째, 산업구조의 변화, 즉 제조업의 소프트화와 서비스 경제화로 사무 및 서비스 부문의 여성 직종에 대한 수요가 증가하고 더불어 새로운 전문직종이 창출됨에 따라 여성에게 보다 많은 일자리를 제공하게 된다.

셋째, 여성의 취업에 대한 인식이 고학력화와 성차별 철폐운동 등에 영향을 받아 변화하여 취업은 자아실현이라는 인식이 확산되고 취업욕구가 증가하였다는 점이다.

넷째, 우리 사회의 전반적인 소득 상승으로 주택비, 자녀교육비 등의 압박이 늘어나고 또한 문화생활이나 여가를 즐기고자 하는 생활의 질에 대한 수요가 크게 증가하고 있다는 점이다. 따라서 가족의 보다 높은 생활수준에 대한 욕구를 만족시키기 위해 여성 취업이 증가하였다.

OECD에 따르면 한국의 여성 경제활동참가율은 OECD 32개 국가 중 하위권을 기록하고 있다(OECD, Employment Outlook 2015). 아이슬란드와 스웨덴은 80% 이상이며 스위스, 노르웨이, 덴마크 캐나다, 독일, 영국, 호주의 경우도 70%대이며, 일본의 경우 62.9%, 미국은 69.0%으로 OECD 국가의 평균은 61.5%이다. OECD는 이러한 국가별 여성인력 활용률의 차이는 성별 고용 기회의 차이, 관행, 기업문화, 출산과 육아 등 가족책임에 대한 사회적 지원의 차이에 기인하는 것으로 보고하고 있다.

2) 여성노동의 특성

(1) 연령과 경제활동

연령에 따른 여성의 경제활동은 여전히 M자형 곡선의 형태를 보이고 있으며 남성의 경우에 역 U자를 그리고 있는 것과는 상이한 현상이다. 연령별로는 15~19세 연령층의 경우는 남녀모두 경제활동참가율이 떨어지고 있으나 60세 이상에서는 남녀 모두 증가하였다. 여성의 경우 저연령부터 경제활동이 증가하다가 결혼과 육아의 시기인 30~39세에 여성의 경제활동참가율은 큰 폭으로 감소하며, 다시 임신, 출산, 육아 등에 의한 가사노동의 부담이 줄어들기 시작하는 연령부터 경제활동참가율이 완만하게 증가하다가 50대 이후 다시 감소한다.

2008년과 2018년을 비교해 보면, 2008년에는 25~29세의 여성의 경제활동참가율이 가장 높다가 30~34세에 급속히 떨어지고 여성이 재취업하면서 다시 완만히 증가하여 45~49세에 다시 두 번째 고점을 보였다가 하강하는 M자형 곡선을 보인다. 그런데 2018년에는 25~29세에 가장 높은 고점을 보이지만 35~39세까지 저점을 보이다가 다시 45~49세에 두 번째 고점을 보이는 보다 완만한 M자형 곡선을 보이고 있다.

M자형 곡선은 경제위기 시에 구조조정으로 인하여 더 심해지다가 완만해지고 있기는 하지만 최근까지도 그 영향이 이어지고 있는 것을 알 수 있다. 고용보험가입자

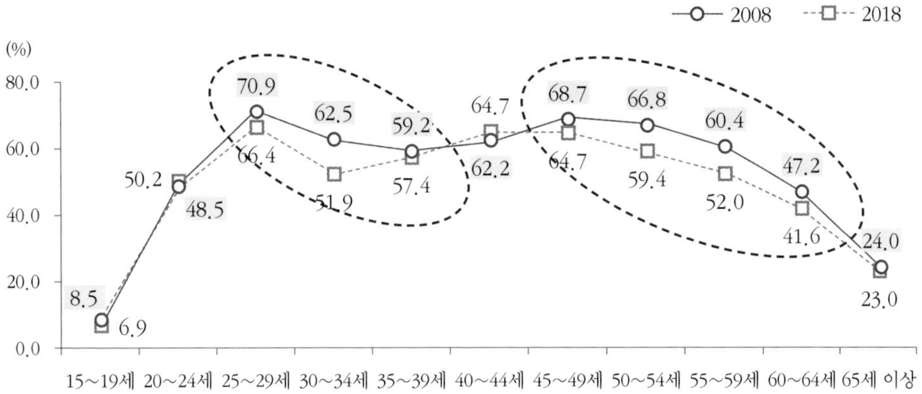

자료: 통계청(각 년도). 경제활동인구조사.

[그림 6-2] 여성 경제활동참가율(2008, 2018)

중 결혼, 출산, 가사 사정 등으로 퇴직한 근로자 중 여성근로자가 80% 정도이며, 이와 같이 '경단녀'라고 불리는 경력단절여성의 절반이상이 30대이다.

연령대별 고용률을 구체적으로 살펴보면, 2018년 여성의 고용률은 20대 후반이 70.9%로 가장 높고, 이어서 40대 후반, 그리고 50대 초반의 순서로 높다. 이는 30대에 결혼, 임신, 출산, 육아 등의 경력단절 발생으로 감소 후 40대에 재취업으로 증가하기 때문이다.

여성의 고용률을 10년 전과 비교하면, 20~24세(50.2% → 48.5%, −1.7%p)와 40~44세(64.7% → 62.2%, −2.5%p)는 감소한 반면 다른 연령대는 모두 증가하였으며, 특히 30~34세(51.9% → 62.5%, 10.6%p)와 55~59세(52.0% → 60.4%, 8.4%p)의 고용률이 크게 상승하였다.

아동 양육기에 퇴직하는 여성들은 어떤 여성들인가? 보육 서비스를 구매하기에도 벅찰 정도로 낮은 임금을 받고 일하는 경우나, 힘든 양육시기를 견뎌 낸다고 하더라도 미래소득 면에서 전망이 밝지 않은 직장에서 일하고 있는 여성은 어린 자녀를 양육해야 하는 시기에 직장생활의 중단을 고려할 가능성이 높다. 그렇지 않고 비교적 높은 임금을 받고 있고 장래 전망도 좋은 경우는 양육시기에도 직장생활을 중단하는 선택을 하지 않는 경향이 있다(장지연, 부가청, 2003).

대부분의 경제선진국에서는 여성의 경제활동참가율과 출산율 둘 다 우리나라보다 높다. 이러한 점은 여성의 경제활동과 출산이 상호 대체하는 정도는 각 사회가

표 6-1 여성 고용률

(단위: %, %p)

연도	전체	15~19세	20~24세	25~29세	30~34세	35~39세	40~44세	45~49세	50~54세	55~59세	60~64세	65세 이상
2000	47.0	10.8	56.3	53.7	47.3	57.8	62.0	63.3	54.2	50.4	45.5	22.6
2005	48.6	9.0	57.2	63.1	48.6	57.3	64.1	61.7	57.5	48.4	42.9	22.3
2008	48.9	6.9	50.2	66.4	51.9	57.4	64.7	64.7	59.4	52.0	41.6	23.0
2010	47.9	7.7	48.8	66.1	53.0	54.4	64.1	64.2	60.1	52.4	40.4	21.4
2015	50.1	8.8	50.8	68.5	59.6	54.2	62.9	68.6	66.0	57.3	47.5	22.7
2016	50.3	8.8	50.5	69.3	59.9	56.5	62.9	68.5	65.9	57.6	48.1	23.0
2017	50.8	9.3	49.7	69.6	61.0	58.1	61.8	69.7	66.3	59.6	48.4	23.5
2018	50.9	8.5	48.5	70.9	62.5	59.2	62.2	68.7	66.8	60.4	47.2	24.0
차이 ('18-'08)	2.0	1.6	−1.7	4.5	10.6	1.8	−2.5	4.0	7.4	8.4	5.6	1.0
차이 ('18-'17)	0.1	−0.8	−1.2	1.3	1.5	1.1	0.4	−1.0	0.5	0.8	−1.2	0.5

자료: 통계청(각 년도). 경제활동인구조사.

제공하는 경제활동의 기회와 양육지원의 체계에 따라서 달라지는 것을 나타내 주고 있다. 스웨덴이나 미국과 같은 서구의 국가들에서는 여성의 경제활동참가율이 남성과 마찬가지로 역 U자형으로 나타나는 반면 우리나라와 일본의 경우 여성의 경제활동참가율은 여전히 M자형으로 여성 연령이 출산과 육아를 담당하는 시기에 경제활동참가율이 급격히 떨어진다. 결과적으로 여성 취업자 및 고용률은 지속적으로 증가하고 있으나, 선진국과의 격차는 여전하고 출산, 육아기 경력단절 현상(M자형 곡선)은 지속되고 있다.

(2) 혼인과 경제활동

또 하나의 추세는 기혼여성의 노동시장에의 증가추세이다. 여성의 혼인상태별 경제활동 참가현황을 살펴보면 미혼여성의 경제활동참가율의 증가와 비교하여 기혼여성의 경제활동참가율의 증가폭이 더 크다. 이러한 결과 전체 여성노동인구의 70% 이상은 기혼여성이다(여성통계연보, 2016). 이러한 기혼여성의 취업 증가 추세는 그동안의 노동력 부족현상으로 말미암아 지속적인 노동력 수요의 증가로 기혼

여성의 노동력에 대한 수요도 증가하여 기혼여성이 자녀가 어느 정도 성장한 이후 노동시장에 재진입하고 있기 때문이다. 혼인과 관련한 여성의 취업 태도도 변화하여 '결혼 전까지 취업하겠다.'는 비율은 감소하고 '가정과 관계없이 취업하겠다.'는 비율은 증가하고 있다. 여성취업 장애요인에 대한 의견도 '육아부담' '승진 등 근로여건' '가사부담' '직업의식 및 책임감 부족'의 순으로 나타났다.

(3) 교육과 경제활동

여성의 교육 수준은 향상되어 왔으며 이에 따라 여성 경제활동 인구 중에 중졸 이하 학력소지자의 비율은 낮아지고 고졸자와 대학 졸업자의 비율이 높아졌으며 여성의 교육기간이 연장되면서 직업생활을 시작하는 시기가 늦어지고 있다. 2009년부터는 여성의 대학진학률이 남성을 넘어섰다. '2019 통계로 보는 여성의 삶'(통계청)에 따르면 2018년 여성의 대학진학률은 73.8%이고 남학생은 65.9%이다. 그럼에도 교육정도별 남성의 경제활동참가율은 혼인 상태에 관계없이 교육정도가 높을 경우 전반적으로 증가하는 경향을 갖는 반면, 여성은 교육 정도보다 혼인 상태의 영향을 더 크게 받아 미혼과 기혼여성의 교육 정도별 경제활동참가율은 서로 다른 특징을 보이고 있다. 또한 남녀 간 임금 차별이 여전히 존재하고 있다.

교육정도별 취업자를 살펴보면, 2018년 여성 취업자 중 대졸 이상의 비중은 43.8%로 가장 높게 나타났으며, 다음으로 고졸이 37.3%를 차지하였다. 남성도 대졸 이상이 48.8%로 가장 많고, 다음으로 고졸(39.1%) 순이다. 대졸 이상 여성 취업자 비중은 2000년 19.2%로 고졸(39.7%) · 초졸 이하(24.8%)보다 낮았으나, 이후 지속적으로 상승하여 2003년 초졸 이하, 2013년 고졸을 각각 넘어섰다. 두 성별 모두 초졸 이하 · 중졸 · 고졸 취업자의 비중은 감소하고 대졸 이상의 비중은 상승하는 추세이다.

이와 같이 여성노동력이 전반적으로 저연령, 저학력의 단순인력 중심에서 보다 고학력화, 전문화되고 있는 추세이기는 하지만 여성의 교육적 성취가 여성의 경제활동참가율의 증가나 직업의 지위 향상으로 그대로 이어지는 것은 아니다. 아직도 여성이 고등교육 기관으로 진학할 때에도 전공이 제한된 범위에 집중되는 경향이 있고 취업 시 전공을 활용할 기회가 제한되어 있어 고학력 여성의 경제활동참가율은 여전히 낮은 것이다.

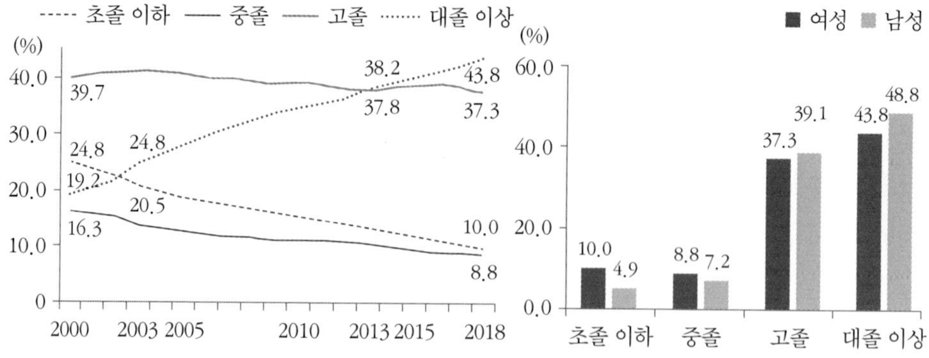

자료: 통계청(각 년도). 경제활동인구조사.

[그림 6-3] 교육정도별 여성 취업자 구성비와 성별 · 교육정도별 구성비(2018년)

고학력 여성의 취업률이 낮다는 것은 개인적인 측면뿐만 아니라 국가, 사회적인 측면에서도 이를 개선하기 위한 프로그램이 운영되어야 함을 의미한다. 특히 기혼 여성의 경제활동참가율에 영향을 미치는 커다란 요인인 양육에 대한 부담에 대하여 국가적 정책이 필요한 것을 지적하는 것이다.

2. 여성노동의 주변적 특성

여성의 경제활동 참여가 전반적으로 늘어남에도 불구하고 여성노동력은 비정규적이며 주변노동력적인 특성을 갖고 있다. 노동력은 고용안정과 근로조건이 보장되는 1차 부문인 주류노동자층과 비전형적 취업과 고용의 불안정을 특징으로 하는 2차 부문인 주변노동자층으로 나누어 볼 수 있다. 여성 노동인구는 전체 노동인구의 절반임에도 불구하고 여성이 겪는 차별과 불평등으로 인하여 주변노동자의 특성을 갖고 있는 것이다.

1) 임금의 차이

임금분포는 남성에 비해 여성이 상대적으로 낮다. 여성 월평균 임금은 매년 조금씩 증가하고 있으며 2018년 244만 9천 원으로 남성의 68.6%이다. 남성대비 여성임금의 비율은 꾸준히 증가하고 있다.

[그림 6-4]에서 나타난 바와 같이 2018년 여성의 직장 평균 근속년수는 4.9년, 월 근로시간은 160.1시간이다. 이는 여성이 남성보다 평균 근속년수는 2.5년이 짧고, 월 근로시간은 11.9시간 적고 임금의 차이는 112만 원이다. 남녀 간 임금 차이

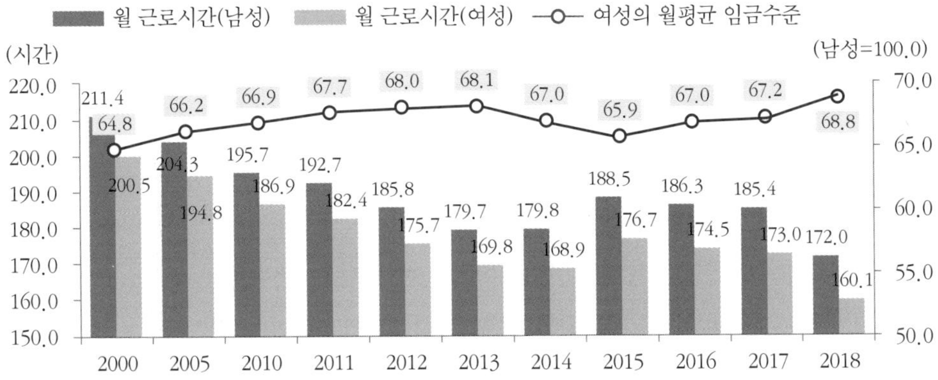

근로시간과 임금수준[1]　　　　(단위: 년, 시간, 천 원, %)

연도	평균 근속년수			월 근로시간			월 평균임금		
	남성	여성	차이(남-여)	남성	여성	차이(남-여)	남성	여성	비율[2]
2005	6.6	4.0	2.6	204.3	194.8	9.5	2,109	1,396	66.2
2008	6.7	4.1	2.6	191.6	182.6	9.0	2,527	1,681	66.5
2010	7.0	4.4	2.6	195.7	186.9	8.8	2,648	1,772	66.9
2011	7.0	4.3	2.7	192.7	182.4	10.3	2,750	1,862	67.7
2012	7.1	4.4	2.7	185.8	175.7	10.1	2,878	1,958	68.0
2013	7.3	4.6	2.7	179.7	169.8	9.9	2,986	2,033	68.1
2014	6.9	4.5	2.4	179.8	168.9	10.9	3,122	2,092	67.0
2015	7.1	4.6	2.5	188.5	176.7	11.8	3,215	2,119	65.9
2016	7.3	4.8	2.5	186.3	174.5	11.8	3,289	2,203	67.0
2017	7.2	4.7	2.5	185.4	173.0	12.4	3,418	2,298	67.2
2018	7.4	4.9	2.5	172.0	160.1	11.9	3,562	2,449	68.8

주: 1) 상용근로자 5인 이상 사업체 대상
2) 남성=100.0일 때의 여성 월평균임금 비율임.
자료: 고용노동부. 근로형태별 근로실태조사보고서.

[그림 6-4] 근로시간과 임금수준

는 사무직보다 생산직에서 더욱 두드러진다. 고위 임직원 및 관리직에서 가장 차이가 적고 저학력 생산직인 기능직이나 농어업 근로자의 경우는 남성임금의 절반수준이다.

남녀 간의 임금 차이는 남녀 간 불평등을 나타내는 중요한 지표이다. OECD는 매년 세계 각국의 성차별지수를 조사하여 젠더 갭 인덱스(gender gap index)로 발표한다. 성차별지수에는 남녀 간 건강, 교육, 경제적 정치적 차이를 반영하고 있는데 가장 젠더 갭이 작은 나라는 아이슬란드, 노르웨이, 핀란드, 스웨덴 등 북구의 나라(.81~.87)이고 우리나라의 젠더 갭은 .65로 115위로 나타난다. [부록(pp. 206-207) 참조]

여성이 임금구조의 하위계층에 몰려 있는 이유는 우선적으로, 여성은 남성보다 임금근로자가 비율이 더 적고 비임금근로자 직종 중에서도 고용주의 여성 비율은 적은 데 비해 무급가족종사자의 비율이 크기 때문이다. 즉, 남성보다 여성이 더 많이 비임금 근로자 및 무급가족종사자로서 일하고 있는 것이다. 또한 여성이 남성보다 입·이직률이 높고 근속연수가 낮다. 여성의 근속연수가 남성보다 낮은 것은 여성이 차별적 처우를 받으며 남성 직업에 비해 정년이 짧고 일시 휴직 후 재취업이 남성에 비해 불리한 현상과 관련된다. 이러한 점으로 직업안정성과 근로조건의 차이로 인해 20대까지 남녀 간의 임금차이는 그리 크지 않으나 30대 이후 그 차이가 급격히 벌어져 다시 좁혀지지 않는다.

또한 남녀 간의 **임금격차**는 같은 피고용 상태라 하더라도 여성이 주로 취업하는 직종이 저임금, 비정규직 직종이라는 점과 동일 직종 내에서도 여성이 남성보다 평균적으로 낮은 임금을 받는다는 점이 결합된 결과이다. 남녀 간 임금의 격차에서 더욱 우려되는 점은 여성과 남성의 임금수준이 다를 뿐 아니라 남성과 여성은 가정에서나 사회에서 하는 일이 다르기 때문에 임금격차가 생기는 것이 당연하다고 생각하는 사회의 분위기와 취업여성의 경우에도 이러한 것을 받아들이는 태도를 보이고 있는 것이다. 점차 여성친화적으로 변화되고 있으나 젠더 갭 인덱스에서도 나타나듯 아직도 남녀 간 불평등, 그리고 남녀 간 임금 격차가 여전한 것을 알 수 있다.

2) 불안정 고용

여성노동의 주변적 특성은 고용의 불안정성에서도 나타난다. 노동시장은 정규직 노동시장과 비정규직 노동시장으로 양분할 수 있는데 여성고용의 불안정성은 지속되고 있다.

2018년 여성 취업자(887만 4,000명) 중 정규직 근로자는 519만 5,000명으로 58.5%이며 여성 비정규직 근로자(367만 8,000명)는 남성 비정규직 근로자보다 74만여 명이 더 많다. 결과적으로 임금근로자 대비 비정규직 근로자 비중은 여성(41.5%)이 남성(26.3%)보다 높다.

여성의 연령대별 비정규직 근로자 비중은 60세 이상이 24.3%로 가장 높고, 이어서 50~59세(22.3%), 40~49세(19.9%)의 순으로 나타난다. 남성도 비슷한 경향이나 여성의 경우 30대에 경력단절이 일어나면서 40대에 재취업할 경우 비정규직으로의 취업이 상당히 늘어나는 것으로 볼 수 있다.

표 6-2 연령대별 비정규직 근로자 구성비(2018년) (단위: %)

구분	계	15~19세	20~29세	30~39세	40~49세	50~59세	60세 이상
여성	100.0	2.3	16.4	14.8	19.9	22.3	24.3
남성	100.0	2.3	17.7	15.3	17.8	21.2	25.7

자료: 통계청(2018).

여성 비정규직 근로자 중 53.6%, 남성 비정규직 근로자 중 28.5%는 시간제 근로자이다. 여성 시간제 근로자 수는 전년(190만 2천 명) 대비 6만 9천 명이 증가하였고, 남성 시간제 근로자 수는 전년(76만 1천 명) 대비 2만 4,000명(3.2%) 감소하였다. 2018년 비정규직 근로자 중 시간제 근로자 구성비의 남녀 차이는 28.5%로 2015년 이후 남녀 차이가 지속적으로 벌어지고 있다

여성의 비정규직, 임시직 노동이 증가하고 있는 것에서 문제가 되고 있는 것은 이러한 노동이 경력이 쌓이지 않고 관리, 통제 영역으로의 승진이 제한된 보조적인 노동들이기 때문이다. 이들 비정규직, 임시직, 시간제 노동에의 종사자들은 비자발적

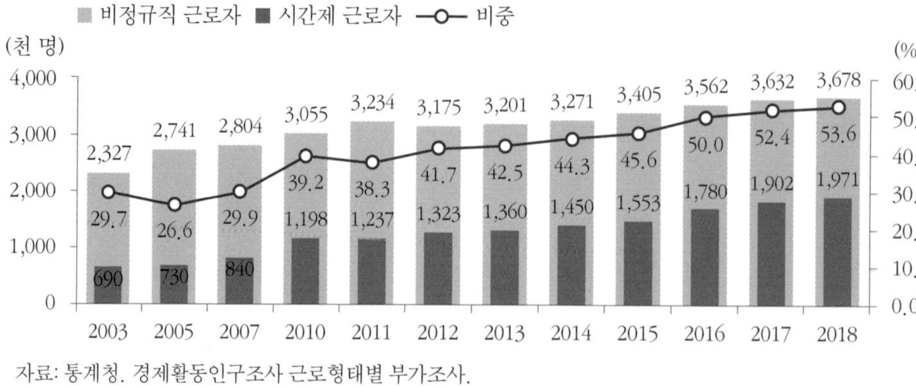

자료: 통계청. 경제활동인구조사 근로형태별 부가조사.

[그림 6-5] 여성 시간제 근로자 현황

인 경우가 많으며 근로조건에 불만족하고 있다. 정규직 노동자에 비해 열악한 처우를 받으며 경제의 불황기에 구조조정의 1차적 대상자로서 대량실업을 겪게 된다. 노동시장에서 쫓겨난 여성들은 실망실업자가 되어 구직활동을 단념하거나 비경제활동인구가 되어 실업자 통계에서 제외되기 쉽다.

3) 여성취업 직종

여성의 대표적인 서비스 직종은 사무실에서의 보조적인 사무직이었다. 즉, 남성의 명령에 따르는 여성이라는 전통적 역할이 직업 역할에 반영되고 있는 것이다. 선진국의 경험에서 볼 때 성별 생산성의 차이가 사라져 감에도 불구하고 성별 임금격차가 잔존하는 가장 중요한 이유는 성별 직종분리가 해소되지 못하기 때문으로 전문직으로서 간호사, 유치원 교사와 제조업 생산직 중 전문직, 섬유, 봉제 등 여성중심 직종과 고급행정, 관리직, 건축관계직 등 주로 남성이 점유하고 있는 직종으로 나뉘면서 여성이 집중된 직종은 동일한 학력이나 동일한 기능을 필요로 하는 다른 남성 직종에 비해 평균임금이 낮게 책정된다.

우리나라의 경우 심각한 남녀가 직종 분리에서 점차 벗어나 꾸준히 전문가 및 관련 종사자에 여성의 고용이 증가하여 2018년 23.2%으로 가장 비율이 높고, 사무종사자(20.2%), 서비스 종사자(17.3%)로 나타나지만 관리자 직은 여전히 낮은 0.5%로 나타난다.

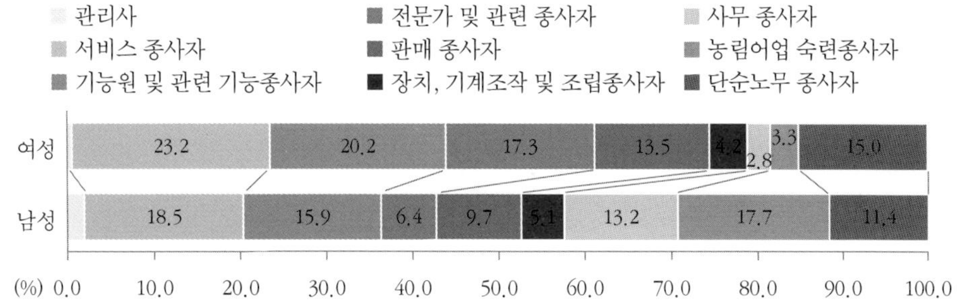

자료: 통계청(2018).

[그림 6-6] 취업자 직종구성비(2018년)

구체적인 산업 및 직업을 살펴보면, 여성취업은 보육서비스와 노인관련 산업의 확충으로 사회복지서비스, 보건업 중심으로 확대되어 왔으며 향후에도 서비스업 위주로 지속 증가할 전망이다. 반면, 농업, 음식점 및 주점업, 소매업 등의 취업자는 감소추세이다. 30대의 경우에는 고학력화로 금융업, 전문서비스업에서 고용이 증가하였다.

4) 경력단절여성

2018년 4월 기준 15~54세 기혼여성은 900만 5천 명으로, 비취업여성은 345만 7천 명이고, 이 중 경력단절여성은 184만 7천 명으로 전년대비 1만 6천 명 증가하였다. 경력단절여성이란 비취업여성 중 결혼, 임신·출산, 육아, 자녀교육(초등학생), 가족돌봄 때문에 직장을 그만둔 여성을 의미한다.

여성의 경제활동을 4R(진입, 지속근무, 재진입, 대표성)로 분석하면(여성가족부, 2014) 우리나라의 경우 여성의 경제활동의 초기 진입은 양호한 편이지만, 출산, 육아시기를 기점으로 경력유지가 어렵고 경력단절 후 재진입의 기회가 취약하며 고위직, 관리직으로 진출하기가 어려운 현실이다([그림 6-7] 참조).

경력단절여성 중 30~39세의 비중이 48.0%로 가장 높고, 이어서 40~49세(35.8%), 50~54세(8.7%), 15~19세(7.5%) 순으로 나타났다. 경력단절 사유로는 결혼 34.4%, 육아 33.5%, 임신과 출산이 24.1%, 가족돌봄 4.2%, 자녀교육이 3.8%로 나타났다.

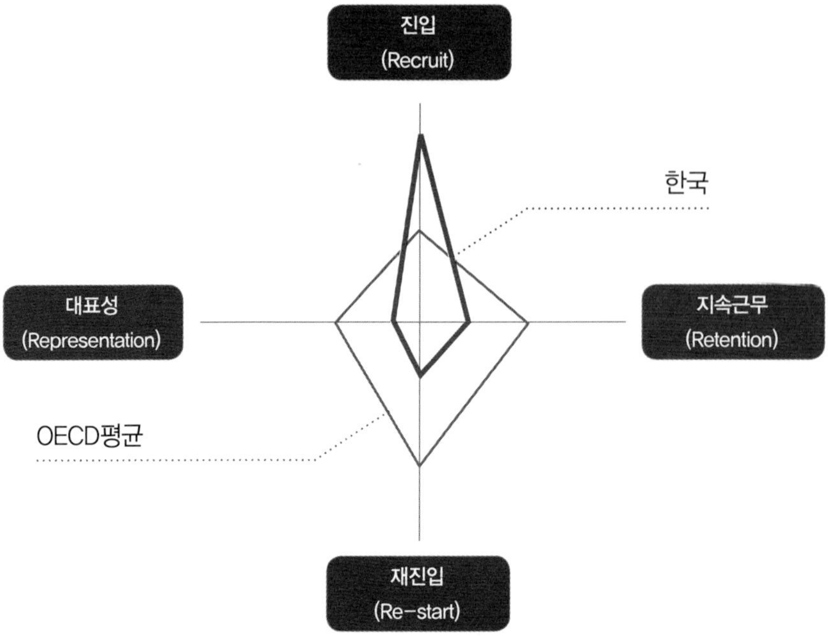

[그림 6-7] 여성의 경제활동고리 4R

여성 고용이 양적, 질적으로 개선되는 추세이다. 그럼에도 불구하고 임신과 출산 등으로 인한 경력단절로 인해 30대 남녀의 고용률 격차가 크고 경력단절에 따른 사회적 손실이 발생하고 있다. 2013년 LG경제연구원의 추산에 의하면 경력단절로 인한 잠재소득 손실은 GDP의 4.9%이다.

경력단절과 성차별적 임금구조는 남녀간 임금격차의 주요인이다. 김난주(2015)에 의하면 성별 임금격차의 원인으로 성차별에 의한 이유가 62.2%이고, 생산성 등의 차이로 인한 합리적 임금격차가 원인인 경우는 37.8%로서, 근속연수, 사업장규모의 차이, 교육수준, 재직업종, 노조가입률, 직업훈련 등의 차이를 합친 비율이다. 이러한 합리적 임금격차의 가장 큰 변수가 근속연수이다. 경력유지는 임금격차를 줄이는 중요한 요소이다. 경력단절은 임금저하, 하향취업의 경향, 비정규 고용의 증가로 나타난다. 저임금 여성은 비정규직의 확산, 경력단절, 직종분리, 여성에 대한 비합리적 차별이 중첩되어 나타난 결과라고 볼 수 있다.

3. 여성노동의 불평등 해소방안

여성의 노동시장에의 참여 그 자체는 확대되었으나 노동시장에서의 불안정하고 낮은 지위가 개선되고 있는 것을 아직 미흡하다. 1980년 이후 한국 노동시장의 주요한 변화 가운데 하나는 노동력의 여성화이고 그중에서도 가장 큰 변화 중 하나는 기혼여성 노동자의 증가이다. 그런데 이러한 여성노동력은 가사노동과 직장노동의 이중부담을 지고 있으며 여성노동의 지위 향상을 표방하는 관련 법규의 시행에도 불구하고 성별 분리로 인한 고용의 불안정성, 영세 및 소규모 사업체 종사, 탈숙련 노동, 낮은 임금, 경력과 승진에서의 불이익, 조기 정년 그리고 노동시장에서의 양극화의 심화로 여성노동은 주변적 특징은 여전하다고 볼 수 있다. 이러한 여성의 노동 분야에서의 차별을 극복하기 위해서 어떠한 방향으로 가야 할 것인가?

1) 여성의 취업기회의 확대와 관습적인 차별의 철폐

노동시장에서의 남녀차별 철폐를 위해서는 취업기회 및 근로조건에서의 차별에 대한 철저하고 구체적인 시행이 요구된다. 남녀 간의 임금격차의 주요 요인은 고용단계에서의 차별과 기업 내부의 임금 및 승진 등에서의 차별에 있다. 기업이 여성고용의 기피와 차별 대우의 주요요인으로 지적하는 것은 여성의 결혼, 출산으로 인한 경력단절이다. 하지만 여기서 유의해야 할 점은 여성의 노동시장 중도 이탈률이 높은 것은 여성에 대한 관습적인 차별과 여성이 남성처럼 직장에만 몰두할 수 있는 사회적 여건이 구비되어 있지 않는 데 따른 결과이다.

미국의 경우 「차별금지법」의 철저한 시행으로 기업의 여성에 대한 차별 비용이 높아지고 결과적으로 여성노동력에 대한 수요가 상향 이동되었으며 여성취업이 생애주기와는 관계없이 계속될 수 있다.

우리나라에서도 「남녀고용평등법」이 「남녀고용평등과 일 · 가정 양립 지원에 관한 법률」로 개정되면서 일 · 가정 양립에 대한 보다 적극적 지원을 확대해 오고 있다.

여성이 결혼 및 출산 후에도 계속 취업을 유지할 수 있도록 제도적 뒷받침과 함께 전일 근무를 하기 어려운 기혼여성을 위하여 시간제 노동을 활용하는 것도 필요하다. 우리나라 시간제 노동은 전일제 노동에 비해 불안정하거나 임금의 차이가 있는 등 주변적 특성을 갖고 있다. 그러나 일부 선진국에서 나타나는 것처럼 시간제 노동에서 문제가 되는 것은 시간제 노동 그 자체라기보다는 시간제 노동의 임시적 성격 때문이다. 따라서 시간제 노동의 조건이 전일제 노동에 상응하는 노동 조건으로 갖추어지며 너불어 시간제 노동이 주로 여성으로 채워지는 성별화가 극복된다면 증가하고 있는 기혼여성의 노동조건 향상에 기여할 것이다.

2) 여성 교육 및 직업능력개발

여성의 교육 수준은 꾸준히 높아지고 있다. 그러나 단순한 여성의 고학력화 대신 취업에 용이한 교육투자의 확대가 중요하다. 노동시장진출 이전에 축적되는 학력과 기능, 기술 수준의 향상은 현재의 여성을 대상으로 하는 교육제도와 직업훈련제도의 개편을 요구한다. 우리나라의 경우 학교교육에서도 여학생들은 문과 지망이 아직도 압도적으로 많고 이로 인해 대학진학 시 선호학과도 대부분이 인문계통으로 실제로 노동현장에서 이들을 고용하는 기업이 필요로 하는 이공 분야나 경상 분야의 전공자가 적다. 이러한 교육관행으로 인해 기술자격을 취득하거나 기업에서 실제로 필요로 하는 지식을 갖춘 여성은 소수에 그치게 되고 이 때문에 기업 측이 고의로 남녀차별을 하지 않더라도 일정한 기술자격을 갖춘 자를 필요로 하는 경우 대부분의 여성은 자연스럽게 배제되고 마는 결과를 가져온다. 그러므로 기술자격을 취득할 수 있는 분야에서의 교육이 확대되도록 유도해야 할 것이다. 이와 더불어 여성의 교육 수준에 맞는 취업전략과 취업 후의 근속기간과 경력을 축적하는 연속취업정책으로 경력과 기술을 형성하게 하는 것이 중요할 것이다. 따라서 고학력 여성이 21세기 산업분야인 지식기반산업 분야로 진출하도록 유도하고 균형적 진로 탐색을 위하여 직업현장과의 연계체계를 구축하는 사업의 지속적인 시행이 필요하다. 더불어 이들을 위한 인적자원개발 프로그램이 지속적으로 지원되어야 한다.

또한 직업훈련을 통해 현재 취업상태에 있는 대다수의 단순 여성노동력을 기능인력화하는 것도 중요하다. 직업훈련을 실시하고 있는 곳은 공공직업훈련기관, 사업 내 직업훈련과정과 인정직업훈련기관인데 여성에 대한 훈련을 실시하는 곳은 남성에 비해 상대적으로 적다. 최근에는 여성인력개발센터가 증가하면서 재취업을 원하는 전업주부를 대상으로 직업훈련교육을 실시하여 효과를 거두고 있다. 그러나 아직까지도 전체 여성취업자 중 직업훈련의 경험이 있는 여성은 소수에 불과해 여성 직업훈련기관의 확충과 지원이 중요한 과제임을 알 수 있다. 직업능력개발사업이 여성에게 효과가 있기 위해서는 전체적으로 여성의 취업이나 여성의 재취업을 위한 직업능력개발사업과 여성의 승진, 직종 전환을 위한 직업능력개발사업은 특히 촉진될 필요가 있으며, 이러한 내용을 「고용보험법」에 명시화하는 것도 하나의 방안이 될 수 있다. 또한 일반적으로 남성 직종이라고 인식되는 분야와 신기술 분야의 직업훈련에서는 여성할당제를 실시하도록 해야 한다. 이것은 성별 직종분리와 여성의 보조인력화를 통제하는 한 방법이 될 수 있을 것이다.

3) 기업 내 가족친화적 고용정책의 도입

기업은 정책적 차원에서 성에 대한 편견을 제거하고 여성인력의 활용을 위한 전략적 프로그램을 운영하도록 하는 것이 중요하다. 여성과 남성의 기본적인 차이인 출산이라는 생물학적 차이를 인정하고 이를 위해 융통성 있게 근무일정을 조정해 주어야 한다. 또한 본인이 원하는 경우 여성과 남성 구성원에게도 융통성을 제공해야 한다. 기초적인 리더십을 갖춘 여성들에게는 특별한 관리기술과 수단을 제공해야 하며 남성에게는 존재하지 않지만 여성에게 존재하는 장애들을 제거해 주어야 한다(문지현, 2003).

여성의 직장에의 참여와 성차별에 대한 해결을 위해서는 여성의 노동시장에 대한 접근용이성을 증가시키며 이미 취업한 여성과 남성에 대해 동일한 대우를 보장하는 것이 필요하다. 특히 기업 내에서의 사회복지 서비스는 지금까지는 동일한 기회와 대우를 보장받지 못한 여성의 욕구가 충족되도록 작업장의 구조를 변화시키는 것이다(Akabas, 1995).

정책적 수준에서 이러한 변화가 시도될 수 있으며 이 같은 변화는 취업여성을 위한 옹호자의 역할을 수행할 수 있다. 구체적으로 여성의 행정/관리 인력에의 승진을 가로막는 개인적 벽과 조직적 장애물을 인식하고 제거하며 여성노동력을 적극적으로 활용하는 인사정책의 변화를 도모할 수 있다.

미국의 경우 여성취업자를 위한 직접적 서비스의 내용으로는, ① 성희롱 문제의 해결, ② 가사와 노동의 병행에서 기인하는 갈등문제의 해결, ③ 승진과 관련된 차별의 인식, ④ 상호 협력의 촉진, ⑤ 가족의 물질남용 장애와 같은 문제의 해결, ⑥ 인간관계 연결망의 형성과 같은 과제 수행, ⑦ 여성취업자 자조집단의 형성 원조 등이 있으며 직장 내 공식적 복지 프로그램을 통하여 서비스 욕구에 대한 파악과 직접적 원조가 이루어진다(Akabas, 1995).

김태홍과 고인아(2001)의 연구에 의하면 우리나라 기업의 약 64%에서 가족친화적인 제도에 대한 근로자의 요구가 있는 것으로 나타났다. 이러한 요구는 업종별, 기업규모별로 다소 달랐다. 따라서 기업들이 가족친화적인 제도를 도입할 때 사전에 어떠한 집단을 위해서, 어떤 유형의 가족친화적인 제도를 도입할 것인가를 충분히 조사, 분석해야 한다. 기혼여성 근로자의 50% 이상이 당장 도입하는 것이 필요하다고 생각하는 가족친화적인 제도는 직장보육시설, 보육비용지원제도, 특별보육제도, 탄력적 근무제, 주 5일 및 격주 휴무제, 시차출퇴근제도, 가족문제가 있는 근로자에 대한 업무전환제도, 상용시간제, 가족친화적인 휴가제도에 속하는 모든 제도, 스트레스 상담제도였다.

가족친화적 고용정책은 가족친화적 근무제도와 가족친화적 서비스제도의 도입으로 나누어 볼 수 있다.

가족친화적인 근무제도는 근무시간이나 장소가 경직적으로 고정되어 있지 않고 근로자의 선택에 따라서 탄력적으로 조정할 수 있음에 따라 직장과 가정영역의 일을 조화롭게 수행할 수 있게 하는 제도를 말한다. 탄력적 근무제, 시차출퇴근제, 재택 및 원격지 근무제 등이 있다.

탄력적 근무제(flexible working system)란 일정한 기간 동안의 총 근로시간을 결정한 다음, 근로자가 근로시간의 시작과 종료를 일정한 시간대에서 자유롭게 선택하도록 하는 근무제도이다. 하루의 소정근로시간은 해당 근로자가 반드시 사업장에서 근무해야 하는 시간대인 핵심근로시간대와 근로자가 근무시간을 자유롭게 결정할 수 있는 선택시간대로 나누어진다. 우리나라 「근로기준법」에서도 탄력적 근로시간제에 대한 규정에 있는데, 동 규정에서 2주간 이내의 일정한 단위기간을 평균하여 1주간의 근로시간이 법정 근로시간을 초과하지 아니하는 범위 안에서 특정 주에 44시간, 특정 일에 8시간의 근로시간을 초과하여 근로하게 할 수 있도록 하고 있다.

시차출퇴근제도(variable starting/stopping times) 혹은 선택적 근로시간제는 출퇴근시간을 근로자의 결정에 맡기는 제도이다. 전형적인 시차출퇴근제는 1일 근로시간인 8시간을 기준으로 조기 출근하는 근로자는 조기퇴근하고, 늦게 출근하는 근로자는 늦게 퇴근하는 제도를 말한다.

직장에서 떨어진 사무실이나 거주지에서 근무하는 원격지 근무제도에는 재택근무(home-based teleworking)와 이동 원격지 근무제도(mobile teleworking)가 있다. 재택근무제는 컴퓨터와 통신기술의 발달로 인해서 정보관련 업무에 종사하는 근로자 수가 증가함에 따라 확산속도가 빨라지기 시작했다. 이러한 근무제도는 통근시간을 절약할 수 있고 근로시간을 유연하게 활용할 수 있으며 또한 별도의 보육서비스를 필요로 하지 않는 장점이 있다. 또한 기업의 측면에서도 사무실 공간이나 감독에 소요되는 비용을 증가할 수 있고, 업무효율성을 향상시킬 수 있는 장점이 있다.

가족친화적인 서비스제도는 종업원 지원 프로그램(Employee Assistance Program: EAP)에 속하는 하나의 제도로 볼 수 있다. 일반적으로 종업원 지원 프로그램은 직장과 가정문제에 대해서 교육과 상담을 제공하는 종업원 지원 프로그램과 종업원에 대한 상담 프로그램으로 나눌 수 있다. 종업원 지원 프로그램에 속하는 구체적인 제도로는 정기건강진단, 체력단련실 운영 및 회원권 제공, 주택자금융자, 기념일 선물지급, 사내그룹활동 지원, 콘도 및 휴양시설지원, 개인문제 상담서비스 등이 있다.

4) 여성의 경력단절 예방 및 재취업 지원

「경력단절여성 등의 경제활동 촉진법」이 2008년 시행된 후 몇 차례 개정되면서, 여성새로일하기센터('새일센터')가 확대되고 전공, 경력, 지역적 특성을 고려한 맞춤형 서비스 강화를 위한 유형별 새일센터(경력재발형, 자립지원형, 농어촌 등)이 시범 운영되기도 하였다. 그러나 새일센터 등을 통해 여성을 경제활동참가율이 높아진 연령대는 40~50대의 중 · 고령 여성이며, 30대 여성의 새일센터 이용 및 경제활동 참가율 개선은 미흡한 것으로 나타난다. 정부는 1차와 2차에 걸쳐 경력단절여성 등의 경재활동촉진 기본계획을 세우고 다양한 방안을 추진하였다. 2차 기본계획에서는 '재직여성 등의 경력단절예방' '경력단절여성 재취업활성화' '보육, 돌봄 인프라 강화' '일가정 양립환경조성 및 협력체계구축'이라는 네 가지의 영역에 10개 과제를 선정하여 추진하기로 하였다(여성가족부, 2014).

우리나라 여성의 노동생애에서의 장기간의 경력단절은 다른 OECD 나라와 비교하여 볼 때 독특한 현상이다. 특히 30대와 40대 초반 경력단절이 일어나는 점을 주목할 필요가 있다. 일가정 양립 정책을 꾸준히 지속하면서 이들 30~40대 초반에 대한 일사리 정책을 보다 정교화하고 전체적으로는 성별 임금격차를 해소해 나가는 방향으로 나갈 때 경력단절 현상이 완화될 수 있을 것이다. 스웨덴과 같이 양육시기 근로시간을 단축할 수 있는 것을 권리로서 부여하는 방안도 고려해 볼 수 있을 것이다.

5) 여성과 일에 대한 가치의 변화

지난 70년간 여성의 삶은 서서히 변화되어 왔다. 최근에는 1인 가구가 급증하고 있고 다양한 가족형태가 출현하며, 결혼과 출산에 대한 의식도 변화되어 왔다. 또한 30~34세 여성의 37.5% 남성의 55.8%, 35~39세 여성의 19.2% 남성의 33.0%가 미혼으로 머물러 있는 등 개인화 징후가 나타나고 있다(성인지통계, 2018). 일은 남성에게뿐 아니라 여성에게도 경제적으로도 필요하고 일을 통해 사회참여와 자아실현을 할 수 있으며 노후의 사회보장의 기초를 제공한다. 특히 이혼과 독신이 증가하면서 독자적인 생계를 꾸려야 하는 여성과 남성의 실직 등으로 가족을 부양하는 여성도 증가하고 있다. 이러한 점에서 과거에 생계부양자로서의 남성/피부양자로서의 여성의 이데올로기는 더 이상 유효하다고 볼 수 없다.

여성에게도 일이 중요한 삶의 영역이면서 남성과 달리 돌봄 및 감정노동에는 아직도 여성의 몫이 크다. 우리 사회에서 여성의 돌봄 및 가정노동에 대한 가치를 더욱 인정해야 한다. 궁극적으로 여성에게만 일·가정 양립이 중요한 것이 아니라 남녀 모두 일과 가정을 양립하는 삶을 지향하는 가치와 문화의 조성이 필요하다.

중점토의

1. 주위에서 여성의 승진에서의 차별에 대한 실례를 살펴보고, 이에 대한 대책을 논의하시오.
2. 기혼여성의 가정과 직장의 양립의 어려움을 설명하시오.
3. 실망실업자의 개념을 논의하고 여성의 삶과 연결시켜 논의하시오.
4. 육아휴직제도의 활용증진을 위한 방안을 논의하시오.
5. 여성노동의 현황을 비교 국가적으로 고찰하시오.

참고문헌

김태홍(2000). **여성고용구조의 변화와 향후 정책방향**. 한국여성개발원.

김태홍, 고인아(2001). **가족친화적인 고용정책의 현황과 활성화 방안**. 한국여성개발원.

문지현(2003). 전략적 여성인력활용의 성공적 수행을 위한 연구. **여성연구**, 64, 157-199.

여성가족부(2014). 제2차 경력단절여성등의 경제활동촉진 기본계획(안). 2015~2019.

여성정책연구원(2018). **2018 한국의 성인지통계**.

여성통계연보(2004). **2004 여성통계연보**. 한국여성개발원.

장지연, 부가청(2003). 숨겨진 선택: 기혼여성 노동자의 일과 자녀 양육. **여성연구**, 149-177.

통계청(2002). **경제활동인구조사**.

통계청(2004). **경제활동인구연보**.

통계청(2019). **2019 통계로 보는 여성의 삶**.

Akabas, S. H. (1995). The World of Work. In Van Den Bergh (Ed.), *Feminist practice in he 21st century* (pp. 105-125). NASW Press.

OECD Employment Outlook 2015. OECD publishing.

〈부록〉 세계 성 격차 지수 2018(The Global Gender Gap Index)

	GLOBAL INDEX		ECONOMIC PARTICIPATION AND OPPORTUNITY		EDUCATIONAL ATTAINMENT		HEALTH AND SURVIVAL		POLITICAL EMPOWERMENT	
Country	Rank	Score (0–1)	Rank	Score (0–1)	Rank	Score (0–1)	Rank	Score (0–1)	Rank	Score (0–1)
Iceland	1	0.858	16	0.793	39	0.999	121	0.968	1	0.674
Norway	2	0.835	11	0.806	41	0.999	95	0.972	3	0.563
Sweden	3	0.822	9	0.808	52	0.998	115	0.969	7	0.512
Finland	4	0.821	17	0.786	1	1.000	60	0.977	6	0.519
Nicaragua	5	0.809	69	0.679	36	1.000	1	0.980	2	0.576
Rwanda	6	0.804	30	0.743	109	0.961	90	0.973	4	0.539
New Zealand	7	0.801	23	0.761	1	1.000	107	0.970	9	0.472
Philippines	8	0.799	14	0.801	1	1.000	42	0.979	13	0.416
Ireland	9	0.796	43	0.725	57	0.996	111	0.970	8	0.493
Namibia	10	0.789	12	0.804	42	0.999	1	0.980	20	0.375
Slovenia	11	0.784	15	0.795	29	1.000	1	0.980	22	0.361
France	12	0.779	63	0.685	1	1.000	78	0.974	10	0.458
Denmark	13	0.778	38	0.734	1	1.000	100	0.971	15	0.406
Germany	14	0.776	36	0.734	97	0.976	85	0.973	12	0.418
United Kingdom	15	0.774	52	0.705	38	0.999	110	0.970	11	0.421
Canada	16	0.771	27	0.748	1	1.000	104	0.971	21	0.365
Latvia	17	0.758	10	0.807	1	1.000	1	0.980	42	0.246
Bulgaria	18	0.756	50	0.708	87	0.989	42	0.979	25	0.346
South Africa	19	0.755	91	0.645	72	0.992	1	0.980	17	0.404
Switzerland	20	0.755	34	0.739	80	0.991	108	0.970	29	0.320
Barbados	21	0.753	2	0.871	1	1.000	72	0.976	77	0.166
Costa Rica	22	0.749	105	0.614	1	1.000	63	0.977	16	0.406
Cuba	23	0.749	97	0.627	40	0.999	77	0.975	18	0.396
Lithuania	24	0.749	21	0.765	53	0.997	1	0.980	41	0.254
Bolivia	25	0.748	95	0.630	96	0.976	51	0.979	14	0.408
Lao PDR	26	0.748	1	0.915	105	0.968	98	0.971	89	0.137
Netherlands	27	0.747	56	0.698	1	1.000	120	0.968	28	0.323
Belarus	28	0.747	6	0.838	49	0.998	52	0.979	74	0.173
Spain	29	0.746	80	0.660	47	0.998	93	0.972	24	0.354
Bahamas	30	0.741	3	0.863	1	1.000	1	0.980	100	0.122
Burundi	31	0.741	5	0.839	130	0.890	55	0.978	40	0.255
Belgium	32	0.738	49	0.714	34	1.000	85	0.973	39	0.264
Estonia	33	0.734	42	0.729	1	1.000	42	0.979	51	0.228
Albania	34	0.734	54	0.701	91	0.987	134	0.963	34	0.284
Moldova	35	0.733	18	0.785	69	0.993	1	0.980	72	0.176
Argentina	36	0.733	114	0.599	63	0.995	1	0.980	23	0.356
Portugal	37	0.732	44	0.721	82	0.991	54	0.978	46	0.240
Serbia	38	0.730	76	0.672	51	0.998	1	0.980	37	0.272
Australia	39	0.730	46	0.718	1	1.000	103	0.971	49	0.232
Colombia	40	0.729	39	0.733	1	1.000	1	0.980	59	0.203
Ecuador	41	0.729	82	0.657	59	0.996	58	0.978	35	0.283
Poland	42	0.728	51	0.706	50	0.998	1	0.980	50	0.230
Uganda	43	0.724	55	0.700	126	0.913	1	0.980	32	0.305
Jamaica	44	0.724	29	0.747	1	1.000	68	0.976	75	0.171
Panama	45	0.722	59	0.693	64	0.995	1	0.980	53	0.222
Israel	46	0.722	66	0.684	1	1.000	97	0.971	48	0.232
Zimbabwe	47	0.721	40	0.730	92	0.986	1	0.980	63	0.190
Bangladesh	48	0.721	133	0.441	116	0.950	117	0.969	5	0.526
Mozambique	49	0.721	74	0.675	131	0.889	1	0.980	26	0.340
Mexico	50	0.721	122	0.574	58	0.996	50	0.979	27	0.335
United States	51	0.720	19	0.782	46	0.998	71	0.976	98	0.125
Peru	52	0.720	94	0.634	89	0.988	65	0.977	36	0.282
Austria	53	0.718	81	0.658	1	1.000	81	0.974	44	0.242
Chile	54	0.717	120	0.585	37	0.999	59	0.977	31	0.307
Botswana	55	0.715	13	0.802	1	1.000	1	0.980	126	0.079
Uruguay	56	0.715	77	0.664	32	1.000	1	0.980	54	0.216
Cameroon	57	0.714	8	0.816	133	0.876	89	0.973	61	0.191
Mongolia	58	0.714	20	0.780	70	0.993	1	0.980	109	0.102
Croatia	59	0.712	67	0.681	44	0.998	1	0.980	62	0.191
Kazakhstan	60	0.712	32	0.741	30	1.000	42	0.979	94	0.130
Luxembourg	61	0.712	60	0.693	1	1.000	91	0.972	67	0.184
Bosnia and Herzegovina	62	0.712	115	0.599	94	0.981	1	0.980	33	0.290
Romania	63	0.711	53	0.705	56	0.996	1	0.980	79	0.162
Venezuela	64	0.709	61	0.691	55	0.997	1	0.980	76	0.167
Ukraine	65	0.708	28	0.747	26	1.000	56	0.978	105	0.107
Macedonia, FYR	66	0.707	103	0.620	68	0.993	73	0.976	45	0.241
Singapore	67	0.707	24	0.761	88	0.988	130	0.965	103	0.113
Honduras	68	0.706	75	0.673	31	1.000	62	0.977	73	0.176
Montenegro	69	0.706	57	0.696	71	0.992	42	0.979	83	0.157
Italy	70	0.706	118	0.592	61	0.995	116	0.969	38	0.267
Tanzania	71	0.704	72	0.676	124	0.918	53	0.978	43	0.245
Cape Verde	72	0.702	65	0.684	102	0.971	80	0.974	70	0.178
Thailand	73	0.702	22	0.763	81	0.991	56	0.978	130	0.074

Dominican Republic	74	0.701	89	0.650	54	0.997	1	0.980	69	0.179
Russian Federation	75	0.701	31	0.741	28	1.000	1	0.980	123	0.085
Kenya	76	0.700	37	0.734	122	0.929	1	0.980	82	0.159
Viet Nam	77	0.698	33	0.740	101	0.972	143	0.957	99	0.124
Greece	78	0.696	64	0.684	73	0.992	99	0.971	88	0.138
Suriname	79	0.695	93	0.638	77	0.991	87	0.973	71	0.177
Eswatini	80	0.694	58	0.694	86	0.989	1	0.980	104	0.112
Lesotho	81	0.693	88	0.650	1	1.000	1	0.980	86	0.143
Czech Republic	82	0.693	87	0.651	1	1.000	1	0.980	87	0.140
Slovak Republic	83	0.693	83	0.657	1	1.000	1	0.980	91	0.135
Madagascar	84	0.691	48	0.714	115	0.950	82	0.974	96	0.127
Indonesia	85	0.691	96	0.629	107	0.967	79	0.974	60	0.193
Kyrgyz Republic	86	0.691	78	0.662	79	0.991	1	0.980	93	0.130
El Salvador	87	0.690	121	0.582	75	0.992	1	0.980	57	0.206
Myanmar	88	0.690	35	0.738	98	0.976	61	0.977	133	0.069
Ghana	89	0.688	25	0.753	120	0.935	119	0.968	117	0.097
Brunei Darussalam	90	0.686	26	0.752	84	0.990	113	0.969	145	0.031
Malta	91	0.686	106	0.614	1	1.000	114	0.969	81	0.159
Cyprus	92	0.684	70	0.679	48	0.998	125	0.967	120	0.092
Cambodia	93	0.683	45	0.719	119	0.938	75	0.975	108	0.102
Senegal	94	0.682	123	0.564	132	0.880	69	0.976	30	0.308
Brazil	95	0.681	92	0.645	1	1.000	1	0.980	112	0.101
Liberia	96	0.681	41	0.729	141	0.792	118	0.968	47	0.236
Azerbaijan	97	0.680	47	0.716	33	1.000	146	0.941	137	0.063
Armenia	98	0.678	73	0.675	35	1.000	148	0.939	115	0.099
Georgia	99	0.677	85	0.654	60	0.996	123	0.967	119	0.093
Sri Lanka	100	0.676	125	0.549	90	0.988	1	0.980	65	0.188
Malaysia	101	0.676	84	0.656	1	1.000	83	0.974	131	0.072
Hungary	102	0.674	68	0.680	66	0.994	42	0.979	142	0.045
China	103	0.673	86	0.653	111	0.958	149	0.915	78	0.164
Paraguay	104	0.672	98	0.623	67	0.994	96	0.972	114	0.100
Nepal	105	0.671	110	0.608	123	0.926	128	0.966	66	0.185
Fiji	106	0.669	112	0.603	76	0.991	42	0.979	107	0.104
Guatemala	107	0.668	100	0.623	104	0.968	1	0.980	111	0.102
India	108	0.665	142	0.385	114	0.953	147	0.940	19	0.382
Mauritius	109	0.663	119	0.585	78	0.991	1	0.980	116	0.097
Japan	110	0.662	117	0.595	65	0.994	41	0.979	125	0.081
Belize	111	0.662	90	0.648	85	0.990	1	0.980	144	0.032
Malawi	112	0.662	109	0.609	127	0.908	1	0.980	84	0.152
Maldives	113	0.662	101	0.622	27	1.000	144	0.953	132	0.072
Sierra Leone*	114	0.661	62	0.686	128	0.907	124	0.967	124	0.083
Korea, Rep.	115	0.657	124	0.549	100	0.973	87	0.973	92	0.134
Guinea	116	0.656	7	0.820	147	0.682	138	0.962	80	0.162
Ethiopia	117	0.656	111	0.606	137	0.819	66	0.976	52	0.223
Benin	118	0.654	4	0.850	145	0.729	92	0.972	134	0.065
Tunisia	119	0.648	135	0.439	108	0.966	105	0.971	55	0.216
Gambia, The	120	0.642	116	0.598	129	0.896	112	0.970	106	0.106
United Arab Emirates	121	0.642	134	0.439	95	0.979	94	0.972	68	0.180
Bhutan	122	0.638	104	0.619	125	0.917	141	0.960	138	0.056
Tajikistan	123	0.638	126	0.547	118	0.940	74	0.976	121	0.088
Timor-Leste	124	0.638	138	0.423	121	0.935	64	0.977	56	0.216
Angola	125	0.633	113	0.602	143	0.745	1	0.980	58	0.206
Kuwait	126	0.630	127	0.541	74	0.992	140	0.961	146	0.027
Qatar	127	0.629	129	0.511	62	0.995	139	0.961	140	0.050
Algeria	128	0.629	132	0.452	112	0.957	137	0.962	85	0.145
Burkina Faso	129	0.629	99	0.623	135	0.853	133	0.963	128	0.075
Turkey	130	0.628	131	0.466	106	0.968	67	0.976	113	0.101
Côte d'Ivoire	131	0.627	102	0.621	138	0.815	106	0.970	110	0.102
Bahrain	132	0.627	128	0.515	43	0.998	142	0.958	143	0.037
Nigeria	133	0.621	79	0.661	140	0.806	132	0.964	139	0.052
Togo*	134	0.618	108	0.610	142	0.771	131	0.965	95	0.128
Egypt	135	0.614	139	0.421	99	0.975	84	0.974	122	0.087
Mauritania	136	0.607	140	0.408	134	0.862	109	0.970	64	0.189
Morocco	137	0.607	141	0.404	117	0.942	135	0.963	102	0.117
Jordan	138	0.605	144	0.375	45	0.998	102	0.971	129	0.075
Oman*	139	0.605	137	0.430	83	0.990	49	0.979	148	0.020
Lebanon	140	0.595	136	0.432	110	0.959	122	0.967	147	0.024
Saudi Arabia	141	0.590	145	0.337	93	0.982	136	0.963	127	0.077
Iran, Islamic Rep.	142	0.589	143	0.376	103	0.969	127	0.966	141	0.046
Mali	143	0.582	130	0.507	144	0.739	129	0.965	101	0.118
Congo, Dem. Rep.*	144	0.582	107	0.613	148	0.674	70	0.976	136	0.063
Chad	145	0.580	71	0.677	149	0.575	101	0.971	118	0.097
Syria	146	0.568	148	0.273	113	0.955	1	0.980	135	0.063
Iraq*	147	0.551	149	0.264	136	0.829	76	0.975	90	0.135
Pakistan	148	0.550	146	0.318	139	0.810	145	0.946	97	0.127
Yemen	149	0.499	147	0.299	146	0.718	126	0.966	149	0.014

* New countries in 2018

제7장

여성과 빈곤

이 장에서는 '빈곤의 여성화'를 성차별적 노동시장, 가계소득에서의 불평등한 지배권, 여성중심적 사회보장제도의 미비, 결혼이라는 사회제도가 여성에게 주는 경제적 의존성 등을 통해 살펴본다.

여성과 빈곤을 논할 때 가장 대표적인 집단으로 여성 한부모가족과 여성노인을 생각해 볼 수 있으므로, 여성 한부모가족을 정의하고, 여성 한부모가족에 대한 빈곤대책을 소개하였다. 또한 여성노인의 빈곤 상황을 이해하기 위하여 여성노인의 비율과 특성 그리고 여성노인에 대한 빈곤대책을 알아본다.

공식적 지지 못지않게 필요한 비공식적 지지와 관련하여, 여성 한부모가족 가구주와 여성노인은 어느 정도의 욕구가 있으며, 사회적 지지의 원천은 어떠한지에 관해서 살펴보았다.

1. 빈곤의 여성화

피어스(Pearce, 1990)는 미국사회의 빈곤문제가 여성에게 집중적으로 나타나고 있다고 보고 '**빈곤의 여성화**(feminization of poverty)' 개념을 소개하였다. 1960년에서 1970년대의 빈곤퇴치 운동은 성인 남성과 남자 청소년, 남성 노인층에게는 도움이 된 반면에 여성 가구주의 빈곤률은 오히려 증가하는 현상을 보였다. 이에 피어스는 여성이 경험하는 빈곤은 남성이 경험하는 빈곤과는 근본적으로 다르다고 보았으며, 미국의 탈빈곤 프로그램이 남성 가장을 모델로 가정하고 있어서 실패하였다고 주장하였다.

또한 피어스는 여성이 노동시장에서 배제되고, 부양의무자인 남성이 없을 경우에는 사회보험 혜택을 받지 못한다는 점에서 여성은 빈곤할 가능성이 매우 높다고 보았기 때문이다. 여성이 빈곤화에 포함되게 되는 중요한 요인으로 이혼율 증가와 노동시장에서의 노동분절 요인 등을 지적하였다(Peterson, 1987: 김성숙, 2012에서 재인용).

피터슨(Peterson, 1990)에 따르면 '빈곤의 여성화'란 빈곤인구의 구성에서 상당한 변화를 말하는 것으로 미국의 경우 1960년대까지 대부분의 빈곤가족은 남성가구주 가족을 일컬었다. 그러나 1969년에서 1978년 사이의 빈곤가족에서는 남성가구주의 수가 격감하고 어린 자녀를 가진 여성가구주의 수가 증가하였다. 이러한 추세는 1980년대까지 지속되어 빈곤가족의 1/2이 여성가구주 가족이었다. 여성가구주의 빈곤율은 남성가구주의 거의 3배가량이었고 일반가구의 거의 5배였다.

이러한 연구결과는 빈곤의 측면에서 여성의 문제를 새롭게 조명하는 용어로서 이 문제에 대해 관심을 가지게 되었다. Kniesner 등(Kniesner, Marjorie, & Wilcox, 1986)은 빈곤 속에 살고 있는 여성수의 절대적 증가를 '빈곤의 여성화'라고 보고, 가족구조의 변화가 빈곤화에 많은 영향을 미치고 있음을 지적하였다. 이러한 과정에서 남성과 여성 간의 빈곤의 격차는 커지며 여성은 지속적인 빈곤 속에 있게 된다.

김미혜(1993: 95-97)는 '빈곤의 여성화' 요인을 다음과 같이 언급하고 있다.

1) 성차별적 노동시장

노동시장의 성차별적 구조의 결과로 다수의 여성들은 주변 노동체계에 취업하게 되어 저임금 및 하위직에 편중되어 있다. 취업을 했던 여성들도 가사와 직장의 이중 역할 수행의 어려움으로 취업을 중단하거나 저임금의 시간제 노동이나 비공식 부문으로 이전하는 비율이 높다. 남편의 경제적 지위에 전적으로 의존해 온 전업주부나 저임금의 취업주부 모두는 남편 부재 시에 가족생계유지를 위해 취업하려고 하나 현실적으로 이루어지기 힘들다.

「2019년 통계로 보는 여성의 삶」에서 여성의 월 평균임금은 남성의 67% 수준에 불과하였다. 비정규직도 여성이 남성보다 더 많은 것으로 나타났다. 여성임금이 남성임금보다 적은 이유는 비정규직 비중이 크기 때문으로 보인다(통계청, 여성가족부, 2019). 이러한 노동시장에서의 열악한 지위는 자녀양육 및 다른 가족성원을 돌보는 동안 직장을 쉬는데, 이로 인한 소득의 감소 결과로 인해 성에 따른 임금격차와 직업에서의 낮은 지위 논리는 더욱 강화된다. 또한 현재의 사회보장 급여가 남성중심, 임금노동중심으로 이루어지고 있어 전업주부의 경우에는 배우자에게 의존적이 되고, 남편과 사별하거나 이혼으로 혼자가 된 경우에는 그 이전에 훨씬 못 미치는 수준의 경제적 어려움에 처하게 된다.

2) 가계소득의 불평등한 지배권

여성들이 책임지고 있는 가사활동과 양육은 재생산적 활동이나 자본주의 경제구조에서는 직접적 수입이 아니기 때문에 가정에 있어서는 불로수입이 되고, 남성의 경제활동에 의한 수입이 가계에서는 실질적인 수입이 되기 때문에 여성은 가계소득에 대한 지배권을 적게 가지게 된다. 가계자원의 소비에 대한 연구결과를 보면 소득이 매우 제한된 가계에서도 남자들은 자신들의 용돈을 위해 약간의 돈을 보유하고 있음을 알 수 있어 남성은 가정경제를 운영하는 책임을 맡고 있고, 여성은 자신을 위해 쓸 수 있는 여유를 전혀 갖지 못하는 것으로 나타났다(이배용, 1996: 105-106). 그러므로 여성이 자신의 노후를 위해 가정 내에서 준비할 수 있는 여건은 현실적으로 어렵다.

3) 여성중심적 사회보장제도의 미비

노후의 소득보장을 위한 사회보장제도로 국민연금이 있다. 연금제도는 전일제로 일하고 육아나 출산으로 인한 휴직이 없는 남성을 기준으로 상정하고 구조화되어 있기 때문에 여성이 남성에 비해 상내적으로 불리하다. 여성은 임신이나 자녀양육으로 임금노동을 중단하거나 연기하는 경향이 많다. 남성의 지속적이며 장기적인 경제활동 양상과는 다른 여성의 경제활동 특징으로 인해 여성은 연금혜택에서 불리하게 되어 노년기의 소득보장을 위협받게 된다.

배우자가 연금수급자였다 사망하면 유족연금을 받게 되는데, 액수 면에서 매우 낮은 수준이다. 결국 사회보장제도의 전면적인 수정 · 보완 없이는 전업주부였거나, 경제활동을 했다 하더라도 일시적인 경우 그리고 노년기에 이를 경우 여성은 빈곤에 취약할 수밖에 없다.

4) 결혼지위

결혼은 여성을 빈곤에서 보호하는 역할을 한다. 즉, 여성은 남성과 결혼관계를 유지하고 있을 때 그렇지 않은 경우와 비교하여 상대적으로 경제적 혜택을 누리게 된다. 여성의 경제적인 안정 정도는 남성과의 결혼관계를 일생 동안 유지하는가의 여부에 달려 있다고 말해도 과언이 아니다. 여성 대부분은 경제적으로 남편에게 의존하여 생활해 왔으므로 독자적으로 노후의 경제적인 문제에 대한 대책을 마련하지 못하고 있는 상황이다. 그러나 생의 주기가 변화함에 따라 남편의 퇴직, 사별, 이혼 등의 변화로 남편을 통해 얻을 수 있었던 경제적 자원이 단절되거나 줄어들어 급격한 소득 수준의 경감을 경험하게 된다.

2. 여성 한부모가족과 빈곤

1) 여성 한부모가족의 개념정의

여성 한부모가족이란 모와 만 18세 미만(취학 중인 경우에는 만 22세 미만)인 아동으로 구성된 가족을 말한다. 여성 한부모가족은 배우자의 존재 여부에 따라 유배우 여성 한부모가족과 무배우 여성 한부모가족으로 구분한다. 한부모가족은 배우자와의 사별이나 이혼 이외에도 배우자로부터 유기되거나, 배우자가 정신이나 신체적인 장애로 인하여 장기간 노동능력을 상실하거나, 배우자가 교정시설이나 치료감호시설에 입소하거나 병역복무 중이거나 또는 혼인상태에 있지 않은 미혼자 등도 한부모가족에 포함된다(국가법령정보센터, 2014).

한부모가족 발생 원인에 있어서 과거에는 배우자의 사별이 한부모가족의 주된 요인이었으나 점차 이혼이나 별거, 미혼부모 등의 원인으로 한부모가족이 증가하고 있는 추세이다(보건복지가족부, 2010).

여성빈곤에서 가구주의 성은 중요한 의미를 가진다. 지금까지의 경제활동은 주로 남성이 담당해 왔고, 여성은 가족 내에서 가사 및 자녀양육을 담당해 왔다. 그리고 이러한 성별분업은 여성의 경제활동 참여 시 여성에게 주어지는 일의 유형과 취업의 기회를 제한한다. 따라서 여성이 취업활동을 하고 있는 경우에도 저임금의 불안정한 고용상태에 있는 경우가 많아 특히 여성 한부모가족은 일반가족보다 취약한 경제 상태에 놓여 있을 가능성이 크다.

2) 여성 한부모가족에 대한 빈곤대책

(1) 배경

여성 한부모가족들이 당면한 문제는 일차적으로는 경제적인 문제이고, 그다음으로는 혼자서 자녀를 키우는 문제라고 볼 수 있다. 여성 가구주와 그 자녀를 위한 행정은 1946년 미군정하에서 보건후생부에 부녀국이 창설되고, 1948년에 전국 각도의 보건후생국 내에 부녀계가 설치되는 것에 의해 시작되었다. 한국전쟁 때 많은 전쟁미망인과 전쟁고아가 발생하였고 그 이후 남편과의 사별, 이혼, 버림 등으로 혼자가 된 배우자와 그 직계비속을 양육하는 여성 한부모가족이 증가하였다.

1970년 「사회복지사업법」에서 '사회복지사업'에 모자복지가 처음으로 언급되었으나 여성가구주 가족을 지원할 독립적인 법은 마련되지 않았고, 1989년 「모자복지법」 제정 선까지 「생활보호법」을 통한 공적부조와 「아동복지법」을 통한 시설보호 등이 여성가구주 가족을 위한 주된 사업이었다(박영란, 1999: 152). 1989년에 「모자복지법」이 제정되어 저소득 모자가족에 대한 지원이 이루어지게 되었으며, 2002년에는 부자가족에 대한 지원의 필요성이 부각되어서 「모자복지법」이 「모・부자복지법」으로 개정되었다. 이후 2007년에는 「한부모가족지원법」으로 입법 대체되어 2008년부터 시행되고 있다. 하지만 빈곤 여성 한부모가족이 한부모가족 지원정책의 주 수급대상이다(이혜경, 2011).

(2) 한부모가족실태[1]

① 한부모가족의 일반적 특성

- 한부모는 40대가 가장 많았으며, 평균 연령은 43.1세이다. 학력은 고졸이 57.8%로 가장 많았으며, 대학 이상인 경우도 36.2%이다. 혼인상태는 이혼이 77.6%, 사별이 15.4%, 기타가 7.0% 순이다. 2012년, 2015년 조사들과 비교하

(단위: %, 2012년: n=2,522, 2015년: n=2,552, 2018년: n=2,500)

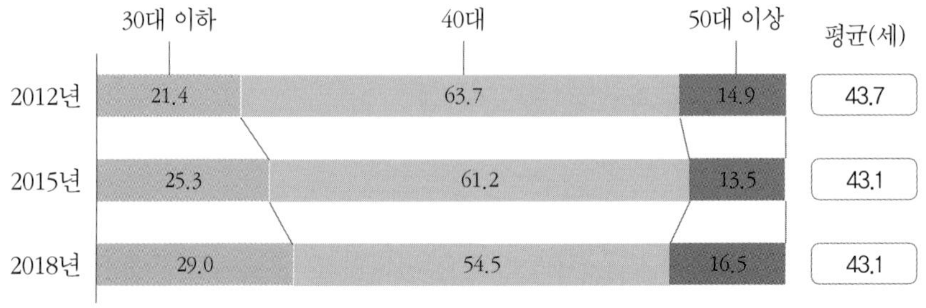

[그림 7-1] 한부모 연령

1) 여성가족부(2018).

(단위: %, 2012년: n=2,522, 2015년: n=2,552, 2018년: n=2,500)

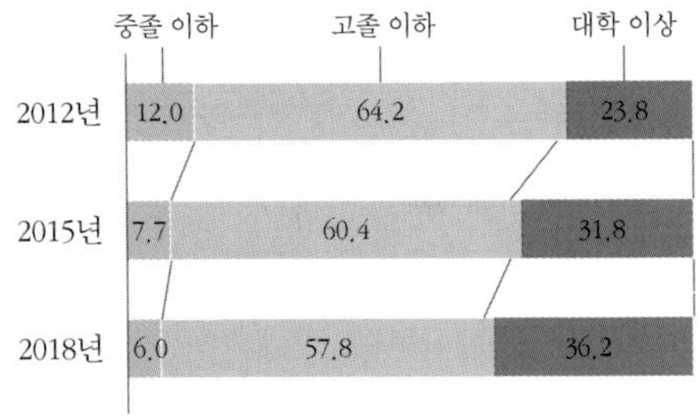

[그림 7-2] 한부모 학력

(단위: %, 2012년: n=2,522, 2015년: n=2,552, 2018년: n=2,500)

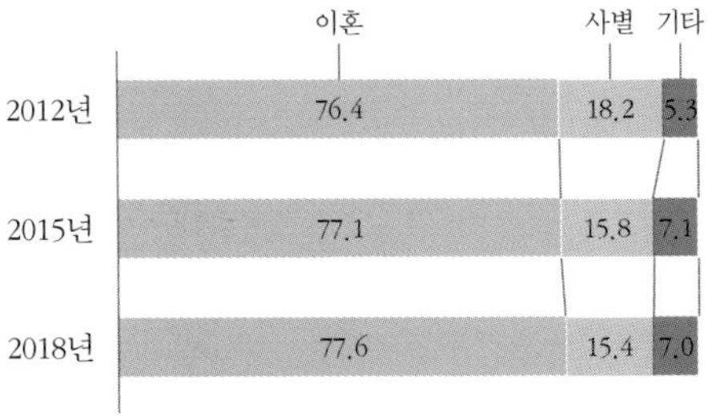

[그림 7-3] 한부모 혼인상태

여 볼 때에 40대 비율이 점차 감소하고 30대 이하와 50대 이상의 양 극단이 증가하였다.

• 가구구성은 모자가구가 51.6%, 부자가구가 21.1%, 모자+기타 가구가 13.9%, 부자+기타 가구가 13.5% 순이다. 가구원 수는 3명이 42.7%로 가장 많고, 2명이 35.9%, 4명이 16.1%, 5명 이상이 5.4% 순으로 평균 가구원 수는 2.9명이다.

자녀수는 1명이 55.0%, 2명이 37.1%로 평균 1.5명이다. 가장 어린 자녀 연령은 미취학인 경우는 15.0%, 초등학생인 경우는 35.1%, 중학생 이상 연령인 경우는 50.0%로 중학생 이상인 경우가 과반수를 넘는 것으로 나타났다.

2012년, 2015년 조사들과 비교하여 볼 때 모자가구 및 부자가구의 비율은 상대적으로 증가하는 추세이며, 가구원 수와 자녀연령은 다소 감소하였다.

(단위: %, 2012년: n=2,522, 2015년: n=2,552, 2018년: n=2,500)

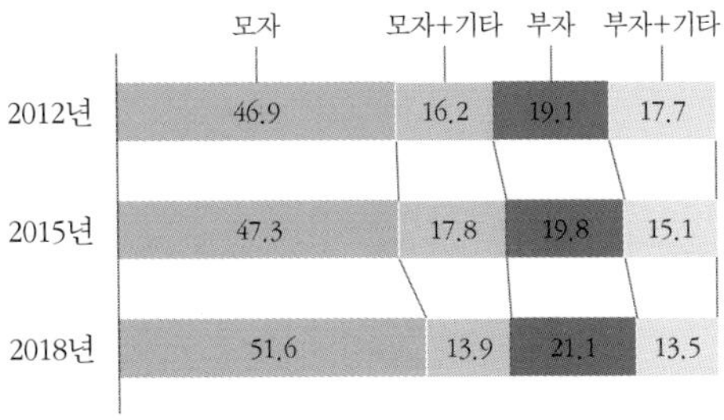

[그림 7-4] 가구구성

(단위: %, 2012년: n=2,522, 2015년: n=2,552, 2018년: n=2,500)

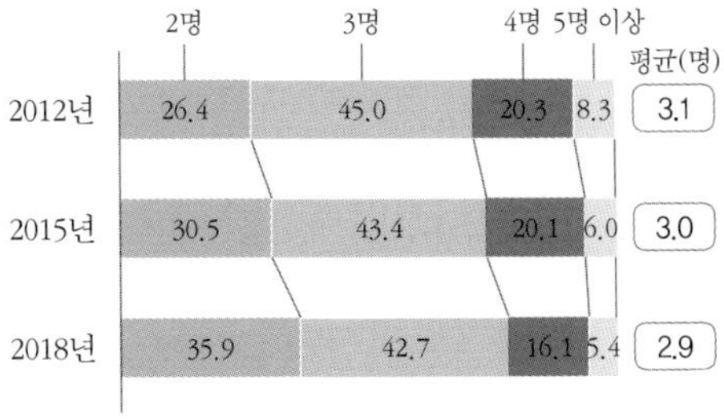

[그림 7-5] 가구원 수

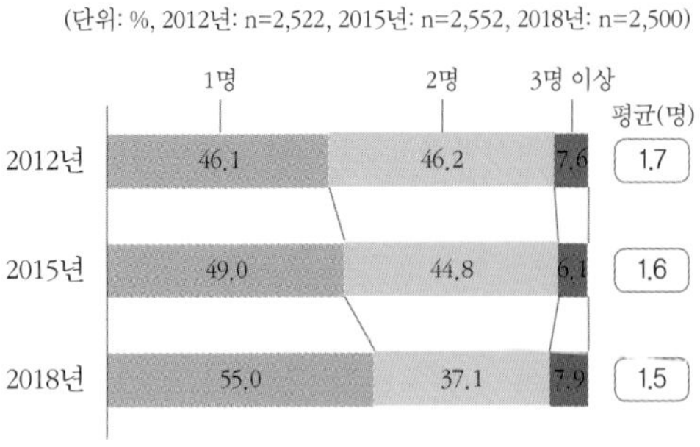

[그림 7-6] 자녀 수

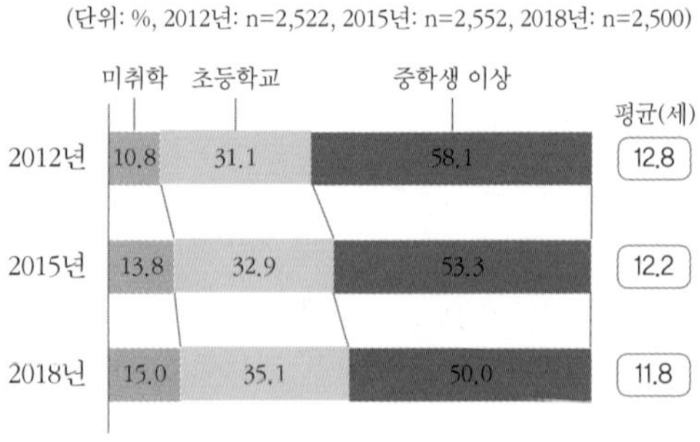

[그림 7-7] 가장 어린 자녀 연령

- 기초보장 · 저소득한부모지원 등 정부지원을 받는 가구는 46.0%, 지원받지 않는 가구는 54.%로 나타났다. 지난 조사결과들과 비교하여 볼 때 지원가구 비율은 지속적으로 증가하고 있다.

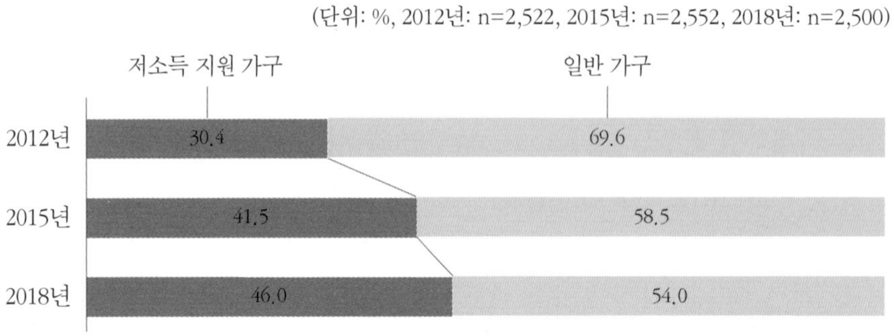

[그림 7-8] 정부지원유형

- 주거현황의 경우 거주지의 형태가 공공임대가 24.5%, 자가는 24.1%, 전세는 16.4%, 보증부월세는 22.7%, 무상으로 가족 · 친지집이 10.0% 순으로 자가 비율이 낮아 주거 안정성은 낮다고 볼 수 있다.

② 자녀돌봄

자녀의 연령별로 살펴보면, 미취학 자녀(만 7세 미만)의 경우 보육시설, 어린이집, 유치원 등 시설보육을 통해 자녀를 돌보는 사례가 86.1%, 학원까지 포함하면 86.6%로 시설보육 이용률이 상당히 높다. 한부모가 직접 돌보는 경우는 9.1%, 조부

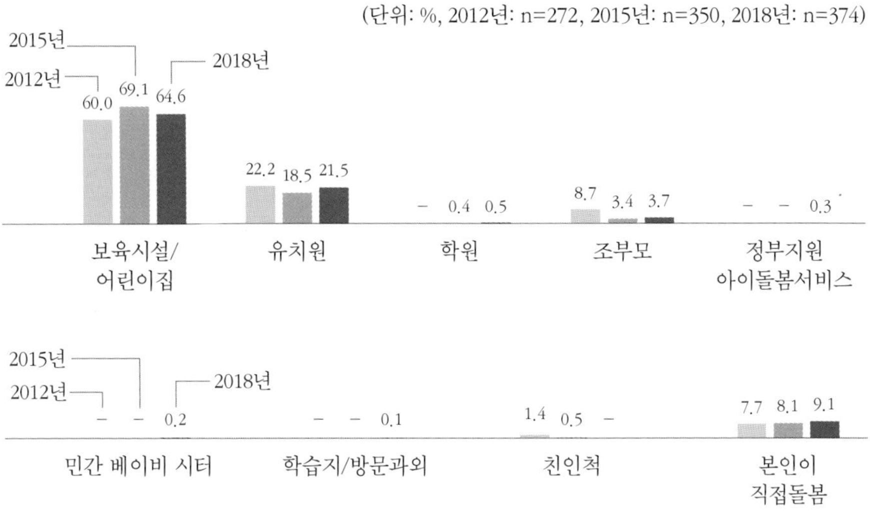

[그림 7-9] 돌봄 유형-미취학자녀(1순위)

모가 돌보는 경우는 3.7%로 조사되었다.

초등학생 연령대(만 7~12세)의 자녀를 둔 경우에는 초등돌봄교실이나 방과후 교실, 지역아동센터, 학원 등에 보낸다는 응답이 80.6%, 본인 또는 조부모 · 친인척이

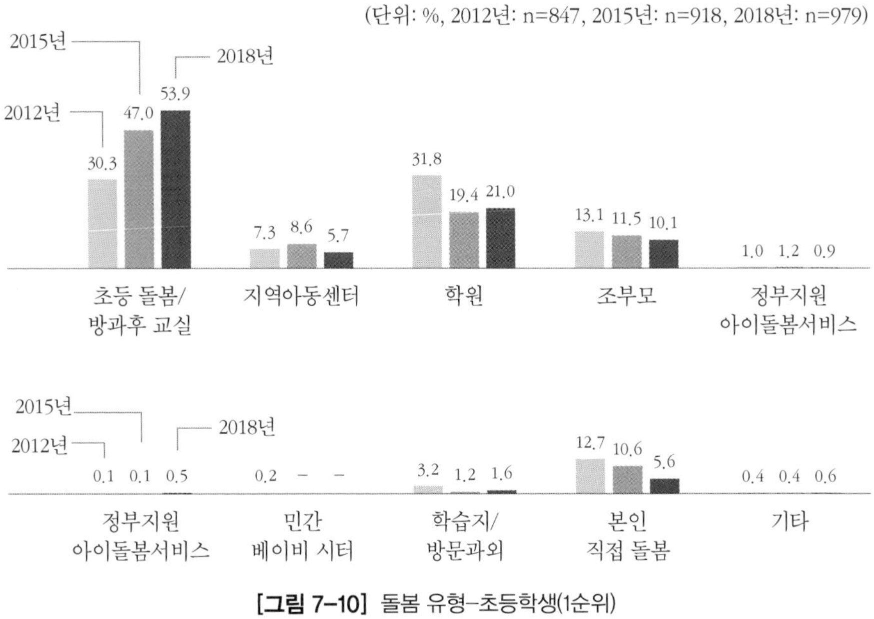

[그림 7-10] 돌봄 유형-초등학생(1순위)

돌보는 경우는 16.6%, 정부지원 아이돌봄서비스를 이용한다는 응답은 0.5%로 나타났다.

특징적인 것은 다른 가족구성원 없이 모자가족, 부자가족과 저소득층의 경우 초등돌봄교실, 방과후 교실, 지역아동센터를 이용한다는 응답이 높은 반면 소득수준이 300만 원 이상인 가구의 경우에는 학원이나 조부모가 자녀돌봄을 담당한다는 비율이 높은 것으로 나타났다.

2015년 한부모가족 실태조사와 비교하면 초등돌봄교실, 방과후교실을 이용한다는 응답은 크게 증가한 반면 본인이 직접 돌본다는 응답은 상당히 감소하였다.

미취학 자녀를 둔 한부모의 11.7%, 초등학생을 자녀를 둔 한부모의 45.1%, 중학생 이상 자녀를 둔 한부모의 54.3%가 자녀가 평일 일과 후 돌보아주는 어른 없이 보내는 시간이 있다고 응답하였다. 자녀가 혼자 보내는 시간은 미취학 자녀가 하루 평균 2.4시간, 초등학생 2.8시간, 중학생 이상은 3.1시간으로 조사되었다.

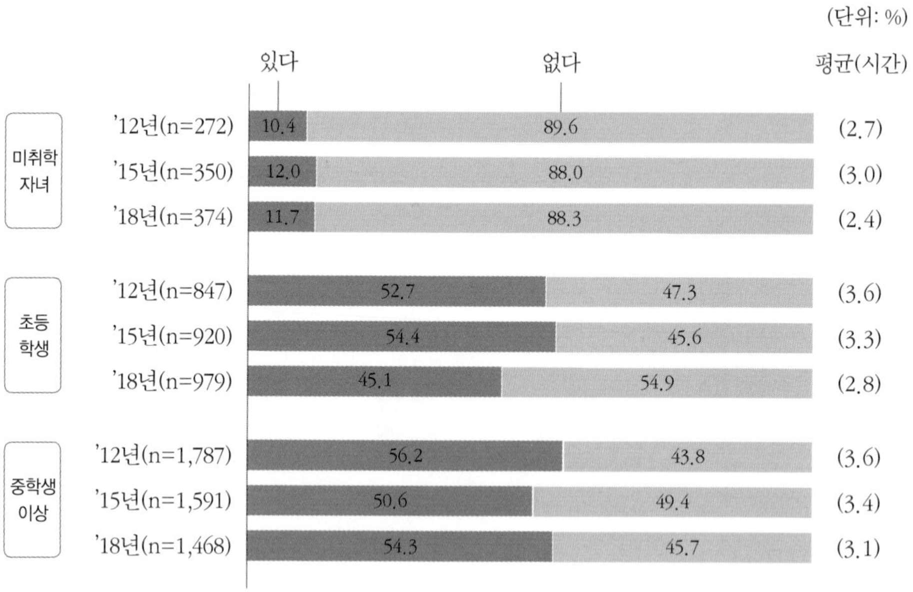

[그림 7-11] 자녀가 혼자 있는 시간

자녀가 혼자 보내는 시간에 필요한 서비스로는 미취학 자녀의 경우는 야간보육 활성화(34.9%), 식사 제공 서비스(18.9%), 자녀 등하원 서비스(17.0%), 학습지도 도우미 파견서비스(16.3%)에 대한 수요가 많았고, 초등학생 자녀를 둔 경우에는 지역아동센터 활성화(24.2%), 식사 제공 서비스(22.9%), 초등돌봄/방과후 교실 활성화(22.5%), 학습지도 도우미 파견서비스(18.4%)가 필요하다고 응답하였다.

(단위: %, 2012년: n=272, 2015년: n=349, 2018년: n=374)

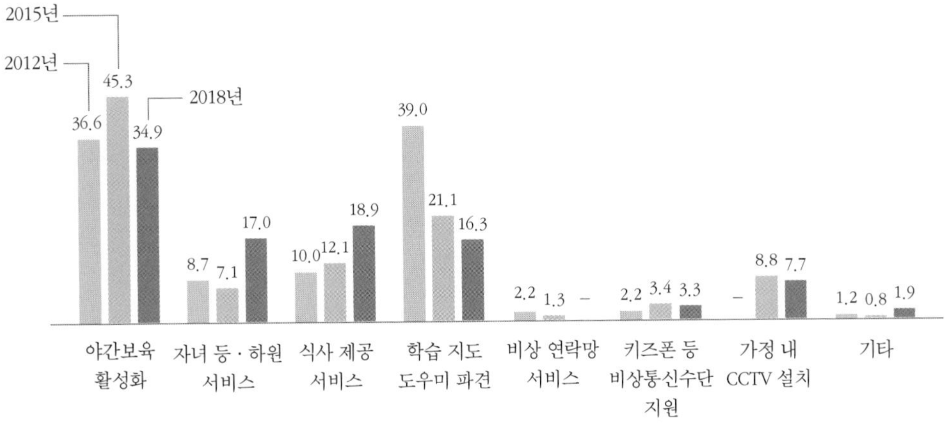

주: 2015년부터 '가정 내 CCTV 설치' 보기 추가

[그림 7-12] 자녀가 혼자 있을 때 바라는 서비스-미취학

(단위: %, 2012년: n=845, 2015년: n=910, 2018년: n=979)

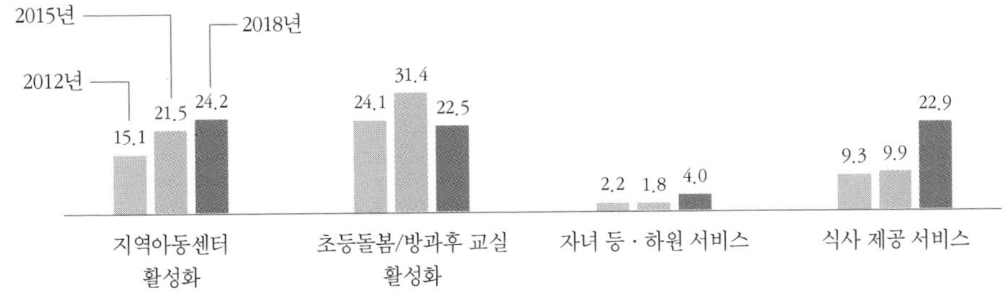

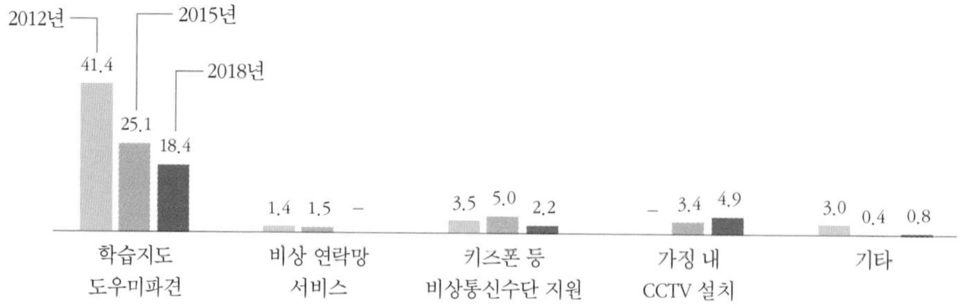

주: 2015년부터 '가정 내 CCTV 설치' 보기 추가

[그림 7-13] 자녀가 혼자 있을 때 바라는 서비스-초등학생

③ 경제적 상태

한부모가구의 월 평균소득은 월 219.6만 원 수준(세금, 사회보험료 등 제외)으로 전체 평균 가구가처분 소득 389.0만 원의 절반을 겨우 넘는 56.5% 수준이다. 한부모가구의 월평균 지출은 총 166.3만 원이며, 총소득의 75%를 지출하고 있다.

취업상태인 한부모들은 전체 응답자의 84.2%로 대다수 한부모들은 현재 경제활동을 하고 있는 것으로 나타났다. 직업분포를 살펴보면, 한부모의 현재 직업은 서비스 종사자(31.7%)가 가장 많았고, 사무 종사자(19.2%), 판매 종사자(17.5%) 순이었다.

근로 중인 이들의 종사상 지위를 살펴보면, 상용 근로자가 52.4%, 임시 및 일용근로자가 30.8%, 자영업자와 무급가족종사자가 16.7% 수준이었다.

④ 건강상태

본인이 지각하는 평소 건강상태의 경우 '좋은 편이다'라는 응답이 62.9%로 가장 많았다. '나쁜 편이다'에는 24.0%가 그렇다고 응답하였다.

우울증선별도구(PHQ-9)를 활용하여 한부모의 우울장애유병률을 확인한 결과, 전체 응답자의 15.5%가 우울증상을 경험하고 있는 것으로 나타났다. 우울장애유병률은 30대 이하, 교육수준이 낮을수록, 비취업 또는 임시/일용직근로자이며, 소득수준이 낮은 한부모가 상대적으로 높은 수준을 보이는 것으로 나타났다.

한부모들이 이러한 우울감을 느낄 때 해결하는 주된 방법으로 '혼자서 참는다'(47.1%), '친구나 가족에게 이야기한다'(19.8%), '술을 마신다'(18.1%) 순으로 나타났다. '지역사회 전문가와 상담한다'는 응답은 1.3%로, 전문가 등 외부 자원 활용을 통해 우울감을 해소하기보다는 혼자 참는 등의 개인 차원에서 우울감을 해소하려는 경향이 있다.

(단위: %, 2012년: n=2,522, 2015년: n=2,552, 2018년: n=2,500)

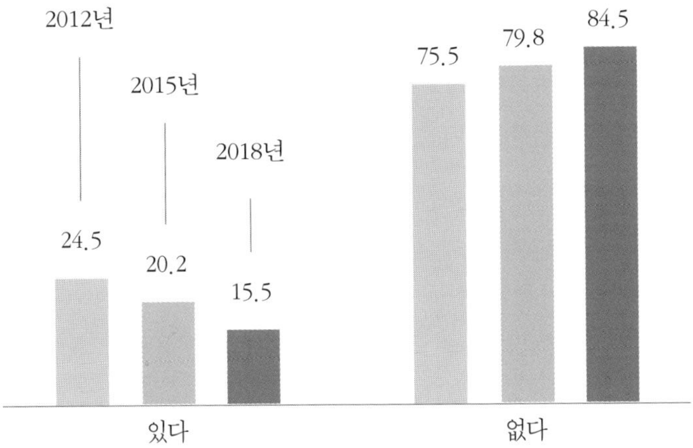

[그림 7-14] 우울감 경험 여부

(단위: %, 2012년: n=617, 2015년: n=515, 2018년: n=386)

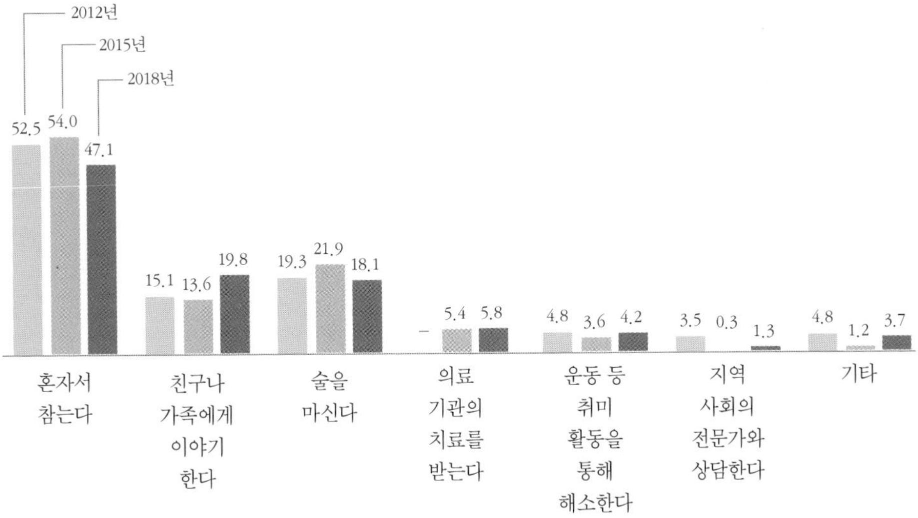

[그림 7-15] 우울감 해소방식

(3) 한부모가족에 대한 지원

① 자녀양육비 등

한부모가족 실태조사(여성가족부, 2015)에 의하면 한부모가 필요로 하는 지원 1순위는 생계비와 양육비로 나타났다. 「2020년 한부모가족지원사업안내」에 의하면 지원 대상은 3가지 유형의 한부모가족으로 구분해 볼 수 있다.

사별, 이혼 등으로 한부모가족이 된 가구주가 만 25세 이상의 모 또는 부가 만 18세 미만(취학 시 만 22세 미만)의 자녀를 양육하는 한부모가족, 부모로부터 부양을 받지 못하는 만 18세 미만(취학 시 만 22세 미만)의 손자녀를 (외)조부 또는 (외)조모가 양육하는 조손가족, 부 또는 모가 만 24세 이하인 청소년 한부모가족 등이 있다.

한부모가족 및 조손가족은 소득인정액 기준 중위소득이 52% 이하이어야 하며, 청소년 한부모가족은 소득인정액 기준 중위소득이 60% 이하인 경우로 제한된다(여성가족부, 2020).

- 한부모가족 자녀에게는 아동양육비, 추가아동양육비, 학용품비, 생활보조금 등이 지원된다.
  - 아동양육비로 만 18세 미만 자녀에게 월 20만 원 지원된다.
  - 추가아동양육비로 조손 및 만 25세 이상 미혼 한부모가족의 5세 이하 자녀에게 월 5만 원이 지원된다.
  - 학용품비로 중 · 고등학생 자녀에게 연 5.41만 원이 지원된다.
  - 생활보조금으로 시설 입소가구에게 월 5만 원이 지원된다.
- 청소년 한부모가족에게는 아동양육비와 청소년 한부모 자립이 지원된다.
  - 아동양육비로 월 35만 원이 지원된다.
  - 청소년한부모 자립을 지원하기 위해 검정고시학습비, 고등학생교육비, 자립촉진수당 등이 지원된다.

② 주거

임대주택의 입소기준이 2016년에는 미혼모 · 부 및 저소득 부에서 2017년에는 모자가족을 포함한 한부모가족으로 입소기준이 완화되었다. 이혼, 사별 임신 한부모도 미혼모 시설을 이용할 수 있도록 하였다.

생활이 어려운 저소득 무주택 한부모가족을 대상으로 일정 기간 주거서비스를 제공하고 있다. 한부모가족 복지시설은 기본생활지원형, 공동생활지원형, 자립생활지원형으로 나뉜다(여성가족부, 2020).

가 모 · 부자가족 복지시설

기본생활지원형의 입소대상은 만 18세 미만(취학 시 만 22세 미만)의 자녀를 양육하는 무주택 저소득 모자가족으로, 입소기간은 3년이며 2년 연장 가능하다. 미혼모가족복지시설(기본생활지원형 또는 공동생활지원형) 퇴소자 중 스스로 아동을 양육하는 미혼모는 모자가족으로 시설입소 대상자에 포함된다.

공동생활지원형의 입소대상은 독립적인 가정생활이 어려운 모 · 부자가족으로 일정 기간 공동으로 가정을 이루어 생활하면서 자립을 준비하는 자이다. 입소기간은 2년 이내로 하되 입소기간 연장기준에 부합될 경우 6개월 미만의 기간을 단위로 최장 1년의 범위 안에서 연장이 가능하다. 여기에서 독립적인 가정생활이 어려운 모 · 부자가족이라 함은 입소기준일로부터 최근 3년 이내에 이혼 또는 사별 등을 겪어 외부적인 충격을 경험한 모 · 부자가족(미혼모 · 부자 포함)을 포함한다. 부자가족의 경우 동반 여아 등 가족구성원을 고려하여 1호당 1세대 입소를 원칙으로 하고 해당 아동의 안전을 위하여 만전을 기하여야 한다.

자립생활지원형의 입소대상자는 만 18세 미만(취학 시 만 22세 미만)의 자녀를 양육하는 무주택 저소득 모 · 부자가족이다. 기본생활지원형의 모자가족복지시설에서 퇴소한 모자세대로서 자립준비가 미흡한 세대가 우선 입소가 가능하다. 입소기간은 3년이며 2년 연장 가능하다.

나 미혼모자가족 복지시설

기본생활지원형의 입소대상은 이혼 · 사별 또는 미혼의 임산부 및 출산 후(6개월 미만) 일정기간 자녀의 양육지원이 요구되는 여성으로서 분만혜택과 숙식지원을 필요로 하는 자이다. 북한이탈주민정착지원사무소(하나원) 입소 여성, 한부모가족지원법상 소득기준 초과자, 가정폭력피해 여성도 포함된다.

소득기준 초과자의 경우 정원의 10% 범위 내에서 입소 가능하나, 시설재정상황에 따라 의료비 등 지원내용이 제한될 수 있음을 안내해야 한다. 가정폭력피해자의 경우는 상담 등을 통해서 사실여부를 확인할 필요가 있다. 입소기간은 1년 이내로 하되 입소기간 연장기준에 부합될 경우 6개월 범위 안에서 연장이 가능하다.

공동생활지원형의 경우 입소대상은 3세 미만의 영유아를 양육하는 미혼모로서 일정기간 숙식보호와 자립지원을 필요로 하는 자이다. 시설의 정원 대비 현원 사정 등을 고려하여 5세 미만 영유아 양육 미혼모는 입소가 가능하다. 출산 후, 아이를 양육하지 않는 미혼모로서 일정기간 숙식보호와 자립지원을 필요로 하는 자도 입소가능하다.

입소기간은 2년 이내로 하되, 입소기간 연장기준에 부합될 경우 6개월 미만의 기간을 단위로 최장 1년 범위 안에서 연장이 가능하다. 기간 연장 시 자녀 양육 계획 및 추후 자립계획을 파악하여 효과적인 양육 및 건강한 가족을 유지할 수 있도록 지도한다. 미혼모의 경우 입소기간은 2년 이내로 하되, 입소기간 연장기준에 부합될 경우 6개월 범위 안에서 연장 가능하다.

다 일시지원 복지시설

입소대상은 배우자의 물리적·정신적 학대로 아동의 건전 양육과 모의 건강에 지장을 초래할 우려가 있는 모와 자녀(자녀 동반 없이 혼자 입소를 희망하는 모도 가능)이다. 입소기간은 6개월 이내로 하되, 입소기간 연장기준에 부합될 경우 6개월의 범위 안에서 연장 가능하다.

③ 양육비 이행 실효성 확보를 위한 양육비 이행 점검

「양육비 이행확보 및 지원에 관한 법률」 제정(2014년) 및 양육비이행관리원 설립(2015년 3월)을 통해 만 19세 미만의 자녀를 양육하는 한부모·조손 가족에게 양육비 청구와 이행 확보를 지원하기 위해 양육비이행지원제도를 시행하고 있다(이진숙, 2017).

양육하지 않은 부모에게 자녀 양육비를 받을 수 있도록 상담에서 협의, 소송 및 추심, 양육비 이행까지 맞춤형 서비스를 제공하고 있다.

④ 다양한 가족에 대한 사회적 수용성 제고

한부모가족 인식 개선을 위한 「한부모가족의 날(5. 10.)」을 제정하였으며, 다양한 가족 편견 · 차별 예방을 위한 자조모임 및 단체활동을 지원하고 있다(여성가족부, 2018).

3. 여성노인과 빈곤

1) 여성노인의 비율과 특성

2002년 우리나라의 65세 이상 노인 인구는 전체 인구의 7.9%에 이르는 것으로 나타났다. 그리고 65세 이상 노인 중의 남녀비율은 37:63, 80세 이상 노인 중의 남녀비율은 26:74인 것으로 나타났다. 여성노인 인구의 유배우자율은 연령이 증가할수록 현격하게 감소하여 노령 여성단독가구의 경제적 궁핍으로 인하여 여성의 빈곤화는 더욱 심화될 것으로 보인다(류정순, 2005). 1995년도 기준으로 남자의 평균수명은 69.6세, 여성은 77.4세로 무엇보다 여성의 평균수명이 남성보다 8년 정도 길었다. 여성의 높은 평균수명과 더불어, 여성은 평균적으로 3~4세 나이가 많은 남성과 결혼하고, 재혼율이 낮기 때문에 남성노인에 비하여 여성노인이 경험하는 노년기가 길 뿐만 아니라 그 기간의 대부분을 배우자가 없는 상태로 지낸다.

당시 한국 노인의 성별, 연령별 월평균 수입에 대한 조사결과를 보면 60~64세 사이의 여성노인 중 월 평균 수입이 10만 원 미만인 빈곤층에 66.3%가 해당되었는데, 고령화와 더불어 그 비율이 증가되어 75세 이상에서는 여성노인의 83.1%가 심한 경제적 궁핍을 겪고 있다. 이에 비해 남성의 경우 고소득자 분포가 훨씬 높아 월 소득이 50만 원 이상인 경우가 12%나 되었다. 월 소득 10만 원 미만의 궁핍을 경험하는 남성은 60~64세 사이에 18%, 75세 이상에서 58%로 여성노인보다 훨씬 적은 비율을 보였다. 또한 무배우자 여성노인의 빈곤은 유배우자 여성노인보다 훨씬 높아서, 72.2%의 무배우자 여성노인이 월 소득 10만 원 이하의 수준인 데 반해서 유배우자 여성노인은 50.4%가 이에 해당되었으며, 남성노인과 여성노인 모두에게 배우자의 상실은 빈곤과 연결되지만 여성노인의 경우 가장 치명적인 영향을 받는 것으로 나타났다.

2019년 현재 우리나라 65세 이상 노인인구는 전체 인구의 14.9%로 나타나 전체 인구 중에 노인인구 비율이 급격하게 증가하고 있다. 65세 이상 노인 중에 남녀비율은 43:57로 고령자 성비는 줄어들고 있다. 2017년 기준으로 남자의 평균 수명은 79.8세 그리고 여성은 85.7세로 여성이 남성보다 6년 정도 더 오래 사는 것으로 나타났다. 서울시가 여성가족재단과 함께 혼자 사는 노인을 대상으로 하는 조사한 결과, 혼자 사는 노인들 가운데 여성은 71%, 남성은 29%로 나타났다. 혼자 사는 여성노인의 비율이 남성노인보다 2.5배 더 높은 비율을 보였다.

혼자 사는 여성노인의 월평균 소득은 42만 5,000원, 남성은 53만 5,000원으로 여성노인의 월평균 소득이 남성노인의 대략 79% 수준으로 나타났다. 경제활동 참가율은 여성노인은 7.7%, 남성노인은 14.7%로 여성경제활동 참가율이 남성의 절반 수준에 그쳤으며, 거주와 관련하여서도 무주택자인 여성노인은 2만 7,822명, 남성노인은 8,684명으로 여성노인이 남성노인보다 3배나 더 무주택자인 것으로 나타났다(http://www.womennews.co.kr).

산업화에 따른 임금노동 사회로의 전환은 노인계층이 경제활동기에 노후준비를 적절히 해 놓지 못하면 노후에 빈곤상태에 빠질 위험이 매우 높다. 대부분의 한국노인들은 노후준비가 미비한 상태이며, 연금제도가 시작된 지 얼마 되지 않아 연금혜택을 받는 노인 인구는 극소수에 불과하여 노인 인구의 가족과 국가에 대한 경제적 의존도는 매우 높다. 특히 여성노인들은 남성노인과는 달리 배우자의 사망과 함께 독자적인 경제적 재원을 상실하게 될 뿐만 아니라 가족 내의 가사노동과 자녀양육의 대리수행자나 보조자의 역할을 하게 됨에 따라 경제적 취약성이 매우 크다(김영란, 1997: 10-11).

2) 여성노인에 대한 빈곤대책

우리나라의 대표적인 빈곤정책이라고 할 수 있는 기초생활보장제도의 경우 2018년 12월 말 기준 총인구수 대비 수급자비율이 3.4%인데, 65세 이상 인구의 경우는 7.1%로 노인의 빈곤 문제가 심각함을 알 수 있다. 이 중에 남성노인은 총인구 대비 수급자비율이 5.6%, 여성노인은 8.2%로 나타나 상대적으로 남성노인보다는 여성노인의 빈곤 문제가 심각하다는 것을 보여 주고 있다(보건복지부, 2019).

소득을 살펴보면 수입규모가 남성노인의 수입의 70% 수준에 머물고 있다. 이뿐만 아니라 소득의 구성을 보면 배우자가 없는 여성의 경우 경제적 자립률이 낮다. 따라서 배우자가 없는 여성노인의 경우 자녀에게 '부담'이 될 수 있는 가능성이 크다. 배우자 사망 시 부인이 그 경제권을 인계받지 않고 자녀들에게 나누어 주거나 생계를 위해 처분하는 경우가 많기 때문에 후기 노령기에 있는 여성노인은 장기적인 대책으로 노년기를 보낼 수 있는 충분한 재정적인 준비를 하지 못하고 있는 실정이다(정경희, 1997: 46-47).

노후의 경제적 안정을 위해서는 국민연금, 공적부조, 기초연금, 경로연금 등의 소득보장제도와 노인일자리사업, 노인공동작업장, 경로우대제도, 경로식당 등 노인의 소득향상을 지원하고 간접적으로 소득을 보조하는 정책이 있다. 사회보장제도에서 연금혜택을 받게 되는 수급자는 극히 일부에 불과하며, 경로우대제도는 전체 노인을 대상으로 하고, 공적부조, 기초연금, 경로연금 등은 빈곤노인을 위한 프로그램이다. 경로식당의 경우 지역이 편중되어 있고 비정기적으로 이루어져 접근성에서 문제가 있다.

남성노인에 비해 여성노인이 자녀에게 의존적인 현실을 감안하여 노부모봉양수당이 확대 적용되어야 한다. 이는 여성노인의 경제적 의존에 따른 심리적인 부담감을 저하시키는 효과를 가져올 수 있다. 노인을 수발하고 부양하는 데 따르는 가장 큰 부담은 의료비이다. 노년기의 특성상 노인은 크고 작은 신체적 어려움을 겪으면서 치료를 위한 의약비 지출이 큰 부담이 되고 있다.

특히 여성노인들은 관절염, 신경통, 고혈압, 중풍, 당뇨병, 요도질환, 요실금, 골반골절, 시력장애 등에 시달리고 있다. 그러므로 65세 이상의 저소득층 노인 또는 일정 기간 노인을 모시고 있는 세대에게는 경로우대공제액수를 대폭 인상하거나 보험수가를 낮추는 의료혜택이 주어져야 한다. 노인을 수발하는 데에는 경제적 문제뿐만 아니라 장기간의 수발에 따른 가족원의 만성피로와 가족생활의 어려움이 생기게 된다. 노인수발을 위해서 여성이 직장을 그만두거나 지나친 노동으로 인하여 신체적 부담과 정신적 피로가 누적되기 쉽다. 이를 위해 노인부양수당, 노인간병수당이 제공되어야 한다(최선화, 1999: 206-207).

앞으로의 여성노인의 빈곤 예방을 위해서는 여성의 고용기회를 확대하고 남녀의 임금차를 줄이는 정책적 노력이 필요하다. 여성노인은 1/4 정도만이 취업을 하고 있는데 이는 남성노인의 약 절반 수준에 불과한 것이며 농·어업 및 단순노무직에 종사하는 비율이 상대적으로 높게 나타나고 있다. 또한 여성이 많은 부분을 담당하는 수발(caregiving)과 자녀양육(child care), 가사노동의 인정 등에 대한 구체적인 작업이 필요하다(정경희, 1997: 52).

4. 여성 한부모가족 가구주와 사회적 지지

1) 사회적 지지에 대한 욕구

여성 한부모가족 가구주는 경제적으로 빈곤한 상태에 있을 뿐 아니라 자녀양육 등에 대한 부담 등으로 정서 및 심리적으로 불안정한 상태에 있다. **사회적 지지**란 사회적 관계에서 얻을 수 있는 격려, 위안, 조언, 정보 제공, 칭찬 등의 정서적·물질적·구체적 지지를 말한다. 사회적 지지는 스트레스를 겪고 있는 개인의 기능과 적응에 긍정적인 영향을 미친다. 편모가족의 경우에도 사회적 지지는 심리적 안정에 도움이 된다.

박영란(1999: 167-168)에 의하면, 저소득 여성 한부모가족은 친정으로부터 지지를 가장 많이 받고, 그다음이 이웃, 친구, 친척 순서이고, 시댁으로부터는 가장 지지를 덜 받는 것으로 나타났다. 사회적 지지의 내용으로는 심리적 지지를 가장 많이 받고, 경제적 지원이나 자녀를 돌보는 것과 같은 도구적 지지는 미흡한 것으로 나타났다. 그러므로 여성 한부모가족 가구주를 위한 사회망으로부터의 지지를 개발할 필요가 있다.

여성 한부모가족 가구주는 정서적, 정보, 과업지지(task support)뿐만 아니라 재정적인 원조 등을 포함하는 다양한 유형의 지지를 필요로 한다. 확대가족성원들은 여성 한부모가족 가구주의 자녀를 돌보아 줌으로써 과업지지를 제공할 수 있다. 이같이 일시적으로 자녀를 돌보아 주는 일과 비상시의 재정적 원조, 어린 자녀의 욕구를 충족시키는 기술에 관한 정보뿐만 아니라 정서적 지지나 자신의 문제를 이야기할 수 있는 누군가가 있다는 것 등은 여성 한부모가족 가구주에게 매우 중요한 자원이다.

여성 한부모가족 가구주는 자녀를 돌보고 집안 살림을 꾸려 나가야 하는 이중적 역할로 인해 다른 사람들과 접촉을 잘하지 못하고 시간적으로 제한을 받으며, 필요한 정서적 지지를 제대로 받지 못해 우울증에 걸릴 수 있다(Gold & Miller, 1983; 박영란, 1999: 163).

2) 사회적 지지의 원천

트레이시(Tracy, 1990)에 의하면, 여성 한부모가족 가구주는 다른 부모들보다 사회망으로부터 지지를 덜 받고, 사회망과 갈등관계를 가지는 것으로 나타났다. 따라서 여성 한부모가족 가구주의 욕구와 사회망 성원이 제공하는 원조과정에서 나타나는 갈등을 해결하는 데 개입의 초점을 맞추어야 한다. 여기에서는 여성 한부모가족 가구주의 사회적 지지의 원천으로서 확대가족, 자녀, 이성을 중심으로 생각해 본다.

(1) 확대가족

지금까지 여성 한부모가족 가구주가 받은 조언이나 제안들은 아마도 양부모체계에서 어머니가 경험한 것을 기반으로 이루어진 경향이 다분하다. 이는 여성 한부모가족의 생활 스타일과 잘 맞지 않을 수 있다. 조부모가 자녀들을 돌볼 때 부모로서의 여성 한부모가족 가구주의 권위에 손상을 입힐 수도 있다. 여성 한부모가족 가구주는 친정 어머니가 여성 한부모가족 가구주와 자녀와의 관계에 상당히 부정적인 영향을 주고 있는 것으로 인식하는 경우도 있다. 여성 한부모가족 가구주의 어머니는 자신의 손주에게 "너의 엄마가 너 때문에 고생한다."는 메시지를 직접, 간접적으로 전함으로써 딸에 대한 안쓰러움을 대변하는 경우가 많았다고 한다. 그리하여 극단적으로 "친정 부모는 전혀 도움이 안 된다."는 반응들을 보이기까지 하였다(박영희, 1999: 74).

이혼 이후부터 계속 친정에서 거주했던 여성의 경우, 친정어머니와 손자의 관계에서의 어려움을 경험하기도 하였다. 친정어머니가 손자를 싫어하는 것은 손자 때문에 딸이 고생하고, 자신도 손자 때문에 친구관계나 여가활동을 전혀 할 수 없기 때문이라고 인식하였다. 또한 딸을 불행하게 만든 사위의 모습을 손자에게서 발견하게 될 뿐 아니라 손자가 사위의 혈통을 받은 나쁜 씨앗이라는 생각을 하기 때문이다. 이런 부정적인 영향의 이면에는 '아들은 키워 봤자 크면 모두 자기 아빠를 찾아간다.'라는 관념이 영향을 미친다. 이러한 관념은 아들에게 정을 덜 주게 하며, 특히 재혼을 고려하는 이혼여성들의 경우, 자녀들 때문에 자신의 앞길이 막힌다는 생각 때문에 아들을 떼어 놓고 재혼하려고 한다(성정현, 1998: 69).

조부모로부터의 지지는 대개 전통적인 여성 수발자 역할이라고 볼 수 있는 정서적 지지와 과업지지 영역에서의 할머니로부터의 지지를 의미한다. 할머니들은 종종 여성 한부모가족 가구주인 딸의 일차적 지지자로서 자신이 과도하게 관여하고 있고, 제대로 인정도 받지 못한다고 생각한다. 할아버지도 양육행위에서 역할 모델을 제공할 수 있을 뿐만 아니라 할머니보다 아이들과 더 잘 놀아 줄 수 있다. 할아버지도 아이들의 기본적인 욕구에 많은 관심을 가지고 있음을 감안하여(Kissman & Allen, 1993: 63), 할아버지의 양육 역할 가능성을 타진해 볼 만하다.

시댁과의 관계에서도 예전과 같은 친밀한 관계를 유지할 수 없는 것이 일반적이다. 이혼의 경우 시댁과 교류는 거의 단절되었으며, 사별인 경우 교류가 어느 정도 있거나 빈번한 경우와 거의 없는 경우로 나누어진다. 사별인 경우 어느 정도 교류가 있는 여성 한부모가족은 자녀를 위해서 시댁의 행사나 제사가 있을 때 교류하는 정도가 고작이고 빈번히 교류하는 여성 한부모가족은 남편의 형제가 물질적인 부정기적인 도움을 주고 있기 때문인 것으로 나타났다. 사별인 경우도 시댁의 경제사정이 너무도 궁핍하여 도리어 자신들이 도와야 할 처지 때문에 교류를 의식적으로 피하는 경우가 많다(박영란, 1999: 168; 황성철, 최선화, 1997: 79).

(2) 자녀

자녀는 특히 초기의 가족생활주기에서 여성 한부모가족 가구주에게 정서적 지지를 제공한다. 그러나 자녀가 사춘기로 들어갈 즈음에 지지기능은 여성 한부모가족 가구주에게서 자녀로 일방적이 된다. 10대 자녀는 더 이상 감사의 표현이나 애정 어린 행동으로 여성 한부모가족 가구주인 어머니에게 지지를 제공하지 않게 된다. 이때쯤 자녀들은 부모와 분리하고자 하는 개별화 단계에 처해 있고, 그들이 원할 때 어머니가 그 자리에 있기를 기대한다. 어머니와 자녀 간의 정서적 지지와 자녀의 협력적이고 순종적인 행동은 이제 비판과 어머니에 대한 비난(mother blaming)

으로 대체된다. 여성 한부모가족 가구주들이 겪는 부모와 자녀 사이에서 보이는 이러한 라포의 감소와 지지 상실들은 양부모 가족들이 경험하는 것과 다를 바가 없다(Kissman & Allen, 1993: 17-18).

여성 한부모가족 가구주에게 있어서 경제적인 문제가 가장 큰 비중을 차지한다는 주장도 있지만, 이들의 고민거리 중 가장 큰 것은 돈이 아니라 자녀 문제라는 지적도 있다(황성철, 최선화, 1997: 71). 남성 한부모가족의 경우도 배우자가 없는 상황에서 자녀양육이 가장 어려운 문제라고 응답하고 있어(이상헌, 1997: 121), 부모 어느 한쪽에서 자녀를 키울 때에는 자녀양육 문제에 가장 큰 관심을 가지고 있음을 알 수 있다. 여성 한부모가족 가구주는 혼자서 부모 역할을 잘할 수 있을지에 대한 내면화된 부정적인 관점, 즉 '걱정 신드롬(worried well syndrome)'을 극복할 필요가 있다. 특히 자녀가 사춘기에 있을 경우 부모와 자녀의 가치체계가 조화를 이루기 힘들다. 여성 한부모가족 가구주의 경우 부모 역할에 대한 자신감을 가지는 것이 여성 한부모가족 가구주가 자신의 정신건강이나 자녀와의 관계 향상에 직접적인 도움이 될 수 있다. 이를 위해 부모 역할에 관심을 가지는 자조집단이나 지지집단에 참가하는 것이 바람직하다(Kissman & Allen, 1993: 17-18).

(3) 이성

여성 한부모가족 가구주는 성적 욕구와 관련된 이혼여성에 대한 사회적 편견에 잘 대처해야 한다. 이혼여성에 대한 편견은 직장에서의 성희롱과 결혼한 남성이나 이웃에게서 잘 나타난다. 이로 인해 이혼여성은 착취당하는 느낌을 가지게 되고 남성과의 관계를 발전시키는 것에 대해 조심스러워한다. 새로운 남성과의 교제는 상당히 어려워진다. 이성과의 새로운 관계나 대인관계를 가지는 것을 힘들어한다. 이혼여성은 앞으로 혼자 살아야 할 것인지 혹은 새로운 배우자를 만나야 하는 것인지에 대해 양면감정을 가지고 있다. 사실 이 문제는 지지에 대한 욕구와 관련이 있다. 여성 한부모가족 가구주가 이성과의 지지적인 관계를 가지고자 할 때 문제는 자신의 독립성을 희생하지 않고 어느 정도로 친밀한 관계를 가질 수 있겠는가 하는 것이다.

많은 여성 한부모가족 가구주는 결혼하기를 원하지 않는다. 여성 한부모가족 가구주들은 성적인 것보다 친밀한 관계에서 오는 수용과 보호를 원하는 경향이 있다. 여성들은 친밀한 관계에서 느낄 수 있는 감정으로부터 소외되어 있어서 상대방으로부터 보다 긍정적인 반응을 얻고자 하는 열망이 강하다. 이때 수용되고 보호를 받고 있다는 느낌을 가지게 하고, 억업된 정서를 풀어 주는 등의 개입이 필요하다(Kissman & Allen, 1993: 66-67에서 재인용).

이상에서 살펴본 바와 같이 여성 한부모가족 가구주들은 많은 심리적 · 정서적 문제를 가지고 있다. 여성 한부모가족 가구주의 사회망도 제한되어 있고, 더구나 사회망은 스트레스를 완화시키기보다는 가중시키는 경향도 없지 않다. 이혼이나 사별 등의 위기로 인해 스스로 사회적 관계를 회피하거나 이혼에 따른 후회와 그 여운에 대한 적절한 감정표현 또는 정서적인 정리가 되지 않는 경우는 임상적인 개입이 이루어져야 한다. 특히 이들을 대상으로 상담과 치료를 행할 때 생활환경에 대한 통찰력을 주는 것도 중요하지만 환경에 대한 통제감을 형성하도록 도와주기 위해서는 역량강화를 기초로 한 상담기법이나 여성주의적 상담기법이 유용하다(황성철, 최선화, 1997: 83).

5. 여성노인과 사회적 지지

1) 사회적 지지의 필요성

전통적으로 노인은 가정에서 부양되어 왔으나 산업화와 도시화 이후 가족구조와 사회적 변화로 노인이 가정에서 부양받는 것이 어려워졌고, 핵가족화로 인해 노인을 부양할 가족의 능력이 저하되어 사회적 지지가 절실한 편이다. 모든 노인이 공통적으로 빈곤, 소외, 건강, 역할상실 등으로 노년기에 어려움을 겪게 되는데, 특히 여성노인의 경우 여성의 평균수명이 남성보다 높고 결혼연령차로 인해 고령으로 갈수록 홀로 사는 여성노인의 수가 증가하고 있다. 평생 남성의 경제력에 의존하여 살아왔던 여성노인은 배우자 상실로 인해 자식에게 전적으로 의존하거나 빈곤해질 수밖에 없다. 또한 고령에 따른 상병률과 만성질환 및 여성 특성에 따른 질병으로 인해 여성노인은 의존성이 높아지고 치매 유발률도 높은 편이다.

치매의 경우 65세 이상 성별구성 비율을 보면, 여성이 63%, 남성이 37%로 나타났다(중앙치매센터, 2020). 이러한 이유로 여성노인들은 특별한 보호가 필요하다. 현재의 여성노인은 가부장제도에 따라 생활했던 세대로 노년을 대비하지 못해 온 반면, 시대는 스스로 노년기를 책임지도록 요구하고 있어 이중의 고통을 겪고 있다. 그럼에도 불구하고 여성노인을 위한 특별한 조치는 없는 실정이다(김미혜, 1999: 119-120).

2) 사회망의 특성

노인들은 가족에게 가장 많이 의존하고 가족으로부터 지지를 받는 것으로 알려져 있다. 가족 및 친지와 폭넓은 유대관계를 가지는 노인일수록 생활만족도가 높다고 한다. 지지망의 크기는 대부분 5명 이하이며, 가까운 거리에서 빈번한 접촉을 하고, 지지망의 크기가 클수록 그리고 지지망 성원과의 정서적 · 사회활동적 교류가 많을수록 만족감도 큰 것으로 나타났다(최정아, 서병숙, 1992).

여성노인들은 남성노인과는 달리 가정에서의 생활에 국한되어 가족, 친척, 이웃과의 생활에서만 능력을 발휘하는 데 주력하여 전체적인 차원에서 사회망의 범위가 좁을 수 있다.

(1) 배우자

남성노인의 80.3%, 여성노인의 74%는 걱정이 있거나 문제가 있을 때 의논할 수 있는 정서적 부양 제공자가 있는 것으로 나타났다. 남성노인은 대부분 배우자가 정서적인 부양을 제공하는 것에 반하여 여성노인의 경우는 자녀에 대한 의존도가 높다. 생활만족도의 경우 여러 측면에서 여성노인의 만족도가 남성노인보다 낮다. 자녀, 친구, 주위환경, 사람에 대해서는 남녀노인 비슷하게 높은 만족도를 보였으나, 남성노인의 경우 배우자에 대한 만족도가 91.8%로 아주 높은 반면에 여성노인의 경우는 배우자에게 77% 만족하는 현상을 보여 남녀노인 사이에 배우자에 대한 만족에서 큰 차이를 보이는 것으로 나타났다. 또한 우울도의 측면에서도 여성노인의 우울 정도가 남성노인에 비해 심한 것으로 나타났다(정경희, 1997: 49-50).

(2) 자녀

여성노인을 보호하고 관리해야 할 필요성이 시급한 실정임에도 오히려 여성노인들이 가족과 사회의 보호에서 남성노인보다 열악한 상황에 놓여 있다. 남성들은 76.5% 정도가 배우자로부터 보호를 받는 반면에 여성노인들은 배우자보다는 딸로부터의 수발 비율이 더 높게 나타났다(선우덕, 2015).

치매노인 수발과 관련하여, 여성노인의 경우 배우자의 유무와 관계 없이 딸이 일차적으로 도움을 주지만, 남성노인은 배우자의 존재가 수발자 선정에 가장 우선적으로 고려되는 면도 있다. 배우자 수발과 자녀 수발은 성격상 다른 경향이 있다. 여성노인이 배우자를 돌보아 줄 경우, 여성노인은 수발을 '내 일이고 내 문제'라고 보는 반면, 자녀가 수발을 하게 될 경우에는 수발을 '다 같이 해야 하고' '공평히 분담되어야'하는 일로서 생각한다. 그리하여 수발을 받게 되는 여성노인의 측이나 다른 가족 간에 상당한 정서적인 긴장을 경험하게 된다(우국희, 1997: 401-402). 이렇듯 여성노인은 배우자가 도움을 필요로 할 때에는 헌신적으로 수발을 하지만, 정작 여성노인 자신이 가족의 도움을 필요로 할 때는 배우자는 거의 관여하지 않고 그나마 자녀들도 본인만큼은 헌신적이지 않은 것으로 나타났다. 이러한 결과는 여성노인이 남성노인에 비해 시설에 더 많이 머무르고 있는 것과 관계가 있어 보인다.

중점토의

1. 우리 사회에서 여성 한부모가족의 가구주와 여성노인이 빈곤에 취약한 이유에 대하여 토론하시오.
2. 우리나라의 사회보장제도에서 여성 한부모가족의 가구주와 여성노인을 위한 대책에 관하여 토론하시오.
3. 여성 한부모가족 가구주에 대한 사회적 인식에 대하여 토론하시오.
4. 여성 한부모가족 가구주와 여성노인의 사회적 지지 욕구에 관하여 토론하시오.

참고문헌

김승권, 김태완, 임성은, 고은주(2009). **한부모가족 생활안정화 및 자녀양육 지원강화 방안연구.** 보건복지가족부, 한국보건사회연구원.

김미혜(1993). 한국여성노인의 빈곤현황 및 대책에 관한 소고. **정진영 교수 정년퇴임 기념논총: 한국사회사업의 쟁점과 과제.** 서울여자대학교 사회사업학과, 91-114.

김미혜(1999). 사회복지와 여성. **한국여성원**, 91-130.

김성숙(2012). 여성 가구주 가계유형별 빈곤 가구 특성 연구. **젠더와 문화, 5**(1), 71-103.

김영란(1997). 빈곤의 여성과 사회복지정책. **한국사회복지학, 31**, 1-28.

노동부. 매월 노동통계조사보고서. 매년 12월호.

류정순(2005). **빈곤의 여성화 실태, 원인 및 정책대안.** 한국빈곤문제연구소.

박영란(1999). 저소득 모자가정의 생활실태 분석. **여성연구, 여름호**, 149-177.

박영란, 강철희(1999). 저소득 모자가정 가구주의 자립의지에 영향을 미치는 요인들에 관한 연구. **한국가족복지학과 한국복지학, 3**, 91-113.

박영희(1999). 편모가족 개입모델 개발에 관한 연구. **한국가족복지학, 4**, 53-92.

보건복지부(2019). **2018 기초생활보장수급자 현황.**

보건복지가족부(2010). **한부모가족지원사업안내.**

서문희(1999). 저소득층 모자·부자가정 지원사업 평가체계 개발. **보건복지포럼, 32**, 5-16.

선우덕(2015). 노인의 기능상태·수발실태와 정책과제. **보건복지포럼, 223호**, 40-47.

성정현(1998). 이혼여성들이 경험하는 심리 사회적 문제와 대처전략. **사회복지연구, 11**, 53-78.

우국희(1997). 치매노인 수발인의 수발 및 사회적 지지에 대한 주관적 경험. **사회복지연구, 10**, 383-413.

이배용(1996). 여성빈곤의 실태와 극복방안. **여성학논집, 13**, 97-237.

이상헌(1997). 편부 가정의 실태와 지원방안. **보건사회연구, 18**(2). 106-135.

이진숙(2017). 가족의 다양화에 따른 가족서비스 지원 체계 효율화 방안 모색. **보건복지포럼.** 78-91.

이혜경(2011). 한부모가족 지원정책의 변천에 따른 수급대상자 변화에 관한 연구. **지역발전연구, 11**(1), 61-84.

여성가족부(2015). **2015년 한부모가족 실태조사.**

여성가족부(2018). **2018년 한부모가족 실태조사.**

여성가족부(2018). **2018년 여성가족부 업무보고.**

여성가족부(2020). **2020년 한부모가족 지원 사업 안내.**

여성가족부, 한국보건사회연구원(2011). **취약·위기 및 한부모가족 지원체계 구축과 자립 지원**

방안 연구.
전재일, 이경은, 이애재(1997). **모자세대의 욕구와 복지정책**. 대구광역시 사회복지개발연구원.
정경희(1997). 여성노인의 '삶의 질': 현황과 정책과제. **보건복지포럼**, 13, 43-52.
중앙치매센터(2020. 7. 30.). 정보란-치매오늘은. (인출 http://nid.or.kr)
통계청, 여성가족부(2019). **2019 통계로 보는 여성의 삶**.
최선화(1999). 생애주기에 따른 여성노인의 빈곤 원인. **한국가족복지학**. 한국가족사회복지학회.
최정아, 서병숙(1992). 도시노인의 사회적 지원망에 관한 연구. **한국노년학**, 12(1), 65-77.
한겨레신문. 2000년 1월 1일.
한국여성개발원(1999a). **1999 한국여성 현황**.
한국여성개발원(1999b). **여성노인의 여가교육 프로그램 개발**.
황성철, 최선화(1997). 빈곤 모자 가정의 삶의 질 측정과 사회사업적 개입에 관한 연구. **한국사회복지학**, 31, 65- 86.

Gold, R. G., & Miller, J. S. (1983). Assessment of programs' effectiveness in selecting individuals' "at risk" for problem parenting. *Journal of Clinical Psychology, 39*(3), 50-56.
Kissman, K., & Allen, J. A. (1993). *Single-parent families*. Sage.
Kniesner, T. B., Marjorie, B., & Wilcox, S. P. (1986). *Family structure, race and the feminization of poverty, IRP Discussion Papers 810-886*. University of Wisconsin-Madison.
Pearce, D. (1990). Welfare is not for woman: Why the war on poverty cannot conquer the feminization of poverty. In Linda Gordon (Ed.), *Women, The state and welfare*. The University of Wisconsin Press.
Peterson, J. (1987). The feminization of poverty. *Journal of Economic Issues, 21*, 329-337.
Tracy, E. M. (1990). Identifying social support resources of at risk families. *Social Work, 35*(3), 29-34.

여성가족부 www.mogef.go.kr
여성신문 http://www.womennews.co.kr

제 8 장

여성과 폭력

여성주의 시각에서 여성에 대한 남성의 다양한 형태의 폭력은 남성이 '권력감(sense of power)'을 느끼거나 이를 입증하기 위해 여성에게 자신의 의지를 강압적으로 행사하는 기제로 이해되며, 이는 가부장제 사회에서 여성이 남성보다 낮은 지위를 가지는 데 원인이 있는 것으로 본다. 따라서 가부장제 사회에서 여성에 대한 남성의 폭력은 가정과 학교, 직장, 공공장소, 길거리뿐 아니라 온라인 등 어느 곳에서든 일어날 수 있으며, 여성은 어느 곳에서도 안전하지 못하다. 여성에 대한 폭력을 근절하기 위해서는 이를 사회적으로 용인하지 않아야 하며, 뿌리 깊은 가부장적 태도를 변화시키고 여성에 대한 억압을 종식시키기 위한 강력한 사회 운동을 지속적으로 전개할 필요가 있다.

이 장에서는 여성에 대한 남성의 폭력을 가정폭력(domestic violence)과 성폭력(sexual violence)으로 구분하고, 각각의 실태와 폐해, 원인, 대책 등에 대해 살펴본다.

1. 가정폭력

1) 가정폭력의 개념과 유형

현행 법률에 근거하여 가정폭력의 개념을 살펴보면, **가정폭력**은 '부모, 배우자, 자녀, 형제자매, 친척, 사실혼 관계에 있는 사람 등 가정구성원 사이의 신체적, 정신적 또는 재산상 피해를 수반하는 행위'로 정의된다(「가정폭력범죄의 처벌 등에 관한 특례법」 제2조). 이 정의에서 보듯이 가정폭력은 신체적 폭력과 같은 직접적 폭력뿐만 아니라 정서적 폭력, 경제적 폭력, 방임 등과 같은 간접적인 폭력을 포함한다. 즉, 폭언, 위협, 물건을 부수는 행위, 사회적으로 고립시키는 행위 등의 정서적 폭력, 생활비를 주지 않거나 동의 없이 재산을 처분하는 등의 경제적 폭력, 위험 상황에 방치하는 등의 방임도 모두 가정폭력에 해당한다(〈표 8-1〉 참조).

표 8-1 가정폭력의 유형

유형	내용
신체적 폭력	물리적인 힘이나 도구를 이용하여 신체를 직접적으로 때리는 것 외에 물건을 집어던지거나 어깨나 목 등을 꽉 움켜잡는 것 등
정서적 폭력	폭언, 무시, 모욕과 같은 언어폭력으로 기분을 상하게 하는 것, 직접적으로 때리지는 않았으나 때리려고 위협을 하거나 물건을 던지거나 부수는 것, 통제적으로 상대방을 고립시키고 의심하는 행위 등
경제적 폭력	생활비를 주지 않는 것, 동의 없이 임의로 재산을 처분하거나 생활비 지출을 일일이 보고하게 하는 것 등
성적인 폭력	성적 수치심을 유발하는 행위나 원치 않는 성관계를 요구하는 것
방임	무관심과 냉담으로 대한다거나 위험상황에 방치하는 것

자료: 법제처(2019).

[그림 8-1]은 남성과 여성의 권력과 통제 관계에서 일어나는 폭력 및 학대의 유형과 내용을 보여 준다. [그림 8-1]에서 보듯이, 신체적 폭력보다 흔한 **정서적 학대**는 아내를 비하하고 아내가 자기 자신에 대해 불만스럽게 느끼거나 죄책감을 느끼

도록 함으로써 아내 스스로 자신은 학대받을 만하고 다른 선택이 없다고 믿도록 강요한다. 또한 아내가 하는 일, 만나는 사람, 가는 곳 등을 통제함으로써 아내가 가정 밖에 관여하는 것을 제한하여 아내를 고립시키거나, 아내가 직업을 갖거나 유지하지 못하도록 하고 아내에게 경제적인 권한을 부여하지 않으며 심지어는 아내의 돈을 빼앗아 가는 등으로 경제적인 학대가 일어나기도 한다. 아내가 자녀들에 대해 죄책감을 느끼도록 자녀들을 이용하여 아내를 학대하는 경우도 가정에서 흔히 일어나는 아내학대에 해당한다. 결과적으로, 가정폭력은 남편이 아내에게 의도적으로 물리적인 힘을 가하여 고통을 주는 행위로 이해하기보다는 가부장제에서 남성이 여성에게 권력을 행사하고 여성을 통제하기 위한 행위이며, 신체적 폭력뿐 아니라

[그림 8-1] 권력과 통제의 수레바퀴

자료: Stout & Mcphail (1998), p. 216.

[그림 8-2] 평등의 수레바퀴

자료: Stout & Mcphail (1998), p. 218.

정서적 학대, **경제적 학대**, 고립, 자녀 이용 등의 다양한 유형이 존재함을 이해할 필요가 있다.

[그림 8-1]과는 대조적으로 [그림 8-2]는 여성과 남성의 **평등관계**를 보여 준다. [그림 8-2]에서 보듯이, 평등관계에서 아내와 남편은 서로를 존중한다. 남편은 아내의 인생 목적을 지지하고, 아내 자신의 감정과 친구들, 행동, 의견에 대한 권리를 존중한다. 또한 부모로서의 책임을 공유하고, 가정 내 노동 분배에 대해 서로 동의한다. 또한 금전에 관한 결정을 함께 하고, 재정적 혜택이 남편과 아내에게 모두 돌아간다. 설혹 과거에 폭력을 사용하였더라도 폭력의 사용과 폭력 사용이 잘못되었음을 인정하고, 서로 만족하는 갈등해결 방법을 모색하기 위해 개방적이고 신뢰성

있게 의사소통한다.

여성가족부에서는 3년마다 전국을 대상으로 가정폭력 실태를 조사한다. 가정폭력 실태조사(여성가족부, 2017)에 따르면, 지난 1년간 아내가 남편으로부터 신체적 폭력을 당했다는 비율은 3.3%로 나타났고, 정서적 폭력은 10.5%, 경제적 폭력 2.4%, 성적 폭력 2.3%, 방임 17.8% 등으로 나타났다. 일반적으로 가정폭력의 실제 비율은 조사결과보다 높은 것으로 알려져 있으므로, 우리나라 가정에서 아내폭력 발생률은 이 수치보다 높을 것으로 추정할 수 있다.

2) 가정폭력의 폐해

가정폭력은 단지 피해여성에게만 부정적 영향을 미치는 것이 아니라 자녀, 가해남성, 가족 전체, 지역사회, 사회 전반에 걸쳐 부정적인 영향을 미친다(Bradley, 1994).

(1) 피해여성에게 미치는 영향

가정폭력은 피해여성에게 베임, 멍, 화상, 골절, 내부 상해, 뇌 상해 등과 같은 신체적인 문제를 일으키며 최악의 경우에는 여성이 살해되거나 자살하는 경우도 발생한다. 또한 피해여성은 배우자에 대한 두려움과 무슨 일이 일어날지에 대한 두려움을 가지게 되고, 무엇이 폭력을 가져오는지 모르기 때문에 혼란을 겪게 된다. 여성자신이 잘못했기 때문에 때리는 것이라고 배우자가 말하기 때문에 자신감이 손실되고, 배우자가 폭력으로 자신을 통제하는 상황에서 무력감을 느끼게 되며, 스스로 결정하는 능력의 상실을 경험한다.

가정폭력을 겪는 피해여성은 사회적으로 작업수행 능력이 떨어지고, 자주 결근하거나 일자리를 잃게 될 수 있으며, 자신이 누구를 만나고 어디를 가는지를 배우자가 통제함에 따라 고립을 경험한다. 결과적으로 피해여성은 경제적 · 사회적 · 문화적 지지체계의 약화 혹은 단절을 경험하게 되고 이는 사회적 배제 경험으로 이어질 수 있다.

(2) 자녀들에게 미치는 영향

가정폭력이 자녀들에게 미치는 영향으로 역시 신체적으로 부모들의 싸움 과정에서 다치거나 심지어는 살해될 수 있고, 어머니가 자녀들을 적절히 돌보지 못하기 때문에 방임될 수 있다. 또한 임신한 어머니가 유산한다면 태아가 사망할 수도 있고, 어머니가 출산에 임박하여 폭력을 당하는 경우에는 신생아가 상해되어 태어날 수도 있다.

국내외 많은 연구는 가정폭력에 노출된 아동은 우울, 낮은 자존감, 불안 등의 정서 문제와 공격성과 폭력성의 증가, 학교적응의 어려움 등 사회성 발달 저해의 문제가 있음을 지적하였다(이호택, 2012; Emery, 2011). 가정폭력을 간접적으로 경험하는 자녀들은 정신적으로 괴롭고 어떤 일이 일어날지에 대해 늘 불안해하며, 아버지에 대한 사랑이 불안 심지어 증오로 바뀌게 된다. 또한 학교에서 집중할 수 없으며, 공격적으로 변하거나 의기소침해짐으로써 문제 행동을 보일 수 있다. 이른 나이에 집을 떠나서 청소년 비행, 10대 미혼모와 같은 사회 문제를 일으키거나, 아동기에 부모 갈등과 폭력을 관찰함에 따라 폭행, 강간 시도, 살인 시도 등의 심각한 성인 범죄를 일으킬 가능성이 높다. 또한 나이가 듦에 따라 자신들의 결혼에서 권력과 통제의 관계 유형을 반복함으로써 폭력의 세대전이가 일어날 수 있다.

(3) 가해남성에게 미치는 영향

가정폭력은 가해남성에게도 부정적인 영향을 미친다. 배우자와 자녀들의 사랑과 존경을 잃게 됨에 따라 고립되거나 불안정해진다. 배우자가 보복하는 경우에 상해되거나 심지어 살해될 수도 있다. 또한 집에서의 갈등으로 인해 보다 많은 시간을 밖에서 보내게 되고, 술을 마시거나, 배우자가 떠나기로 결정한다면 가족 전체를 잃게 된다.

(4) 가족과 사회에 미치는 영향

가정폭력은 가족 전체에 영향을 미치는데 가정폭력 가해자에 대한 두려움으로 가족생활 전체가 변화되고, 가족 해체의 가능성이 높아진다. 또한 가정폭력은 지역사회 내 다른 가족들에게 부정적 영향을 미치며, 특히 여성들에게 위협적인 환경을 초래한다. 아동은 자신이 원하는 것을 얻기 위해서는 폭력을 어떻게 사용하는가를 관찰하게 되고 사회에 높은 수준의 폭력이 형성되는 결과를 초래한다. 또한 가족이 해체됨으로써 사회 불안정과 사회 문제가 야기되고, 피해자가 가사노동과 임금노동을 하지 못함으로써 사회에 경제적 손실을 가져온다. 피해자에게 제공되는 의료적 치료, 경찰, 법원, 복지 서비스 등의 서비스 비용이 발생하며, 여성을 남성의 통제를 받는 이등 시민으로 고정화하는 데에 기여한다.

3) 가정폭력의 원인

학자들은 가정폭력의 원인으로 개인, 가족, 사회구조 등 다양한 요인을 제시하고 있다. 가해남성의 개인 요인으로는 알코올 혹은 약물의 사용, 정신질환, 성격장애, 폭력 학습 등을 포함하며, 가족 요인으로는 원가족의 폭력사용이 세대 간 전수된 것을 지적한다. 여성주의자들에 따르면, 가정폭력은 사회구조적으로 가정폭력이 받아들여지고 있는 가부장제에 그 원인이 있다. 즉, 여성이 남성보다 낮은 지위를 차지함에 따라 남성은 권력을 행사하기 위해 폭력을 사용하는 것이며, 여성의 남성에 대한 사회적, 정치적, 경제적 의존이 이를 유지하는 구조를 제공한다고 분석한다(Dobash & Dobash, 1983).

다음에서는 가정폭력의 원인을 설명하는 다양한 이론들 가운데 대표적인 일부 이론들을 간략하게 살펴본다.

(1) 정신병리학적 이론(psycho-pathological theory)

가해자의 개인 내적 결함에 초점을 두는 이론으로서 가정폭력을 가해자의 알코올 혹은 약물 중독, 정신질환, 성격장애 등에 의해 일어나는 가학적 행위로 설명한다. 가정폭력 가해자들의 일부는 이런 문제를 가지고 있다. 하지만 이 이론은 이 같은 문제를 가지지 않은 남성들이 저지르는 가정폭력을 적절히 설명하지 못한다(변화순, 윤덕경, 김영택, 정수연, 2010)는 점과 가족 구조 혹은 사회구조적인 면을 간과하고 있다(Gelles, 1997)는 점에서 비판을 받고 있다.

(2) 좌절-공격 이론(frustration-aggression theory)

어떤 목적을 가진 행동이 좌절되거나 방해받았을 때 공격 행동을 하는 것으로 가정폭력을 설명하는 이론이다(Steinmetz, 1987). 개인적 차원의 좌절뿐 아니라 실직이나 생활고 등의 사회적 요인으로 인한 불만과 적개심이 가족 성원에게 전이되어 폭력행위가 발생하는 것으로도 설명한다. 하지만 이 이론은 여성, 아동 등과 같은 사회 내 혹은 가정 내 취약계층이 좌절감을 지니고 있음에도 불구하고 공격 행동을 하지 못하는 상황에 대해 적절히 설명하지 못한다는 비판을 받고 있다(김문조, 1998).

(3) 사회학습이론(social learning theory)

사회학습이론은 폭력행위를 학습된 행동으로 이해한다. 예를 들어, 부모가 문제해결을 위해 폭력을 휘두르는 것을 보고 배운 아동이 자신이 성인이 되었을 때 학습한 대로 폭력을 행사하는 것이라고 설명한다(Steinmetz, 1987). 많은 연구는 가정폭력의 가해자들 자신이 직접적으로 학대의 대상이었거나 다른 사람이 학대받는 것을 간접적으로 경험했다는 것을 밝혔다(Fagan, Stewart, & Hansen, 1983). 이 이론은 가부장제의 사회정치적 맥락에서 남편에 의한 아내학대를 설명하기에는 부족하다는 비판을 받지만, 가해자가 대안적 행동을 학습함으로써 변화를 시도할 여지를 제공한다.

(4) 자원이론(resource theory)

자원이론에서는 가족폭력의 가해자가 가족 내에서 지배권을 가지려 하지만, 이를 뒷받침할 만한 자원, 즉 경제력, 사회적 지위, 인간관계 기술 등이 부족하거나 충분하지 않을 때 폭력이나 위협 등 강압적 방법을 사용하는 것으로 설명한다(Goode, 1971). 또한 자원을 적게 가진 가족 성원일수록 폭력을 행사하는 가해자에게서 벗어나기 어려운 점도 지적한다(Gelles, 1976).

(5) 체계이론(systems theory)

체계이론은 가정폭력이 발생하고 지속되는 과정에 초점을 두고 이를 환류과정(feedback process)으로 설명한다. 가해자는 지배체계를 지속하기 위한 방법으로 폭력을 사용하고, 피해자의 복종하는 행동은 폭력체계를 강화한다. 피해자가 대항하는 경우 가해자는 지배체계를 유지하기 위한 부적 환류(negative feedback)로서 더 심한 폭력을 행사하여 피해자를 더욱 억압한다. 체계이론을 적용하는 경우, 부적 환류과정을 정적 환류(positive feedback)과정으로 바꿈으로써 변화를 시도할 여지를 제공한다.

(6) 구조적 이론(structural theory)

구조적 이론은 가정폭력을 사회구조적인 차별로 인한 스트레스, 박탈 등에 기인하는 것으로 설명한다. 예를 들어, 빈곤계층이나 열악한 환경에서 폭력이 보다 빈번하게 발생하는데, 이는 차별로 인한 박탈에 대한 반응으로 폭력이 발생하는 것으로 설명한다(Steinmetz, 1987). 하지만 이 이론은 불평등한 가족관계나 개인적 측면을 포함하지 못한다는 비판을 받고 있다.

(7) 여성주의 이론(feminist theory)

여성주의 이론에서는 가정폭력의 본질적 원인이 여성 억압적이고 성차별적인 가부장적 사회구조라는 점을 강조한다. 가정폭력은 가족 성원들 간의 갈등에서 비롯되는 단순한 폭력이 아닌 성불평등에서 기인하는 남성의 여성 학대이며 남성은 여성을 통제하기 위한 수단으로 폭력을 행사하는 것으로 설명한다. 따라서 가정폭력을 근절시키기 위해서는 가족 외부의 통제와 지원이 절대적으로 필요하다고 주장한다. 지역사회와 국가는 피해여성을 보호하고 피해여성의 권력을 보장하기 위한 법적, 제도적 지원을 적극적으로 제공해야 하며, 가해남성의 억압적 행동을 제한하기 위한 강력한 정책을 시행해야 한다는 점을 강조한다.

4) 가정폭력 피해자 지원과 재발방지

1997년 제정된 「가정폭력범죄의 처벌 등에 관한 특례법」과 「가정폭력방지 및 피해자보호 등에 관한 법률」에 따라 우리 사회에서 가정폭력은 더 이상 가정 내 문제가 아닌 사회범죄로 규정되었고 국가와 사회가 개입할 수 있게 되었다. 더욱이 이 법률 이후 가정폭력의 피해자뿐 아니라 가정폭력 행위를 알게 된 제3자라도 누구든지 신고할 수 있고, 특히 상담이나 직무를 통해 가정폭력 범죄를 알게 된 의료기관이나 가정폭력 상담소의 대표 등은 반드시 이를 신고해야 한다. 신고를 받은 경찰은 즉시 출동하여 폭력행위를 저지하고, 피해자를 가정폭력관련 상담소 또는 보호시설, 의료기관에 인도하는 등의 응급조치를 취해야 한다. 또한 경찰과 검사는 가해자를 수사하며, 법원의 허가를 얻어 정도에 따라 가해자로부터 피해자를 격리하는 임시조치를 취할 수 있다. 가정법원은 가정폭력 사범에 대해 폭력행위와 피해 정도,

가정평화가 회복될 가능성 등을 조사한 뒤 정도에 따라 보호처분을 내릴 수 있다. 보호처분은 피해자에 대한 접근금지, 친권행사 제한, 보호관찰이나 사회봉사, 수강명령 등을 포함한다. 가정폭력 사범이 보호처분에 따르지 않으면 불이행죄로 형사처벌할 수 있다.

법률제정 이후, 정부는 가정폭력 근절을 위한 제도를 정비하고, 가정폭력 실태조사를 3년마다 정기적으로 실시하며, 가정폭력 예방교육과 홍보활동을 강화하고 있다. 이 가운데 가정폭력 피해자 보호와 관련된 지원(법제처 홈페이지, 2019)과 여성가족부를 중심으로 이루어지는 가정폭력예방 사업(여성가족부 홈페이지, 2019)을 살펴보면 다음과 같다.

(1) 피해자 지원

가정폭력 피해자가 가정폭력으로 인해 생활이 어렵게 된 경우 「긴급복지지원법」에 따른 긴급지원 대상자로서 생계지원, 의료지원, 주거지원, 사회복지시설 이용지원, 교육지원 등의 지원을 받을 수 있다.

① 생계지원

생계지원은 1개월간 지원되고 위기상황이 계속되는 경우 기간연장이 가능하다. 또한 가정폭력 등의 사유로 만 18세 미만(취학 중인 경우 22세 미만)의 자녀를 양육하게 된 한부모는 「한부모가족지원법」에 따라 생계비, 아동교육지원비, 아동양육비 등의 지원을 받을 수 있다.

② 의료지원

가정폭력으로 인해 신체적 혹은 정신적 치료가 필요한 피해자는 국가나 지방자치단체로부터 의료비를 지원받거나 일부 병원에서 무료로 진료를 받을 수 있다. 의료 지원은 보건에 관한 상담과 지도, 신체적 · 정신적 피해에 대한 치료, 임산부의 심리적 안정을 위한 정신치료, 임산부와 태아 보호를 위한 검사나 치료, 피해자 가정의 신생아에 대한 의료를 포함한다.

③ 주거지원

피해자와 그 가족은 임시거처 혹은 보호시설에서 머물며 숙식, 전문적 상담과 치료, 법률지원 등 단기 주거지원을 받을 수 있다. 또한 피해자와 그 가족은 자립 · 자활을 위해 공동가정생활(그룹홈)에 입주하여 생활하는 장기 주거지원을 받을 수 있다. 신규 입주자에 대한 주거지원 기간은 2년이고 1차에 한해서 2년 연장 가능하다. 피해자가 소득기준의 입주자격을 충족한 경우 국민임대주택의 우선 입주권을 받을 수 있다.

④ 법률지원

피해자는 대한법률구조공단과 한국가정법률상담소에서 가정폭력과 관련된 민사 · 가사 사건 외 형사사건에 대해 무료 법률구조, 즉 법률상담, 변호사 또는 공익법무관에 의한 소송대리와 형사변호 등의 법률적 지원을 받을 수 있다.

(2) 가정폭력 예방 사업

① 가정폭력 피해회복과 재발방지

가정폭력 피해자 지원 프로그램은 가정폭력 피해자 보호시설과 가정폭력상담소에서 제공하고 운영한다. 피해자 치료 · 회복 프로그램은 가정폭력 피해자와 동반아동을 대상으로 하며, 이들의 자존감 회복과 사회인으로의 복귀에 목적을 둔다. 구체적으로 피해자 보호프로그램은 개별상담, 집단상담, 심리극, 의식강화 프로그램, 음악치료, 지지 집단 상담프로그램, 미술치료, 종이접기, 명상 수련, 수공예, 가족미술치료, 심신회복캠프, 부부 의사소통향상 프로그램 등을 포함하며, 아동대상 프로그램으로 놀이치료, 방과후 학습지도, 미술치료, 집단미술치료, 가족미술치료, 심신회복캠프 등을 제공한다.

가정폭력 피해 여성들을 위한 집단 프로그램에서는 무엇보다 이들의 **역량강화**(empowerment)와 이를 위한 상호 원조, 의식향상, 행동 수행을 강조한다(Wood & Middleman, 1992). 구체적으로 살펴보면, 먼저 상호 원조 과정에서 사회복지사는 여성들이 자신의 경험에 대해 이야기하도록 지지한다. 사회복지사의 역할은 성원들이 자신의 감정을 말로 표현하도록 지지하고 이런 감정을 통해 성원들을 연계한다.

이를 통해 성원들은 가까워지며 서로를 배려하게 되고, 의식향상을 위한 기반을 마련한다. 의식향상 과정에서 사회복지사는 아내학대의 문제는 가부장적 사회에서 여성의 종속적인 지위에 기인함을 강조한다. 성원들이 폭력에 대해 책임을 느끼거나 자신을 비난할 필요가 없다는 것을 깨닫도록 도우며, 배우자 혹은 사회제도에 대한 분노를 정당화한다. 이 과정에서 개별 성원의 강점을 강조하는 것이 중요하다. 행동수행 과정은 가장 중요한 과정으로서 전문가(예를 들어, 검사, 지역의 활동가 등)와 자원에 대한 정보를 공유하거나 사이코드라마, 역할연습, 편지쓰기 등을 통해 의미 있는 다른 사람들에게 자신의 주장을 전개하는 연습을 한다. 행동수행 과정은 다른 집단과의 관계망을 형성하고, 투표권을 행사하거나 로비활동을 하는 것을 포함한다. 성원들이 무력감에서 벗어나 자기 인식과 사회적 인식의 증진을 경험하고, 대화와 연대를 통해 사회 행동에 참여하는 것이 중요하다(Gutiérrez, Parsons, & Cox, 2003). 이를 위해 무엇보다 사회복지사 자신의 사회정치적 이해가 중요하다.

가정폭력상담소는 피해자뿐 아니라 가해자에 대한 프로그램도 운영한다. 가해자 교정·치료 프로그램은 가해자들의 행동과 인식, 태도 등의 교정을 통한 가정폭력의 재발 방지에 목적을 두고 있다. 여성가족부에서는 전문가 상담, 심리치료 등을 위한 강사료와 상담료, 집단상담 등을 위한 장소와 기자재 임차료, 재료비, 부부캠프 운영을 위한 숙식비, 교통비 등을 지원한다.

가정폭력피해자 상담과 더불어 가해자에 대한 상담 역시 매우 중요한데 가해자 상담에서는 무엇보다 가해자가 폭력은 자신이 의식적으로 선택한 행동이며, 이에 따라 폭력에 대한 책임을 면할 수 없음을 깨닫도록 하는 것을 중요하게 여긴다. 아울러 여성에 대한 남성의 폭력을 용인하는 가치체계에 대해 점검하는 기회를 갖도록 할 필요가 있다. 가해자의 폭력 책임에 대한 태도가 변화하게 되면, 사회복지사는 가해자가 비폭력적인 행동을 습득할 수 있도록 인지 재구조화, 이완훈련, 분노조절, 갈등해결 기술과 자기주장훈련, 행동 시연 등의 방법을 활용하여 바람직한 행동을 배울 수 있도록 지원해야 한다.

일반적으로 **가해자 상담**은 개별상담보다는 집단상담이 효과적인 것으로 알려져 있다. 이는 개별상담에서는 가해자의 폭력에 대한 최소화, 수치심, 고립 등을 다루기 어렵고, 자칫 심리 내적인 현상에만 치중할 우려가 있기 때문이다. 반면, 집단상담은 집단 피드백, 상호 강화, 상호 지지, 대인관계기술 습득과 교정에 강력한 촉매

작용을 한다는 점에서 유용하다. 또한 부부상담은 가해자가 폭력을 멈춘 후에 받는 것이 바람직하다(장희숙, 1999; 현진희, 2007). 이는 부부상담에서 관계의 개선을 강조하다 보면 폭력행동의 교정은 미진하게 다루어지기 쉽고 폭력에 대한 책임도 부부가 공유하게 될 여지가 있기 때문이다.

② 무료법률구조사업

많은 가정폭력 피해여성은 법률지식의 부족, 소송에 따른 시간적 여유 부족, 낮은 사회경제적 지위 등으로 자신의 권익을 제대로 지키지 못하는 인권 사각지대에 놓여있다. 피해여성은 전국의 대한법률구조공단과 한국가정법률상담소에서 무료로 법률상담을 받을 수 있을 뿐 아니라 민사・가사 소송대리, 형사 변호 등의 지원을 받을 수 있다.

③ 가정폭력상담소

가정폭력을 예방하고 가정폭력 피해자를 보호하기 위한 가정폭력상담소는 전국에 200여 개소가 운영되고 있다. 가정폭력상담소는 가정폭력을 신고 받고, 이에 관한 상담을 제공하며, 가정폭력으로 인해 가정생활이나 사회생활이 어렵거나 기타 긴급히 보호가 필요한 피해자를 임시로 보호하거나 의료기관 또는 가정폭력 피해자보호시설로 인도한다. 또한 대한변호사협회나 지방변호사회 또는 대한법률구조공단 등에 필요한 협조와 지원을 요청하고, 경찰관서 등으로부터 인도받은 피해자에게 임시보호를 제공할 뿐 아니라 가정폭력 예방과 방지에 관한 홍보, 가정폭력과 피해에 관한 조사・연구, 지역사회 캠페인과 홍보활동 등을 수행한다.

④ 가정폭력보호시설

가정폭력보호시설은 전국에 60여 개소가 운영되고 있으며 피해자와 자녀를 일시 보호하면서 무료 숙식제공, 법률상담, 심리상담, 치료지원 등을 제공한다. 또한 피해자가 수사기관의 조사나 법원의 증인신문을 받는 경우에 동행하고, 법률구조기관에 필요한 협조와 지원을 요청하며, 자립자활교육을 직접 시행하거나 취업정보 등을 제공한다. 보호기간은 단기 보호시설은 6개월 이내(3개월 내 연장 가능), 장기 보호시설은 2년 이내이다.

⑤ 여성긴급전화 1366센터

가정폭력, 성폭력, 성매매 등으로 긴급한 구조, 보호, 또는 상담을 필요로 하는 여성들이 전화로 즉시 피해상담을 받을 수 있도록 전국적으로 통일된 국번 없는 특수전화 1366을 365일 24시간 운영한다. 폭력 피해여성을 위한 원스톱 서비스 제공의 중심기관으로서 전국 16개 시 · 도에 설치되어 있으며 여성폭력 피해자에 대해 긴급 상담, 서비스 연계(의료기관, 상담기관, 법률구조기관, 보호시설, 112, 119 등)를 포함한 위기개입 서비스를 제공한다.

5) 가정폭력에 대한 대책

가정폭력 처벌을 법제화한 이후 사회적으로 많은 변화가 시도되었다. 하지만 여성가족부가 실시한 전국 가정폭력 실태조사에 의하면, 많은 사람들은 여전히 가정폭력을 가족 내 사적인 문제로 인식하고 있는 것으로 나타났다(여성가족부, 2016). 자신의 가정에서 가정폭력이 발생할 경우, 세 가정 가운데 한 가정(38.6%) 이상은 경찰에 신고하지 않겠다고 응답하였고, 신고하지 않는 이유로는 '가족이므로' '대화로 해결하기를 원해서' 등으로 응답하였다. 대부분의 피해 여성은 실제로 외부 도움을 적극적으로 요청하지 않고 가정폭력 행동에 수동적으로 대응하고 있는 것으로 나타났다. 가정폭력을 당한 여성들 세 명 가운데 두 명은 '그냥 있었다(66.6%)'고 응답하였고, 이 밖에 '자리를 피하거나 집 밖으로 도망(24.1%)'하였거나 '함께 폭력을 행사(8.1%)'했다고 응답하였다. '주위에 도움을 요청(1.0%)'했다고 한 응답자들은 극히 일부에 그쳤는데, 그 이유로는 '창피해서' '신고해도 소용이 없을 것 같아서' '폭력이 심해질까 봐' 등으로 응답하였다. 도움을 요청한 경우도 그 대상은 주로 가족이나 친척, 이웃, 친구였으며, 공식적 지원체계인 경찰, 여성긴급전화 1366, 가정폭력상담소나 피해자보호시설의 이용은 매우 저조한 것으로 나타났다.

이 실태조사 결과에서 보듯이, 단순히 법률을 제정하고 서비스를 제공하는 것만으로 가정폭력을 근절하는 데에는 한계가 있다. 가정폭력을 여전히 가정 내 사적인 일로 인식하거나 이를 사회적으로 용인하는 태도를 변화시켜야 하며, 가정과 사회에 여전히 존재하는 뿌리 깊은 가부장적 가치와 신념체계를 근본적으로 변화시켜야 한다. 또한 성평등적 성 역할 태도와 민주적인 가족관계를 형성하고, 여성 억압을 종식시키기 위한 사회제도를 구축하기 위한 적극적인 노력이 필요하다. 이 외에도 사회 전반적인 변화를 위해 다음과 같은 노력이 적극 필요하다(여성가족부, 2016; Gelles, 1997).

첫째, 사회와 가정에서 폭력을 합법화하거나 미화하는 규범을 제거해야 한다. 특히 폭력을 미화하는 대중매체의 폭력을 제거할 필요가 있다. 매체에서는 평화와 비폭력 내용의 프로그램을 우선적으로 다루어야 하며, 비폭력을 증진하기 위한 노력을 강조해야 한다. 또한 학대받는 여성들과 자녀들의 문제를 깊이 있게 다루고, 폭력의 역동과 결과에 관한 교육을 제공해야 한다.

둘째, 교육체계에서 성폭력의 사회적 원인에 대해 교육할 필요가 있다. 특히 교사는 폭력 예방, 평화를 존중하는 갈등 해결과 의사소통기술에 대해 교육해야 한다. 교재 내용에 존재하는 성차별을 인식하고 대안을 개발하며, 초·중등 교육과정에 성폭력에 대한 교육을 포함해야 한다. 또한 교사가 학생의 일상에서 가정폭력으로 나타날 수 있는 증상을 민감하게 인식하고 적절히 반응하도록 교육받고 지지받아야 한다.

셋째, 사회의 성차별적 요인을 변화시켜야 한다. 가정과 사회에서 성 불평등, 전통적 성 분업화 등을 제거할 필요가 있다.

넷째, 사회에서 폭력을 유발하는 스트레스를 줄이기 위한 노력이 필요하다. 빈곤, 불평등, 실업을 줄이고 적절한 주거환경과 의료보호, 교육기회 제공 등을 통해 가정 내 스트레스를 줄이기 위한 노력을 강화해야 한다.

다섯째, 가족과 친족망 혹은 지역사회를 연결함으로써 가족이 사회적 고립에서 벗어나고 가족의 스트레스 관리능력을 향상시키도록 지원해야 한다.

여섯째, 가족에서 폭력의 순환을 깨뜨린다. 아동에 대한 신체적 처벌은 폭력이 학습되는 가장 효과적인 방법이므로 폭력을 예방하기 위해 이를 제거하는 것이 중요하다.

일곱째, 가정폭력과 관련된 법률을 인지하고 적극적으로 가정폭력을 신고하도록 독려하는 범국민적인 홍보와 교육이 필요하다. TV, 라디오 등 방송통신매체를 통해 가정폭력 관련 법과 지원서비스를 적극적으로 홍보하고 인터넷 매체 등을 활용하기 위한 다양한 전략이 필요하다.

여덟째, 연령대별, 결혼기간별, 계층별, 취업여부별 특성을 고려하여 가족성원들의 생애에 걸친 교육프로그램을 개발해야 한다. 이 프로그램은 가정폭력에 대한 인식을 높이고 가족 갈등에 대처할 수 있는 상호작용기술이나 의사소통기술, 자녀행동 관리기술 등을 포함해야 한다. 또한 성별, 연령대, 교육수준, 장소(학교, 공공기관, 기업체, 병원, 군대, 가족, 사회복지 전달체계 등) 등을 고려하여 가정폭력 인식과 예방교육을 실시할 수 있도록 상황 특화된 프로그램을 개발해야 한다.

아홉째, 공식적 지원체계인 경찰, 여성긴급전화 1366, 가정폭력상담소, 보호시설 등에 대한 인지도와 접근성을 높이기 위해 정부 차원에서 적극적인 노력을 기울여야 한다.

2. 성폭력

1) 성폭력의 개념과 실태

성폭력은 상대방의 동의 없이 강제적으로 성적 행위를 하거나 성적 행위를 하도록 강요・위압하여 신체적・정신적・사회적으로 상대방에게 피해를 주는 행위를 말한다(여성가족부 홈페이지, 2019). 즉, 성폭력이란 상대방의 의사에 반해 이루어지는 성적 언동으로 상대의 성적 자기결정권을 침해하는 모든 행위이다. 성폭력관련법에 의해 처벌할 수 있는 강간, 강제추행뿐만 아니라 언어적 성희롱과 같이 민사적 대응 또는 비사법적 절차로 권리가 구제되는 유형도 모두 성폭력에 포함된다(장애여성공감, 성폭력상담소, 한국성폭력상담소, 한국성폭력위기센터, 2014). 하지만 성폭력의 개념에서 보듯이, 비동의성의 근거로서 피해자의 적극적인 저항 가능성을 비중있게 다루도록 되어 있으므로 여성의 무력감에 의한 순응을 간과하는 결과를 가져온다는 비판이 제기되고 있다.

성폭력의 유형은 행위 내용에 따라 강간, 유사강간, 강제추행, 준강간, 준강제추행, 성적 목적을 위한 공공장소 침입행위, 통신매체를 이용한 음란행위, 카메라 등을 이용한 촬영, 지속적 괴롭힘(스토킹), 성희롱 등을 포함한다. 구체적 내용은 다음 〈표 8-2〉와 같다.

표 8-2 성폭력의 유형

유형	관련 법률	내용
강간	「형법」 제297조 등	폭행 또는 협박을 가하여 간음(성기 삽입)하는 행위
유사강간	「형법」 제297조의 2 등	폭행 또는 협박으로 사람에 대하여 구강, 항문 등 신체(성기 제외)의 내부에 성기를 넣거나 성기, 항문에 손가락 등 신체(성기 제외)의 일부 또는 도구를 넣는 행위
강제추행	「형법」 제298조 등	폭행 또는 협박을 가하여 사람에 대하여 추행하는 행위
준강간, 준강제추행	「형법」 제299조 등	폭행 또는 협박이 없이 사람의 심신상실 또는 항거불능의 상태를 이용하여 간음 또는 추행한 행위
성적 목적을 위한 공공장소 침입행위	「성폭력처벌법」 제12조	자기의 성적 욕망을 만족시킬 목적으로 공중화장실이나 목욕장 등 공공장소에 침입하거나 같은 장소에서 퇴거의 요구를 받고도 응하지 않는 행위
통신매체를 이용한 음란행위	「성폭력처벌법」 제13조	자기 또는 다른 사람의 성적 욕망을 유발하거나 만족시킬 목적으로 전화, 우편, 컴퓨터, 그 밖의 통신매체를 통하여 성적 수치심이나 혐오감을 일으키는 말, 음향, 글, 그림, 영상 또는 물건을 상대방에게 도달하게 하는 행위
카메라 등을 이용한 촬영	「성폭력처벌법」 제14조	카메라나 그와 유사한 기능을 갖춘 기계장치로 성적 욕망 또는 수치심을 유발할 수 있는 다른 사람의 신체를 그 의사에 반하여 촬영하거나 그 촬영물을 반포·판매·임대·제공 또는 공공연하게 전시·상영하는 행위
지속적 괴롭힘 (스토킹)	「경범죄처벌법」 제3조 제1항 제41호	상대방의 의사에 반하여 지속적으로 접근을 시도하여 면회 또는 교제를 요구하거나 지켜보기, 따라다니기, 잠복하여 기다리기 등의 행위를 반복하여 하는 행위. 통신 및 사이버상 괴롭힘, 불시 침입, 소문 유포, 폭력, 사진이나 동영상 촬영과 유포, 자해, 협박 등을 포함
성희롱	「남녀고용평등과 일·가정 양립 지원에 관한 법률」 제2조 제2호	직장 내 성희롱이란 사업주·상급자 또는 근로자가 직장 내의 지위를 이용하거나 업무와 관련하여 다른 근로자에게 성적 언동 등으로 성적 굴욕감 또는 혐오감을 느끼게 하거나 성적 언동 또는 그 밖의 요구 등에 따르지 않았다는 이유로 고용에서 불이익을 주는 것

자료: 장애여성공감 외(2014).

성폭력 실태조사(여성가족부, 2017)에 의하면, 지난 1년간 성추행 · 강간의 발생비율은 1.5%로 나타났다. 성폭력의 피해실태를 좀 더 자세히 살펴보면, 성폭력 피해의 30~40%는 아동 · 청소년 시기에 처음 발생했다. 또한 성폭력 정도가 심할수록 아는 사람에 의한 비율이 높게 나타났는데, 강간의 경우 피해여성 다섯 명 가운데 네 명(77.7%)은 평소에 알던 사람에게 피해를 당한 것으로 나타났다. 폭력을 동반하지 않은 성추행의 발생장소는 대중교통시설(76.4%)이 가장 많았고, 성희롱은 직장(42.7%), 상업지역(34.4%), 대중교통시설(25.3%) 순으로 나타났다. 여성가족부의 실태조사에도 불구하고, 성폭력의 특성상 정확한 실태를 파악하는 데에는 한계가 있을 것으로 추정된다. 더욱이 성폭력 범죄로 경찰에 기록된 자료에 의한 공식적인 통계는 실제 성폭력 발생의 극히 일부에 그칠 것으로 추정된다.

2) 성폭력의 폐해

성폭력 생존자들은 생존 과정에서 신체적인 고통뿐 아니라 정서적, 행동적으로 상당한 수준의 고통을 경험한다. 구체적으로, 성폭력의 폐해는 다음과 같다.

(1) 신체적 폐해

성폭력을 경험한 여성은 다양한 신체적인 상해를 겪으며, 두통, 메스꺼움, 소화기장애, 수면장애, 악몽 등을 호소하며, 성병이 감염되거나 임신하는 경우도 발생한다. 대부분의 피해자는 성폭력 피해를 당한 후 건강이 상당히 나빠졌고 회복이 되더라도 피해 전의 건강수준에는 미치지 못하는 것으로 나타났다(김영택, 김동식, 김인순, 차지영, 2012).

(2) 정서적 폐해

성폭력을 경험한 여성은 두려움, 치욕감, 당황함, 걱정, 공포, 혼란, 정신적 충격 등을 호소한다. 또한 분노, 보복감, 증오를 느끼며 자존감의 훼손을 경험한다. 특히 아는 사람으로부터 강간당한 경우에는 자기 비난이 심하며, 우울, 성폭력 기억으로 인한 고통, 무감각, 남성 불신, 배신감, 또 다른 성폭력에 대한 두려움을 느낀다. 많은 경우에 외상 후 스트레스 장애(Post-Traumatic Stress Disorder: PTSD)를 나타내거나 자살 생각이 많아지고 자살 시도가 이루어지기도 한다.

(3) 행동적 폐해

성폭력을 경험한 여성은 타인에 대한 혐오와 불신, 신변 안전에 대한 두려움 등 일상생활의 변화를 경험하는 것으로 나타났다(여성가족부, 2016). 이 밖에도 성행위에 대한 회피를 보이거나, 성적 문제의 얘기, 성폭력을 상기시키는 남성과 상황에 대한 회피, 거주지와 전화번호 변경, 자살행동, 약물중독 등의 행동을 나타내기도 한다.

앞에서 살펴본 폐해에도 불구하고 많은 성폭력피해자는 부정적 경험을 극복한다. 이런 점에서 성폭력을 경험한 사람을 '피해자(victim)'로 표현하기보다는 '생존자(survivor)'로 바꾸어 표현한다. '피해자'라는 용어에는 무력감과 치욕스러움 등이 내재되어 있는 반면, '생존자'라는 용어는 성폭력을 경험한 사람의 용기와 결정권을 반영하고, 신체적으로 생존했을 뿐 아니라 심리적으로도 회복하였다는 의미가 내재되어 있다.

3) 성폭력에 대한 잘못된 생각들

여성주의 이론은 성폭력의 원인을 개인의 문제로부터 사회, 정치, 역사적 영역으로 재구성하는 데 크게 기여하였다. 여성주의 이론에 따르면, 성폭력은 가해남성의 생물학적 충동 혹은 개인적인 정신병리로 인해 일어나는 것이 아니라 일부 남성들이 남성의 지배와 여성의 종속을 지속하기 위한 한 방편으로 성폭력을 사용한다는 것이다(Stout & McPhail, 1998). 성폭력은 남성들의 성적 충동을 해소하기 위한 수단이 아니라 권력과 통제의 수단이며, 대부분의 성폭력 남성은 정신병리적 문제를 가지고 있지 않고, 오히려 전통적인 성 역할과 남성의 지배와 통제에 대한 믿음을 가지고 있는 정상적인 남성들이다.

우리 사회에는 성폭력에 관한 잘못된 생각을 여전히 가지고 있는 사람들이 있으며, 특히 전통적인 성 역할 태도를 가질수록, 여성에 대한 부정적인 태도를 가질수록 성폭력에 관한 잘못된 생각을 많이 가지고 있다. 연구자들(Lonsway & Fitzgerald,

1994)은 성폭력에 관한 잘못된 생각을 가진 남성들이 강간을 범할 가능성이 매우 높다는 점을 강조한다.

성폭력에 대한 잘못된 생각들과 이에 대한 반론은 다음과 같다(Stout & McPhail, 1998).

첫째, 여성들은 자신의 목적을 위해 강간에 대해 거짓말한다. 미국 연방정보국(FBI) 통계에 따르면, 강간 기소의 2%만이 사실이 아닌 것으로 나타났으며, 이는 다른 범죄에 비해 매우 낮은 수치다.

둘째, 성적으로 타락한 여성들만 강간을 당한다. 강간의 피해여성들은 모든 계층과 나이, 직업을 가진 여성들일 수 있다.

셋째, 원하지 않는 여성을 강간할 수는 없다. 여성들은 무력과 무력의 위협, 생명의 위협 등을 받으며 강간당한다.

넷째, 강간당한 여성은 남성을 유인하거나 선정적인 옷을 입는다. 이 생각은 여성을 비난하고 남성의 책임을 변명하는 구실을 한다. 강간은 여성의 행동이 아니라 남성의 행동이다.

다섯째, 대부분의 여성은 은근히 강간을 원하고 즐긴다. 일부 여성들이 강압에 의한 성행위에 대한 환상을 가지고 있을 수 있으나, 환상과 현실은 엄연히 구분되는 것이다.

여섯째, 남성들은 성욕이 과잉되거나 파트너가 없기 때문에 강간한다. 강간은 성적 충동이나 성적 가능성과 관련된 것이 아니라 권력과 통제와 관련된다. 강간범이 기혼자이거나 성적 파트너가 있는 경우가 흔하다.

일곱째, 가해자가 무기를 소지하고 심한 신체적 상해를 가하는 모르는 사람일 경우에만 강간으로 볼 수 있다. 이런 잘못된 생각으로 인해 여성들이 자신의 경험을 강간으로 규정짓는 것을 어려워하거나 여성의 성 희생화에 대해 남성의 책임을 분명히 하는 것을 어렵게 만든다.

여덟째, 강간은 정신병자인 일부 남성들에 의해서만 행해진다. 대부분의 강간범의 경우, 정신병리가 강간의 원인이 아니다. 이들은 정상적인 남성들과 크게 다르지 않지만, 남성과 여성에 대해 부여된 성 역할과 남성의 지배와 통제에 대한 믿음을 가지고 있는 전통적인 남성들이라는 점에서 차이가 있다.

4) 성폭력 생존자에 대한 지원과 서비스

성폭력에 관한 주요 법률로는 형법 외에도 「성폭력범죄의 처벌 등에 관한 특례법」「성폭력방지 및 피해자보호 등에 관한 법률」「아동 · 청소년의 성보호에 관한 법률」 등이 있다. 성폭력 관련법이 제정된 이후, 여러 차례의 개정을 통해 성폭력피해자에 대한 보호를 강화하고 가해자에 대한 처벌을 강화함으로써 재범을 방지하기 위한 노력을 기울여 왔다. 또한 2012년 개정에서는 친고죄 규정이 삭제되어, 성폭력 범죄는 피해자의 처벌 의사에 관계없이 수사와 고소를 진행할 수 있다.

성폭력 생존자에 대한 지원은 전국에서 24시간 운영하는 여성긴급전화 1366과 성폭력상담소, 성폭력피해자 보호시설을 중심으로 진행되고 있다. 성폭력 생존 여성들에 대한 지원에서 무엇보다 중요한 것은 서비스 기관 간 연계망을 형성하고 긴밀한 협력체계를 구축하는 것이다. 성폭력 문제를 일차적으로 다루는 성폭력상담소와 성폭력피해자 보호시설은 경찰, 검찰, 법률구조기관, 의료기관, 기타 사회복지기관의 역할과 서비스 내용을 충분히 인지하고, 성폭력 생존자에게 가장 바람직한 지원이 이루어질 수 있도록 적극 기관 간 연계를 조정할 필요가 있다.

성폭력 생존자를 지원하는 사회복지사는 생존자가 이차적으로 희생(secondary victimization)되는 경우가 발생하지 않도록 생존자를 지원할 필요가 있다. 많은 성폭력 생존자는 죄책감을 가지고 있거나 사람들이 자신에게 어떻게 반응할지에 대해 두려워한다. 또한 이들은 가족과 친구들, 경찰로부터 의심과 적대감, 치욕감, 경멸감 등을 흔히 경험하게 된다. 성폭력 생존자에 대한 부정적 반응은 성폭력 또는 성폭력 생존자에 대한 잘못된 생각이나 편견에서 비롯되는데, 이 가운데 하나는 피해여성이 성폭력을 유발했으며 이에 대한 책임이 있다는 잘못된 생각이다. 특히 피해여성을 보호해야 하는 경찰도 이런 잘못된 생각이나 편견을 가지고 있는 경우가 흔하기 때문에(Connors, 1994) 경찰에 대한 교육과 훈련을 강화해야 하며, 검사, 변호사, 판사, 일반 대중에 대한 교육과 훈련이 필요하다.

성폭력 피해여성에게 즉각 개입하는 사회복지사는 **위기개입**(crisis intervention) 방법으로 접근하게 된다. 이 과정에서 무엇보다 공감(empathy)을 통해 피해자와 정서적으로 접촉하고, 문제의 다양한 차원을 탐색하며, 가능한 해결을 점검하고, 클라이언트가 구체적인 행동을 취하도록 원조하며 사후 관리해야 한다. 사회복지사의 역할은 생존 과정에서 클라이언트의 안전과 사생활을 보장하며 클라이언트를 지지하고 안내하는 것이다. 사회복지사는 특히 개입 초반기에 경청하며 생존자가 자신의 생각과 감정을 말로 표현하도록 지지하는 것이 중요하며, 위기 상황을 통제하기 위한 행동과 폭력의 영향을 최소화하기 위한 방법에 초점을 맞출 필요가 있다. 개입 후반기에는 생존자가 가부장제 사체에 대해 생각해 보도록 지원할 필요가 있다.

(1) 성폭력 피해회복과 재발방지

전국 성폭력상담소에서 지속적으로 제공하는 프로그램으로는 성폭력피해자 치료·회복 프로그램과 가해자 교정·치료 프로그램이 있다. 성폭력피해자를 위한 프로그램은 성폭력 피해로 인해 손상된 심신과 정서의 회복을 지원하기 위한 목적으로 성폭력상담소, 성폭력피해자보호시설, 해바라기센터 등에서 제공된다. 구체적으로 성폭력피해자에 대한 심리적 안정을 위한 전문상담, 심신 회복을 위한 심리치료 등을 내용으로 하는 치유·회복 프로그램, 개별 심리상담, 집단 상담, 미술치료, 음악치료, 심신회복캠프 등을 포함한다. 성폭력 가해자를 위한 프로그램은 성폭력 행위자들의 왜곡된 성인식 개선을 통한 폭력의 재발방지에 목적을 두고 전문가 상담, 심리치료 등을 포함한다.

(2) 무료법률구조사업

온라인·오프라인상으로 유포되는 각종 폭력과 음란물, 성 상품화 등으로 여성에 대한 폭력의 피해는 날로 증가하고 있다. 하지만 많은 피해여성은 사회적 무관심, 낮은 사회·경제적 지위, 법률지식의 부족, 소송에 따른 시간적 여유 부족 등으로 자신의 권익을 지키지 못한다. 성폭력 피해여성은 대한법률구조공단, 한국성폭력위기센터, 대한변협법률구조재단 등에서 지원받을 수 있다. 이 기관들은 주로 무료 민사·가사 소송대리, 형사 무료변호, 법률상담, 대중매체를 통한 법률계몽사업, 현지출장 생활법률 강연과 이동 법률상담, 무료 대서 등을 제공한다.

(3) 성폭력상담소

성폭력을 예방하고 성폭력피해자를 보호함으로써 건전한 가정을 유지하고 가정해체를 방지하려는 목적을 가진 성폭력상담소는 전국에 160여 개소가 있다. 성폭력상담소는 성폭력을 신고받거나 이에 관한 상담, 성폭력으로 인하여 정상적인 가정생활과 사회생활이 어렵거나 기타 긴급히 보호가 필요한 피해자와 성폭력피해자 보호시설의 연계 등의 업무를 수행한다. 또한 피해자를 질병치료와 건강관리를 위한 의료기관으로 인도하고, 피해자에 대한 수사기관의 조사와 법원의 증인신문 등에 동행하며, 성폭력행위자에 대한 고소와 피해배상청구 등 사법처리 절차에 관한 대한법률구조공단 등의 관계 기관에 필요한 협조와 지원을 요청한다. 성폭력상담소의 업무는 성폭력 예방을 위한 홍보와 교육, 성폭력과 성폭력 피해에 관한 조사와 연구 등을 포함한다.

(4) 성폭력피해자 보호시설

전국에 30여 개소가 있는 피해자 보호시설은 피해자에게 무료 숙식, 법률상담, 심리상담, 치료지원 등을 1년 이내(6개월 연장 가능)로 제공한다. 보호시설의 주요 업무는 다음을 포함한다.

- 성폭력피해자 일시보호
- 성폭력피해자의 신체적 · 정신적 안정과 가정복귀 지원
- 수사기관의 조사와 법원의 증인신문 동행
- 법률구조기관 등에 필요한 협조와 지원요청
- 자립자활교육의 시행과 취업정보 제공
- 다른 법률에 의하여 보호시설에 위탁된 업무 진행
- 그 외 피해자 등의 보호를 위하여 필요한 업무

(5) 성폭력피해자 의료지원

정부는 신체적 · 정신적 피해로 치료보호가 필요한 피해자에게 치료비를 지원한다. 구체적으로 성폭력 피해에 대한 치료, 성폭력피해자의 보건상담, 성병감염 여부 검사와 치료, 임신 여부 검사, 성폭력으로 임신한 태아의 낙태, 성폭력 피해로 인한 정신질환의 치료, 성폭력 피해 증거물 채취를 위한 검사 등을 지원한다.

(6) 해바라기센터

해바라기센터는 성폭력뿐 아니라 가정폭력, 성매매 피해자와 가족에게 전문 의료진, 상담사, 여성경찰관, 간호사 등이 365일 24시간 종합서비스를 제공한다. 종합서비스의 구체적 내용은 다음과 같다.

- 상담 지원: 사례접수, 면담조사, 피해자와 가족에 대한 상담을 통한 심리안정조치, 유관기관과의 연계
- 의료 지원: 응급치료, 산부인과, 외과, 정신과 진료, 피해자 진료와 진단서 발급 지원 등
- 수사와 법률지원: 수사와 소송절차에 대한 정보 제공, 증거물 채취, 피해자 진술서 작성, 진술녹화 실시 등 증거물 채취, 법적 증거 확보
- 심리 지원: 심리평가, 심리 치료프로그램 운영

(7) 여성긴급전화 1366센터

가정폭력 · 성폭력 · 성매매 등으로 긴급한 구조, 보호, 또는 상담을 필요로 하는 여성들이 전화로 피해상담을 받을 수 있도록 전국적으로 통일된 국번 없는 '1366'을 365일 24시간 운영한다. 1366센터는 전국 16개 시 · 도에 설치되어 있으며 원스톱 서비스 제공기관으로서 피해자에 대해 1차 긴급 상담을 제공한다. 또한 여성폭력 관련 상담소, 보호시설, 의료기관, 112, 119, 법률구조기관 등 관련 기관과 연계 서비스를 제공한다.

5) 성폭력에 대한 예방과 대책

우리 사회에서 성폭력을 근절하고 예방하기 위한 방안을 다음과 같이 제안할 수 있다.

첫째, 무엇보다 성폭력 범죄에 대한 근본적인 사회인식 개선이 중요하다. 일반 시민을 대상으로 하는 성평등 교육과 인권교육이 적극적으로 실시되어야 하며, 성에 대한 이중 잣대나 성폭력에 대해 관대한 정서를 전환시키기 위한 노력이 필요하다. 또한 모든 연령에 걸쳐 생애주기별로 성폭력 예방교육이 지속적으로 이루어져야

한다.

둘째, 성폭력 피해 신고율을 높이기 위한 다양한 경로를 개발하고 홍보를 강화해야 한다. 성폭력피해자들은 스스로 성폭력을 신고하기 어려운 위치에 있는 경우가 많으므로 주변에서 신속히 감지하고 신고할 수 있도록 가족 내, 지역사회 내 다양하고 효과적인 시스템이 개발되어야 한다. 전국 성폭력 실태조사(여성가족부, 2017)에 따르면, 성폭력 피해여성들이 경찰이나 피해자 지원기관에 직접 도움을 요청하는 비율은 매우 낮은 것으로 나타났는데, 피해자의 2.2%만이 경찰에 직접 도움을 요청하였고, 피해자 지원센터에 도움을 직접 요청한 비율은 0.1%에 불과한 것으로 드러났다. 따라서 정부의 성폭력피해자 지원서비스에 대한 홍보와 교육이 더욱 확대되어야 한다.

셋째, 성폭력피해자들에 대한 연구에 의하면, 성폭력이 직장상사나 동료, 학교 선후배 등 지인에 의해 이루어지는 경우가 흔하며, 이런 경우에는 직장이나 학교의 미흡한 대응과 피해자에 대한 편견이나 비난으로 오히려 피해자가 불이익이나 정신적 피해, 즉 2차 피해를 입고 피해자가 조직을 이탈하는 경우가 있는 것으로 나타났다(이미정 외, 2013). 친밀한 관계 사이의 성폭력에 대한 사회적 인식을 개선해야 하며, 직장 내 성희롱과 성폭력의 근절, 성범죄자에 대한 처벌을 강화할 필요가 있다.

넷째, 성폭력의 신고과정에서 피해자가 2차 피해를 겪는 것을 방지하기 위해 신고과정에 관여하는 경찰, 간호사 등 전문 인력들에 대한 교육이 중요하다.

다섯째, 성폭력피해자는 다양한 신체적, 정신적 어려움을 겪는다. 이 같은 어려움은 우울, 불안, 자해, 죄책감, 식은땀, 환청, 불면증, 악몽, 타인에게 폭력행사, 자해, 대인관계 기피 등을 포함하며(김영택 외, 2012), 오랜 기간에 걸쳐 지속되기도 한다. 이들의 건강 회복을 위한 장기적이고 지속적인 치료 지원체계가 필요하다.

3. 성희롱

앞의 〈표 8-2〉에서 살펴보았듯이, 성희롱은 성폭력의 한 유형으로 포함된다. 성희롱은 직장 내 위계질서와 권력의 불평등 관계에서 발생하며, 국가의 적극적인 개입과 규제가 필요한 주요 사회문제이다. 다음에서는 이런 맥락에서 성희롱에 초점을 두고 개념, 폐해, 예방 등에 대해 간략하게 살펴본다.

1) 성희롱의 정의, 유형과 실태

성희롱(sexual harrassment)은 오래된 과거와 짧은 역사를 가진 문제이다(Fitzgerald & Shullman, 1993). 즉, 성희롱은 오래전부터 존재해 온 문제임에도 불구하고 사회 문제로 인식된 것은 비교적 최근으로서, 우리 사회에서 성희롱이 사회적인 관심을 받게 된 것은 1990년대에 들어서이다.

성희롱을 규정하고 있는 현행법은 「양성평등기본법」「국가인권위원회법」「남녀고용평등과 일·가정 양립 지원에 관한 법률」 등이 있다. 이 가운데 「남녀고용평등과 일·가정 양립 지원에 관한 법률」에 의하면, 직장 내 성희롱은 '사업주, 상급자 또는 근로자가 직장 내 지위를 이용하거나 업무와 관련하여 다른 근로자에게 성적인 언동 등으로 성적 굴욕감 또는 혐오감을 느끼게 하거나 성적 언동 그 밖의 요구 등에 따르지 않았다는 이유로 고용에서 불이익을 주는 것'(제2조 제2호)으로 규정하였다. 보다 구체적으로, 성희롱은 육체적 행위, 언어적 행위, 시각적 행위로 구분되는 성적 언동과 성적 언동에 따르지 않았다는 이유로 채용탈락, 감봉, 승진탈락, 전직, 정직, 휴직, 해고 등과 같은 고용에서 불이익을 주는 것을 포함한다.

성희롱 여부는 피해자의 주관적 사정과 함께 사회 통념, 성적 언동의 성격, 사건의 배경 등 모든 상황과 기록을 전체적으로 고려하여 판단한다. 상대방이 원하지 않는 성적 언어나 행동을 반복하거나 단 한 번의 성적 언동이라도 성희롱이 될 수 있으며, 거부의 뜻을 분명히 나타내지 못한 경우에도 성희롱이 될 수 있다.

성희롱 행위의 구체적인 예를 살펴보면, 다음과 같다.

- 육체적 행위
  - 입맞춤, 포옹, 뒤에서 껴안기 등의 신체적 접촉
  - 가슴, 엉덩이 등 특정 신체 부위를 만지는 행위
  - 안마나 애무를 강요하는 행위

• 언어적 행위
 –음란한 농담이나 음담패설(전화통화 포함)
 –외모에 대한 성적인 비유나 평가
 –성적인 사실관계를 묻거나 성적인 내용의 정보를 의도적으로 유포하는 행위
 –성적 관계를 강요하거나 회유하는 행위
 –회식자리 등에서 무리하게 옆에 앉혀 술을 따르도록 강요하는 행위

• 시각적 행위
 –외설적인 사진, 그림, 낙서, 음란출판물 등을 고의적으로 게시하거나 보여 주는 행위(컴퓨터 통신이나 팩시밀리 등을 이용하는 경우 포함)
 –성과 관련된 자신의 특정 신체 부위를 고의적으로 노출하거나 만지는 행위

• 기타
 –사회통념상 성적 굴욕감 또는 혐오감을 유발하는 것으로 인정되는 언어나 행동

여성가족부(2018a)에서 실시한 '성희롱 실태조사'에 의하면, 최근 3년 동안 성희롱 피해를 입은 경험이 있다고 응답한 비율은 8.1%로 나타났다. 남성(4.2%)에 비해 여성(14.2%)이, 정규직(7.9%)에 비해 비정규직(9.9%)이, 그리고 20대 이하의 연령집단(22.3%)이 성희롱에 더 많이 노출되어 있는 것으로 나타났다. 성희롱 피해자들의 대응으로 대부분(81.6%)은 피해를 '그냥 참고 넘어갔다'고 응답하였다. 그 이유로는 '큰 문제라고 생각하지 않아서' '문제를 제기해도 해결될 것 같지 않아서' '행위자와 사이가 불편해질까 봐서' '소문, 평판에 대한 두려움 때문에' '업무 및 인사고과 등에 불이익을 받을까 걱정되어서' '대처방법을 잘 몰라서' '도움을 받을 수 있는 곳이 없어서' 순으로 나타났다. 또한 성희롱 피해자들 네 명 가운데 한 명 이상(27.8%)은 성희롱 피해를 겪은 이후 이로 인해 불이익 혹은 정신적 피해, 즉 2차 피해를 경험한 것으로 나타났다. 2차 피해 역시 남성에 비해 여성이, 정규직에 비해 비정규직이, 20대 이하의 연령집단이, 규모가 작은 사업장의 종사자들이 더 많이 경험하는 것으로 나타났다.

2) 성희롱의 폐해

우리 사회에서 다른 유형의 성폭력에 비해 성희롱의 폐해를 충분히 인지하지 못하거나 과소평가하는 경향이 있다. 하지만 성희롱은 많은 여성에게 심각한 정신적 · 신체적 · 사회적인 폐해를 가져온다.

성희롱의 구체적인 폐해는 다음과 같다(서울대학교 학생생활연구소, 1997). 먼저 정신적 폐해로서 성희롱을 경험한 여성은 당혹감, 수치감, 모욕감을 드러내며, 자기상(self image)과 자존감의 훼손을 호소한다. 흔히 주의집중곤란, 의욕저하, 대인관계 기피 등의 징후들을 보이고, 적절히 행동하지 못한 자기 자신에 대한 자책감과 무력감을 느낀다. 때로 자기비하와 열등감을 내면화하는 경우도 있으며, 자포자기적 행동, 과도한 음주행동을 보이기도 한다. 또한 가해자의 부당한 행위에 대한 분노와 적개심, 성희롱에 대한 피해의식이 생겨나게 되어 피해자의 사회 활동이 위축되기도 하며, 우울감, 자해행위, 이성에 대한 혐오감, 성적 정체감의 왜곡 등에 따라 정상적인 이성 관계를 형성하는 데 어려움을 호소한다. 신체적 폐해로서 성희롱을 경험한 여성은 흔히 두통, 식욕상실 혹은 소화불량, 불면증 등의 수면장애, 섭식장애 등의 어려움을 호소한다. 사회적 폐해로서 성희롱은 여성들에게 업무능력과 업무 의욕의 저하, 직장 적응의 어려움으로 인한 이직과 전직 등의 문제를 가져오기도 한다. 이와 같이 여성인력의 사회적 참여와 기여가 저하됨에 따라 사회의 생산성과 효율성이 저하될 수 있다.

3) 성희롱에 대한 잘못된 생각들

법제화 이후 성희롱에 대한 사회적 인식이 향상되었음에도 불구하고, 많은 사람은 성희롱에 관한 잘못된 생각들을 여전히 가지고 있다. 일반적으로 성희롱에 대한 잘못된 생각들과 이에 대한 반론은 다음을 포함한다(김혜란, 이상균, 이혜은, 1996).

첫째, **성희롱은 성적 욕구의 표현이며 사소한 문제이다.** 성희롱은 성적 욕구의 표현이 아니라 상대방에 대한 공격성의 표현이며, 성희롱은 위에서 언급한 정신적, 신체적, 사회적 폐해를 가져오는 심각한 문제이다. 누구나 직장과 교육기관에서 자신의 성적 행동을 조절할 수 있는 능력이 있으며, 이에 대한 책임이 있다.

둘째, 성희롱은 성적인 신체적 접촉이 심각한 경우에만 해당한다. 신체적 접촉의 강요는 분명한 성희롱이며, 성적 굴욕감을 유발하는 언어나 행동 등도 성희롱에 해당한다. 성희롱 가운데 가장 흔한 형태는 언어적 행위이다.

셋째, 성희롱의 가해자는 전형적인 특성을 지닌다. 즉, 특정한 나이, 학력, 직업, 성격을 지닌 사람들이 주로 성적인 가해행동을 한다. 성희롱의 가해자들은 모든 유형의 직업을 가지고 있으며, 모든 조직과 사업체에서 교육 수준과 연령, 결혼상태, 지위 등과 상관없이 나타난다. 따라서 성희롱의 가해자로 구분 지을 만한 외형적인 조건은 없다.

넷째, 성희롱에 대해 무시하는 태도를 보이면 성희롱은 중지될 것이다. 피해자의 무시하는 태도는 가해자에게 동의나 최소한 묵인으로 간주되어 그 빈도와 정도가 더 심해질 수 있다. 가장 효과적인 방법은 오히려 가해자에게 즉각적이고 직접적으로 성희롱 행동을 중지하라고 요청하는 것이다.

다섯째, 여성들이 소수인 직장이나 조직에서 여성들은 남성들의 거칠고 공격적인 말이나 행동을 참아야 한다. 여성들이 소수인 직장이나 조직이라도 여성이 성희롱을 참아야 할 이유가 없으며, 이는 오히려 그 직장과 조직 환경의 질을 낮추고 여성의 작업능률을 저하시킨다.

여섯째, 성희롱은 유혹적인 옷차림새나 행실을 통해 피해자 자신이 자초하는 경우가 대부분이다. 성희롱을 유발하는 동기는 성적 욕구가 아니라 가해자의 권력과 관련이 있다. 따라서 피해자가 성희롱을 피하기 위해 매력적이지 않게 바꾸어도 성희롱은 중단되지 않는다.

일곱째, 성희롱에 대한 피해자의 불평과 호소가 없는 경우는 성희롱이라고 할 수 없다. 성희롱에 관한 고충처리 절차가 확고하게 마련되어 있는 미국에서도 성희롱의 보고율은 매우 낮으며, 성희롱을 상부에 보고하거나 정식으로 불만을 접수한 여성들은 피해여성들의 극히 일부에 불과하다. 이는 피해자들이 이후 상황을 고려하여 보고하기를 꺼리기 때문이며, 성희롱에 대한 불평과 호소가 없다고 성희롱이 존재하지 않는 것은 아니다.

여덟째, 성희롱의 문제에는 마땅한 대책이나 해결책이 없다. 성희롱을 방지할 수 있는 다양한 방안이 있다. 성희롱에 대한 예방책에 대해서는 다음에서 자세하게 살펴본다.

4) 성희롱 피해자에 대한 지원과 서비스

직장 내 성희롱으로 고충을 겪고 있는 근로자는 사업주나 사업장 내 고충처리 담당자에게 성희롱 피해에 대해 신고할 수 있어야 한다. 이 밖에 주요 상담소나 여성 근로자단체 등을 이용해 상담을 받을 수 있다. 사업주가 성희롱을 하거나 가해자에게 적절히 조치를 하지 않거나, 피해 근로자에게 불이익한 조치를 하는 경우, 피해 근로자는 사업장을 관할하는 지방노동관서에 사업주를 신고할 수 있다. 성희롱 피해자 이외에도 이를 알고 있는 제3자도 신고할 수 있다.

또한 성희롱 피해자나 이를 알고 있는 다른 사람은 국가인권위원회에 진정하고 상담을 받을 수 있다. 진정을 접수한 국가인권위원회는 사건을 조사하고, 합의권고 또는 구제조치, 고발, 징계권고 등을 할 수 있고, 조정 절차를 시작하거나 조정에 갈음하는 결정을 하게 된다. 조정이 성립하거나 조정에 갈음하는 결정은 법원의 판결과 마찬가지의 효력이 있으므로 가해자는 조정의 내용이나 조정에 갈음하는 결정에 따라야 한다.

성희롱이 성범죄에 해당하거나 형사처벌의 대상이 되는 경우에는 「형법」「성폭력범죄의 처벌 등에 관한 특례법」「경범죄 처벌법」에 따라 형사처벌의 대상이 되며 가해자를 수사기관에 신고할 수 있다. 사업주가 성희롱 피해자에 대한 불이익 금지의무를 위반한 경우, 피해자는 사업주를 수사기관에 신고할 수 있다. 또한 성희롱 피해자는 가해자에 대해 불법행위를 이유로 손해배상을 청구할 수 있으며, 직장에서 다른 근로자가 사무 집행에 관해 성희롱을 한 경우에는 사용자에게 손해배상을 청구할 수 있다.

5) 성희롱에 대한 예방과 대책

고용노동부는 사업주가 직원연수 교육, 정례조회, 시청각 교육 등을 통해 연 1회 이상 성희롱 예방교육을 실시하도록 의무화하였으며, 성희롱을 통해 성적 굴욕감을 주거나 고용상의 불이익을 초래하는 가해자에 대해 사업주가 경고, 견책, 대기발령, 해고 등의 징계를 내리도록 하였다. 사업주가 성희롱 예방교육을 실시하지 않거나, 가해자에게 징계조치를 취하지 않거나, 피해를 당하고 문제를 제기한 근로자에게 불이익을 주는 경우에는 벌금을 부과하도록 하였다.

우리나라 기업의 성희롱 예방체계를 점검한 연구(박선영, 구미영, 김혜진, 2014)에 의하면, 성희롱 예방교육을 법정 의무로 강제하고 공공기관의 예방지침 제정, 사후 조치 기구와 절차 마련의 의무화 등 성희롱 예방체계와 관련하여 국가의 영향력이 강력함에도 불구하고 많은 기업이 예방체계를 적극적으로 운영하지 않는 것으로 드러났다. 이에 따라 연구자들은 예방체계를 강화하기 위해 가해자 처벌뿐 아니라 피해자의 회복지원, 재발방지, 평등한 조직문화 형성을 이루기 위한 구체적인 전략이 필요하다는 점과 예방교육을 강화하고 홍보를 적극적으로 실시하는 등이 보완되어야 함을 지적하였다.

가정폭력의 문제와 마찬가지로 가부장제 사회에서 성희롱을 근절하기 위해서는 전반적인 사회, 문화적 가치의 변화가 필요하다. 특히 모든 남성과 여성이 성희롱의 가해자가 되지 않기 위한 노력이 필요하며, 성희롱이 발생했을 때 적절한 대응방안을 강구하는 것이 중요하다. 성희롱의 가해자 혹은 피해자가 되지 않기 위한 다음의 지침을 참고할 필요가 있다(서울대학교 학생생활연구소, 1997; 여성가족부 홈페이지, 2019).

성희롱의 가해자가 되지 않기 위해서는 다음 사항을 염두에 두어야 한다.

- 상대방이 요구하거나 바라지 않는 성적 언동을 하지 않도록 주의한다. 특히 성차별적인 농담을 하거나 이성을 비하하는 언동을 하지 않으며, 개인적인 성경험을 공공연히 이야기하지 않도록 한다.
- 상대방의 '아니요'는 분명한 거부 의사로 받아들인다. 상대방이 당신의 성적인 언동에 대해 적극 응하지 않거나 불쾌한 표정을 짓거나 자리를 피하는 등의 행동을 보이면 이를 거부의 의사로 받아들이고 즉각 행동을 중지해야 한다.
- 상대방이 아무 말도 하지 않거나 가만히 있거나 별 저항을 보이지 않는다고 해서 이를 동의의 뜻으로 생각해서는 안 된다. 상대방에게 분명하게 물어보고 분명한 대답을 들어야 한다.

성희롱의 피해자가 되지 않기 위해서는 다음 사항을 염두에 두어야 한다.

- 평소 자신의 성행동에 관한 지침을 정한다. 누구나 자신이 정한 지침에 따라 행동할 권리가 있다. 상대나 상황에 따라 이를 변경할 필요가 없으며 누구도 당신에게 원하지 않는 성행동을 강요할 수는 없다.
- 원하지 않는 성적 접근 혹은 요구가 있으면 분명한 거부의사를 표시하고 항의한다. '예' '아니요'를 분명히 말하고, 여진히 압력을 받고 있다고 느끼거나 상대방의 행동이 불편하면 상대방에게 항의하고 그 자리를 떠난다. 상대방은 침묵이나 무시, 약한 거부 등을 동의로 오해할 수 있다.
- 가해자에게 편지, 이메일, 전화, 문자메시지 등으로 항의하는 경우, 당시 상황을 6하 원칙, 즉 언제, 어디서, 누가, 무엇을, 어떻게, 왜에 따라 정확히 밝히고, 피해자의 생각이나 느낌을 정리하는 등 핵심이 정확하게 표현되어야 한다. 또한 문제의 행동이 피해자 자신을 얼마나 불편하게 하고 자신의 일에 방해가 되는지, 자신이 원하는 것이 무엇인지를 분명하게 밝힌다. 이 자료들은 나중에 필요한 경우 증거로 활용할 수 있다.
- 성희롱에 대한 거부의사를 밝혔음에도 성희롱이 지속되는 경우에는 날짜, 시간, 장소, 구체적인 언동내용, 목격자의 증언, 성적인 언어나 행동에 대한 느낌 등을 서면 혹은 녹음 기록으로 남긴다. 필요한 경우, 목격자나 주변 지인의 증언을 서면이나 녹음으로 기록한다. 이 자료들은 나중에 구제절차를 밟을 때 증거 자료로 활용될 수 있다.
- 직장 내규에 규정된 구제절차에 따라 문제해결을 요구한다. 필요한 경우, 지방노동관서, 국가인권위원회, 수사기관 등에 도움을 요청한다.

사회복지사가 성희롱의 피해자와 상담하는 경우, 사회복지사의 주요 과제는 피해자와 충분히 공감하고, 피해자의 경험을 확인해 주며, 피해자의 역량을 강화시키기 위한 개입에 초점을 맞추어야 한다. 또한 사회복지사는 성 불평등, 직장 문화, 권력 분배 등의 논의를 포함하여 성희롱의 의미를 확인하고, 클라이언트가 분노를 표현하도록 돕고, 클라이언트가 희망을 가지고 새로운 신념과 삶, 지지체계를 형성하도록 지원하는 데 초점을 둔다(Koss, 1991). 가해자와 직면하는 방법은 성희롱을 근절하기 위한 효과적인 전략임에도 불구하고 많은 여성에게는 익숙하지 않다. 따라서 사회복지사는 지지집단을 형성하여 피해여성들이 다른 여성들과 감정을 공유할 수 있도록 원조한다. 지지집단은 여성들이 성희롱의 원인에 대해 이해하고 법적 대안에 대해 논의하며, 역할연습을 통해 주장적 의사소통을 배우는 안전한 장소를 제공한다.

성희롱을 근절하기 위해 사회복지사는 피해자 상담뿐 아니라 지역사회조직의 일환으로 교육용 소책자를 만들거나 사람들이 많이 모이는 장소에서 연설하거나 성희롱 가해자에 대해 기록 혹은 사진을 찍거나 가해자를 경찰에 신고하도록 지원하는 활동 등을 직접 수행하거나 이를 지원해야 한다. 또한 성희롱 예방을 위한 교육, 홍보 활동에 적극 관여할 뿐만 아니라 지역사회 내 성평등 문화를 조성하기 위한 사회 변화를 주도적으로 이끌어 나가야 한다.

중점토의

1. 여성과 남성의 학대관계와 평등관계를 구분하고, 실제 생활에서 사례를 들어 설명하시오.
2. 가정폭력이 피해여성뿐 아니라 자녀와 가해 남성, 지역사회, 사회 전반에 미치는 부정적인 영향에 대해 설명하시오.
3. '가정폭력을 근절하기 위해 법률의 제정만으로는 부족하다.'는 주장에 대한 대안은 무엇인지 설명하시오.
4. 성희롱과 관련한 잘못된 생각들은 어떤 내용인지 설명하시오.
5. 성폭력 생존자를 위한 위기개입은 어떤 내용으로 이루어지는지 설명하시오.

참고문헌

김문조(1998). 한국가정폭력의 사회문화적 배경. **가정폭력과 청소년 심포지엄 자료**. 청소년보호위원회.

김영택, 김동식, 김인순, 차지영(2012). **성폭력 피해자 정신건강 현황 및 정책지원 방안**. 한국여성정책연구원.

김은경(2003). **가정폭력범죄 대응정책에 대한 비판적 검토**.

김혜란, 이상균, 이혜은(1996). 대학에서 성적 괴롭힘의 정의 및 예방. **학생연구**, 31(1), 92-113.

김혜선(1998). 여성과 가정폭력. **가톨릭사회복지, 9**, 27-42.

박선영, 구미영, 김혜진(2014). **기업 등 조직 내 성희롱 예방체계 강화방안 연구**. 한국여성정책연구원.

법제처(2016). **찾기 쉬운 생활법령정보.**

변화순, 원영애, 최은영(1993). **가정폭력의 예방과 대책에 관한 연구**. 한국여성개발원.

변화순, 윤덕경, 김영택, 정수연(2010). **가정폭력 방지 종합대책 방안**. 한국여성정책연구원.

서울대학교 학생생활연구소(1997). **성적 괴롭힘 예방 지침서.**

여성가족부(2017). **전국 가정폭력 실태조사.**

여성가족부(2017). **전국 성폭력 실태조사.**

여성가족부(2018a). **성희롱 실태조사.**

여성가족부(2018b). **2018년 성희롱 성폭력 예방지침 표준안 및 해설.**

이호택(2012). 가정폭력 노출경험이 청소년의 문제행동에 미치는 영향: 자기통제력의 매개효과 검증. **여성연구, 83**, 101-147.

장애여성공감, 성폭력상담소, 한국성폭력상담소, 한국성폭력위기센터(2014). **성폭력 피해자 법률지원 안내서.**

장희숙(1999). 아내구타 가해자집단의 탈락 요인. **한국가족복지학, 4**, 265-293.

정혜욱(2018). 성폭력 범죄 2차 피해 원인 및 방지책. **법학연구, 18**(3), 55-88.

조선일보(1999. 4. 8.). "가정폭력 처벌 솜방망이"

중앙일보(1999. 11. 5.). "우리에게 법이 있는가"

현진희(2007). 가정폭력 부부 집단프로그램의 효과성에 관한 연구 · 추후조사 결과를 중심으로. **한국가족복지학, 21**, 1-30.

Bradley, C. (1994). Why male violence against women is a development issue: Reflections from Papua New Guinea. In Davies, M. (Ed.), *Women and violence: Realities and responses worldwide* (pp. 10-27). London: Zed Books.

Connors, J. (1994). Government measures to confront violence against women. In Davies, M. (Ed.), *Women and violence: Realities and responses worldwide* (pp. 182-199). London: Zed Books.

Davis, L., & Srinivasan, M. (1995). Listening to the voices of battered women: What helps them to escape violence? *Affilia, 10*, 49-69.

Dobash, R. E., & Dobash, R. P. (1983). *Violence against wives: A case study against the patriarchy*. London: Open Books.

Emery (2011). Controlling for selection effects in the relationship between child behavior problems and exposure to intimate partner violence. *Journal of Interpersonal Violence, 26*, 1541-1558.

Fagan, J. A., Stewart, D. K., & Hansen, K. V. (1983). Violent men or violent husbands? Background factors and situational correlates. In D. Finkelhor, R. J. Gelles, G. T. Hotaling, & M. A. Straus (Eds.), *The dark side of families: Current family violence research* (pp. 49-67). Beverly Hills, CA: Sage.

Fitzgerald, L. F., & Shullman, S. L. (1993). Sexual harassment: A research analysis and agenda for the 1990s. *Journal of Vocational Behavior, 42*, 5-27.

Fitzgerald, L. F., Shullman, S., Bailey, N., Richards, M., Swecker, J., Gold, Y., Ormerod, A. J., & Weitzman, L. (1988). The incidence and dimensions of sexual harassment in academia and the workplace. *Journal of Vocational Behavior, 32*, 152-175.

Gelles, R. J. (1997). *Intimate violence in families* (3rd ed.). Thousand Oaks, CA: Sage.

Goode, W. J. (1971). Force and violence in the family. *Journal of Marriage and the Family, 33*, 624-636.

Gutiérrez, L., Parsons, R. J., & Cox, E. O. (2003). *Empowerment in social work practice: A sourcebook*. Belmont, CA: Wadsworth/Thomson Learning.

Koss, M. P. (1991). Changed lives: The psychological impact of sexual harassment. In M. Paludi (Ed.), *Ivory power: Sexual harassment on campus* (pp. 73-92). Albany, NY: State University of New York Press.

Lonsway, K. A., & Fitzgerald, L. F. (1994). Rape myths: In review. *Psychology of Women Quarterly, 18*, 133-164.

Steinmetz, S. K. (1987). Family violence: Past, present, and future. In M. B. Sussman & S. K. Steinmetz (Eds.), *Handbook of marriage and the family* (pp. 725-765). New York, NY: Plenum.

Stout, K. D., & McPhail, B. (1998). *Confronting sexism and violence against women: A challenge for social work*. New York: Longman.

Wood, G. G., & Middleman, R. R. (1992). Groups to empower battered women. *Affilia, 7*, 82-95.

법제처 https://www.moleg.go.kr

여성가족부 http://www.mogef.go.kr

제9장

여성과 노년

여성노인 문제를 단순히 남성노인과 동일한 노년기의 문제로 보기보다는 여성노인이 갖는 특유의 문제로 파악하고 여성복지 차원에서 파악해야 한다. 여성노인은 연령에 의한 차별의 요인보다는 성에 의한 차별이라는 요인으로 인한 취약성을 갖고 있는 것이다. 즉, 여성노인의 문제는 그동안 여성으로서 살아오면서 누적된 성차별의 결과로 나타나는 것이다.

1. 여성노인의 현황

1) 인구 현황

2019년 65세 이상 인구는 768만 5,000명으로 전체 인구 중 14.9%를 차지하고 있으며, 2050년(1,900만 7천 명)까지 지속적으로 증가할 전망이다. 65세 이상 고령자 중 여자의 비중은 57.1%로 남자 42.9%보다 14.2%p 많지만, 지속적으로 여자 비중은 감소하고 남자 비중은 증가하여 2060년에는 그 차이가 4.6%p로 작아질 것으로 전망된다. 성비를 살펴보면(여자 100명당 남자의 수) 75.3명이다.

여성노인은 평균수명이 남성노인보다 약 6년 정도로, 이는 OECD평균 남녀 평균수명 차이 5.2년보다 길다.

2019년 노년부양비(생산연령인구 100명당 65세 이상 인구)는 20.4명인데, 저출산, 고령화의 영향으로 이러한 추세라면 2065년에는 100.4명으로 생산연령인구를 넘어선다.

성별 고령인구(65세 이상)

(단위: 천 명, %)

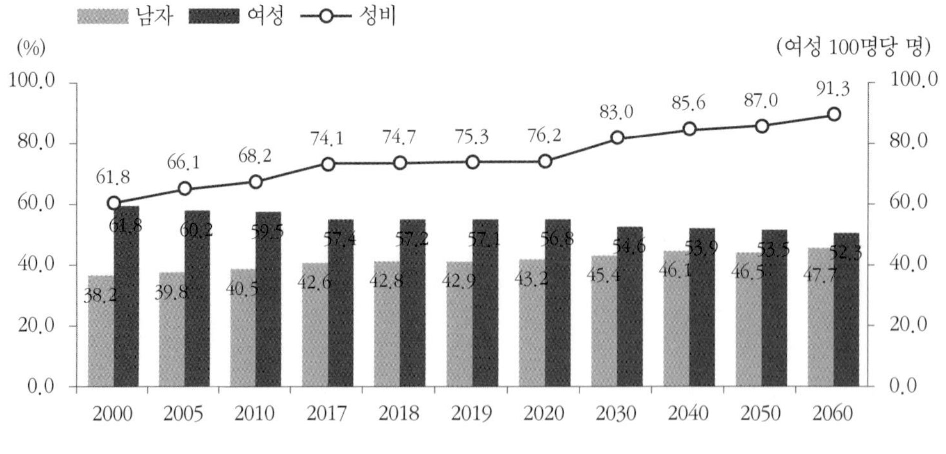

연도	65세 이상	남자	비중[1]	구성비[2]	여자	비중[1]	구성비[2]	성비[3]
2000	3,375	1,289	38.2	5.6	2,086	61.8	9.1	61.8
2005	4,372	1,740	39.8	7.4	2,632	60.2	11.1	66.1
2010	5,434	2,202	40.5	9.1	3,232	59.5	13.2	68.2
2017	7,171	3,052	42.6	11.8	4,119	57.4	16.1	74.1
2018	7,455	3,188	42.8	12.3	4,267	57.2	16.6	74.7
2019[4]	7,685	3,300	42.9	12.7	4,385	57.1	17.0	75.3
2020	8,125	3,513	43.2	13.5	4,613	56.8	17.9	76.2
2030	12,980	5,889	45.4	22.7	7,091	54.6	27.3	83.0
2040	17,224	7,942	46.1	31.4	9,282	53.9	36.3	85.6
2050	19,007	8,841	46.5	37.4	10,166	53.5	42.2	87.0
2060	18,815	8,980	47.7	42.4	9,835	52.3	45.4	91.3

주: 1) 비중=[65세 이상 남자(여자) 인구/65세 이상 인구]×100
2) 구성비=[65세 이상 남자(여자) 인구/총 남자(여자) 인구]×100
3) 65세 이상 여자인구 100명당 65세 이상 남자인구 수
4) 2018년 이전은 인구주택총조사 자료, 2019년 이후는 장래인구특별추계 자료
자료: 통계청(각 년도). 인구주택총조사; 통계청(2019).

[그림 9-1] 성별 고령인구 구성비 및 성비

(1) 가족

고령자 가구(가구주 연령 65세 이상)의 비율은 꾸준히 증가하고 있다. 2019년에는 전체가구의 21.8%를 차지하며, 2045년에는 47.9%가 될 전망이다. 고령자 가구의 유형을 보면, 1인 가구가 34.2%로 가장 많고 그다음은 부부(33.2%), 부부+자녀(9.6%), 부(모)+자녀 (5.5%) 순이다.

2018년 65세 이상 고령자 중에서 "이유가 있으면 이혼하는 것이 좋다."고 응답한 비율은 10.4%이며, 이는 2년 전보다 1.3%p 증가한 수치이다. 실제로 65세 이상 고령자의 이혼, 재혼 건수는 모두 증가하였다.

유배우자율의 측면에서 살펴보면, 여성노인은 남자노인에 비해 배우자가 있는 경우가 절반에 그친다. 고령일수록 여성노인이 배우자 없이 사는 경우가 급격하게 늘어난다. 배우자 유무는 여성노인의 경제적 수준에 직접적으로 영향을 끼치는 주요한 요인이다. 무배우자 여성노인이 유배우자 여성노인보다 경제적으로 더 어려

운 위치에 있는데, 이는 대부분의 여성노인은 결혼해서 가정 내 주부의 역할에 충실하며 경제적, 사회적으로 남편에게 의지해 왔으며 자신의 경제적 안정을 위해 아무런 준비도 하지 못했기 때문이다.

(2) 건강

2018년 65세 이상 고령자가 스스로 평가하는 자신의 평소 건강상태에 대해 '건강이 좋다' 22.8%, '건강이 나쁘다'는 43.5%로 주관적 건강상태를 부정적으로 평가하는 비율이 20.7%p 더 높다. 2년 전보다 '건강이 좋다'는 0.5%p 증가하였고, '건강이 나쁘다'는 2년 전과 동일한 수준이다. 자신이 평소 '건강이 나쁘다'고 평가하는 비율은 65세 이상 여자(49.7%)가 남자(35.2%)보다 상대적으로 14.5%p 높다(통계청, 2019).

65세 이상 노인의 다수는 장기간 치료요양을 요하는 당뇨, 관절통, 고혈압 등 만성퇴행성질환을 앓고 있다. 노년기에 이르면 스스로 일상생활을 수행하기 어려워 남의 도움을 받을 가능성이 커진다. 우리 사회의 고령화가 진행될수록 일상생활 수행상의 기능장애를 가진 노인들이 늘어나는 현상이 가속화될 것으로 보인다. 목욕, 옷, 식사, 앉기, 걷기, 화장실 이용 등과 같은 일상생활 수행능력(BADL) 중 최소한 한 가지 이상의 어려움을 가지고 있는 노인이 1/3 정도이다. 전국 재가노인의 BADL 제한과 IADL 제한의 실태는 그리 심각하지 않은 편이나(정경희 외, 2014), 이 변수들이 우울 등 정신건강에 주요한 영향을 미칠 수 있다.

생애 동안 질병이나 부상으로 고통받는 기간이 상당하여 일상생활수행능력이 떨어지면, 노인의 삶의 질은 심각하게 저하된다. 특히 여성노인은 3개 이상의 만성질환을 앓고 있는 경우가 54.0%이었고 남성노인은 31.6%이었는데 만성질환을 3개 이상 앓는 노인에서 일상생활능력에 제한을 받는 경우가 66.0%에 달한다고 하였다. 평소에 우울을 느끼는 여성노인은 33.6%, 남성노인은 23.3%이었고, 주관적으로 자신의 건강을 나쁘다고 지각하는 여성노인은 46.7%, 남성노인은 38.8%이었다(통계청, 2013). 이처럼 여성노인은 남성노인에 비해 신체적 · 기능적 · 심리적 측면에서 취약하다(신계영, 김은경, 2014).

(3) 교육과 고용

초고령사회로 진행될수록 노인인구의 절대 다수를 차지하는 여성노인의 특수성에 대한 이해는 노인관련 정책의 기본이라 할 수 있다. 여성노인은 과거의 가부장적인 사회 분위기에서 남성에 비해 불리한 교육기회, 경제적 활동 참여와 같은 생애과정을 겪음으로써 노년기에 경험하는 삶의 질이 남성노인과는 다를 수밖에 없다.

여성노인의 교육 수준을 살펴보면 무학자인 경우 남성노인의 23%인 데 비해 여성노인은 57%로서 2.5배가 많고 고학력인 여성노인의 비율은 매우 낮았다(통계청, 2003).

2018년 65세 이상 고령자 중 일하는(취업자) 고령자는 31.3%로 전년보다 0.7%p 상승하여 231만 명이다(통계청, 2019).

일하는 고령자에 대한 통계는 55세를 기준으로 삼기도 하는데, 2019년 55~79세 취업자 중 사업・개인・공공서비스업(36.4%)이 가장 많고, 직업별 취업자는 단순노무종사자 직종(24.3%)이 가장 많다. 이들 중 장래에 일하기를 원하는 비율은 64.9%로 전년에 비해 0.8% 증가하였다 취업을 원하는 이유는 생활비 보탬(60.2%)이 일하는 즐거움(32.8%)에 비해 훨씬 높았으며 장래 근로 희망자의 일자리 선택 기준은 일의 양과 시간대(28.4%), 임금수준(23.8%). 계속 근로가능성(16.6%)이다(통계청, 2019).

이와 같이 일하는 노인은 소득이 필요하여 경제활동을 하고 있는 경우가 많고, 주로 자영업과 농업, 단순노무직과 같은 직종에 분포되어 있으며 취업의 동기가 생활수준의 향상이라기보다는 생활비 보탬, 생계유지인 것이다. 취업하고 있는 여성노인의 경우 일이 힘들고 불안정하며 저임금이지만, 가족의 경제적 여건에는 조금이나마 도움이 되고 있다고 인식하고 있다. 이들은 노년기 경제적인 자립을 이루지 못하고 있으며 취업한 경우도 경제적 여건은 열악한 것을 알 수 있다.

2) 여성의 생애주기의 변화에 따른 복지 욕구

여성의 생애주기에 큰 영향을 미치는 가족생활주기는 급격하게 변화하고 있다. 과거 1935~1944년에 결혼한 여성 세대는 자녀출산기간이 16년으로 평균자녀 수는 6명이고, 양육기간은 40년이었으며, 1인 자녀의 양육기간(첫 자녀의 출산에서 출가까지의 기간)은 25년이었다. 그러나 1975~1985년에 결혼한 여성들은 출산기간이 2년으로 자녀수가 평균 2명이고, 양육기간은 28년으로 1인 자녀의 양육기간이 26년이다. 막내가 출가한 후 15년간 노년부부생활을 하게 될 것이고 배우자 사망 후 여성노인이 홀로 사는 기간도 8년이 될 것이라 전망된다(김미혜 외, 1997). 최근 남녀 사망률의 변화와 평균수명이 증가되면서, 배우자 사망 후 여성노인이 홀로 사는 기간이 15년이 될 것으로 추정되기도 한다(진미정, 변주수, 권순범, 2014).

이와 같이 여성의 삶에서 출산 감소로 절대적 양육기간을 축소되었으나 자녀 1인에 대한 양육기간은 별 차이가 없음을 알 수 있다. 자녀의 수가 줄어들어도 양육기간이 상대적으로 줄어들지 않기 때문에 전업주부로 남는 경우 시간상에 있어 기회비용의 세대 간 변화가 없지만, 여성에 대한 기회가 많아지는 미래에는 같은 시간이라도 상대적으로 기회비용이 높아질 것으로 전망된다. 과거의 여성은 대부분 출생 이후 교육을 받거나 직업생활을 하지 못하였고 결혼과 자녀출산 및 양육, 배우자 사망, 홀로 살기 등을 겪으며 일생을 보냈으나 21세기의 대부분의 여성이 사회에 진출하게 될 것이므로 여성 생애주기에 직업생활이 자리 잡게 될 것이다. 여성의 사회진출로 자기개발 및 성취 기회가 많아져 여성 삶의 질이 향상될 것이지만, 동시에 직업생활에서 겪게 되는 실업, 재취업, 산업재해, 직장 내 성폭력 및 가정과 직장의 이중부담의 문제가 발생할 수 있다(김미혜 외, 1997).

여성의 생애주기를 통해 살펴본 바와 같이 현재의 여성노인은 가사에 전념하도록 사회화되어 왔으며 남성중심적인 사회구조나 제도하에서 제약된 여건에서 생활해 왔으며 현대화의 과정에서 사회의 급격한 변동 속에서 부양자인 배우자와의 사별, 자녀 부양의식의 약화, 미흡한 복지여건 등으로 적절한 복지를 누리고 있지 못하고 있다. 그러나 이러한 여성노인의 복지문제는 가족 안에 가려져 있고 특별히 성인지적인 관점에서 여성노인의 문제가 사회문제화되지 못하고 있다. 여성노인의 문제는 여성이 일생 동안 살아온 동안 경험한 성차별이 누적되어 온 결과로 나타났다는 여성주의적 생애주기 시각이 유용한 관점을 제공하고 있다.

2. 여성주의적 생애주기 시각

여성노인의 문제를 분석하고 그 대안을 마련하는 데 있어 노년기에 대한 여성주의적 생애주기 시각이 필요하다. 이 시각은 생애주기 시각과 여성주의 시각을 결합한 것이다. 생애주기 시각(life spans perspective)이란 노년기에 나타나는 생물학적 · 생리학 · 사회적 및 심리적 측면에서 서로 결합되어 발생하는 인간발달상의 변화를 검토하는 것이다. 즉, 개인의 독특한 노년기 경험을 형성하는 데 있어 자신의 사회적 위치, 사회역사적 기간 그리고 개인적 일대기 뒤에 존재하는 다양한 영향력을 인정하는 것이다.

그 반면, 여성주의(feminist theories/perspective)는 일종의 시각으로서 상황을 바라보고 생각하는 방법이며 여성 억압의 다양한 현상을 설명하려고 시도하려고 이끌어 내는 이론들을 의미한다. 가장 기본적인 수준의 여성주의는 가부장제와 여성에 대한 억압을 비판하는 것이지만 더 광범위한 억압에 대해서도 관심을 갖고 비판하는 것이다.

두 시각이 결합된 여성주의적 생애주기 시각에서는 여성노인의 문제를 여성의 일생에 걸쳐 본질적으로 따라다니는 정치적, 경제적, 사회적 영향력의 결과로서 나타난 것으로 인식한다. 이러한 관점에서 여성노인의 경제, 건강, 정서 및 부양욕구에 대하여 인식할 수 있는 성(性)인지적 렌즈를 제공한다.

여성주의적 생애주기 시각의 특징은 다음과 같다(Brown, 1995: 338-339).

① 여성에 대한 억압을 인식한다. 이것은 남성과 비교하여 여성이 불평등하다는 것을 인정하는 것에서부터 시작된다.

② 여성에 대한 억압을 단편적이고 일시적인 병리학적 시각에서가 아닌 생애주기적 시각으로 조망한다.

③ 어느 시기 여성의 지위는 자신의 일대기뿐만 아니라 사회적, 문화적 그리고 정치적 권력과 구조에 의해서도 결정된다. 여성은 일생에 걸쳐 불공평하게 취급되었으며 여성이 노인이 되는 것은 대부분의 여성이 겪어 온 빈곤의 위험을 악화시킨다는 것을 인식한다.

④ 여성 각자의 다양한 의견을 존중하는 것은 중요하다. 여성이라고 해서 항상 일치된 의견을 갖는 것만은 아니다. 왜냐하면 어떤 여성이 겪는 불평등은 여성이라는 이유와 함께 인종, 계급, 및 나이 등이 복합적으로 결합되어 나타나기 때문이다.

⑤ 여성의 삶을 변화시키기 위해서는 정치적이고 구조적인 변화를 포함하는 새로운 패러다임이 필요하다. 이 패러다임은 여성의 수발, 건강보호 및 노동에 대한 새로운 개념화(가치 부여)를 포함한다.

⑥ 여성의 역량을 인식하고 역량강화에 대하여 개념화한다. 즉, 여성을 희생자로서만 간주하는 것이 아니고 여성의 역량을 강화하고 스스로 책임감을 가질 수 있도록 힘을 키우는 방법을 모색한다.

⑦ 여성의 생활에 그 근원을 두고 새로운 미래상을 모색하는 것이다. 여성의 목소리를 함께 모을 수 있는 주제가 있다는 것을 인식하고 그 주제를 통해 여성의 연대를 추구한다. 그러나 때에 따라서는 성(性)보다도 인종과 계급이 더욱 중요한 연대의 근원이 될 수도 있다는 것을 인정한다.

⑧ 생태학과 전체적인 시각을 받아들인다. 젊은 사람과 노인 사이의 연대뿐 아니라 서로 다른 인종 사이, 여성과 남성 사이 그리고 건강한 사람과 허약한 사람과의 연대를 추구한다.

그리고 사회적, 정치적 그리고 경제적 사안과 그들이 어떻게 여성에게서 기회를 제한하는가를 인식한다. 또한 여성이 일생 동안 담당한 가족보호의 의무와 여성의 열악한 임금수준과의 관계, 소득 수준과 건강관리의 적절성 및 접근성과의 관계, 성별 노동분화와 여성의 빈곤과의 관계, 자본주의 및 가부장 사회와 가정폭력과의 관계를 인식한다.

⑨ 사회현실이 연구과제이다. 이러한 연구과제는 여성의 삶을 전체적 관점에서 고찰하는 것이며 여성의 삶을 향상하고 여성의 지위를 변화시키기 위한 전략을 모색하는 연구방법론을 사용한다.

이상에서 살펴본 바와 같이 여성주의적 생애주기 시각은 여성에 대한 불평등이 복합적인 요인에 의한 것임을 인식하고 연대와 역량강화를 통해서 여성노인의 복지를 향상시키는 데 유용한 시각을 제공한다.

3. 여성노인의 문제

1) 여성노인과 노인학대

노인학대의 문제에서도 성(gender)은 중요한 요인으로 작용한다. 「노인복지법」에서는 **노인학대**를 노인에 대하여 신체적 · 정신적 · 성적 폭력 및 경제적 착취 또는 가혹행위를 또는 방임을 하는 것으로 정의하고 있다. 노인학대는 일반적인 가정폭력의 상황과는 달리 학대의 가해자가 다양하다. 따라서 노인학대는 노인의 가족 또는 타인이 노인에게 신체적 · 언어적 · 정서적 · 성적 · 경제적으로 고통이나 장애를 주는 행위 또는 노인에게 필요한 최소한의 적절한 보호조차 제공하지 않는 방임, 자기 방임 및 유기를 의미한다.

노인학대는 이와 같이 다양한 형태로 존재하고 가정 내에서도 일어날 수 있으며, 시설에서도 발생될 수 있다. 그러나 우리나라의 경우는 시설 입소한 노인이 전체 노인의 1%에도 미치지 못하고 있어 대부분의 노인학대도 가정 내에서 일어나고 있다. 노인학대는 세대 간에서도 발생될 수 있고, 자녀와 친인척뿐만 아니라 타인에 의해서도 발생될 수 있다.

조애저, 김승권과 김유경(1999)이 노부모 학대실태에 대한 조사에 의하면 전체 응답노인 중 8.2%에 해당하는 노인들이 그들의 자녀 및 그 가족원으로부터 학대를 받은 경험이 있었고 연령이 고령일수록, 저학력일수록, 무배우자인 경우에 학대가능성이 높은 것으로 나타났다. 학대유형별로는 신체적 학대, 폭력의 경우는 전체 노인의 0.3%만이 경험하여 학대유형 중 가장 낮은 비율을 보였고, 언어, 심리적 학대의 경우는 7.7%로 가장 높은 비율을 보였으며 그 외 경제적 착취는 2.1%, 방임은 2.5% 그리고 기타 학대 경험비율은 1.0%이었다. 자녀 및 기타 가족으로부터 학대를 받은 노인의 8.5%가 신체적 증상을 보였고, 가장 많이 나타난 증상은 두통으로 머리가 띵한 경우이었으며, 심각한 신체적 증상은 팔, 다리가 부러지는 등의 골절상 및 정신과 치료를 받는 정도의 쇼크 등으로 나타났다. 이러한 신체적 증상은 남성노인에게서 그리고 74세 이하의 전기 노인층이 75세 이상의 후기 노인층보다 더 많았다. 반면, 학대 피해노인 중 76.6%가 정신적 증상을 갖고 있었는데, 여성노인에게서 더 많이 나타났으며, 가장 많은 증상은 '자신에 대한 실망, 무력감, 자아상실' '매사에 불안, 우울함' '죽고 싶다'는 위험스러운 생각과 같은 것이었다. 특히 신체적 건강상태가 나쁠수록 학대결과가 정신적 증상으로 나타나는 비율이 높았다. 학대피해노인은 대다수 끝까지 참고 일방적으로 당하여서 상당수의 경우 학대에 매우 수동적으로 대처하거나 무조건 피하는 거나 또는 드물지만 주위의 도움을 요청하였다. 여성노인이거나 고령이거나 저학력일수록 또는 경제상태가 나쁠수록, 건강이 좋지 않을수록 '끝까지 참는' 소극적인 태도를 보인 반면, 남자노인이거나 전기의 노인이거나 고학력 노인은 보다 능동적인 대처를 하는 것으로 나타났다.

노인학대로 신고된 전체사례건수는 2018년 15,482건으로 2014년 대비 약 46.5% 증가(10,569 → 15,482건)하였다. 이 중 30~40%는 학대사례로 판정되는데, 2018년에는 5,188건이다. 학대사례 중 재학대사례는 2014년 이후 증가추세를 보이고 있어, 2018년 학대사례 대비 재학대사례 비율은 9.4%로 나타났다(보건복지부, 2019). 2018년 노인보호전문기관에 신고 접수된 사례 중 학대사례로 판정된 사례의 73.9%(3,835건)가 여성노인, 26.1%(1,353건)가 남성노인으로 여성노인이 남성보다 약 2.8배 높았다. 노인학대 유형은 남녀 공통적으로 정서적 학대−신체적 학대−방임의 순을 보였으며, 남녀 모두 70대를 기점으로 학대 가능성이 높아진다.

다음은 노인학대의 실례이다.

사례 1 한 노인학대예방센터에 신고·접수된 김 모 할머니(76)는 4명(2남 2녀)의 자녀가 있지만 장남을 제외한 나머지는 모두 출가한 뒤 왕래가 거의 없었다. 함께 살고 있는 장남은 이혼과 실직으로 술만 마시면 김 할머니를 상습적으로 폭행해 왔다. 노인학대예방센터의 상담원에 따르면 신고 당시, 장남이 만취한 상태에서 김 할머니를 때려 갈비뼈 4개가 부러졌다. 현장에 갔을 때 김 할머니는 온몸에 멍이 든 채 누워 있었고 정밀 진찰 결과 폐에 피가 고인 사실도 드러났다. 권 상담원은 "자신이 처한 상황이 어머니 때문이라며, 손에 잡히는 물건으로 어머니를 마구 구타했다."며 "온몸에 멍이 든 할머니의 두 눈에는 그만 죽는 게 낫겠다는 삶을 포기한 흔적이 역력했다."고 당시를 전했다.

사례 2 상담원이 찾았을 당시 오랜 기간 가족의 보호로부터 방치된 흔적이 역력했다. 김 할머니는 치매와 정신질환으로 정상적인 생활은 전혀 할 수 없어 보였고, 조금씩 기어 다니며 생활하는 할머니는 대소변을 가리지 못해 온 방이 오물 냄새로 가득했다. 며칠 식사를 못해 기력이 없어 눈을 뜨지 못하고 너무나 말라 있던 김 할머니를 학대한 아들은 "우리 가족 문제에 왜 참견하느냐"며 오히려 상담원에게 큰소리를 쳤다.

사례 3 한 무료 요양시설에서 박 할머니가 숨어서 울고 있었다. 자신을 때린 할아버지를 고자질하다가 원장에게 되레 혼이 난 것이다. 질질 짜지 말고 방에 들어가 있으라는 고함소리에 '예' 하고 힘없이 돌아섰다. 이 요양시설에서는 목욕을 마친 노인들은 탈의실 한편에 있는 옷 중 하나를 골라 입고 있다. 성별 구분만 있을 뿐 속옷까지 공용이다. 또한 당뇨나 고혈압이 있거나 이가 없어도 모두 같은 음식을 먹고 있었다.

아직도 우리나라는 노인에 대한 경로사상과 효에 대한 가치관이 명목상으로 유지되고 있어서 노부모에 대한 학대는 가해자나 피해자 모두 현실을 무시하거나 은닉하는 경향이 있다. 피해자인 노인들은 더욱 소외되고 무기력하며 가해자들에게 더욱 의존할 수 있다. 이러한 노인학대의 문제에도 성(gender)은 상호작용과 위계화를 구성하는 주된 도구로서 역할을 하며, 그 결과 남성노인에 비해 노년기 여성이 갖는 열악한 사회경제적인 지위와 건강문제 그리고 남성과의 사망률의 차이는 여성노인과의 의존성을 강화하여 학대받는 상황에 처하게 만든다는 것이다. 이와 같이 여성노인은 남성노인과는 달리 생애주기에 걸쳐 축적된 문제들로 인하여 학대에 취약할 수 있는 환경에 처하게 되며 실제 학대 경험률이 60~70%로 높다. 여성노인은 일평생 무보수 가사노동의 전업주부로 살아왔으며, 노동에 참여했던 경우에도 노동시장의 차별로 인하여 행상, 가내수공업, 서비스 관련업 등의 저임금, 비정규직 등 주변화된 노동에 종사하였다.

이와 같이 여성노인은 학대에 더욱 취약하다. 전체인구에서 차지하는 여성노인의 수가 급격히 증가하고 있을 뿐 아니라 이러한 여성노인은 남성노인보다 빈곤하고 경제적인 의사결정력이 미약하다. 그리고 이들은 신체적 질환의 문제도 갖고 있으며 이러한 신체적 질환을 갖고 있는 빈곤한 여성노인은 그 어느 인구층보다도 의존성이 크다. 노인학대의 전형적인 희생자는 75세 이상의 여성노인이며, 육체적, 정신적으로도 손상되었고 학대자에게 의존하고 있는 상태에 있다는 점(이해영, 1996)에서 노인학대의 문제는 여성노인의 복지를 위협하는 문제인 것이다.

2) 여성노인과 빈곤문제

빈곤의 여성화는 빈곤인구의 주류가 여성으로 변화되고 있는 현상을 정의한 용어다. 우리나라에서도 빈곤의 여성화가 나타나고 있는데, 빈곤한 여성의 대표적인 인구가 여성노인이다. 우리나라 10명의 여성노인 중 한 명이 빈곤상태에 있는 현상은 지속되고 있는데, 생애주기별 총 인구수에 대비한 성별 기초생활수급비율은 모든 연령층에서 여자가 높게 나타나며, 특히 노년기에서 현저한 차이가 난다(보건복지부, 2004). 2018년의 경우에도 전체 국민기초생활보장 수급자의 32.8%가 노인이며, 수급 노인의 66.1%는 여성이다(통계청, 2019).

OECD 기준의 빈곤율을 살펴보면, 여성노인의 빈곤율은 41.2%, 남성노인의 빈곤율은 31.2%로 여성이 10%p 높다. OECD 국가의 노인빈곤율이 10%대인 것과 비교하면 매우 높은 수준이다. 우리나라 여성노인 소득원천은 '사적이전소득'(38.6%)의 비율이 가장 높고, 그다음으로 '본인 또는 배우자의 공적 연금'(19.5%), '일반적금 및 예금'(13.9%) 순이다. 반면, 남성노인은 본인의 '근로활동'이 가장 높게 나타났고, 이것은 여성노인보다 약 2.5배 높다(장미혜, 2013).

여성노인의 경제적 수준에 직접적으로 영향을 끼치는 것은 배우자의 유무이다. 무배우자 여성노인이 유배우자 여성노인보다 경제적으로 더 어려운 위치에 있는데, 이는 대부분의 여성노인은 결혼해서 가정 내 주부의 역할에 충실하며 경제적, 사회적으로 남편에게 의지해 왔으며 자신의 경제적 안정을 위해 아무런 준비도 하지 못했기 때문이다. 현재의 여성노인은 젊었을 때부터 독자적인 경제활동에서 배제되어 경제적 자립이 어려웠으며, 이런 상황이 노령기까지 지속되어 남편과 자녀 소득에 의존하는 부양소득에 의거하여 생활해 왔으며 의학의 발달로 수명이 늘어나 남편과의 사별, 최근 급증하고 있는 황혼이혼 등 부양여건이 악화되어 나이가 들수록 빈곤의 정도가 심화되었다. 이와 같이 여성노인은 가정 내에서의 역할만을 강조해 온 사회화 과정을 밟아 왔기 때문에 노년기 경제적인 자립을 이루지 못하였으며 무배우자인 여성노인의 경우에는 더 열악한 경제적 위치에 처하게 된 것을 알 수 있다.

이와 같이 우리나라의 빈곤여성노인은 여러 가지 원인에 의해 발생하였는데 젊은 시절부터 빈곤하여 교육을 제대로 받지 못하고 결혼생활이나 자녀와의 관계에서도 순탄하지 못한 경우와 남편과의 갈등이나 사별 그리고 자녀의 부양을 기대하지 못하게 되면서 빈곤에 처하게 된 경우의 경우다. 즉, 빈곤 여성노인은 교육기회의 불평등, 결혼상태, 가정 내 권력불평등, 노동시장 불평등 그리고 이들을 위한 사회보장제도의 미흡 등이 원인이 되어 불평등한 대우를 받았고 노년기에도 가난에서 벗어날 수 없는 형편에 처하게 되었다.

이와 같이 한국사회에서 빈곤에 영향을 미치고 있는 요인은 성 자체를 포함하여 성의 특성을 사회적으로 규정하는 교육수준, 취업상태 등의 요인이 복합적으로 빈곤에 영향을 미치고 있다. 즉, 빈곤에 영향을 미치는 가족, 노동시장, 사회보장체계가 중첩적으로 작용하는데 성(gender)이 주요한 요인으로서 여성노인에 대한 빈곤대책 역시 가족, 노동시장, 사회보장체계에서의 성적 차원을 고려한 정책이 이루어져야 하는 것이다.

서구에서는 공적연금이 노인의 빈곤완화에 가장 효과적인 정책으로 평가받아 왔다. 연금수급권이 노동시장에서의 경제활동에 의해서만 주어지는 것이 아니라 가정 내에서의 보살핌 노동에 대한 연금크레디트 제도, 보살핌노동에 대한 사회적 보상제도 그리고 무급의 가족보호노동을 사회적 현금보상으로 유급노동으로 전환시키는 정책방안도 궁극적으로 빈곤의 성적 격차를 해소시키는 정책방안이 될 것이다.

4. 여성노인복지를 위한 방안

여성은 노년기에 이르러 의존성이 증대되지만 이들에 대한 사회의 지원체계는 미흡하다. 여성노인의 문제는 노년기라는 한 시기에 일어나는 문제라는 측면이라기보다 전 생애를 걸친 성차별이 축적되어 노년기에 나타난 결과이다. 따라서 여성노인의 문제는 그 사회의 여성복지 수준을 나타내는 것이라고 볼 수 있을 것이다.

여성노인에 대한 현황에서도 살펴보았듯이 여성노인은 노인들이 겪는 많은 문제를 여성이기 때문에 더 심각하게 겪게 될 확률이 높은 것이다. 왜냐하면 그들의 생애에 계속된 성차별적 대우와 의존성이 누적되어 나타나기 때문이다. 따라서 여성주의적 생애주기 시각을 갖고 여성노인의 의존성을 인식하고 궁극적으로는 여성의 역량을 강화하고 독립적으로 자원에 접근하여 안녕된 삶의 향유에 필요한 수단을 마련할 수 있도록 하는 것이 요구된다. 여성노인의 복지 향상을 위해서는 현재의 여성노인의 복지욕구를 충족하는 것과 함께 우리 사회에서 여성이 일생 동안 받아 오는 성차별의 부정적인 결과가 누적되지 않도록 차단하는 포괄적인 여성복지정책과 서비스가 제시되어야 할 것이다. 즉, 교육, 노동, 가족생활의 각 측면에서 성차별을 제거하여 남녀가 동등한 기회를 가지고 자신의 역량을 개발하고 충분한 생활을 영위할 수 있도록 남녀평등의 이념과 제도를 지속적으로 실행하는 것이 필요하다.

1) 현재의 여성노인에 대한 사회복지 서비스의 강화

현재의 기초생활수급권자 여성노인 및 저소득 여성노인에 대한 보호 수준을 높이고 여성주의적 생애주기적 시각에 기초한 개별 서비스 및 지역사회중심의 서비스가 제공되어야 한다. 여성노인은 어떤 연령 집단보다 의존도가 높고 특히 고령화가 진행될수록 노인여성의 빈곤문제는 더욱 심각해질 것이다. 남성노인과 다른 여성노인의 인구사회학적 특성이 고려되어야 한다. 또한 빈곤여성이 중첩적으로 갖고 있는 여성노인의 건강 문제를 해결하기 위하여 여성노인질환에 대한 의료보장이 확대해야 할 것이다. 여성노인은 그 어떤 집단보다 의존도가 높은 취약집단이므로 여성노인의 복지에 대한 국가의 책임을 강화해야 할 것이다.

2) 여성의 가족보호의 사회적 지원

노인을 위한 장기적 보호 서비스가 충분히 제공되도록 하면서 여성이 이러한 가족보호의 의무를 수행함으로써 불이익을 받지 않게 하는 것은 이념적으로나 실제적으로나 모든 세대의 여성을 위한 복지라는 목표를 성취할 수 있게 하는 것이다. 미국의 경우 이러한 목표를 달성하기 위하여 제시된 개혁안은(U.S. House Select

Committee on Aging, 1988) 연금 수급대상 기준 설정에 부양(수발)의무를 수행한 것을 반영하면서 남녀 모두에게 재교육을 통해 수발을 가족 전체의 의무이면서 또한 사회 전체가 관심을 가족 대비해야 할 의무이라는 인식을 증진하는 것이었다. 요보호 여성노인에 대한 가족보호를 사회적으로 지원하고 지역사회 중심의 복지 서비스를 확장하면서 남녀 간 역할분담에 대한 인식도 향상해야 할 것이다. 또한 가족친화적 고용을 촉진하여 가족보호에 대한 기업적 지원이 제공되도록 유도하는 것도 필요하다(Negele & Reichert, 1995).

3) 남녀 불평등의 완화

여성복지의 개념을 보다 확대하여 주요 대상자가 요보호대상 여성보다는 전 여성을 대상으로 하는 보편적인 개념이 되어야 한다. 여성과 관련된 법조항을 계속해서 개선하고 여성복지 분야의 재정을 확대하여 실질적인 여성정책이 실시되어야 할 것이다. 이러한 정책은 교육, 노동 및 가족 분야에서 동시에 진행될 때 효과적일 것이다. 교육적인 측면에서는 여성의 잠재력을 개발하고 다양한 직업교육과 전문적인 직업선택의 기회를 제공해야 할 것이다. 또한 계속적으로 변화하는 직업 환경에 적응할 수 있도록 재교육과 재훈련의 기회가 제공되도록 해야 한다.

노동 분야에서는 남녀의 동등한 고용기회와 승진의 기회가 주어지고 여성의 실업, 재취업 및 재해보상 및 직장 내 성희롱 등의 문제를 현실적으로 해결할 수 있는 여성복지 서비스가 필요하다. 또한 직장에서 여성의 가족보호의 의무를 지원할 수 있도록 해야 한다. 또한 여성의 노동경력을 고려하여 여성의 연금권수급을 강화하여 남녀 간 여성수급권의 차이를 점진적으로 완화해야 한다.

가족생활 측면에서는 보육 및 노인수발과 같은 가족보호의 사회적 가치를 인정하여 여성의 사회복지 수급권에 반영되어야 할 것이다. 가족생활에서 여성이 겪을 수 있는 위기인 가정 내 폭력 및 성폭력의 해결, 편부모 가족에 대한 지원 및 고령 여성노인에 대한 보호에 적극적인 여성복지 서비스가 요구된다.

중점토의

1. 여성노인의 의존성에 대하여 설명하시오.
2. 남녀불평등과 여성노인복지와의 관계를 설명하시오.
3. 여성주의적 생애주기 시각이란 무엇인지 설명하시오.
4. 장기요양보호를 요하는 노인의 증가와 이에 대한 대책을 논의하시오.
5. 여성노인의 빈곤문제에 대하여 토의하시오.

참고문헌

국가인권위원회(2002). **지역사회에서의 노인학대 실태조사**.

김미혜 외(1997). **양성평등이 보장되는 복지사회**. 미래인력연구센터.

보건복지부(2004). **2004 국민기초생활보장수급자 현황**.

보건복지부(2019). **2018 노인학대현황보고서**.

석재은(2004). 한국의 빈곤의 여성화에 대한 실증 분석. **한국사회복지학, 56**(2), 167-194.

여성개발원(2002). **여성통계연보**.

이해영(1996). 새로운 복지문제로서의 노인학대에 대한 고찰. **노인복지정책연구**, 300-328.

조애저, 김승권, 김유경(1999). **노부모 학대실태에 관한 사례연구**. 한국보건사회연구원.

장미혜(2013). **여성노인의 노후빈곤 현황 및 대응정책**. 한국보건사회연구원.

진미정, 변수주, 권순범(2014). 한국 가족생애주기의 변화. **가족과 문화, 26**(4), 1-24.

통계청(2003). **고령자 통계**.

통계청(2019). **2019 고령자 통계**.

Brown, C. (1995). A feminist life span perspective on aging. In Bergh, N. (Ed.), *Feminist practice in the 21st century*. NASW Press.

Negele, G., & Reichert, M. (1995). Eldercare and the workplace: A new challenge for all social partners in Germany. In Phillips, J. (Ed.), *Working carers*. Avebury, Aldershot.

제10장

여성과 장애

장애인복지의 궁극적인 목표는 모든 장애인이 사회적 편견이나 차별을 받지 않고 비장애인과 함께 정상적인 사회생활을 영위하는 장애인의 사회통합(social integration)이다. 이런 맥락에서 우리 사회의 장애인복지 수준은 미흡하다. 즉, 장애인은 여전히 많은 편견과 차별을 받고 있다. 더욱이 여성장애인은 장애인으로서 또한 여성으로서 '이중 차별(double discrimination)'을 받고 있다. 여성장애인은 장애인으로서 차별(disablism)과 장애인 중에서도 여성으로서 성차별(sexism)을 받음으로써 비장애 여성과 남성장애인보다 교육과 취업의 기회가 더욱 제한되어 있고, 더 빈곤하며, 사회적으로 더욱 고립되어 있다. 이 장에서는 먼저 여성장애인의 실태에 대해 간략하게 알아보고, 이어 여성장애인의 사회통합을 위한 대안과 과제를 살펴본다.

1. 여성 장애 인구

장애인 실태조사(한국보건사회연구원, 2017)에 따르면, 우리나라의 장애인은 약 267만 명으로 추정되며, 장애인 출현율은 인구 100명당 약 5.4%로 나타났다. 전체 장애인 가운데 여성장애인은 약 110만 명이며, 여성장애인 출현율은 인구 100명당 4.4%로 남성장애인 출현율 6.0%보다 낮았다. 또한 여성장애인의 장애범주는 지체장애, 청각장애, 뇌병변장애, 시각장애, 지적 장애, 정신장애, 신장장애 등의 순으로 나타났는데, 장애범주별 출현율 역시 거의 모든 장애유형에서 여성의 출현율이 남성보다 낮은 편으로 나타났다(〈표 10-1〉). 하지만 전체 장애인 인구 가운데 여성장애인의 비율은 서서히 증가하는 추세이며, 노령 장애인 인구의 증가와 함께 앞으로 여성장애인의 비중은 점차 커질 것으로 예상된다.

표 10-1 장애유형별 · 성별 장애출현 (단위: %, 명)

구분	지체장애	청각장애	뇌병변장애	시각장애	지적 장애	정신장애	신장장애
여성	2.23	0.49	0.46	0.44	0.34	0.21	0.14
남성	2.87	0.65	0.70	0.63	0.45	0.21	0.20
계	2.55	0.57	0.58	0.53	0.40	0.21	0.17
전국 추정치	1,265,555	282,255	286,600	262,381	197,182	103,628	83,583

자료: 한국보건사회연구원(2017).

2. 여성장애인의 실태와 욕구

우리 사회에서 장애인이 경험하는 가장 큰 문제는 경제적인 어려움이다. 장애인 실태조사(한국보건사회연구원, 2017)에 의하면, 장애인 가구의 월 평균소득은 전국 가구 월 평균소득의 56.9%에 불과하다. 장애인 가구는 장애치료, 재활 서비스, 교통수단 이용, 특수교육 등의 추가 비용을 부담하고 있는 것을 고려할 때, 장애인의 경제적 상황은 더욱 열악함을 알 수 있다. 더욱이 장애인 성별에 따라 경제적 어려움에 큰 차이가 있는데, 고용된 여성장애인의 월 평균소득은 남성장애인의 절반에도 미치지 못하는 수준(41.6%)으로 나타났다.

경제적인 어려움 외에도 장애인은 상당 수준의 사회적 편견과 차별을 겪고 있다. 실태조사(한국보건사회연구원, 2017)에서도 장애인 다섯 명 가운데 네 명 정도(78.6%)는 우리 사회에 장애인에 대한 차별이 있다고 생각하는 것으로 드러났다. 특히 여성장애인은 자녀 출산과 양육, 가정생활, 성폭력 위험 등 이중적인 어려움을 겪는 것으로 보고되었다.

여성장애인의 실태와 욕구를 보다 구체적으로 파악하기 위해 다음에서는 여성장애인의 교육, 경제활동, 가정생활, 여성장애인에 대한 폭력으로 나누어 살펴본다.

1) 교육

여성장애인은 적절한 교육의 기회를 부여받지 못하고 있다. 정부 자료에 의하면, 여성장애인의 절반 이상(55.6%)이 공교육을 전혀 받지 못했거나 초등학교 졸업 이하의 교육을 받은 것으로 나타났다. 이는 남성장애인의 24.5%, 우리나라 일반 전체 여성의 19.7%에 비하면 매우 높은 수치로서, 앞에서 설명한 **이중 차별**의 실태를 단적으로 반영한다. 같은 맥락에서 여성장애인 세 명 가운데 한 명 정도(29.9%)만이 고등학교 졸업 이상의 교육을 받은 것으로 나타났는데, 이는 남성장애인(57.3%), 우리나라 전체 여성(70.3%)에 비하면 매우 낮은 수치임을 알 수 있다(〈표 10-2〉).

표 10-2 교육 정도 (단위: %)

교육수준	장애인		일반 전체	
	여성	남성	여성	남성
무학 · 초등학교 졸업 이하	55.6	24.5	19.7	8.7
중학교 졸업	14.5	18.3	12.5	7.0
고등학교 졸업	20.9	37.6	34.3	37.1
대학 이상 학력	9.0	19.7	36.0	45.6

자료: 여성가족부 홈페이지, 통계청(2016), 한국보건사회연구원(2017).

2) 취업과 경제활동

교육 수준은 취업 여부와 노동의 질을 결정하는 핵심적인 요인이다. 따라서 앞에서 살펴본 여성장애인의 저학력은 취업 부진과 질적으로 낮은 수준의 직업생활과 연관된다. 장애인 실태조사(한국보건사회연구원, 2017)에 의하면, 여성장애인의 경제활동 참가율은 23.4%로 남성장애인의 경제활동 참가율(46.6%)의 절반 정도에 그치고 있다. 더욱이 여성장애인의 경제활동과 관련하여 특기할 만한 점은 경제활동에 참가하는 여성장애인은 비숙련 단순노무직에 종사하는 비율이 매우 높은 반면, 사무직이나 기능직, 전문직에 종사하는 비율은 매우 낮다는 점과 종사상의 지위로서 무급 가족종사자나 일용근로자의 비율이 높은 반면, 상용근로자의 비율이 상대적으로 낮다는 점이다.

남성장애인과 마찬가지로 여성장애인의 취업 욕구는 상당히 높은 것으로 나타나고 있다. 하지만 높은 취업 욕구에 비해 여성장애인이 실제로 택한 구직 노력은 대부분 자신의 가용자원을 활용하는 방법이다. 여성장애인은 가족이나 친지, 친구들에게 구직처를 부탁하거나 직접 구직처를 알아보았으며, 구직등록 등의 장애인 지원기관을 통한 노력은 상대적으로 미진하였다(김기태, 박병현, 강철희, 이성규, 이경희, 1999; 양정빈, 2015).

3) 가정생활

여성장애인의 결혼율은 남성장애인에 비해 상대적으로 낮은 편이다. 〈표 10-3〉에서 보듯이, 여성장애인의 42.5%만이 배우자가 있는데 이 수치는 유배우자 남성장애인 비율(65%)보다 낮다.

표 10-3 결혼 상태

구분	미혼	유배우	사별	이혼	별거	기타	계
여성장애인	11.5	42.5	36.6	7.9	1.5	0.1	100.0
남성장애인	18.1	65.0	5.3	9.9	1.6	0.0	100.0

출처: 한국보건사회연구원(2017).

여성장애인은 비장애 여성보다 육아, 가사 노동, 임신과 출산 관련한 어려움을 더 크게 겪고 있다(김성희, 2018; 채은하, 1998; 한국보건사회연구원, 2017). 특히 육아와 관련하여 아이와 함께 놀아 주기, 목욕 시키기 등의 일상적인 육아활동을 비롯하여 아이가 아플 때 병원에 가지 못하는 점 등의 어려움을 나타내고 있다. 또한 임신한 여성장애인은 신체 장애를 함께 고려하여 출산을 도와줄 전문 의사를 찾지 못하여 어려움을 호소하는 경우가 매우 흔하지만, 현실은 크게 달라지지 않고 있다.

4) 여성장애인에 대한 폭력

여성장애인은 소외되거나 사회적으로 고립되기 쉽고 가족에게 의존하는 경우가 많기 때문에 비장애 여성보다 가정과 사회에서 폭력에 더욱 취약하다.

장애 여성을 비장애 여성보다 폭력에 더욱 취약하게 만드는 요인들은 다음과 같다(Andrews & Veronen, 1993). ① 중증 장애 여성들은 다른 사람들에게 의존하며 보호 제공자들을 믿고 따르게 된다. ② 여성장애인은 기본적 인권을 보장받지 못하는 가운데 다른 사람들보다 무력감을 경험한다. ③ 가해자들은 드러날 위험이 적다고 생각한 여성장애인을 표적으로 삼는다. ④ 폭력에서 생존한 많은 장애 여성들은 다른 사람들이 자신의 말을 믿도록 하는 데 어려움을 느낀다. ⑤ 인지 장애가 있는 장애 여성들은 적절한 성교육을 받지 못하고, 성학대 혹은 성 이용 상황을 인식하고 이에 저항하는 능력이 부족하다. ⑥ 여성장애인들은 사회적으로 고립되거나 외로울 수 있으며, 초기에 애정적이거나 수용적인 것처럼 보이는 조종하는(manipulative) 관계를 통한 이용에 취약하다. ⑦ 장애 여성들은 위험을 줄이기 위한 경계를 했는지 혹은 성폭행에 저항하기 위한 시도를 했는지에 대해 비장애 여성들보다 더욱 추궁을 받는다.

「성폭력범죄의 처벌 등에 관한 특례법」(이하 「성폭력처벌법」) 제6조에 “신체적인 또는 정신적인 장애로 항거불능 또는 항거곤란 상태에 있음을 이용하여 사람을 간음하거나 추행한 사람”을 처벌하는 내용이 명시되어 있다. 이에 따라 성폭력 가해자를 처벌하기 위해서는 여성장애인이 항거불능 또는 항거곤란 상태에 있었다는 것을 증명해야 하지만, 특히 성폭력 피해여성이 지적 장애를 가지는 경우에 이를 증명하는 데 어려움이 있다. 지적 장애인은 성적으로 이용당하는지의 여부나 가해자의 의도를 판단하는 능력이 부족할 수 있으며 가해자가 친분이 있는 권위자나 친족으로서 피해자의 취약한 지적 능력과 자기방어 능력을 알고 이용하는 경우가 흔하기 때문이다. 따라서 지원 기관이 신속하게 개입하여 필요한 서비스를 연계할 뿐 아니라 경찰조사 시작부터 사후관리까지 피해자와 보호자를 보호하고, 수사와 재판 과정에서 피해사실에 대해 구체적이고 일관되게 진술하도록 도와 진술의 신빙성을 높여야 한다. 또한 「성폭력처벌법」 제35조~제38조에 의해 의사소통이나 의사표현에 어려움이 있는 성폭력범죄의 피해자는 형사사법 절차에서의 조력을 위하여 진술조력인의 도움을 받을 수 있다. 진술조력인은 정신건강의학, 심리학, 사회복지학, 교육학 등 아동 혹은 장애인의 심리나 의사소통 관련 전문 지식이 있거나 관련 분야에 종사하는 사람으로서 수사 과정에 참여하여 의사소통을 중개하거나 보조할 수 있다. 지적 장애를 가진 여성장애인이 재판 과정에서 진술조력인의 도움을 적극 활용하도록 지원할 필요가 있다.

여성장애인은 비장애 여성보다 가정폭력에도 더 취약하다. 가정 내에서 가해자가 여성에게 가하는 구타나 감금, 무시, 언어폭력 외에도 장애와 관련하여 예를 들면, 약이나 보조 장치를 주지 않거나 휠체어를 부수거나 장애와 관련한 비하 발언 등을 포함하면, 사회적으로 고립된 장애 여성에 대한 가정폭력은 심각한 수준으로 추정할 수 있다.

다음은 미국의 한 여성장애인이 자신이 경험한 성폭력에 대해 의료와 정신의료 전문가들에게 공개적으로 보낸 서신(Sheldon, 1993: 133-137)을 간략하게 요약한 것이다. 여성장애인이 성폭력에 취약한 현실을 단적으로 보여 준다.

나는 뇌성마비를 앓고 있다. 나는 동일인으로부터 두 번 강간당했으며, 아버지와 근친상간의 관계를 가졌다. 나는 사회복지학을 공부하면서 회복에 많은 도움을 받았다.

나는 버스 시간표를 알기 위해 카운티에 전화했고, 전화를 받은 남자는 내 이름과 주소를 물으면서 자신과 데이트를 하겠냐고 물었다. 나는 그렇다고 대답했다. 그가 나를 데리러 왔고, 그는 밖으로 나가기 전에 섹스를 원한다고 했다. 나는 원하지 않았지만, 그를 기쁘게 해 주고 싶었고, '진짜' 데이트를 해 보고 싶었기 때문에 이를 허락했다. 섹스를 마치고 그는 말 한마디 없이 가 버렸다. 나는 속으로 분노했지만 아무런 행동도 취하지 않았다.

8~9개월 후 어느 날 밤, 같은 남자가 찾아와서 나를 데리고 나가겠다고 했다. 하지만 먼저 섹스를 원한다고 했다. 나는 원하지 않았지만, 역시 그를 기쁘게 해 주고 싶었고 밖에 나가고 싶었기 때문에 이를 허락했다. 그는 섹스를 마치고 샤워를 한 후 옷을 입고 나가 버렸다.

그가 가 버린 후 나는 화가 났다. 나는 친구에게 전화를 했고, 우리는 함께 경찰에 신고했다. 경찰은 내가 그 남자를 집 안에 들어오게 했으며 섹스를 하도록 동의했으므로 강간이 아니라고 했다. 사회복지학을 공부한 지금, 나는 정신/사회/성적 발달에 커다란 괴리가 있었으므로 이것은 강간이라는 것을 알고 있다. 지적으로 나는 성인이었으나, 사회적·정서적으로 나는 훨씬 낮은 수준에 있었는데, 이는 이성과 상호작용하는 전형적인 청소년기 발달을 겪지 않았기 때문이다.

강간이 일어난 이틀 후, 나는 강간치료센터에 갔다. 의사는 내 장애에 대해 몹시 불편해했다. 강간당한 것은 내 친구들이 아니라 '나'였음에도 불구하고 의사는 무슨 일이 있었는지 내 친구들에게 계속 물었다. 친구들이 나 대신 얘기하지 않은 것이 다행이었다.

이야기책 테이프에 아버지와 딸 사이의 근친상간 관계에 관한 이야기가 있었는데, 나는 이 내용을 들으면서 나에게도 '이것'이 일어났음을 알았다. 나는 몇 년 동안 이를 부인하였지만, 이제는 근친상간이 있었음을 인정한다. 아버지와 관계를 했는지는 기억할 수 없지만, 아버지가 내 가슴과 성기를 애무했던 것은 기억난다. 이것이 마지막으로 일어난 것은 내가 20대 중반이었으며, 아버지는 항상 취한 상태였다.

대학을 졸업하고도 나는 아버지와 함께 자는 것이 나쁜 것이라는 것을 알지 못했다. 나는 이것을 싫어했지만 부모님이 하라고 하신 모든 것을 하도록 교육받았었다. 기숙학교에 다닐 때 가장 친한 룸메이트와 금기 주제에 대해 얘기한 적이 있었는데, 내가 그녀에게 아버지와 잔 적이 있느냐고 물었을 때 그녀는 그렇다고 했다. 그래서 나는 딸이 아버지와 자는 것이 정상이라고 생각했다.

내가 성적으로 이용당한 생존자라는 것을 깨닫기에는 수년이 걸렸다. 근친상간의 생존자는 치료자와 이 논제를 다루고 기분이 나아질 수도 있지만, 나 같은 사람에게 이는 계속되는 과정이다.

다음은 국내 여성긴급전화 1366 상담사례로서 여성장애인의 가정폭력 심각성을 보여 준다.

피해자 정보

성별: 여 / 나이: 60대

가정폭력 사례

시각장애와 지체장애를 가진 중복 장애인. 타인이 수동전동기를 밀어 줘야 생활이 가능함. 동거남과 산 지 4년 정도 되었고 기초생활수급자로 피해자 명의의 임대아파트에 거주하고 있음. 최근 동거남이 자기 집인 것처럼 피해자를 집에서 나가라고 함. 경찰에 신고도 해서 여러 번 출동했었으나, 동거남이 옆에서 윽박지르니까 때린다는 얘기를 할 수가 없었음. 경찰이 가고 나면 또 때리고 언제 또 어떻게 때릴지 몰라 불안하고 무서움. 지금 옆에서 자고 있어 몰래 전화를 하고 있으며 너무 맞아서 온몸이 다 아픔. 나중에 이 번호가 뜨면 경찰에 신고해 주길 바람. 동거남을 처벌하고 집에서 나가게 했으면 좋겠음.

지원내용

- 경찰에 신고하여 해당 지구대의 출동 및 피해자의 구조를 요청함.
- 1366에서 출동 경찰에게 피해자의 상황을 직접 설명하고 행위자를 집 밖으로 내보낼 수 있도록 강력하게 요청함.
- 행위자 분리 후 현장상담원이 출동, 피해자가 의료지원을 받을 수 있도록 원스톱지원센터로 동행함.
- 피해자가 사실혼일 경우에도 「가정폭력범죄의 처벌 등에 관한 특례법」에 따라서 행위자에 대한 처벌을 요청할 수 있음을 안내함.

앞에서 살펴본 대로, 여성장애인은 비장애 여성들보다 폭력에 더욱 취약하고 이에 따라 보다 적극적인 사회적 대처가 필요하다. 여성장애인에 대한 폭력을 예방하고 이에 대처하는 사회서비스 기관에서는 다음 사항을 고려할 필요가 있다(김성희, 2018; 김용득, 유동철 편, 2001; 유승주, 고한나, 2019).

첫째, 기존의 학대받는 여성을 위한 프로그램을 여성장애인이 이용할 수 있도록 프로그램에 대한 접근성을 증대시켜야 한다. 경사로를 설치하는 물리적 측면뿐 아니라 수화통역자를 제공하거나 점자를 제공하는 등의 광범위한 개념의 접근성을 확보할 필요가 있다.

둘째, 장애인기관에서 제공하는 도우미, 봉사자 등이 학대나 폭력의 가해자가 될 수 있다는 점을 인정하고 여성장애인에게 이들에 대한 기록을 제공하거나 여성장애인의 불만을 쉽게 처리할 수 있는 장치를 마련한다.

셋째, 재활전문가나 상담가에게 여성장애인의 학대를 규명하고 학대에 적절하게 대처하기 위한 훈련을 제공한다.

넷째, 경찰이나 검사, 판사에게 여성장애인과 학대에 관한 지식을 제공해야 한다.

3. 여성장애인 관련 법률

우리나라에서 여성장애인을 명시적으로 포함하고 있는 법은 「장애인복지법」「장애인 고용촉진 및 직업재활법」「장애인차별금지 및 권리구제 등에 관한 법률」「성폭력범죄의 처벌 등에 관한 특례법」「양성평등기본법」이 있다. 이 외 장애인권리협약, 장애인인권헌장에서도 여성장애인의 인권을 보장하고 있다.

「장애인복지법」은 여성장애인의 권익 보호와 임신, 출산 관련하여 산후도우미, 활동보조인 서비스 지원 등에 대해 명시하고 있다. 하지만 대부분의 사회복지 관련 법률에서처럼 국가와 지방자치단체의 의무에 대한 구체적인 명시가 부족하고, 임의규정으로 인해 현실성, 구체성이 보장되지 않는다. 「장애인 고용촉진 및 직업재활법」은 여성장애인에 대한 고용 촉진과 직업재활, 여성장애인 고용 시 사업주 우대 등을 명시하고 있으며, 「장애인차별금지 및 권리구제 등에 관한 법률」은 장애여성에 대한 차별과 박탈을 금지하는 조항(제33조[1], 제34조[2])을 포함하고 있다. 「성폭력범죄의

1) 제33조(장애여성에 대한 차별금지) ① 국가 및 지방자치단체는 장애를 가진 여성임을 이유로 모든 생활 영역에서 차별을 하여서는 아니 된다. ② 누구든지 장애여성에 대하여 임신·출산·양육·가사 등에 있어서 장애를 이유로 그 역할을 강제 또는 박탈하여서는 아니 된다. ③ 사용자는 남성근로자 또는 장애인이 아닌 여성근로자에 비하여 장애여성 근로자를 불리하게 대우하여서는 아니 되며, 직장보육서비스 이용 등에 있어서 다음 각 호의 정당한 편의제공을 거부하여서는 아니 된다. 1. 장애의 유형 및 정도에 따른 원활한 수유 지원, 2. 자녀상태를 확인할 수 있도록 하는 소통방식의 지원, 3. 그 밖에 직장보육서비스 이용 등에 필요한 사항 ④ 교육기관, 사업장, 복지시설 등의 성폭력 예방교육 책임자는 성폭력 예방교육을 실시함에 있어서 장애여성에 대한 성인식 및 성폭력 예방에 관한 내용을 포함시켜야 하며, 그 내용이 장애여성을 왜곡하여서는 아니 된다. ⑤ 교육기관 및 직업훈련을 주관하는 기관은 장애여성에 대하여 다음 각 호의 차별을 하여서는 아니 된다. 다만, 다음 각 호의 행위가 장애여성의 특성을 고려하여 적절한 교육 및 훈련을 제공함을 목적으로 함이 명백한 경우에는 이를 차별로 보지 아니한다. 1. 학습활동의 기회 제한 및 활동의 내용을 구분하는 경우, 2. 취업교육

처벌 등에 관한 특례법」은 여성장애인에 대한 범죄 관련 처벌규정을 명시하고 있다.

다음 〈표 10-4〉는 여성장애인 관련 법률의 주요 내용을 제시한다.

표 10-4 여성장애인 관련 법률의 주요내용

법률명	조항	내용
「장애인복지법」	제7조	여성장애인의 권익 보호와 사회참여 확대. 국가와 지방자치단체는 기초학습 및 직업교육 등 필요한 시책 강구
	제9조	여성장애인의 권익을 보호하기 위하여 국가와 지방자치단체는 필요한 시책 강구
	제37조	국가와 지방자치단체의 산후도우미 지원 등
	제55조	국가와 지방자치단체의 활동보조인 서비스 지원 등
「장애인 고용촉진 및 직업재활법」	제3조	국가와 지방자치단체는 여성장애인 고용촉진 및 직업재활을 중요시
	제21조	고용노동부장관은 여성장애인 고용사업주에 대한 융자와 지원 우대
	제22조	고용노동부장관은 표준사업장 설립과 운영비용의 융자, 지원시 여성장애인을 고용한 사업주 우대
	제30조	장애인고용장려금의 지급단가와 지급기간을 결정하는 경우 여성장애인에 대한 우대
「장애인차별금지 및 권리구제에 관한 법률」	제33조	여성장애인에 대한 차별과 박탈금지, 여성장애인 근로자 차별금지
	제34조	여성장애인 차별 금지를 위한 국가와 지방자치단체의 의무
「성폭력범죄의 처벌 등에 관한 특례법」	제6조	신체장애 또는 정신상의 장애로 항거불능 또는 항거곤란 상태에 있음을 이용하여 간음하거나 추행한 자에 대한 처벌

및 진로선택의 범위 등을 제한하는 경우, 3. 교육과 관련한 계획 및 정보제공 범위를 제한하는 경우, 4. 그 밖에 교육에 있어서 정당한 사유 없이 장애여성을 불리하게 대우하는 경우 ⑥ 제3항을 적용함에 있어서 그 적용대상 사업장의 단계적 범위와 제3항 제3호에 필요한 사항의 구체적 내용 등은 대통령령으로 정한다.

2) 제34조(장애여성에 대한 차별금지를 위한 국가 및 지방자치단체의 의무) ① 국가 및 지방자치단체는 장애여성에 대한 차별요인이 제거될 수 있도록 인식개선 및 지원책 등 정책 및 제도를 마련하는 등 적극적 조치를 강구하여야 하고, 통계 및 조사연구 등에 있어서도 장애여성을 고려하여야 한다. ② 국가 및 지방자치단체는 정책의 결정과 집행과정에 있어서 장애여성임을 이유로 참여의 기회를 제한하거나 배제하여서는 아니 된다.

「양성평등기본법」	제33조	국가와 지방자치단체는 장애인여성을 지원하기 위한 필요 조치 실시
장애인권리협약	제6조	여성장애인의 인권과 기본적인 자유를 완전하고 동등하게 향유하도록 보장
	제28조	여성장애인 특수성을 고려한 건강방안 마련과 보건의료서비스 제공
장애인인권헌장	제12조	여성장애인이 임신 · 출산 · 육아, 가사 등에 있어서 생활에 필요한 보호와 지원을 받을 권리

자료: 국가법령정보센터(www.law.go.kr).

앞에서 살펴본 여성장애인과 관련한 법률은 전반적으로 여성장애인의 특별한 요구를 수렴할 수 있는 구체적인 내용이나 시책이 제시되어 있지 않다. 따라서 현실적인 권리로 연결하기 위한 중앙과 지방 정부의 노력이 필요하다.

4. 여성장애인 관련 정책과 서비스

현재 정부에서 제공하는 장애인에 대한 주요 복지시책과 서비스는 다음을 포함한다.

- 장애인 의무고용제에 의한 취업
- 생계보조수당
- 의료비 지원
- 자녀교육비 지원
- 보장구 무료교부
- 영구임대아파트 입주 시 가산점 부여
- 저소득 장애인 가구주 또는 배우자가 장애인인 가구주에게 자립자금을 대여하거나 통근차량 구입자금을 융자하는 등의 융자시책
- 등록 장애인에게 소득세, 상속세를 공제하거나 장애인에게 장애인용 수입물품 관세를 감면하는 등의 세금감면

- 장애인 혹은 배우자, 보호자의 명의로 등록한 자동차에 대한 특별소비세 면제, 자동차세 면제 등의 자동차 관련 시책
- 장애인 가구주와 배우자의 전화요금을 할인, 등록 장애인에게 철도요금 할인, 국내선 항공료 할인, 공공시설 이용요금 면제 등의 요금할인
- 재활시설 입소, 장애인복지관 이용, 국립재활원, 국립재활병원과 일산직업훈련원 이용, 재가장애인 순회재활 서비스 등

앞에서 제시한 복지시책과 서비스에도 불구하고 우리 사회에서 장애인에 대한 지원은 여전히 미진한 수준으로 평가된다. 현재 장애인에 대한 경제적 지원은 장애로 인한 추가비용을 모든 장애인에게 일괄적으로 제공하는 장애수당 형태가 아닌 세제감면, 이용료 할인 등 할인중심으로 이루어지고 있다. 따라서 일반저소득 장애인의 경우, 다양한 부담경감 조치에도 불구하고 실제로는 거의 경제적 지원을 받을 수 없게 되는 소득 역진적 현상이 발생하고 있다. 또한 국민기초생활보장 수급자에게 지급되는 생계보조의 수준이 여전히 낮기 때문에 현실적으로 도움이 되지 못하는 문제점도 꾸준히 제기되고 있다.

더욱이 여성장애인의 입장에서 볼 때, 현재 장애인 복지시책은 여성장애인에 대한 충분한 배려가 이루어지지 않는 것으로 평가할 수 있다. 예를 들면, 장애인 의무고용제의 경우, 여성장애인에 대한 할당비율을 별도로 설정하지 않았기 때문에 의무고용제에 의한 장애인 고용비율이 매우 낮은 가운데에서도 여성장애인의 비율은 더욱 낮을 것으로 추정할 수 있다.

현재 우리나라의 여성장애인 관련 정책은 보건복지부에 의해 시행되고 있다. 보건복지부는 「장애인복지법」에 근거하여 여성장애인 교육지원 사업을 진행하고 있다. 이 사업의 목적은 교육의 기회를 갖지 못한 여성장애인들에게 교육서비스를 제공하고 여성장애인의 역량강화를 통한 사회참여 기회를 확대하며 삶의 질 향상에 기여하기 위한 것으로 저학력 여성장애인을 대상으로 하는 기초학습 교육, 인문 교육, 사회 및 체험 교육, 보건 및 가족 교육 등의 프로그램 제공을 포함한다. 또한 보건복지부는 여성장애인 가사도우미 파견사업, 여성장애인 출산비용 지원사업, 장애인복지관에 위탁하여 제공하는 여성장애인 복지증진사업 등을 시행하고 있다. 이 가운데 여성장애인 가사도우미 파견사업은 여성장애인의 임신, 출산, 육아 및 가

사활동과 관련한 종합적 서비스를 제공하고, 여성장애인 출산비용 지원사업은 등록 장애인여성이 출산했을 경우 출산비용을 지원한다.

다음에서는 여성장애인에게 제공하는 복지사업과 서비스를 교육 지원, 가사도우미 파견, 출산비용 지원 사업으로 구분하여 보다 구체적으로 살펴본다(보건복지부, 2019).

1) 여성장애인 교육지원 사업

여성장애인 교육지원 사업은 장애와 여성이라는 이중 제약으로 교육기회가 제한된 여성장애인들에게 교육 서비스를 제공하여 여성장애인의 역량강화를 통한 사회참여 기회를 확대하고 삶의 질 향상에 기여하는 것을 목적으로 한다. 이 사업은 「장애인복지법」 제7조(여성장애인의 권익보호 등)와 제9조(국가와 지방자치단체의 책임) 제2항에 근거하며 제32조(장애인 등록)에 의한 등록한 여성장애인을 지원대상으로 하고 특히 저소득, 저학력 여성장애인을 우선 지원한다.

특히 이 사업은 여성장애인의 욕구와 장애 특성에 기반한 수요자 중심의 교육 프로그램을 제공하고, 지역사회 내 자원과의 연계를 바탕으로 여성장애인의 기초 역량을 강화할 수 있는 실행가능성과 효과성이 높은 프로그램을 개발하고 제공하는 것을 지향한다. 각 시 · 도별 사업 수행기관의 선정과 프로그램 구성 시, 세부사업을 균형 있게 편성하여 운영하고, 시 · 도별 교육기관 지정 후에는 지역 내 여성장애인들을 대상으로 교육수요 조사를 실시하고, 장애 특성상 이동이 힘든 점을 고려하여 방문형 교육 프로그램 운영을 장려한다. 또한 지역이 편중되는 것을 방지하고, 지역 내 다양한 교육 기관과 시설과의 적극적인 연계를 통한 교육 프로그램의 운영을 장려한다. 여성장애인 교육지원 사업의 구체적 내용은 〈표 10-5〉와 같다.

표 10-5 여성장애인 교육지원 사업

사업 구분	사업 내용	프로그램명(예시)
기초학습 교육	저학력 여성장애인의 기초학습능력 증진	한글, 영어, 정보화 교육, 검정고시 지원
인문 교육	자아정체성 확립 및 인식 개선	역사, 철학, 일반 예술
사회 및 체험 교육	직접 체험 등을 통한 사회적응 능력 및 직업 능력 등 향상	지역사회 탐방, 타인 및 사회에 대한 이해, 직업 탐색 및 체험
보건 및 가족 교육	성의식, 건강 및 양육 관련 정보 제공 등	성교육, 육아 및 가족관계의 이해, 건강관리

자료: 보건복지부 홈페이지.

2) 여성장애인 가사도우미 파견 사업

여성장애인 가사도우미 파견 사업은 여성장애인의 임신・출산・육아와 가사활동 지원과 관련한 종합적인 서비스를 제공함으로써 여성장애인의 일상생활 지원과 사회참여 증진을 목적으로 한다. 이 사업은 시・도지사가 선정한 장애인복지관 등에서 수행하며 주요 사업 내용으로는 여성장애인의 임신, 출산 및 산후조리를 위한 도우미 파견, 여성장애인의 자녀양육 및 가사활동 지원, 여성장애인의 산전・산후관리 등 건강관리, 여성장애인 가사도우미 양성교육, 여성장애인 가사도우미 홍보사업 등을 포함한다. 「장애인복지법」 제32조에 의한 등록 장애인을 지원 대상으로 하며, 특히 저소득 가정의 등록 여성장애인, 가족 등의 지원체계가 없는 중증 여성장애인, 임신 혹은 출산예정 또는 영유아 자녀를 둔 여성장애인, 중증 혹은 고령의 독거 여성장애인 등을 우선 대상자로 선정한다.

3) 여성장애인 출산비용지원 사업

여성장애인 출산비용지원 사업은 비장애 여성에 비해 임신과 출산 시 비용이 추가로 소요되는 여성장애인에게 출산비용을 지원함으로써, 경제적 부담을 경감하고 출산 친화적인 문화 조성을 통한 삶의 질 개선에 기여하는 것을 목적으로 한다. 이 사업은 「장애인복지법」 제7조(여성장애인의 권익보호 등)와 제9조(국가와 지방자치단체의 책임) 제2항을 법적 근거로 하며, 등록장애인 여성이 출산이나 유산 또는 사산했을 경우에 지원 대상이 된다. 인공 임신중절 수술로 인한 유산은 지원하지 않으며 국민기초생활보장에 의한 해산급여를 받은 경우에도 중복해서 지원한다.

5. 여성장애인을 위한 대책과 과제

여성장애인에 대한 사회적 차별을 개선하고 여성장애인의 사회통합을 실현하기 위해서는 무엇보다 체계적이고 종합적인 지원 정책을 구축할 필요가 있다. 현재 여성장애인을 지원하는 관련 법률이나 정책이 지속적으로 정비되고 있으나, 여전히 문서상 명시되어 있을 뿐 실행 의무를 강력하게 요구하고 있지 않거나 정부의 예산 부족으로 실효성이 떨어지는 경우가 많다. 또한 지방자치단체별로 각기 다른 규모의 서비스와 내용으로 사업이 운영되는 경우도 흔하다. 여성장애인이 당면한 상황을 고려한 자료를 구축할 필요가 있으며, 성인지적(gender-sensitive)이고 장애인지적(disability-sensitive) 입장에서 실질적이고 체계적으로 여성장애인의 욕구와 문제를 파악하고 지원할 필요가 있다.

다음에서는 여성장애인을 보다 체계적으로 지원하기 위한 당면과제로서 교육과 고용 지원, 가족생활과 주거생활 지원, 폭력과 차별로부터 보호, 문화와 이동접근권 확대로 구분하여 살펴본다.

1) 여성장애인의 교육과 고용 지원

여성장애인의 사회통합을 위해서는 무엇보다 여성장애인의 교육 기회를 다양화하고 지속성을 확보할 필요가 있다. 이를 위해 성인기 이전과 이후로 나누어 성인기 이전에는 여성장애인의 자립과 관련된 일상생활 및 취업준비 교육을 집중적으로 제공해야 한다. 또한 현재의 평생교육원이나 직업재활센터 등의 인프라를 활용하여, 여성장애인을 위한 특성화된 프로그램을 확대하고 홍보하며, 무엇보다 이들 프로그램에 대한 접근성을 확보해야 한다.

교육과 더불어 여성장애인을 위한 고용 기회도 확대하고 관련 제도를 정비해야 한다. 여성장애인의 직업 능력을 최대한 개발하고 고취시키기 위한 지원이 필요하고, 여성장애인의 요구에 적합하고 효율성이 높은 직종의 탐색 및 개발이 이루어져야 한다. 또한 여성장애인의 상황을 고려한 여성 친화적인 교육과 훈련 환경을 조성하고, 취업이나 직업훈련 시 여성장애인의 자녀를 위한 보육시설과 서비스 지원이 있어야 한다. 시공간적인 제약을 극복하기 위한 근무시간이나 훈련시간의 탄력적인 운영, 개별화된 다양한 방법의 훈련 지원 등으로 여성장애인의 장애 및 개별 욕구별 맞춤식 훈련을 지원해야 한다.

여성장애인의 전반적인 **직업재활**을 위해 연구자들(김정아, 나운환, 김지민, 2013; 백은령, 오혜경, 전동일, 2007; 오혜경, 1998: 31-36)은 다음과 같이 제안하였다.

- 여성장애인을 위한 종합정보 데이터베이스의 구축
- 여성장애인을 대상으로 정보교육 실시
- 공기업의 여성장애인 고용우대제도
- 여성장애인 고용 인센티브제도
- 여성장애인의 **할당고용제** 도입
- 남녀고용평등을 확립하기 위해 성차별행위에 대한 감독 처벌, 사업주의 고용평등 유도, 지원시책의 추진
- 여성장애인의 직업훈련과 취업알선기능의 강화
- 여성장애인의 소규모 자영업의 창업 지원
- 여성장애인에 대한 사회적응훈련, 모자보건교육의 실시
- 자녀가 있는 여성장애인을 위한 아동양육 지원 프로그램의 개발
- 종합병원 내 여성장애인을 위한 일반의료와 정신건강센터의 설치
- 여성장애인의 권익을 대변하고 세력화할 수 있는 민간기구의 설립과 활동 지원
- 여성장애인에 관한 체계적인 연구의 수행
- 정부 내 각종 위원회에 장애 여성 참여율을 설정하여 각종 정책결정과정에 여성장애인의 참여를 확대
- 여성장애인 지도자의 발굴, 육성, 역량강화
- 여성장애인의 직장–가정 양립 지원체제 확립

특히 여성장애인의 고용기회를 확대하기 위한 연구자들(김세연, 2012; 연명모, 문유경, 김영애, 2015; 이계존, 1998)의 제언은 다음과 같다.

- 여성장애인의 경제활동 참여를 위한 동기강화와 이를 위한 전문 프로그램의 실시
- 여성장애인을 위한 전문적 직업정보 지원체계 구축
- 상담 등 지원 서비스, 가사생활 지원, 출퇴근 지원 등 직접적 서비스를 제공하는 여성장애인 고용지원센터의 설립
- 취업 이후 여성장애인의 직업생활 적응과 고용안정을 위한 후견인 사후지도 실시
- 교육, 직업훈련, 자격취득 등 여성장애인의 인적 자본의 강화
- 여성장애인의 고용기회 다양화를 위한 직종과 재택근무, 단기근무 등의 다양한 근무형태 개발
- 여성장애인의 직업재활 프로그램의 이용 활성화

현재 진행되는 여성장애인의 직업재활에서 제기되는 문제 가운데 하나는 여성장애인이 남성장애인에 비해 교육 정보에 대한 인지도가 낮다는 점이다. 예를 들어, 장애인고용촉진공단의 직업재활 프로그램의 경우, 여성장애인의 프로그램 이용률이 낮은 이유는 여성장애인들이 프로그램을 알지 못하거나 제대로 이해하지 못하고 있기 때문인 것으로 나타났다(연명모, 2015; 이계존, 1998). 따라서 여성장애인의 직업재활을 위해 여성장애인이 보다 적극적으로 민간과 공공부문의 전문 서비스를 이용하도록 유인할 필요가 있으며, 이를 위해 직업훈련에서 여성 할당제를 도입하는 방안, 기술이 여의치 않은 여성장애인을 위해 사설 훈련기관을 이용하도록 바우처 시스템을 활용하는 방안, 통신이나 정보매체를 이용한 원격방식에 의한 교육 프로그램을 개발하는 방안 등을 고려할 필요가 있다.

현행 직업재활의 또 다른 문제점은 직업훈련이 기존의 **성별 직종분리 현상**을 토대로 이루어지고 있으며, 남성과 비교할 때 여성장애인은 임금 획득과 관련이 없거나 적은 능력을 배우는 경향이 있다는 점이다. 즉, '남성직종' 분야의 직업훈련에 여성들은 지극히 제한된 비율만 참여하는 반면, 여성훈련원생들은 전통적인 '여성직종'

분야에 집중적으로 몰려 있다. 성별에 의한 훈련직종의 선택은 과학적인 조사연구나 미래 노동시장 수요의 예측에 의한 것이라기보다는 훈련기관과 행정기관의 편의 위주에 의한 것으로 볼 수 있다(연명모, 2015; 이달엽, 1998). 따라서 직업재활에서 성별 직종분리를 개선해야 할 뿐 아니라 사회 전반에서 성별 직종분리의 해소와 여성의 임금수준의 향상을 위한 노력이 필요하다.

2) 여성장애인의 가족생활과 주거생활 지원

여성장애인의 안정적인 가족생활 지원체계를 구축해야 한다. 여성장애인의 가족생활 향상을 위해 보편적인 가족정책 안에서 여성장애인의 특수 사항과 관련된 조항을 삽입하거나 연계하여 시행해야 한다. 기관별, 부처별, 지역별에 따라 시행하고 있는 가사도우미, 육아도우미, 산모도우미 등의 각종 도우미 관련 사업을 통합하여 여성장애인에게 체계적이고 안정적인 지원을 제공할 필요가 있다. 경증의 장애인이라 하더라도 경제적인 여건이 어려운 경우 자녀양육을 지원받을 수 있어야 하고, 자녀의 학습도우미, 멘토 지원, 자녀와의 의사소통이나 교육 관련 지원 등을 제공해야 한다.

또한 여성장애인의 안정적인 주거생활을 위한 지원체계를 마련해야 한다. 고위험 빈곤 여성장애인에게 임대주택을 우선 임대하거나 분양하는 제도의 검토가 필요하고 독거 여성장애인의 주거권 확보를 고려해야 한다. 여성장애인 혼자서 자녀를 키우는 경우나 가정폭력이나 성폭력을 당한 여성장애인들에게도 안정적인 주거지를 제공하여 기본적인 삶의 기반을 마련하도록 지원해야 하며, 시설에 거주하고 있는 여성장애인의 자립을 위해 여성장애인 그룹홈 설치를 확대함으로써 자립을 준비할 수 있는 특성화된 지원이 필요하다. 나아가 그룹홈의 자립지원 준비 후 장기적으로 임대아파트로 거주를 연계하는 사업 등을 통해 지역사회에서 여성장애인이 살아갈 수 있는 방안을 모색해야 한다.

3) 여성장애인에 대한 폭력과 차별로부터 보호

폭력과 차별로부터 여성장애인을 보호하는 지원체계를 마련해야 한다. 여성장애인에 대한 폭력과 차별을 예방하고 대처하기 위해 전문 가족지원 프로그램을 실시할 필요가 있다. 가족을 대상으로 여성장애인에 대한 긍정적인 인식 고취나 차별과 폭력방지를 위한 예방교육이 이루어져야 하고, 기존의 인프라를 활용하여 별도의 여성장애인 고충상담 지원체계를 마련해야 한다. 아울러 가정폭력이나 성폭력 생존 여성장애인에 대한 심리 및 정보지원과 가족폭력 방지를 위한 가족대상 프로그램에 대한 지원도 필요하며, 여성장애인들 스스로가 적극적으로 사회생활에 참여할 수 있도록 권리 의식, 주장성, 적극성을 향상할 수 있는 다양한 역량강화 지원체계를 마련해야 한다.

폭력과 차별로부터 보호하는 한편, 여성장애인의 **기초건강권** 확보, **모성권** 지원 확대, **사회참여권** 확장이 필요하다. 무엇보다 여성장애인의 기초건강권을 확보하기 위해 여성장애인 전문 검진센터의 지정과 전문 의료진의 확보를 지원해야 하고, 무료 정기검진과 검사비 지원을 다양화할 필요가 있다. 또한 여성장애인의 모성권 지원을 확대하기 위해 자녀의 생애주기와 연동하여 건강한 성장과 발달을 지원하는 종합관리시스템을 구축할 필요가 있으며, 여성장애인의 장애유형에 따른 특화된 자녀양육 지원서비스를 마련해야 한다. 여성장애인의 사회참여권 확장을 위해 정보접근권을 강화해야 하고, 사회참여 형태와 기회를 다양화하며, 여성장애인의 리더십을 발굴하고 양성해야 한다.

4) 여성장애인의 문화와 이동접근권 확대

여성장애인의 문화생활에 대한 지원과 **이동접근권**을 확대해야 한다. 장애 정도나 소득수준과 관계없이 여성장애인들이 다양한 문화생활을 영위할 수 있도록 지원해야 한다. 또한 대중매체의 여성장애인에 대한 왜곡된 내용을 심의하는 기준을 마련하고 이를 적극 모니터링함으로써 여성장애인에 대한 사회적 편견과 차별을 개선해야 한다. 여성장애인을 대상으로 임신, 출산기간, 자녀와의 이동 시, 자신의 교육 혹은 병원 관련 이동 시에 추가적인 이동서비스를 제공할 수 있는 여성장애인 이동권 확보가 이루어져야 한다.

마지막으로, 여성장애인의 사회통합을 위해 사회복지사는 법적, 제도적 혹은 사회적으로 차별당하는 여성장애인을 위해 위기개입과 문제해결 지원 서비스를 제공해야 한다. 사회복지사의 역할 가운데 특히 **옹호자**(advocate)의 역할과 지지집단을 운영하거나 자조집단을 지원하는 역할이 강조된다. 옹호자의 역할이란 클라이언트가 자원과 서비스를 받을 권리를 유지하도록 돕거나 클라이언트나 클라이언트 집단에게 부정적 효과를 주는 프로그램과 정책을 변화시키는 운동을 적극적으로 지지하는 역할이다. 사회복지사는 옹호자로서 여성장애인의 교육과 직업재활, 가정생활 등에서 여성장애인의 권익을 보장할 필요가 있다.

장애인의 인권이 향상되면 여성장애인의 인권도 자연히 향상될 것이라는 기대는 이상적이며, 마찬가지로 여성의 인권이 향상된다고 해서 반드시 여성장애인의 인권이 향상될 것으로 기대할 수 없다. 여성장애인에 대한 이중의 차별을 고려할 때, 사회복지사는 장애인과 여성을 각각 별개의 사회문제로 접근하기보다는 여성장애인의 사회문제로 접근할 필요가 있으며, 이들의 권익을 보장하기 위해 적극 개입할 필요가 있다.

중점토의

1. '이중 차별(double discrimination)' 개념에 대해 설명하시오.
2. 여성장애인의 직업재활을 효과적으로 지원하기 위한 정부와 민간 차원의 방안에 대해 설명하시오.
3. 여성장애인에 대한 성폭력의 심각성과 이를 근절하기 위한 방안에 대해 논하시오.

참고문헌

김기태, 박병현, 강철희, 이성규, 이경희(1999). 여성장애인의 취업 욕구 수준에 영향을 미치는 요인에 대한 분석. **한국사회복지학, 37**, 33-66.

김미연(1998). 여성장애인의 사회참여를 위한 재활프로그램 개발. **국립재활원 1998 재활세미나: 21C 여성장애인 복지와 정책방향**, 13-41.

김성희(2018). 여성장애인의 실태와 정책과제. **보건복지포럼, 9**, 6-20.

김세연(2012). 여성장애인의 고용현황 및 직업유지에 영향을 미치는 요인. **한국콘텐츠학회논**

문지. 12(8), 318-329.
김수영(1998). 여성장애인의 사회통합을 위한 사회 · 심리재활에 관한 연구. 대구대학교 대학원 박사학위논문.
김용득, 유동철 편(2001). 한국장애인복지의 이해. 인간과 복지.
김정아, 나운환, 김지민(2013). 여성장애인의 취업 및 유지에 영향을 미치는 요인에 관한 연구. 특수교육재활연구, 52(4), 321-338.
백은령, 오혜경, 전동일(2007). 여성장애인의 취업실태와 영향요인에 관한 연구. 직업재활연구, 17(1), 223-248.
보건복지부(2017). 여성장애인지원 사업안내.
보건복지부(2018). 보건복지백서.
보건복지부(2019). 2019년 보건복지사업안내.
서동우(1999). 장애범주 확대. 장애인고용, 32, 60-67.
양정빈(2015). 여성장애인의 취업 및 임금수준 결정요인 분석. 보건사회연구, 35(2), 226-253.
연명모, 문유경, 김영애(2015). 여성장애인 고용확대 방안 연구. 한국장애인고용공단 고용개발원.
오혜경(1998). 여성장애인의 사회적 지위와 직업재활을 위한 정책적 제언. 장애인고용, 29, 25-37. 한국장애인고용촉진공단.
유승주, 고한나(2019). 가정폭력 피해 여성장애인의 폭력경험과 사회화 촉진 요인에 관한 현상학적 연구. 재활심리연구, 26(3), 113-131.
이계존(1998). 여성장애인의 취업실태 및 고용기회 확대 방안. 장애인고용, 29, 82-87.
이달엽(1998). 한국사회의 여성장애인 차별구조. 인암 조일묵 선생 명예박사학위수여 기념 논총.
장애우권익문제연구소(1997). 여성장애우 전국실태조사결과에 따른 대안 마련을 위한 제안. 장애우권익문제연구소 창립 10주년 29차 토론회 자료집.
통계청(2016). 인구주택총조사.
채은하(1998). 여성장애인의 현황과 실태에 따른 미래의 전망. 장애인고용, 29, 14-24.
한국보건사회연구원(1996). 장애인구 대상별 특성과 정책과제.
한국보건사회연구원(2002). 여성장애인 생활실태와 대책.
한국보건사회연구원(2017). 2017년 장애인 실태조사.
한국사회복지학회(1999). 여성장애인 취업욕구 조사 및 구직자원확보 방안에 관한 연구. 장애인고용, 32, 48-58.
한국여성장애인연합(2003). 여성장애인 고용실태에 관한 연구.
한국장애인고용촉진공단(1997). 여성장애인의 취업실태 및 고용기회확대 방안.

Andrews, A. B., & Veronen, L. J. (1993). Sexual assault and people with disabilities. *Journal of Social Work and Human Sexuality, 8*(2), 137-159.

Boylan, E. (1991). *Women and disability*. London: Zed Books.

Nosek, M. A., Howland, C. A., & Young, M. E. (1997). Abuse of women with disabilities: Policy implications. *Journal of Disability Policy Studies, 8*(1 & 2), 157-176.

Sheldon, M. E. (1993). An open letter to health and mental health care professionals from a survivor of sexual exploitation. In Willmuth, M. E. & L. Holcomb (Eds.), *Women with disabilities: Found voices* (pp. 133-137). New York: Haworth Press.

Stromsness, M. M. (1993). Sexually abused women with mental retardation: Hidden victims, absent resources. In Willmuth, M. E. & L. Holcomb (Eds.), *Women with disabilities: Found voices* (pp. 139-152). New York: Haworth Press.

WHO (1990). *International classification of impairments, disabilities and handicaps*. Geneva.

보건복지부 http://www.mohw.go.kr

여성가족부 http://www.mogef.go.kr

제11장

여성과 정신건강

남정자와 조맹제(1997: 65)의 연구에 의하면, 20~59세까지의 성인기에서 여성은 남성에 비해 상대적으로 우울증에 걸릴 위험이 1.5배나 되고, 사별하거나 이혼 · 별거 상태에 있는 여성은 결혼하여 배우자가 있는 여성에 비해 우울증에 걸릴 가능성이 2.9배나 높은 것으로 나타났다.

우울증은 남성에 비해 여성에게서 심각하고 현저하게 나타나고 있다. 우울증은 외래 치료를 받고 있는 여성이 경험하는 가장 흔한 심리적 장애이다. 이 장에서는 여성의 정신건강 측면에서 우울증과 여성 알코올 중독을 중심으로 다루고자 한다. 여성 알코올 중독자를 '눈에 띄지 않는 알코올 중독자(invisible alcoholic)'라고 부르는데, 이는 여성에 대한 정형화된 기대와 관계가 있다고 보인다.

1. 성과 정신건강

브로버맨 등(Broverman, Broverman, Clarkson, Rosenkrantz, & Vogal, 1970)의 연구에 의하면, 임상가들은 정신적으로 건강한 성인과 정신적으로 건강한 여성, 정신적으로 건강한 남성을 다르게 정의하는 것으로 나타났다. 즉, 정신적으로 건강한 남성과 정신적으로 건강한 성인은 거의 유사하게 기술하는 데 반해, 여성의 경우에는 정신적으로 건강하다는 기준이 남성이나 성인에게 적용되는 것과는 다르다. 즉, 정신적으로 건강한 여성을 정의하는 데 있어서는 정신적으로 건강한 남성이나 성인과는 다르게 규정하는 이중기준이 존재한다.

콜린스와 세들라섹(Collins & Sedlacek, 1972)에 의하면, 상담가들은 남학생과 여학생을 다르게 판단한다. 남학생들은 흔히 '직업과 교육에 관한' 문제를 고민하고, 여학생들은 '사회적이고 정서적인' 문제로 힘들어한다고 본다. 우리 사회는 성에 따라 다른 규범을 제시하고 있다. 예컨대, 남성적이라 함은 공격적이고, 객관적이고, 능력이 있고, 야망이 있고, 독립적이고, 지배적임을 의미하고, 여성적이라 함은 수동적이고, 복종적이고, 의존적이고, 정서적인 것으로 받아들인다.

사회는 의존적인 남성에게는 덜 호감을 가지고, 의존적인 여성보다 문제가 더 심각하다고 판단한다. 반면에 여성이 공격적인 의사소통을 할 경우에는 남성이 공격적일 경우보다 훨씬 더 부정적으로 본다. 따라서 문제에 대한 대처전략이 부정적인가 혹은 긍정적인가는 성에 따라 적합하다고 보이는 성 역할에 어느 정도 가까운가에 따라 달라진다. 예를 들어, 가정에서 남성이 지배적일 경우에는 긍정적으로 판단하는 경향이 있지만 여성이 지배적이게 되면 매우 부정적으로 받아들인다. 반면에 여성이 도움을 청하는 경우에는 별로 문제시하지 않지만 남성이 도움을 청하면 의아해한다. 이같이 여성과 남성을 똑같은 인격체로 보기보다는 성에 따라 다른 잣대로 판단한다.

2. 여성과 우울증

여성들은 남성들에 비해 **우울증**에 더 많이 걸리고, 혼자 사는 남성은 결혼한 남성보다 우울증에 걸릴 가능성이 더 크다. 반면에 결혼한 여성은 결혼하지 않은 여성보다 우울증에 더 많이 걸리는 것으로 나타났다. 이렇듯 우울증에 있어서 여성과 남성의 차이를 설명해 주는 한 가지 주요한 요인은 결혼 유무이고, 이는 전통적인 가사노동을 과소평가하는 것과 관련이 있다. 여성의 세계가 가정으로 국한될 때 여성의 정신건강은 직장을 가진 여성이나 남성보다 더 위험에 처할 수 있다. 한 예로 여성의 어머니다움은 정신건강 측면에서 문제가 될 수 있다(Pascall, 1997: 101).

사회복지사들은 우울증에 걸린 여성들을 자주 접하게 된다. 여성들의 우울증 문제는 잘 드러나지 않고, 문제가 제대로 인정되고 있지도 않다. 사회복지사들은 그러한 여성들의 욕구를 간과하는 경우도 있을 수 있고, 그들을 적절하게 도와줄 수 있는 기술이 결여되어 있을 수도 있다. 여하간 사회복지사들이 우울증에 걸린 여성들에게 적절한 도움을 주고 있지 않다면 이는 매우 유감이다.

사회복지사들은 우울증에 걸린 사람들을 적절하게 도와줄 수 있는 기술을 갖춰야 한다. 그렇지 않을 경우 여성들은 다른 전문직을 찾게 된다. 여성들은 대개 정신건강 문제로 정신과 의사를 찾아가게 되는데, 정신과 의사는 우울증에 대한 치료로 약을 제시한다. 약은 디스트레스의 증상을 억압시킬 수는 있다. 그러나 우울증의 원인을 다루지는 못한다. 사회복지사야말로 그러한 서비스를 제공할 수 있는 적절한 전문직이다.

사회복지적 개입전략은 여성의 개인적인 파워를 증가시키고, 우울증이 재발하는 것을 방지하는 생활 스타일을 만들어 내고, 여성 스스로가 자신의 문제해결능력을 개발할 수 있도록 도와주는 것이다. 개입방법으로 개별, 집단 접근들이 있을 수 있다(Corob, 1987: 1-2). 부부치료나 가족치료는 우울증을 치료하는 데 별로 효과적이지 못하다(Friedman, 1975). 여성을 역량강화(empowerment)하는 데에도 별 도움이 되지 못한다.

1) 우울증의 증상

여성은 자신이 우울증에 걸렸다는 사실을 모를 수 있다. 우울증은 복잡한 현상을 가지고 있고, 개인에 따라 다르게 나타난다. 감정 또한 개인마다 달라서 슬프고, 자존감이 낮고, 무력하고, 희망이 없고, 비관적인 생각을 하는 데서부터 절망하고 자신이 전혀 쓸모없는 존재라고 생각하는 현상까지 그 범위가 넓다. 또한 우울증에 걸리면 죄의식에 사로잡히고 불안해하고 화를 잘 낸다. 자기비하나, 자살, 심각한 병에 대한 두려움에 집착할 수 있고, 생각하는 것 자체가 힘들어지고 집중하는 것도 힘들어한다. 전적으로 자신에게 빠질 수 있고, 성적 활동을 포함하여 어떤 것에도 즐거움을 느낄 수 없고, 완전하게 무관심해지고 에너지도 떨어진다. 수면도 힘들어하고 식욕도 잃고, 너무 많이 혹은 너무 적게 자거나 먹고, 신체적인 통증도 느낀다. 결국에는 이미 이전부터 있던 인성(personality) 특성들이 강화되어 강박적이 되고, 공포감을 느끼거나 불안해한다. 이 같은 우울증 증상은 보통 감정상태 이상의 것이다. 우울증에 걸린 여성들에게서 흔히 볼 수 있는 감정은 자기혐오, 쓸모없음, 부적절함 등으로 여성들이 오랫동안 자신에 대하여 느낀 감정들이다(Corob, 1987: 7-8).

의료 모델은 현재 나타나고 있는 증상에 초점을 두면서 우울증을 신체적인 질환과 동일시한다. 사회적 · 경제적인 문제들이 원인이 되었을 증상들도 약물로 치료하고자 한다. 더구나 의료 모델은 개인을 질환에 수동적이고, 치료를 해 주는 전문가에 의존적이어야 한다고 가정한다. 그러나 이러한 관점은 여성 자신이 문제를 이해하고 대처하기 어렵게 만든다. 의료 모델에서는 전문가와 클라이언트와의 관계가 불평등하다. 의사는 무엇이 문제이고, 어떤 것이 환자에게 적절한 행동이고, 어떤 식으로 상담을 해야 하는가 하는 것 등을 규정하는 파워가 있다고 본다.

여성이 느끼는 비합리적인 파워관계는 의사가 정형화된 기준에 근거하여 여성을 판단할 때 더 가중될 수 있다. 브로버맨 등(1970)의 연구에서 보았듯이 정신건강 임상가들은 여성을 판단할 때 성적 편견을 보이는 경향이 있다. 정신적으로 건강한 성인의 의미는 정신적으로 건강한 남성의 것과 일치하지만, 정신적으로 건강한 여성들은 복종적이고, 수동적이고, 정서적이고, 흥분을 잘하고, 외모에 지나치게 관심을 보이는 등 정신적으로 건강한 남성과 성인의 의미와는 다르다. 의료 모델을 지지하는 의사에 의해 주도되는 치료는 여성 클라이언트의 입장을 잘 고려하지 않는다. 여성의 열등감과 무력감, 낮은 자존감은 이상에서와 같은 과정을 통하여 오히려 문제가 강화되고 가속화될 수 있는데 여기에 의료화가 가세하기도 한다.

2) 우울증과 여성의 삶

여성들은 특정한 생활단계나 위기 상황에서 혹은 전반적인 삶의 질과 관계에서 우울증을 경험한다. 여성들이 우울증에 걸리기 쉬운 것은 낮은 자존감을 가지고 있고, 폭력에 취약하고, 사회에서 여성이 수행하는 역할들을 제대로 평가해 주지 않고, 여성들의 영역이 제한적이고 상실감이 크기 때문이다. 여성들의 역할은 대개 제대로 인정받지 못하고 보상 역시 적다.

(1) 결혼생활

여성과 비교하여 남성의 경우 결혼은 정신장애나 우울증의 보호막 역할을 하는 것으로 나타났다. 그렇다면 결혼생활에서 어떤 면이 여성으로 하여금 결혼생활을 덜 만족스럽다고 생각하게 하는가? 일반적으로 남성은 자신이 원하는 것을 잘 요구하고, 여성은 남성의 요구에 민감하고 남성의 욕구를 충족시키는 데 익숙해 있기 때문에 남성의 욕구는 잘 받아들여진다. 남성은 직업을 통해 결혼생활 외의 기회나 대인관계를 가지기 때문에 자신의 욕구 충족을 위하여 여성에게 의존할 가능성이 적다. 반면에 결혼한 여성, 특히 어린 자녀가 있는 경우 여성은 정서적인 것뿐만 아니라 경제적으로 남성에게 전적으로 의존적이 된다. 여성은 남편과 자녀로부터의 요구에 반응적이고 보니 자신의 개인적인 정체성은 완전하게 없어져 버린다. 이러한 취약한 지위는 좌절, 성취 결여, 낮은 자존감 등을 동반한다. 여성은 자기주장적인 방법으로 의사소통하고 갈등을 다루는 것을 배우지 않았기 때문에 흔히 절망과 좌절을 삼키고 부인한다. 더구나 여성은 화를 내고 격노하는 것은 여성답지 못하고 바람직하지 못하다고 학습되어 왔다. 그리하여 분노는 훨씬 더 두려운 감정으로 변하여 내부로 들어간다. 우울증은 바로 그 결과이다.

결혼생활에서 여성이 상대적으로 정신건강상의 문제를 더 많이 갖게 되는 또 다른 이유는 주부라는 사회적 역할과 연관이 있다. 주부 역할은 본래 스트레스를 내포하고 있다(Gove & Tudor, 1973). 주부 역할은 여성으로 하여금 가족 내에서 만족의 주요 원천을 찾도록 한다. 주부의 일은 반복적이고, 단조롭고, 좌절을 주고, 더구나 집안일은 사회적으로 덜 인정받고, 끝이 나지 않는 일이다.

어떤 측면에서는 자녀를 돌보는 일이 만족을 주기는 하지만 여성의 짐이다. 하루 종일 자녀를 돌보는 일은 지치고 좌절을 주기도 한다. 지치고 좌절하는 감정은 고독과 고립에 의해 가중된다. 자녀를 돌보는 것은 여성의 '자연스러운 기능'으로 간주되고 그리하여 큰 의무로 기대된다. 남성은 자녀보호를 자신의 역할로 보지 않고, 국가 차원에서도 여성에게 아무런 도움을 제공하지 않는다. 따라서 여성은 그 자신이 적절하게 대처하지 못하고 자녀를 돌보는 일을 좋아하지 않는다는 생각이 들면 죄의식을 갖게 된다.

결혼이라는 제도와 어머니다움은 여성으로 하여금 남성이나 국가에 대한 경제적 의존을 야기한다. 의존은 보통 빈곤을 수반한다. 그리고 빈곤과 의존은 여성이 우울증에 걸릴 수 있는 위험을 증가시킨다(Brown & Harris, 1978). 더욱이 이러한 요인들이 여성에 대한 억압적인 태도와 맞물릴 때 결혼과 가족생활은 더 힘들어진다. 결혼과 가족생활이 여성에게 반드시 황폐한 삶을 주거나 보상을 주지 않는 것은 아니다. 사랑과 지지, 교제를 제공하는 평등하고 친밀한 관계는 우울증의 훌륭한 방패가 된다.

(2) 어머니다움

자녀를 출산하는 일은 대단한 경험이다. 그럼에도 불구하고 그러한 경험은 우울증과 연관을 가지고 있다. 통계 수치에 의하면, 처음 어머니가 된 여성의 15~24% 정도가 '임상적 산후 우울증'을 경험하는 것으로 나타났다. 의료 분야에서는 호르몬이 아마도 중요한 영향을 미쳤을 것이라고 보는데, 아직 규정되지 않은 상태이다. 호르몬과 같은 생리적인 요인 외에도 사회학적인 요인도 고려해야 한다. 산후 우울증은 여성이 어머니로 넘어가는 전환기인 데다가 여성의 삶이 지니는 스트레스와 맞물려서 나타나는 어려움과 연관이 있다. 처음 어머니가 되는 여성은 자신의 상황이 막연히 생각해 온 행복해하는 어머니의 이미지와는 다르다는 사실에 당혹스러워한다. 여성은 밤에 잠도 자지 않고, 울고, 요구가 많은 애기를 돌보는 새로운 생활에 적응하는 데 어려움을 겪는다. 그로 인해 새로 어머니가 되는 여성은 불안해하고, 애기의 계속적인 요구로 인해 좌절감을 느끼게 되고 정체성의 혼란을 가지게 된다. 여성은 무기력해지고, 상황에 잘 대처할 수 없게끔 된다. 특히 사회로부터 고립될 때 어려움은 가중된다. 그리고 고립은 종종 고독감을 가져온다. 특히 직업을 가졌던 여성일 경우 새로운 아기가 태어남에 따라 독립에 대한 상실감을 느끼고 상대적으로 자유로움을 덜 느끼고, 사회적 접촉이 줄어들며, 사회적 지위나 수입, 심지어는 남편과의 절대적인 관계에서마저 자신이 소외되고 있다는 감정을 많이 느낀다(Corob, 1987: 59-60).

(3) 미혼

일반적으로 **미혼**(never married)은 기혼에 비해 우울증에 걸릴 가능성이 높다. 그런데 미혼여성은 미혼남성과 비교하여 우울증에 덜 취약한 것으로 나타났다(Pearlin & Johnson, 1977). 대개 심리적 디스트레스는 가깝고 신뢰를 줄 수 있는 관계가 결여되어 있을 때 나타나기 쉽다(Brown & Harris, 1975). 하지만 여성의 경우 미혼이 되는 것 그 자체가 가깝고 신뢰할 수 있는 관계와 단절되는 것은 아니다. 또한 여성의 경우 남편이 있다는 것 자체가 반드시 높은 수준의 지지와 친밀감을 가지고 있고, 확보하고 있다는 것을 의미하지는 않는다. 그럼에도 불구하고 미혼은 편안한 결혼지위는 아닌 듯해 보인다. 요즈음에 와서는 미혼에 대해 비교적 수용적이지만, 부모세대는 미혼의 상황을 걱정하는 듯 보인다.

여성의 경우 기혼여성이 미혼여성보다 우울증에 걸릴 가능성이 높다(Pearlin & Johnson, 1977). 왜냐하면 여성이 결혼을 하게 될 경우 새로운 요구에 대처해야 하고, 새로운 역할에 적응해야 하고, 심지어 지금까지 친숙해 왔던 생활 스타일과 단절하고, 자아상과 자존감을 손상시키는 고통을 경험하는 어려움들이 있기 때문이다. 결혼을 하건 안 하건 관계가 깨어지는 경험은 포기(abandonment), 상실, 공허함과 고독 등의 감정을 수반한다. 배우자의 부재는 충족되지 못한 심리적, 사회적, 성적 욕구들을 낳는다. 여성은 특히 사랑하는 대상을 상실했을 때 그 어려움이 우울증으로 나타난다.

(4) 취업

취업은 수입과 사회적 접촉으로 인한 자원을 제공하고, 지루함을 경감시키고, 자존감을 증가시키기 때문에 여성들을 우울증으로부터 보호할 수 있다(Brown &

Harris, 1975). 그러나 취업이 항상 보상을 보증하는 것은 아니다. 여성들이 종사하는 많은 직업은 사회적 지위가 결여되어 있고, 가정에서 하는 반복적이며 일상적인 일들이다. 여성들의 급여 수준은 매우 낮고, 노동시장에서도 별다른 영향력을 발휘하지 못한다. 여성들은 그들의 교육적 배경과 상관없는 직업을 갖게 되고, 동일한 수준의 승진이나 지위를 얻기 위해 남성보다 더 열심히 일을 해야 한다. 더구나 여성들은 직장 역할에서 갈등을 많이 경험하고 때로는 성공을 두려워하고, 자녀를 집에 두고 나오는 것에 대해 죄의식을 가지며, 심지어 '남성' 영역의 직업을 가지는 것에 대해서도 죄의식을 느낀다. 여성은 또한 직장에서 성희롱이나 다른 압력을 받을 가능성이 크다. 따라서 여성의 취업은 여성에게 도움을 주고 보상하는 길이기도 하지만 낮은 자존감이나 무력감을 강화하고 스트레스를 줄 수도 있다.

자녀가 있는 기혼여성의 취업은 복잡한 양상을 띠게 된다. 전일제 직장은 자녀의 욕구와는 상충된다. 자녀를 돌보는 문제는 일하는 어머니에게 계속적인 불안의 원천이고, 직장일 외의 자녀를 돌보는 부과적인 과업은 큰 부담을 주고 지치게 한다. 많은 여성이 시간제 직장을 가짐으로써 타협을 보고자 한다. 그러나 시간제 직장은 전일제 직장과 비교하여 재정적으로 보상이 적고, 덜 안전하고, 승진의 기회도 적을 뿐만 아니라 자녀보호의 문제를 전적으로 해결해 주지도 않는다. 여성 개인의 인성 특성과 자녀보호시설의 가용성 이 두 가지 요인과 직장에서 어떠한 일을 하고, 어느 만큼의 일을 하는가 하는 것 등이 여성이 취업함으로써 우울증에 걸릴 수 있는 가능성을 결정하는 중요한 역할을 한다(Corob, 1987: 64-65).

(5) 외상적 생활사건

우울증과 같은 심리적 디스트레스는 스트레스를 주는 사건의 수와 강도와 밀접하게 연관이 있다(Freden, 1982). 스트레스를 주는 사건, 예컨대 낙태 등은 여성만이 경험하는 것으로 일반적으로 연구의 대상이 되지 못했다. 또한 낙태, 유산, 유방절제술, 자궁적출술 등은 스트레스를 주고 고통스러운 일이며 우울증과도 연관이 된다. 여성들은 일반적으로 아기나 유방, 자궁을 잃으면 슬퍼한다. 여성들은 그러한 사건을 인생의 상실로 받아들인다.

강간과 같은 폭력 경험은 여성의 생활 스타일과 자기인식, 자신에 대한 가치와 숙달감 등에 깊은 영향을 미치고, 자기의심이나, 자기비난, 죄의식, 무가치함, 무력감과 두려움 등 전형적인 우울증적 반응들을 보이게 한다. 흔히 여성의 이 같은 죄의식이나 우울증은 경찰관이나 병원 등과 같은 사회제도에 의해 강화되기도 한다. 이러한 기관들은 여성들을 감정이입적으로 대하지 않고, 여성 자신에게 가해진 행동에 대해 책임을 지지 않았다고 희생자인 여성을 비난한다. 이러한 태도들은 여성을 더욱 억압적이고 우울하게 만든다. 관련 전문가들은 여성에 대한 남성의 폭력을 묵과하거나 최소화하고 확대할 수 있는 가능성을 영속시킨다(Corob, 1987: 69).

3) 개입

집단사회사업은 우울증에 걸린 여성들의 욕구를 충족시킬 수 있는 좋은 접근방법이다. 집단은 사회복지사에게 동시에 두 사람 혹은 그 이상의 클라이언트를 만날 수 있는 수단을 제공하고, 여성 클라이언트가 자신의 감정이 다른 이들에게 노출되는 것에 대한 걱정을 줄이며, 사회복지사와의 일대일의 관계를 원하지 않는 경우에도 매우 유용하다.

여성들만으로 구성되는 집단은 혼성집단에서는 가능하지 않은 방식으로 문제를 토론하는 것을 가능하게 한다. 단일 성으로 이루어진 집단은 여러 면에서 보아 여성에게 위험부담이 덜하고, 성원들 간의 신뢰를 쌓기가 수월하다. 여성들은 집단을 통하여 자신들이 느끼는 분노와 두려움을 편안하게 표현할 수 있기 때문에, 개인적이고 정치적인 딜레마에 대해 심도 깊게 서로를 격려할 수 있다.

자기주장훈련은 치료접근의 한 부분이거나 주된 접근으로 여성주의를 지향하는 집단과 조화를 이룬다. 자기주장훈련은 개별치료에서 좋은 효과를 보이고 있지만, 단일 성으로 이루어진 집단에서 특히 유용하다. 자기주장훈련은 대인관계에서의 의사소통을 향상시키고 무력감이나 수동성, 우울증 등의 감정들을 억제하는 데 도움이 된다(Sanchez, Lewinsohn, & Larson, 1980). 자기주장훈련은 대인관계에서 어려움을 겪거나 복종적이고 수동적인 우울증 여성들에게 특히 유용하다고 입증되었다(Weissman & Paykel, 1974).

자기주장은 개인이 자신에게 최대한으로 이익이 되도록 행동하고, 불안해하지 않으면서 직접적이고, 정직하고, 적절한 방식으로 자신의 의견과 감정, 신념 그리고 태도를 전달하는 비언어적 · 언어적 행위이다(Alberti & Emmons, 1982). 자기주장적인 사람은 다른 사람의 권리와 감정을 부인하거나 해치지 않고, 자신의 권리를 행사한다. 자기주장은 상대방을 불쾌하지 않게 하면서 자신의 의견을 전달하는 것이어서 결과적으로 개인에게 긍정적이다. 자기주장의 효과는 상호 존중이 격려되고, 불필요한 원망이 감소되기 때문에 다른 이들에게 도움이 된다. 명확하고, 정직하게 의사소통을 하는 셈이다.

자기주장행동은 자신이 주도권을 가지고, 원하지 않는 요구에 대해서는 거절하고, 행동에서의 변화를 요구하고, 다른 사람을 경의하고, 다른 사람과 일치하지 않을 경우에는 비판을 효과적으로 다루는 행동들을 말한다. 그러나 자기주장 행동들은 알베르티와 에몬스(Alberti & Emmons, 1982: 17) 등이 언급했듯이 보편적인 것이 아니라 '구체적인 개인과 상황'에서 일어나는 행동들이다. 자기주장행동의 기준은 문화에 따라 다를 수도 있다.

자기주장과는 대조적인 공격적인 행위는 다른 사람에게 강압적이고, 지배적이고, 굴욕감을 주는 행동이나 적대적인 언어를 사용하는 것을 의미한다. 그러한 메시지를 받은 상대방은 상처받고, 방어적이 되고, 굴욕감을 느끼고, 좌절하고, 화를 내게 된다.

여성은 보통 수동적이고 비주장적이 되도록 사회화되어 왔다. 여성은 공격적이 되는 것뿐만 아니라 자기주장을 하도록 격려받지 못했다. 비주장적이 되거나 수동적이 되도록 사회화되어 온 여성들은 무력감이나 정서적 디스트레스, 우울증에 취약하다. 비주장적이라는 의미는 자신의 권리를 옹호하거나 자신의 사고나 감정, 신념 등을 정당하게 표현하지 못하여 자신들이 다른 사람들에 의해 무시되고 침해되었다는 것을 말한다. 자기혐오와 다른 사람에 대한 원망은 우울증과 비주장적인 여성들에게서 공통적으로 볼 수 있는 현상이다. 그러나 자기주장훈련을 통하여 여성들은 보다 효과적이고 개방적인 의사소통방식을 배울 수 있고, 상황을 통제하는 것을 배울 수 있다. 여성들은 양성적인 정체성을 개발함으로써, 그들에게 주어진 사회화 교리에 따라 살아가기보다는 자신들의 행동방식을 선택하는 보다 균형 잡힌 사람이 될 수 있다. 자기주장훈련은 여성이 욕구와 파워를 가질 수 있고, 자신의 권리를 가지고 삶에 대해 강하고, 효과적일 뿐만 아니라 성장 지향적이고 자신에 대해 민감할 수 있다고 가정한다.

재큐보우스키(Jakubowski, 1977)는 **자기주장훈련**을 4단계로 나누어 소개하고 있다

(Corob, 1987: 111에서 재인용). 각 단계별로의 중요성의 정도는 훈련집단 구성원의 숫자에 따라 달라질 수 있다. 각 단계들이 서로 중복되는 점도 있지만, 각 단계들마다 신중하게 진행되어야 한다. 자기주장훈련이 일차적인 치료접근일 경우 적어도 10주가 소요된다.

(1) 첫 번째 단계

자기주장을 이해하고, 자기주장을 위한 동기를 개발하고, 자기주장이 이루어져야 하는 목표를 설정한다.

집단성원들은 우선 자기주장적이지 않은 행동을 인식할 수 있어야 한다. 이를 위해 자기주장 인벤토리(Alberti & Emmons, 1982: 40-41)를 참조한다. 여성은 사회복지사의 코멘트와 다른 집단성원 그리고 비디오를 통하여 주장적이지 않은 행동을 인식할 수 있는 능력을 키운다.

숙제로 자신의 행동을 관찰하고 자기주장 일지를 기록한다. 자기주장 일지는 매일매일의 기록이며, 성공적이었던 상황과 자기주장적인 노력이 성공적이지 못한 상황을 기록한다. 또한 특정 상황에서 자신들의 행동이 비주장적인 행동이라고 생각되는 이유도 기록한다. 이러한 작업을 통하여 여성들은 어떤 요인이 자기주장적으로 행동하는 것을 방해하는가, 그리고 어디에서 누구와 함께 있을 때에 자기주장적이 되는 것이 가장 어려운가를 배울 수 있다. 그런 다음에 여성들은 자기주장적이 되기를 원하는 구체적인 표적 영역을 선택할 수 있다.

사회복지사들은 집단성원들이 표적을 우선순위하고, 변화를 위한 현실적인 목표를 설정하고, 그다음에 성공하기 수월하고 긍정적인 강화가 극대화될 수 있는 작고, 위험부담이 낮은 일부터 시작하도록 격려한다. 그런 후에 여성들은 조금 더 어려운 단계로 넘어간다.

(2) 두 번째 단계

대인관계에서의 권리를 확인하고 수용한다. 그런 다음에 자기주장적인 행동을 지지할 수 있는 신념체계를 개발한다.

대인관계에서의 권리 항목들은 다음과 같다.

- 존중받을 권리
- 자신의 감정과 의견을 가질 수 있고 표현할 수 있는 권리
- 실수를 할 수 있는 권리
- 자신의 욕구를 언급할 수 있는 권리
- 우선순위를 설정할 수 있는 권리
- 죄의식을 갖지 않고 말을 할 수 있는 권리
- 자신이 원하는 것을 요청할 수 있는 권리
- 자신의 욕구를 다른 사람의 욕구와 똑같이 중요하게 생각할 수 있는 권리
- 자신의 마음을 변화시킬 수 있는 권리
- 자신은 이해가 안 된다고 말할 수 있는 권리
- 다른 사람의 문제에 대해 책임감을 덜 가질 수 있는 권리
- 자신을 주장하지 않을 수 있는 권리

여성들은 자신들의 권리가 무엇인지를 명확하게 인식하고, 이러한 권리를 실천에 옮기기 위해 집단토론이 필요하다. 앞에 제시한 권리 목록들은 간단하고 명백하다. 여성들은 대인관계에서의 권리를 수용하고 주장적인 철학을 개발하기 위해서는 지금까지 여성에게 주어진 사회화 메시지에 대하여 의문을 가질 필요가 있다.

(3) 세 번째 단계

자기주장기술을 획득하고, 자기주장을 사용하는 것을 방해하는 심리적인 장애를 감소시키거나 제거한다.

자기주장행동에 대한 주요 장애들은 사고, 태도, 신념, 특히 성 역할 사회화와 연관되어 있다. 여성으로서의 자아상과 연관이 있는 부정적인 자기진술은 여성이 자기주장적으로 행동하는 것을 계속적으로 방해한다.

집단성원들은 서로에게 자기주장적으로 행동하도록 격려하고 자신들의 행동이 적절한지를 사정하도록 도울 수 있다. 여성의 자기주장 결여와 우울증과 사회화의 연관성을 도출해야 한다. 이를 통해 여성들은 자신들의 수동적인 행동이 자기주장기술을 획득하는 것을 어렵게 한다는 사실을 인식해야 한다. 나아가 자신들이 자기주장적일 때에 죄의식을 느끼는 점에 관해 문제시해야 한다. 사고중단(thoughtstopping)이나 긍정적인 생각으로 바꾸는 인지적 기법을 통해 부정적인 자기진술과 가정을 극복할 수 있다.

사회화 메시지나 부정적인 독백(self-talk)과 더불어, 불안이나 긴장, 당혹감, 비판이나 거부, 분노, 공격적이 되거나 다른 사람에게 상처를 주는 일들도 자기주장적인 행위를 방해하는 요인들이다. 이완훈련은 토론을 하는 동안에 생겼던 불안을 감소시키는 데 도움이 된다. 역할놀이와 현실검증도 여성이 자기주장적으로 활동하는 데 있어서의 두려움과 다른 어려움 등을 극복하는 데 도움을 준다. 그리하여 가장 덜 불안하고, 가장 성공적일 수 있는 영역에서부터 자기주장을 연습하는 것도 전략적으로 중요하다. 그런 다음에 점차로 어려운 것을 해낸다. 이러한 성공을 통하여 여성들의 불안은 감소되고 자기주장행동은 점차 수행하기 수월해진다.

(4) 네 번째 단계

자기주장적인 기술을 개발한다.

여성은 특정 상황에서 무엇을, 어떻게 말할 것인가를 연습한다. 메시지는 명확해야 하고, 언어적 · 비언어적 단서는 일치해야 한다. 자기주장적인 행동의 구성요인으로는 눈 접촉이나 몸자세, 다른 이들과의 신체적 거리, 얼굴표정, 목소리 톤, 억양 등을 적절하게 사용할 수 있어야 한다. 그러나 자기주장의 표현에는 구체적인 공식이나 각본이 없다. 여성이 처해 있는 상황에 따라 달라질 수 있다. 따라서 여성은 언제, 어떠한 것을 배워야 하는지 그리고 그들 나름대로의 자기주장행동 스타일을 구사할 수 있어야 한다. 이러한 기술들은 자기주장훈련에서 부분적으로 얻을 수 있고, 집단 밖에서도 얻을 수 있다.

자기주장기술을 향상시킬 수 있는 핵심적인 기법으로는 행동연습, 모델링, 코칭, 격려(prompting), 피드백, 강화, 숙제 등이 있다. 행동연습은 한 사람 이상의 성원이 문제 상황과 관련이 있는 사회적 상호작용을 역할놀이하는 것이다. 상황은 미리 계획되거나 즉흥적일 수 있고, 역할은 다양하고, 역할놀이는 향상될 때까지 여러 번 반복할 수 있다. 역할놀이는 원하는 메시지를 전달하기 위해서 구체적인 언어적 · 비언어적 행동구성요인들에 초점을 두는 비디오, 언어적 피드백, 교습적 코칭 등을 수반한다. 역할놀이를 시행한 직후는 긍정적인 피드백에 중점을 둔다. 그런 다음에 메시지로부터 나오는 구체적인 행동을 향상시키기 위해 토론을 한다. 집단성원들은 역할놀이 그 자체에 참여하거나 거기에 대해 피드백을 주도록 격려한다. 행동연습은 여성들로 하여금 안전하고 위협적이지 않은 환경에서 자기주장기술을 배우고 실천하는 것을 가능하게 한다.

모델링은 자기주장훈련의 또 다른 특성이다. 사회복지사는 성원들과의 정규적인 상호작용에서뿐만 아니라 선택된 역할놀이에서도 모델로서 자신을 표현한다. 집단 성원들 또한 서로에게 유용한 모델로 도움을 준다.

숙제는 집단에서 배운 실천기술을 연습하는 것이다. 훈련에서 역할놀이를 한 구체적인 상황들이 숙제를 통해 실제 상황에 전이된다. 점차적으로 다양한 상황과 행위유형에 기술을 적용시켜 일반화되도록 한다. 자기주장훈련이 후반기에 이르면 집단은 급속히 성장한다. 자기주장훈련은 여성들이 평상시에 경험하는 문제에 초점을 두고, 자기주장 인벤토리를 통하여 자기주장을 하는 데 있어서 어려웠던 점들을 다룰 수 있다. 모임은 구체적인 주제를 가지고 진행된다.

우울증 여성들을 도울 수 있는 방법들로는 먼저 대화를 시작하고, 한계를 설정하고, 아니라고 말할 수 있는 것을 배우고, 자신이 원하는 것에 대해 명확하게 질문하고, 자신과 자신의 몸을 돌보고, 자신이 원하는 바에 우선하여 행동하고, 혼자서 살아가고, 혼자 있는 시간을 줄이고, 도움을 요청하기 위해 의사나 다른 전문직을 찾아갈 수 있도록 격려하는 것 등이 있다.

가족과의 사이에서 자기주장적이 되고자 시도하는 경우는 가족관계에서의 긴장을 일으키고 지금까지 유지해 온 체계의 균형을 붕괴할 수 있다. 여성은 가족이 변화에 대해 저항하는 것을 경험할 수 있고, 여성이 자기주장적이 되는 것에 협력하지 않을 수도 있다는 것을 알게 된다. 가족성원은 직접적으로 혹은 간접적인 방식으로 여성에게 적대적이거나 공격적일 수 있다. 따라서 여성으로 하여금 자기주장으로 인하여 가족 내에서 일어날 수 있는 변화에 대해서도 생각하도록 격려해야 한다. 또한 여성이 자기주장적이 되고자 노력할 때 직면하게 되는 어려움이나 장애에 대한 두려움에 관해서도 토론할 수 있는 여지도 마련해야 한다. 이를 위하여 여성들은 자기주장적인 행동이 도움이 되고 혹은 비판이나 적대감 혹은 저항 등을 접하였을 때 어떻게 상황을 사정하고 판단하는가를 배워야 한다. 그런 다음에 다른 사람으로부터 올 수 있는 적대감이나 부정적인 반응들을 다루는 자기주장기술을 배워야 한다 (Alberti & Emmons, 1982).

여성들은 자기주장훈련을 통하여 대인관계에서의 기술을 포함하여, 개인적인 권리가 충분하게 인정하는 신념체계를 개발하고, 지금까지 학습되어 온 사회화 메시지에 도전하는 등의 여러 가지 방식에서 도움을 받게 된다. 또한 여성들은 자신들의 수동적인 자세는 단순히 개인적인 차원이 아닌 여성의 행동에 대한 사회의 기대로부터도 영향을 받았다는 사실을 인식할 수 있다(Gottlieb, Burden, McCormick, & Nicarthy, 1983).

3. 여성과 알코올 중독

1) 공동의존

공동의존(codependency)은 **알코올 중독** 분야에서는 널리 알려진 개념이고, 우리나라에서도 많이 소개된 개념이다. 특히 알코올 중독자 부인이나 여성 알코올 중독자를 일컬어 공동의존자라고 부른다. 남성에게는 공동의존 개념을 적용하지 않고 주로 여성에게 적용하고, 공동의존 행위는 여성에게 적절한 대처행위라고 규정하고 있다(Favorini, 1995: 827). 그렇다면 과연 공동의존이란 어떤 것이고, 공동의존이 가지는 문제점은 어떠한 것인지를 살펴보고자 한다.

(1) 공동의존 개념 정의

대표적인 공동의존 주창자인 서마크(Cermak, 1986)는 공동의존 현상을 다음의 증상으로 설명하였다.

- 자신에게 유리한 상황을 목전에 두고도 자신과 다른 사람을 통제하는 데 모든 자존심을 내건다.
- 자신의 욕구보다는 다른 사람의 욕구를 충족시켜 주어야 한다고 과도하게 책임감을 느낀다.
- 다른 사람들과 경계를 가지고 분리시키는 것에 대해 불안해한다.
- 알코올 중독자나 인격장애인들과 같은 사람들과의 관계에서 자신의 욕구에 충

실하지 못하고 힘들어한다.

- 다음의 열 가지 증상 중 세 가지 이상을 보인다.
  - –남편의 술문제를 부인한다.
  - –정서적으로 위축되어 있다.
  - –다른 사람들을 필요 이상으로 경계한다.
  - –충동적인 행동을 한다.
  - –불안해한다.
  - –약물을 남용한다.
  - –과거에 신체적 혹은 성적 학대를 받았다.
  - –다른 이들에게 도움을 요청하지 않는다.
  - –스트레스와 관련된 질병이 있다.
  - –2년 이상 알코올 중독자와 관계를 지속한다.

셰프(Schaef, 1986: 35)에 의하면, 공동의존자들은 자신의 정체성을 자신에게서가 아닌 외부에서 찾는다. 자신의 자존감이나 자신을 가치 있게 생각하지 않는다. 자신의 감정에는 별로 개의치 않고, 대부분의 시간을 다른 이들이 자신에게 무엇을 원하는지를 알려고 하고, 자신이 그들에게 해 줄 수 있는 것이 무엇인가를 찾는 데 많은 시간과 노력을 투자한다. 자신으로부터는 소원해 있기 때문에 외롭다. 자신의 인생보다는 남편이나 자식에게 헌신적이다. 따라서 공동의존자는 자유롭지 못하다.

공동의존 여성은 다른 이들을 위해 무언가를 해야 하고, 다른 이를 기쁘게 하고 다른 이를 돌보아 주는 역할을 하는 경향이 있다. 공동의존 여성은 자기실현과 독립적인 삶을 살아가는 기술을 개발하지 못한다. 자신의 존재가치는 다른 이들을 위해서만이 얻을 수 있다.

가부장제체계 내에서의 성 사회화(gender socialization)는 특히 공동의존과 관련이 있다. 여성은 정서적이고, 협동적이고, 대인관계에서 책임감을 느끼고, 일차적인 정체감으로 수발자 역할(caretaker role)을 수행하고, 자신의 욕구를 충족시키고 자기개발을 추구하는 것에는 덜 강조되어 왔다. 남성은 도구적이고, 경쟁적이고, 자율적이도록 훈련을 받고, 남성 자신이나 다른 사람들의 정서적인 욕구를 인식하고, 다른 사람들과의 관계를 우선시하고, 다른 이들과 상호의존적이 되는 것에 격려받지 못했다.

이 같은 불균형적인 관계는 일방적인 보호 현상이 발생할 수 있어서, 수발자 역할을 취하게 되는 편에서는 과도하게 기능하는 현상이 나타난다. 공동의존 운동은 이와 같이 일방적으로 상대방을 위해 과도하게 기능하는 측의 행위와 태도를 수정하고자 한다. 따라서 여성은 공동의존 질병으로 진단받을 가능성이 크다(Wetzel, 1991).

(2) 공동의존 개념에 대한 비판

공동의존 개념에 대한 비판은 기존의 공동의존 주창자들이 알코올 중독자 부인이나 여성 알코올 중독자를 병리적으로 본다는 데에 초점이 맞추어져 있다. 그에 대해 공동의존 현상을 사회구조적인 맥락에서 이해하고, 나아가 긍정적인 차원에서 볼 것을 주장하고 있다.

여성주의는 공동의존 주창자들이 특정 대인관계 행동을 중독으로 명명화하고 병리적으로 일탈화시키고, 다른 사람을 돌봐 주고(caring) 감정이입하는 것을 가치절하한다고 비판하고 있다. 여성주의 관점은 공동의존을 병리적이고 복합적인 것으로 보기보다는 '과도하게 책임을 가지는 것'으로 개념을 재구성하였다.

또한 공동의존을 '내면화된 억압'으로 재구성하고, 공동의존의 특성을 소극적이고, 복종적이고, 자신이 주도적이지 않고, 자신의 욕구를 무시하고, 자신의 파워를 공개적으로 나타내기를 두려워하는 것으로 본다. 이러한 공동의존 특성은 가족이나 교육, 교회 등의 사회제도를 통해 학습되고 강화된다.

여성주의는 공동의존 개념이 여성을 비난하고 병리적으로 간주한다고 본다. 실제 우리 사회에서 여성에 대한 비난은 무비판적으로 수용되고 있다. 가장 극단적인 형태는 매 맞는 여성이나 성적인 학대를 받는 아동의 경우이다. 위기에 처한 여성의 대처능력을 병리적으로 보는 가장 극단적인 경우는 공동의존 현상을 인격장애로 간주(Cermak, 1986)하는 것이다.

여성주의는 중독을 질병이 아닌 정치적인 문제로 본다. 공동의존을 질병 모델 시각에서 볼 때는 여성에게 매우 부정적이다. 질병 모델의 시각에서 공동의존 현상은 문제를 사회구조적인 측면에서 보지 않고 개인 차원에서 해석하려는 경향이 있다. 또한 공동의존 개념은 다른 이들과의 관계에서 책임감 개념을 간과한다. 예를 들어, 매 맞는 여성의 경우 폭력관계를 정리할 수 있는 수단이 없기 때문에 혹은 자녀의 장래 때문에 그러한 힘든 관계에 남아 있게 된다.

여성주의 관점에서는 공동의존 현상을 가까운 관계, 예컨대 남편과의 관계에서 파워가 불균등하게 작용하는 데서 나오는 대처기제라고 본다. 여성의 심리 내부에 공동 의존적인 병리적인 특성이 내재해 있었던 것이 아니라 현재에 나타나고 있는 공동 의존적인 특성들이 이차적인 특성으로 나타난다는 것이다.

또 하나 흥미로운 점은 남성에게서는 공동의존 현상을 찾아보기 힘들다는 것이다. 대부분의 공동 의존자는 여성이다. 우리 문화에서 여성은 비지배적인 위치에 놓여 있다. 위기에 대처하여 비지배적인 집단이 보여 주는 특성들을 보면 지배적인 집단에게 성실하고, 그들의 기분과 행동에 과도하게 맞추는 모습을 볼 수 있다. 이러한 행동들을 해석할 때, 공동의존 현상을 개인의 병리적인 차원에서가 아니라 지배자와 비지배자와의 관계에서 살아남고자 하는 이들의 기능이라고 보는 것이 훨씬 설득력을 가진다.

실제로 공동의존 현상을 보이는 여성을 비난하는 것은 희생자를 비난하는(blamming the victim) 격이 된다. 그런 점에서 공동의존 주창자들은 중독자와 부인의 대등하지 못한 권력관계를 직시하지 못하고, 부인도 역기능적인 가족 유형을 만드는 데 똑같이 기여했다고 가정하고 있어 비판을 받고 있다. 여성은 경제적인 이유와 자녀로 인해 문제 있는 관계에 머물러 있게 된다. 공동의존은 대등하지 않은 인간관계에서 살아남을 수 있는 생존전략이기도 하다(Van Wormer, 1989).

공동의존 이슈는 지난 몇 년 동안 대중적인 심리학 문헌에서는 자주 등장했지만, 전문적인 학술지에서는 별 관심을 보이지 않았다. 지금까지의 공동의존 주제에 관한 정보는 경험적인 연구를 인용하지도 않았고, 공동의존 행위를 과학적으로 설명하지도 않았다. 최근에 와서 공동의존 용어는 학대와 같은 역기능적인 관계에 관여하거나 그로 인한 피해자인 특정 개인을 가리키는 데 사용되고 있다.

2) 여성 알코올 중독자

알코올 중독에 관한 연구들이나 문헌들은 남성 알코올 중독자만을 염두에 두고 진행되어 왔다. 그 결과로 알코올 중독과 관련된 검사나 측정도구, 개입 전략들이 남성 알코올 중독자의 신체적, 심리적, 사회적 결과만을 이해하는 데 도움이 되었다.

따라서 여성 알코올 중독자들이 경험하는 어려움 등을 포괄하는 개입방법들이 처음부터 다시 탐구되고, 개발되고, 보완되어야 한다.

(1) 알코올 중독과 성차

여성 알코올 중독자들은 눈에 잘 띄지 않는다. 크라베츠와 존스(Kravetz & Jones, 1988)의 연구에 의하면, 여성 알코올 중독자의 14~19%만이 치료를 받고 있다. 2011 국민건강통계에 의하면, 19세 이상 여성(N=2,518)의 2.2%(N=44)가 알코올중독인 것으로 나타났으며 이들 중 1.0%만이 최근 1년간 음주문제로 상담을 받아 본 적이 있다고 보고하였다. 여성 알코올 중독자가 치료를 받지 않는 이유는 가족을 잃지 않을까 하는 두려움이나 경제적인 문제 등이 있지만, 가장 큰 장애는 여성 알코올 중독자에 대한 사회적 낙인과 비난이다.

남편이 알코올 중독자인 경우 부인들은 남편이 자신을 학대하고, 방임하고, 무관심해도 참는 것이 부인의 도리라고 받아들이는 반면, 부인이 알코올 중독자인 경우에 남편이 참는 것은 적절하지 않다고 보는 것이 사회의 시각이다(Ridlon, 1988: 65). 여성 알코올 중독자의 남편에게는 사회가 동정을 보이고(Zoot, 1983: 1), 알코올 중독자 부인에게는 남편의 음주 문제를 부추겼다고 기여자(contributer)라는 불명예스러운 진단까지 서슴지 않는다(Whalen, 1953). 여성 알코올 중독자에 대한 부정적인 사회적 스테레오타입은 자녀들에게서도 볼 수 있다. 자녀들은 어머니의 음주 문제를 '혐오하고 용서할 수 없는 것'으로 보는 반면, 알코올 중독자 아버지에 대해서는 관대하다.

이와 같은 이유로 여성은 똑같이 알코올 중독자이면서도 단순한 성의 차이로 문제해결에 들어가기 이전부터 피해를 받고 있다. 여성의 알코올 중독 문제해결을 위해서는 알코올 중독 원인론에도 성차(gender difference)가 있음을 먼저 짚고 넘어갈 필요가 있다.

- 여성은 남성에 비해 소량의 술을 마시고, 여러 사람이 많이 모이는 장소보다는 주로 집에서 혼자 술을 마신다(Schuckit, Goodwin, & Winokur, 1972: 37-43). 반면에 남성 알코올 중독자는 술집이나 모임자리에서 술을 많이 마신다. 그리하여 여성 알코올 중독자를 '눈에 띄지 않는 알코올 중독자(invisible alcoholic)'라

고 부른다(Lindbeck, 1972: 570).

- 여성은 남성에 비해 늦게 술을 마시기 시작하지만, 술 문제가 심각해지기 시작하는 시점에는 차이가 없다. 오히려 여성은 남성에 비해 음주 문제가 더 빨리 심각한 수준으로 진행된다(Lindbeck, 1972: 570).
- 대략 여성 알코올 중독자는 남성 알코올 중독자보다 4~8년 늦게 알코올 중독이 시작되어 40세 정도가 되어서 남성 알코올 중독자와 비슷한 나이에 입원을 하는 상태에 이르게 된다(Schuckit et al., 1972: 37-43).
- 여성 알코올 중독자는 남성 알코올 중독자보다 자살시도를 더 많이 한다(Schuckit et al., 1972: 37-43).
- 여성 알코올 중독자는 남성 알코올 중독자보다 결혼생활에서의 붕괴경험이 더 많다(Schuckit et al., 1972: 37-43).
- 여성 알코올 중독자는 친구 수도 적고, 사회망도 매우 제한되어 있다(Rhoads, 1983).
- 남성은 술을 쉽게 접할 수 있는 사회화의 결과로 술을 일찍 마시게 되고, 여성의 경우 나이가 어느 정도 든 다음에 음주 문제가 발생한다. 특히 여성 알코올 중독은 어린 시절의 정서적 박탈감이나 외상, 예컨대 사랑하는 사람의 사망이나 이혼, 유기 등과 연관이 있다.
- 여성 알코올 중독자는 어머니에 대한 인상이 부정적이다. 많은 경우에 있어서 여성 알코올 중독자는 자신의 어머니를 지배적이고, 적대적이고, 자신을 거부하고, 냉정하고, 일관성이 없고, 규율이 엄한 사람으로 인식한다. 그러한 상황에서 어머니에 대한 애착도 느끼지 못했고, 자기 스스로 문제를 해결하고자 하였다(Lindbeck, 1972).
- 여성 알코올 중독자는 자신의 존재가 무의미함을 잊고자 술을 마신다. 즉, 여성 알코올 중독자는 스트레스에 대한 대처전략으로서 술을 마신다(Nelson-Zlupko, Kauffman, & Dore, 1995: 45).
- 여성 알코올 중독자는 남성 알코올 중독자에 비해 술을 마시는 것에 대해 죄의식을 더 많이 느끼고 더 우울해한다(Reed, 1985).
- 여성 알코올 중독자는 처음에는 술을 통제하며 마시다가(controlled drinking) 차츰 알코올 중독으로 빠지게 된다. 술을 마실수록 죄의식은 더 커진다.

(2) 심리사회적 사정

알코올 중독은 주로 남성에게 영향을 주는 병으로 간주되어 왔다. 알코올 중독 분야에서 연구들은 모두 남성이거나 남성 표본이 압도적이어서, 여성 알코올 중독에 관한 이슈들은 거의 다루어지지 못했다. 즉, 여성 알코올 중독이 남성 알코올 중독과 동일해야 한다고 전제하였다. 알코올 중독에 관한 많은 연구가 남성을 대상으로 이루어져 왔기 때문에, 알코올 중독을 정의하고 분석하는 데 있어서 남성을 기준으로 하는 편견(male-as-norm)을 낳았다.

남성을 기준으로 하는 편견은 남성 알코올 중독자의 행위를 기준으로 여성 알코올 중독자의 행위를 판단하는 것이다. 즉, 여성 알코올 중독자는 남성 알코올 중독자들보다 병적이거나(sicker) 다루기 어렵다고 보았다(Hoar, 1983). 남성을 기준으로 하여 출발하는 연구결과들은 여성 알코올 중독자를 접하게 되는 사회사업 실천가들에게 어려움을 가져다준다. 표준화된 사정도구 측정은 여성 알코올 중독자들을 진단하는 데 있어 부정확하고 적절하지 못하고, 여성의 치료 프로그램을 전문화시키는 데 도움이 되지 못하고, 연구결과의 신뢰성 또한 떨어진다.

지금까지 알코올 중독 분야에서 성차(gender difference)를 고려하지 않았다. 여성 알코올 중독자에 관한 대부분의 연구는 여성의 음주가 태아의 발달에 미치는 부정적인 효과와 어머니와 아내로서의 실패에 초점을 맞추고 여성 자신의 음주 문제와 회복에는 별 관심을 보이지 않았다.

음주 문제를 사정할 경우 가장 많이 사용하는 기준은 음주의 양과 빈도이다. 음주의 단계는 대개 5가지 단계, 즉 과음(heavy), 보통(moderate), 가벼운(light), 거의 마시지 않는(infrequent), 단주(abstaining)로 구분한다. 그러나 이러한 방식의 사정 방법은 여성의 음주 문제를 덜 부각시켜 사정하는 셈이 된다. 알코올은 물에 용해되는데, 여성의 경우는 수분이 적어서 남성과 동량의 술을 마신다 하더라도 혈중 알코올 농도는 더 높아진다. 음주 수준도 달라서 여성이 남성을 기준으로 보통(moderate) 수준의 음주 기준으로 술을 마셨을 경우 남성이 과음(heavy)하는 수준과 거의 비슷하게 신체에 부정적인 영향을 미친다.

술을 마시는 빈도와 양을 측정하는 것 이외에도 술을 마신 경력이나, 건강상태, 문제음주로 인한 부정적인 결과 등과 같은 심리사회적 사정은, 여성이 비교적 늦은 나이에 술을 마시기 시작함에도 불구하고 신체적인 측면에서 남성과 비교하여 빨리 악화되는 특징들을 반영할 수가 없어서 음주 문제와 관련된 건강상태를 제대로 파악할 수 없다. 여성의 경우 남성과 동일한 수준의 음주 경력을 가진다 하더라도 간의 상태는 남성보다 훨씬 더 악화될 수 있다.

이와 같이 남성 위주의 심리사회적 사정을 여성 알코올 중독자에게 적용했을 경우에 나타날 수 있는 문제점들을 지적하면 다음과 같다.

- 심리사회적인 사정은 주로 과음으로 인한 결과에 관한 질문들에 초점을 두고 있다. 그런데 여성들은 그러한 사건들을 경험하는 경우가 드물다.
- 남성과 여성 알코올 중독자들을 대상으로 알코올과 약물의 심리사회적인 결과들을 조사한 결과, 남성은 재정 문제나, 음주운전, 경찰과의 실랑이 등과 같은 행동상의 문제를 많이 보였다.
- 그에 반해 여성은 가족과 친구들과의 다툼이나, 싸움 그리고 우울증 등과 같은 대인관계에서 문제를 보였다.
- 이같이 기존의 음주 문제와 관련된 심리사회적 사정 항목에서 언급되는 행동상의 항목들은 여성들의 경험과는 무관한 내용들이고 더욱이 여성들의 경험을 담고 있지 않다.
- 대표적인 도구인 알코올 중독 스크리닝 검사(Michigan Alcoholism Screening Test: MAST)는 남성편향적이고, 표본도 전적으로 남성에게로 쏠려 있다. 또 다른 사정도구로 ASI(Addiction Severity Index)는 법적, 의료적, 가정적, 사회적, 정신의학적, 고용상태, 약물과 알코올 사용 경력 등의 내용을 담고 있는데 여기 또한 음주 문제와 관련하여 여성에게 중요한 영향을 미친 폭력이나 강간, 결혼생활의 붕괴나 자녀를 생산하지 못하는 데서 오는 갈등에 관한 항목은 없다.

이같이 여성이 경험하는 심리사회적 사건들은 남성의 것과 다르다. 특히 여성 알코올 중독자의 삶에 있어서 중요한 영향을 미친 것으로 남성과의 고통스러운 관계를 지적할 수 있다.

- 여성 알코올 중독자들은 아버지가 알코올 중독자인 알코올 중독 가족 배경을 갖는 경향이 있다(Winokur, 1979).

- 여성은 알코올 중독 남편이나 혹은 남자친구와의 관계로 인해 과음을 할 수 있다.
- 여성은 그들의 인생에 있어 구체적인 외상적 사건이 있은 후에 술을 마시기 시작한다(Doshan & Bursch, 1982).
- 여성 알코올 중독자들은 근친상간과 성적 학대경험이 많다(Volpe & Hamilton, 1982/1983).

(3) 실천 이론

버만과 알렌-미레(Burman & Allen-Meares, 1991)는 여성 알코올 중독과 관련된 실천 이론을 선택할 때에는 여성에게 구체적인 경험이나 역할, 특성들을 감안할 필요가 있음을 강조하면서 다음과 같은 선택기준을 제시하고 있다.

기준 1: 무력감이나 파워가 없다는 것을 정서적 혹은 인지적으로 수용하기보다는 자신의 삶을 책임지고 통제하는 것을 배운다.

기준 2: 우울하고, 자기를 내세우지 않는(self-effacing), 소극적인 상태에서 벗어나 외향적이고, 관심을 가지고, 목표를 설정하고 그것의 달성을 추구한다.

기준 3: 여성 알코올 중독자에 대한 낙인과 사회의 이중기준과 규범을 제거한다. 여성 알코올 중독자에 대한 낙인은 남성 알코올 중독자보다 크다.

기준 4: 회복을 위해서는 여성은 음주로 인한 죄의식과 부끄러움을 극복해야 한다. 여성 알코올 중독자들의 속성과 강점은 현실 지향적인 방식으로 인식하고 평가한다.

기준 5: 역할갈등과 복합적인 역할요구 대신에 시간을 정하여 역할에서의 우선순위를 정하고, 현명한 선택을 하며, 필요한 자원을 획득하고, 환경으로부터 지지를 얻도록 한다.

기준 6: 개인의 결함을 강조하지 않고 스트레스의 원천인 환경에 대해 탐구하고, 여기-지금(hear-and-now) 관점에 초점을 둔다.

기준 7: 특정한 권위 있는 사람에게 의존하지 않고, 위계질서와 복종, 열등감과 부적절함 등을 극복하는 파트너십 형태로 옮겨 간다.

기준 8: 전통적인 성 역할 내에서의 융통성 없는 동조보다는 자신의 기본적인 욕구를 충족시키고, 성취하는 역할선택을 수용한다.

기준 9: '타인지향적'이고 공동의존적인 위치에서 벗어나 자신의 정체성을 수용하고 자부심을 가진다.

(4) 개입

기존의 임상문헌들은 여성 알코올 중독자들에 대해 정신분석학적인 틀로 기술해 왔다. 폭스(Fox, 1963)는 알코올 중독자 어머니는 자녀양육자로서 그리고 수발자로서 문제가 있고, 자신의 음주 문제를 숨기고자 외부로부터 철회하면서 자신의 자존감을 위해서는 자녀에게 과도하게 의존하는 경향이 있어, 알코올 중독자 아버지보다는 알코올 중독자 어머니가 자녀에게 미치는 부정적인 영향은 더 크다고 주장하였다. 그리하여 알코올 중독자 어머니는 자녀가 성 역할과 대인관계에서의 발달을 개발할 수 있는 잠재력을 가려 버린다는 것이다. 섹서스(Sexas, 1977)는 알코올 중독자 어머니들은 알코올 중독자 아버지보다 자녀에게 벌을 더 많이 주고, 손상을 더 많이 준다고 보고하였다(Williams & Klerman, 1984: 294-295에서 재인용).

여성 알코올 중독자는 주부, 엄마와 같은 역할들로 인해 입원과 같은 치료 프로그램에 들어가기가 힘들다. 알코올 중독자 부인을 둔 남편들은 알코올 중독자 부인들과 비교하여 덜 지지적이고 참을성 또한 적다. 남편은 자신에 대한 사회적 낙인 때문에, 부인을 위한 노력을 보이지 않는다. 따라서 여성 알코올 중독자는 자기 의뢰나 자신의 부모, 자녀 혹은 친척들에 의해 치료를 받게 된다. 그러나 남편의 협조는 드물다.

이 외에도 여성은 자녀양육으로 인해 개입에도 덜 참여하게 되고, 충분히 치료를 받지 못한 채 끝내기도 한다. 특히 여성 알코올 중독자에게 어린 자녀가 있거나 남편이 지지적이지 않을 때는 여성 알코올 중독자에 대한 개입 가능성은 희박해진다. 지금까지 자녀가 있는 여성 알코올 중독자의 경우 여성 자신이 아닌, 여성과 자녀와의 관계에 초점을 두어 형편없는 어머니로서의 여성 알코올 중독자로만 비추어진 경향이 적지 않다. 이상에서 살펴본 바와 같이 개입 프로그램이 효과적이기 위해서는, 알코올 중독과 관련 있는 여성 이슈들에 민감해야 한다.

대다수의 여성 알코올 중독자는 술을 마시게 된 계기로 힘들었던 생활사건을 거론한다. 여성들은 힘든 생활에 대처하기 위해, 스트레스를 감소시키기 위해, 고통스러운 부정적인 감정들을 잊기 위해 술을 마신다. 여성들도 남성들의 경우처럼 알코올 중독이라는 병의 희생자라고 가정한다면, 여성의 문제음주에 영향을 미쳤던 스트레스나 문화적인 압력 등은 무시해도 된다는 논리가 설정될 수 있다(Peluso & Peluso, 1988). 즉, 여성들이 술을 마셔서 알코올 중독이 되는 것과 대다수의 남성이 술을 마셔서 알코올 중독자가 된 결과를 같은 선상에서 놓고 논의하는 것은 매우 위험한 발상이다.

전통적으로 알코올 분야는 의료 전문직, 특히 정신과 의사에 의해 이론적으로 지배를 받아 왔다. 그리고 의료 전문직이 알코올 중독을 보는 시각은 기본적으로 젤리네크(Jellinek, 1960)에 의해 제안되어 온 '질병 개념'이다. 물론 젤리네크(1960)의 연구에도 표본은 거의 남성 알코올 중독자이다. 얼마 전부터 알코올 중독의 질병 개념을 둘러싸고 많은 논란들이 계속 이어지고 있다. 알코올 중독의 질병 개념은 알코올 중독으로 진행되게 한 심리사회적 요인들을 설명하지 못한다는 것이다. 여성 알코올 중독 문제를 이해하는 데는 더 큰 어려움이 생길 수 있다.

알코올 중독 분야에서 그나마 대중적이고 여성들이 접근할 수 있는 자조집단, 예컨대 단주친목(Alcoholics Anonymous: AA)도 전적으로 이러한 질병 개념을 옹호한다. 더구나 단주친목은 가정 내에서 남성중심적인 지배구조에 대해서는 전혀 문제를 제기하지 않으며, 종전의 가족형태로 돌아갈 것을 격려할 뿐만 아니라 가장의 파워를 재확립하는 데 관심을 둔다. 따라서 단주친목과 같은 자조집단 내에서는 의식향상과 같은 일들을 기대하기 힘들다(Berenson, 1991).

전통적인 치료에서는 부인(denial) 사고체계를 끊고자 공격적인 직면접근방법을 많이 사용하는데, 이 또한 여성 알코올 중독자가 원래 가지고 있는 죄의식이나 부끄러움을 강화시키기 쉽다(Reed, 1985).

의료 모델은 음주행위에 대한 책임을 개인에게 돌리고, 음주 양상에 영향을 미치는 상황변수를 고려하는 데 실패하였다. 개인은 상황 속의 개인(person-in-situation) 접근으로 평가되어야 한다. 무엇이 음주행위를 유지시키는가를 알아야 한다. 다른 사람에 대한 의존관계, 가정과 외부 환경으로부터의 스트레스, 스트레스에 대한 비효과적인 대처방식, 역할긴장 등이 예가 될 수 있다. 개입은 클라이언트에게 책임이 있다는 것에 초점을 맞추지 않고 클라이언트의 강점에 초점을 두어야 한다. 다른 사람들로부터의 확인에 의해서가 아니고, 자신의 욕구에 관심을 가지는 자기정체성을 확보하는 데 초점을 두어야 한다. 클라이언트의 과거 상처와 후회되는 행동에 초점을 두어 부각시키는 것은 죄의식을 강화하기 쉽다.

그러한 의미에서 역량강화(empowerment)는 자아개념과 정체성에 활력을 불어 주는 이상적인 방법인 이론구성체이다. 역량강화는 자신이 약하고, 의존적이고, 무기력하고, 희망이 없다고 생각하는 사람들에게 힘을 준다. 여성 알코올 중독자와 관련하여 역량강화는 인생의 어려움을 극복할 수 있는 숙달감을 형성해 주는 희망을 제공한다. 실천가들은 이 구성체를 활용하여 클라이언트가 자신의 인식과 신념을 바꾸고, 파괴적인 사고방식에 도전하고, 능력과 창조성을 강화시키고, 자존을 획득할 수 있도록 도움을 줄 수 있다.

사이몬(Simon, 1994)은 여성의 역량강화를 위해 다음의 기본 원칙을 제시하였다.

- 여성과의 협조적인 파트너십을 형성한다.
- 여성의 역기능보다는 능력을 강조한다.
- 개인과 사회적, 물리적 환경의 이중적 관점을 유지한다.
- 여성을 권리와 책임, 욕구를 가진 능동적 주체로서 인식한다.
- 전문가는 지속적으로 무력화된 집단과 그 구성원에 대해 의식화된 태도를 갖는다.

여성에 대한 진정한 역량강화란 다른 사람들과의 관계 속에서 개인적인 문제를 해결하고, 다른 사람들과 함께 집합적인 해결책의 가능성을 모색하고, 기존의 사회구조에서 변화가 이루어질 때에 가능하다. 따라서 지지집단이나 지역사회의 연대를 통한 집합행동은 개인의 능력 부여 이후에 이를 유지, 발전시키기 위한 단계로서 중요한 의의를 갖는다(Fisher & Karger, 1977).

알코올 중독 여성의 집단 프로그램은 단일 성으로 이루어지는 것이 효과적이다. 양성이 함께하는 알코올 중독 개입에서는 다음과 같은 문제점들이 나타날 수 있다.

- 여성과 남성의 의사소통 역동성과 성으로 인한 파워관계를 등한시하였다.
- 여성은 여성끼리 있을 때보다 남성이 있을 때에 자신의 이야기를 불확실하게 말한다.
- 남성은 여성이 말하는 것을 보다 많이 저지하고, 남성이 자신이 말을 더 많이

한다.

• 남성은 적대적인 표현을 사용하는 반면에, 여성은 지지적인 표현을 사용한다.
• 남성은 여성에 관해 더 많이 이야기하고, 직접적인 토론을 하는 경향이 있다.

이에 반해 단일 성으로 이루어진 집단 프로그램에서는 여성의 자존감이 향상되고, 개인적인 파워를 느끼고, 알코올 소비도 감소하는 것으로 나타났다.

중점토의

1. 여성과 정신건강은 어떤 관계를 가지는가 논의하시오.
2. 정신건강에서 남성과 여성은 어떠한 차이를 보이는가 설명하시오.
3. 여성과 우울증은 어떤 관계가 있는가 설명하시오.
4. 여성 알코올 중독은 남성 알코올 중독과 어떤 차이를 보이는가 설명하시오.
5. 여성의 건강한 정신건강을 위해서 어떤 사회적 · 개인적인 인식이 요구되는가 논의하시오.

참고문헌

남정자, 조맹제(1997). 정신건강 증진을 위한 접근책: 우울증 실태분석을 중심으로. **보건복지포럼, 8**, 59-66.

보건복지부(2012). **2011 국민건강통계**.

Alberti, R. E., & Emmons, M. L. (1982). *Your perfect right: A guide to assertive behavior* (4th ed.). California: Impact.

Berenson, D. (1991). Powerlessness-liberating or enslaving? Responding to the feminist critique of the twelve steps. In Bepko, C. (Ed.), *Feminism and addiction* (pp. 67-86). New York: Haworth Press.

Broverman, I., Broverman, D., Clarkson, F., Rosenkrantz, P., & Vogal, S. (1970). Sex-role stereotypes and clinical judgements of mental health. *Journal of Consulting and Clinical Psychology, 34*, 1-7.

Brown, G. W., & Harris, T. (1975). Sex-role stereotypes and clinical judgements of mental health. *Journal of Consulting and Clinical Psychology*, *34,* 1-7.

Brown, G. W., & Harris, T. (1978). *Social origins of depression*. London: Tavistock Publications.

Burman, S., & Allen-Meares, P. (1991). Criteria for selecting practice theories: Working with alcoholic women. *Families in Society: The Journal of Contemporary Human Services*, 387-393.

Cermak, T. (1986). *Diagnosing and Treating Codependence*. Minneapolis. Johnson Institute Books.

Collins & Sedlacek (1972). Counselor perceptions of sexual attitudes of female university students. *College Student Journal, 49*, 307-312.

Corob, A. (1987). *Working with depressed women*. Gower Publishing Company.

Doshan, T., & Bursch, C. (1982). Women and substance abuse: Critical issues in treatment design. *Journal of Drug Education, 1*, 229-239.

Favorini, A. (1995). Concept of codependency: Blamming the victim or pathway to recovery? *Social Work*, 827-830.

Friedman, A. S. (1975). Interaction of drug therapy with marital therapy in depressive patients. *Archives of General Psychiatry, 32*, 619-637.

Gottlieb, N., Burden, D., McCormick, R., & Nicarthy, G. (1983). The distinctive attributes of feminist groups. *Social Work with Groups, 3*(4), 81-93.

Gove, W. R., & Tudor, J. F. (1973). Adult sex roles and mental illness. American *Journal of Sociology, 78*, 812-835.

Hoar, C. H. (1983). Women alcoholics-are they different from other women? *International Journal of the Addictions, 18*, 251-270.

Jellinek, E. M. (1960). *The disease concept of alcoholism*. New Haven: Hillhouse Press.

Kravetz, D., & Jones, L. (1988). Women reaching women: A project on alcohol and other drug abuse. *Administration in Social Work, 12*(2), 45-48.

Lindbeck, V. L. (1972). The woman alcoholic: A review of the literature. *International Journal of the Addictions, 7*(3), 567-580.

Nelson- Zlupko, L., Kauffman, E., & Dore, M. M. (1995). Gender differences in drug addiction and treatment: Implications for social work intervention with substance-abusing women. *Social Work, 40*(1), 45-54.

Pascall, G. (1997). *Social policy: A new femmist analysis*. London: Routledge.

Pearlin, L. I., & Johnson, J. S. (1977). Marital status, life-strains and depression. *American Sociological Review, 42*(5), 704-715.

Reed, B. G. (1985). Drug misuse and dependency in women: The meaning and implications of being considered a special population or minority group. *International Journal of the Addictions, 20*, 13-62.

Rhoads, D. L. (1983). A longitudinal study of life stress and social support among drug adusers. *International Journal of the Addictions, 18*, 195-222.

Ridlon, F. V. (1988). *A fallen angel*. Lewisburg, PA: Bucknell University Press.

Sanchez, V. C., Lewinsohn, P. M., & Larson, D. W. (1980). Assertion training: Effectiveness in the treatment of depression. *Journal of Clinical Psychology, 36*, 529.

Schaef, A. W. (1986). *Codependence: Misunderstood-mistreated*. New York: Harperand Row.

Schuckit, M. A., Goodwin, D. A., & Winokur, G. A. (1972). Study of alcoholism in half-siblings. *American Journal of Psychiatry, 128*, 1132-1136.

Simon, B. L. (1994). *The empowerment tradition american social work: A history*. Columbia University Press.

Van Wormer, K. (1989). Codependency: Implications for women and therapy. *Women and Therapy, 8*(4), 51-63.

Volpe, J., & Hamilton, G. (1982, 1983). How women recover: Experience and reserach observations. *Alcohol Health and Research World, 7*(2), 28-29.

Weissman, M. S., & Paykel, E. S. (1974). *The depressed woman: A study of social relationships*. Chicago: University of Chicago Press.

Wetzel, T. W. (1991). Universal mental health classification systems: Reclaiming women's experience. *Affilia, 6*(3), 8-31.

Whalen, T. (1953). Wives of alcoholics: Four types observed in a family service agency. *Quarterly Journal of Studies on Alcohol, 14*, 632-641.

Williams, C. N., & Klerman, L. V. (1984). Female alcohol abuse: Its effects on the family. *Alcohol problems in Women* (pp. 289-312). The Guilford Press.

Winokur, G. (1979). Alcoholism and depression in the same family. In Goodwin, D. W. Erickosn (Eds.), *Alcoholism and affective disorders: clinical, genetic, and biochemical studies*. New York: SP Medical & Scientific Books.

Zoot, R. M. (1983). *Attitudes of alcoholism counselors towards spouses of Alcoholics*. Florida Institute of Technology Ph. D. dissertation.

제12장

여성과 결혼

여성과 결혼을 생각해 볼 때에 여성은 한 남성의 부인이 되고, 아이의 어머니가 되고 또한 취업을 하게 되는 것을 쉽게 연상할 수 있다. 물론 결혼생활이 이혼이나 사별로 인해 지속되지 못하는 경우도 있다. 결혼은 여성에게 있어서 남성과는 다른 많은 중요한 의미를 내포한다.

이 장에서는 결혼 자체보다는 결혼생활에서의 질을 논하고자 한다. 즉, 부모 역할에서 아버지와는 다른 어머니로서 여성이 갖는 몫과 여성이 취업을 하게 되는 경우 직면하게 되는 사회의 이중잣대 등 일반적으로 여성이 결혼으로 인해 경험하게 되는 것들의 문제를 살펴본다. 또한 생활변천 단계에서 결혼한 여성이 경험하게 되는 이혼, 재혼, 사별의 문제를 여성주의 시각에서 알아보고자 한다.

1. 성 역할

성(sex)은 여성은 아이를 낳고, 남성과는 다른 생식구조를 가지고 있다는 종(spices)의 분류를 위해 사용되는 단어이다. 그에 반해 젠더(gender)는 남성과 여성의 사회적, 개성 차이를 기술할 때에 사용하는 단어이고, 남성성 혹은 여성성을 정의할 때에 사용된다. 성이 정적인 특성을 가지고 있다면, 젠더는 사회에 따라 다르게 정의될 수 있다. 여성성과 남성성은 사회에 따라 다를 수 있다. 예컨대, 여성이 농사일을 하고, 힘든 일을 하며, 그러한 일들이 여성적인 과업으로 여기는 사회도 있다. 현대 사회에 와서 여성과 남성의 기본적 차이가 과장되어 왔고, 여성의 출산능력과 자녀를 양육하는 일들이 여성의 역할이라고 제한시켜 왔다. 그리고 그러한 역할이 여성적인 역할이라고 규정해 왔다.

사회적 역할은 사회에 의해 규정되는데, 그러한 정의는 남성과 여성의 생물학적 차이에서 끌어내는 경향이 있다. 그리고 그러한 역할은 자연스러운 것이고, 적절하다고 받아들여진다. 남성과 여성의 기본적인 차이가 여성과 남성의 노동과 권력, 역할, 기대 등에서 불평등하게 구분되는 경향이 있다. 흔히 외과 의사라고 하면 젊은 남성을 연상한다. 이는 외과 의사에 대한 정형화된 이미지이다. 물론 여성이 외과 의사로서의 일을 수행할 능력이 없다는 의미는 아니다. 단지 외과 의사란 직업은 높은 사회적 지위와 정확성과 책임감, 가정 밖의 세계들과 연상되고, 남성적인 영역 내에 포함되어 있다. 그러나 사실 여성과 남성 모두는 여성적인 혹은 남성적인 특성을 가지고 있다.

> 부드럽고, 예술적이고, 민감하고, 핸섬하고, 비밀스럽고, 예쁘고, 감정적이고, 복종적이고, 강하고, 경박스럽고, 여성적이고, 신경질적이고, 창조적이고, 실천적이고, 지배적이고, 야망이 있고, 자기 확신적이고, 가정위주이고, 남성적이고, 슬프고, 이기적이고, 잔소리하고, 다른 사람을 돌봐 주고, 공격적이고, 따뜻하고, 거만하고, 외모중심적이고, 독립적이고⋯⋯.

실제로 이상에서 제시한 특성들은 여성이나 남성 모두에게 적용할 수 있는 특성이다. 남성에 대한 정형화된 생각은 강하고, 공격적이고, 논리적이고, 확신적인 반면에 여성에 대한 정형화된 생각은 민감하고, 다른 사람을 돌보고, 나약한 것들이다. 이러한 고정적인 편견은 개인의 성장과 발달을 제한시키기 때문에 여성과 남성 모두에게 해롭다. 정형화된 사고는 개인이 잠재력을 성취하는 것을 제한한다(Webb, 1991: 34-35).

가사노동은 아직도 전통적인 **성 역할** 규범을 따르고 있다. 부인은 그릇을 닦고, 요리를 하고, 자녀를 돌보고, 남편은 무거운 가구를 운반하는 역할을 담당한다. 의사결정에서도 비슷한 모습을 볼 수 있는데, 남편은 주요한 경제적인 문제나 직업에 관한 결정을 하고, 부인은 자녀나 사소한 가사에 관한 결정을 하는 것으로 나타났다. 부인이 직업을 가지게 될 경우 부인의 취업이 가사에 대한 책임과 의사결정에 어떤 영향을 미칠 것인가에 대해서 많은 관심을 가지는데, 대개 두 가지 상반된 결과를 보인다. 여성이 직장을 가지게 됨으로써 직장을 가지지 않은 여성과 비교하여 가사를 덜 하고 의사결정에 더 많은 영향력을 가진다는 보고와 전문적인 일을 하더라도 결혼을 한 직장 여성은 여전히 가사 일에 많은 책임을 담당한다는 서로 다른 연구결과가 나왔다.

지금은 가정 내에서의 전통적인 성 역할 규범은 그대로 존재하면서도 가족생활을 재구조화해야 하는, 즉 변화가 요구되는 어려운 시점에 놓여 있다. 가사분담을 어떻게 할 것인가? 이는 실제 결혼생활이나 가족갈등에서 흔히 제기되는 문제이다.

비전통적인 성 역할 정향성은 역할에 따른 전문화의 감소와 가사의 공유, 의사결정에서의 공유 정도가 증가되는 것과 관계가 있다(Krausz, 1986: 459). 보다 긍정적인 자아개념을 가지는 여성은 불평등을 거부하고, 자존감이 낮은 여성은 불안한 감정을 많이 가지며, 전통적인 역할이나 가사에 대해 책임감을 가지는 것으로 나타났다. 비전통적인 성 역할 정향성을 가지는 여성은 성 역할에 따른 경직된 구분을 덜 하고, 남성과 가사를 공유하는 경향이 있고, 의사결정에 있어서 파워를 많이 가지고, 직장에 헌신하는 시간을 많이 가지는 것으로 나타났다.

여성은 가사노동이나 자녀양육, 직장생활, 개인적인 정체성에서의 딜레마, 역할갈등, 역할과도 등의 어려움을 겪고 있다. 성 역할에 대한 정형화된 사고와 임상적 판단과의 관계에서도, 임상가들은 남성과 여성의 정신건강에 관하여 각기 다른 기준을 적용하는 것으로 나타났다. 남성과 여성에 대한 다른 잣대는 사회에 만연해 있는 성 역할에 대한 고정된 사고와 관련이 있다. 예컨대, 여러 가지로 요구되는 역할로 인해 힘들어하는 여성들에 대해 임상가들은 그 여성이 처해 있는 '상황'에 주력하기보다는 여성 '개인'에게 초점을 두어 개입하는 것으로 나타났다.

임상가들은 특정의 클라이언트가 가지고 있는 문제의 의미를 충분하게 탐구할 필요가 있다. 즉, 클라이언트를 사회적 환경 맥락에서 검토할 필요가 있다. 이를 위해서는 충분한 사정이 필요하다. 사정의 내용에는 여성의 취업과 비전통적인 성역할 행위에 대한 원가족(family of origin)과 남편의 태도에 관한 내용을 담아야 한다. 또한 사정에서는 친구나 가족, 지역사회 등에서 지지망이 존재하는지의 여부에 관한 내용도 검토되어야 한다.

2. 사회적 지지

일반적으로 결혼을 한 사람은 결혼을 하지 않은 사람과 비교하여 행복해 하고, 자신의 삶에 대해 만족하고, 신체적, 정신적으로 건강하고, 자살을 할 가능성도 적고, 정신장애나 행동상의 문제로 시설에 갈 가능성도 적다(Gove, Hughes, & Style, 1983). 이러한 차이는 모든 연령층이나 인종, 경제적인 수입과 관계없이 일반적으로 나타나는 현상이다. 여하간 결혼은 삶의 질을 강화시키는 것으로 나타났다.

그러나 결혼은 여성과 남성에게 다르게 영향을 미친다. 결혼은 여성보다는 남성에게 행복감이나 결혼생활에서의 만족도나 정신건강 그리고 신체적인 건강을 가져다준다. 기혼여성과 비교하여 기혼남성은 더 행복해한다. 그러나 미혼남성과 여성 간에는 행복을 느끼는 데 별 차이를 보이지 않는다. 기혼남성들은 결혼에 대해 만족해하는 것에 반해, 기혼여성들은 자신의 결혼생활에 대해 덜 만족해한다. 단순히 결혼을 했다는 그 자체만으로는 기혼여성의 행복을 설명하는 데 부족하다. 여성의 경우는 남성과는 달리 결혼 유무보다는 결혼생활에서의 질(marital quality)이 더 중요하다.

여성에게 있어서 결혼생활에서의 만족과 정신건강의 관계는 남성의 경우보다 훨씬 더 강력한 설명력을 지닌다. 남성에게 있어서 결혼 여부(marital status)는 여성의 경우보다 더 중요하다. 반면에 결혼생활에서의 질은 남성보다는 여성에게 더 중요한 의미를 가진다(Cutrona, 1996: 21).

1) 성과 사회적 지지

남성은 부인으로부터 사회적 지지를 많이 받는다. 반면에 여성은 친구나 친척, 이웃들로부터 사회적 지지를 받는다(Antonucci & Akiyama, 1987). 여성은 남성보다 결혼생활 밖에서 다른 이들과 친밀한 관계를 가지는 경향이 있다(Lowenthal & Haven, 1968). 남성과 비교하여 여성은 친구관계의 특성과 친구로부터의 사회적 지지 가용성(availablity)에서 차이가 있다. 대학생 연령에서 보면, 남학생과 여학생은 친구의 수에서는 차이가 없지만, 여학생은 남학생보다 친구로부터 정서적인 지지를 더 많이 받는다(Stokes & Wilson, 1984).

여성은 비교적 대안적인 사회적 지지 원천을 많이 가지고 있다. 그러나 그만큼 사회적 지지에 대한 대가를 치른다. 즉, 여성은 다양한 지지 원천으로부터 도움을 받기는 하지만 다양한 지지 원천에 대한 책임감도 감수해야 한다(Belle, 1982). 그러한 책임감은 여성을 강하게 압박하기도 한다. 여성이 남성에 비해 우울증을 많이 경험하게 되는데, 그 이유는 자신의 일로 인한 스트레스에도 원인이 있겠지만, 사회적 지지 원천들과 관련된 스트레스로 인한 영향 때문이기도 하다(Kessler & McLeod, 1984). 그런 것에 반해 남성은 자신이 아닌 다른 사람들의 삶에서 생긴 부정적인 생활사건으로 인해 그다지 힘들어하지 않는다.

여성의 사회적 지지 원천은 다양하다. 여성은 친구, 친척, 원가족 등으로부터 사회적 지지를 받을 수 있다. 그러나 이러한 원천으로부터 나오는 사회적 지지는 결혼생활에서의 어려움으로 야기될 수 있는 긴장을 보상해 주지는 못한다. 여성의 심리적인 적응과 안녕은 결혼생활에서의 유의미한 사람, 즉 남편과의 관계에서 받을 수 있는 지지(marital support)에 많이 달려 있다. 실제 결혼생활에 문제가 있어서 결혼생활 밖에서 사회적 지지를 추구할 때는 이미 정신건강에 문제가 있다고 볼 수 있다.

2) 결혼생활에서의 지지

남성은 여성과 비교하여 결혼생활에서 배우자로부터 사회적 지지를 더 많이 제공받는다. 여성은 남편으로부터 사회적 지지를 덜 받으나 남편에게는 사회적 지지를 많이 제공한다. 배우자로부터의 지지는 남성과 여성에게 다르게 영향을 미친다. 여성의 경우 스트레스를 주는 생활사건을 경험할 때 남편으로부터의 지지는 우울증을 경감시킨다. 그러나 남성은 자신이 개인적으로 무능하다고 인식하는 상황에서 사회적 지지를 받게 되면 오히려 문제가 더 커진다. 남성은 다른 사람에게 의지하거나 다른 사람의 힘으로 문제가 해결될 경우 자신은 실패했다고 받아들인다. 예컨대, 자녀가 병이 들었을 때 사회적 지지 효과는 아이의 어머니와 아버지에게 다르게 나타난다(Cutrona, 1996: 25). 자녀가 건강을 회복할 경우에도 배우자와의 친밀감은 남성보다는 여성에게 훨씬 도움이 된다.

가족으로부터의 사회적 지지도 결혼한 남성과 여성에게 다르게 영향을 미친다. 가족으로부터의 사회적 지지는 가족성원 간의 응집력이나, 자연스럽게 자신의 감정을 표현할 수 있는 자유, 갈등이 없는 상태를 의미하는데 가족으로부터의 사회적 지지는 남성에게는 별다른 영향력을 주지 못하는 데 반해, 여성에게는 긍정적인 효과가 있는 것으로 나타났다(Billings & Moos, 1982).

남성은 여성에 비해 신체적인 면에서뿐만이 아니라 정신적인 안녕에서 결혼으로 인한 혜택을 더 많이 받는다. 남성은 부인으로부터 사회적 지지를 더 많이 받는다. 그에 반해 부인은 지지의 일차적 원천으로서 남편의 비중은 적다. 여성은 사회적 지지의 많은 부분을 친구나 친척으로부터 제공받는다. 여성은 결혼생활에서의 사회적 지지의 결핍에 대해 요구를 덜 한다. 한편으로 여성이 남편으로부터의 지지를 더 많이 기대한다고 해석할 수도 있다. 즉, 여성이 남편으로부터의 지지를 요구하는 방법이 소극적이고 직접적이지 않다. 여성들은 사회화 과정을 통하여 다른 이들에게 도움을 주는 훈련을 받아 왔다. 그러나 남성은 여성만큼 다른 사람에게 사회적 지지를 제공하는 데 있어서 익숙하지 못하고, 기술적이지도 않다. 남성은 동료들과 우정을 경험하기는 하지만 자기노출이나 정서적인 표현, 정서적인 지지 등을 나누지는 않는다. 그러한 의미에서 여성들은 결혼생활 그 자체가 아닌 남편으로부터의 사회적 지지, 즉 결혼생활에서의 질(marital quality)을 필요로 하게 된다. 이는 앞에서도 언급했듯이 여성이 스트레스를 주는 생활사건을 경험할 때 그로 인한 심리적인 디스트레스, 예컨대 우울증과 같은 부정적인 결과를 보호할 수 있는 중요한 자원이 될 수 있다.

3. 부모 역할

1) 성과 부모 역할

일반적으로 부부 사이에는 남편이 수행하는 특정 영역과 부인이 담당하는 특정한 영역이 있음을 인정하는 경향이 있다. 대부분의 결혼생활에서 부모 역할은 부인의 몫이다. 남성은 자녀를 돌보거나 살피는 일상적인 일들에 덜 관여한다. 일차적인 부모는 아이의 어머니이고, 아버지의 역할은 아이들과 놀아 주고 훈육을 강화하는 데 중점을 둔다.

이 같은 부부간의 노동의 분업으로, 남편들은 부인에게 자녀의 부모 역할을 맡기는 경향이 있다. 그 결과로 남편들은 자녀와 부모 역할에 관한 부인의 생각에 모름지기 영향을 받는 경향이 있다. 부인은 남편이 부모 역할에 어느만큼 관여하는가에 있어 질과 수준을 결정하게 된다. 일반적으로 부부관계가 친밀하고 지지적일수록 남편은 부인의 부모 역할에 수용적이고 영향도 많이 받는다(Simon & Johnson, 1996: 280-281).

부모 역할을 수행함에 있어서 배우자로부터의 지지는 정서적인 디스트레스로 인해 자녀에게 해로운 영향을 미치는 것을 완충시킬 수 있는데, 이 경우 성에 따라 다르게 영향을 받는다. 남성은 여성보다 자녀를 매일 돌보고 살피는 일을 덜 한다. 따라서 자녀를 돌보는 데서 오는 부담은 여성의 몫이다. 이러한 경우 남편이 지지적일 경우 부인이 자녀양육과정에서 스트레스를 받게 되면 남편이 부인의 부모 역할에 도움을 줄 수 있다. 남편으로부터의 도움은 부인이 정서적으로 힘들어하여 부모 역할을 등한시하거나 자녀들에게 해로운 영향을 줄 수 있는 여지를 줄이게 한다.

일반적으로 여성이 부모 역할을 담당하는 것은 아주 자연스러운 것이고, 남편이 부모 역할에 관여하는 것은 선택의 문제라고 생각한다. 아버지가 자녀의 부모 역할에 관여할 경우 아버지들은 종종 자녀들과 놀아 주고 자녀훈육을 강화하는 역할을 담당한다. 그러나 아버지가 정서적인 디스트레스를 받는 상황에 처하게 될 경우에는 부모 역할을 중단한다. 아버지가 부모 역할을 수행하는 것은 어디까지나 자의적이기 때문에, 지지적인 부인들은 남편이 부모 역할을 중단하는 것을 허용한다. 따라서 부모가 똑같이 스트레스 상황에 놓이게 된다 하더라도, 부모의 성에 따라 부모 역할과 관련하여 상황을 받아들이는 방식이 다르다. 부인이 스트레스 상황에 놓이게 될 경우 부모 역할이 힘들어지는데, 이 경우 남편이 사회적 지지를 제공하면 부인은 훨씬 수월해진다. 그러나 그 반대의 상황은 발생하지 않는다. 남편이 스트레스로 인해 부모 역할을 수행하는 데 어려움을 느끼면 부인은 그 스트레스를 완화시켜 주지 못한다. 부인은 지지를 제공하기 이전에 남편으로 하여금 부모 역할을 중단할 수 있는 여지를 수용한다. 그리하여 배우자로부터의 지지가 스트레스 상황에서 부모 역할의 어려움을 완화시키는 것은 어머니의 경우에만 해당되며 아버지의 경우에는 아무런 상관이 없다(Simon, Lorenz, Conger, & Wu, 1992: 526-541).

여성주의는 아버지로 하여금 자녀에게 보다 많은 관심을 가지고 시간을 함께하도록 격려한다. 요즈음에 와서 '어머니다움(mothering)'에 관한 관심이 높아지고 있다. 여성은 전통적으로 '어머니다움'과 같은 과업을 수행하도록 사회화되어 왔지만, 남성 또한 '어머니다움'의 역할을 수행할 수 있다. 어떻게 보면 '어머니다움'은 성 역할과는 상관없이 바람직한 부모 역할을 의미한다. 부모로서 어머니가 하는 활동들은 다음과 같다. 이 역할들은 아버지들도 수행할 수 있다.

- 양육적인 관계를 제공한다.
- 자녀에게 사회기술을 가르친다.
- 가정을 위해 요리를 하고, 청소하고 관리한다.
- 자녀로 하여금 학교에 잘 다니도록 보살피고, 학교에서의 활동을 관심 있게 살핀다.
- 자녀가 사회적 활동이나 취미활동을 잘할 수 있도록 조직화하는 활동에 참가한다.
- 자녀가 아플 때는 돌보아 준다.
- 자녀를 위해 시장을 보고 옷을 산다.

2) 취업과 부모 역할

가족은 재정적인 자립을 할 수 있어야 한다. 가족의 유형이 양부모가족이든, 편모가족이든, 어머니가 직업을 가지고 있는 가족이든가에 개의치 않는다. 그러나 사회는 결혼한 여성이 직업을 가지고 있을 경우 자녀를 방임하고, 자녀들은 비행에 빠지고, 가정주부의 역할을 등한시한다고 비난하고 있다. 직업을 가지고 있고 없고에 관해서 남성과 여성은 다르게 평가받고 있는데, 남성의 경우 직장을 다니고 있지 않으면 뭔가 문제가 있다고 보는 반면, 여성이 직업을 가지고 있으면 적절하지 않다고 평가한다.

남성은 밖에 나가 돈을 벌고 여성은 가정에 남아 집을 관리하고 아동을 양육하는 전통적인 유형은 서구에 있어서는 산업혁명 이전으로 거슬러 올라간다. 사회가 여성을 노동자로 필요로 할 때는 성 역할 구분은 문제가 되지 않는다. 서구의 경우를 보면 다음과 같다.

제2차 세계 대전 중에 남성들은 전쟁에 나가고 여성들은 군수공장에서 일을 하였다. 그 당시는 아동들이 어머니와의 일상적인 분리로 인해 나쁜 영향을 받느냐 혹은 받지 않느냐에 대해 우려하는 사람은 없었다. 그러나 전쟁이 끝나자 여성들의 역할은 즉시 재정의되었다. 1950년대 사회는 여성이 가정에 머물면서 자녀와 남편을 보호할 것을 격려하였다. 프로이트 이론에 근거한 자녀보호 이론은 어머니와 자녀와의 관계가 신체적인 측면에서뿐만이 아니라 심리적으로도 아동의 미래에 영향을 미친다고 강조하였다. 그러한 이유로 1950년대 중산층의 기혼 취업여성들은 낙인의 대상이 되었다.

1960년대에 많은 여성이 직장에 나가기 시작하였다. 곧이어 기혼여성의 취업이 자녀에게 어떤 영향을 미치는가에 대한 연구들이 시작되었다. 연구결과는 여성을 가정에 머무르게 하는 데 설득력을 제공하지 못하였다. 1960년대 후반에 와서는 남성들과의 '평등'에 대한 여성의 권리가 사회적으로 수용되는 분위기였다.

오늘날 여성들은 자녀를 늦게 출산하는 경향이 있다. 여성들은 앞으로도 계속해서 직장을 가질 것이고 재정적 그리고 사회적으로도 이득을 가질 수 있다. 따라서 사회규범이 여성으로 하여금 더 이상 자녀들로 인해 가정에 머물 것을 강요할 수 없다. 여성들은 자신들이 직장생활을 할 수 있도록 주위 환경에서의 사회망을 창출한다. 조부모나 이웃이 아이들을 돌보아 줄 수 있다.

사회는 일하는 어머니에 대해 양면감정을 가지고 있다. 여성을 경제적으로 생산적인 시민으로 보기를 원하면서도, 여성을 어머니로서 아동의 욕구를 충족시켜야 하는 가장 적절한 대상으로 보고 있다. 결혼한 여성이 자녀를 두고 직장에 갈 경우에는 이기적이고 책임감이 없다고 보는 반면에 남성이 아버지가 된 후에 직장에 나가는 경우는 전혀 문제가 되지 않는다.

기혼여성이 직장을 가질 경우 그 직장이 시간제이든 혹은 전일제이든, 직업의 유형이 어떠하든지 간에 직장을 가지고 있는 기혼여성은 일이 선택사항이라고 가정한다. 그러나 실제 여성은 남성과 마찬가지로 개인적인 만족과 사회적 접촉만큼이나 경제적인 필요에 의해 직장에 다니고 있다. 자녀를 낯선 사람에게 맡기고 자신을 위해 일한다는 취업여성에 대한 이기적인 이미지는 기혼 취업여성을 극히 일부분인 중산층 여성으로 잘못 오인한 관점이다. 많은 경우 여성은 자녀의 욕구를 가장 잘 충족시키기 위하여 그리고 가정과 직장에서 자신에게 주어진 역할을 잘 수행해내기 위해 스트레스를 많이 받는다. 여성들은 여성 한부모가족 가구주이거나 혹은 남편이 실업 상태에 있기 때문에 가정의 유일한 주 수입원이 되기도 한다. 많은 기혼여성이 직장을 가짐에도 불구하고, 신문지상에서 거론되는 여성들은 중산층에 불과하다.

'어머니다움'에 대한 전후 정신분석학적 관점은 3세 이전의 아동은 '따뜻하고, 가깝고, 지속적인 어머니와의 관계'를 필요로 한다고 주장하였다(Bowlby, 1961). 보울비(Bowlby)의 연구는 시설보호에 있는 아동을 대상으로 이루어졌는데, 이 아동들이 어머니와 떨어져 있을 경우에는 심각한 정서적인 박탈감을 보이는 현상을 근거로, 그러한 상황들이 나중에 아동이 다른 이들과의 관계를 가지게 될 때에 지속적인 영향을 미칠 것이라고 보았다. 이러한 '모성상실(maternal deprivation)' 논리는 어머니가 아동의 미래의 심리적 안녕에 유일하게 책임을 질 수 있는 사람이라는 생각과 동일시되어 왔다. 이러한 생각은 아직 우리 사회에도 남아 있어 어머니가 직장을 가질 경우 느끼는 죄의식을 설명해 준다.

아동에 대한 어머니의 중요성에 대한 높은 입지는 1950년대의 그 당시 만연된 사회적, 정치적 태도와 연관되면서 오늘에 이르고 있다. 보울비의 관점은 아동들이 어머니와 함께 있는 것을 선호하는 것과 아이들이 어머니와 떨어지는 것을 힘들어하는 현상들을 보면서 또한 그 논리가 지속되고 있다.

아이가 3세가 될 때까지는 어머니를 필요로 하는데, 그러하지 못할 경우에는 아동은 일생 동안 손상을 받는다는 생각이 만연해 있다. 아동보호의 질은 가정환경의 안정성이나 지속성, 어머니의 일하는 시간, 어머니의 직업과 자녀에 대한 기대, 남편이나 다른 이들로부터의 지지 등 여러 요인에 의해 결정된다. 여성이 직업을 가지고 있든지 혹은 없든지 간에 매일 일정 시간 동안 자녀가 어머니와 떨어져 있느냐 하는 것이 부모 역할의 질을 결정하지는 않는다.

신문이나 매스미디어에서 어린 아동이 어머니가 직장에 가 있는 동안 혼자 집에 남아 있다는 사실을 기사화하고 있다. 이는 부모나 아동이 지역사회에서 지지적인 사회망을 형성하고 있지 못함을 시사한다. 안정된 지역사회 기반의 아동보호가 필요함을 의미한다. 그러나 많은 사람은 1950년대의 낮은 범죄율이 어머니들이 직장에 다니지 않았기 때문이라고 생각한다. 그리고 현대 사회에서 일어나는 많은 문제점들을 일하는 어머니의 탓으로 돌리고 있다(Campion, 1995: 225-236). 아동은 사랑이나 보호, 안전, 자극 등이 없이는 절대로 성장할 수 없다는 것에 대해 어느 누구도 반론을 제기하지 않는다. 그러나 '모성상실' 개념은 의미상에서 매우 산만하고, 여성 한부모가족 가구주의 부정적인 이미지를 연상시키고, 문화적으로 편협되어 있고, 아동에 대한 자원이 매우 제한적일 경우에 있음 직하다. '모성상실'로 인한 부정적인 결과 또한 아동이 성장하면서 애착관계를 넓게 발전시키게 되면 극복될 수 있고, 다른 어른들과 아동들과 함께 놀이를 하는 데 자극이 될 수 있다.

좋은 환경을 구비한 탁아소는 부모에 대한 아동의 애착관계를 붕괴시키지 않는다. 어린 아동이 이용하게 되는 탁아소는 보통 심각한 정서적 혼란을 야기시키지 않는다. 보울비는 어린 아동은 모든 시간을 어머니와 함께 있어야 한다고 주장하였다. 이러한 생각은 지금까지도 영향력 있는 지배적인 사고이다. '어머니다움'의 이데올로기는 근본적으로 사적이고 가정적이다(Pascall, 1997: 77).

가정, 아동보호 문제는 여성들의 영역으로 임금이라는 보상이 뒤따르는 공적인 세계에서 여성의 위치를 이해하는 데 매우 중요하다. 어린 자녀가 있는 여성은 많은 시간을 자녀를 돌보는 데 할애한다. 영국의 경우 5세 이하의 자녀를 가진 여성의 절반가량은 직업을 갖지 않는다. 그들에게 있어서 자녀양육은 독립적인 수입을 얻는 것을 포기한다는 의미이다. 자녀양육은 성적 분업의 가장 중요한 부분이다. 자녀에 대한 책임은 여성으로 하여금 가정에서 고립되고 노동시장에서 불이익을 받게 한다. 자녀양육은 남성이 바깥에서 노동을 하는 것보다 더 큰 보람을 줄 수도 있다. 아동은 5세 정도가 되면 자신의 욕구가 생기게 되는데, 그러한 욕구들은 여성에 의해서만 충족되는 경향이 있다. 이렇게 여성이 자녀양육에만 몰두하게 됨으로써 여성은 시장경제에서는 취약한 위치에 놓이게 된다(Pascall, 1997: 98).

4. 결혼과 위기

1) 어머니를 비난하는 문화

여성, 특히 '**어머니를 비난하는**(mother-blaming) **태도**'는 우리 문화에 깊숙이 뿌리박혀 있다. 전체로서의 문화와 특히 인간 서비스 전달체계는 가족 내의 문제나 가족성원의 문제가 어머니의 잘못 때문이고 어머니는 그러한 문제를 해결해야 할 책임을 가지고 있다는 신념을 공유하고 있다(Imber-Black, 1989). 여성은 자녀의 정서적인 문제에도 책임이 있는 것으로 간주되어 왔다(Anderson & Holder, 1989). 이 같은 논리는 정신분열병의 역사에서 찾아볼 수 있다. 자녀에게 냉정하거나 자녀를 돌보지 않거나 자녀에게 과도하게 관여하는 숨막히게 하는 '정신분열병 어머니'가 자녀의 정신장애에 주요 원인이라는(Fromm-Reichmann, 1948) 초기 정신분석 이론에서부터 시작하여, 어머니의 '이중 구속' 의사소통이나 부적절한 '엉켜 있는' 관계로 인해 자녀가 정신병적인 증상을 보인다는 가족체계 이론(Bateson, Jackson, Haley, & Weakland, 1956; Haley, 1980)에 이르기까지 정신분열병을 앓고 있는 자녀의 문제를 어머니 탓으로 돌리고 있다. 정신분열병을 생물학적으로 인식해야 한다는 연구도 많았고, 경우에 따라서는 유전적인 요인이 가장 결정적이라는 의견들도 강력하였음에도 불구하고 어머니, 즉 여성에 대한 태도는 여전히 부정적이다. 어머니는 가정 내에서 일어나는 모든 문제를 해결할 책임이 있다는 문화적 이중 구속 논리는 정신장애인 자녀를 돌보는 여성의 현 주소이기도 하다.

실제로 정신장애는 뇌질환이고 약물처방으로 인한 효과도 입증되었다. 문제는 모든 가족은 한 가족성원의 정신장애로 인한 스트레스에 압도되어 있고, 그러한 가족에 대해 아무런 사회적 지지도 제공되고 있지 않는 경우가 허다하다는 점이다. 전반적으로 사회는 가족들을 위한 서비스나 그들의 어려움을 이해하려 하지 않고 있다(Wedenoja, 1991: 184).

그럼에도 불구하고 문제해결을 어머니 개인 차원에 두는 경향이 다분하다. 문제 정의를 하는 데 있어서 일차적인 관심 수준을 개인에게 두고 있다. 어머니는 비난을 받고, 자녀의 문제에 책임이 있다고 규정된다. 어머니 자신도 비난을 내면화시키고 자녀의 문제를 자신의 약함과 부족의 탓이라고 생각한다. 그리하여 문제해결 목표를 여성의 우울증과 불안을 감소시키는 데 둔다. 개별치료로서 심리치료와 약물치료를 병행하기도 한다. 어머니나 가족체계가 자녀의 정신장애를 야기시키거나 가속화시킨다고 진단이 되면 자녀의 상태를 향상시키기 위해 가족치료를 시행한다. 어머니가 자녀의 일에 너무 과도하게 관여되어 있다고 진단되면 과도한 관여를 감소시키기 위해 어머니가 자녀와의 접촉을 줄일 것을 권한다.

약간 발전된 형태는 어머니를 수발자로 보는 관점이다. 어머니는 생리유전적인 정신장애를 가진 가족성원과의 관계에서 적절한 지지를 받지 못하고 있는 수발자 역할로 인해 어려움을 겪고 있다고 본다. 그리하여 외상적인 만성적인 상황에 대처하는 능력을 키우고, 정신장애 가족 모두가 정보나 지지, 서비스에 접근 가능하게 하는 것을 목표로 삼는다. 이러한 목표에 따라 가족성원을 위한 가족상담과 지지적인 상담, 정신장애에 관한 심리교육, 의뢰와 사례관리 등에 참여하도록 돕는다.

여성주의 관점에서는 미시적인 수준만이 아닌 거시적인 수준에도 관심을 둔다. 여성은 부적절한 지역사회 서비스와 다른 가족성원의 도움이 없이 혼자서 부족한 부분을 메우기 위해 압도되어 있다고 문제를 정의한다. 여성에게만 일차적 수발자로 규정하는 성차별주의적 특성을 인식하고, 여성 혼자만이 아닌 지역사회와 다른 가족성원들 모두가 책임감을 함께 공유할 것을 주장한다. 이를 위해 여성은 물론 지역사회나 관련 정책형성가들 모두가 정신장애인과 여성의 충족되지 않은 욕구를 인식하고, 그러한 욕구에 대한 사회적 책임감을 규정하고, 여성의 수발에 관한 성차별적인 기대를 확인한다(Wedenoja, 1991: 179-195).

2) 이혼

이혼율은 과거에 비해 현저하게 증가하고 있다. 이혼으로 인해 여성이 겪는 세 가지 주요 문제는 자율, 재정적 어려움, 외로움이다(Carter, 1977). 이 외에 이혼여성의 80%가 직면하는 스트레스는 여성 한부모가족 가구주라는 사회적 위치이다. 여성은 이혼을 통하여 그들의 법적 권리와 경제적 자원 그리고 사회적 지지의 자원에 관한 실천적 정보를 필요로 한다. 사회복지사는 여성주의적인 관점에 입각하여 의뢰할 수 있는 자원과 최근의 정보를 가지고 있어야 한다.

이혼은 남성, 여성 모두에게 스트레스를 준다. 그러나 여성의 경우 스트레스 지속 기간이 남성에 비해 길다(Hetherington, Cox, & Cox, 1976). 성에 따라 스트레스의 원천 또한 다르다. 남성과 여성 모두는 이혼으로 인해 실패 경험을 가진다. 그러나 여성은 그들의 가정, 즉 가장 중요한 사회적 역할을 잘 해내지 못했다는 깊은 실패 감정을 갖게 된다. 실패에 대한 이혼여성의 인식은 남성이 실업으로 인해 겪는 감정과 유사하여, 낮은 자존감이나 우울증, 죄의식 등을 경험한다. 더욱이 여성의 인생에 있어서 대인관계는 주요한 기능을 가지기 때문에 유의미한 관계의 붕괴는 '단순히 관계의 상실이 아니라 전체적인 자아의 상실로 인식'(Miller & Howard, 1976: 93)된다.

이혼으로 인한 급격한 감정은 실제 경험하는 당사자인 여성에게는 놀라운 것이다. 파케스(Parkes, 1972)는 관계상실에서 오는 그러한 감정을 '이별 디스트레스 증후군'으로 표현하였다. 이 증후군은 상실에 대처하고 적응하는 방식을 말해 주고 있다(Otto & Otto, 1976). 이혼을 경험한 여성은 사별을 경험한 이들이 보이는 슬픔 단계와 유사한 단계를 거친다.

이혼여성이 오랜 관계를 털어 버리는 것을 방해하는 가장 파괴적인 정서는 분노이다. 분노는 자연스럽고 이혼에 대한 기대된 반응이다(Weiss, 1976). 여성은 공격적인 것에 익숙하지 않게 사회화되어서, 여성이 이혼을 하게 될 경우에는 거부되었다고 생각하고, 상처받고, 죄의식과 우울증을 경험한다. 이러한 여성의 분노는 겉으로 표현되어야 한다. 일단 분노를 표현하게 되면 분노를 건설적인 방식으로 다룰 수 있다.

대부분의 여성에게서 이혼은 전남편과의 이별뿐만 아니라 지역사회와 다른 의미 있는 관계와의 이별을 의미한다. 여성이 이혼을 하게 되면 사회 · 정서적 욕구들이 커지는데, 이혼여성은 사회적 접촉을 거의 하지 않게 된다. 이혼여성은 자신의 상황과 공유하는 다른 여성과 합류할 때 친구관계나 애정, 정서적 지지를 경험할 수 있다. 여성은 또한 서로에게 외로움이나 자녀보호 그리고 이혼여성들이 보통 경험하는 공통적인 다른 문제들에 대처하는 데 실질적인 권고나 도움을 줄 수 있다. 여성의 집단경험은 여성으로 하여금 지지와 자존감을 향상시키고, 남성에 대한 의존심을 경감시킬 수 있다. 여성은 스스로가 자신들의 강점과 능력, 문제해결 등에 있어서 모델이 될 수 있다. 그러므로 치료자의 성은 이혼여성을 상담하는 데 매우 중요한 변수가 된다. 여성 치료자는 남성 치료자보다 이혼여성들에게 더 침착하고 격려를 많이 해 주는 것으로 나타났다(Orlinsky & Howard, 1976). 이는 이혼여성을 위한 집단지도나 상담은 여성이 맡는 것이 더 바람직함을 시사한다.

이혼을 한 후에 여성은 대개 혼자서 어려움을 해결하게 된다. 여성은 갑자기 성인으로서의 책임이 두렵고, 게다가 재정적인 어려움과 사회적 고립이 함께 나타날 경우 어려움은 더해진다(Carter, 1977). 이따금 여성은 이러한 위기를 전통적인 역할수행을 격려하는 상담가나 애인, 전남편과의 새로운 의존관계로 해결하고자 한다. 이러한 생각은 여성이 새로운 성인으로 성장하는 기회를 방해하고, 자아정체나 악화의 결과로 끝난다. 사회복지사는 여성이 이혼 후에 개인적인 성장을 가질 수 있도록 돕기 위해 적절한 지식, 기술, 가치 등을 숙지해야 한다.

여성이 이혼 후에 직면하는 문제들에 대처하는 것을 배우게 되면, 여성은 살아가는 데 있어서 생기는 문제들을 더 잘 해결할 수 있다고 느낄 수 있고 개인적인 파워를 가질 수 있다. 여성은 또한 성취감과 더 큰 개별성을 가질 수 있다. 이혼여성과 일하는 사회복지사는 이러한 위기를 긍정적인 경험으로 보고 이혼여성이 이러한 경험에서의 긍정적인 요소들을 발견할 수 있도록 도와야 한다. 다음은 이혼여성과 일할 경우에 필요한 원리들이다(Rawlings & Carter, 1989: 406-409).

• 지식
 –사회복지사는 이혼, 별거에 관한 법을 알고 있어야 하고, 여성주의적인 변호사, 지역사회자원, 경력과 기술훈련, 직업정보, 재정지원 서비스 등에 관한 정보를 알고 있어야 한다.
 –사회복지사는 '다시 혼자'가 되었다는 것을 강조하고, 여성 한부모가족 가구주로서의 어려움을 강조해야 한다.

• 기술
 –사회복지사는 상실과 이별을 다룰 수 있어야 한다.
 –사회복지사는 '이혼여성이 다시 혼자'인 것에 대해 실감할 수 있도록 돕고 치

료집단을 잘 이끌어 갈 수 있는 기술을 가지고 있어야 한다.

- 태도
  –사회복지사는 이혼을 여성이 성장할 수 있는 기회로 보고, '다시 혼자'된 것을 선택이라고 보고, 단순히 결혼하는 변천하는 단계로 보아서는 안 된다.

이혼은 스트레스를 주는 생활위기이다. 이혼은 정체감과 자기 이미지와 자신에 대한 가치, 재정적 생활 스타일, 아동양육, 인생의 목표 등에서 위기를 경험한다(Taylor, 1980). 이혼을 한 여성들은 이혼에 적응하는 데 어려움을 호소하였고, 더욱이 이혼을 하게 되어 자녀들에게 미안한 마음을 가진다. 그런 점에서 이혼적응과 자녀에 대한 부모 역할은 이혼을 한 여성에게는 아주 절실한 문제라고 할 수 있다.

(1) 이혼적응

이혼을 하게 되면 복잡한 전환기적 과업이나 부모 역할(parenting) 이슈들이 제기된다.

이혼에 적응할 수 있도록 기술을 향상시키고, 혼자서 자녀를 키우는 데 대한 압박감을 수정할 수 있도록 교육적이고 치료적인 프로그램에 참가해야 한다.

파우스트(Faust, 1987: 78-79)는 이혼여성을 위해 4번의 교육 세미나와 8번의 치료집단으로 이루어지는 프로그램을 제안하였다. 모임은 일주일에 1번, 밤 시간에 매번 2시간씩 이루어진다. 모임 형식은 모임에서 다룰 것을 사회복지사가 간단한 대화식으로 발표하고, 간단히 휴식을 하고 그런 다음에 질문을 묶어서 답하고 관심사를 공유하는 방식으로 이루어진다. 4번의 교육 집단모임에서 다루게 되는 제목은 '감정' '성과 데이트' '자녀' '인생계획' 등이다. 매번 모임에서는 그 시간에 다루었던 내용을 요약하고, 다음 주에 다룰 내용을 미리 예고한다. 처음 2번 모임은 이혼으로 인한 상처를 경감시키고 희망을 갖도록 한다. 그리고 나머지 2번 모임을 통하여 집단인식에 대한 기반을 제공한다.

① 첫 번째 집단모임에서는 '감정'을 다룬다

사회복지사는 이혼 세미나에 대해 개괄하고, 그 내용의 대요를 말하는 것으로 시작한다. 여기에서는 이혼의 정서적 과정과 그러한 것이 동반하는 감정 등을 다룬다. 기존 연구에서는 이혼에 대한 두려움과 문제들로 거부당한 느낌, 자신에 대한 의심(self-doubt), 분노, 외로움, 혼란스러움, 불안, 슬픔, 자기연민, 죄의식과 실패감, 자기기만(self-delusion), 도취감(euphoria) 등을 지적하고 있다(Sheltonn & Nix, 1979: 309-312).

교육모임에서는 여성으로 하여금 심층적인 감정을 드러내기보다는 다른 이들을 이해하고 돕기 위해 자신의 감정을 활용할 것을 격려한다. 교육 부분에서는 본격적인 치료 서비스가 제공되지 않기 때문에, 그런 의미에서 어떤 클라이언트에게는 미흡한 면이 있다. 그런 경우 사회복지사는 개별치료를 권고하거나 다음에 이어지는 치료집단에서 계속 참가할 것을 권할 수 있다. 모든 여성이 4번의 교육모임에 모두 참가할 필요는 없고, 바로 치료 단계로 옮겨 갈 수도 있다.

② 두 번째 교육모임은 혼자된 것에 적응해야 하는 '성과 데이트'에 관한 내용을 다룬다

여기에서는 자신에 대한 정체성을 다시 구축시킬 필요가 있다. 사회복지사는 잃어버린 대상에 대한 거부를 인정하고, 새로운 유형의 삶을 수용하는 과업에 관하여 개요한다.

클라이언트가 이혼 후의 새로운 생활에 적응하는 것을 돕기 위해서, 사회복지사는 애착 이론, 특히 보울비의 애착과 불안한 애착을 비교하는 개념틀에 익숙할 필요가 있다. 애착은 두 사람 사이의 호혜적인 사회적 관계(reciprocal social relation)를 말하고, 불안한 애착은 애착행위의 발달에서 특정한 왜곡을 말한다.

③ 세 번째 집단모임에서는 '자녀'에 관한 내용을 다룬다

이혼이 자녀에게 미치는 영향은 자녀의 나이와는 별다른 상관이 없고, 자녀의 발달 수준, 부모의 정신건강 그리고 자녀의 이혼 전의 적응 정도에 따라 다르게 나타난다. 그러한 이유로 부모는 자신을 잘 돌보고, 이혼이 일어나기 전이나 후에 그러한 이슈들을 잘 다룰 수 있어야 한다. 자녀의 이해 능력 수준과 성숙의 정도에 따라 진실되고 개방적인 토론을 해야 한다. 자녀가 부모의 이혼과 관련하여 자신을 비난하게 해서는 안 된다는 사실을 명확하게 짚고, 자녀가 자녀를 향한 부모의 애정을 다시 한번 확인할 수 있도록 해 주고, 자녀들이 부모가 다시 재결합하기를 원하지만 현실적으로 불가능하다는 점도 솔직하게 다룰 수 있어야 한다.

④ 네 번째 교육모임은 인생에 대한 계획을 다룬다

새로운 대처방식을 검토하고, 대처방식으로서 이전의 기능 수준에 관하여 토론한다. 리더는 여성들의 개인적, 직업적, 성적, 사회적 영역들에서 자기정체성을 재확립하는 과업을 수행할 것을 강조한다. 사회복지사와 여성들은 여성들의 적응을 돕기 위해 클럽, 교회, 편부집단모임, 상담소 등의 지역사회 자원을 공유한다.

치료집단은 교육집단과는 달리 구조화된 내용형식을 따르지 않는다. 대신 집단의 초점을 과정에 두고 연관시키는 새로운 방식을 학습하도록 한다. 치료집단의 목표는 세 가지로 말할 수 있다. 첫째, 클라이언트가 자신의 이미지를 향상시키고 다시 혼자로 돌아갈 수 있도록 도움으로써 클라이언트가 경험하는 정체성의 위기를 돕는다. 둘째, 지지적인 환경으로 창출하기 위하여 공통적인 관심사를 공유할 수 있는 영역을 제공한다. 셋째, 클라이언트가 새로운 대처유형의 통합과 균형을 이루도록 돕는다.

치료집단의 사정 기준은 다음과 같다.

- 건강한 자아를 가지고 있다.
- 과거에 적어도 한 가지의 유의미한 관계를 가지고 있다.
- 치료자와 상호작용할 수 있는 능력을 가지고 있다.
- 통찰능력이 있다.
- 감정을 경험할 수 있는 능력이 있다.

이상의 기준을 충족하지 못하는 클라이언트에게는 개별상담을 추천할 수 있다. 치료집단은 상황적인 스트레스와 일시적인 정체성 상실 그리고 가족 구성원에서의 변화에 대처해야 하는 문제들에 비교적 잘 적응하는 사람들로 구성되는 이질적인 집단이 적합하다. 클라이언트들에게 집단경험에 관해 간략하게 언급하고 집단에서의 익명성도 설명한다. 그리고 사회복지사는 집단참석을 격려하고 클라이언트가 집단계약을 지킬 것을 부탁한다.

치료집단에서는 '지금-여기(now and here)'에서의 상황과 관련시켜 진행한다. '지금-여기' 틀은 과거와 현재의 경험을 연관시켜 집단성원들이 서로 서로의 상호작용을 탐색하도록 격려한다. 집단치료는 대인관계와 집단 속성들로부터 유일한 잠재력을 유도한다. 집단은 변화의 매개체가 되고, 성원들은 연계망이 된다. 집단과정은 클라이언트로 하여금 서로의 의사소통을 경청하고, 탐색하고, 이해하는 것을 돕는다. 이러한 지지망을 통하여 클라이언트는 새로운 대처기술을 실천하고, 새로운 문제해결기법을 배운다. 사회복지사는 역할연습과 어떤 일들이 일어났는지 검토하는 시간을 가짐으로써 혹은 대안적인 반응들을 검토하는 방법들을 사용하여 개인이 서로 간의 상호작용을 완성할 수 있도록 도움으로써 집단과정을 원조한다. 성원들이 그들의 문제를 확인하고, 집단 내에서 비적응적인 행위유형을 변화시키기 시작함으로써, 성원들은 인생계획에 초점을 두는 강점을 다시 한 번 획득할 수 있다.

이혼적응 프로그램에서 모델링은 매우 중요하다. 그리하여 사회복지사는 가능하게 하는 자(enabler)로서 자신에 대한 감정과 결혼과 남성, 여성, 성, 이전 배우자, 부모, 형제 등에 관한 자신의 관점 등을 다룰 수 있다. 교육 · 치료 집단의 인원수로는 13~15명이 적당하다.

(2) 이혼과 사회적 지지

여성이 이혼하고 자녀를 자신이 양육하게 될 경우 흔히 부모로부터 사회적 지지를 제공받게 된다. 부모들은 대개 아이를 돌보아 주는 일에서부터 재정적인 도움을 주기도 하고, 충고를 주기도 하고, 정서적인 지지를 제공한다(Gladstone, 1988: 66-72). 이는 이혼가정에서의 조부모의 역할을 강화시킴으로써 사회적 지지를 동원하게 되는 셈이다.

이혼가정을 강화시키기 위한 도움을 줄 수 있는 조부모의 능력을 사정할 필요가 있다. 예컨대, 조부모의 인구학적 배경과 조부모와 자녀, 즉 이혼 당사자와 자녀, 이 3대의 관계에서의 질적인 측면을 살펴보아야 한다. 보통 조부모들은 적어도 나이가 65세 이하이고, 자녀의 집 근처에 살고 있고(Gladstone, 1988), 도움을 줄 재정적인 자원이 있을 경우에 도움을 제공할 수 있는 가능성이 커진다.

조부모라고 모두가 도움이 되는 것은 아니다. 오히려 조부모가 이혼으로 인한 스트레스를 가중시키는 경우도 있다. 예컨대, 어떤 조부모는 손녀나 손자를 돌보는 것에 부담을 느끼기도 하고, 자녀의 이혼에 대해 당혹스러워하는 경우도 있다. 이런 면에서 이혼은 세대 간의 관계에서 분노를 야기시킨다. 물론 이혼하기 이전부터의 세대 간 상호작용의 특성들과 관련이 있다. 이같이 조부모와 이혼 당사자와 그 자녀 이들 세대들 간의 관계에서 강점과 약점 그리고 인구학적 배경들에 대한 사정을 충분히 해야 한다.

조부모는 딸이 이혼까지 오게 된 것에 대해 적대감을 가질 수 있다. 딸의 이혼을 자신이 부모로서 실패했다는 것으로 생각하여 당혹스러워할 수 있다. 이혼으로 인한 대인관계에서의 문제는 세대 간의 지지를 방해할 수 있다는 점을 염두에 두어야 한다. 그리하여 조부모와 딸 사이의 의사소통을 용이하게 해야 할 필요가 있다. 사회복지사는 이혼여성이 이혼 전의 부모와의 관계를 회복하고, 조부모가 딸의 자녀를 돌보고, 식사를 준비하고, 시장을 보는 등의 사소한 일들도 개입의 범주로 염두에 두어야 한다.

3) 재혼

재혼을 할 경우 당사자들은 새로운 배우자의 선택 기준으로 '좋은 부모가 될 수 있는 능력'을 중시한다. 이는 남성이나 여성 모두에게 해당된다. 재혼할 경우 배우자가 자녀를 양육하는 데 도움을 주고 이해해 줄 것을 기대한다. 또한 결혼생활에서의 만족도에서 주요한 요인은 자녀와 관련된 일이다.

'재혼을 하여 어떠한 점들이 좋았는가?' 하는 질문에서는 성별로 다른 반응을 보였다. 여성들은 덜 외롭고, 재정적으로 나아졌고, 인생을 함께 할 수 있는 사람이 있어서 좋다고 답하였다. 반면에 남성들은 가깝게 얘기할 수 있어서 좋고, 이해받을 수 있는 대상이 있어서 좋다고 답하였다. 여성과 남성 모두는 이전의 결혼생활보다 개인적인 독립감을 더 느낄 수 있었고, 더 자유롭고 더 신뢰할 수 있다고 답하였다.

재혼에서의 어려움으로 여성과 남성의 절반가량은 자녀와 관련된 문제, 특히 자녀훈육에서의 불일치나 청소년 자녀와의 어려움 등을 지적하였다. 부인과 그 자녀들 간의 강한 유대로 인해 남편이 혼자된 느낌을 받기도 하지만 시간이 경과됨에 따라 나아지기도 한다. 그리고 혼자만의 시간을 갖지 못하고, 친구와 시간을 갖지 못한다고도 보고하였다. '재혼이 기대했던 것과는 다른 면이 있는가?'라는 질문에 대한 '기대했던 바 혹은 기대했던 것보다 낫다.'라는 응답에 배우자를 배려하고, 서로가 함께 의존하고, 자신들의 집을 가지고 있다는 점들을 그 예로 들었다. '기대했던 것과는 다르다.'라는 반응에는 자녀 문제에 초점을 두면서 훈육문제, 참견하는 행위, 형제들 간의 경쟁의식, 자녀들에게 도움이 되지 못하는 점 들 그리고 상대편 자녀의 성적인 매력 등을 문제시하였다. 재혼하는 경우에도 앞에서 살펴본 일반적으로 결혼생활에서 잘 수행해야 하는 부모 역할 문제가 가장 관건인 것으로 나타났다 (Dahl, Cowgill, & Asmundsson, 1987: 40-44).

4) 사별

2019년 현재 우리나라 사람의 평균 기대수명은 여성은 85.7세, 남성은 79.7세로, 여성은 노후에 혼자 사는 기간이 6년 정도 되는 것으로 보인다(통계청, 2019).

남편의 사별을 경험한 여성은 남편이 죽은 지 처음 몇 주 동안에는 몇 가지 신체적인 증상을 경험한다. 잠을 제대로 자지 못하고, 두통을 느끼고, 불쾌감을 느낀다. 이런 문제들은 남편이 죽기 이전에는 없던 일들이다. 여성은 불면증을 호소하기도 하고, 목표를 잃은 듯한 그리고 의사결정에서 어려움을 느끼고, 무슨 일에 착수하기 어려워하고, 특히 아침에 이러한 우울증을 많이 경험한다. 사회복지사는 클라이언트가 그들이 경험하는 이러한 일들이 슬픔에 대한 지극히 정상적이고 건강한 과정이라는 것을 인식하도록 도와야 한다.

이 외에도 사별한 여성들이 느끼는 어려움에는 남편의 죽음 자체를 언급하는 것과 관련하여 다른 이들과 불편한 감정을 느끼고, 남편의 죽음으로 인해 개인적 정체감에서 위기를 느끼며, 남편의 죽음에 대해 죄의식을 느끼고, 분노를 느끼는 것으로 나타났다.

이러한 상황에서 친구나 친척들이 지지적인 역할을 할 수 있다. 그러나 의외로 대부분의 사람은 죽음이라는 것에 대하여 거론하는 것을 불편해하고, 서투르게 행동하는 것이 그들이 할 수 있는 최대한의 지지적인 역할이라고 생각한다. 사별한 여성의 눈에는 친구와 친척들이 침묵하고 공모하는 듯이 보이기도 하여, 다른 사람들이 남편이 세상에 존재하지 않았던 것처럼 여긴다고 생각하며 분개하는 감정을 갖기도 한다. 사별한 여성은 남편의 존재가 잊히지 않았고, 사람들로부터 남편과 공유했던 긍정적인 경험에 대하여 들을 때 지지를 받는다고 생각한다.

여성은 몇십 년 동안 '누구의 아내'로 알려져 와서 남편과 사별할 경우 정체성 문제를 갖게 된다. 자녀가 성장하여 집을 떠날 경우 어머니의 역할에 일차적인 의미를 부여하던 여성은 이와 유사한 정체성 의문을 갖게 되는데, 자녀의 성장은 점진적인 과정을 거치지만, 남편의 죽음은 그러하지 않다. 이러한 문제를 해결하기 위해 여성은 자신을 유일한 존재로 서서히 재발견해야 한다. 정체성을 알기 위한 노력은 복합적인 것이어서 간단하게 이루어지지는 않는다. 그러나 충분하지는 않지만 변화를 위한 조건으로서 적어도 지적인 인식이 이루어져야 한다.

남편이 먼저 죽음을 맞이하는 경우 여성은 대개 죄의식을 느낀다. 죄의식이 의식 수준에서 이루어지지 않은 경우 슬픔을 해결하기 위해 여성은 파괴적으로 되기 쉽다. 이러한 경우 집단모임이 도움이 될 수 있다. 집단 상호작용의 장점은 자신들의 모호하고, 쉽지 않은 감정들을 언어로 표현하여 다른 이들로 하여금 그들 자신의 감정을 인식하는 데 도움을 준다. 그러한 감정들이 일단 의식 수준으로 올라오게 되면, 그러한 감정에 직접적으로 직면할 수 있다.

여성의 죄의식은 남편의 죽음을 막지 못한 데서 온다. '내가 한 번 더 의사를 만나라고 했었다면' 혹은 '다른 약을 쓰라고 했었다면' 등과 같은 후회를 한다. 또한 사별한 여성은 과거에 자신이 남편과 다투었던 후회되는 행동을 떠올리기도 한다. 남편의 죽음은 곧 자신이 남편을 적절하게 보살피지 않은 결과라고 생각하고, 자신이 남편에게 더 잘했더라면 남편에게 그러한 일이 일어나지 않았을 것이라고 생각한다. 이러한 상황을 극복하기 위해서는 지지적인 감정을 교환해야 한다.

사별한 여성은 죽은 남편에 대해 계속 얘기한다. 여러 형태를 띠면서 그러한 상황이 진행된다. 단순하게 어떤 자료를 찾는다든지, 무리하게 집안일을 열심히 한다든지 그리고 아주 외로운 상황에서도 남편을 거론한다. "왜 나를 혼자 남겨 놓았는가!"라고 외치기도 한다(Toth & Toth, 1989: 19-424).

이같이 남편이 세상을 떠난 이후 대부분 불안감, 수면장애, 우울함과 허전함, 분노와 죄책감, 이유를 알 수 없는 통증 등을 경험한다. 대부분의 여성은 남편을 잃은 후 2~4년 안에 혼자가 된 삶에 적응하지만 10~20%의 여성들은 장기간에 걸쳐 우울증, 알코올 중독 등의 증상을 보이며 질병에 쉽게 노출되어 심한 경우 죽음에 이르기도 한다. 남편이 죽은 후 오랫동안 새로운 삶에 적응하지 못하는 여성들도 적지 않다. 이 같은 여성들은 전에 우울증에 걸린 경험이 있거나, 가정 외적인 문제를 대부분 남편이 처리했거나, 남편이 죽은 직후에 가까운 친척과 친구를 잃은 여성들이다. 남편을 잃은 후 별다른 증상을 보이지 않는 여성들 가운데에도 남편의 죽음과 함께 갑자기 경제적 상황이 악화되어 어려움을 겪는 경우가 많다. 또 오랫동안 병에 시달리다가 세상을 떠난 경우 남편을 돌보는 일에 매달려 있던 여성들은 심각한 우울증을 경험하기도 한다.

그러나 이 같은 여성의 경우 배우자를 잃은 데 대한 당연한 슬픔과 병적인 우울증을 구분하기가 어렵다. 증상이 서로 비슷하기 때문이다. 전문가들은 남편과 사별한 여성이 남편의 죽음을 지나치게 자신의 탓으로 돌리거나, 미래에 대한 우울한 생각을 좀처럼 하지 않거나, 자살을 생각하거나, 주위의 도움을 받아들이려 하지 않는 경우 우울증을 의심해 보아야 한다고 말한다(조선일보, 1999년 8월 16일자).

중점토의

1. 결혼이 여성과 남성에게 주는 의미를 토론하시오.
2. 여성이 결혼하기 전과 결혼한 후에 달라지는 점들을 토론하시오.
3. 부모 역할과 사회적 지지에서의 성 차이를 토론하시오.
4. 이혼여성이 경험할 수 있는 어려움에 대하여 토론하시오.
5. 여성주의 관점에서 결혼한 여성에게 접근하는 개입방법에 대하여 토론하시오.

참고문헌

조선일보. 1999년 8월 16일.

통계청(2019). **완전생명표**.

Anderson, C. M., & Holder, D. P. (1989). Women and serious mental disorders. In M. C. McGoldrick, M. Anderson, & F. Walsh (Eds.), *Women in families: A framework for family therapy* (pp. 381-405). Norton.

Antonucci, T. C., & Akiyama, H. (1987). An examination of sex differences in social support among older men and women. *Sex Roles, 17*, 737-749.

Bateson, G., Jackson, D. D., Haley, J., & Weakland, J. H. (1956). Toward a theory of schizophrenia. *Behavioral Science, 1*, 251-264.

Belle, D. (1982). The stress of caring: women as providers of social support. In L. Goldberger, & S. Breznitz (Eds.), *Handbook of stress: Theoretical and clinical aspects* (pp. 496-505). New York: Free Press.

Billings, A. G., & Moos, R. H. (1982). Social support and functioning among community and clinical groups: A panel model. *Journal of Behavioral Medicine, 5*, 295-311.

Bowlby, J. (1961). *Attachment and loss vol. 1*. New York: Basic Books.

Campion, M. J. (1995). *Who's fit to be a parent*. Routledge.

Carter, D. K. (1977). *Counseling divorced women, 55*, 537-542.

Cutrona, C. E. (1996). *Social support in couples*. Sage.

Dahl, A. S., Cowgill, K. M., & Asmundsson, R. (1987). Life in remarriage families. *Social Work*, 40-44.

Faust, R. G. (1987). A model of divorce adjustment for use in family service agencies. *Social Work*, 78-79.

Fromm-Reichmann, F. (1948). Notes on the development of treatment in schizophrenics by psychoanalytic psychotherapy. *Psychiatry, 11*, 263-274.

Gladstone, J. W. (1988). Perceived change in grandmother grandchild relation following a child's separation or divorce. *The Gerontologist, 28*, 66-72.

Gove, Hughes, & Style (1983). "Dose marriage have positive effects on the psychological well-being of the individual?" *Journal of Health and Social Behavior, 24*, 122-131.

Haley, J. (1980). *Leaving home: The therapy of disturbed young people*. New York: McGraw-Hill.

Hetherington, Cox, & Cox (1976). Divorced fathers. *The Family Coordinator, 25*, 417-428.

Imber-Black, E. (1989). Women's relationship with larger systems. In M. McGoldrick, C. M. Anderson, & F. Walsh (Eds.), *Women in families: A framework for family therapy* (pp. 335-353). New York: Norton.

Kessler, R. C., & McLeod, J. D. (1984). Sex differences in vunerability to undesirable life events. *American Sociological Review, 49*, 620-631.

Krausz, S. L. (1986). Sex role within marriage. *Social Work*, 457-464.

Lowenthal, M. F., & Haven, C. (1968). Interaction and adaptation: Intimacy as a critical variable. *American Sociological Review, 30*, 20-30.

Miller, J. B., & Howard, K. I. (1976). *The effects of sex of therapist on the therapeutic experiences of women*. Boston: Beacon Press.

Parkes, C. M. (1972). *Bereavement: Studies of grief in adult life*. New York: International Universities Press.

Pascall, G. (1997). *Social policy: A new feminist analysis*. Routledge.

Rawlings, F., & Carter, D. (1989). Divorced women. In Hammer, Jalna & Statham, Daphne. *Women and social work: Towards a women-centred practice*. Chicago, IL: Lyceum Books.

Shelton, S. C., & Nix, C. (1979). Development of a divorce adjustment group program in a social service agency. *Social Casework*, 309-312.

Simon, R. L., & Johnson, C. (1996). The impact of marital and social network support on quality of parenting. In G. R. Pierce, B. R. Sarason, & I. G. Sarason (Eds.), *Handbook of social support and the family* (pp. 269-287). Plenum Press.

Simons, R. L., Lorenz, F. O., Conger, R. D., & Wu, C. (1992). Support from spouse as mediator and moderator of the disruptive influence of economic strain on parenting. *Child Development, 63*, 526-541.

Stokes, J. P., & Wilson, D. G. (1984). The inventory of socially supportive behaviors: Dimensionality, prediction, and gender differences. *American Journal of Community Psychology, 12*, 53-69.

Taylor, J. W. (1980). Using short-term structured groups with divorce clients. *Social Casework, 6*.

Toth, A., & Toth, S. (1989). Group work with widow. In Hammer, Jalna & Statham, Daphne. *Women and social work: Towards a women-centred practive*. Chicago, IL: Lyceum Books.

Wedenoja, M. (1991). Mothers are not to blame confronting cultural bias in the area of serious mental illness. In M. B. Jenkins, N. R. Hooney, & N. Gottliebs (Eds.), *Feminist social work practice in clinical settings*. Sage Publications.

Weiss, R. S. (1976). The emotional impact of marital separation. *Journal of Social Issues, 32*, 135-145.

제 13 장

여성과 이주: 결혼이주여성을 중심으로

여성들의 이주는 정식노동허가를 받은 고용허가제 노동자로, 예술흥행 체류자격자로, 친지방문이나 관광비자로, 한국남성과의 결혼을 통해서 등 다양하다.

그러나 현재 우리나라에서 이주여성과 관련된 담론이나 정책은 주로 결혼이주여성과 다문화가족에 집중되어 있다. 이는 우리나라의 이민정책은 가족이민이나 노동이민을 엄격히 제한하고 있어 여성들이 가장 쉽게 한국에 정착하는 방법으로 결혼을 선택하기 때문이다. 즉, 결혼이주가 이주여성의 주된 존재 형태가 되고 이들이 한국인과 결혼하여 이룬 가족이 한국사회에서 새로운 집단을 형성해 가고 있다(송다영, 김미주, 최희경, 장수정, 2011: 322). 따라서 이 장에서는 여성이주자의 주된 존재 형태인 결혼이주여성에 초점을 맞추어 이주여성 문제에 접근하고자 한다.

1. 여성의 이주와 결혼이주여성

한국사회는 2000년대에 들어서 본격적으로 **다민족 · 다인종사회**로 이행하게 되었다. 2018년 말 기준 현재 우리나라에 체류하는 외국인의 비율은 주민등록인구(51,826,059명) 대비 4.57%(2,367,607명)로 매년 증가하고 있다(법무부 외국인정책위원회, 2019). 즉, 결혼이민자, 외국인노동자, 다문화가족 자녀, 북한이탈주민(새터민), 외국국적 동포 등이 증가함에 따라 민족 · 인종 · 문화적 다양성이 공존하고 사회적 욕구가 급변하고 있다.

그런데 이러한 경향 속에서도 성별에 따라서도 **이주** 특성이 다르게 나타난다. 2018년 한국국적을 갖지 않은 남성 이주민의 43%는 외국인노동자이지만 여성 이주민 중 노동자비율은 17%로 남성보다 훨씬 낮다. 그러나 전체 결혼이민자 중 여성이 약 80%를 차지하고 있다(행정안전부, 2019). 여성들의 이주는 정식노동허가를 받은 고용허가제 노동자로, 예술흥행 체류자격자로, 친지방문이나 관광비자로, 한국남성과의 결혼을 통하는 등 다양하다.

그러나 현재 우리나라에서 이주여성과 관련된 담론이나 정책은 주로 결혼이주여성과 **다문화가족**에 집중되어 있다. 이는 우리나라의 이민정책이 가족이민이나 노동이민을 엄격히 제한하고 있어 여성들이 가장 쉽게 한국에 정착하는 방법으로 결혼을 선택하기 때문이다. 즉, 결혼이주가 이주여성의 주된 존재 형태가 되고 이들이 한국인과 결혼하여 이룬 가족이 한국사회에서 새로운 집단을 형성해 가고 있다(송다영 외, 2011: 322). 따라서 이 장에서는 여성이주자의 주된 존재 형태인 결혼이주여성에 초점을 맞추어 이주여성 문제에 접근하고자 한다.

결혼이주여성에 대한 성인지적 접근에서는 1990년 이후 급격하게 증가한 결혼이주현상을 '**이주의 여성화**(feminization of migration)'라는 전 지구적 맥락에서 바라보면서 여성의 존재와 노동이 국제적 차원에서 재편되는 현상에 주목한다. 이는 이주하는 여성의 수가 남성보다 많은 현상을 의미하며 이주여성들이 전통적으로 여성의 일로 취급되던 돌봄이나 성적 친밀성과 관련된 노동을 하기 위해 외국으로 이주한다는 점을 강조한다(Castles & Miler, 2003: 송다영 외, 2011: 322에서 재인용). 이를 자세하게 살펴보면 다음과 같다.

현재 결혼이주여성들은 우리사회의 다양한 문제를 해결하는 중요한 자원으로 전락해 버렸다. 저출산 · 고령화 사회에 직면하여 농촌총각의 결혼 상대자로서 그들의 자녀를 출산하고 양육하며 산업인력의 부족한 자원을 메워주는 역할을 하고 있다. 이들은 이민자이면서 결혼한 여성이라는 측면에서 일상생활의 적응으로부터 관계와 소통, 자녀양육, 경제생활에 이르기까지 많은 어려움을 겪고 있다. 결혼이주여성들은 주관적 존재이자 욕구를 가진 개인으로 존재하기보다는 한국남성들의 아내이자 한 가정의 며느리로서 살아가고 있다.

국제결혼이주의 증가 원인에 대한 연구자들의 시각은 다양하다. 양정혜(2007)는 외국에서 한국 사회에 이주해 오는 여성들이 증가하는 이유에 대해 세계화 현상과 병행해서 진행되는 빈곤의 여성화 현상을 최우선으로 들고 있다. 가난과 실업이 만성화된 나라의 여성이 자신과 가족의 경제 상황을 향상시키기 위해 부유한 나라의 남성과 결혼하는 이주 방식을 선택하고 있다는 것이다. 또 다른 원인은 남성수의 급증과 남녀성비불균형, 특히 경제적 · 문화적으로 불리한 환경에 처해 있는 농촌지역 남성의 배우자 선택이 심각하게 제한되어 있다는 것이다.

유은주(2010)는 여성에게 이주란 억압적인 지역 환경을 벗어나 다른 기회를 잡기 위한 길이며, 결혼이주야말로 영주권의 취득과 경제적인 안정을 동시에 확보할 수 있는 지름길이라 하였다. 이주경로로서 결혼과 노동이 연결되어 있고, 어머니와 아내, 딸의 역할이 노동자 역할과 맞물려 있다는 것이다. 우리는 이들의 노동이주가 결혼으로 이어지거나, 결혼을 통해 이주한 후 노동시장에 진입하는 여성이주자들의 사례를 통해 이들의 이주경험은 결혼과 이주, 노동이 다차원적으로 결합되어 결혼이주와 노동이주의 범주적인 구분이 불가능함을 알 수 있다.

국내에서 일하는 외국인노동자 또는 그보다 넓은 의미에서 이주 · 이민노동자의 개념을 정의할 경우, 사람들은 고용허가제 또는 방문취업제를 통한 이주노동자와 비합법체류 이주노동자를 쉽사리 떠올린다. 그러나 그 외에 전문직 종사자와 '결혼이민자 중 취업자'는 종종 망각하곤 한다.

우리나라 사람들이 이주 · 이민노동자 개념에 결혼이민자를 잘 포함시키지 못하는 것은 지금까지 그들을 노동자로 파악하려는 시도가 거의 없었던 것과 밀접한 관련이 있다. 국내 결혼이민자의 노동시장을 체계적으로 분석한 연구가 한 편도 없다는 점, 노동부에서 국내 외국 인력 통계를 작성할 때 결혼이민자를 포함시키지 않는다는 점도 고려할 수 있다(보건복지가족부 외, 2009).

국제결혼이주여성의 증가는 '이주의 여성화' 현상을 야기하면서 국제결혼을 통한 여성의 이주를 단순히 결혼이라는 관점에서가 아니라 결혼이주와 노동이주의 통합적 관점에서 이해할 필요성을 제기한다. 이주기간이 길어지고 자녀가 성장하면서 노동시장 참여의 중요성은 더욱 커지는 것으로 나타났기 때문이다. 또한 노동시장 참여는 가족빈곤해결과 경제적 안정을 확보하는 수단일 뿐 아니라 여성 개인의 시민권과 연동되는 문제이기도 하다.

이주여성이 바라보는 '일'이란 생계수단이며, 인정획득의 수단, 탈가족화의 수단, 불안한 삶을 기획하는 수단이다. 이처럼 이들은 '가족에서의 시장으로' 활동의 장이 확대되었고, '노동자로 살아가는 나'라는 정체성이 강하게 구성되고 있기 때문이다. 또한 선행연구를 살펴보면 이들의 출신국에서의 취업률이 70% 이상인 것으로 나타났다(신은주, 2011: 13). 이를 통해 이들이 한국사회보다 더 남녀가 가사와 육아를 분담하면서 경제 및 사회활동을 비교적 자유롭게 누리는 유연한 젠더구조 안에서 성장했음을 알 수 있다. 한국사회는 결혼이주여성에 대한 공적 프레임이 가족에서 시장으로 확대되어야만 한다. 또한 이들의 이주경험이 '노동의 장' '사회참여의 장'을 확대해 가는 과정임을 인식할 필요가 있다. 이들을 돌봄의 주체, 한국가족의 재생산 전담자로 바라보는 국가의 관점은 재고되어야 한다. 이들은 한국 사회에 적응함에 있어서 수동적 대상이 아닌 능동적 행위자로서 위치되며, 한국인 남편의 부인이나 어머니라는 지위뿐만 아니라 노동자와 국적을 취득한 시민이라는 범주와 복잡한 관계를 맺고 있다. 또한 이들은 이주를 감행하고, 새로운 미래를 기획하는 전 과정에서 중층적이며 다중적인 지위를 열망하는 적극적인 행위자이다(여성가족부, 2007).

2. 결혼이주여성 실태

우리나라에서 결혼이주여성의 증가는 세 단계로 나누어볼 수 있다.

첫 번째 단계, 1990년대 초 중국과의 국교를 기점으로 조선족 여성들이 대거 유입된 시기이다.

두 번째 단계, 일본 및 필리핀, 중국의 한족여성들이 특정종교의 신도로, 일부는 보다 나은 삶의 조건을 찾아 결혼한 시기이다.

세 번째 단계, 2000년 이후 필리핀, 베트남 등을 중심으로 한 동남아여성들이 결혼중개업체를 통해 대거 입국한 시기이다(설동훈, 윤홍식, 2008). 이때 입국한 여성들은 본국에서의 교육수준과 생활수준이 낮고 연령도 낮은 편으로 한국인 남편과의 연령차가 10년에서 20년에 이르기도 한다(김이선 외, 2007).

1) 결혼이주여성 결혼 현황

2018년 총 혼인건수는 약 257,600건이었고, 그중 국제결혼 혼인건수는 22,698건으로 전체 혼인에서 국제결혼이 차지하는 비율은 8.8%로, 전년보다 0.9%p 증가했다.

표 13-1 외국인과의 혼인 추이 (단위: 건, %)

구분	2013년	2014년	2015년	2016년	2017년	2018년
총 혼인건수 (천 건)	322.8	305.5	302.8	281.6	264.5	257.6
외국인과의 혼인	25,963	23,316	21,274	20,591	20,835	22,698
(총 혼인 중 비중)	8.3	8.0	7.4	7.3	7.9	8.8

자료: 통계청(2019).

2018년 말 기준 국내 거주 결혼이민자(국민의 배우자)는 총 159,206명으로 전년 대비 2.4% 증가하였다. 연도별 추이를 볼 때 국제결혼의 증가 비율이 2014년 이후 다소 감소하고 있는 추세이다.

표 13-2 결혼이민자 연도별 증가 추이 (단위: 명)

연도	2012년	2013년	2014년	2015년	2016년	2017년	2018년
인원	148,498	150,865	150,994	151,608	152,374	155,457	159,206
전년 대비 증감률	0.5%	1.5%	0.08%	0.4%	0.5%	2.0%	2.4%

자료: 출입국 통계(2019).

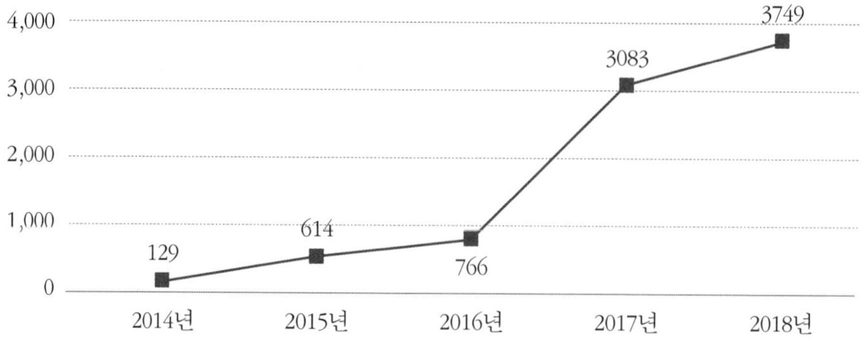

[그림 13-1] 결혼이민자 연도별 증가 추이 그래프(단위: 명)

자료: 법무부(2019).

전체 결혼이민자(159,206명) 중 여성 결혼이민자는 132,391명으로 전체의 83.2%를 차지하고, 남성은 26,815명으로 16.8%를 차지하고 있다. 따라서 여성 결혼이민자가 남성 결혼이민자보다 훨씬 높은 비율로 나타나고 있는데, 이는 우리사회에서 결혼이민자라고 하면 일반적으로 여성 결혼이민자를 떠올리는 원인이 되기도 한다. 전체 결혼이민자 국적별로는 베트남(26.7%)이 가장 높은 비중을 차지하고, 다음으로 중국(23.1%), 일본(8.6%), 필리핀(7.4%) 순으로 나타난다.

표 13-3 결혼이민자 국적별 · 성별 현황 (단위: 명)

구분＼국적	계	베트남	중국	한국계	일본	필리핀	캄보디아	타이	몽골
전체	159,206	42,460	36,812	21,894	13,738	11,836	4,496	4,411	2,438
여자	132,391	40,278	31,625	14,371	12,507	11,417	4,279	4,315	2,291
남자	26,815	2,182	5,187	7,523	1,231	419	217	96	147
비중	100.0	26.7	23.1	13.8	8.6	7.4	2.8	2.8	1.5

한편, 국제결혼이 초기를 거쳐 결혼이민자의 거주가 중장기화되고 있다. 2018년도에는 10~15년 미만이 33%, 15년 이상이 27.6%로 60.6%가 10년 이상 국내에 거주하고 있다. 2015년과 비교해 보아도 10년 미만 거주자 비율은 크게 감소한 반면, 10년 이상 거주자 비율은 12.7%p 늘어 결혼이민자 · 귀화자의 국내체류 장기화 현

표 13-4 결혼이민자 · 귀화자의 국내 체류기간 분포

구분	2015년	2018년
5년 미만	16.0%	11.5%
5~10년 미만	36.1%	27.9%
10~15년 미만	27.3%	33.0%
15년 이상	20.6%	27.6%
전체	100%	100%

자료: 여성가족부(2018).

상이 두드러진 것으로 나타난다.

중장기 결혼이민자가 늘어나면서 이들의 욕구도 변화하고 있는 것으로 나타났다. 결혼이민자 · 귀화자가 지난 1년간 한국생활에서 직면한 어려움에 있어서는 경제적 어려움(26.2%), 외로움(24.1%), 언어문제(22.3%) 순으로 나타났다. 2015년 결과와 비교하면 경제적 어려움은 지속적으로 가장 큰 어려움으로 지적되었으나, '지난 1년간 한국생활 중에 어려운 점이 없다'는 응답이 4.2%p 증가해 한국체류에 큰 어려움을 경험하는 이주민의 비율이 줄어든 것으로 보인다. 그러나 다른 한편으로 외로움을 어려움으로 지적한 이들이 지난 3년간 5.6%p 증가했으며, 2018년 조사에 새롭게 포함된 '친구 사귀기(7.1%)'를 어려움으로 지적한 이들도 적지 않았다. 이를 고려하면, 한국생활 중에 사회적 관계 형성의 어려움이나 이와 관련된 정서적 문제에 직면한 이들이 늘어난 것으로 보인다.

표 13-5 결혼이민자 · 귀화자의 지난 1년간 한국생활의 어려움(복수응답) (단위: %)

구분	어려운 점 없었음	외로움	가족 간의 갈등	자녀 양육 및 교육	은행, 시 · 군 · 구청 등 기관 이용	경제적 어려움	언어 문제	생활방식, 관습, 음식 등 문화 차이	편견 및 차별	친구 사귀기	기타
전체 (2018년)	29.9	24.1	8.0	19.0	6.2	26.2	22.3	18.8	7.4	7.1	1.1
전체 (2015년)	25.7	18.5	8.0	22.2	6.7	29.8	27.1	19.6	15.0	-	1.0

자료: 여성가족부(2018).

1) 결혼이주여성 가정 이혼 현황

국제결혼이 전체결혼에서 차지하는 비중이 높은 것과 동시에 이혼 또한 전체 이혼 대비 비중도 증가해 왔으나 최근 감소추세에 있다. 2018년 전체 이혼 대비 다문화 이혼의 비중은 9.4%이다. 2018년 전체 이혼(108,684건)이 전년보다 2.5% 증가한 데 비해, 다문화 이혼은 0.5% 감소했으며, 2011년까지 지속적으로 증가해 왔으나 2012년 이후 지속적인 감소 추세에 있다.

2018년 전국다문화가족실태조사 결과에 의하면 다문화가족의 이혼사유는 성격차이(52.0%), 경제적 문제(12.6%), 학대 · 폭력(8.6%), 외도 등 애정문제(8.4%)의 순으

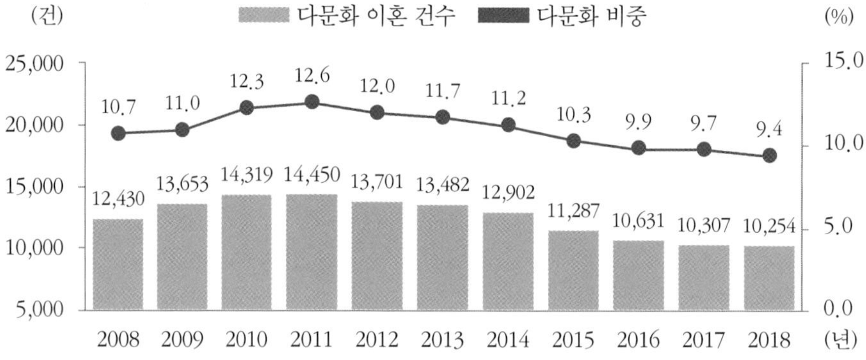

[그림 13-2] 다문화 이혼 건수 및 전체 이혼 중 다문화 비중 추이(2008~2018년)

자료: 통계청(2019).

표 13-6 다문화 이혼 건수 및 전체 이혼 중 다문화 비중(2016~2018년) (단위: 건, %)

구분		전체			다문화 이혼1)			출생기준 한국인 간의 이혼2)		
		2016	2017	2018	2016	2017	2018	2016	2017	2018
이혼 건수		107,328	106,032	108,684	10,631	10,307	10,254	96,697	95,725	98,430
(비중)		100.0	100.0	100.0	9.9	9.7	9.4	90.1	90.3	90.6
전년 대비	증감	−1,825	−1,296	2,652	−656	−324	−53	−1,169	−972	2,705
	증감률	−1.7	−1.2	2.5	−5.8	−3.0	−0.5	−1.2	−1.0	2.8

1) 다문화 이혼: 남녀 어느 한쪽이 외국인 또는 귀화자인 경우, 또는 남녀 모두 귀화자인 경우

2) 출생기준 한국인 간의 이혼: 남녀 모두 출생기준 한국인인 경우

로 나타나고 있다. 뿐만 아니라 배우자 가족과의 갈등, 음주 및 도박, 심각한 정신장애, 배우자의 가출 등도 이혼사유로 나타났다.

2018년 한국인부부의 결혼 후 이혼까지의 평균 결혼생활 기간은 15.6년인 데 비해, 다문화부부의 평균 결혼생활 기간은 8.3년으로 한국인부부의 평균 결혼생활 기간에 비해 짧은 결혼생활을 유지하는 것으로 나타났다. 이는 결혼이주여성가족이 한국인가족에 비해 해체되는 속도가 빠르며 해체가족으로 오랜 기간 동안 유지되어야 함을 의미한다.

또한 다문화가족을 대상으로 한 인터뷰, 이혼 관련 법률지원 자료 및 이혼 상담통계 등의 분석 결과에서는 주요 이혼사유로 결혼과정상의 문제, 외국인 혐오성 · 여성인권 침해성 폭력, 체류자격을 둘러싼 갈등, 사회적 · 경제적 갈등, 의사소통의 어려움과 생활양식의 차이 등이 제시되고 있다(김이선 외, 2010).

3. 결혼이주여성의 주요문제

1) 중개업체를 통한 결혼의 문제점

국제결혼은 일반적으로 지인의 소개, 직접 교제, 종교단체 주선, 결혼중개업체 소개 등 크게 4가지 방식으로 분류가 가능하다. 배우자를 만나게 된 경로는 국적별로 차이가 큰데 캄보디아 75.7%, 베트남 65.8%, 남부아시아인 60.5%가 결혼중개업체를 통해 상대방을 만난 것으로 나타난다. 중개업을 통한 결혼과정은 한국인 남성이 현지 맞선에 드는 비용을 지불하고, 짧게는 3박 4일 또는 5박 6일 과정으로 배우자를 결정하고 혼인을 성사하는 과정이다. 이는 남성이 주도적으로 배우자를 선택하는 과정이며, 이 과정에서 여성의 의사가 반영되기 어려우며, 의사소통이 불가능하고 정보가 불충분한 상황에서 선택을 강요받는 구조이다. 이처럼 남성 주도적이며, 주로 남성이 비용을 지불하는 결혼중개과정은 결혼 당사자인 남성으로 하여금 여성을 돈을 주고 사 오는 상품으로서의 인식을 구조적으로 강화시키고 있으며, 서로에 대한 이해와 합의 없이 이루어지는 결혼 구조 자체가 결혼 후 갈등과 폭력 유발의 원인이 된다.

사례 1 **인신매매 피해사례** 마사지 업소를 운영하던 결혼중개인 A 씨는 종업원 조달에 어려움을 겪던 중, B 씨에게 중국 여자랑 혼인신고를 하고, 그 여자를 업소 종업원으로 일하게 해 달라, 그 대가로 매달 100만 원을 주겠다고 제안함. 이런 경위로 입국하게 된 중국 여성 C 씨는 이런 사정을 알지 못한 채 한국에 오자마자 하룻밤을 지내고 마사지 업소로 넘겨져 일하게 됨. 그 후 경찰조사 결과 남편(B 씨)과 업소 사장(A 씨)의 위장결혼 혐의가 밝혀졌고, 여성 C 씨는 이 사실을 알지 못했으며 위장결혼이 아니라고 항변했으나 기소유예 처분을 받았다.

2) 국제결혼이주여성에 대한 가정폭력, 성폭력

사례 2 **베트남 이주여성의 이야기** 2010년 7월, 코리안 드림의 꿈을 안고 달콤한 신혼생활을 꿈꾸었던 베트남 여성 탓티황옥은 한국 땅을 밟은 지 일주일 만에 부산에서 남편에게 무참히 살해되었다. 정신질환이 있던 남편 장 모 씨는 부부싸움 끝에 부인을 마구 때린 후 부엌에서 가져온 흉기로 살해했다. 장 씨는 경찰에 자수한 후 아내를 죽이라는 환청이 들렸다는 말을 되풀이한 것으로 전해졌다. 장 씨는 지난 8년간 무려 57회에 거쳐 정신병원에서 입원과 치료를 받았던 정신질환자였다(국민일보 2010년 7월 22일자 기사).

외국인 아내에 대한 남편의 폭력사례는 이주여성단체들이 지속적으로 지적하는 문제이다. 2006년 보건복지부 보고서에 의하면 이주여성 중 가정폭력을 경험한 경우가 30%, 성적학대에 시달리는 경우가 23.1%로 나타났다. 2007년도 여성가족부의 「전국가정폭력실태조사」에서도 다문화가정의 가정폭력문제가 심각한 수준임이 다시 한번 확인되었다.

가정폭력을 당한 경우 대처방안을 살펴보면, 응답자 33.3%중에서 '그냥 참는 편이다'가 14.0%로 가장 높은 비율을 차지하며, 다음으로는 '다른 사람에게 도움을 요청한다'가 11.0%로 나타났다. 이 외에도 '남편에게 빈다'와 '같이 싸운다'가 동일하게 4.5%로 조사되었다(한국이주여성인권센터, 2008, 인권백서).

특히 주목할 바는 국적취득 여부에 따라 남편의 폭력 시 대응방식이 다르다는 점이다. 즉, 국적을 취득을 하지 않은 경우는 '그냥 참는 편이다'가 15.9%, '남편에게 빈다'가 5.6%로 평균보다 높은 비율을 보인 반면, 국적을 취득한 경우는 이 비율이 상대적으로 낮게 나타났다. 국적취득 여부에 따라 남편의 폭력 시 대응방식이 달라지는 것은 국적취득을 위해 남편의 도움이 반드시 요구되는 상황과 무관하지 않은 것으로 추측된다.

이처럼 결혼이주자의 지위가 한국인 배우자에게 종속적인 한 가정폭력 등 인권침해적인 상황이 발생하여도 결혼이주자는 이를 감내할 수밖에 없다. 결국 결혼이주자가 자신이 처한 인권침해적인 상황에 대해 능동적으로 대처할 수 있기 위하여 근본적으로 해결해야 할 문제는 결혼이주자의 안정적인 법적 지위확보이다. 자신의 신분과 체류가 안전하다는 판단이 들지 않는 한 결혼이주여성이 가정폭력의 고리를 끊어 내려는 결단을 내리기는 어렵기 때문이다(국가인권위, 2010: 76).

2006년 「가정폭력방지 및 피해자보호 등에 관한 법률」(이하 가정폭력방지법)이 개정되면서 '외국인'이 포함되었으며, 이 법조문을 근거로 가정폭력피해 이주여성을 위한 쉼터가 마련되어 현재 광역별로 28곳의 이주여성쉼터가 있다(2018년 9월 기준). 이주여성쉼터는 성폭력, 가정폭력피해자에게 지원을 하는 다목적 쉼터이다. 정부가 가정폭력피해를 입은 이주여성들을 위해 쉼터를 설치하고 긴급전화를 설치해 이주여성들의 인권보호에 도움을 준 것은 사실이지만 이주여성의 특성을 모른 채 한국인 쉼터의 경험을 갖고 이주여성쉼터의 운영지침을 세우고 그 규정에 따르기를 강요하다 보니 쉼터 입소자들을 제대로 지원하기 어렵다. 또한 가정폭력의 범주를 신체폭력으로 제한하는 경향 때문에 쉼터가 필요한 많은 이주여성들이 쉼터의 도움을 받지 못하는 어려움이 있다(한국이주여성인권센터, 2011).

3) 결혼 이후, 국적 및 체류자격 등의 문제

한국에서 체류문제와 여성들의 인권보호와는 깊은 관계가 있음을 알 수 있다. 체류권은 결혼이주여성에게 있어 기본권에 해당한다. 따라서 안정적인 체류정책이 필요하다. 정부 역시 결혼이주여성이 안정적 체류가 필요함을 인식하고 여러 가지 정책을 마련한 바 있다.

법무부는 결혼이민자에 대한 체류권 관련 법령을 개정하였는데 먼저 2011년과 2013년에 「출입국관리법」은 결혼이민자와 관련하여 법과 시행령이 개정되었다. 먼저 결혼이민(F-6) **체류자격**을 신설하였다. 기존 시행령(별표1[2])에는 결혼이주민의 체류자격이 거주(F-2)에 포함되어 난민, 외국투자가 등의 다른 외국인들과 함께 규정되어 있었으나 개정 이후 국민의 배우자, 국민과 혼인관계에서 출산한 자녀를 양육하고 있는 부모 등에 대해서 별도의 결혼이민(F-6) 체류자격으로 구분하였다.

나아가 결혼이민(F-6) 체류자격에 결혼이민자의 귀책사유가 없는 결혼단절 상황에 대한 내용을 추가하였다. 이는 '국민인 배우자와 혼인한 상태로 국내에 체류하던 중 그 배우자의 사망이나 실종, 그밖에 자신에게 책임이 없는 사유로 정상적인 혼인관계를 유지할 수 없는 사람'으로서 정상적인 혼인관계를 유지할 수 없으나 국내 체류가 불가피한 결혼이민자에 대한 법적 근거를 마련한 것이다.

더불어 체류기간 연장허가 시 배우자의 신원보증서 제출의무 조항을 삭제하였다. 기존「출입국관리법 시행규칙」제76조 제2항 제6호는 결혼이주민이 거주(F-2) 자격으로 국내에서 체류연장 허가를 받고자 할 경우, 혼인의 진정성을 확인하기 위해 신청서에 신원보증서를 첨부하도록 요구하였다. 그러나 신원보증제도가 평등한 부부관계를 저해하고, 가정폭력 등의 위기 상황에서도 이 사항으로 인해 피해자가 적극적인 대처를 하지 못하도록 하는 문제 등이 발생하여 비판이 제기되었다.

이에 2011년 10월 국가인권위원회는 신원보증서 제출 요구가 개인의 존엄과 양성평등에 기초한 혼인의 성립과 가족생활의 유지라는 헌법적 가치[3]에 위배된다고 판단하여 법무부에 신원보증제도를 폐지할 것을 권고하였다(안진, 2013[4]; 국가인권위원회, 2017). 이러한 권고를 받아들여 법무부는 2011년에 결혼이주자의 체류기간 연장 신청 시 신원보증서 제출의무 조항을 삭제하였다.

이처럼 현행법에서 결혼이주민의 체류기간 연장 신청 시에 배우자의 신원보증을 요구하던 조항은 폐지되었으나,「출입국관리법 시행규칙」제76조 제2항 제6호 및

2)「출입국관리법 시행령」제12조(체류자격의 구분) 법 제10조 제1항에 따른 외국인의 체류자격은 [별표 1]과 같다.
[별표 1 제28의 4호] "다. 국민인 배우자와 혼인한 상태로 국내에 체류하던 중 그 배우자의 사망이나 실종, 그밖에 자신에게 책임이 없는 사유로 정상적인 혼인관계를 유지할 수 없는 사람으로서 법무부장관이 인정하는 사람"

3)「헌법」제11조 및 제36조 제1항.

4) 안진. 결혼이주관련 법제의 문제점과 개선방안에 관한 일고찰: 결혼이주여성의 인권의 관점에서. **법학논집**, 30(1), 53쪽.

[별표 5의 2]에서는 결혼이주민이 결혼이민(F-6)으로 변경허가를 받기 위해 사증을 발급받고자 할 경우 여전히 한국인 배우자의 신원보증서를 요구하고 있다. 이러한 신원보증제도는 체류기간 연장에서와 마찬가지로 평등한 부부관계를 저해하고, 악용될 우려가 있다는 점에서 비판이 제기된다.

(그러나 정부가 마련한 '안정적인 체류' 정책은 귀책사유의 범위가 너무 협소하여 결혼이주여성의 안정적인 체류를 위해서는 실효성이 적다. 「국적법」상 간이귀화에 요구되는 2년의 거주기간 요건과 관련하여, 정부는 2006년 귀책사유 입증을 공인된 여성관련 단체의 확인서로 할 수 있게 하는 지침을 마련하였지만, 여전히 거주기간 요건으로 인해 결혼이주여성의 한국인 남편에 대한 종속 문제가 제기되고 있다.)

이처럼 결혼이민자는 한국사회에서의 체류자격이 한국인 배우자에게 종속되어 있다는 점은 국제결혼 부부의 특수한 측면으로 이러한 점이 국제결혼부부의 관계에 결정적인 영향을 미친다. 즉, 가정폭력실태에서 살펴본 바와 같이 '신원보증을 해지하여 본국에 돌려보내겠다고 위협하는 남편의 폭력행위로 나타나거나 국적취득 여부에 따라 남편의 폭력 시 대응방식이 달라지는 상황과 연관되어 있다.

4) 기존 가정폭력 서비스 이용상의 어려움과 과제

한국의 언어와 제도에 미숙하고, 인적·물적 기반이 취약한 국제결혼 이주여성이 2004년에 개정된 혼인에 기한 간이귀화 조항에 따라 스스로 한국인 배우자의 귀책사유를 입증한 후 국적신청을 한다는 것은 가능성이 매우 희박한 일일 것이다.

가정폭력피해를 당한 결혼이주여성을 보호하기 위한 쉼터가 현재 전국에 18개소 운영되고 있으나 쉼터에 입소자격이 구타당한 피해자로 제한적이며, 정서적·언어적 폭력을 입은 여성을 입소시킬 경우 가정에 복귀시키라는 압력을 행사하거나 남편에게 알리라는 지시를 내리는 경우도 있다. 이런 조치는 한국인 가정폭력 쉼터에는 내리지 않는 조치인바, 이는 다분히 인종차별적이며, 이주여성의 인권보다 가부장적 가족유지에 우선하는 정책이다. 이런 정책으로 인하여 지난 5월 24일에 황티남이라는 베트남 결혼이주여성이 시어머니의 폭력으로 쉼터에 입소해 있다가 상담을 받고 집으로 돌아간 지 6개월 만인 2011년 5월 22일 아기를 출산한 지 19일 된 날, 남편에게 칼로 난자당해 사망한 사례가 있다. 이주여성들은 언어의 제한과 법

지원 체계의 차이 때문에 한국인 상담소를 이용하기 어렵고, 체류와 이혼을 위한 법적 지원을 위해서도 남편과의 상담이 필수이기 때문에 별도의 상담소가 필요하다(한국이주여성인권센터, 2011).

5) 이혼한 결혼이주 여성의 체류자격

법무부 통계에 의하면 결혼이민자로 입국해서 불법체류가 된 사람들이 2017년 기준 5%, 2018년 기준 4.1%이다(법무부, 2019[5]). 이들 중에는 남편이 '나가라'고 하거나 '방기'로 인해 집을 그냥 나와 미등록체류자가 되거나, 합의이혼 후 귀국하지 않고 미등록노동자가 된 사람들이다. 문제는 이들 중 많은 여성이 한국인이나 자국민 브로커들의 꼬임에 빠져 유흥업으로 유입되는 경우가 발생한다는 것이다. 물론 불법체류자가 되면 아무런 법적 보호, 즉 건강이나 사회보장 등의 혜택을 받지 못할 뿐만 아니라 단속에 걸리면 강제출국을 해야 하는 실정이다(한국염, 2011).

한국사회에서 결혼이주여성을 어떻게 바라보는가 하는 관점을 가장 극명하게 보여 주는 지점이 바로 이혼한 결혼이주여성의 체류 제도이다. 비록 선의를 가지고 결혼을 하였다고 하더라도 영주권이나 국적을 취득하기 전에 이혼한 경우 이주 여성은 원칙적으로 한국에 체류할 수 없다. 한국인과 결혼을 하기 위해 한국에 들어왔으니 그 목적에 상응하는 상태가 아니라면 돌아가야 하는 것이다. 예외적으로 이혼한 이주 여성이 계속 체류할 수 있는 경우가 있기는 하나 그것도 한국인 자녀를 양육하거나 한국인 부모를 부양하는 식으로 한국 사회의 필요에 기여하는 경우에 한해서이다.[6] 이처럼 이혼, 사별 이후 제도적 틀 안에서 한국사회에 거주하는 결혼이민자들은 결혼기간 중 한국 국적을 취득했거나 한국국적의 미성년 자녀가 있거나 남편의 귀책사유로 인해 체류기간을 연장할 수 있는 이들 정도이다. 하지만 이와 같은 기준은 이혼 및 사별 이후 결혼이민자들이 경험하는 매우 다양하고 복잡한 상황을 모두 포괄하지 못하는 것이 현실임이다. 현재의 제도하에서는 체류자격을 인정받지 못한 경우 면접교섭권 등 자녀에 대한 권한이 있더라도 이를 실현할 수 없는 등

5) 법무부(2019). 출입국 · 외국인정책 통계월보, 2018년 12월호.

6) 김종철(2011). 이혼한 결혼이주여성의 체류. 국제결혼관련 문제점 및 개선방안 변협세미나.

복합적 한계에 직면하기 쉽다(김이선 외, 2010). 결국 이들은 불안정한 생활을 영위하면서도 각종 제도의 사각지대에 놓이게 된다.

4. 결혼이주여성 정책과 서비스

현재 한국의 다문화정책의 주요대상계층인 결혼이주여성가족을 위한 법제, 정책의 현황 및 문제점을 파악하고자 한다.

1) 결혼이주여성 관련 법령

다문화 정책의 직접적인 근거가 되는 법령으로서, 「재한외국인 처우 기본법」과 「다문화가족지원법」을 들 수 있으며, 복지관련 법령으로 「아동복지법」「영유아보육법」「모자보건법」「보건의료기본법」「국민기초생활 보장법」「저출산 · 고령사회기본법」을 들 수 있다(김영주, 2010: 51-73).

「재한외국인 처우 기본법」이 모든 거주 외국인을 대상으로 하고 있으나 자녀의 보육과 교육 등의 지원 대상을 '결혼이민자' 가족으로만 한정하고 있다. 최근, 외국인 노동자의 국내 임신 · 출산 사례가 증가하고 있는 현실을 고려하면, 이들을 포함하는 전체 거주 외국인의 임신과 출산 및 모성건강에 대한 지원을 담아야 할 것이다.

「다문화지원법」은 다문화가족의 지원에 관한 포괄적인 내용을 담고 있는데, 결혼이주여성의 모성보호를 위한 지원, 다문화가족 자녀의 차별금지, 자녀의 보육 및 교육지원을 포함하고 있다.

표 13-7 결혼이주여성 관련 법령의 평가

법안	내용과 평가
「다문화가족 지원법」	• 적용대상이 한국인 배우자와 결혼한 가정과 귀화한 가정으로만 제한됨으로써 많은 이주민 가정을 배제하는 차별적 성격을 띰 • 합법적 체류자만을 대상으로 하는 「재한외국인 처우 기본법」의 제한을 받고 있어 대상의 한계, 지원내용의 한계를 드러냄 • 법의 목적 자체가 '다문화가족 구성원의 안정적인 가족생활 영위'이므로 이주여성 개개인의 기본적 인권보호에는 취약한 한계를 가짐
「결혼중개업의 관리에 관한 법률」	• 국제결혼중개업에 대한 관리 주무부서는 여성가족부이나, 2010년부터 중개업에 대한 관리 감독 업무가 시·군·구로 이관되었음 • 미등록 국제결혼 중개업체에 대한 관리감독을 실질화할 수 있는 대책을 시급히 마련해야 하고, 국제결혼중개업자의 신상정보제공 의무가 제대로 이행될 수 있도록 강력한 처벌규정이 도입되어야 함 • 국제결혼중개업체에 대한 관리감독 관청인 지방정부는 농어촌 지역 미혼 남성에 대한 국제결혼 수수료 지원 정책을 중단하고 국제결혼중개업체에 대한 관리감독을 제대로 이행하여야 함 • 한국뿐만 아니라 현지 브로커들을 규제할 수 있는 방안을 마련하고, 국제결혼중개업체나 개인 브로커들에 의해 피해를 입은 여성들을 '국제인신매매방지법' 정의에 근거하여 인신매매 피해자로 간주하여 원하는 경우 한국에서 체류권과 취업권을 갖고 살 수 있는 정책을 마련해야 함. 이를 위해서 한국에서도 국제기준에 의한 '인신매매방지법'을 제정해야 함
「가정폭력방지 및 피해자 보호 등에 관한 법률」	•「가정폭력방지 및 피해자 보호 등에 관한 법률」(2009년 5월 8일)이 개정되어 가정폭력피해자에게 임대주택 우선입주권을 부여. 그러나 외국인 신분의 이주여성은 보호대상에서 배제. 가정폭력피해를 입은, 귀화하지 않은 외국인 여성에게도 임대주택 우선 입주권이 부여되기 위해서는 명시적으로 '외국인 여성' 항목을 명기할 필요가 있고, 한국사회에서 가장 약자인 이들에게 우선권을 부여할 수 있는 장치를 마련할 필요가 있음

다음으로 결혼이주여성의 임신·출산과 자녀양육에 관련한 법령을 검토한다. 법령은 정책 주진의 근거가 되며, 정부의 관련 정책 기조 및 방향과 관점이 반영되어 있다고 볼 수 있다.

다음으로 복지관련 법령으로,「아동복지법」에서는 제3조 기본이념과 제4조 국가 및 지방자치단체의 책임에 관한 조항에서, 자신 또는 부모의 '인종'에 따른 차별을 받지 말아야 하고, 차별방지를 위한 시책을 강구하도록 규정하고 있다. 이는 결혼이주여성 외에도 모든 외국인주민의 자녀에게 적용될 수 있다고 본다. 그러나 「아동복지법」에서 구체적인 지원 내용 등에 대한 조항은 포함되어 있지 않다. 「영유아보육법」은 제3조의 보육이념과 제26조 취약보육의 우선실시 조항이 관련되는데, 보육이념에 대한 규정에서는 「아동복지법」과 달리 '인종'에 따른 차별금지가 명시되어 있지 않다. 다만, 제3조에서 영아, 장애아와 함께 다문화가정에 대한 보육을 우선적으로 실시해야 함을 규정하고 있다. 「보건의료기본법」은 건강에 대한 권리와 보건의료 취약 계층에 대한지원과 관련하여 규정하고 있는 법령인데, 이 법에서는 결혼이주여성의 모성보호와 건강에 대한 직접적인 언급은 되어 있지 않다. 제10조 건강권에서도 건강에 관한 권리를 침해받지 않는 대상을 '모든 국민'으로 한정함으로써, 국민의 자격이 주어지지 않은 국적 미취득자나 영주권자의 경우 그 대상에서 제외되고 있다.

결혼이주여성의 모성보호와 관련하여서는 특별히 결혼이주여성 등 취약집단에 대한 내용은 명시되어 있지는 않지만, 제32조에서 포괄적으로 여성의 건강한 자녀 출산과 양육 지원을 포함하고 있다. 또한 「모자보건법」 제3조의 3항에서는 결혼이주여성에게도 이법이 적용됨을 규정하고 있다.

「저출산 · 고령사회기본법」에서는 모자보건 및 보육, 일과 가정의 양립 지원 등을 규정함으로써 자녀의 출산과 양육에 필요한 제반 지원의 사항들을 포함하고 있다. 물론 '임산부'나 '자녀를 양육하려는 자'와 같이 그 대상을 포괄적으로 규정함으로써 민족 · 출신국가 등에 따른 제한은 없지만, 특별히 결혼이주여성에 대한 조항은 포함하고 있지 않다.

2) 다문화가족 생애주기별 맞춤형 지원 강화대책

정부 차원에서 결혼이주여성에 대한 내용이 지원정책에 포함되기 시작한 것은 2006년의 여성결혼이민자가족의 사회 통합 지원대책에서부터이다. 당시 빈부격차 · 차별시정위원회에서 대통령 주재의 제74회 국정과제회의를 통하여 발표한 이 대책은 결혼이주여성의 보건서비스 지원과 자녀양육 지원의 내용을 일부 포함하고 있다. 이 대책에 포함된 결혼이주여성 출산과 양육 지원 정책들은 새 정부 출범 이후부터는 보건복지가족부에서 추진하고 있으며, 2008년 10월 30일에는 다문화가족 생애주기별 맞춤형 지원 강화대책(이하 '생애주기별 지원 강화대책')으로 발표된 바 있다.

생애주기별 지원 강화대책은 결혼이주여성의 생애주기로서 3단계를 '자녀 양육기'로 설정하고 자녀 임신 · 출산 · 양육 지원에 대한 정책을 담고 있는데, 이전의 여성결혼이민자 가족의 사회통합 지원대책보다 자녀 출산 및 양육 지원의 부분이 대폭 강화되어 있다. 생애주기별 지원 강화대책을 통하여 현재 추진되고 있는 관련 사업들은 여성가족부를 비롯하여, 전국의 다문화가족지원센터와 보건소 등에서 수행하고 있다.

첫째, 임신 · 출산 지원에서는 '임신 · 출산 방문 지원서비스', 저소득층 '산모도우

단계별	내용	정책수단 및 전달체계
입국 전 결혼준비기	국제결혼중개업체 관리 한국생활 정보제공 · 상담 한국인 배우자교육	결혼중개업의 관리에 관한 법률 국제결혼이민관/콜센터 결혼이민자가족지원센터
가족관계 형성기	한국어교육 및 임신 · 출산지원 종합정보제공 및 통 · 번역서비스 위기개입, 가족통합교육	결혼이민자가족지원센터 방송 및 디지털대학교 정보매거신/통 · 번역시스템 이주여성 1366센터 및 쉼터
정착 및 자녀양육기	아동양육지원 취업역량강화 • 영농기술교육 • 취업교육 • 정보화교육	결혼이민자가족지원센터 보육시설
역량강화기	취업인계 다문화사회 통합선도자 육성	결혼이민자가족지원센터 정책모니터링단/자조모임

[그림 13-3] 생애주기별 지원 서비스

자료: 보건복지부(2008).

미' 파견 사업, '임산부 · 영유아 영양플러스' 사업 등을 추진하고 있다(보건복지부, 2008).

둘째, 부모의 자녀양육 능력 배양에서는 다문화가족지원센터에서 아동양육 지도사를 파견하는 '아동양육지원 방문교육' 사업과 역시 다문화가족지원센터에서 남편 대상 육아교육 프로그램을 운영하는 '아버지 육아교육'을 2009년부터 실시하고 있다.

셋째, 영유아 보육 및 교육 강화 분야에서는 '영유아 무상보육 확대'와 '농어촌지역 소규모 보육사업' '보육시설 다문화프로그램 강화'를 대표적으로 들 수 있다.

넷째, 부모 및 자녀의 건강관리 분야는 의료 취약계층인 결혼이민자와 배우자에게 건강검진 및 의료서비스 지원과 관련한 사업들로서, 건강보험 미가입자 등 의료혜택을 받기 어려운 결혼이주여성에게 의료비를 지원하거나 보건소 등록관리 및 방문 서비스를 제공하는 '맞춤형 방문건강관리서비스'를 실시하고, 예방접종과 관련한 각종 정보들을 다언어로 제작한 '자녀 예방접종'과 관련한 각종 정보들을 다언어로 제작한 『자녀 예방접종 정보집』을 배포하는 사업이 여기에 포함된다.

5. 결혼이주여성에 대한 관점 및 정책방향

국제적으로 대규모의 실업과 빈곤화현상은 전 지구적인 노동이주민을 양산하였다. 국내적으로는 여성들이 높은 교육열의 수행자이자 수혜자로서 출산파업과 돌봄 노동 파업이라는 가족 내 이중혁명-소리 없는 혁명을 도도히 수십 년간 진행하였다. 그 결과 출산율 저하와 돌봄 노동의 공백이 나타났고, 이를 메우기 위한 아시아여성의 결혼이주현상이 외국노동자문제와 함께 심각하게 대두하게 된 것이다.

그리고 아시아 결혼이주여성들이 농촌총각의 결혼과 저출산 해소라는 이중해법으로 떠오르면서 다문화 담론과 정책의 주요 주제로 뚜렷이 부각되었다. 이것은 정부와 주 언론이 다문화주의 실현을 통해 얻을 수 있는 국가적 · 사회적 · 경제적 이익의 존재를 인식한 것이며 당연한 귀결이었다.

여기에서 중요한 점은 다문화가족정책에서 젠더 관점이 중요하다. 왜냐하면, 첫째, 결혼이주여성을 중심으로 다문화주의 정책이 모색되는 데에 한국의 가부장적 부계혈통주의가 강하게 작동하여, 이러한 부계중심의 가족정책접근은 시민단체에서조차 다른 이주자에 비해 결혼이주여성의 문제를 한국사회의 본질적 변화와 관련된 과제로 인식하는 데 영향[7]을 미쳤기 때문이다. 둘째, 젠더 관점이 배제된 가족정책은 가부장적 국가의 속성상 그리고 선진국의 경험에서 볼 때에 저출산 고령화 또는 현대 가족해체문제와 사회통합, 나아가서 사회발전에 능동적으로 작용하지 못하기 때문이다. 셋째, 대부분의 아시아 국가들이 대부분 유교적 가부장제의 전통하에 있는데, 그러한 전통이라는 명분으로 가족 내 권력관계를 서열화하여 한국 내 결혼이민자 여성들의 억압과 차별을 정당화할 위험성이 매우 높기 때문이다(김영주, 2010).

현재 정부의 다문화정책은 결혼이주여성 위주의 정책이며, '농촌총각과 결혼한 필리핀 새댁'이라는 이미지로 굳어 있는 결혼이주민에 대한 시선은 남성결혼이주민의 문제를 비가시화하고 있다. 실무적으로는 여전히 '부계혈통주의'의 뿌리가 깊게 작용하고 있는 것이다.

다문화정책의 법적 근거인 「다문화가족지원법」은 제2조 정의규정을 통해 법 적용대상으로 "대한민국 국민과 혼인하여 가족을 이루고 있는 외국인 또는 귀화자"로 한정하고 있다. 이와 같은 협소한 정의 규정은 고용허가제로 이주한 이주여성, 남성, 이주노동자 부부사이에서 출생한 아동, 외국인 유학생과 그 동반자, 무국적 외국인과 그 가족의 문제를 동법의 적용대상에서 배제시키고 있다. 이같이 한국인과 가정을 구성한 결혼이민자에게만 정착지원을 보장하는 것은 '가족의 구성과 혈통의 유지'라는 측면이 적극적으로 고려된 결과로서 국적과 혈통에 기반을 둔 차별로 해석될 소지가 있다.

또한 「다문화가족지원법」은 '합법적' 체류자격의 외국인만을 법적용 대상으로 한정하고 있다. '체류자격'이 합법인지 여부를 기준으로 삼아 정착지원 서비스의 제공 여부를 결정한다면 가정폭력 등의 이유로 체류연장 신청을 하지 못하고 초과체류 상태가 된 결혼이주자에 대한 지원은 불가능하며, 미등록 이주노동자 사이에서 출생한 이주아동에 대한 보호 조치 또한 배제된다. 이는 또한 아동보호에 관한 국제협

7) 김혜순(2006). 한국의 다문화사회담론과 결혼이주여성: 적응과 통합의 정책마련을 위한 전제들. 한국사회학회, 동북아 다문화시대: 한국사회의 변화와 통합, 동북아시대위원회.
김혜순(2008). 결혼이주여성과 한국의 다문화실험: 최근 다문화담론의 사회학. **한국사회학**, 42(2): 36-71.

약에도 위배된다. 인간으로서 누려야 할 기본적 권리는 그 향유자와 체류상태에 좌우될 수 없는 성질의 것으로서 국내법에 의해 보호되어야 마땅함에도 배제되고 있는 법 현실은 우리 사회의 취약한 인권수준을 반영하고 있다.

또한 현재의 다문화가족에 대한 지원 정책이 부계 중심적 가족문화를 유지하기 위한 성격을 가지고 있다는 비판이 제기되고 있다. 결혼이주여성에 대한 정책이 점차 '다문화가족'지원 정책으로 바뀌게 되면서, 자녀 출산 및 양육자로서의 적응과 역할수행에 방점이 주어졌다는 비판이 그것이다(?).

다문화사회에 부응하기 위한 바람직한 결혼이주민에 대한 정책 방향과 과제는 다음과 같다.

첫째, 모든 결혼이주민이 한국사회에서 안전하게 살 수 있도록 하기 위하여 사회보장제도를 개방하고 이주여성에 대한 사회보장 지원책이 '가족중심'에서 '여성 개개인의 인권과 안전을 보호'하는 방향으로 이뤄져야 한다.

둘째, 다문화가족과 같은 다양한 가족형태의 증가는 상대적으로 자녀 돌봄에 취약한 가족의 돌봄 기능을 정책적으로 보완하고 지원해야 할 과제를 증대시키게 되었다. 최근 한국의 출산율이 세계적으로 유래 없을 정도로 낮아지면서 저출산 문제가 사회적 현안이 되고 이는 가운데, 출산과 자녀양육에 대한 정책 지원이 강화되고 있지만 이것도 여성의 재생산권과 안전하고 건강한 출산 및 양육에 대한 보장이 없으면 한계가 있을 수밖에 없다. 따라서 여성 개인의 다양한 생애설계와 행복추구권을 고려하면서 인간의 재생산 과정에서 여성의 의사결정권과 건강권, 이를 보장받을 수 있는 제반 사회적 지원이 포괄적으로 보장되어야 한다.

셋째, 결혼이주민의 사회안전망 구축을 위하여 결혼이주민에게 「국민기초생활보장법」「모자복지법」「영유아보육법」「모자보건법」에 대한 정보를 결혼이주민이 이해할 수 있는 언어로 제공하고, 불이익을 당하지 않도록 만전을 기한다. 특히 임신과 출산의 도움을 받기 어려운 결혼이주민을 위해 다문화가족지원센터 등에서 임신과 출산에 대한 교육을 제공하고, 보건소나 주민자치센터에서 결혼이주민이 이해할 수 있는 언어로 모성보호에 대한 정보를 제공토록 한다.

넷째, 다문화사회에서의 인권에 대한 이해 증진과 외국인 차별금지를 위해 **다문화인권교육**을 실시하여 일반시민 및 담당공무원의 인권 감수성을 제고해야 한다(신은주, 2011).

중점토의

1. 이주여성이 한국에 오는 경로에 대해 생각해 보시오.
   –예술흥행 체류자격, 고용허가 노동자, 방문취업 노동자, 결혼이주 등
2. 결혼이주여성에게 '일'이란 어떤 의미가 있을지 생각해 보시오.
3. 방송 등에 비춰지는 결혼이주여성의 이미지와 편견에 대해 생각해 보시오.
4. 이주여성이 한국사회에서 살아가는 다양한 모습에 대해 생각해 보시오.
   –국회의원, 공무원, 다문화강사, 통번역사, 이주민방송국 PD, 여성농민 등

*** 참고자료**

Q. L 씨는 결혼한 지 1년 6개월 만에 남편의 폭력으로 이혼을 하여 한국국적을 취득하기 전의 상태이다. 남편의 귀책사유로 아이양육권을 인정받았고 양육비를 남편으로부터 지급받는다는 판결문도 받았지만 남편은 아이 양육비를 한 번도 보내지 않고 있다. L씨는 「한부모가족지원법」에 따라 국가로부터 양육비를 지원받을 수 있는가?[8]

A: 「국민건강보험법」「국민기초생활 보장법」과 「한부모가족지원법」에서도 국제결혼이주민의 법적 지위를 규정하고 있다. 세 법 모두 그 대상을 국민으로 하고 있지만 외국인에 대한 특례조항을 두고 있다는 점이 특징적이다. 이를 통해 국제결혼이주민이 해당 법률의 적용을 받을 수 있다.

8) 한국이주여성인권센터(2008). 적응과 폭력사이에서: 결혼이주여성 실태조사 및 상담사례 모음. 한국이주여성인권센터.

	관련법	조문
국제결혼 이주민의 사회복지관련 법적 지위	「국민건강 보험법」	**제93조(외국인 등에 대한 특례)** ② 국내에 체류하고 있는 재외국민 또는 외국인으로서 대통령령이 정하는 사람은 제5조의 규정에 불구하고 이 법의 적용을 받는 가입자 또는 피부양자가 된다.
	「국민기초 생활 보장법」	**제5조의2(외국인에 대한 특례)** 국내에 체류하고 있는 외국인 중 대한민국 국민과 혼인하여 본인 또는 배우자가 임신 중이거나 대한민국 국적의 미성년 자녀를 양육하고 있거나 배우자의 대한민국 국적인 직계존속(직계존속)과 생계나 주거를 같이하고 있는 사람으로서 대통령령이 정하는 사람이 제5조에 해당하는 경우에는 수급권자가 된다.
	「한부모 가족지원법」	**제5조의2(보호대상자의 범위에 대한 특례)** ③ 국내에 체류하고 있는 외국인 중 대한민국 국민과 혼인하여 대한민국 국적의 아동을 양육하고 있는 사람으로서 대통령령으로 정하는 사람이 제5조에 해당하면 이 법에 따른 보호대상자가 된다.

참고문헌

국가인권위원회(2008). 국회의원을 위한 인권핸드북.

국가인권위원회(2010a). 다문화인권교육프로그램.

국가인권위원회(2010b). 유엔 경제적, 사회적, 문화적 권리 위원회 대한민국 제3차 최종견해 평가 및 이행전략 모색을 위한 토론회.

김승권 외(2010). 2009년 전국 다문화가족실태조사 연구. 보건복지가족부, 법무부, 여성부, 한국보건사회연구원.

김영주(2010). 결혼이주여성의 자녀 출산 · 양육 정책에 대한 비판적 고찰: 젠더 관점과 다문화관점을 중심으로. 한국인구학, 33(1), 51-73.

김유경 외(2012). 다문화가족의 변화와 사회적 대응방안연구. 한국보건사회연구원.

김이선, 장혜경, 김혜영, 양명희, 최은영(2007). 결혼이민자 가족지원서비스 효율화 방안연구. 여성가족부.

김이선 외(2010). 다문화가족의 해체문제와 정책과제. 여성가족부.

김정선, 김재원(2010). 결혼중개업의 관리에 관한 법률, 의미없지만 유효한 법: 캄보디아 국제결혼 중개실태를 중심으로. 경제와 사회, 86, 305-383.

김혜순(2006). 한국의 다문화사회담론과 결혼이주여성: 적응과 통합의 정책마련을 위한 전제들.

김혜순(2008). 결혼이주여성과 한국의 다문화실험: 최근 다문화담론의 사회학. 한국사회학, 42(2): 36-71.

김종철(2011). 이주여성의 이혼 후 국적취득 영주권 취득에 관한 검토 (pp. 51-53).

박지영(2008). 국제결혼 이주여성의 인권보호를 위한 법적 방안 연구. 이화여자대학교 대학원 석사학위논문.

법무부(2019). 출입국외국인정책 통계월보, 2018년 12월호. 법무부.

법무부 외국인정책위원회(2019). 법령/자료 > 통계정보 > 출입국통계 > 체류외국인-법무부 http://www.moj.go.kr/moj/2412/subview.do

보건복지가족부 외(2009). 다문화가족실태조사 및 사회통합도 측정(2009년 전국다문화가족실태조사 연구)연구결과 정보 '(최종)2009다문화가족실태조사연구(한글파일).pdf' http://www.prism.go.kr/homepage/entire/retrieveEntireDetail.do?pageIndex=1&research_id=1382000-201000026&leftMenuLevel=160&cond_research_name=%EB%8B%A4%EB%AC%B8%ED%99%94%EA%B0%80%EC%A1%B1%EC%8B%A4%ED%83%9C%EC%A1%B0%EC%82%AC&cond_research_start_date=&pageUnit=10&cond_order=3

보건복지부(2008). 다문화가족 생애주기별 맞춤형 지원 강화대책(2008.11월) http://www.mohw.go.kr/react/jb/sjb030301vw.jsp?PAR_MENU_ID=03&MENU_ID=0321&CONT_SEQ=264447&page=1

변화순 외(2008). 결혼이민자 여성의 가정폭력 피해현황과 지원체계 개선방안. 한국여성정책연구원.

사회복지공동모금회 나눔연구소 연구센터(2014). 사회적 임팩트 향상을 위한 배분분야별 연구(다문화).

설동훈, 윤홍식(2008). 여성결혼이민자의 사회경제적 적응과 복지정책의 과제: 출신국가와 거주지역에 따른 상이성을 중심으로. 사회보장연구, 24(2).

성상환(2010). 다문화 인권교육 프로그램 개발 연구 기초연구보고서. 국가인권위원회.

소라미(2009). 이주여성 관련 국내법 현황 및 국제기준 이해. 이주분야 국제조약의 국내이행 강화를 위한 활동가 워크숍. 국가인권위원회, 공익변호사그룹 공감.

소라미(2010). 젠더와 인권의 관점에서 바라본 다문화가족지원법제 검토문. 이주인권가이드 (pp. 75-77).

송다영, 김미주, 최희경, 장수정(2011). 새로쓰는 여성복지론: 쟁점과 실천. 양서원.

신은주(2011). 사회복지와 인권, 이주민 인권 길라잡이. 국가인권위원회.

신은주, 조미솔(2011). 결혼이주여성 취.창업 프로그램 효과성 및 모델개발. 한국여성재단, 평택대학교 다문화가족센터.

안진(2013), 결혼이주관련 법제의 문제점과 개선방안에 관한 일고찰: 결혼이주여성의 인권의 관점에서. 법학논집, 30(1), 53쪽.

여성가족부(2018). 전국다문화가족 실태조사 연구.

여순호(2008). 한국 국제결혼 이주여성의 인권침해 해소방안. 연세대학교 대학원 석사학위 논문.

외국인정책위원회(2006). 제1회 외국인정책회의: 외국인정책 기본방향 및 추진체계.

외국인정책위원회(2007). 제2회 외국인정책회의: 외국인정책 추진경과 및 향후 계획.

외국인정책위원회(2016). 중앙행정기관 외국인정책 시행계획.

이경희(2011). 한국다문화정책에 대한 비판적 고찰. 교육사회학연구, 21(1), 111-131.

이선주 외(2008). 여성결혼이민자를 위한 사회서비스 현황과 정책과제. 한국여성정책연구원.

인권위원회(2017). 결혼이주민의 안정적 체류보장을 위한 실태조사. 국가인권위원회.

장명선(2010). 결혼이민자 관련법제의 문제점과 개선방안. 이주인권가이드라인 (pp 327-328).

장서연(2009). 사회권 관련 국내법 현황 및 국제기준의 이해, 이주관련 국내법 현황 및 국제기준 이해. 이주분야 국제조약의 국내이행 강화를 위한 활동권 워크숍 자료집 (pp. 169-217).

정정훈(2010). 외국인 인권 기초 연구. 이민정책연구원.

통계청(2019). 다문화 인구동태 통계.

통계청(2019). 인구동태 통계연보.

한국여성단체연합(2011). 유엔여성차별철폐위원회 관련 민간보고서.

한국염(2004). 이주 여성, 한국의 여성정책 10년: 돌아보며 내다보며.

한국염(2007a). 결혼이민자가족 정부의 정책방향에 대한 고찰. 정부의 결혼이민자가족정책 다시보기 토론회. 한국이주여성인권센터 외 5개 단체.

한국염(2007b). 다문화가족 구성원의 보편적 인권을 지향하는 지원법이기를. 다문화가족지원법제정 토론회.

한국염(2011). 유엔여성차별철폐 이주여성과 관련한 정부보고서에 대한 민간보고서. 한국이주여성인권센터.

한국이주여성인권센터(2008). 적응과 폭력사이에서: 결혼이주여성 실태조사 및 상담사례 모음.

한국이주여성인권센터(2011). 결혼이주민의 체류권 보장을 위한 토론회 자료집.

한국사회학회(2006). 동북아 다문화시대: 한국사회의 변화와 통합. 동북아시대위원회.

황정미(2009). 이주의 여성화 현상과 한국 내 결혼이주에 대한 이론적 고찰. 페미니즘연구, 9(2), 1-37.

e-나라지표, 법무부, 체류외국인 현황

http://kosis.kr/statisticsList/statisticsListIndex.do?menuId=M_01_01&vwcd=MT_ZTITLE&parmTabId=M_01_01&parentId=A.1;A_001.2;#A_001.2

제 14 장

여성과 성매매

여성의 성매매는 매우 복잡한 문제이다. 성매매 문제에 대한 일반적인 인식은 시간과 공간을 초월하여 크게 차이가 나지 않는데, 성매매는 혐오스러우며 숨기고 싶은 행위이고, 이에 종사하는 여성은 인격적인 존재로 인정받지 못하고 대상화될 뿐이다. 그리고 과거 대부분의 입법례에서 성을 구입하는 사람은 고객이지 범죄자가 아닌 반면, 성을 제공하는 여성은 범죄자로 다루고 있다. 체포, 벌금 내지 징역형의 대상은 언제나 성매매 여성일 뿐이었다.

그러나 여성해방운동의 활발한 전개와 함께 성매매 여성의 권리를 위한 움직임이 활성화되었고, 성매매를 여성에 대한 성적 착취와 일종의 폭력으로 규정하였다. 이러한 입장에서 성매매 여성의 권리확보를 위한 구제수단을 강구해야 하며, 그들에 대한 사회복귀 지원체계를 갖추는 것이 필요하다고 하겠다.

1. 성매매에 대한 이해

1) 성매매의 정의

성매매는 성적 행위에 대해 금전적 대가를 지불하고 지불받는 거래를 통칭하는 개념으로 매춘, 매매춘, 윤락 등 여러 가지 용어와 혼용해 왔다. 과거에는 성을 파는 여성의 문제를 부각했기 때문에 매춘이라 했다. 『사회사업사전(The Social Work Dictionary)』에 의하면 성매매란 '돈이나 혹은 다른 이익과의 교환으로 다른 사람과 성 접촉을 통해 자신을 제공하는 불법행위'를 뜻한다. 성매매의 과거 법적인 용어는 '윤락행위'로서, 「윤락행위 등 방지법」(현재는 폐지) 제2조 1항에서 "윤락행위라 함은 불특정인을 상대로 하여 금품 기타 재산상의 이익을 받거나 받을 것을 약속하고 성행위를 하는 것을 말한다."고 정의하고 있다. 여기서 '윤락'이라는 단어는 행위자(여성)에 대한 도덕적, 윤리적 판단이 전제되어 있어 '여자가 타락하여 몸을 파는 처지에 빠짐'을 의미한다(한국여성민우회, 1996: 변화순, 황정임, 1998: 23에서 재인용).

반면에 '성매매'는 성을 사고파는 주체들의 존재와 중간매개자의 존재 그리고 성매매가 사회구조적인 문제임을 드러내는 개념이고, 현재의 법적 용어로서 「성매매 방지법」상의 정의는 '불특정인을 상대로 금품 그밖의 이익을 수수, 약속하고 행위를 하거나 그 상대방이 되는 것'을 말한다. '성매매 여성'은 자신 및 가족의 생계 전부 혹은 일부를 유지하기 위해 정기적으로 자신의 성을 상품으로 판매하는 여성을 말한다. 여성빈곤과 성 상품화가 만연한 사회풍조 속에서 여성들이 성매매를 할 수밖에 없는 배경을 현실적으로 드러낸 표현이다. 여성주의 시각에서는 성매매 현상을 성 상품화로 인하여, 인간 특히 여성의 인권을 침해하는 범죄로 인식한다. 「성매매 방지법」에서는 성매매피해자라는 개념을 도입하여 일정규정 범위 아래 놓이는 사람은 형사처벌 대상에서 제외하고 있다(변화순, 윤덕경, 박현미, 황정임, 2001: 송다영 외 2011: 241에서 재인용).

2) 성매매에 대한 법적 입장과 국제협약

(1) 성매매에 대한 법적 입장

성매매에 대한 법적 입장은 크게 금지주의, 규제주의 그리고 합법화 등 크게 세 가지 입장으로 나눌 수 있다.

① 금지주의 입장

금지주의(prohibition) 입장은 성매매를 위법으로 규정하고 이를 위반하는 사람을 처벌하는 것으로 성 판매자, 성 구매자 그리고 성매매를 알선하는 행위를 모두 또는 일부 금지하는 정책을 뜻한다. 금지주의 제도는 크게 공산주의적 금지주의와 자본주의적 금지주의로 나뉜다(Barry, 1995).

공산주의적 금지주의를 채택하고 있는 국가는 중국, 베트남으로, 성매매는 자본주의 시장의 병폐 중 하나이며 착취의 한 형태로 보고 금지하고 있다. 그리고 자본주의적 금지주의를 채택하고 있는 나라는 우리나라, 미국, 필리핀, 태국, 스리랑카 등이 있는데, 성매매를 처벌하기 위한 입법조치를 하고 있는 나라는 우리나라, 미국 등 몇 개국을 제외하면 거의 없는 실정이다.

② 규제주의 입장

규제주의(regulation) 입장은 일정한 조건하에서 성매매를 정부가 관리하고 규제하는 것으로, 특정 지역 내에서만 허용한다든지, 허가를 받은 매춘 여성만이 영업을 하게 한다든지, 공인 성매매옥의 지정, 성병관리 등 정부의 감독과 규제하에서 부분적으로 매춘을 인정하는 것이다. 그러나 노상 성매매에 대해서는 규제주의 정책을 채택하는 모든 나라에서 불법으로 간주한다.

규제주의를 택하고 있는 나라는 영국, 오스트리아, 독일, 아일랜드, 파나마, 르완다 등을 들 수 있으며, 이들 나라들은 매춘행위는 당국이 지정한 한정된 장소에서만 하도록 용인하고, 의사의 감독을 받도록 하거나, 공공연하게 눈에 띄지 않는 집안에서만 허가하고 있다. 특히 영국의 경우 성매매 그 자체는 위법으로 삼고 있지 않으나 적극적으로 광고활동을 하면서 영업행위를 하는 것은 엄하게 금지되고 있다. 독일의 경우도 성매매 그 자체가 법률상의 처벌대상은 아니나 성매매를 장려하거나 선전하는 것은 금하고 있으며, 성매매 여성은 보건소에서 정기적으로 성병검사를 받을 의무가 있고 소득세도 납부해야 한다.

③ 합법화 입장

합법화 입장이란 국가에서 성매매를 완전히 직업으로 인정하고 자유로운 영업을 보장하며, 세금도 징수하고 간섭을 하지 않는 정책을 뜻한다. 프랑스가 이에 속하는데, 이는 여성해방운동의 하나로 성매매 여성에 대한 규제에 대한 폐지운동에서 비롯되었다. 즉, 여성에 대한 강제 성매매와 자발적인 성매매는 분리되어야 한다는 입장에서 강제 성매매는 여성인권에 대한 침해로 보호받아야 하지만 자유의사에 의한 성매매는 존중되어야 한다는 시각이다.

그러나 성매매를 장려하거나 선전하는 것은 금하고 있으며, 노상 성매매도 허용하지 않고 있다.

(2) 성매매에 관한 국제 협약

현재 널리 적용되고 있는 성매매에 관한 국제 협약은 1950년에 제정된 '인신매매금지 및 타인의 매춘행위에 의한 착취금지에 관한 협약(Convention for the Suppression of the Traffic in Persons and of the Exploitation of Others)'과 '여성차별철폐협약(CEDAW)'이 있다. 이러한 두 개의 국제 협약은 국가 간의 성매매를 목적으로 한 타인의 착취, 중산알선사의 처벌을 골자로 하고 있고, 성메메를 하는 당사자에 대한 규제 여부는 국내법에서 처리하고 있다. 우리나라는 성매매 관련 협약에는 1962년에, 여성차별철폐협약에는 1984년에 가입하였다.

3) 성매매의 유형

성매매의 유형은 크게 전통형, 산업형, 사이버 등 세 유형으로 분류된다.

(1) 전통형 성매매

전통형 성매매는 특정 지역을 중심으로 성매매만을 하는 형태로 1960~1970년대에 가장 성행했고, 지금도 특정 지역에 집촌화되어 있는 소위 '윤락가'로 불리는 용산, 청량리 588, 천호동, 용주골 등에서 이루어지고 있는 성매매 형태를 의미한다(변화순, 황정임, 1998: 49). 즉, 특정 지역을 거점으로 성매매만을 목적으로 하는 업소에서 이루어지는 것을 말한다. 전통형 성매매 여성의 수는 점차 줄어드는 추세인데, 이러한 현상은 1970년대 들어 성매매 지역이 강남으로 옮겨 가면서부터 나타났다.

(2) 산업형 성매매

산업형 성매매는 업소 본래의 목적과 달리 음성적으로 성매매를 하는 형태를 말하는데, 이는 두 가지로 구분할 수 있다. 하나는 서비스를 매개로 업소 내에서 혹은 밖으로 나가서 성매매를 하는 것으로 식품접객업소, 위생접객업소, 안마시술소 등에서 이루어지고 있다. 두 번째 형태는 연결을 통해서 성매매를 하는 것으로, 다양한 매체를 통해 업무를 위한 광고를 내는 것처럼 하고, 그 광고를 보고 연락한 여성들을 성매매를 원하는 남성과 연결해 주는 것이다(변화순, 황정임, 1998: 51).

(3) 사이버 성매매

사이버를 이용한 성매매(이하 사이버 성매매)는 성매매를 목적으로 인터넷, 전화 등을 매체로 성매매를 하거나 성매매를 알선 · 조장하는 일체의 행위를 의미한다(국민권익위원회, 2011). 채팅포털, 일반포털, 유흥업소 홍보 사이트, 역할대행, 성인(채팅)사이트 등을 통해 광범위하게 이루어지고 있는 사이버 성매매는 정확한 실태 파악이 불가능한 실정이다. 인터넷, 전화 등 사이버를 통한 성매매 여성 수는 2007년 기준으로 약 12만 명 정도이며, 연간거래액은 6조 2천억 원 규모로 추정된다. 성매매 사범도 매년 증가추세이며, 2008년 기준 약 5만 명 수준이다. 특히 사이버 성매매는 청소년 성매매의 70% 이상을 차지한다. 성매매 대상 청소년이 검거되는 비율도 높아지고 있다.

2. 성매매의 발생요인

성매매의 발생요인은 크게 경제적 요인과 사회 · 문화적 요인, 제도적 요인 등으로 나뉜다(강영수, 1988; 변화순, 황정임, 1998; 서정범, 2000).

1) 경제적 요인

우리 사회에서 여성의 경제활동 참여는 꾸준히 늘고 있지만 서구의 선진국에 비해 우리나라 여성의 경제활동참가율은 여전히 낮은 형편이고, 무급 종사자나 일시 고용 비율은 높은 반면 저임금 장시간의 열악한 환경에 처한 경우가 대부분이다. 따라서 가족의 경제적 수준이 안정적일수록 여성의 경제활동참가율이 낮아지는 반면, 그렇지 못할 경우 여성의 경제활동참가율이 높아지는 경향이 나타나고 있다.

그러나 노동시장의 구조적인 문제, 즉 여성에 대한 제한성과 배타성 등은 여성의 노동시장 진입을 어렵게 하고 여성들로 하여금 여성성을 내세워 취업하게 하는 특정 산업에 몰리게 하고 있다. 이는 대부분의 여성이 3차 서비스 산업에 종사하고 있는 현실에서 잘 드러나고 있다.

이렇게 3차 서비스 산업이 급격하게 증가하면서 새로운 노동력을 창출했다. 서비스 산업은 날로 대형화되고 있으며 산업구조조정에 의해 발생한 잉여 여성노동력을 흡수하면서 더욱 성장하게 되었다. 서비스 업종의 확대는 바로 산업구조조정과정에서 밀려난 여성들에게 상대적인 빈곤감과 박탈감을 제공하여 서비스 산업으로 진입하게 하는 요인이 되었다.

2) 사회 · 문화적 요인

우리 사회의 가부장적 지배구조는 생산과 재생산 관계에서 남성에 의한 여성지배 형태로 나타난다. 특히 여성의 성을 통제하는 가부장적 성문화는 결혼과 가족제도, 성 역할과 성정체성, 남성중심의 사회질서를 정당화한다. 따라서 여기에는 몇 가지 특징이 있다(이영자, 1991).

우선 가부장적 성문화는 이중적인 성윤리를 제공한다. 여성은 순결을 지켜야 하고 결혼 후에는 자녀양육에 전념해야 한다. 그러나 남성에게 성적 활력은 남성적인 매력이며 왕성한 성욕은 선망의 대상이 된다. 남성의 눈에 비친 여성은 이중적인 성규범에 따라 이분화된 여성상, 즉 순결한 어머니상과 방탕한 성매매 여성상이 있을 뿐이다.

가부장적 성문화는 성매매의 가능성을 정당화하는 논리를 제공한다. 따라서 가정생활에 영향을 주지 않는 범위에서, 그리고 사회적으로 기본적인 질서를 해치지 않는 범위에서 남성들의 성적 욕구분출은 자연스러운 것으로 간주되었다. 남성에게 자유로운 성적 접촉과 향유는 당연한 일처럼 수용되었으며 성매매 여성은 남성의 성욕 해소를 위한 필수불가결한 존재로 여겨졌다.

소비사회에서 성은 상품으로 우리의 일상생활에 침투하게 되고 또한 인간의 성은 이러한 상품에 영향을 받게 된다. 즉, 소비와 성은 자본주의 경제의 중요한 요소가 될 뿐 아니라 인간의 사회관계를 결정하는 영향력을 행사한다. 소비사회는 인간의 성욕을 인위적으로 조작함으로써 성의 소외현상을 야기한다. 따라서 인간의 성욕은 개인의 자발적인 욕구라기보다는 선동적인 선전과 영리증대의 상업주의에 의해 조장된다. 이러한 성의 물상화는 여성의 성적 대상화와 직결된다. 그러므로 각종 소비상품과 광고는 주로 여성의 성적 매력과 에로티시즘을 부각시키도록 하여 여성의 성과 육체를 소비하도록 만든다.

3) 제도적 요인

우선 성매매와 연관된 법제로는 성매매를 처벌하는 「성매매알선 등 행위의 처벌에 관한 법률」(이하 성매매처벌법)과 성매매자의 보호와 선도를 골자로 하는 「성매매 방지 및 피해자보호 등에 관한 법률」(이하 성매매피해자보호법)이 있다. 이 두 법률은 이전 「윤락행위 등 방지법」을 대신하는 것으로 2004년 3월에 제정되어 9월부터 시행되고 있다. 이를 구체적으로 살펴보면 다음과 같다.

우선 「성매매피해자보호법」의 중요 내용으로는 성매매 및 성매매된 자 등에 관한 정의, 국가의 책임, 국가 간 성적 인신매매 방지를 위한 관련기관의 협력, 지원시설 및 상담소의 업무와 운영, 성매매행위 및 성매매알선 등 행위에 대한 행정처분 및 벌칙 등이 포함되어 있다. 「성매매처벌법」은 성매매행위와 성매매알선행위에 관한 정의, 금지행위, 성매매알선 등 행위에 관한 처벌규정, 성매매행위를 한 자에 대한 보호처분 등으로 구성되어 있다.

「성매매피해자보호법」은 성산업을 축소시키고 성매매가 개인의 문제가 아닌 사회구조적인 문제임을 인식시킴으로써 국가로 하여금 적극적으로 성매매를 예방하고 여성의 인권을 보호하는 책임을 지도록 하는 방안을 제시했다는 점에서 중요한 성과가 있다. 또한 「성매매피해자보호법」은 탈성매매를 지원하는 다양한 보호지원 대책을 새로이 마련하는 효과도 있다. 그러나 현재에도 국가의 중점적인 단속과 처벌강화가 요구되고 있다는 사실은 성산업이 아직까지 그대로 유지되고 있다는 것을 의미한다. 따라서 앞으로 성산업의 근절과 성매매 여성의 인권보호를 위해 다음과 같은 근본문제가 해결되어야 한다(성매매문제 해결을 위한 전국연대 보도자료, 2009. 9. 22.).

첫째, 성매매알선자들에 대한 처벌을 강화하고 성산업에 강력하게 대응하기 위해 국가는 예방, 방지 등의 책임을 지고 집행력을 강화시키기 위한 총체적인 대응방안 및 지속적이고 일관성 있는 정책과 제도적인 정비가 필요하다.

둘째, 오랫동안 법을 무력화시키면서 심각한 인권유린으로 여성들을 희생시킨 성매매 집결지에 대해 법 집행력을 강화하여 업소를 폐쇄시키고, 성매매를 알선하고 자금과 건물, 토지, 장소를 제공한 범죄행위에 대한 처벌과 함께 그 대가로 벌어들인 수익을 전액 몰수 · 추징하여야 한다.

셋째, 다양한 형태로 교묘하게 위장된 신 변종 형태의 성매매에 대응하기 위한 적극적인 대응 방안을 마련하여 업소를 폐쇄시켜 수요를 차단하여야 한다. 또한 우리 사회 성문화를 변화시키고 인권의식이 확대될 수 있도록 의식변화를 위한 구체적인 홍보, 교육 및 예방사업을 확대하여야 한다.

넷째, 탈성매매 여성의 인권보호를 위한 대책마련이 무엇보다 우선적으로 마련되어야 한다. 지역사회에서 다양한 지원체계를 확대하고 더 많은 일자리를 제공하여 탈성매매가 제대로 이루어지도록 적극 지원해야 한다.

다섯째, 직위와 권력을 비리와 범죄행위에 이용하는 이들에 대해서는 보다 엄격하게 처벌하고 관리책임자에게 분명하게 그 책임을 물어야 한다. 공무원이나 단속경찰관들의 업주와의 유착, 뇌물, 불법성매매행위는 우리 사회 권력과 성매매와의 뿌리 깊은 관계를 지속시키고 있으므로 정치지도자와 사회지도층의 도덕불감증과 범죄행위를 더 이상 용납하지 말아야 한다.

이처럼 성매매의 발생요인은 다양하기 때문에 어느 한 가지만을 지적할 수 없다.

3. 성매매 관련 정책

우리나라의 경우 성매매와 관련하여 현실적으로는 규제주의에 가까운 정책이 시행되어 왔으나, 공식적으로는 금지주의를 채택하고 있다. 성매매 행위를 규제하는 법률은 「윤락행위 등 방지법」(현재는 폐지)을 비롯하여 「형법」 「공중위생관리법」 「식품위생법」 「풍속영업의 규제에 관한 법률」 「안마사에 관한 규칙」 「청소년보호법」 등이 있다(박미숙, 1999). 그러나 가장 영향력이 큰 관련 법안은 2004년 9월 23일부터 시행된 「성매매알선 등 행위의 처벌 및 방지에 관한 법률(성매매처벌법)」과 「성매매 방지 및 피해자보호 등에 관한 법률(성매매피해자보호법)」로서 통칭 「성매매특별법」이다. 이는 금지주의의 재확인을 의미하는 것이며, 처벌의 강화라는 측면에서 금지주의의 강화로 해석할 수도 있다.

애초에 「성매매특별법」은 「윤락행위 등 방지법」(여성가족부 소관)을 대체하는 법안으로 발의되었으나 그 내용의 상당부분이 성매매 알선행위에 대한 형사 처벌에 초점이 맞추어져 있어 여성가족부보다는 법무부에서 집행하는 것이 더 타당하다는 의견이 지배적이었다. 그러나 성매매의 피해자가 대부분 여성이라는 점을 고려하여 이들의 보호 및 성매매 방지 정책은 여성의 시각이 충분히 반영되도록 여성가족부에서 다루어져야 한다는 주장이 설득력을 얻으면서 두 개의 법안으로 분리하게 된 것이다.

1) 성매매특별법

(1) 「성매매특별법」의 특징과 윤락행위 등 방지법과의 비교

「성매매특별법」의 주요 내용에서 드러나는 가장 큰 특징은 ① 성매매 업주와 성 구매 남성에 대한 엄격한 처벌과 ② 피해 여성의 인권에 대한 철저한 보호로 요약할 수 있다.

2004년 「성매매특별법」의 주요 성과와 의의 중 하나는 성매매가 불법이라는 국민 의식이 형성되는 계기를 마련한 것이다(정봉협, 2005; 차인순, 2012). 과거에는 '거리낌 없이 성을 구매하던 남성'과 별 어려움 없이 성매매를 알선하던 업자들은 동법 시행으로 큰 타격을 받았고 성매매업소 집결지가 축소되는 성과를 거두었다(정봉협, 2005). 국제사회에서도 이러한 노력이 인정받아 2005년도 미국무부 인신매매보고서에서 한국은 1등급 모범사례로 소개되었다(정봉협, 2005). 동법 제정 이전인 2001년만 하더라도 한국은 미국무부 인신매매보고서에서 3등급 국가로 분류되었다. '성매매피해자' 개념의 도입과 피해자 보호 · 지원 제도가 도입되어, 인권 사각지대에 방치되었던 성매매피해 여성에게 정부가 보호와 지원서비스를 제공하게 된 것이 동법의 주요 성과로 평가된다(강월구, 2012). 「성매매처벌법」 제1조에서 '이 법은 성매매 · 성매매알선 등 행위 및 성매매 목적의 인신매매를 근절하고, 성매매피해자의 인권을 보호함을 목적으로 한다.'고 규정하며 성매매에 대한 정의와 이에 대한 금지 나아가 형사처벌의 규정을 두고 있다. 기존 「윤락행위 등 방지법」처럼 성매매 금지 기조는 유지하며 성매매범죄의 원천적 봉쇄를 위하여 성매매알선과 관련된 행위에 대하여 보다 강력한 제재를 가하기 위한 조치로 볼 수 있다. 기존 「윤락행위 등 방지법」과 달리 '성매매피해자'라는 개념이 새롭게 도입되었는데, 성을 판매한 한 경우 일정한 요건이 충족되면 형사처벌 대상이 아니라 피해자로 보호대상이 된다는 점을 분명히 한 것은 성매매피해자의 인권과 권리보호의 측면에서 볼 때 높이 평가될 것이다(이미정, 윤덕경, 황정임, 박찬걸, 황의정, 2014: 10-11).

이 두 법률의 특징은 다음과 같이 요약된다.

첫째, '성매매 목적의 인신매매' 개념이 새로 규정되고 있는데 이는 성을 파는 행위, 음란행위, 음란한 내용의 사진, 영상의 촬영 대상을 삼을 목적으로 상대를 지배, 관리하면서 제3자에게 인계하는 행위, 청소년이나 심신 미약자, 중대 장애자를 지배, 관리하면서 제3자에게 인계하는 행위, 이들을 인계받는 행위 등을 의미한다. 여기서 지배, 관리라 함은 선불금 제공의 방법으로 본인의 의사에 반하여 이탈을 제제한 경우와 채무이행확보 명목으로 여권 등을 제공받은 경우를 말한다.

둘째, '성매매 피해자' 개념이 도입되고, 이들은 형사 처벌을 면제받는다. 즉, 위계, 위력으로 성매매를 강요당한 자, 마약에 중독당해 성매매를 한 자, 청소년, 심신 미약자 또는 중대한 장애인으로서 성매매를 하도록 알선 유인된 자, 성매매 목적의 인신매매를 당한 자를 각각 성매매 피해자로 규정하고 형사 처벌을 받지 않도록 한다.

셋째, 불법 원인으로 인한 채권채무무효조항이 강화되었다. 이는 계약의 내용,

형식, 명목을 불문하고 무효이며, 제3자에게 양도하거나 인수한 경우에도 마찬가지이다.

넷째, 국가와 지방자치단체는 성매매, 성매매알선 등 행위, 성매매 목적의 인신매매 예방과 근절을 위한 교육 및 홍보 등에 대하여 법적 · 제도적 대책을 마련하고 재원을 조달하도록 하고 있다. 그리고 긴급구조, 법률 · 의료지원, 직업훈련, 자립에 이르는 전 과정을 국가에서 지원하며 성매매알선이나 광고로 벌어들인 범죄수익은

표 14-1 「윤락행위 등 방지법」과 「성매매처벌법」 비교

「범죄유형」	「윤락행위 등 방지법」	「성매매처벌법」
감금 등 방법으로 성매매 강요, 고용 · 관리자의 위계 등에 의한 낙태 등 강요, 성매매 목적 인신매매	없음	3년 이상 유기 징역
피보호 · 감독자에게 마약 등 사용, 폭력조직 구성원의 성매매 목적 인신매매 등	없음	5년 이상 유기 징역
영업으로 성매매알선 등	5년 이하 징역, 1,500만 원 이하 벌금(윤락행위 유인 · 권유 및 상대방이 되도록 유인 · 권유 · 강요한 경우 3년 이하 징역 1,000만 원 이하 벌금)	7년 이하 징역 7,000만 원 이하 벌금
단순 성매매알선 등	3년 이하 징역, 1,000만 원 이하 벌금(윤락행위 유인 · 권유 및 상대방이 되도록 유인 · 권유 · 강요한 경우 2년 이하 징역 500만 원 이하 벌금)	3년 이하 징역 3,000만 원 이하 벌금
성을 파는 행위 등의 소개 · 알선 목적 등 광고 행위	없음	상동
영업으로 위 광고물 제작 · 공급 · 게재한 행위 등	없음	2년 이하 벌금 1,000만 원 이하 벌금(광고물이나 광고가 게재된 출판물의 배포행위는 1년 이하 징역, 500만 원 이하 벌금)
성매매 행위자	1년 이하 징역, 300만 원 이하 벌금, 구류 또는 과료	좌동(단, 보호처분 원칙)

전액 몰수 · 추징된다.

다섯째, 성매매 관련 범죄에 대한 처벌이 대폭 강화되었다(〈표 14-1〉 참조).

(2) 성매매특별법 개정의 구체적 내용

2014. 3. 27.자 제8차 개정의 주요 내용을 살펴보면, 첫째, 성매매 등 신고체계 구축, 성매매피해자 등에 대한 주거지원, 직업훈련, 법률구조 등 지원서비스제공, 피해자보호 · 지원을 위한 관련 기관 간 협력체계의 구축 · 운영 등 국가의 책임을 강화하였다. 둘째, 여성가족부장관은 성매매 예방교육 실시 결과를 매년 점검하고, 점검 결과를 언론 등에 공표하며, 해당 점검 결과를 기관평가 등에 반영하도록 기관 · 단체의 장에게 요청할 수 있도록 하였다. 셋째, 여성가족부장관이 성매매, 성매매 알선 등 행위, 성매매 목적의 인신매매를 방지하고 성매매피해자 등을 지원하기 위한 홍보영상을 제작 · 배포하도록 하고, 1년 중 1주간을 성매매 추방주간으로 지정하는 등 성매매방지 홍보를 강화하였다. 넷째, 국가와 지방자치단체는 성매매피해자 등 또는 성매매피해자 등의 가족의 취학이 원활히 이루어지도록 지원하고, 일반 · 청소년 · 외국인 지원시설에 입소한 성매매피해 등의 보호를 위하여 필요한 경우 보호비용을 지원하도록 하는 등 성매매피해자 등에 대한 지원을 강화하였다. 다섯째, 일반 지원시설의 입소기간은 현행 최대 1년 6개월에서 최대 2년 6개월로, 청소년 지원시설의 입소기간은 현행 최대 19세가 될 때까지에서 최대 21세가 될 때까지로 연장하고, 장애인인 경우 피해회복에 소요되는 기간까지 지원기간을 연장할 수 있도록 하여 지원시설에서 충분한 피해자 지원이 이루어질 수 있도록 하고, 지원시설로 '자립지원 공동생활시설'을 추가하였다. 여섯째, 현행 지원센터의 한 종류로 규정되어 있던 자활지원센터를 별도의 조항으로 신설하여 자활지원센터의 설치 · 운영 및 업무에 관하여 규정하도록 하였다. 일곱째, 상담소의 업무로 성매매예방을 위한 홍보와 교육을 추가하였다. 여덟째, 정보통신서비스 제공자 및 온라인 서비스 제공자는 실시간 대화 기능이 포함된 디지털 콘텐츠의 대화 화면에 「성매매처벌법」 제2조 제1항의 내용 및 성매매가 처벌 대상이라는 사실을 게시하도록 하였다(이미정 외, 2014: 15).

2) 지원시스템

현재 우리나라에서 시행되고 있는 성매매 여성들에 대한 정책은 다음과 같다.[1)]

(1) 성매매피해여성을 위한 단계별 지원시스템 구축 및 운영

「성매매피해자보호법」 제정 이후 제1조(목적)에 명시된 '성매매를 방지하고 성매매피해자 및 성을 파는 행위를 한 자의 보호와 자립의 지원을 목적으로 한다'를 실행하기 위해, 성매매 현장에서 성매매피해여성을 구조하고 보호지원을 통해 자립자활에 이르는 종합적이고 체계적인 시스템이 구축되었다.

이와 같은 시스템이 성매매피해여성들을 위한 실질적인 도움을 제공할 수 있었던 것은 성매매현장에 대한 적극적인 개입과 탈성매매를 위한 다양한 지원서비스가 마련되었기 때문이다. 그 대표적인 것이 성매매피해 구조지원 사업이다.

그러나 「성매매피해자보호법」 제정 이후 성매매피해상담소를 설치하면서 현장방문상담 및 긴급구조, 법률 및 의료지원, 직업훈련 등 구조에서 자활까지의 전 과정을 지원하기 위한 구조지원사업이 실시되었다. 구조지원사업은 의료지원, 법률지원, 직업훈련지원 등을 지원함으로써 탈성매매 및 재유입을 방지 도모하고자 했다.

성매매피해 청소년에 대해서도 지원시설 중심으로 지원했던 것에서 교육, 의료, 학업 등 다양한 지원을 제공할 수 있는 기반을 마련하였다. 아동청소년의 성보호에 관한 법률에 의해 2011년부터 중앙센터 1개소, 권역별 지역센터 10개소를 지정하여 성매매피해 청소년 교육을 실시하였다. 또한 의료, 법률, 학업, 자립자활 등 대상자의 욕구에 따라 지속적인 맞춤형 지원을 제공하고 있고 사례관리도 확대하여 지역사회에서 안정적으로 정착할 수 있도록 지원하고 있다. 그리고 청소년 대상 성매매가 접근이 쉬운 인터넷 채팅을 통해 이뤄지고 있는 특성을 고려하여 2011년부터 조건만남 등의 이름으로 채팅방을 개설한 청소년에게 사이버 또래상담을 실시하고 있다(여성가족부, 2012: 171).

1) 이하의 내용은 이미정 외(2014). 성매매특별법 10주년 성과와 과제. 성매매방지정책 10년, 성과와 향후 과제. 2014 성매매특별법 시행 10주년 기념정책토론회 내용을 요약 · 정리한 것임.

(2) 탈성매매 및 재유입방지를 위한 상담 · 의료 · 법률 등 종합적 지원 제공

성매매 여성의 탈성매매와 재유입 방지를 도모하기 위한 상담, 의료 및 법률지원 서비스가 지속적으로 제공되어 왔다. 성매매피해상담소 상담실적은 최근 3년간 6만여 건대를 유지하고 있다. 2015년 65,607건, 2016년 64,198건, 2017년 60,322건, 2018년 65,241건, 2019년 61,554건이었다. 상담소 개수는 2015년 26개소에서 2016년 28개소, 2017년 29개소, 2019년 30개소로 증설했다(여성가족부, 2020). 상담소의 상담내용은 탈성매매 관련이 27.5%로 가장 높고, 빚문제(24.4%), 질병(11.6%), 감금/성폭행/위협(7.8%) 순이다.

「성매매피해자보호법」 제정 이후(2014)

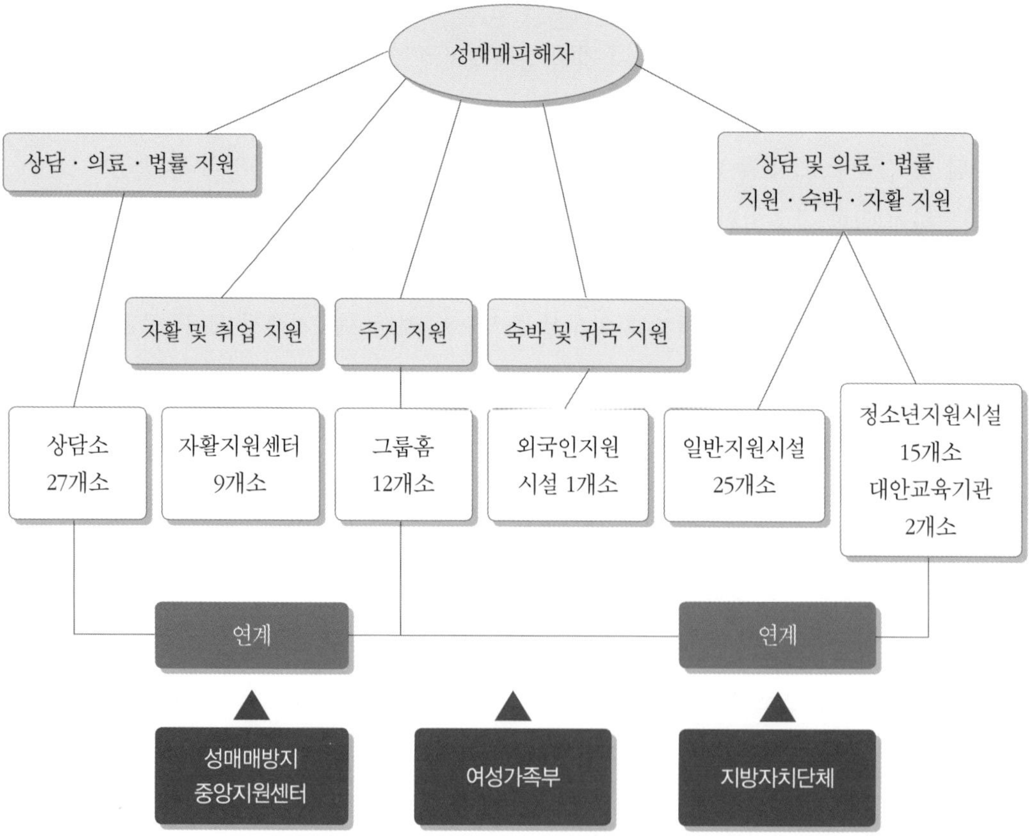

자료: 한국여성정책연구원(2013).

표 14-2 성매매 상담소 지원 실적 (단위: 개소, 명)

구분		2015	2016	2017	2018	2019
상담서비스	상담소	26	28	29	29	30
	상담건수	65,607	64,198	60,322	65,241	61,554

자료: 여성가족부,『성매매피해자지원시설 및 상담소 운영실적 보고』, 2020

성매매피해자들의 상담 후 자립 · 자활을 위한 구조 지원 사업실적을 보면, 2010년 32,131건에서 꾸준히 증가하여 2015년에는 41,757건에 달한다. 의료서비스는 2010년도에 14,246건에서 2012년 20,007건으로 증가하였다, 이후 2018년에 18,833건으로 감소하다가 2015년에 19,638건으로 다시 증가하였다. 법률지원은 2005년도에 14,228건에서 점차 증가하여 2012년에 17,889건으로 증가하였다가 감소 이후 다시 2015년도에는 15,866건으로 약간 증가한 상태이다. 직업 및 진학훈련은 2010년도에 3,657건에서 2011년도에 4,216건으로 증가한 후 2012년 1,870건으로 크게 감소하였다가 점차 증가했으며 2015년에 6,253건으로 큰 폭으로 증가하였다.

(3) 성매매 대책의 문제점

① 지원시스템 간 유기적인 협업적 운영 및 기능의 문제

성매매피해상담소가 2004년 17개에서 2014년 27개로 증가하고, 그룹홈도 12개가 설치되었고, 자활센터도 2개에서 9개로 확대되는 등 지원시스템은 양적으로 확

표 14-3 구조지원사업 운영실적(2010~2015년) (단위: 건)

연도	계	의료	법률	직업 및 진학훈련
2010년	32,131	14,246	14,228	3,657
2011년	36,755	17,491	15,048	4,216
2012년	39,766	20,007	17,889	1,870
2013년	38,976	18,833	17,087	3,056
2014년	38,849	19,908	15,739	3,202
2015년	41,757	19,638	15,866	6,253

자료: 2010~2014년도 자료는 여성가족부(2014).「여성정책 연차보고서」, 186쪽; 2015년도 수치는 여성가족부, 내부자료.

대되었다. 또한 서비스 제공을 위한 지원시스템은 다양한 양상을 띠고 있다. 성매매피해여성을 위한 지원시스템 구축을 토대로 지원기관 간 유기적인 연계나 유관기관과의 다양한 협력을 통한 자원연결이 필요한데, 이것이 원활하지 않은 것으로 지적되고 있다(이미정 외, 2014: 49).

② 청소년 · 외국인 여성 피해특성별 지원전략의 문제

최근 성매매피해자지원기관에 장애인의 입소나 이용이 증가하고 있어 이에 대한 지원 확대가 필요하고, 현재로서는 장애여성의 성매매피해에 대한 전문적 접근, 장애여성에 대한 안전한 돌봄을 위한 체계와의 연계나 협업 기반이 미흡한 것으로 지적되었다. 청소년상담지원센터는 전국적인 네트워크를 구축하고 있지만 성매매 이슈에 대한 전문성이 미흡하고, 성매매피해상담소는 성매매피해 청소년 지원 접근성이 다소 떨어진다는 지적이 있다. 성매매피해 청소년을 대상으로 사례발굴을 위한 시스템이 체계화되어 있지 못하고, 단기간 동안 숙식문제를 해결하고 긴급지원을 받을 수 있는 인프라가 거의 없다는 것이 문제로 지적되고 있다(김인숙, 2011: 62-64). 외국인성매매피해여성의 경우 치유와 치료가 필요한 경우, 소송을 진행하기 위한 준비기간 등을 고려할 때 현행 3개월 지원기간은 연장이 필요하며, 외국인성매매피해여성에 대해 아웃리치하고 상담하는 전문 상담소가 없는 것이 문제로 지적된다(이미정 외, 2014: 50).

4. 성매매 여성을 위한 대책

성매매에 대한 인식과 입장은 국가, 사회, 개인마다 대단히 큰 차이를 보이고 있으며, 행해지고 있는 성매매 관련 제도 역시 국가마다 큰 차이를 보인다.

복지대책 수립과 관련하여 우리는 가장 근본적으로 '성매매를 어떻게 바라볼 것인가'에서부터, '성매매의 근절은 가능할 것인가'에 대한 질문을 던져 볼 수 있을 것이다. 이에 대해서 성매매를 남녀 불평등을 가장 적나라하게 드러내는 전형적인 악습으로 인식하여 근절해야 한다고 보는 페미니즘을 중심으로 다양한 논의가 전개되고 있으며, 최근 일각에는 성매매 여성을 다른 사회적 서비스와 크게 다를 것이 없는 성적 서비스를 제공하는 노동자로 바라보아야 하며, 자발적인 성매매의 합법화와 성매매 여성의 시민으로서의, 그리고 노동자로서의 권리를 제공하는 것을 통하여 건전한 성매매를 형성하는 것이 보다 중요하다는 주장도 존재하고 있다(이성숙, 2004).

1) 성매매 여성을 위한 정책 개선방안

(1) 성매매피해여성 지원시스템의 종합적 정비

성매매피해여성에 대해 다양한 주거지원을 기반으로 서비스 혹은 기관을 이용할 수 있는 탈시설 보호의 2-Track 전략을 추진해야 한다. 성매매피해여성지원기관의 특화된 전문성을 살려나가는 작업을 추진해야 한다. 각 기관의 전문성을 강화하기 위해 대내적으로는 종사자의 역량강화를 위한 지원체계(슈퍼비전 등) 을 마련하도록 노력해야 하며 기관별 전문성을 지원하는 외부자원(인적, 물적) 발굴, 연계 및 네트워킹 기반조성을 위한 제도적 지원도 필요하다(이미정 외, 2014: 52).

(2) 성매매피해 청소년을 위한 지원시스템 구축

첫째, 성매매피해 청소년에 대한 접촉면을 보다 적극적으로 확대하기 위해 현행 사이버상담을 보다 체계적으로 확대 운영하고 오프라인 상담시스템은 아웃리치에 기반한 이동형 상담활동을 정기적으로 운영하며 드랍인 센터의 기능을 부여하여 상담과 숙식 등 긴급하고 일시적인 지원을 제공한다.

둘째, 청소년통합지원체계인 CYS-Net은 종사자 관련 교육 실시 등 조직 내부의 역량을 강화해야 한다.

셋째, 위기청소년 교육센터는 안정적인 운영을 위해 단기적으로는 현행 근거규정인「아동 · 청소년의 성보호에 관한 법률」등에 근거규정을 마련해야 한다.

넷째, 기존 자활지원센터를 활용해서 성매매피해 청소년을 위한 자립지원 프로그램과 서비스를 개발, 확대 운영하는 방안이 있을 수 있다(이미정 외, 2014: 53-54).

(3) 다양한 욕구를 반영한 탈성매매 여성 자활지원정책 수립

탈성매매 여성들은 상담소, 쉼터 등 성매매피해자지원기관을 통해 탈성매매를 결정하기도 하고, 그곳에서 법률 및 의료지원을 비롯하여 다양한 프로그램과 교육, 일경험 등 다양한 경험을 하면서 성장하고 변화하고 있다. 또한 탈성매매 이후 자활과정에서 다양한 요인으로 인해 수많은 시행착오와 문제들을 직면함에도 성매매피해자지원기관과 활동가의 지지와 관심을 통해 큰 힘을 얻고 있는 것으로 나타났다. 그러나 한편으로 탈성매매 여성들은 정부의 지원금과 기간의 한계 등 제도적 한계를 언급하고 있기도 하다. 또한 탈성매매 여성들의 경험과 특성은 각기 다르며 이에 따라 다양한 욕구들이 존재하지만, 이를 고려한 맞춤형 프로그램이 부족한 상황이다. 따라서 현장 및 탈성매매 여성 당사자들의 의견과 욕구를 반영한 자활지원정책을 수립하여, 다양한 프로그램을 개발할 필요가 있다. 이로써 탈성매매 여성이 스스로의 힘을 기르고 성장과 변화의 발판을 마련할 수 있게 하는 효과적인 자활지원이 될 수 있을 것이다(신은주, 안채리, 2015).

중점토의

1. 성매매상담소 및 자활지원센터 등 탈성매매 여성을 지원하는 기관의 현황 및 기능에 대해 알아보시오.
2. 〈축하해〉(2008), 〈내가 제일 잘한 일〉(2015) 등 탈성매매 여성의 사례를 읽고 성매매 유입 과정 및 자활사례에 대해 논의해 보시오.
3. 「성매매특별법」에 나타난 성매매 여성에 대한 법적 입장에 대해 생각해 보시오.
4. 탈성매매 여성의 당사자 활동과 그 의미에 대해 알아보시오.

참고문헌

강월구(2012). 그 간의 성매매 방지 정책 성과와 향후과제. 성매매방지법시행 8주년 정책토론회(2012. 9. 17.). 주최: 국회의원 남윤인순, 국회성평등정책연구포럼, 성매매문제해결을 위한 전국연대)

고명진, 권정나(2013). 성매매 알선 등 행위의 처벌에 관한 법률의 개정방향: 성매매 여성의 권익보호를 중심으로. 이화젠더법학, 5(1), 23-44.

김연주(2010). 신빈곤층 십대 여성들의 성매매 경험과 자활에 관한 연구. 연세대학교 대학원 박사학위논문.

김영숙, 이근무(2008). 탈 성매매 여성들의 생애사 연구. 한국사회복지학, 60(3), 5-30.

김인숙(2007). 성매매방지현장의 실천과 쟁점. 한국여성인권진흥원 발간자료.

김인숙(2011). 성매매피해 청소년 자립지원 모델 개발. 한국여성인권진흥원 연구보고서.

김현(2014). 삶으로서의 인문학, 권리로서의 인문학. 한국여성철학, 21, 5-37.

막달레나의 집(2007). 용감한 여성들, 늑대를 타고 달리는. 삼인.

뭉치(2007). 자활지원센터를 통해 본 자활의 전망. 여성인권중앙지원센터.

민경자(2011). 충남 탈성매매 여성의 효과적 자활을 위한 정책방안. 충청남도여성정책개발원.

박금선(2015). 내가 제일 잘한 일. 샨티.

박찬걸(2014). 최근의 성매매피해자 개념 확대 논의에 대한 검토. 형사정책연구, 25(1), 1-30.

박풍규(2013). 성매매 피해청소년 지원방안에 관한 연구. 우암논총. Vol. 35. (pp. 29-60).

서정범(2000). 그리스도인권의 개념에서 본 한국매매춘 문제에 대한 분석. 부산가톨릭대학교 대학원 석사학위논문

서종건(2013). 자활공동체에 참여하는 성매매 당사자들의 자활 경험에 대한 사례 연구: 강강술래를 중심으로. 가톨릭대학교 대학원 석사학위논문.

신옥주(2013). 성매매 규율유형을 중심으로 살펴본 자발적 성매매 합법화논의에 관한 비교법적 고찰. 법학논집, 18(1), 40.

신은주, 안채리(2015). 탈성매매여성의 자활경험에 따른 성장과 변화. 한국여성인권진흥원.

여성가족부(2012). 여성정책 연차보고서.

여성가족부(2020). 성매매피해자지원시설 및 상담소 운영실적 보고.

여성인권중앙지원센터(2006). 꿈꾸는 삶을 만드는 사람들을 위한 자활지원 가이드. 여성인권중앙지원센터 매뉴얼 시리즈.

우순열(2006). 탈성매매 여성의 자활지원 정책에 대한 여성주의적 연구. 계명대학교 여성학과 대학원 석사학위논문.

원미혜(2010). 성 판매 여성의 생애체험 연구: 교차적 성 위계의 시 · 공간적 작용을 중심으로.

이화여자대학교 대학원 박사학위논문.
원미혜(2011). 성 판매 여성의 섹슈얼리티의 공간적 수행과 정체성의 (재)구성. **여성학논집**, 28(1), 43-78.
유지웅(2012). 성매매 청소년 사법처리와 지원시설 연계의 과제. **치안정책연구**, 26(1), 73-101.
이나영(2014). **젠더 관점에서 본 성매매방지법 10년: 논쟁과 쟁점**. 성매매방지법 시행 10년 도론회.
이미정, 윤덕경, 황정임, 박찬걸, 황의정(2014). **성매매특별법 10주년 성과와 과제**. 한국여성인권진흥원.
이태수(2007). **성매매 여성 자활지원시스템의 혁신과 대안 모색**. 여성인권중앙지원센터.
이희영(2007). 여성주의 연구에서의 구술자료 재구성: 탈 성매매 여성의 생애체험과 서사구조에 대한 사례연구를 중심으로. **한국사회학회**, 41(5), 98-133.
장수정, 정재훈(2014). 탈성매매 여성의 자활지원에 대한 여성주의적 함의: 탈성매매 여성을 위한 사회적 경제조직 사례연구를 중심으로. **페미니즘연구**, 14(1), 35-73.
전국연대(2014). 성매매방지법 10년. **성평등 사회를 향한 길 찾기 토론회 자료집**.
정경숙(2010). 성매매여성에 대한 교육프로그램의 현황 및 과제. **여성연구논집**. Vol. 21 No.
정봉협(2005). 성매매방지법 시행 1년의 성과와 과제. 성매매특별법 시행 1년 성과와 전망. 성매매방지법 시행 1년 기념 심포지엄(2005. 9. 15.).
정수연(2006). 탈성매매여성 자활지원정책 분석 연구. 서울여자대학교 대학원 석사학위논문.
정재훈(2013a). 독일 성매매 합법화 이후 실태와 정책 효과. **이화젠더법학**, 5(1), 1-21.
정재훈(2013b). 폭력피해경험여성의 경제적 자활 지원 강화 방안 연구. 한국여성인권진흥원 연구보고서.
성재훈(2014). 성매매방지 및 피해자 지원체계와 시스템의 현황과 방향 모색. **성매매 정책과 시스템에 대한 평가와 반성매매 여성인권운동 방향모색 자료집**.
정현미(2013). 성매매방지정책의 검토와 성매매처벌법의 개정방향. **법학논집**, 18(2), 211-228.
조양순(2010). 한국 성매매청소년의 재활과정에 관한 연구. 경기대학교 대학원 박사학위논문.
차인순(2012). 성산업 착취구조 해체를 위한 대안모색 토론문. 성매매방지법 시행 8주년 정책토론(2012. 9. 17.), 주최: 국회의원 남윤인순, 국회성평등정책연구포럼, 성매매문제 해결을 위한 전국연대)
한국여성인권진흥원(2011). **성매매 매뉴얼**.
한국여성정책연구원(2013). **30가지 여성정책이야기**.
황경란(2012). 탈성매매 여성의 일차적 자활지원정책 경험에 관한 내러티브 탐구. 서울여자대학교 일반대학원 석사학위논문.
황정임(2005). **성매매 여성의 자활 지원 정책에 대한 제언**. 황해문화.

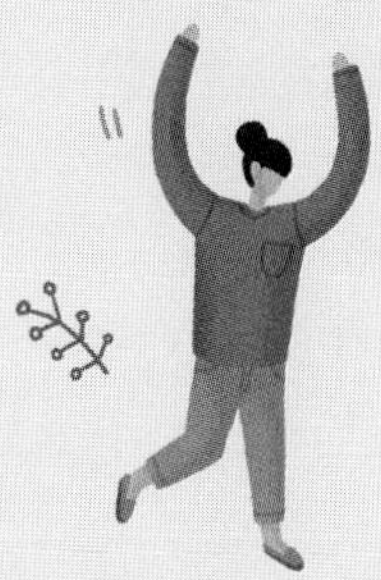

제 4 부

여성복지의 전망

W O M E N   W E L F A R E •••

제15장

여성복지의 전망과 과제

한국의 여성복지는 선성장, 후분배의 정책 방향에 의해 경제정책보다 부차적으로 취급되어 온 사회복지정책의 영향을 많이 받아 왔다. 여성은 노인, 장애인, 아동과 더불어 국가의 중요한 정책 대상임에도 불구하고 사회복지 영역에서 주변화되어 왔다. 그러나 점차 가부장적 성 역할 분담론의 영향으로 인해 사회 모든 영역에서 차별적인 지위를 감수해야 하는 여성들이 사회복지 영역에서도 똑같이 차별받고 있음을 분명히 깨닫게 되었다. 이러한 문제인식이 강해짐에 따라 기존의 여성에 대한 관점, 여성복지의 가치, 여성복지에 영향을 주는 사회구조와 질서에 대한 재해석과 함께 여성복지의 재구조화 작업을 시도하는 새로운 움직임으로 나타날 가능성이 높아지고 있다.

1. 여성복지 환경의 변화

1) 인구 및 가족 구조의 변화

한국의 인구구조 변화는 한마디로 저출산고령으로 표현할 수 있다. 가임 여성(15~49세) 1명이 평생 동안 낳을 것으로 예상되는 평균 출생아 수를 나타낸 합계출산율(total fertility rate)을 보면, 1.3 미만인 초저출산 현상이 2001년 이후 지금까지 지속되고 있다. 2018년에는 0.98로 세계에서 최초로 1.0 미만을 기록했으며, 현재도 합계출산율은 계속 떨어지고 있다.

그리고 2000년 고령화사회에 진입한 이후 2017년 노인인구 비율이 14%를 넘어서 고령사회(aged society)에 진입하였고, 2025년에는 20%대로 초고령사회로 들어서게 될 것으로 예상된다. 또한 2050년이 되면 고령화율은 38.2%로 급증하여 일본(39.6%) 다음으로 노인인구 비율이 높은 수준이 될 것으로 전망된다. 그러나 OECD 평균은 25.8%로 될 것으로 전망된다.

이러한 저출산고령으로의 인구구조의 변화는 생산가능인구를 감소시키며, 노인부양비를 급등시키고 있다. 또한 1인 가구의 증가와 빈곤화를 야기하는데, 이러한 추세는 기초연금의 확대, 국민연금의 성숙에 따라 완화될 수 있지만 다른 특단의 정책 개입이 없는 한 1인 가구의 빈곤화 현상은 유지될 것으로 판단된다. 그리고 향후 고령사회 및 초고령사회가 될 것을 감안하면 노인 비율은 증가할 것이며, 이에 따라 돌봄 수요가 확대될 것으로 예측된다.

한편, 가족구조의 변화를 살펴보면, 2005년까지는 4인 가구가 최빈가구였으나, 2010년에는 2인 가구가, 그리고 2015년에는 1인 가구가 최빈가구(27.2%)로 등장하였다. 또한 국제 간의 교류확대에 따른 다문화 가족, 이민자 가족의 증가와 동성가족 등 다양한 가족에 대한 욕구가 증가하고 있다.

2) 4차 산업혁명의 영향

과학기술의 발전은 새로운 일자리를 창출하기도 하지만, 창출되는 일자리보다 더 많은 저숙련 노동자의 일자리를 감소시키고 있다. 2016년 1월에 개최된 세계경제포럼(WEF)은 「고용의 미래(The Future of Jobs)」 보고서에서 로봇이 일자리를 대체함으로써 향후 5년 동안 전 세계적으로 약 510만 개의 일자리가 사라질 것으로 예측하였다(정원호, 이상준, 강남훈, 2016).

그리고 4차 산업혁명의 하나인 ICT 발전으로 노동관계는 전통적인 사용자–노동자 고용형태에서 '다수의 사용자–무소속 다수 근로자[예: 긱(gig) 노동자]' 간 경쟁 형태의 플랫폼 노동이 증가하고 있다. 이에 따라 여기에 종사하는 프레카리아트(precariat)들은 근로시기 삶의 불안정으로 노후 준비에 대한 여력이 떨어지고 있다. 아울러 긱(gig) 이코노미의 확대로 기여를 바탕으로 설계되는 사회보험제도에서 사각지대가 확대되고, 기초생활보장 부담은 증가하고 있다. 이 결과 장기적으로는 탈노동 복지제도인 기본소득제도 도입 요구로 이어질 가능성도 있다.

한편, 4차 산업혁명은 정밀의료(precision medicine)와 일반인들이 ICT를 이용하여 스스로 건강관리를 하는 디지털 보건 돌봄(digital health care)의 등장을 가속화하고 있다. 이러한 현상은 보건의료와 ICT가 융합하여 국민 건강 수준 향상과 질병 예방, 보건의료 미래 수요 예측 등 잠재력을 발휘하기 위한 보건의료 빅 데이터(big data) 확보, 효율적 이용 수단인 플랫폼 개발, 인공지능에 대한 연구, 법 제도 정비 등을 필요로 하고 있다.

3) 경제성장의 저하와 노동시장 구조의 변화

한국의 잠재성장률은 저출산고령, 제조업 경쟁력 저하 등의 요인으로 인해 하향 추세를 보이고 있다. 성장률은 경제규모가 커질수록 자연히 감소할 수밖에 없으며, 선진국의 경우 1%에 머물러 있는 것이 일반적인 현상이다. 이미 국회예산정책처의 보고서(2014)는 한국 경제성장률이 2020년대 2%대에서 2030년 후반에는 1%대로 진입할 것으로 추정한 바 있다.

한편, 노동시장 구조의 경우 고착화된 이중구조(대기업/중소기업, 정규직/비정규직, 여성/남성, 원청/하청 등), 높은 저임금 노동자 비율과 자영업자 비율, 증가하고 있는 청년실업 등이 좀처럼 바뀌지 않는 특성이 있다. 비정규직 비율은 정부의 정규직화 정책 등으로 단기에는 개선될 수 있으나, 과학기술의 발달에 따른 산업구조의 변화, 4차 산업혁명 등에 따른 일자리의 감소 등이 발생하고 있어 비정규직의 빈곤화 가능성은 매우 높다. 그리고 인구구조라는 측면만 고려하면, 2020년대 중반까지는 일자리 부족, 2030년 이후는 인력 부족 현상이 나타날 것으로 추정된다(김미곤 외, 2017a).

4) 사회보장 여건 변화

1965년 40.9%에 이르던 절대빈곤율(서상목, 1981)이 경제성장에 의해 감소하여 1990년대 초반에는 선진국과 비슷한 수준으로 유지하였으나, 1997년 IMF 경제위기 이후 빈곤율이 상승하였으며, 노인빈곤율은 OECD 평균의 약 3.8배 정도로 높은 수준을 유지하고 있다. 1993년 이후 한국은 경제성장이 되어도 빈곤 및 불평등이 오히려 악화됨으로써 낙수효과(trickle down effect)가 나타나지 않는 국가로 바뀌었다(김미곤 외, 2017a).

이에 따라 기초연금의 확대, 국민연금의 성숙 등으로 빈곤 및 불평등이 감소할 요인도 있으나, 노동시장의 이중구조, 노인인구의 증가, 신자유주의 지속, 4차 산업혁명 등을 감안하면, 빈곤 및 불평등이 단기간에 감소할 가능성은 높지 않다. 따라서 계층갈등의 경우 빈곤 및 불평등이 완화되어야 감소될 것은 당연하지만, 당분간 빈곤 및 불평등이 오히려 심화될 가능성이 있으므로 이에 따라 계층갈등도 심화될 것으로 보인다.

그리고 자살률은 1996년까지는 OECD 평균보다 낮았다. 한국에서 자살률이 급증하게 된 시기는 1998년 IMF 경제위기와 2008년 국제금융위기 시기였다. 그 후 현재는 OECD 1위인데, 이러한 추이는 자살이 생활의 궁핍과 밀접하게 관련된다는 점을 시사한다.

한편, 한국의 2015년 GDP 대비 공공 사회복지지출 비중은 10.2%(미국 18.8%, 독일 24.9%)로, 2015년 OECD 평균 19.0%의 53.7%에 불과하다. 이러한 사회복지지출의 GDP 대비 비중 10% 도달 연도를 보면, 한국은 2015년도인 데 비해, 미국은 1970년, 일본은 1980년, OECD는 1966년도에 이미 달성하였다. 이처럼 한국은 성장 우선 패러다임(선성장, 후복지)으로 사회투자에 소극적이며, 선진국에 비해 약 40~50년 복지지출이 지체됨을 알 수 있다. 그리고 노인의료비, 만성질환 진료비 증가 등으로 인해 보건의료비 및 복지재정이 꾸준히 증가하고 있다. 2025년에 GDP 6% 수준으로 OECD 평균에 도달하고, 2040년에는 GDP 9.9%에 이를 전망이다(사회보장위원회, 2019).

5) 사회적 지속가능성 저하

사회적 지속가능성 저하의 문제는 그동안 한국 사회가 경제적 지속가능성에 정책의 무게 중심을 두었기 때문에 발생한 결과이다. 한국 사회의 사회적 지속가능성을 떨어뜨리는 지표로는 세계 최저수준의 출산율, 청년들의 희망 빈곤(3포, 5포, N포, 헬조선), 세계 최고수준의 노인 자살률 등을 들 수 있다(김미곤 외, 2017a).

그러나 아래 [그림 15-1]에 있듯이, 불평등도(지니계수)와 자살률은 매우 유사한 유형(정비례)을 보이고 있는 반면에, 지니계수와 출산율은 반비례하는 유형을 보이고 있다. 이러한 현상은 불평등 문제야말로 자살, 저출산 등의 사회적 지속가능성 저하의 원인이 됨을 보여 주고 있다고 해석할 수 있다. 따라서 불평등 문제해결이 사회적 지속가능성을 강화해 주는 요소이기 때문에 중요한 정책의 우선순위를 이에 두어야 함을 알 수 있다.

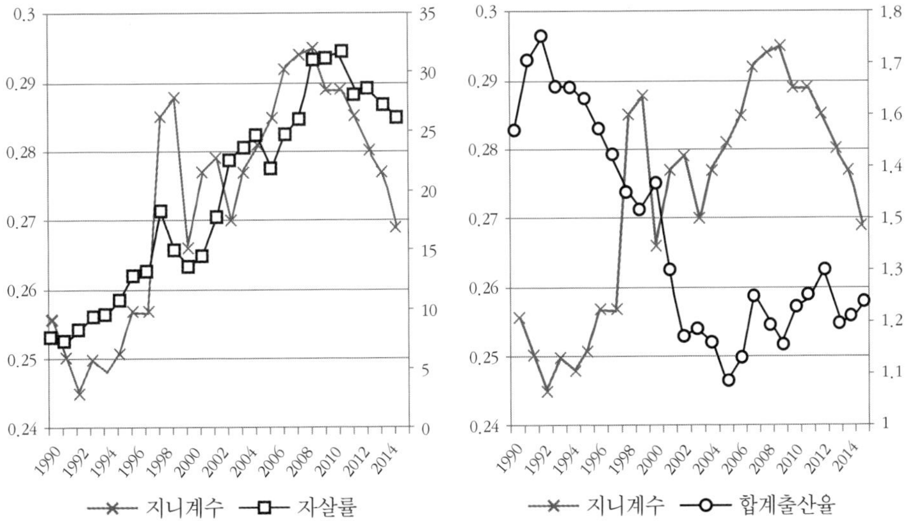

[그림 15-1] 지니계수와 자살률 및 출산율 추이

자료: 여유진(2017).

2. 여성복지의 전망

1) 저출산고령사회와 여성복지

한국은 1970년대까지는 산아제한 정책을 실시했던 고출산 사회였다. 그러나 1983년 합계출산율이 2.1명 이하로 떨어진 후, 2002년 합계출산율 1.17명으로 OECD 국가들 중 최저수준을 기록하면서, 저출산에 대한 위기의식이 사회전체에 고조됨으로써 정부가 공식적으로 대응하기 시작했다. 2004년 노무현 정부시절, 대통령 자문기구인 '고령화 및 미래사회위원회'를 설치하였고, 2005년 「저출산 · 고령사회 기본법」을 제정하여 5년마다 '저출산 · 고령사회 기본계획'을 작성토록 하여 정부의 정책 대응을 공식화하였다. 2006년 제1차 저출산 · 고령사회 기본계획(2006~2010년)을 수립한 이후, 현재 제3차 기본계획(2016~2020년)을 시행하고 있는 중이다. 이처럼 지난 15년간 진보정권, 보수정권을 가리지 않고 정부가 예산을 적극 투입하는 등 정책 대응이 이어졌고, 저출산에 대한 각종 토론과 담론 등이 쏟아져 나왔지만 세계 최저 합계출산율은 좀처럼 나아지고 있지 않다.

일반적으로 저출산 현상의 원인으로 제안되고 있는 내용들을 보면, 첫째, 성장이 정체된 후기자본주의 시기 청년실업, 주거비용, 사교육비 등 자녀양육비용 부담 등의 경제 요인, 둘째, 여성의 일과 가정을 양립하기 어려운 사회 여건, 셋째, 여성의 경제활동과 사회진출의 증가, 넷째, 전통적인 결혼 및 자녀에 대한 가치관의 변화와 개인화 및 양성평등의식 고취 등 문화 요인 등이 대표적이다. 이러한 모든 원인에 대한 대응으로서 결혼 · 출산 · 육아에 대한 개인, 특히 여성의 부담을 줄여 주고, 사회 여건과 문화를 양성평등적으로 변화시켜 주는 여성복지정책을 계속 시행해 나갈 것은 분명하다. 한국사회에서 맞벌이 가구 증가에 따라 돌봄 등 사회서비스 확대 필요성과 성차별적인 고용여건 개선 등 양성평등에 대한 사회적 요구가 증가될 가능성이 매우 높기 때문이다.

통계청(2019)의 장래인구특별추계(2017~2067년)에 따르면, 총인구는 2017년 5,136만 명에서 증가하여 2028년 5,194만 명을 정점으로 하여 이후 인구는 감소되는데, 2067년에는 3,929만 명(1982년 수준)에 이를 전망이다. 인구정점은 저위 추계(낮은 출산율-기대수명-국제 순유입)를 가정할 때 2019년으로 당겨지고, 고위 추계 가정 시에는 2036년까지 늦춰질 것으로 전망된다. 따라서 인구성장률은 2029년부터 마이너스로 전환되어 2067년에는 −1.26% 수준이 될 전망이다. 이와 같은 지속적인 출생아 감소 및 기대수명 증가로 생산가능인구(15~64세)는 2017년 3,757만 명, 2030년 3,395만 명, 2040년 2,865만 명, 2050년 2,449만 명, 2060년에는 2,058만 명으로 급격히 줄어들 전망이다.

한편, 통계청(2019)의 장래가구특별추계(2017~2047년)에 따르면, 2017년 총가구는 1,957만 1,000가구에서 2040년 2,265만 1,000가구를 정점으로 하여 이후에는 감소하게 되며, 2047년에는 2,230만 3,000가구에 이를 전망이다. 그리고 2017년 평균 가구원수는 2.48명에서 점차 감소하여 2047년에는 2.03명까지 감소할 전망이다. 가구유형의 변화를 살펴보면, 2017년 가구유형은 부부+자녀가구(31.4%), 1인 가구(28.5%), 부부가구(15.8%) 등의 순으로 많았으나, 2047년에는 1인 가구(37.3%), 부부가구(21.5%), 부부+자녀가구(16.3%) 순으로 변화할 전망이며, 가구원수의 변화를 보면, 2017년 가구원수별 가구 비중은 1인 가구(28.5%), 2인 가구(26.7%), 3인 가구(21.3%), 4인 가구(17.7%) 순이었으나, 2047년에는 1인 가구(37.3%), 2인 가구(35.0%)는 증가하는 반면, 4인 가구(7.0%)는 감소할 전망이다.

특히 2017년 전체 가구 중 1인 가구 비중은 28.5%(558만 3,000가구)에서 2047년 37.3%(832만 가구)로 8.8%p(273만 7,000가구) 증가할 전망이다. 그리고 2017년 1인 가구 중 30대 이하의 비중이 35.6%(198만 8,000가구)로 가장 높으나, 2047년에는 70대 이상이 40.5%(337만 2,000가구)로 가장 많은 비중을 차지할 전망이다. 아울러 가구주가 65세 이상인 고령자 가구는 2017년 399만 8,000가구(20.4%)에서 2047년 1,105만 8,000가구(49.6%)로 2.8배 증가할 전망이며, 2017년 여성 가구주는 594만 4,000가구(30.4%)였으나, 2047년에는 875만 1,000가구(39.2%)로 2017년의 1.5배로 증가할 전망이다. 가구주 연령의 변화를 살펴보면, 2017년 40~50대 가구주가 전체의 46.7%로 가장 많았으나, 2047년에 60~70대가 41.2%로 가장 많아질 전망이다. 이러한 고령화 심화 및 가족기능 약화 추세는 가족 내 부양능력을 저하하여 사회서비스의 확대 및 격차 완화를 통한 사회보장 포용성의 제고가 절대적으로 필요할 것으로 전망된다.

2) 경제변화와 여성복지

국회예산정책처(NABO)는 「2019~2050년 NABO 장기 재정전망」 보고서(2018)에서 2019년도 확정예산 및 2018~2022년 국가재정운용계획에 반영된 정책들이 그대로 유지된다는 가정 하에 향후 32년(2019~2050년)간 재정총량의 변화를 전망하였다. 즉, 2019~2050년 동안 경제성장률 둔화와 인구구조의 변화에 따라 총수입은 증가세가 둔화되는 반면, 총지출은 의무지출을 중심으로 총수입보다 빠른 증가세를 보일 것으로 전망하고 있다. 이로 인해 통합재정수지는 2020년 흑자에서 적자로 전환되고 이후 적자폭은 확대될 것으로 보고 있으며, 국가채무는 2019년도 확정예산 기준 정책들이 향후 변하지 않는다고 가정할 경우 2050년 GDP 대비 85.6%에 이를 것으로 전망하고 있다.

따라서 생산가능 인구 감소, 세계경제 성장둔화 등 대내외 여건 악화로 어느 정도 성장률 저하가 전망된다. 대내요인과 관련하여 생산가능 인구 감소 및 사회안전망 부족으로 경제구조조정이 지연되어 잠재성장률 저하가 전망되며, 대외요인으로는 세계경제의 성장률 둔화 및 글로벌 경제 강국의 다극화 등 대외 불안요인이 증대될 전망이다. 이런 결과로 인해 **'빈곤의 여성화'** 문제는 지속적인 국가 정책의 주요 어젠다가 될 수밖에 없으며, 4차 산업혁명과 고령화 사회에 대비한 여성의 빈곤문제에 대한 조치도 필요하다. 따라서 특히 여성의 경제활동 참여 확대, 창의적 인재교육을 통한 생산성 제고는 더욱 시급하다고 할 수 있다.

3) 노동의 변화와 여성복지

여성 노동시장에 대한 많은 연구는 여성 노동시장의 변화가 경제활동 참가 확대와 동시에 여성 노동력의 양극화와 분화 혹은 분절을 초래했다는 점을 강조하고 있다. 단순사무직, 생산직, 서비스직 등 노동시장 하위직에 속한 여성들이 경험하는 성별 직종 분리나 성별 임금 격차 정도가 심화되는 현상이 나타나고 있음을 지적한다(Rubery, Fagan, & Maier, 1996). 이러한 현상은 특히 저학력, 고연령, 유색인 기혼 여성들에게 두드러지게 나타나는데, 파워(Power, 1988)는 '새롭게 출현하는 여성 엘리트와 주변적 여성 사이의 이중구조'로 월비(Walby, 1997)는 이를 '여성들 내부의 세대 간 격차로 인한 이중구조'로 규정하였다.

이처럼 여성을 노동시장에 통합하는 긍정적인 변화에도 불구하고, 젠더 불평등은 여전히 존재하고 있다. 다시 말하여 노동시장에서 여성의 고용 비중이 상대적으로 남성에 비해 증가하고 있다는 **노동력의 여성화**(feminization), 노동시장에서 일자리 · 직무 · 숙련의 속성이 여성들에게 보다 적합하게 변화하고 있다는 노동의 여성화, 여성들이 이전에 남성에 의해 지배되었던 직업으로 이동하는 추세를 보이고 있다는 직업의 여성화, 그리고 남녀 평등기회정책의 증가 효과는 남성과 여성을 어느 정도 동등하게 만들었지만 이러한 변화는 연령, 계급, 젠더의 상호작용 속에서 여성들에게 서로 다르게 영향을 주고 있다.

또한 많은 여성은 노동시장에 참여해 소득을 올리고 있음에도 불구하고, 여전히 가사노동과 돌봄 노동의 주된 책임자로 여겨지고 있고, 그로 인해 노동시장 참여형태가 남성과 상이한 경향을 보인다. 대표적인 사례가 파트타임 노동이다. 물론 국가별로 파트타임 노동 비율, 그 내에서 여성 비율, 파트타임에 대한 처우는 다양하게 나타나지만, 이러한 고용형태가 주로 기혼여성들에게 집중적으로 나타난다는 것은 공통적인 현상이다. 노동시간이 짧다는 것은 낮은 소득으로 이어질 수밖에 없고, 이는 가구 내 소득불평등의 문제로 이어진다. 이러한 현상을 이해하기 위해서는 젠더와 노동시장 지위의 상호 작용에 따라 젠더 불평등의 발생 양상이 다를 수 있다는 **교차성**(intersectionality) **관점**을 필요로 한다(McCall, 2005). 즉, 노동과 복지의 제도적인 이중구조와 젠더 불평등에 대한 이해를 필요로 한다.

팔리어와 쎌렌(Palier & Thelen, 2010)은 노동시장의 이중구조와 복지제도의 이중화가 서로 관련되어 있고, 사회정책이 노동시장 내, 사회 내의 분절과 불평등에 영향을 미칠 수 있음을 강조하였다. 에메네거 등(Emmenegger, H'usermann, Palier, & Seeleib-Kaiser, 2012)은 복지국가의 급여, 서비스에 대한 자격 기준이 국내인과 외국인에게 차별적으로 부여되는 것을 '제도적 이중구조'라고 보고, 기존의 이중구조가 심화되거나 새로운 형태의 이중구조가 생겨나는 과정을 '이중화(dualization)'라고 하였다. 그 결과 격차, 양극화, 주변화 등 사회 분절과 불평등이 발생한다고 보고 있다. 하지만 이중화가 반드시 격차를 크게 하는 것은 아니며, 외국인을 대상으로 하는 정책이 관대하다면 격차는 커지지 않을 수 있다는 점을 지적하고 있다.

한국의 경우 노동시장의 성별 격차를 해소하고자 그간 국내에서는 여성의 노동시장 참여 제고를 위한 지원, 경력단절여성 재취업을 위한 지원, 모성보호 및 일·가정 양립을 위한 지원 등 다양한 차원에서 여성의 경제활동에 대한 지원이 이루어지고 있다. 1987년 제정된 「남녀고용평등법」에서 2007년에 개정된 「남녀고용평등일·가정양립법」은 채용과정에서 발생하는 성차별을 금지하고 사업주가 성희롱 예방과 성희롱 발생 후 조치를 취해야 하는 것을 의무화하였다.

그리고 여성들이 출산·육아기에 노동시장에서 퇴장하는 경력단절 문제를 개선하기 위해 「경력단절여성 등의 경제활동 촉진법」(이하 경력단절여성법)이 도입되어 2008년부터 경력단절여성 재취업을 지원하는 여성새로일하기센터가 설립되면서 연간 10만 명 이상의 경력단절여성이 재취업되고 있다. 아울러 여성들이 경력유지를 할 수 있도록 기업 내에서 모성보호제도와 일·가정양립 지원제도가 점진적으로 확대되고 있다. 2010년 이후의 가장 두드러진 변화는 육아휴직 급여가 정액제에서 정률제로 전환되었다는 점과 남성 육아휴직을 장려하기 위한 여러 제도적 변화가 일어났다는 점이다. 2010년과 2014년 육아휴직 대상 아동연령이 확대되며 육아휴직 이용자가 증가하고 있다. 특히 주목할 만한 변화는 남성 육아휴직자의 비율이 2010년 2%였던 것이 2018년에는 17.8%까지 상승했다는 점이다.

그럼에도 여전히 성별 고용 및 임금격차 문제는 해소되지 않고 있다. 여성의 경제활동 참가율은 1980년 42.8%, 1990년 47.0%, 2000년 48.8%, 2010년 49.4%, 2018년 52.9%로 계속 늘어 왔다. 이에 따라 지속적으로 70% 이상의 고용률을 유지한 남성과의 격차는 줄어들고 있지만 2018년 현재 여전히 20%p 정도 벌어져 있다. 고용의 질을 보여 주는 비정규직의 전체 수 증가 추이와 상대적 비율을 살펴보면, 2003년부터 비정규직 여성의 절대적인 수는 지속적으로 많았으며, 최근으로 올수록 남성에 비해 여성 비정규직 수가 더 가파르게 증가하고 있다. 성별 전체 노동자 대비 비정규직 비율을 산출해도, 여성 비정규직 비율이 남성에 비해 압도적으로 높다. 여성 노동자 중 비정규직 비율은 2003년 39.6%에서 2018년 41.5%로 절대적, 상대적 비율이 늘어났다. 남성 노동자 중 비정규직 비율은 2003년 27.6%에서 2018년 26.3%로, 감소폭은 작지만 줄어들었다.

이와 같은 고용 불안정은 결국 성별 월평균 임금격차로 이어져, 여성의 임금은 남성 임금을 100으로 했을 때 63.9%에 불과할 정도로 80%에서 90% 수준에 이르는 성별 평균 임금격차를 가진 선진국 수준에 비교하면 매우 낮다. 특히 한국의 성별 임금격차는 15년째 OECD국 가운데 가장 높은 수치를 차지하고 있어 가장 심각한 문제이지만 성별, 고용형태, 직종 · 직급 · 직무별 임금분포를 공시하는 '임금분포공시제'의 도입에 대한 논의 외에는 뚜렷한 대책이 마련되어 있지 않은 실정이다. 따라서 이러한 여성노동 관련문제들에 대응하는 복지정책의 변화가 지속적으로 일어날 것으로 전망된다.

4) 건강 및 교육과 여성복지

전 세계적으로 여성의 일과 근무환경, 임신 · 출산 경험, 노년기 여성이 건강으로 인한 장애 경험, 여성에 대한 성폭력 및 가정폭력 등 여성건강에 대한 다양한 문제가 존재하며 이에 대한 정책의 필요성이 강조되고 있다. 한국의 여성건강실태를 보면 현상적으로는 여성의 상황이 남성을 추월하였으나 질적으로는 결코 좋지 않다.

우선 기대수명은 1980년과 2017년을 비교할 때, 여성은 70.4세에서 85.7세로, 남성은 61.9세에서 79.9세로 늘어났다. 남녀 간 격차는 1980년 8.5세에서 2017년 6.0세로 줄어들고 있다. 그러나 기대수명과 건강수명 간 괴리를 보면, 길어진 수명이 여성의 더 나은 건강지표로 충분하지 않다는 사실을 발견하게 된다. 2016년 기준, 여성은 10.4년, 남성은 8.3년 건강하지 않게 살아가는 것으로 나타났다. 기대수명과 건강수명의 격차를 줄일 필요가 있다(송다영, 2019: 59-60).

한국은 건강과 관련하여 여성복지의 내용이 임신기간의 여성을 위한 여성건강정책에 집중되어 있다. 생애주기별 맞춤형의 보건정책이 집행되고 있으나 젠더 관점의 여성건강정책은 실행되지 않고 있다고 할 수 있다. 한국은 1973년 「모자보건법」이 제정된 이후 지속적으로 개정되어 모성건강의 발전을 도모해 왔다. 「모자보건법」은 모성 생명과 건강을 보호하고 건전한 자녀의 출산과 양육을 이루고자 제정되었다. 또한 「근로기준법」을 통해 임신 근로자를 보호하고 있다.

최근까지 임신 및 출산과 관련 의료서비스지원, 제왕절개술 남용방지, 난임 불임지원, 여성근로자건강 인프라 구축, 여성건강권 확보를 위한 보건의료정책 인프라 구축 등을 수행해 왔다. 그러나 한국의 여성건강 이슈는 여성에게만 발생하거나 여성에게서 자주 발생하는 질병이나 증상들에만 초점을 맞추어, 남녀 모두에게 발생하는 다발성질환에 대한 관심이 부족하였다. 또한 모성건강중심으로 정책이 추진되어 일반여성건강 관련 정책은 정책의 비중 및 이행실적이 미약한 게 사실이다.

여성건강은 생애주기별로 살펴보는 게 중요하다. 성개방과 대중매체의 영향으로 성관계가 젊은 나이에 발생하는 빈도가 높아지고 있는 상황을 고려하여 청소년 여학생의 성교육, 성 전파성 질환 관련 문제에 대한 정책 대응이 필요하다. 한국 청소년들은 주로 학교에서 성교육을 받고 있으나 고학년이 될수록 성교육 경험이 낮아지는 문제점이 있다. 최근에는 낙태 문제가 중요한 사회문제로 대두되었으며 여성의 자기결정권과 생명윤리로 대립되는 상황에서 정확한 조사 자료를 활용한 현실적이고 생명 윤리에 위배되지 않은 수준에서 법적 및 제도적 개선안이 필요하다.

한편, 한국의 교육 부문을 성별로 구분해 보면, 겉으로 드러난 현상으로는 다른 선진국과 유사한 수준으로 올라선 것으로 보인다. 여성의 대학 진학률은 2000년 65.4%, 2005년 80.8%, 2010년 80.5%, 2015년 74.6%, 2018년 73.8%로 선진국의 고등교육 수준을 상회한다. 성별로 비교하면 남성은 2005년 83.3%로 정점을 찍은 후 급격히 떨어지지 시작하여 2018년 65.9%까지 약 20%p 낮아졌다. 대학 진학률에서는 오히려 여성들이 약진한 것으로 보인다. 그러나 학사 수준 이상의 고등교육 부문에서는 남성 중심성이 여전하다. 글로벌 금융, 법률, 생명공학기술(BT), 정보기술(IT) 부문 등의 전문적 지식과 기술 습득 요구가 커짐에 따라 고등교육에 대한 투자가 요구되고 있다. 성별 박사학위 소지자 수와 그 격차의 추이를 보면, 2000년 79.5%, 2010년 68.0%, 2017년 62.4%로 남녀 간 상대적 격차는 줄어들고 있지만 절대적 격차 폭은 크다(송다영, 2019: 58-59).

5) 폭력과 여성복지

한국에서는 2017년 강남역 여성 살해사건, 2018년 1월 서지현 검사의 검찰내부 성추행 폭로로 촉발되어 확대된 미투운동 그리고 홍대 몰카사건으로 촉발된 디지털 성범죄에 대한 강력한 처벌을 촉구하는 서울 혜화역 시위 등 최근에 여성폭력과 성차별에 대한 중요성이 부각되고 성차별개선 필요성에 대한 사회적 담론이 확산되고 있다. 이에 따라 성폭행 사건 및 업무상 위력에 의한 추행 협의 신고 및 기소가 크게 증가했으며, 권력형 성폭력 범죄처벌 강화를 목적으로 하는 '미투법률', 업무상 위계 · 위력에 의한 간음죄에 대한 처벌 강화, 「디지털 성범죄 근절을 위한 주요 법률」의 통과 등의 성과가 나타나고 있다. 여성폭력과 관련해서 나타난 최근 정책 변화를 기반으로 몇 가지 전망을 해 보면 다음과 같다.

첫째, 젠더기반 성폭력 관련 대책에 대한 제도화가 지속적으로 나타날 것이다. 2013년 이후 친고죄 폐지 등 성폭력 범죄 관련 법/제도의 변화와 함께 각종 성폭력 통계 수치가 급증하였다. 대표적으로 2013년「형법」「성폭력 범죄의 처벌 등에 관한 특례법」「성폭력방지 및 피해자보호 등에 관한 법률」개정이 시행되어 성폭력 범죄에 대한 친고죄가 폐지되는 등의 변화가 이루어졌고, 2013년 정부의 성폭력방지 종합대책 발표 등 다양한 정부의 대책이 마련되었다. 2019년에는「여성폭력방지법」이 제정되어 성폭력, 가정폭력, 성매매 등 그 외 데이트 폭력, 스토킹, 디지털 성폭력 등을 포괄하여 여성폭력 방지정책을 종합적이고 체계적으로 추진할 수 있는 토대를 마련하였다. 이에 따라 성폭력피해자들의 고소율이 증가하였으나 경찰서 조사과정에서 2차 피해 및 피해자의 입증책임 문제, 신규 제정된「여성폭력방지기본법」의 보완, 미투운동의 제도적 뒷받침의 결여 문제 등이 아직 남아 있다.

둘째, 부부 및 친밀한 파트너에 의한 폭력과 관련해서 강력한 제도화가 이루어질 것이다. 최근에 가정폭력 검거건수는 급격히 증가하였으나, 그 기소비율과 구속비율은 하락세이고, 가정폭력 외에 데이트 폭력, 스토킹과 같은 친밀한 파트너에 의한 폭력 문제가 갈수록 심각해지고 있다. 1997년 가정폭력예방 · 처벌을 위한「가정폭력 방지 및 피해자보호 등에 관한 법률」과「가정폭력범죄의 처벌 등에 관한 특례법」제정 이후 다양한 제도적 개선이 이루어져 왔으나, 피해자의 인권 및 안전보장을 목적으로 범죄행위에 대한 형사처벌 원칙 강화와 다양한 동거 및 가족 형태 등 친밀한 관계에서 발생하는 폭력을 포괄할 수 있는 관련법의 개정이 필요하다. 또한 데이트 폭력 및 스토킹은 해당 사례가 증가하고 있음에도 법적 근거가 모호해 가해자 처벌이 힘든 상황이기 때문에 이에 대한 개선이 시급하다.

셋째, 새로운 형태의 성매매와 관련된 제도화가 이루어질 전망이다.「성매매방지 및 피해자보호 등에 관한 법률」및 관련 시행규칙이 2008년부터 2017년까지 여러 차례 있어 왔고, 여성가족부의 지원시설 및 상담소 운영을 통해 성매매 피해자 지원이 강화되고 있다. 최근, 모바일 웹사이트 및 앱 등의 경로를 통해 새로운 형태의 성매매가 확산되어 기존의 규제방법으로 단속하기 어려운 실정이기 때문에 강력한 처벌도입이 필요하다. 또한「성매매피해자보호법」에서는 성매매 '피해자'를 강제,

강요된 상태로 성착취 피해를 입은 사람으로 한정하여 현장에서 많은 여성이 자발적 성판매자로 분류되어 처벌되고 있다는 점 역시 큰 걸림돌이기 때문에 성매매 여성에 대한 통합적 지원 확대가 필요하다.

넷째, 사이버 공간의 젠더폭력과 관련된 제도화가 구축될 전망이다. 인터넷의 발달 및 스마트폰의 급속한 보급으로 인해 최근 온라인상에서 여성에 대한 폭력이 급속하게 증가하는 추세이기 때문에 디지털 성폭력 및 온라인 여성혐오 등에 대한 향후 적극적인 대응이 필요하다.

6) 성주류화 제도와 여성의 사회지위

2000년대 중반부터 한국의 공공정책 **성주류화**가 제도화되어, 성별영향평가, 성인지 예산, 성인지 통계, 성인지 교육이라는 4개 정책 도구로 구성되어 정책이 추진되어 왔다. 한국은 여성가족부가 주도하여 성별영향평가 중심의 성주류화 정책을 추진해왔다. 한국의 성주류화 정책은 성별영향평가와 성인지 예산제도를 함께 도입하고, 2011년 독립된 「성별영향평가법」을 제정하면서 성별영향평가와 성인지예산 연계를 강화하고 성인지교육을 지속적으로 확대하여 왔다. 그리고 「양성평등기본법」에 성주류화 정책 간 상호 연결에 대한 근거 규정을 통한 법적 토대를 마련하였다.

2018년 「여성발전기본법」이 「양성평등기본법」으로 전면 개정되면서 여성정책 패러다임이 양성평등 정책으로 변화되고, 「양성평등기본법」에 성주류화제도에 근거 규정을 두는 한편, 성별영향평가는 「성별영향평가법」, 성인지 예산은 「국가재정법」과 「지방재정법」, 성인지 결산은 「국가회계법」과 「지방회계법」, 성인지 통계는 통계법에 구체적인 추진 절차와 방법을 포함하고 있다. 이 결과로 성별영향평가와 성인지 예산 근거법의 제·개정을 통한 법적 기반 구축, 성주류화 확산 노력을 위한 여성가족부와 지방정부 간 협력, 성주류화를 지원하는 여성정책 연구기관 및 젠더 전문가 집단과 풀뿌리 여성단체 및 시민단체 간 협력체계에 힘입어 빠른 속도로 성주류화를 추진할 수 있었다. 그러나 제도와 현실 간의 격차가 존재하며, 성주류화 추진 기구의 권한 강화를 포함한 제도적 보완이 필요하기 때문에 이에 대한 정부의 대응이 발 빠르게 나타날 것으로 전망된다.

한편, 한국 사회 내 여성의 정치적 참여와 대표성이 매우 낮다는 사실은 이미 많은 선진국과의 비교 자료를 통해 지적된 바 있다. 여성들의 정치 참여율을 살펴보고자, 입법부를 대표하여 국회의원 비율과 행정부를 대표하여 중앙정부 및 지방자치단체의 5급 이상 관리직 공무원 비율을 보면, 공적 영역의 대부분을 남성이 주도하고 있는 것을 확인할 수 있다. 지난 50여 년에 걸쳐 여성의 사회적 진출이 늘어났다고는 하지만, 한국 사회의 중심부는 남성이 차지하고 있으며 여성은 주변자로서의 정체성에서 벗어나지 못하고 있다. 우선 국회의원 중 여성 비율은 15대(1996년) 0.7%, 16대(2000년) 2.2%, 17대(2004년) 13.0%, 18대(2008년) 13.7%, 19대(2012년) 15.6%, 20대(2016년) 17%로 증가 추세이지만, 절대적 비율 자체가 낮은 편이다. 이와 같은 패턴은 5급 이상 여성 공무원 비율에서도 유사하게 반복된다. 중앙부처 5급 이상 여성 관리직은 2006년 7.4%부터 2016년 18.0%까지, 지방자치단체 여성 관리직은 2006년 6.5%부터 2016년 12.6%까지 양적으로는 증가 추세이지만, 아직도 관리직 성별 격차는 현저하다. 특히 2급 이상 고위관리직이나 기업 임원의 여성 비율은 2% 내외에 불과하다(송다영, 2019: 61-62).

7) 4차 산업혁명과 여성복지

과학기술의 발전은 새로운 일자리를 창출시키기도 하지만, 저숙련 노동자의 일자리 감소로 이어지기도 한다. 문제는 과학기술의 발전으로 창출되는 일자리 숫자보다 감소되는 숫자가 더 많아진다는 점이다. 2016년 1월 개최된 세계경제포럼(WEF)은 「고용의 미래(The Future of Jobs)」 보고서에서 로봇이 일자리를 대체함으로써 향후 5년 동안 전 세계적으로 약 510만 개의 일자리가 사라질 것으로 예측하였다(정원호 외, 2016). 즉, WEF에 따르면 향후 5년 동안 약 200만 개의 새로운 일자리가 창출되지만, 약 710만 개의 일자리가 사라질 것으로 전망하고 있다.

일찍이 제레미 리프킨(Rifkin, 1995)은 『노동의 종말(The End of Work)』에서 고용 없는 성장을 예견하였고, 더 나아가 레이 커즈와일(Kurzweil, 2007)은 『특이점(singularity)이 온다』라는 저서에서 2045년경에 인공지능(AI)이 인간지능(HI)을 앞서는 특이점이 나타난다고 주장하였다. 그러면서 만약 인공지능(AI)이 인간지능(HI)을 앞서게 되면, 사람들이 할 수 있는 대부분의 일자리가 인공지능(AI)을 탑재한 기계에 의하여 대체될 수도 있으며, 이 경우 노동을 전제로 설계된 기존의 복지제도,

표 15-1 1~4차 산업혁명과 사회변화

구분	시기 (주도국가)	생산기술의 변화	주요 사회 변화
농업혁명	B.C. 8,000년	경작을 위한 농기구 사용, 가축 사육	• 유목생활에서 정착생활로 전환 • 잉여생산물로 인한 계급사회와 중앙집권체제(왕국) 출현
1차 산업혁명 (제조업혁명)	1784년~ 19세기 (영국)	증기기관을 이용하여 기계에 의한 생산방식	• 초기 산업사회 진입에 따라 임금근로자 출현과 노동조합의 등장 • 노동권 보호제도와 사회보험제도 탄생 • 생산성 및 소득 향상, 인구 증가 • 인구 이동과 도시화
2차 산업혁명 (제조업혁명)	1870년~ 20세기 중반 (미국)	전력과 컨베이어벨트 시스템을 활용한 대량생산	• 노동의 분업화, 제품의 규격화에 의한 대량생산체제 등장과 대량소비시대 개막 • 노동권 보호제도의 강화, 자본주의 발달, 중산층 증가, 양극화 • 공산주의, 나치즘, 파시즘, 제국주의 등장과 1, 2차 세계대전 • 수정자본주의의 등장과 사회보장제도의 발전 → 복지국가의 등장
3차 산업혁명 (정보통신혁명)	1969년~ 21세기 초반 (미국)	디지털 기술, 컴퓨터, 인터넷, 모바일, 전자통신기기, 자동화	• 정보저장·처리능력의 획기적 향상, 전자상거래 도입확산 • 생산공정의 자동화 • 탈산업화, 서비스 경제화, 지식기반경제 • 글로벌화, 무한경쟁, 신자유주의, 금융자본주의, 노동시장 유연화 • 청년실업 증가, 비정규직 증가, 중산층 감소, 양극화 심화, 복지국가의 위기
4차 산업혁명 (인공지능혁명)	2015년~ (미국, 독일)	인공지능(AI), ICBM(IoT, Cloud, Big Data, Mobile), 로봇공학, 유전공학, 3D 프린터, 증강현실 기술 등의 대융합	• 자동화, 무인화의 가속화와 공장/제품의 지능화 • 제조업과 ICBM의 융합으로 맞춤형 생산 서비스 활성화, 제조업의 서비스화 • 초지능·초연결 사회로의 진입에 따라 근로의 시간적·장소적 유연성 확대 • 고용 없는 성장, 양극화의 가속화, 고용의 질 저하, 대량실업과 빈곤의 장기화로 복지국가 위기 심화 우려

자료: 유길상(2016); 김미곤 외(2017b), p. 57에서 재인용.

특히 사회보험제도는 그 생명력을 상실할 가능성이 높을 것으로 전망했다.

〈표 15-1〉는 농업혁명, 1~4차 산업혁명과 사회변화를 잘 보여 주고 있다.

2015년부터 시작되고 있는 4차 산업혁명은 초지능, 초연결사회로 확대됨으로써 시간적 · 공간적 유연성이 증가하여 인간 삶 전반에 걸쳐 혁명적인 변화를 예고하고 있다. 더욱이 4차 산업혁명 이후에는 노동시장과 복지제도의 양자 간 부정합성이 더욱 증대될 것으로 예측되고 있으므로 이에 걸맞은 복지체계에 대한 고민, 예를 들어 기본소득 도입 등을 고찰해 볼 필요가 있다(김미곤 외, 2017b).

3. 여성복지의 과제

1) 성주류화 강화와 젠더 파트너십 구축

일반적으로 **성주류화**(gender mainstreaming)는 여성의 사회배제, 여성의 사회주변화를 문제의 핵심으로 파악하는 여성발전 전략이며, **젠더 파트너십**(gender partnership)은 남녀가 함께 행복한 성평등사회를 이루기 위한 남녀협력의 전략이며, 동시에 이상적인 남녀관계 자체를 뜻한다. 이러한 과제를 성취하려면 다음과 같은 과제들을 구체적으로 실행해야 한다(장은하 외, 2019).

첫째, 한국은 성별영향평가 중심으로 성주류화 제도를 구축하면서 성별영향평가와 성인지 예산, 성인지 통계, 성인지 교육의 법적 기반을 다져 왔지만 제도와 현실 간의 격차가 존재한다. 여성차별철폐협약(CEDAW) 한국 8차 심의 최종 견해(제17조)에 의하면, ① 성평등위원회를 대통령직속기구로 설치하고 필요한 인적 · 재정적 · 기술적 자원을 배치하며 여성발전을 위한 국가기구를 총괄조정하는 명확한 권한을 부여할 것, ② 모든 단위의 지방정부에서 성별영향분석평가 제도를 강화하고 적절한 인적 · 재정적 · 기술적 자원을 배치할 것, ③ 기획재정부가 관여하는 성인지예결산 상설협의체의 효과적 기능을 위한 법적 근거를 마련하고 필요한 인적 · 재정적 · 기술적 자원을 제공할 것이 포함되어 있다.

이와 같은 글로벌 의제에 부합되는 방향으로 한국의 성주류화 제도가 발전하기 위해서는 성주류화 추진기구의 권한강화를 포함한 제도적 보완이 필요하다. 여성가족부가 「성별영향평가법」을 수차례 개정하면서 정책개선 이행을 강화하려고 했지만 부처의 권한이 미약해서 다른 중앙부처가 소관하는 법령이나 사업을 성평등한 방향으로 개선하도록 권고하는 데 역부족이다. 현재 국무총리가 주관하는 양성평등위원회가 있고 이 위원회는 양성평등정책의 평가 및 제도 개선 등 성 주류화에 관한 사항을 심의 · 조정하는 기능을 갖고 있기 때문에 각 부처의 장관들이 참석하는 양성평등위원회에서 성별영향평가와 성인지 예산에 관한 이행점검을 본격적으로 다루어야 하며, 성주류화 이행점검을 위한 인력과 예산을 확보해야 한다.

둘째, 성별영향평가와 성인지 예산의 연계에 기초한 성과관리와 정부기관 간의 협력체계 구축이 필요하다. 성별영향평가와 성인지 예산은 성 주류화의 핵심도구로, 여성가족부는 두 가지 제도를 적절하게 연계하여 성주류화 제도를 강화하고자 하였다. 그러나 성주류화 제도의 활성화를 통해서 공공정책의 성평등 수준을 향상시키고 국민이 성평등 수준의 향상을 체감하도록 개선하기 위해서는 성별영향평가와 성인지 예산의 연계에 기초한 성과관리 체계가 구축되어야 하며 기획재정부, 행정안전부가 관여하는 성인지 예결산 상설협의체의 효과적 운영을 위한 법적 근거가 마련되어야 한다.

국내외적으로는 국가의 성평등 수준을 높이기 위한 지표 및 지수개발이 활발하여, 정부정책의 효과성 등을 평가하기 위한 지표개발이 이루어져 왔다. 경제협력개발기구(OECD)는 성평등을 가져오는 제도적인 측면에 초점을 맞춘 성평등지표 GID(Gender Institutions and Development Databse)를 개발하였다. 이 지표는 성평등을 측정하기 위해 성평등 관련제도, 자원에 대한 접근, 여성의 경제적 역할 부문에 관한 세부지표를 개발하였다(김태홍 외, 2009: 9). 성별영향평가와 성인지 예산제도를 운영하는 과정에서는 국가 성평등 지표 및 지방 성평등 지표가 성주류화 제도의 성과관리 체계에 포함되어야 할 것이다. 성별영향평가와 성인지 예산 대상사업의 추진결과가 어떤 성과를 나타내는지 여부를 평가하고 관리하는 과정에서 국가 성평등 지표가 활용된다면 성별영향평가, 성인지 예산, 성인지 통계가 상호 연계되어 성 주류화 제도의 실효성을 높이는 데 기여할 것이다.

2019년에 고용노동부, 보건복지부, 문화체육관광부, 교육부 등 8개 부처에 양성평등정책담당관실을 설치했다. 각 부처는 양성평등 전담부서인 양성평등정책담당관을 통해 문화예술계, 직장, 학교 등 소관 영역의 성희롱 · 성폭력 총괄 근절 총괄

기능, 직무 수행과정에 성인지 관점을 반영하는 성주류화 정책을 강화하며 영역별 성차별 · 성폭력 문제에 체계적이고 지속적으로 대응해 간다는 계획을 수립하였다. 향후 여성가족부가 중심이 되어 부처의 양성평등 전담부서와 긴밀하게 협의하면서 성별영향평가와 성인지 예산 연계에 기초한 성주류화 성과를 효과적으로 관리하면서 중앙정부의 성주류화 추진체계를 중앙정부의 타기관과 방정부로 확산시키는 것이 필요하다.

셋째, 정부기관별 성평등 목표 및 성주류화 계획 수립이 요구된다. 성별영향평가와 성인지 예산, 성인지 교육 등 성 주류화 도구들은 국가정책의 성평등 실현을 목표로 하고 있다. 여성가족부는 2018년부터 정부기관이 성별영향평가를 수행하면서 성평등 목표를 수립하도록 하기 위해 성별영향평가 지침에 부처별 성평등 목표를 포함시켰다. 성평등 목표의 세부목표는 6가지로 남녀평등의식과 문화의 확산, 평등하게 일할 권리와 기회의 보장, 여성대표성 제고 및 참여 활성화, 일 · 생활 균형 사회기반 조성, 여성폭력 근절과 여성건강 증진, 양성평등정책 추진체계 강화이다. 기획재정부, 교육부, 과학기술정보통신부, 외교부 등은 정부기관별로 부처 특성을 고려해서 성평등 세부목표에 맞는 부처별 성평등 목표를 정하고 그 목표를 실현하는 방향으로 성별영향평가 대상과제를 선정하고 성별영향평가를 실행해서 정책개선안을 도출하였다.

그러나 이러한 부처별 성평등 목표는 정부기관이 성주류화 제도의 체계적인 관리와 운영을 위해 성주류화 계획을 수립하고 실행해야 실현될 수 있다. 이를 위해서는 중앙행정기관뿐 아니라 지방정부의 책임성이 강화되어야 하고 인적 재정적 지원이 늘어나야 하며, 성주류화를 위한 보다 많은 자원이 배치되어야 할 것이다. 향후 정부기관이 기관 특성에 맞는 성주류화 계획을 수립하고 성별영향평가와 성인지 예산, 성인지 통계, 성인지 교육을 상호 연계시켜 성 주류화를 실행할 경우 공공정책의 성평등이 보다 더 향상될 것이다.

넷째, 시민이 참여하는 성주류화 모니터링을 활성화하고 거버넌스의 확산이 필요하다. 한국의 성주류화는 일자리 사업, 직업훈련 사업, 창업지원 사업 등 인적 대상 사업뿐 아니라 공공기관의 시설 개선, 공원 등의 공공시설물 개선 등의 시설개선 사업으로 확대되었다. 서울특별시, 경기도, 전라남도 등에서는 젠더 거버넌스 센터 운영, 성별영향평가 포럼, 성주류화 주민 모니터링단 운영 등을 통해서 시민이 성주류화 제도에 참여할 수 있는 통로를 만들었다. 시민이 참여하는 성주류화 제도의 운영은 지역사회에서 성평등 정책이 왜 필요한지 공감대를 만들고 공공 정책이 어떻게 변화되어야 하는지 토론하는 장(場)을 구성하는 것이다. 국제기구가 성주류화를 성평등을 향상시키기 위한 전략으로 채택한 이후 유럽 국가에서는 거버넌스가 성평등 결과를 확산시키는데 핵심이며 공공정책의 성평등을 실행하기 위해서는 정책행위자들 간의 파트너십이 강조되고 있다(OECD, 2017: 2).

한국은 성별영향평가를 시행하면서 공무원과 젠더전문가, 시민사회 참여를 토대로 한 거버넌스의 실천을 확산시키고자 하였으나 시민이 참여하는 성주류화 모니터링 활성화를 위한 지원체계가 갖추어져 있지 않다. 「성별영향평가법」에는 "국가와 지방자치단체가 성별영향평가의 실효성을 높이기 위하여 민관 협력체계를 구축하도록 노력하여야 한다."고 규정되어 있다. 또한 일부 지방정부는 성별영향평가조례에 "정책 추진의 실효성을 높이도록 시민의 솔선 및 자조를 장려하고 민관의 협조체제를 구축하도록 노력하여야 한다."고 명시하고 있다. 그러나 성인지 예산 관련 규정에는 민관협력에 관한 사항이 포함되어 있지 않으며 성주류화를 위한 시민참여를 지원하는 예산이 확보되어 있지 않다. 성주류화 제도를 운영하면서 시민참여를 활성화시키는 거버넌스가 확산될 경우 공공정책의 성평등 향상뿐 아니라 젠더 민주주의가 확대될 것이다.

2) 성인지적 사회보장정책

전 세계적으로 '빈곤의 여성화' 이슈는 지속적으로 논의되어 오고 있다. 유엔 2030 어젠다, 북경행동강령 및 SDGs 등과 같은 글로벌 의제에서도 여성의 빈곤문제를 포함하고 있다. 여성은 근원적으로 차별적인 노동시장구조와 남성주도적인 사회보장정책 그리고 가부장적인 가치에 기반을 둔 가족주의로 인해 경제적으로 남성보다 더 취약한 상황에 놓여 있으며 이는 결국 여성의 노후빈곤문제를 발생하게 된다. 이뿐만 아니라 인구구조의 빠른 변화로 인해 저출산고령화가 지속됨에 따라 이에 대비한 여성의 빈곤문제에 대한 **성인지적 사회보장정책**이 매우 필요해진다.

그런데 여기서 유념해야 할 문제가 있다. 성인지적 사회보장정책이 가족 속의 여성을 지원하는 데 중점을 둘 것인가, 혹은 가족과는 별개인 개인(시민)으로서의 여성 지원에 더 중점을 둘 것인가 하는 문제이다. 이러한 딜레마는 국가가 모성권을 강조할 것인가 아니면 사회적 권리(노동권)를 중시할 것인가의 문제와 연관된다.

전자는 단위로서의 가족에 대한 지원정책을 강조하는 것으로서 최근 급격하게 증가하고 있는 다양한 가족유형인 1인 가족이나 이혼가족, 한부모가족을 차별할 가능성이 크다. 그리고 전자를 기반으로 한 모성권을 강조하는 양육지원 전략은 일하는 엄마(working mothers)를 지원하는 정책으로서 독일과 네덜란드 등의 보수적 가족복지정책을 지향하는 국가들이 채택하고 있다. 반면에, 개인으로서의 여성 지원에 더 중점을 두면서 노동권을 강조하는 노동지원 정책은 인센티브를 강화함으로써 기혼여성의 노동시장 진출을 적극적으로 촉진하여 여성의 전일제 노동자로 남을 수 있도록 하는 전략을 강조한다.

최근 서구국가들의 가족복지정책은 양육지원과 노동지원을 병행하되, 노동지원 정책에 중심을 두는 방향으로 발전하고 있다. 한국처럼 노동 유연화와 급격한 산업구조 재편으로 가구 내 생계부양자가 남성 1인에서 여성과 남성 2인으로 변화되고 있는 상황에서 돌봄 노동에 대한 책임을 여성에게 전가한다면 사회 노동과 가족 내 돌봄을 양립하기 어려울 것으로 보인다. 아울러 결과적으로 지속적인 저출산 문제와 가족의존성을 높여 사회구성원의 삶의 질 저하를 야기할 가능성이 크다. 따라서 한국의 일과 가족양립 지원의 방향을 설정할 때 개별 시민으로서의 여성의 경제활동 참여와 고용기회 증대를 지원하는 정책에 더 무게 중심을 두어야 할 것이다. 이러한 전제하에서 다음과 같은 구체적인 과제들을 수행해야만 정책 효과를 거둘 수 있을 것이다.

첫째, 여성의 경제활동 참여율을 높이고, 남성과의 임금격차를 줄여야 하며, 저임금과 비정규직 등 불안정한 여성고용 환경과 여성의 고용의 질을 개선하여야 한다. 그리고 경력단절 현상을 예방하기 위한 일 · 가정 양립 지원체계를 구축함과 동시에 성별 임금격차 문제해결 및 동일노동 동일임금 원칙을 엄격히 이행할 수 있도록 하는 다양한 정책적 접근이 필요하다. 그리고 인구구조의 빠른 변화로 인해 고령화가 지속됨에 따라 미래의 노후 빈곤문제는 더 극심해질 것으로 예상된다. 최근 인구고령화와 이혼 및 비혼의 증가에 편승하여 1인 가구는 급격하게 상승하였으며, 특히 중고령 연령 55세를 기점으로 남성보다 여성 1인 가구의 비율이 더 많아지게 되었다(김종숙, 배호중, 2014: 13). 따라서 고령화 사회에 대비하여 고령여성의 빈곤문제를 해결하기 위한 예방조처의 확립이 매우 중요한 과제이다.

또한 돌봄노동에 대한 정당한 보상체계 확립이 필요하며 무급노동에 대한 가치가 유급노동 선상에서 동일한 가치로 인정되기 위한 기반이 필요하다. 특히 돌봄 일자리의 노동시장 측면과 돌봄 종사자 보호측면을 모두 고려한 국내의 정책적 검토와 사회적 합의가 필요하다. 따라서 향후 정책의 방향은 돌봄 영역의 일자리 수를 늘리는 것에 그쳐서는 안 되며, 양질의 돌봄 일자리를 육성할 수 있는 방안을 모색해야 할 것이다. 또한 4차 산업혁명의 시대를 맞이하여 여성의 경제역량을 증진시키기 위한 과제로 여성창업 활성화의 사회지원을 확대시키고 여성기업인의 역량강화를 위한 교육 및 네트워킹 지원을 통해 질적 성장을 도모해야 한다.

둘째, 한국의 여성건강 정책은 젠더 관점이 결여되어 있어 이에 대한 개선이 필요하다. 젠더 관점의 여성건강 논의는 유엔 및 국제기구에서 시작되었다. 유엔은 1979년 여성차별철폐협약(CEDAW) 제12조 제1항 및 제2항에 여성의 기본 권리 중 건강권에 대해 구체적인 내용을 포함하였다. 제12조 제1항을 살펴보면, "당사국은 남녀평등의 기초 위에 가족계획에 관련된 것을 포함한 보건 사업의 혜택을 확보하기 위하여 보건 분야에서의 여성에 대한 차별을 철폐하기 위한 모든 적절한 조치를 취하여야 한다."라고 명시하고 있다. 또한 제12조 제2항을 살펴보면, "본조 제1항의 규정에도 불구하고 당사국은 여성에 대해 임신 및 수유기 동안의 적절한 영양 섭취를 확보하고 임신, 해산 및 산후조리 기간과 관련하여 적절한 서비스 제공을 확보하여야 하며, 필요한 경우에는 무상으로 이를 제공하여야 한다."라고 명시하고 있다.

한국에서 많은 연구는 여성이 타 직종보다 상대적으로 근무환경이 열악한 서비스직종에 남성보다 상당히 많이 종사하고 있음을 지적하며 여성의 근무환경에 대한 고려가 필요함을 제기하고 있다. 또한 임신 및 출산 경험 중 현재 인공임신중절 수술이 광범위하게 진행되고 있으나 정확한 현황 파악이 어려운 부문이 있음을 지적하며 이에 대한 현황 조사와 관련 법 및 제도적 개선에 대한 관심이 필요함을 강조하고 있다. 특히 근로자를 위한 「근로기준법」 중 여성 근로자가 임신한 경우에 임산부 등의 사용금지 직종에 관한 시행규칙을 제정하여 이를 근거로 하여 임신 근로자를 보호하고 있으나, 「산업안전보건법」 「노인복지법」 「건강증진법」 등에서는 젠더 관점의 내용이 전혀 없거나 부족한 실정이다(김영택, 이인선, 정진주, 유혜경, 2016).

또한 재생산 건강은 생애주기별로 여성 특이적 건강 상황에 영향을 주는 문제인데, 재생산 관련 통계를 살펴보면, 모성 사망비는 2012~2014년 인구 10만 명당 OECD 평균은 7명인 반면 한국은 11명으로 나타났다. 연령별로 모성 사망비를 살펴보면, 40세 이상에서 32명으로 타 연령대보다 제일 높은 것으로 나타났으며, 인공 임신중절률은 1985년에 비해 2012년 18%로 현저히 감소한 것으로 나타났다. 난임인 경우 지난 10년 간 지속적으로 증가 추세이며 2014년 60여만 명이 난임 치료를 받은 것으로 나타났다(국립보건연구원, 2017: 38-42).

그리고 폐경 경험이 빠를수록 심혈관질환 및 만성질환 발생률이 높아지는 경향이 있는데, 폐경 관련 한국여성정책연구원의 여성가족패널을 활용하여 분석한 최근 결과를 살펴보면, 한국 성인 여성 중 흡연경험이 있을수록, 그리고 우울증 증세가 있을수록 폐경 경험이 빨리 나타나는 것으로 나타났다(Kim, Cha, & Lee, 2019). 따라서 단순한 횡단조사 자료보다는 이와 같은 종단조사 자료를 활용함으로써 설명변인들과 여성건강 관련 종속 변인들과의 보다 정확한 인과관계를 분석하는 연구가 많이 있어야 한다.

아울러 최근 여성 건강의 문제점으로 성형중독증이 지적되고 있다. 한국의 경우 고등학교 졸업 후 대학 진학 직전 미용성형수술을 계획하는 경험이 높은 것으로 나타나고 있다. 특히 청소년 시기에는 뼈나 연골의 성장 방해 및 모양 변형으로 인하여 성형수술 부작용을 겪을 확률이 높은 점을 고려해 효과적인 외모 관련 보건 교육과 지도가 과제로 남아 있다.

셋째, 여성폭력에 대한 예방적, 종합적 접근이 필요하다. 예방적 접근으로는, ① 폭력이 발생하기 전에 예방해야 하는데, '새로운' 폭력 사건이 발생하지 않도록 해야 하며, ② 폭력의 재발을 방지해야 하는데, 피해여성이 재 피해자화되거나 또는 남성이 더 강한 폭력을 가하지 못하도록 해야 하며, ③ 여성에 대한 폭력의 영향을 축소하거나 방지해야 하는데, 이를 위해서는 단기 또는 장기적인 보호와 지원을 제공해야 한다. 그리고 이와 함께 여성에 대한 폭력을 방지하고 그 영향을 줄이기 위한 종합적 시스템을 도입해야 한다. 이는 폭력피해를 예방하거나 피해자를 지원하는 활동은 불가피하게 중복과 상호의존이 발생하게 되기 때문이다. 따라서 이러한 활동들을 효과적으로 연계하는 종합적 시스템을 마련하는 것이 무엇보다 중요하다.

그리고 최근 UN에서는 이와 같은 예방적이고 종합적인 접근법 외에도 다음과 같은 '인권기반접근(Human Rights Based Approach: HRBA)'을 제안하고 있다(UN

Women, 2015).

① 여성에 대한 폭력은 여성의 인권과 기본적 자유를 침해하거나 무효화하는 여성차별의 한 형태이자 여성차별을 확인해 주는 것이라는 점을 분명하게 인식해야 한다. ② 신체적 존엄, 주체 의지, 자율성을 포함한 여성의 인권을 예방노력의 중심에 두어야 한다. ③ 폭력방지를 위한 정책 장치들은 기타 이동의 자유, 교육권, 고용기회, 창업기회, 정치 및 사회적 권리와 관련된 광범위한 일체의 권리 등 여성의 권리와 조응하는 방식으로 보장하도록 해야 한다. ④ 국가의 책무는 국제사회에서 합의된 인권기준을 준수하고 위반 시 이에 대한 책임을 확실히 지킬 의무를 인정하고 준수해야 한다. ⑤ 여성들이 권한을 향상하도록 하고 자신들의 권리를 요구할 수 있는 역량을 강화하도록 해야 한다. ⑥ 폭력으로 인해 영향을 받은 공동체나 관계자, 특히 피해당사자 여성들이 폭력예방을 위한 기획과 활동에 개입할 수 있어야 한다. 또한 여성참여 프로그램 기획 시 여성을 수동적인 수혜집단으로 간주하지 말고, 여성 스스로가 자신들의 요구를 분명히 제기할 수 있는 집단으로 성장할 수 있도록 역량을 길러 주어야 한다. ⑦ 다양한 형태의 차별로 인해 고통받는 여성, 폭력위험이 높은 상황에 처해 있는 여성, 폭력결과로 인한 피해에 더 취약한 여성들에 대한 폭력예방활동에 우선순위가 주어져야 한다. ⑧ 유엔에서 합의된 글로벌 성평등 규범을 지켜야 하는 정부의 여성폭력방지 의무는 종합적이고 전략적이며 충분한 예산이 배정되도록 해야 한다. 특히 여성폭력방지와 관련된 유엔인권협약 및 합의문서[여성폭력철폐선언(1993); 유엔총회에서 채택된 모든 형태의 여성에 대한 폭력철폐를 위한 심화된 노력에 관한 선언 63/155(2008), 64/137(2009), 65/187(2010), 67/144(2012), 69/147(2014); 인권이사회에서 채택된 모든 형태의 여성에 대한 폭력철폐 특히 예방을 위한 국가책임의 가속화를 촉구하는 결의문(A/HRC/14/12) 2010; 유엔 여성지위위원회의 모든 형태의 여성/소녀에 대한 폭력철폐 및 예방에 관한 합의결의문(2013)]에 따라 여성이 남성과 동등하게 폭력의 위험으로부터 자유롭게 살 수 있는 모든 권리를 보장받을 수 있도록 해야 한다.

한국의 경우, 지난 10년간 친고죄 폐지, 성폭력 예방교육의 확대, 여성폭력방지법의 제정 등 성폭력, 가정폭력, 성매매 및 사이버 공간 폭력 분야에서 다양한 제도화를 이루어 내었지만 그러한 법과 제도 장치의 구축에도 불구하고 그 실효성에 대한 한계와 개선과제가 존재한다. 우선, 「가정폭력범죄의 처벌 등에 관한 특례법」을 개정해 가정폭력 범죄를 형사사건으로 처리하는 것을 기본 원칙으로 세우고, 상담조건부 기소유예제도를 폐지하고 화해나 중재를 통한 해결을 금지하며, 관련법에 가해자를 체포할 수 있도록 범죄자 체포 우선제도를 도입해야 한다(한국여성단체연합, 2018: 136). 그리고 신체적, 성적 폭력 피해를 당한 여성들은 여전히 피해를 회복하기 위해 필요한 양질의 서비스를 제공받는 데 어려움을 겪고 있다. 따라서 피해여성을 안전하게 보호하고, 의료서비스를 제공하며, 성적 그리고 재생산 건강에 대한 필요한 조치를 취해 주고, 강간으로 인한 치료와 심리 상담을 제공하며, 경찰조사 및 사법정의를 추구할 수 있게 안내하는 모든 국가 차원의 서비스가 강화되어야 한다.

아울러 데이트 폭력, 스토킹 등과 같은 친밀한 관계에 의한 폭력이 증가하고 있는 등 환경의 변화에 대응하기 위한 각별한 노력이 필요하다. 여성혐오를 비롯해 스토킹, 온라인 성폭력과 같이 새롭게 떠오르는 여성폭력 이슈 예방을 위해 체계적인 실태조사를 실시하고, 관련 법/제도를 정비하며, 피해자를 지원할 수 있는 예산 및 인력을 장기적으로 확보하는 것은 매우 중요하다(한국여성단체연합, 2018: 137). 특히 유엔 여성차별철폐협약(CEDAW)의 권고에 따라, 가정폭력 범죄의 형사 사건화에 대한 기본원칙 수립, 여성혐오를 비롯한 스토킹, 온라인 성폭력과 같이 신규 여성폭력 이슈 예방을 위한 제도 마련, 미투 이후의 성희롱, 성폭력과 관련된 제도적 대응 등이 중요한 과제이다.

넷째, 성인지적인 고려 없는 성중립적인 여성복지정책이 성불평등을 야기할 수 있기 때문에, 여성의 수요와 특성에 대한 세심한 분석이 필요하다. 또한 여성이 남성과 동등한 사회보장에 관한 「헌법」상 권리를 향유하기 위해서는 무엇보다도 사회보장제도에 내재하는 성불평등 요소를 타파해야 할 것이다. 현행 사회보험 제도는 부양자 모델에 근거한 것으로서, 경제활동 참가율이 낮은 여성의 경우에는 노후 소득보장이 어렵다는 문제가 있다. 따라서 여성의 경제활동 참가율을 높이고, 가사노동의 가치에 대한 인정 등을 통해 사회보험제도에 있는 불평등 요소를 극복해야 한다.

여성복지 법제에 있어서 젠더 평등을 실현하기 위해서는 일반 여성이 처한 상황과 취약계층 여성이 처한 문제가 다를 수 있기 때문에 이원적 접근이 필요하다. 특히 여성노인, 여성 장애인, 미혼모, 한부모 여성 등은 사회구조적인 변화에 따라 노령이나 장애, 사회 낙인 등의 위험을 겪고 있는 동시에 여성으로서의 차별 등을 경험하고 있기 때문에 국가와 사회는 이들의 수요와 특성을 파악하여 적극적인 지원책을 마련해야 할 것이다. 이들도 사회구성원으로서 다른 사람들과 함께 살아갈 수 있는 사회안전망을 구축하기 위한 법적, 제도적 개선 노력이 필요하다(장민선, 2013: 124).

3) 여성 생애과정에 적합한 복지정책

(1) 임신과 출산, 육아 돌봄 여성

저출산 문제를 해결하려면 저출산 현상을 바라보는 근본적인 관점의 변화가 요구된다. 왜 아기를 낳지 않을까에 대한 근본적인 질문을 여성의 입장에서 바라보는 관점을 갖고서 출산 의향이나 동기 등에 주목할 필요가 있다. 저출산을 사회위기나 국가재앙으로 보면서 쏟아 내는 인구학적 공포담론들로는 결코 문제해결을 할 수 없다. 출산의 당사자인 청년들, 여성들에게 출산은 위기가 아닌 자신의 삶의 소중한 선택이라는 점에 착안하여 '소중한 선택'이 무엇일까에 초점을 둘 필요가 있다. 따라서 저출산 대책으로 저출산을 하게 만드는 요인을 줄여 가는 작업과 함께, 출산 의향과 동기를 강화시켜 주는 방안 등을 구분해 볼 필요가 있다.

자녀양육비 부담 경감, 보육시설 확충, 여성의 파트타임 근무확대 등은 저출산을 막아 주는 매우 중요한 필요조건이 됨은 확실하지만, 열악한 여성노동시장 여건으로서는 출산 가능성을 높이는 게 힘들다. 아울러 빈번한 이사 등 불안정한 주거문제, 예기치 못한 사회위험, 즉 질병, 교통사고, 장애, 산업재해 등에 대한 사회보장제도의 허술함과 같은 가족의 전체적인 삶의 질을 떨어뜨리는 요인들은 출산을 감소시키는 요인이 되므로 이에 대한 근본적인 대책이 필요한데, 이는 전자와 관련된다.

이러한 대책들은 저출산을 막는 필요조건이 됨은 확실하지만 이것만으로는 부족하다. 출산의 충분조건으로서 출산 동기 강화와 관련된 대책을 강구해 나가는 게 매우 중요하다. 소중한 삶의 선택에 대한 방향을 구체적으로 정책에 담아야 한다. 건강한 임신 · 출산에 대한 사회책임 강화 대책과 출산 · 가족친화적 조직문화와 사회문화 조성 대책을 세워야 한다. 아울러 어떤 요인들이 전통적인 결혼 및 자녀에 대한 가치관을 변화시키고 있는지 등에 대한 심층 연구가 많이 나와야 하며, 다자녀가족을 대상으로 한 다자녀 출산의 동기가 무엇인지에 대한 심층 분석도 필요하다.

임신을 한 후부터는 무엇보다도 임신 중에 있는 모성에 대한 보호제도가 필요하다. 그리고 남성참여 확대도 요구된다. 현재 육아 휴직제도보다 출산전후 휴가와 배우자 출산휴가가 더 보편화되어 있는 상황에서 남성의 육아참여 기회를 보장하는 더 좋은 방법은 남성 육아휴직제도 보완보다 배우자 출산휴가제도 보완이 더 필요할 수 있음을 고려해야 한다. 현행 '아빠의 달' 제도조차 직장문화의 보수성으로 쉽게 활성화되기 어려운 여건이기 때문에 이미 보편화된 배우자 출산휴가 기간을 확대하고, 휴가기간 전부를 유급화하는 방안을 검토해야 한다.

그리고 모성보호제도 급여수준을 인상해야 하는 과제가 있다. 왜냐하면 모성보호제도 휴가나 휴직 기간에 가구소득이 보전되어야 제도가 활성화되고 남성들에게도 정책효과를 기대할 수 있기 때문이다. OECD 국가 중 많은 회원국이 모성휴가급여 소득 대체율을 높게 유지하고 있음을 참조해야 한다. 특히 출산휴가급여 소득 대체율의 경우 대개 100% 수준이며, 육아휴직급여 소득 대체율은 60% 이상임을 참조할 필요가 있다.

또한 사회보험 가입 현황과 모성보호제도 적용 실태 및 임신근로자 고용안정에 대한 근로감독 강화를 통해 사각지대 해소 및 제도 활용성 제고를 기대할 수 있다. 현재 고용노동부가 건강보험자료와 고용보험자료를 연계하여 임신 근로자의 모성보호제도 적용 실태에 대한 근로감독을 추진 중이나, 건강보험공단이 개인정보 침해를 우려하여 정보를 제한적으로 제공하고 있는 문제가 있다. 따라서 보건복지부는 능동적 대응 차원에서 건강보험공단이 임신 근로자의 자격변동 내역을 분석하여 고용안정 위반사업장 정보를 고용부에 제공하는 방안을 적극 시행해야 한다.

끝으로, 산후주리, 보육, 육아 협동조합을 정책적으로 육성할 필요가 있다. 유럽에서는 지역사회의 참여를 늘리는 방법으로 육아문제를 해결하고 있는데, 자기가 살고 있는 지역사회의 욕구를 잘 알고 있는 여성 당사자들이 스스로 기관운영을 책임지는 협동조합 방식을 활용한다. 국가는 지원을 하고 운영은 당사자들이 최대한 참여하는 방식으로 하면 부지매입과 시설을 짓느라 많은 예산이 수반되는 국공립 어린이집에 대한 대안이 될 수 있다. 산후조리원의 경우도 협동조합이나 사회적 기업으로 만들면 일자리도 새로 만들 수 있고, 산모들도 안심할 수 있다. 이런 방식을 기관 이윤 개념이 아닌 지역사회 공동체 정신으로 체계적으로 잘 갖춰 나가면 저출산 문제, 육아 문제, 보육 문제들을 해결할 수 있는 실마리를 붙잡을 수 있을 것이다.

(2) 중년의 여성 근로자

한국의 기혼 여성은 남성과 동등하게 노동시장에 참여할 수 있는 조건에서부터 배제될 가능성이 있다. 사적 영역에서의 불평등은 여성의 일 · 가정 양립을 불가능하게 해 노동시장에의 참여를 제한받게 하거나, 노동시장 내 여성 차별이나 불평등을 합리화하는 기제로 활용될 가능성이 높다. 따라서 이와 같은 무급노동과 유급노동 간 불평등의 순환 구조를 끊어 내는 조처는 당면한 성불평등을 해소할 수 있는 첫걸음이라 할 수 있다.

사실 성불평등은 유급노동으로만 생애를 구성하는 남성 노동자를 표준으로 삼는 사회구조에서는 사라지지 않을 것이다. 오히려 현재 유급노동과 무급노동을 함께 수행하는 여성의 삶을 기준으로 새로운 성평등을 논의할 때 비로소 균형을 잡을 수 있다. 여성들이 노동시장과 공적 영역의 경쟁에서 남성을 따라잡는 것을 목표로 하는 사회도, 가정 내에서 성별 분업에 기반한 역할을 수행하는 것을 인정하는 사회도 결코 지속가능하지 않다(Fraser, 2017).

현재 한국의 일 · 가정양립정책은 고용보험 틀 내에서 설계되었기 때문에 임금근로자 중심의 고용보험이 가지는 한계가 곧 일 · 가정양립 제도의 한계로 작용한다. 따라서 고용보험 미가입자에 대한 보험료 정부 지원 등을 검토하여, 소규모 영세사업장의 고용보험 가입 유인을 강화함과 동시에 엄격한 근로감독 실시가 필요하다. 또한 육아휴직으로 인한 중소기업의 인력공백 부담 완화 방안을 모색해야 한다. 현재 운영 중인 대체인력뱅크가 실질적으로 기능할 수 있도록 전폭적으로 개편하여 중소기업의 인력공백을 지원할 필요가 있다. 특히 대체인력뱅크의 데이터베이스(DB)와 기존 고용센터 DB를 체계적으로 정비하고 통합할 필요가 있다.

한편, 결혼이민자, 한국인 배우자, 자녀, 기타 가족 등을 포괄하는 가족단위의 다문화정책 과제를 개발하여 가족주기별로 접근하는 체계적인 정책이 필요하다. 다문화가족의 가족주기별 정책 욕구를 파악하고, 자녀양육, 성장 및 노후 생활보장 기반 마련을 위한 정책 방안 마련이 요구된다. 그리고 다문화가족에 대한 특혜성 지원을 지양하고 내국인과 동일한 지원 틀인 경제 또는 가족구조 및 신체적 취약차원으로부터 접근하는 게 필요하다. 아울러 부처 간 다문화정책의 중복을 최소화하고, 사업의 효율성과 효과성을 제고하기 위해 부처 간에 조정 및 통합이 요구되며 다문화가족지원센터의 허브기능 강화가 필요하다. 다시 말해, 다문화가족지원센터를 중심으로 외국인근로자, 여성 결혼이민자, 다문화가족 등을 지원하는 서비스 전달체계상의 플랫폼 역할 강화가 요구된다.

(3) 여성노인

무엇보다도 여성노인의 개인화에 초점을 둔 로드맵을 마련해야 한다. 여성노인을 정책의 직접적인 대상자로 설정하고 여성노인의 특성 변화와 비공식 보호의 변화 추이를 반영한 기본계획이 주기적으로 마련되고 점검되어야 할 것이다. 현재 저출산 · 고령사회기본계획이 있는데, 이는 고령화라는 거시적 현상에 주목하여 고령화에 따른 사회문제 해결에 집중하고 있기 때문에 여성노인의 삶의 질이라는 주제를 초점으로 하고 있지 못한 문제를 내포하고 있다. 따라서 5년 주기로 수립되는 저출산 · 고령사회기본계획과 보완적 역할을 할 수 있는 노인보건복지기본계획(가칭)이 각 저출산 · 고령사회기본계획의 중간 시점에서 수립되어야 할 필요가 있다. 사회적 고령화에 초점을 둔 저출산 · 고령사회기본계획과 개인의 고령화에 초점을 둔 노인보건복지기본계획의 상호보완적 역할을 통한 시너지 효과를 기대할 수 있을 것이기 때문이다.

또한 증가하는 여성노인의 규모를 고려하고, 대상의 사각지대 및 서비스의 질에 대한 우려를 생각해 볼 때 정책적 관심의 우선순위 설정이 필요하다. 여성노인의 노후소득보장과 관련해서는 정부의 역할이 매우 중요한 반면, 여성노인 여가활동 지원정책은 시민사회의 역할이 가장 중요하기 때문에 시민사회가 다양한 콘텐츠를 개발하고 제공하여 여성노인의 선택지가 많아질 수 있도록 해야 할 것이다. 그리고 여성노인 건강 지원정책과 돌봄정책은 정부-시민사회-민간시장의 역할 분담이 매우 중요하다.

아울러 고령친화적인 기반 및 연령 통합적 사회를 지향하기 위해서는 연령 다양성을 제고하는 국가정책이 필요하다. 현재 한국사회는 모든 정책과 제도가 노동을 준비하기 위한 교육의 단계인 청소년기와, 노동의 시기인 중년기, 은퇴 후 사회로부터 분리되어 여가를 즐기는 노년기라는 엄격한 구분에 기초한 연령 분리적인 사회이다. 따라서 제도전반의 연령으로 인한 여성노인의 진입장벽을 완화시켜 연령 유연성을 제고하여 다양한 연령층이 상호작용할 수 있는 연령 다양성 제고 정책이 요구된다.

4) 효과적인 여성복지 전달체계 구축

일반적으로 여성복지 전달체계의 경우 구조적 측면과, 가치적 측면에서 어려움이 지적되고 있다. 구조적인 측면에서는 인력, 예산, 서비스와 자원 등 운영기반이 열악하다는 점, 지역사회복지협의체 활동을 위한 여력이 없다는 점 등이 공통적으로 제기되고, 내부운영시스템의 경직성이 지적되고 있다. 그리고 가치적인 측면에서는 보건복지부의 경우 취약계층에 초점을 두고 잔여적이고 시혜적이며, 사후적인 접근을 취하는 반면에, 여성가족부의 경우 손상된 인권의 복원에 초점을 두고 있어 두 부처 간 협업의 어려움이 지적되고 있다(황정임, 정재훈, 김보영, 이호택, 2015).

그러나 향후 급속한 사회적 · 경제적 · 정치적 변화를 감안하면서 성평등한 사회구현을 위해서는 다양한 여성복지 공급자들이 각자의 역할 분담체계와 협력을 기반으로 하는 수평적 네트워크를 바탕으로 하지 않으면 안 될 것이다. 또한 자율적 조정을 통해 정책 결정을 하게 되는 거버넌스 운영방식에 기반을 둔 여성복지 실천이 더욱 중요해질 것은 분명하다.

그러므로 한편으로는 혼합복지에 기반한 지역복지의 강화가 요구되며, 한편으로는 여성복지 측면에서 기존의 비영리 민간영역에 재량적 주도권을 보장하던 구조가 더 이상 유지되기 어렵기 때문에 제도화된 공공복지 전달체계 중심으로 재편될 것으로 예상된다. 여성에 대한 보호, 가족에 대한 지원 등 여성복지의 내용이 국가가 보장해야 할 기본적인 인권과 사회권에 해당하는 내용이라면 국가복지의 전반적인 발전에 따라 여성복지 전달체계도 제도 보장의 차원에서 발전할 수 있기 때문이다. 그렇게 된다면 정해진 여성복지 서비스를 지정된 대상자에게 효과적으로 제공하는 역할이 대단히 중요해지며, 바로 여성복지 전달체계의 구축 문제와 직결된다고 할 수 있다.

여러 선행연구에서 제시한 복지서비스 전달체계의 원칙들 가운데 중요하다고 판단되는 8가지의 원칙을 최성재과 남기민(2016)은 지표로 제시하였는데, 서비스의 전문성, 적절성, 포괄성, 지속성, 통합성, 평등성, 책임성, 접근용이성 등이다. 그러나 복지서비스 전달체계의 기본원칙에 따르는 우선순위는 복지서비스의 유형과 대상자에 따라서 달라질 수 있으며, 재정지원의 주체, 서비스 제공의 주체에 따라서도 달라질 수 있기 때문에 각 원칙이 갖는 비중은 늘 동일한 것은 아님을 고려해야 한다.

(1) 중앙화와 분권화

여성복지의 분절적 확대 구조 아래에서는 통합적 전달체계 구축의 필요성이 지속적으로 제기될 수밖에 없는데, 이는 중앙에서 일률적으로 틀을 제시하기보다는 지역에서 자체적으로 조정하고 통합할 수 있는 권한 부여가 필수적이다. 물론 여기서 제기되는 문제는 통합의 과정에서 그 중심이 되는 지역의 공적 주체인 지방정부가 그러한 역량이나 성취 욕구를 과연 가지고 있겠는가 하는 점이다.

이에 대한 한계나 회의적인 지적들도 상당히 있는 게 현실이지만 실제로 지방이양이 이루어진 지 10년 이상이 흐른 지금 시점에서는 지방정부의 자체적인 여성복지 전달체계 구축의 노력이 곳곳에서 나타나고 있다. 광역시 차원에서 경기도의 무한돌봄사업이나 서울시의 시민복지기준 설정, 그리고 시 · 군 · 구 단위에서 서울시 서대문구, 경기도 남양주시, 광주시 광산구, 전라북도 완주군 등 이른바 전달체계 개편에서 선도적인 역할을 수행하고 있는 지방자치단체들 외에도 그 영향을 받은 지방자치단체들이 이후에 상당수 등장하고 있다. 따라서 여성복지 전달체계 개편에서 성공적인 지방분권화는 제도적으로 분권을 보장하는 것에서 끝나는 것이 아니라 오히려 허용된 분권 아래서 자체적인 역량이 성장하게 되면 충분히 여성복지의 일을 잘 수행할 수 있을 것이기 때문에 이제 분권화는 시대적인 대세라 할 수 있다.

또한 지역사회복지에서 젠더 관점을 적용하는 것은 여성을 지역사회의 주체로 참여시킴으로써 여성복지의 발전에 기여하는 것으로 볼 수 있다. 그리고 분권화와 관련하여 지역 고유의 특성에 기반을 두어 지역사회 내 여성들의 참여를 독려하고, 실질적인 권익 향상을 이끌 수 있도록 하는 것이야말로 바로 여성복지가 갖는 기능의 하나라 할 수 있다. 따라서 진정한 분권화의 방향은 지역사회 여성들의 참여를 강화하고 활성화는 것이어야 한다.

(2) 서비스 통합화와 전문화

여성복지 전달체계는 중앙에서는 여성가족부를 중심으로, 지역에서는 지방자치단체 내 담당부서, 성폭력, 가정폭력 등 폭력피해여성에 대한 보호지원 체계와 한부모가족, 다문화가족 등 가족에 대한 전반적인 지원 체계를 포괄해 왔다. 하지만 중앙단위에서 소관부처가 분리되어 있기도 하고, 여성가족복지 관련 지방이양사업이 한부모가족 지원사업 등 일부 사업에 국한되어 있어서 상대적으로 지방자치단체보다는 중앙부처에 의해 영향을 받는 부분이 크다고 볼 수 있다(황정임 외, 2015). 그 결과로 인해 실제 지방자치단체를 통해 풀뿌리 지역여성들이 받는 서비스의 체감도는 떨어지는 게 당연했다.

특히 여성복지서비스의 경우 여성가족을 대상으로 독자적인 서비스체계를 구축해 왔고, 소관부처도 분리되어 있어서 다른 복지 전달체계와의 협력을 통한 통합적인 서비스를 제공하는 기반이 충분치 않았던 것은 분명한 사실이다. 이러한 현상은 여성복지 전달체계는 정책형성단계에서부터 여성인권정책, 보편적 가족정책 등과 같은 고유한 정책적 지향점을 제기하면서 보건복지부와의 차별화를 표방했고, 소관부처와 전달체계 모두 분리하여 운영해 왔기 때문이다.

따라서 향후 사회적 욕구의 증가에 따라 복지의 확대는 더욱 지속될 가능성이 높아 분절적 확대의 구조적 문제가 해결되거나, 분절적 공급구조를 이용자 단위에서 통합적 또는 맞춤형으로 구성할 수 있는 전달체계가 구축되기 전에는 이 문제의 개선이 어려울 것이다. 그러므로 서비스의 통합화는 기본적으로 부처와 부서단위로 분절화되어 있는 한국의 관료행정체제의 근본적인 개혁 없이는 어려울 것이며, 서비스의 전문화는 지방자치단체, 각종 특별행정기관과 사회보험공단 등으로 분절화되어 있는 공적 전달체계 내에서 일정수준 이상의 전문화된 서비스를 제공하는 전문 인력이 채용되지 않으면 해결할 수 없을 것이다.

이 두 가지 모두 이루어지기 어려운 과제임은 분명하다. 그러나 서비스 전달체계의 입장에서 본다면 분절화된 공적 전달체계의 통합이 무엇보다도 주요 과제가 된다. 복지서비스 전달체계 구축에서 통합성은 효율성을 확보하는 데 핵심적인 기능을 하며, 통합성이 확보되어야 복지서비스를 둘러싼 중복과 사각지대, 즉 누락문제를 해결할 수 있기 때문이다.

한편, 전문화는 전달체계를 통해 여성들의 여성복지서비스에 대한 만족도를 높일 뿐만 아니라 여성에게 적합한 서비스를 제공할 수 있도록 하는 방법이다. 한정된 복지자원을 적절하게 서비스 대상자에게 배분하고 조정할 수 있는 능력은 바로 전문성과 직결되기 때문이다. 그뿐만 아니라 복지서비스는 사람이 사람에게 제공되는 것이라는 점에서 서비스를 제공하는 사람의 전문성이 무엇보다도 중요하다. 지금까지 공공부문의 복지서비스 전달체계에 대한 개편이 지속적으로 진행되어 왔으나 전문성 확보에 성공적이지 못한 것은 전문성을 가진 전문 인력의 개입 정도가 낮았기 때문이라 할 수 있다. 여성복지 전담공무원이 있기는 하지만 기존의 행정체계 속에서 전문성을 발휘하기 어렵고, 인력 부족문제로 조사 및 행정업무를 수행하는 데에도 분주함을 경험하고 있기 때문이다.

따라서 공공부문에서 복지서비스에 대한 전문성을 확보하기 위한 전문 인력 채용 노력은 계속되어야 하지만 이미 존재하는 민간부문의 전문성을 적극적으로 활용하려는 노력도 필요하다. 실제 이미 민간 여성복지 부문은 전문성을 비교적 확보하고 있는 편이다. 어쩌면 이러한 민간부분의 전문성을 적극적으로 활용해 여성복지서비스 전달체계를 구축하는 것이 국가 재정차원에서 더 효율적일 수 있다. 그런데 여기서 중요한 것은 민간의 전문 인력들을 활용해 전문성 있는 전달체계를 구축하기 위해서는 전문 인력들이 일할 수 있도록 환경을 조성하고 정당한 보수 등을 지원하는 노력이 함께 필요하다는 점이다.

(3) 서비스의 포괄성과 네트워크, 사례관리

서비스의 포괄성은 서비스가 필요한 대상자가 진정으로 필요한 서비스를 복합적으로 제공받느냐와 관련된다. 특히 복합적인 욕구가 있는 여성 개인이나 가족의 경우 서비스의 양도 중요하지만 복합적인 다양한 맞춤형 서비스 제공이 필요하기 때문이다. 이런 차원에서 볼 때 여성복지서비스 전달체계는 서비스를 포괄적으로 제공할 수 있어야 한다. 그러나 현재까지 이뤄진 공공부분의 서비스 전달체계 개편은 이런 포괄성을 확보하기 위해 노력해 왔으나 효과를 얻지 못한 게 사실이다. 즉, 다양한 여성서비스들 간에 실질적으로 연계되지 못한 한계가 있으며, 공공부문 간의 칸막이 행정이 이를 더욱 어렵게 하고 있기 때문이다.

이러한 문제는 민간부문도 마찬가지이다. 현장에서 업무과중을 경험하고 있기 때문에 복합적 문제가 있는 여성 개인이나 가족의 문제를 해결하기 위해 다른 기관들과 연계하지 못하고 있다. 그리고 서비스 공급자 중심 시스템에서는 포괄적인 서비스가 이뤄지기 어렵게 되어 있다.

따라서 포괄적으로 서비스가 이뤄지기 위해서 중요한 것이 바로 기관들 간의 네트워크이다. 어떤 기관에서 무슨 서비스를 하고 있는지, 서비스 제공의 중복은 발생하고 있지는 않은지를 알기 위해서는 네트워크가 꼭 필요하다는 것이다. 또한 우리 지역에서 복합적 문제가 있는 여성 개인이나 가족에게 필요한 서비스가 무엇이고 서로 어떤 역할을 담당할지 결정하기 위해서도 네트워크가 핵심이다. 이런 측면에서 효율적인 여성복지서비스 전달체계의 핵심은 바로 공공 간 네트워크, 민간 간 네트워크, 그리고 민간과 공공 간의 네트워크를 잘 구축하는 것이라 할 수 있다.

그리고 이러한 네트워크가 원활히 수행되기 위해서는 전제가 되는 게 바로 거버넌스의 문제이다. 거버넌스는 민 · 관의 구별 없이 시민사회의 여러 부문의 공동참여와 상호협력을 통해 공공문제를 해결하는 새로운 통치양식이라 할 수 있다. 특히 정부를 중심으로 한 제도적 · 공식적 관계에 의존하기보다는 지역의 행정기관과 기업, 그리고 시민집단이 사안별로 참여하여 각각의 전략적 목표와 이해관계를 정책 네트워크를 통해 조정 · 통합하는 것이 특징이다. 더욱이 복지 거버넌스의 요체는 정부와 민간 영역이 상호 협력을 통해 국가와 자치단체를 운영하는 것이다. 거버넌스에서 정부의 역할은 공공서비스를 간접적으로 조정하는 것(steering)이고, 또 정부와 수평적 파트너십을 맺고 있는 다양한 행위자들에게 권능을 부여하는 것(enabling)이다. 거버넌스의 원리는 유도, 촉진, 협동, 협상 등이며 따라서 구조는 네트워크와 파트너십의 형태를 띠고 있다.

따라서 거버넌스가 잘 되기 위해서는 정부와 민간이 상호 성숙된 민주적 소통방식에 기초하여, 철저하게 지역주민의 행복한 삶을 목적으로 한 협력적이고 참여적인 통치를 해야 한다. 특히 잔여적 복지제도에서 보편적 복지제도로 지향점을 전환하고 있는 한국 사회에서 협력과 연대의 가치와 수준에 대한 사회합의가 우선적으로 이루어져야 하는데, 이는 거버넌스 체계가 제대로 구축되지 않으면 절대 달성할 수 없는 것이다.

그리고 이러한 거버넌스를 바탕으로 원활한 네트워크를 통해 여성복지가 잘되기 위해 수행해야 하는 일은 바로 사례관리이다. 사례관리의 핵심은 서비스 공급기관이 아니라 서비스 수요자 중심으로 서비스계획을 수립하고 제공하는 것이다. 그리고 사례관리는 네트워크가 형성되지 않으면 이뤄지지 않는 것이며, 사례관리를 진행하다 보면 네트워크가 자연스럽게 형성될 수 있다. 또한 사례관리를 하게 되면 해당사례의 문제가 해결될 때까지 관리될 수밖에 없는 장점이 있다. 서비스 대상자에게 서비스가 적절하게 제공되고 있는가의 여부와 서비스 제공의 부족한 부분과 과잉인 부분이 드러나게 되고 이 과정에서 사후관리가 저절로 이뤄질 수 있는 것이다.

이렇게 지역단위로 사례관리를 하는 역할을 공공이 직접 담당하기는 어렵다. 공공부문이 사례관리 업무를 진행하게 되면 읍 · 면 · 동사무소에 있는 전담공무원이 이 일을 수행해야 한다. 그런데 전담공무원이 이 일을 하게 되면 전문성 측면에서 어려움이 있을 수 있고, 행정업무의 공백이 생길 수도 있다. 그러나 무엇보다도 읍 · 면 · 동의 공공부문이 완전하게 주도하게 되면 민간의 자발적 참여를 기대하기가 어렵다. 네트워크의 핵심은 강제에 의한 동원이 아니라 자발성에 있기 때문이다.

(4) 서비스의 접근용이성과 원-스톱(one-stop) 서비스

서비스의 접근용이성은 서비스 제공뿐만 아니라 현금 급여에도 중요한 문제이다. 접근이 용이하지 않는다면 복지욕구가 있는 여성 개인이나 가족이 원하는 서비스에 접근조차 못하기 때문이다. 이렇게 서비스에 접근하지 못하는 이유는, 첫째, 물리적 거리 때문에 접근이 용이하지 않은 점을 들 수 있고, 둘째, 정보의 부족을 들 수 있다. 특히 정보가 부족하면 무지에서 오는 막연한 심리적 접근성도 떨어질 수 있다.

현재 공공부문 전달체계는 이 문제를 해결하기 위해 주민센터를 통해 문제를 해결하려 했으며, 일정부분 효과가 있었다. 그러나 문제는 민간과 공공의 연계가 잘 이뤄지지 않아 서비스 대상자가 적합한 기관을 찾지 못하는 경우가 흔히 발생함으로 인해 서비스에 대한 접근성을 낮추는 결과를 초래하고 있다.

서비스에 대한 접근성을 높일 수 있는 가장 좋은 방안은 서비스 대상자가 어떤 정보를 듣지 못해도 여성복지 관련 기관에만 가면 자기가 원하는 서비스와 정보를 받을 수 있도록 하는 것이다. 즉, 지역의 어떤 여성복지 관련 기관을 가든지 간에 자신에게 필요한 서비스를 받을 수 있도록 하는 원스톱 서비스체계를 구축하는 것이다. 이러한 원스톱 서비스체계를 구축하려면 무엇보다 지역별 특성과 서비스 대상자의 특성 및 욕구 유형을 사전에 잘 파악해야 한다.

(5) 서비스의 적절성과 사후관리

복지서비스가 서비스 대상자에게 제공될 때, 전달체계에서 중요한 원칙이 대상자에게 적절하게 서비스가 제공되었는가 하는 점이다. 서비스가 적절하게 제공되기 위해서는 두 가지 조건이 전제된다. 첫째, 적절한 서비스가 이뤄질 수 있도록 복지자원이 있어야 한다. 즉, 절대적인 복지자원의 양이 부족한 경우에는 적절한 서비스가 제공되기 어렵다. 이 때문에 적절성을 확보하기 위해서는 절대적인 복지서비스의 양적 확대가 필요하다.

둘째, 절대적인 복지자원의 양도 중요하지만 전달체계를 구성하는 데 더욱 중요한 것은 바로 개별 대상자가 원하는 서비스를 원하는 만큼 받아 가도록 해야 하는 것이다. 그러나 현재 여러 기관을 통해 서비스를 받는 경우 여성복지 전달체계에서는 적절성 자체를 파악하기 어려운 형편이다. 이는 대상자 여성 개인이나 가족 단위로 서비스가 관리되고 제공되는 방식이 아니기 때문이다. 특히 복합적인 문제를 가진 여성 개인이나 가족의 경우 필요한 서비스가 해당 개인이나 가족에게 제공되었는지 파악하지 못한다. 이는 현재 서비스 공급시스템이 서비스대상자 중심이 아니라 서비스를 공급하는 기관들 중심이기 때문이다. 즉, 서비스를 받는 대상자의 수와 서비스의 양이 서비스 전달체계의 평가에 중요한 기준이 되고 있다.

따라서 전달체계의 적절성을 확보하기 위해서는 우선적으로 사후관리가 되는 방식으로 시스템을 수정할 필요가 있으며, 이것이 바로 수요자 중심의 여성복지 전달체계의 출발이다. 즉, 수요자 중심으로 복지서비스 전달체계를 수정해야 그 대상자에게 적절하게 서비스가 제공되었는지, 부족한 서비스는 무엇인지, 서비스의 기관과 양에 대한 판단이 가능하다는 것이다. 다시 말하여 이러한 판단이 이뤄진 이후에야 서비스의 적절성을 확보하기 위해 복지자원을 늘리거나 혹은 재분배하는 과정이 가능해진다. 즉, 수요자 중심으로 복지서비스를 다시 분석하고 정리하는 과정에서 현재 서비스의 양의 적절성 여부가 판단되는 것이다.

중점토의

1. 한국의 여성복지 환경의 변화 내용에 대해 설명하시오.
2. 4차 산업혁명에 따른 주요 사회변화에 대해 논하시오.
3. 한국의 여성복지에 대해 전망해 보시오.
4. 한국의 여성복지의 과제가 무엇인지 설명하시오.
5. 한국의 여성복지의 과제 중에서 가장 우선순위를 두어야 할 과제가 무엇인지를 선택하여 논하시오.

참고문헌

국립보건연구원(2017). 수치로 보는 여성건강 2016.

국회예산정책처(2014). 2014~2060년 장기 전망.

김미곤, 신영석, 여유진, 박승희, 변재관, 박이택, 박미정, 김성아, 조한나(2017a). 미래 사회정책비전 사회보장2040 기초연구. 한국보건사회연구원.

김미곤, 여유진, 정해식, 변재관, 김성아, 조한나(2017b). 포용적 복지국가 비전과 정책방향. 한국보건사회연구원.

김영택, 이인선, 정진주, 유혜경(2016). 임신출산 관련 산업안전보건 및 산재보험 정책의 개선 방안. 한국여성정책연구원.

김종숙, 배호중(2014). 세대별, 성별 1인 가구의 고용과 가구경제 연구. 한국여성정책연구원.

사회보장위원회(2019). 제2차 사회보장기본계획(2019~2023). 보건복지부.

서상목(1981). 빈곤의 실태와 영세민대책. 한국개발연구원.

송다영(2019). 젠더와 격차, 사회정책 과제. 한국보건사회연구원. 보건복지포럼. 270, 56-69.

여유진(2017). 한국 복지국가의 현 좌표. 한국보건사회연구원. 보건복지 ISSUE & FOCUS, 339, 1-8.

유길상(2016). 4차산업혁명과 사회보장. 워크숍 발표 자료집.

장민선(2013). 젠더 평등 실현을 위한 여성복지법제 개선방안. 이화여자대학교 법학논집, 18(1), 95-126.

장은하, 김경희, 김영택, 윤지소, 조혜승, 홍지현, 김정수, 박윤정, 조영숙(2019). 글로벌 여성의제 국내이행 점검. 한국여성정책연구원.

정원호, 이상준, 강남훈(2016). 4차 산업혁명 시대 기본소득이 노동시장에 미치는 효과 연구. 한국직업능력개발원.

최성재, 남기민(2016). 사회복지행정론(개정3판). 나남출판.

통계청(2019). 장래가구특별추계: 2017~2047년.

통계청(2019). 장래인구특별추계: 2017~2067년.

한국여성단체연합(2018). CEDAW 제8차 한국정부 심의 대응 NGO 활동보고 및 토론회: 유엔 여성차별철폐협약(CEDAW)과 CEDAW 최종견해의 국내 이행방안. 국회 토론회 자료집.

황정임, 정재훈, 김보영, 이호택(2015). 공공복지전달체계 개편과 여성가족복지전달체계의 협력적 운영방안 연구. 한국여성정책연구원.

Billari, F. C. (2008). Lowest-low fertility in Europe: Exploring the causes and finding some surprises. *The Japanese journal of population, 6*(1), 1-18.

Emmenegger, P., H'usermann, S., Palier B., & Seeleib-Kaiser, M. (2012). *The age of dualization: The changing face of inequality in deindustrializing societies.* Oxford University Press.

Fraser, N. (2017). **전진하는 페미니즘: 여성주의 상상력, 반란과 반전의 역사**. (임옥희 역). 돌베개. (원저는 2013년에 출판).

Kim, Young-taek, Cha, Chiyoung, & Lee, Mi-ran (2019). Factors related to age at menopause among Korean women: The Korean longitudinal survey of women and families. *The journal of the north American menopause society. 26*(5), 492-498.

Kurzweil, R. (2007). **특이점이 온다**. (김명남 역). 김영사. (원저는 2005년에 출판).

McCall, L. (2005). The complexity of intersectionality. *Signs, 30*(3), 1772-1800.

OECD (2017). *Better governance for gender equality.*

Power, M. (1988). "Women, the state and the family in the US: Reaganomics and the experience of women. In J. Rubery (Ed.), *Women and recession.* London: Routledge & Kegan Paul.

Rifkin, J. (1995). *The end of work*. Putnam.

Rubery, J., Fagan, C., & Maier, F. (1996). Occupational segregation, discrimination and the equal opportunity. In G, Schmid, J. O'Reilly, & K. Schomann (Eds.), *International handbook of labour market policy and evaluation.* Edward Elgar.

UN Women (2015). *A framework to underpin action to prevent violence against women.*

Walby, S. (1997). *Gender transformation*. London: Routledge.

찾아보기

인명

내용

저자 소개

■ **조흥식**(Cho, HeungSeek)

서울대학교 사회복지학과 졸업

서울대학교 대학원 사회복지학 석사, 박사

청주대학교 교수, 영국 헐 대학교(University of Hull) 사회복지학과 객원교수

미국 시카고 로욜라 대학교(Loyola University Chicago) 사회복지대학원 교환교수

영국 버밍엄 대학교(University of Birmingham) 사회복지학과 방문교수

서울대학교 사회과학대학 사회복지학과 교수

현 서울대학교 명예교수

■ **김혜련**(Kim, HaeRyun)

서울여자대학교 식품과학과 졸업

미국 워싱턴 대학교(Washington University in St. Louis) 사회사업학 석사(MSW)

서울대학교 대학원 사회복지학 박사

현 서울여자대학교 사회과학대학 사회복지학과 교수

■ **신혜섭**(Shin, HyeSeop)

서울대학교 가정대학 가정관리학과(현 아동학과) 졸업

미국 케이스 웨스턴 리저브 대학교(Case Western Reserve University) 사회복지학 석사

미국 남가주 대학교(University of Southern California) 사회복지대학원 박사

미국 오하이오주 파머데일(Parmadale) 가족복지센터, 베레아(Berea) 아동복지시설 사회복지사

현 동덕여자대학교 사회복지전공 교수

여성개발대학원 사회복지학과 주임교수

■ **김혜란**(Kim, Hye-Lan)

연세대학교 영어영문학과 졸업

미국 일리노이 대학교(University of Illinois at Urbana-Champaign) 사회복지학 석사

미국 시카고 대학교(University of Chicago) 사회복지학 박사

현 서울대학교 사회과학대학 사회복지학과 교수

■ **신은주**(Shin, EunJu)

이화여자대학교 사회학과 졸업

서울대학교 사회복지학 석사

서울대학교 사회복지학 박사

현 평택대학교 사회복지학과 교수 및 총장

여성복지학(3판)

Women and Social Welfare (3rd ed.)

2000년 3월 10일 1판 1쇄 발행
2005년 3월 20일 1판 7쇄 발행
2006년 2월 25일 2판 1쇄 발행
2011년 11월 20일 2판 8쇄 발행
2020년 9월 15일 3판 1쇄 발행

지은이 • 조홍식 · 김혜련 · 신혜섭 · 김혜란 · 신은주
펴낸이 • 김진환
펴낸곳 • (주)학지사
04031 서울특별시 마포구 양화로 15길 20 마인드월드빌딩
대표전화 • 02-330-5114 팩스 • 02-324-2345
등록번호 • 제313-2006-000265호

홈페이지 • http://www.hakjisa.co.kr
페이스북 • https://www.facebook.com/hakjisa

ISBN 978-89-997-2174-8 93330

정가 23,000원

이 도서의 국립중앙도서관 출판시도서목록(CIP)은 서지정보유통지원시스템 홈페이지(http://seoji.nl.go.kr)와 국가자료공동목록시스템(http://www.nl.go.kr/kolisnet)에서 이용하실 수 있습니다.
(CIP 제어번호: CIP2020034230)